泰安年鉴

TAIAN YEARBOOK

2019

中共泰安市委党史研究院
泰安市地方史志研究院　编

方志出版社
Publishing House of Local Records

图书在版编目（C I P）数据

泰安年鉴 . 2019 / 中共泰安市委党史研究院，泰安市地方史志研究院编 . -- 北京 : 方志出版社 , 2019.10
ISBN 978-7-5144-3969-4

Ⅰ . ①泰… Ⅱ . ①中…②泰… Ⅲ . ①泰安— 2019 —年鉴 Ⅳ . ① Z525.23

中国版本图书馆 CIP 数据核字（2019）第 245319 号

泰安年鉴（2019）

编　　者：中共泰安市委党史研究院
泰安市地方史志研究院
责任编辑：刘　珊

出 版 者：方志出版社
地　址：北京市朝阳区潘家园东里 9 号（国家方志馆 4 层）
邮　编：100021
网　址：http://www.fzph.org
发　　行：方志出版社图书经销中心
电话（010）67110500
经　　销：各地新华书店
印　　制：山东新华印务有限责任公司

开　　本：889mm × 1194mm　　1/16
印　　张：30.75
字　　数：824 千字
版　　次：2019 年 10 月第 1 版　　2019 年 10 月第 1 次印刷
印　　数：0001~2000 册

ISBN 978-7-5144-3969-4　　定价：298.00 元

《泰安年鉴（2019）》
编审人员

主　　审　宋洪银　成　丽

主　　编　王敬泽

副 主 编　周美广（常务）　戚淑娟

编　　辑（按姓氏笔画为序）

王云勇　刘　凯　刘小笋　周　燕

赵　兵　封彦君　戚淑娟

数据审核　戴冰心　杨晓妍　孙珺富　周　伟

编 辑 说 明

1. 《泰安年鉴》以马克思列宁主义、毛泽东思想、邓小平理论、“三个代表”重要思想、科学发展观和习近平新时代中国特色社会主义思想为指导，坚持辩证唯物主义和历史唯物主义的立场、观点、方法，存真求实，全面、客观、系统地记述2018年度全市政治、经济、文化及各项社会事业发展的新情况、新进展、新变化，旨在为各级领导机关提供决策依据，为社会各界和人民群众提供信息资料，为宣传、研究泰安服务，为建设富裕文明幸福新泰安服务。

2. 《泰安年鉴》每年出版一卷。本卷为总第29卷，文字资料时限为2018年1月1日至12月31日。为增强资料的时效性、新闻性，部分资料时限适当上溯或下延。

3. 该年鉴采用分类编辑法。框架结构的主体由栏目、分目、条目三个层次组成，有的栏目增设子分目层次。以条目为基本记载单元，条目标题以黑体字加【 】标示。条目中分段落的以楷形标题引领，同一段落内分层次的以“①②③……”引领。

4. 本卷设31个栏目，依次为：特载、专记、大事纪要、市情概览、中国共产党泰安市委员会、泰安市人民代表大会、泰安市人民政府、中国人民政治协商会议泰安市委员会、纪检·监察、民主党派·工商联、人民团体、法治·军事、经济管理、农业·水利、工业·信息产业、交通·邮政、商贸服务、文化·传媒·旅游、城乡建设与管理、自然资源·环境保护、财政·税务、金融、科学、教育、卫生·体育、社会管理·居民生活、泰山景区、开发区、县市区、人物、附录。

5.《泰安年鉴》内容记载坚持以经济建设为中心。本卷进一步规范概况等综合性条目内容，充实各栏目信息资料，强化“三强”企业培植、全域旅游经济发展、山水名城建设、会展经济、扶贫开发和招商引资、项目建设等记载内容，并增加图表，以增强资料性、实用性和可读性。

6. 为方便文字记述，文中以市、县（市、区）、乡镇（街道）、村（居）来体现记述范围，以“年内”指代2018年、“上年”指代2017年、“年末”指代2018年年末。正文中副市级以上负责人署名，且职务冠名前，职称缀名后。一般使用法定计量单位，但在记述农业用地时亦可用亩。数字一般记至万以上，小数点后保留两位小数，但在记述人均收入、人均生活支出和在岗职工平均工资时，可记述至个位。

7. 为方便读者查阅，本卷进一步完善主题索引，适度增加索引量。读者可通过中（英）文目录、主题索引以及页眉和大事纪要等检索渠道查找所需信息资料。

8. 本卷资料和数据均由市直部门、各县（市、区）及有关单位提供，并经负责人审核。全市综合性数据由市统计局提供或审定。增加值、绝对数均按当年价格，增长速度按可比价格计算。

泰安市地图

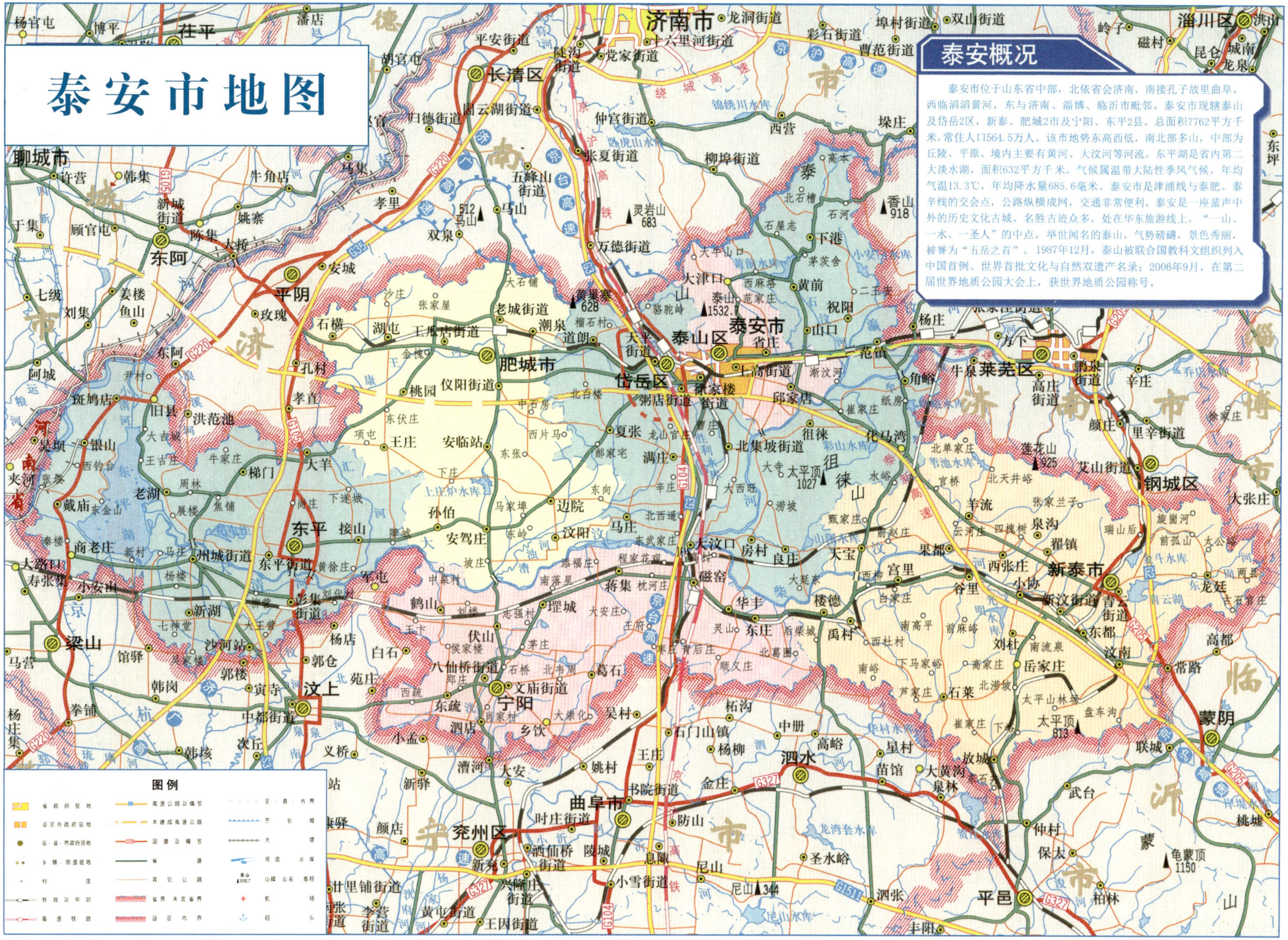

泰安概况

泰安市位于山东省中部，北依省会济南，南接孔子故里曲阜，西临滔滔黄河，东与济南、淄博、临沂市毗邻。泰安市现辖泰山及岱岳2区，新泰、肥城2市及宁阳、东平2县。总面积7762平方千米，常住人口564.5万人。该市地势东高西低，南北部多山，中部为丘陵、平原。境内主要有黄河、大汶河等河流。东平湖是省内第二大淡水湖，面积632平方千米。气候属温带大陆性季风气候，年均气温13.3℃，年均降水量685.6毫米。泰安市是津浦线与泰肥、泰辛线的交会点，公路纵横成网，交通非常便利。泰安是一座蜚声中外的历史文化古城。名胜古迹众多，处在华东旅游线上，“一山、一水、一圣人”的中点，举世闻名的泰山，气势磅礴，景色秀丽，被誉为“五岳之首”。1987年12月，泰山被联合国教科文组织列入中国首例、世界首批文化与自然双遗产名录；2006年9月，在第二届世界地质公园大会上，获世界地质公园称号。

审图号：鲁SG(2019)034号　　山东省地图院编制　2019年4月

幸福泰安

国家首批对外开放城市
国家历史文化名城
国家卫生城市
国家园林城市
国家森林城市
国家节水型城市
国家首批新能源示范城市
国家分布式光伏发电应用示范区
全国文明城市提名城市
全国外贸竞争力百强城市
全国科技进步考核先进市
全国无偿献血先进城市
全国创业先进城市
全国双拥模范城
全国民族团结进步模范集体
全国文化体制改革工作先进地区
全国基层中医药工作先进单位
全国人口和计划生育综合改革示范市
全国婚育新风进万家活动示范市
全国资源综合利用“双百工程”示范基地
全国首批社会组织建设创新示范区
全国水生态文明城市建设试点
全国家庭急救模范城市
中国优秀旅游城市
中国特色魅力城市
中国人居环境奖
中国城市综合创新力50强
中国商帮推荐投资城市
中国投资环境百佳城市
中国城市公益百强榜
中国自驾车旅游品牌十大目的地
十大国内自助游目的地

中华泰山

世界文化与自然遗产
世界地质公园
首例“世界摄影基地”
全国文明风景旅游区
全国首批“中国森林氧吧”
全国旅游服务质量标杆单位
全国“旅游服务最佳景区”
全国首批“港澳青少年游学基地”
全国首批“十大游学景区”
国家地质公园
国家森林公园
国家首批重点风景名胜区
国家AAAAA级旅游景区
国家级风景名胜区综合整治十佳单位
国家级服务标准化示范单位
国家级全民健身登山基地
国家级海峡两岸交流基地
国家级摄影创作基地
中华十大名山
中国书法名山
中国楹联名山
中国最美的十大名山
中国旅游品牌十大景区
中国最令人向往的地方
中国民间文化遗产旅游示范区
中国最值得外国人去的50个地方
中国自驾车旅游品牌十大景区
顾客十大满意风景名胜区
最佳资源保护十大风景名胜区
欧洲人最喜爱的中国十大景区

泰 安（2018）

◎ 总面积：7762平方千米

◎ 年末常住人口：564.0万人

◎ 生产总值：3651.5亿元

第一产业：285.4亿元

第二产业：1615.2亿元

工业：1325.0亿元

第三产业：1751.0亿元

◎ 三次产业构成：7.8∶44.2∶48.0

◎ 人均地区生产总值：64714元

◎ 地方财政收入：219.5亿元

◎ 地方财政支出：381.0亿元

◎ 金融机构人民币各项存款余额：3647.7亿元

城乡居民储蓄存款余额：2283.2亿元

◎ 金融机构人民币各项贷款余额：2354.3亿元

◎ 社会消费品零售额：1593.8亿元

◎ 外贸进出口总值：160.8亿元

出口总值：127.6亿元

进口总值：33.2亿元

◎ 实际利用外资：46.0亿元

◎ 旅游总人数：7589.4万人次

◎ 旅游消费总额：847.7亿元

◎ 发明专利授权数：523件

◎ 普通高等学校：9所

◎ 普通高等学校在校生：16.2万人

◎ 中等职业学校：14所

◎ 中等职业学校在校生：3.9万人

◎ 技工学校：8所

◎ 技工学校在校生：2.2万人

◎ 普通中学：196所

◎ 普通中学在校生：31.8万人

◎ 小学：520所

◎ 小学在校生：29.8万人

◎ 卫生机构床位：32557张

◎ 卫生技术人员：38705人

◎ 全社会用电量：198.4亿千瓦·时

◎ 城区供水综合生产能力：23万立方米/日

◎ 城市道路面积：3200.0万平方米

◎ 城镇居民人均可支配收入：35196元

◎ 城镇居民人均消费性支出：20862元

◎ 农村居民人均可支配收入：16959元

◎ 农村居民人均消费性支出：10942元

《泰安年鉴（2019）》单位审稿人名单

（以姓氏笔画为序）

于文龙　于　冬　于海涛　弓瑞民　王天宇　王玉坚　王立军　王圣运　王传宝　王志翔　王希娟
王序东　王　峰　王敬泽　王鲁生　王新民　亓顺民　亓　涛　车传祥　贝绍阳　方士浩　孔祥湖
卢晓堂　冯隧杰　巩向海　巩相会　毕于民　毕研坤　毕思忠　吕军德　吕怀玉　吕桂平　朱志平
朱　杰　朱晓东　刘月永　刘文明　刘永辉　刘　华　刘兆泉　刘学永　刘彦涛　刘新章　江　东
许华北　孙兰俊　孙圆景　孙　磊　杜广华　李成涛　李华民　李向影　李　芳　李作超　李　静
杨化军　杨　帅　杨军昌　杨承修　杨树国　时　平　吴　斌　辛俊峰　宋鸿鹏　张广银　张吉峰
张庆峰　张步军　张建东　张建国　张春华　张俊敏　张洪洲　张恒春　张　莉　张继峰　张景洲
张鲁玉　张　斌　张　强　张　颜　张　鑫　陈丽敏　陈晓娜　陈锦勇　武建堂　周　晓　郝　燕
段建筑　段爱华　娄本亮　姚红秋　姚志刚　贾志秋　柴　力　徐从军　徐方全　徐兆兵　徐法彬
徐宗明　徐建英　徐剑波　徐　敏　高俊杰　戚　锋　崔　健　鹿　锋　鹿道新　梁进涛　梁国言
梁晨阳　尉茂路　彭春雷　董彦和　韩志强　程　波　戴　冰　鞠允平　魏　勃

《泰安年鉴（2019）》单位中心撰稿人名单

（以姓氏笔画为序）

丁兆秀　丁　婧　马九虎　马　峰　马　敏　马　琳　王元志　王玉梅　王立峰　王亚楠　王百灵
王成磊　王先琪　王传其　王阳明　王玲玲　王　勇　王　振　王桂林　王　健　王　涛　王家民
王　琪　王琳琳　王　超　王　斌　王　雷　王　璇　王　磊　韦　芹　牛宏伟　孔　谦　石亚男
叶　松　白　霞　冯　庆　宁爱民　边晓冬　邢曙光　朱传伏　朱志刚　任延勇　任建波　庄惠丽
刘田田　刘　伟　刘　钊　刘性泉　刘彦伟　刘艳芳　刘　晓　刘　倩　刘梦冉　刘淑文　刘锦多
齐敏华　闫　超　许　兵　孙小珺　孙启峰　孙珺富　孙梦琳　苏智伟　杜荣立　杜继祥　杜　娟
杜　鹃　李先虎　李向福　李　明　李　波　李姗姗　李春霞　李贵友　李　勇　李　倩　李　乾
李　梅　李慧星　李德龙　李　燕　杨　宁　杨　扬　杨　春　吴东哲　吴克欣　吴　昊　佀　亚
谷国安　汪　洋　沈红叶　沈　杨　宋礼鹏　宋庆健　张天宇　张　文　张立涛　张　成　张　帆
张　军　张　进　张　兵　张作祥　张尚友　张　波　张宗起　张　健　张梦瑾　张淑蕾　张景浦
张婷婷　张　楠　张　静　张嘉楠　张　聪　张　磊　陈广建　陈丽君　陈来明　陈显良　陈雪飞
陈　潇　邵小庆　邵国帅　邵　振　武晓亮　范盛有　林　营　金延臻　周长坤　周　言　单美菁
赵先法　赵传勇　赵红明　赵志刚　赵　兵　赵欣欣　赵　峰　赵　辉　赵　强　郝　飞　郝贞明
郝　航　柏钦战　侯胜男　祝　捷　姚　娟　栗长峥　贾秀梅　贾　波　高文星　高　炜　高　磊
郭　建　郭洪省　桑运昌　黄　伟　黄　磊　曹丙珂　曹梅玲　梁　波　隋晶晶　续晓丽　葛宗泰
董玉文　韩长清　韩　伟　韩　念　韩　超　景　婧　程建民　焦　健　褚文文　翟　曜　颜　亮
颜　健　瞿祥耀

2月5日，市委书记王云鹏（右）慰问新中国成立前入党的老党员　　（司　刚　摄）

5月23日，市委书记崔洪刚（前排左一）到岱岳区调研经济社会发展情况　　（王国梁　摄）

10月9日，市委副书记、市长李希信（前排右二）到财源街中央商务区和历史文化轴建设工程现场调研

（王国梁　摄）

12月18日，市委副书记张涛（前排右二）到泰安高新区国家湿地公园等地开展第四季度河湖巡查工作

（张中乾　摄）

11月27日，市人大常委会主任唐福泉（前排左三）到省庄镇督导全国文明城市创建工作　（苏智伟　供）

8月29日，市政协主席周桂萍（前排左三）到新泰市岳家庄乡督导脱贫攻坚工作　（宁爱民　供）

2月27日，泰安市全面展开新旧动能转换重大工程誓师大会在泰山国际会展中心召开　　　　（张　通　摄）

3月22日，全市精神文明建设暨创建全国文明城市动员会议召开　　　　（司　刚　摄）

12月1日，全市重点企业财源建设基金投资签约仪式暨政策发布会召开 （司 刚 摄）

12月24日，泰安市市级机构改革动员大会召开 （司 刚 摄）

12月10—11日，泰安市庆祝改革开放40周年主题摄影展、书画作品展举行。图为市委书记崔洪刚（前排）等市领导观看展览 （司 刚 摄）

3月16—19日，中国泰山粮油论坛暨第十三届全国粮油产销企业订货会在泰安举办。图为开幕式现场 （司 刚 摄）

10月19—21日，2018中国山东首届旅游商品与装备博览会在泰山国际会展中心举办。图为旅游商品展示

（陈 阳 摄）

8月31日至9月2日，第四届中国（泰山）国际矿业装备与技术展览会在泰山国际会展中心举行，356家国内外知名企业参展，集中展示矿业装备领域的先进科研成果。图为展会发布会现场 （司 刚 摄）

11月20日，市委书记崔洪刚（前排右二）深入城区部分窗口单位、农贸市场、商业街区、老旧小区等，现场督导创建全国文明城市迎审工作。市委常委、秘书长宋洪银（右二）陪同活动（王国梁 摄）

11月30日，泰安市创建全国文明城市迎审工作推进会议召开（司刚 摄）

3月10日，泰安市“绿满泰安”志愿服务活动启动暨“青年志愿林”揭牌仪式在徂徕山林场举行（李明 供）

市委书记崔洪刚（左二）参加创城迎审义务劳动
（司 刚　摄）

"泰安时光"养眼文明风尚沁心。图为位于长城路的"泰安时光"创城公益广告（陈 阳　摄）

7月6日，市政府召开高速公路泰安城区段沿线非公路标志（简称"非标"）清除动员会议，启动京台高速公路济南泰安交界至泰山枢纽立交桥段沿线"非标"清除工作。7月10日下午5时，京台高速济南泰安界K457至泰山枢纽立交桥K471段沿线"非标"（主要为大型立柱式广告牌）拆除工作全部完成，共拆除"非标"173块，总面积40284平方米。图为立柱广告牌拆除后的京台高速泰山枢纽立交桥
（陈 阳　摄）

5月11—12日，市委书记崔洪刚（左五）到东平县调研经济社会发展情况，重点察看脱贫攻坚工作。市委副书记、东平县委书记张涛（左三），市委常委、秘书长宋洪银（右四）陪同活动
（王国梁 摄）

位于道朗镇里峪村的九女峰游客中心（司 刚 摄）

大汶口向日葵花海
（刘 水 摄）

东平县接山镇蔴子峪光伏发电项目投资总额约1.8亿元，利用闲置山坡荒草地40.87公顷（613亩），总装机容量20兆瓦。土地流转收入“三二五”分配，实现村集体有收入、贫困户有资金、全体村民可增收
（夏传嘉 摄）

9月20日，第三届新泰青云湖有机鱼旅游文化艺术节开幕。在围观游客的感叹声和欢呼声中，重23.1千克的鱼王以68888元的价格拍出　　（赵文文　摄）

图为新泰惠美百合和园　　（高文星　供）

6月15日，在肥城市安驾庄镇蔡家颜子村，大型收割机忙碌地收割小麦。新兴的农业机械专业合作社，为农户提供一站式的土地收割种植服务　　（隋　翔　摄）

宁阳县伏山镇发展蔬菜和制种业，推动土地规模化流转，建设蔬菜现代标准化生产示范基地和蔬菜集约化育苗中心繁育基地
（侯胜男　供）

5月19日，市委书记崔洪刚（前排中）到泰安高新区调研新旧动能转换情况，市委常委、秘书长宋洪银（前排左）陪同活动　（王国梁　摄）

4月23日，中国泰山第四届国际高洽会暨新旧动能转换峰会举行。图为项目集中签约仪式现场
（司　刚　摄）

7月19日，市委书记崔洪刚（前排右）到泰安高新区检查项目建设　（王国梁　摄）

12月21—23日，全市组织市几大班子领导及市直有关部门负责人，现场检查各县（市、区）、功能区2018年下半年招商引资和项目建设情况，集中听取5个招商引资和重点项目建设指挥部工作情况汇报，评价考核各县（市、区）、功能区和各指挥部工作，并召开全市“双招双引”工作推进会，总结交流招商引资招才引智工作情况，安排部署“双招双引”工作任务，推动泰安高质量发展再上新台阶。图为检查观摩高新区泰山创新谷（国家级高创中心孵化器）　（王国梁　摄）

9月6—8日，第二届“泰山玉杯”玉雕大赛举办。图为市委书记崔洪刚（前排左二），市委副书记、市长李希信（前排右二），市委副书记张涛（前排右一）等市领导参观大赛获奖作品

（张昭澎　摄）

9月9日，第三届“外国专家泰安行”活动举办。图为启动仪式现场

（司　刚　摄）

9月6日，2018第三届泰山国际福祉暨康复设备博览会举行。图为开幕式现场

（张　通　摄）

9月6日，第三十二届泰山国际登山节暨2018中国泰安投资合作洽谈会开幕。图为重点项目签约仪式现场

（司 刚 摄）

9月8日，东岳武术邀请赛举行，国内外1000名武术爱好者相聚泰山、同台比武，共推体育产业及传统武术健康发展。图为少林武术表演

（司 刚 摄）

9月7日，“鲁能杯”第三十二届泰山国际登山比赛暨第二十三届全国全民健身登泰山比赛和登泰山万人徒步行活动起跑仪式举行。图为运动员冲出起跑线 （司 刚 摄）

12月23日，“改革开放再出发”——泰安市庆祝改革开放40周年感动泰安人物（群体）和最具影响力的事件颁奖典礼举行，市领导崔洪刚、张涛、唐福泉、周桂萍、郭德文、展宝卫、李灿玉、郝红、宋洪银、高尚山出席颁奖典礼，并为感动泰安人物颁奖。图为市领导与获奖人员合影（王国梁　摄）

2018年，中央电视台春节联欢晚会在泰安设置分会场。图为2月15日（大年三十）晚22时36分至41分，泰山封禅大典剧场表演现场（陈　阳　摄）

4月30日，2018东岳庙会启会开幕。图为开幕仪式现场

（赵文文　摄）

6月20日，以全国脱贫攻坚贡献奖获得者、全国劳动模范、山东省优秀共产党员、齐鲁时代楷模苏庆亮先进事迹改编的电影《苏庆亮》在泰安举行首映式　　（司　刚　摄）

4月15日，泰安金控集团·2018泰山国际马拉松赛举行。该赛事已举办四届，涵盖全程马拉松、半程马拉松、迷你马拉松等3种赛事，被国内外马拉松选手誉为“最美马拉松赛”　　（陈　阳　摄）

5月23日，市委书记崔洪刚（右二）到泰安市主题党日活动中心调研党建工作　　（王国梁　摄）

11月6日，全市城市基层党建共同体建设座谈会召开，市委常委、组织部部长高尚山出席会议并讲话
（司 刚　摄）

6月29日，全市纪念建党97周年大会暨开展讲述“身边”先锋群体主题党日活动在泰山国际会展中心泰山会堂举行。图为市委书记崔洪刚（右二）、市委副书记张涛（右一）接见优秀党员代表

（司 刚 摄）

9月30日，市委办公室机关第一党支部党员大会召开 （司 刚 摄）

2018年是泰安市泰山区域山水林田湖草生态保护修复工程实施的开局之年。在市委、市政府坚强领导下，全市各级各有关部门认真落实中央及省、市决策部署，把搞好工程实施作为一项重大政治任务，坚持以规划为引领，以项目推进为核心，以机制体制为保障，凝心聚力推进工程项目建设，取得显著成效。全市山水林田湖草生态保护修复工程安排各类项目67个，涉及子项目326个，总投资166.37亿元。截至2018年年底，开工项目55个、子项目215个，分别占总计划的82.1%、66%；完工项目2个、子项目70个；完成项目投资46.83亿元（中央财政10.74亿元、省级财政7.66亿元、市县财政3.98亿元、企业自筹16.19亿元、PPP项目吸引社会资本0.33亿元、其他资金7.93亿元），分别占年度计划和总计划的97.5%、28.8%。

山水相依 宜居新城——随着石腊河水系综合治理项目的推进，石腊河沿岸展现出生态宜居新城建设发展新貌（下图）。左为施工图

（隋 翔 摄）

图为宁阳县大汶河沿岸崩塌、泥石流地质灾害防治工程。通过采取设置警示牌、清理或加固危岩体和固源、拦挡、排导等措施，对区内崩塌、滑坡、泥石流进行综合治理，从而消除地质灾害隐患，确保当地人民群众的生命和财产安全，改善生态环境。左为施工图　　（张　健　供）

图为大汶河下游及环东平湖矿山生态修复工程。右上为施工图　　（张　健　供）

碧水蓝天呼应，绿水青山绕城。图为泰安城区新貌 （陈 阳 摄）

泰安旅游经济开发区（高铁新区）夜景 （李德龙 供）

图为日益发展的泰安高新区　　　　（陈丽君　供）

10月1日，泰安市最大的健身公园——生态绿地健身活动公园正式启用。该公园位于时代发展线上，紧邻泰山国际会展中心和泰安市文化艺术中心，总占地约12.8公顷（192亩），以生态绿地为主，兼顾运动健身，包括1个标准足球场、4个笼式足球场、5个篮球场、1个网球场、部分乒乓球台及停车场地等配套设施，是全市重要的绿地公园和健身休闲娱乐聚集地，为市民游憩、休闲、健身提供良好平台　（陈　阳　摄）

目　录

特　载

在市委十一届八次全体会议上的报告……………… 1
政府工作报告………………………………………… 6
泰安市庆祝改革开放 40 周年感动泰安人物（群体）……………………………………………………… 14
泰安市庆祝改革开放 40 周年最具影响力的事件……………………………………………………… 15

专　记

泰山区域山水林田湖草生态保护修复工程…………17
概　况…………………………………………………… 17
建设目标………………………………………………… 17
项目概况………………………………………………… 17
推进措施………………………………………………… 19
进展情况………………………………………………… 19

大事纪要

大事记……………………………………………………21
1 月 …………………………………………………… 21
2 月 …………………………………………………… 21
3 月 …………………………………………………… 22
4 月 …………………………………………………… 23
5 月 …………………………………………………… 24
6 月 …………………………………………………… 25
7 月 …………………………………………………… 26
8 月 …………………………………………………… 28
9 月 …………………………………………………… 29
10 月 ………………………………………………… 31
11 月 ………………………………………………… 33
12 月 ………………………………………………… 34

第三十二届泰山国际登山节……………………………36
概　况…………………………………………………… 36
开幕式…………………………………………………… 37
经贸活动………………………………………………… 37
文旅活动………………………………………………… 37
科技活动………………………………………………… 38
体育活动………………………………………………… 38

市情概览

环境·资源·人口…………………………………………39
位置面积………………………………………………… 39
建置沿革………………………………………………… 39
行政区划………………………………………………… 39
人口状况………………………………………………… 39
民族概况………………………………………………… 39
土地资源及特征………………………………………… 40
气候特征………………………………………………… 40
水源特征………………………………………………… 40
生物资源………………………………………………… 40
矿产资源………………………………………………… 41
表 1　2018 年泰安市人口和自然资源情况

经济和社会发展综述……………………………………41
概　况…………………………………………………… 41

经济发展……42
城乡建设……42
社会民生……43
生态环保……43

全面深化改革……43
概　况……43
改革试点任务推进……44
改革成效……44
改革工作宣传……44
泰安市全面深化改革专题研修班　……45

扶贫开发……45
概　况……45
组织体系建设……45
精准识别与退出……45
项目资金管理……45
党建引领扶贫……45
重点贫困区域帮扶……46
特困群体帮扶……46
行业社会扶贫……46
督查考核评估……46
扶贫舆论宣传……47

精神文明建设综述……47
概　况……47
全国文明城市创建……47
文明出行专项行动……48
乡村文明行动……48
新时代文明实践中心……48
市民素质提升工程……48
公益广告宣传……48
未成年人思想道德建设……48
志愿服务……49
公民思想道德建设……49
网络文明建设……49

2018 年泰安市组织机构及负责人　……50
市级领导班子……50
市委工作部门……51
市政府工作部门……52
市政府派出机构……57
市委、市政府直属事业单位……57
法院、检察院……59
人大、政协、纪委机关……59
民主党派……61
群众团体……62
各县市区领导班子……63
驻泰安部队……66
中央、省属驻泰安单位……66
高职高专院校……69

中国共产党泰安市委员会

综　述……71
概　况……71
全市农村工作会议……71
全市扶贫开发工作会议……72
全市“大学习、大调研、大改进”工作会议……72
全市领导干部会议……72
全市科学技术奖励大会……72
中共泰安市委十一届六次全体会议……72
全市招商引资招才引智暨提高行政效能优化营商不境大会……72
中共泰安市委十一届七次全体会议……73
全市“双招双引”工作推进会……73
泰安市市级机构改革动员大会……73

综合协调服务……73
市委办公室机关建设……73
会务服务……74
信息值守……74
督查落实……74
公文处理……74
农业农村工作……75
主体责任工作……75
综合服务……75
综合协调……75

组　织……76
概　况……76
思想建设……76
领导干部队伍建设……76

干部管理监督……76
健全考核激励机制……76
基层党建工作……76
激发党员队伍活力……77
人才队伍建设……77
锻造模范部门和过硬队伍……77

宣　传……78
概　况……78
意识形态工作……78
理论武装工作……78
新闻宣传……78
网络管理和应用……79
社会主义核心价值观建设……79
群众性精神文明创建……79
文化产业事业……80
对外宣传……80

统一战线……80
概　况……80
多党合作事业……80
党外知识分子和新的社会阶层人士统战工作……81
服务经济社会发展……81
党外代表人士队伍建设……81
统一战线“双百聚力”行动……81
“同心扶贫攻坚”行动……82
·民族与宗教工作·……82
民族宗教领域和谐稳定……82
民族工作……82
宗教工作……82
·台湾事务·……82
对台经贸……82
泰（安）台（湾）交往交流……83
对台服务和涉台稳定……83
·侨　务·……83
为侨服务……83
引资引智……84
华文教育……84
侨务捐赠……84

政策研究……84
概　况……84
文稿起草……84
调查研究……84
载体建设……84
深化改革……84

机构编制……85
概　况……85
机构改革……85
相对集中行政许可权改革……85
“一次办好”改革……85
机构编制管理……85

机关党建……86
概　况……86
思想建设……86
组织建设……86
作风建设……86
精神文明创建……87
服务品牌建设……87
党的建设规范化活动……87
宣传工作……87
群团组织建设……87
全国文明城市创建……88

老干部管理与服务……88
概　况……88
离退休干部思想政治建设和组织建设……88
离退休干部服务管理工作……88
老年教育和文化养老工作……88
为党的事业增添正能量活动……88

党史与地方志……89
·党史资料征编与研究·……89
概　况……89
党史征集研究……89
党史宣传教育……89
党史队伍建设……89
·地方史志·……89
概　况……89
镇村志编纂与村史馆建设……90
《泰安府志》点校本出版……90
年鉴编辑……90

《泰安年鉴（2018）》出版发行……90
市情研究宣传……90
方志馆建设……90

党　校……90
概　况……90
推动各级党委全面落实党校工作主体责任……91
完成重大政治任务……91
党员干部培训……91
科研咨政……91
硬件建设……91
组织建设……91

档　案……91
概　况……91
档案资源建设……92
档案信息化建设……92
档案查阅利用……92
档案开发利用……92
档案业务管理……92
档案宣传教育……92

泰安市人民代表大会

综　述……93
概　况……93
重大决定……93
人事任免……93

重要会议……95
市十七届人大二次会议……95
市十七届人大常委会会议……95
全市人大工作座谈会……97

地方立法……97
坚持党对立法工作的领导……97
坚持人大对立法工作的主导……97
坚持立法工作以政府为依托……97
三部法规相继颁布实施……97

法律监督和工作监督……97
保障法律法规实施……97
增强监督实效……98
强化国民经济监督……98
助推乡村振兴……98

代表履职……98
改革事项落实情况调查……98
开展“集中联系代表月”活动……99
学习贯彻刘家义在省十三届人大初任代表学习班的重要讲话……99
专题审议代表议案……99

专门委员会……99
法制委员会……99
内务司法委员会……99
财政经济委员会……100
农业与农村委员会……100
城乡建设与环境资源保护委员会……100
教育科学文化卫生委员会……100
民族侨务外事旅游委员会……100

泰安市人民政府

综　述……101
市政府常务会议……101
重要决策、决定……104

综合协调服务……106
概　况……106
会议活动服务……107
政务信息……107
政务督查……107
外事工作……107
表2　2018年国外团组到泰安访问情况
电子政务……109
政务服务热线管理……110
应急管理与政务值班工作……110

决策服务……110
概　况……110
文稿起草……110

重要课题调研…… 110
《泰安市人民政府公报》编发…… 110

行政审批服务…… 111
概 况…… 111
组建行政审批服务局…… 111
搬迁新政务服务大厅…… 111
完善平台建设…… 111
深化流程再造…… 111
优化服务措施…… 111
强化窗口管理…… 111

应急管理…… 112
·安全生产监督管理·…… 112
概 况…… 112
安全生产责任落实…… 112
安全生产隐患治理和监督检查…… 112
安全生产基层基础…… 112
安全生产长效机制…… 112
·防震减灾·…… 113
概 况…… 113
落实全省防震减灾工作会议精神…… 113
监测预报体系建设…… 113
震灾预防体系建设…… 113
应急救援体系建设…… 113
防震减灾宣传教育…… 114
·消防救援·…… 114
概 况…… 114
思想政治工作…… 114
火灾防控…… 114
消防队伍建设…… 115
后勤保障…… 115

机关事务…… 115
节约型机关建设…… 115
后勤社会化改革…… 115
支撑保障…… 115
服务保障…… 115

信 访…… 116
概 况…… 116
案件处理…… 116
信访矛盾化解…… 116
领导干部公开接访…… 116
提升信访事项办理质量…… 116
信访事项复查复核与听证工作…… 116

中国人民政治协商会议泰安市委员会

综 述…… 117
概 况…… 117
聚焦中心协商议政…… 117
围绕民生建言献策…… 117
汇聚改革发展合力…… 117
推进履职提质增效…… 118
全面加强履职能力建设…… 118
重要活动…… 118

重要会议…… 119
市政协十三届二次全体会议…… 119
市政协常委会议…… 119
市政协主席会议…… 120

政治协商…… 120
协商计划…… 120
专题协商…… 120
对口协商…… 120
界别协商…… 120
重点提案办理协商…… 120

参政议政…… 120
调查研究…… 120
督促落实…… 121
对口协商…… 121

民主监督…… 121
提案监督…… 121
视察监督…… 121
社会监督…… 122
社情民意反映…… 122

自身建设…… 122

党的建设工作 122
宣传思想工作 123
队伍建设 123

政协各专门委员会 123
提案委员会 123
经济委员会 123
人口资源环境委员会 123
科教文卫体委员会 124
社会法制和民族宗教委员会 124
文史资料委员会 124
港澳台侨和外事委员会 124

纪检·监察

综　述 125
概　况 125
推进监察体制改革 125
健全完善制度机制 125

重要会议 125
泰安市监察委员会挂牌成立暨第一次全体干部会议 125
市纪委十一届三次全会 126
党外人士情况通报会 126
十一届市委第三轮巡察工作动员部署会 126
全市纪检监察工作会 127
全市扫黑除恶专项斗争监督执纪监察工作推进会 127
十一届市委第四轮巡察工作动员部署会 127
2018 年度县（市、区）党（工）委书记向市纪委全会述责述廉会 127

学习教育 127
加强队伍建设 127
强化理论武装 128
践行“两个维护” 128
净化政治生态 128
筑牢思想防线 128

监督执纪 128
强化日常监督 128
深化运用监督执纪“四种形态” 129
集中整治形式主义、官僚主义 129
坚决防止“四风”反弹回潮 129

惩治腐败 129
持续保持高压态势 129
惩治并举标本兼治 129
开展扶贫领域腐败和作风突出问题专项治理 129
严查涉黑涉恶腐败和“保护伞” 130

巡视巡察 130
概　况 130
组织领导 130
巡察监督 130
工作创新 130
县级巡察 130
自身建设 130

民主党派·工商联

中国国民党革命委员会泰安市委员会 131
概　况 131
思想建设 131
组织建设 131
参政议政 131
社会服务 132

中国民主同盟泰安市委员会 132
概　况 132
思想建设 132
组织建设 132
参政议政 132
社会服务 132

中国民主建国会泰安市委员会 133
概　况 133
思想建设 133

组织建设…… 133
参政议政…… 133
社会服务…… 134

中国民主促进会泰安市委员会…… 134
概　况…… 134
思想建设…… 134
组织建设…… 134
参政议政…… 134
社会服务…… 135

中国农工民主党泰安市委员会…… 135
概　况…… 135
思想建设…… 135
组织建设…… 135
参政议政…… 135
社会服务…… 135

中国致公党泰安市委员会…… 136
概　况…… 136
思想建设…… 136
组织建设…… 136
参政议政…… 136
社会服务…… 136

九三学社泰安市委员会…… 136
概　况…… 136
思想建设…… 136
组织建设…… 137
参政议政…… 137
社会服务…… 137

泰安市工商业联合会…… 137
概　况…… 137
学习贯彻习近平总书记民营企业座谈会讲话精神…… 137
思想政治工作…… 137
经济服务…… 138
百企帮百村扶贫行动…… 138
联络工作…… 138
组织建设…… 138

人民团体

泰安市总工会…… 139
概　况…… 139
服务工作大局…… 139
协调劳动关系…… 140
服务职工群众…… 140
基层工会建设…… 140

中国共产主义青年团泰安市委员会…… 141
概　况…… 141
深化改革和服务发展…… 141
联系青年和基层组织建设…… 141
宣传引导工作…… 141
学校少先队工作…… 142
青春扶贫和希望工程…… 142

泰安市妇女联合会…… 142
概　况…… 142
妇联组织和队伍建设…… 142
组织妇女参与经济建设…… 142
救助扶贫工作…… 143
维护妇女儿童合法权益…… 143
推进实施妇女儿童发展规划…… 143
组织妇女参与精神文明建设…… 144

泰安市科学技术协会…… 144
概　况…… 144
服务科技工作者…… 144
服务创新驱动…… 144
服务全民科学素质提升…… 145
服务党和政府科学决策…… 145

泰安市归国华侨联合会…… 145
概　况…… 145
服务经济建设…… 145
服务社会事业…… 146

服务对外交流…… 146
为侨服务…… 146
参政议政…… 146
外宣外联…… 146

法治·军事

法治综述…… 147
概　况…… 147
平安建设…… 147
安保维稳…… 147
扫黑除恶专项斗争…… 147
服务大局…… 148

法治政府建设…… 148
概　况…… 148
组织谋划和督导检查…… 148
制度建设…… 148
行政执法监督…… 148
行政复议应诉…… 149

公　安…… 149
概　况…… 149
反恐维稳…… 149
打击犯罪…… 149
社会治理…… 149
基层基础建设…… 150

检　察…… 151
概　况…… 151
保障经济发展…… 151
维护社会和谐稳定…… 151
诉讼监督…… 152

法　院…… 152
概　况…… 152
刑事审判…… 152
民商事审判…… 152
行政审判…… 152
执行工作…… 152
司法改革…… 152
司法为民…… 152
司法公开…… 153

司法行政…… 153
概　况…… 153
法治宣传…… 153
基层基础工作…… 153
法律服务体系…… 153
法律援助…… 153
司法鉴定…… 154
律师业务…… 154
公证业务…… 154
司法改革…… 154

仲　裁…… 154
概　况…… 154
宣传推行…… 154
仲裁业务…… 154

泰安军分区…… 155
军事工作…… 155
政治工作…… 155
国防动员…… 155
后勤装备保障…… 155
双拥共建…… 155

人民防空…… 155
概　况…… 155
新旧动能转换和科技创新…… 156
组织指挥和训练演练…… 156
人防工程建设…… 156
建设费征缴…… 156
工程监督和安全监管…… 156
工程管理和开发利用…… 156
“放管服”改革…… 156
行政执法…… 156

经济管理

发展和改革…… 157
·经济运行与社会发展·…… 157

概　况…… 157
规划编制与形势分析…… 157
乡村振兴战略…… 157
重点项目建设…… 157
改革开放…… 157
生态文明建设…… 158
新旧动能转换…… 158
产业转型升级…… 158
社会民生事业…… 159
·对口支援和扶贫协作· …… 159
概　况…… 159
体制机制…… 159
帮扶支持…… 159
人才支援…… 159
产业扶持…… 159
社会力量支持…… 159
创新扶贫模式…… 160
·重点项目建设· …… 160
年产2万吨纱线染色智能工厂项目…… 160
年产2万吨锂正极材料项目 …… 160
泰开集团新能源箱变项目 …… 160
高性能碳纤维土工格栅项目 …… 160
高端电缆产业化智能制造项目…… 161
众客生态食品产业融合发展创新园项目 …… 161
泰安市区域细胞制备中心项目…… 161
中国北方教育装备项目 …… 161
泰山神农智谷大数据产业项目 …… 161
·物价管理· …… 162
概　况 …… 162
价格调控 …… 162
价费管理 …… 162
价格服务…… 162
市场价格监管…… 162
蔬菜目标价格保险 …… 162
公平竞争审查 …… 163

国有资产监督管理…… 163
概　况…… 163
市属国有企业经济运行…… 163
国有经济新旧动能转换…… 163
招商引资招才引智…… 163
深化国资国企改革…… 164
县级国有资产监管…… 164

市场监督管理…… 164
·工商行政管理· …… 164
概　况…… 164
商事制度改革…… 164
商标战略…… 164
服务新旧动能转换…… 164
消费者权益保护…… 164
信用监管…… 165
竞争执法工作 …… 165
·质量技术监督· …… 165
概　况…… 165
质量强市战略…… 165
标准化工作…… 165
特种设备安全监察…… 166
工业产品质量监督…… 166
计量管理…… 166
检验检测能力建设…… 166
·食品药品监管· …… 166
概　况…… 166
食品生产监管…… 166
食品流通监管…… 166
餐饮服务食品监管…… 167
保健食品化妆品监管…… 167
食盐质量安全监管…… 167
药品生产监管…… 167
药品市场监管…… 167
医疗器械监管…… 167
专项整治…… 167
稽查工作…… 167
技术支撑能力建设…… 167
不良反应监测…… 167
食盐质量安全监管体制改革…… 167

统　计…… 168
概　况…… 168
统计体制改革…… 168
第四次经济普查…… 168
数据质量管控…… 168
基层基础建设…… 168
统计服务…… 168

审 计……………………………………………… 168
概 况……………………………………………… 168
政策落实跟踪审计……………………………… 168
预算执行审计…………………………………… 168
经济责任审计 ………………………………… 169
政府投资审计…………………………………… 169
领导干部自然资源资产离任审计……………… 169
内部审计………………………………………… 169

海 关……………………………………………… 169
概 况……………………………………………… 169
表 3 2018 年泰安市进出口情况
推进机构改革…………………………………… 169
强化实际监管…………………………………… 169
强化查处力度…………………………………… 169
深化改革优化服务……………………………… 170
为企业减负增效………………………………… 170

农业·水利

农业综述…………………………………………… 171
概 况……………………………………………… 171
优化农业发展格局……………………………… 171
推进产业融合…………………………………… 171
农业结构调整…………………………………… 171
质量品牌建设…………………………………… 171
农村综合改革…………………………………… 172
农业科技创新与推广…………………………… 172

种植业……………………………………………… 172
概 况……………………………………………… 172
表 4 2018 年泰安市粮棉油菜生产情况
粮食生产………………………………………… 172
植物检疫………………………………………… 172
病虫害防治……………………………………… 173
农业综合开发…………………………………… 173

林业产业…………………………………………… 174
概 况……………………………………………… 174
经济林生产……………………………………… 174
食用林产品质量安全监管……………………… 175

渔 业……………………………………………… 175
概 况……………………………………………… 175
渔业资源人工增殖放流………………………… 175
重点项目实施…………………………………… 175
水产品质量安全………………………………… 175
渔业安全生产…………………………………… 175
渔业技术推广…………………………………… 175

畜牧业……………………………………………… 175
概 况……………………………………………… 175
畜牧产业化……………………………………… 176
奶 业……………………………………………… 176
牛奶价格指数保险……………………………… 176
特色畜牧业……………………………………… 176
重大动物疫病防控……………………………… 176
动物卫生监督…………………………………… 176
生猪屠宰监管…………………………………… 176
畜产品安全监管………………………………… 177
兽药监管………………………………………… 177
饲料工业发展和“粮改饲”工作……………… 177

农业机械化………………………………………… 177
概 况……………………………………………… 177
农机科技推广…………………………………… 177
农机深松整地作业……………………………… 177
农机科教培训及修配管理……………………… 177
农机安全监理…………………………………… 178

农业科研…………………………………………… 178
概 况……………………………………………… 178
对上争取………………………………………… 178
科技成果争取…………………………………… 178
育种工作………………………………………… 178
知识产权………………………………………… 178
科技扶贫………………………………………… 178
成果推广………………………………………… 179
农技培训………………………………………… 179
人才建设………………………………………… 179
基地平台建设…………………………………… 179

水 利……………………………………………… 179
概 况……………………………………………… 179

招商引资……………………………………………… 179
水利工程建设和管理………………………………… 179
水利改革……………………………………………… 180
防汛抗旱……………………………………………… 180
水生态文明建设……………………………………… 180
农田水利建设………………………………………… 181
农村饮水安全………………………………………… 181
依法治水和行业管理………………………………… 181
水土保持……………………………………………… 181
移民后期扶持………………………………………… 181
行业扶贫……………………………………………… 181
南水北调……………………………………………… 181

黄河河务……………………………………………… 181
概　况………………………………………………… 181
防汛工作……………………………………………… 182
防洪工程建设与管理………………………………… 182
水　政………………………………………………… 182
规范管理……………………………………………… 182

工业·信息产业

工业综述……………………………………………… 183
概　况………………………………………………… 183
工业效益……………………………………………… 183
高质量发展…………………………………………… 183
重点行业……………………………………………… 183
政策服务……………………………………………… 184
要素保障……………………………………………… 184
新旧动能转换………………………………………… 184
化工产业转型升级…………………………………… 184
技术创新……………………………………………… 184
技术改造……………………………………………… 184
两化融合……………………………………………… 185
企业家队伍建设……………………………………… 185
企业管理……………………………………………… 185
·行业管理·…………………………………………… 185
概　况………………………………………………… 185
协会建设……………………………………………… 185
改革改制……………………………………………… 185

煤炭工业……………………………………………… 185
概　况………………………………………………… 185
地方煤矿……………………………………………… 186
安全生产……………………………………………… 186
新旧动能转换………………………………………… 186
煤炭清洁高效利用…………………………………… 186
·山东能源新汶矿业集团·…………………………… 186
概　况………………………………………………… 186
煤炭生产……………………………………………… 186
治亏增效……………………………………………… 186
安全保障……………………………………………… 186
·山东能源肥城矿业集团·…………………………… 187
概　况………………………………………………… 187
安全生产……………………………………………… 187
经营管理……………………………………………… 187
转型发展……………………………………………… 187
民生工程……………………………………………… 187

机械制造业…………………………………………… 187
概　况………………………………………………… 187
山东泰开电气有限公司……………………………… 187
中国重汽集团泰安五岳专用汽车有限公司………… 188
特变电工山东鲁能泰山电缆有限责任公司………… 188
泰山集团股份有限公司……………………………… 188
泰安华鲁锻压机床有限公司………………………… 188
山东宏康装备集团…………………………………… 188
山东硕力机械制造有限公司………………………… 188
山东能源机械集团有限公司………………………… 189
泰安力博机电科技股份有限公司…………………… 189
山东厚丰集团………………………………………… 189

化学工业……………………………………………… 189
概　况………………………………………………… 189
山东阿斯德化工有限公司…………………………… 189
山东华阳农药化工集团有限公司…………………… 189
山东省瑞星化学工业集团总公司…………………… 190
山东瑞泰纤维素有限公司…………………………… 190

建材工业……………………………………………… 190
概　况………………………………………………… 190
泰山石膏股份有限公司……………………………… 190
泰山玻璃纤维股份有限公司………………………… 190

食品药品业…………………………………………… 191
概　况…………………………………………… 191
泰山酒业集团股份有限公司………………………… 191
山东泰山啤酒有限公司　………………………… 191
山东银宝食品有限公司…………………………… 191
山东泰邦生物制品有限公司………………………… 191
山东宝来利来生物工程股份有限公司……………… 191
山东光大日月集团………………………………… 191

纺织服装业…………………………………………… 192
概　况…………………………………………… 192
山东岱银纺织服装集团…………………………… 192
山东傲饰集团……………………………………… 192
山东泰鹏实业有限公司…………………………… 192
泰安华兴纺织有限公司　………………………… 192
山东康平纳集团有限公司………………………… 192

冶金工业…………………………………………… 193
概　况…………………………………………… 193
石横特钢集团有限公司…………………………… 193

金属制品业…………………………………………… 194
概　况…………………………………………… 194
山东山口钢管集团有限公司………………………… 194
山东九鑫机械工具有限公司………………………… 194

橡胶和塑料制品业……………………………………… 194
概　况…………………………………………… 194
山东泰山轮胎有限公司…………………………… 194
山东东岳橡胶制品有限公司………………………… 194
肥城联谊工程塑料有限公司………………………… 194
泰安鲁普耐特塑料有限公司………………………… 195

水电气生产与供应业…………………………………… 195
概　况…………………………………………… 195
国网新源山东泰山抽水蓄能电站有限责任公司… 195
国电石横发电公司………………………………… 195
·国网泰安供电公司·…………………………… 196
概　况…………………………………………… 196
安全生产………………………………………… 196
电网发展………………………………………… 196
优质服务………………………………………… 196

信息产业…………………………………………… 196
软件与信息技术服务业…………………………… 196
无线电管理………………………………………… 196
中国移动通信集团泰安分公司……………………… 197
中国联合网络通信有限公司泰安市分公司……… 197
中国电信股份有限公司泰安分公司……………… 197
中国铁塔泰安市分公司…………………………… 198

交通·邮政

交通综述…………………………………………… 199
概　况…………………………………………… 199
交通基础设施建设………………………………… 199
运输经济………………………………………… 199
依法行政………………………………………… 199

公　路…………………………………………… 199
概　况…………………………………………… 199
表5　2018年全市公路通车里程情况
高速公路建设……………………………………… 200
普通国省道建设与养护…………………………… 200
路政管理………………………………………… 201
农村公路建设管理………………………………… 201

公共交通…………………………………………… 201
概　况…………………………………………… 201
公共交通管理……………………………………… 201
公交场站建设……………………………………… 201

水　运…………………………………………… 201
概　况…………………………………………… 201
港航基础设施规划建设…………………………… 202
水上运输行业管理………………………………… 202

行业管理…………………………………………… 202
客运行业管理……………………………………… 202
货运行业管理……………………………………… 202
客运出租行业管理………………………………… 203
机动车维修行业管理……………………………… 203
机动车驾驶员培训管理…………………………… 203
车辆超限治理……………………………………… 203

平安交通建设…… 203
交通文明行业创建…… 204

铁 路…… 204
概 况…… 204
泰山火车站…… 204

邮 政…… 204
概 况…… 204
寄递企业安全主体责任…… 204
邮政普遍服务监管…… 205
寄递服务质量提升工作…… 205
邮政业民生实事…… 205
邮政行业监管基础工作…… 205
中国邮政集团公司泰安市分公司…… 206

商贸服务

商务综述…… 207
概 况…… 207
利用外资工作…… 207
商贸流通经济…… 207
对外合作…… 207
园区体制机制创新…… 207

投资促进…… 207
概 况…… 207
2018 百家知名外商泰安行 …… 208
泰山情——2018 知名儒商泰安行 …… 208

招商引资与贸易促进…… 208
概 况…… 208
对外联络…… 209
服务工作…… 209
2018 中国泰安投资合作洽谈会 …… 209
2018（深圳）泰安经济合作洽谈会…… 209
2018（上海）泰安经济合作洽谈会…… 210
李希信会见“一带一路”工商会代表…… 210
“一带一路”国家商协会高级经贸代表团到泰安培训考察…… 210
2018 出证认证业务培训班 …… 211
招商引资专题研修班…… 211
全市招商引资业务培训班 …… 211

消费品市场…… 211
概 况…… 211
市场运行和消费促进…… 212
市场体系建设…… 212
商务综合执法…… 212

电子商务…… 212
概 况…… 212
电子商务示范创建…… 212
农村电子商务…… 212

特殊行业管理…… 212
概 况…… 212
典当企业经营…… 212
拍卖企业经营…… 213
报废汽车回收管理…… 213

现代物流业…… 213
概 况…… 213
改革试点…… 213
产业集群…… 213

对外及对港澳台经济贸易…… 213
概 况…… 213
外贸新业态…… 213
政策服务…… 213

烟草专卖…… 214
概 况…… 214
卷烟营销…… 214
专卖管理…… 214
党建工作…… 214
企业管理…… 214
队伍建设…… 214

供 销…… 214
概 况…… 214
泰安援疆特色农产品展销系列活动…… 215
市政协调研全市供销社综合改革工作…… 215

党建带社建村社共建…………………………………… 215
综合性规模化可持续为农服务体系建设………… 215
助力脱贫攻坚………………………………………… 215
招商引资招才引智…………………………………… 216
基层组织建设………………………………………… 216
安全生产……………………………………………… 216

丝　绸……………………………………………… 216
概　况………………………………………………… 216
典型培植……………………………………………… 216
应对冻害……………………………………………… 216
科技推广……………………………………………… 216
引进新品种…………………………………………… 217
品牌建设……………………………………………… 217

石　油……………………………………………… 217
概　况………………………………………………… 217
经营管理……………………………………………… 217
员工管理……………………………………………… 217
应急保障……………………………………………… 218

会展业……………………………………………… 218
概　况………………………………………………… 218
会展业发展机制……………………………………… 218
展会自主培育………………………………………… 218
会展活动招引………………………………………… 218
第四届中国（泰山）国际矿业装备与技术展览会
…………………………………………………… 219
首届中国泰山粮油论坛暨第十三届全国粮油产销
企业订货会………………………………………… 219
2018 第二届泰山医疗设备新产品新技术展览会
…………………………………………………… 219
第三届泰山国际福祉暨康复设备博览会………… 219
第十四届泰山苗木花卉交易会…………………… 220
2018 第四届国际绳网大会泰山峰会暨中产
协绳（缆）网分会一届三次理事会…………… 220
2018 中国石油化工智能工厂科技高峰论坛暨
第九届石油化工重大工程仪表控制技术高峰论坛
…………………………………………………… 220
第五届泰山商务论坛暨第四届中国生活服务业
大会、第八届海峡两岸服务业论坛…………… 220
2018 中国石化和化学工业绿色制造、三废治理
及园区智慧化建设（泰山）大会……………… 221
2018 中国山东首届旅游商品与装备博览会 …… 221
中国（泰山）汽车配件用品展销会……………… 221
2018 全国普通高校招生咨询会暨第二届泰山教育
博览会……………………………………………… 221
“泰山玉杯”玉雕大赛暨泰山玉文化论坛……… 222
2018（北京）泰安会展合作推介会……………… 222
2018（广州）泰安会展合作推介会……………… 222

文化·传媒·旅游

文化综述…………………………………………… 223
概　况………………………………………………… 223
文化艺术创作………………………………………… 223
系列主题文化活动…………………………………… 223

文学艺术…………………………………………… 224
概　况………………………………………………… 224
文艺精品创作………………………………………… 224
文化品牌建设………………………………………… 224
艺术展示平台建设…………………………………… 224
文艺惠民……………………………………………… 225
第二届泰安市签约作家签约仪式暨作品研讨会
举办………………………………………………… 225

公共文化…………………………………………… 225
公共文化设施建设…………………………………… 225
文化惠民活动………………………………………… 225
文化扶贫……………………………………………… 225

优秀传统文化……………………………………… 225
概　况………………………………………………… 225
表 6　泰安市非物质文化遗产代表性项目名录
泰山文化保护传承…………………………………… 227
非物质文化遗产保护传承利用……………………… 227

文化产业…………………………………………… 227
文化产业“十百千”工程…………………………… 227
文化会展业…………………………………………… 227

第二届国际新闻出版合作大会…………………… 227

文 物…………………………………………… 228
概 况…………………………………………… 228
重点文物保护工程……………………………… 228
公共文博服务体系建设………………………… 228
文物安全………………………………………… 228

文化市场管理与综合执法……………………… 228
概 况…………………………………………… 228
深化“放管服”改革…………………………… 228
开展“扫黄打非”……………………………… 229
文化市场综合执法……………………………… 229

新闻出版广播影视管理………………………… 229
概 况…………………………………………… 229
新闻出版行业管理……………………………… 229
广播影视行业管理……………………………… 229
·泰安市广播电视台·………………………… 229
概 况…………………………………………… 229
新闻、活动宣传………………………………… 230
对上对外宣传…………………………………… 230
公共文化服务…………………………………… 231
安全生产与优质播出…………………………… 231
2018 央视春晚在泰安设分会场 ……………… 231
“泰安之声”头条号矩阵……………………… 231
·泰安日报社（泰安传媒集团）·…………… 231
概 况…………………………………………… 231
新闻宣传………………………………………… 232
媒体融合………………………………………… 232
“看泰安音视频聚合平台”建成使用………… 232
“最泰安全媒体中央厨房指挥中心”建成使用
……………………………………………… 232
报业经营………………………………………… 233
产业跨界………………………………………… 233
泰山国际马拉松赛……………………………… 233

新华书店……………………………………… 233
概 况…………………………………………… 233
图书销售………………………………………… 234
发行网点………………………………………… 234
经营管理………………………………………… 234
转型升级………………………………………… 234
文化活动………………………………………… 235

旅游业综述…………………………………… 235
概 况…………………………………………… 235
全域旅游………………………………………… 235
国家级旅游服务综合标准化示范市验收……… 236

旅游开发……………………………………… 236
旅游规划编制…………………………………… 236
旅游项目建设…………………………………… 236
旅游配套设施建设……………………………… 236
乡村旅游发展…………………………………… 236
海外及中国港澳台旅游市场促销……………… 237
国内旅游市场促销……………………………… 237
编制旅游新产品………………………………… 238
旅游商品设计研发展销………………………… 238

旅游资源……………………………………… 239
概 况…………………………………………… 239
图 1 泰安市主要旅游景点分布
泰山风景名胜…………………………………… 240
《中华泰山·封禅大典》大型实景演出项目…… 240
环山路景观大道………………………………… 241
徂徕山汶河景区………………………………… 241
泰山方特欢乐世界……………………………… 241
泰山花样年华景区……………………………… 242
泰山宝泰隆旅游景区…………………………… 242
泰安老县衙旅游文化街………………………… 242
埠阳庄民俗村…………………………………… 242
太阳部落旅游区………………………………… 242
泰山温泉城……………………………………… 242
天乐城旅游休闲区……………………………… 243
天颐湖旅游度假区……………………………… 243
徂徕山滑雪场…………………………………… 243
大汶口国家考古遗址公园项目………………… 243

特产名吃……………………………………… 244
泰山四大名药…………………………………… 244
泰山灵芝………………………………………… 244
泰山板栗………………………………………… 244
泰山红心萝卜…………………………………… 244

泰山墨玉…………………………………………… 244
泰山燕子石………………………………………… 244
泰山三美…………………………………………… 244
泰山赤鳞鱼………………………………………… 244
泰安煎饼…………………………………………… 244
泰安豆腐宴………………………………………… 244
泰山野菜宴………………………………………… 245
泰安酱包瓜………………………………………… 245
泰山牙枣…………………………………………… 245
泰安珍珠西红柿…………………………………… 245
范镇油酥烧饼……………………………………… 245
泰山驴肉…………………………………………… 245
演马庄牛肉………………………………………… 245
宁阳不老枣………………………………………… 246
州城糟鱼…………………………………………… 246
东平湖咸鸭蛋……………………………………… 246
东平粥……………………………………………… 246

旅游管理与服务……………………………………… 246
“放管服”改革…………………………………… 246
旅游饭店管理……………………………………… 246
表 7　泰安市四星级以上酒店
旅行社管理………………………………………… 248
表 8　泰安市主要旅行社名录
旅游安全监管……………………………………… 248
旅游市场整治……………………………………… 248
创城和文明旅游工作……………………………… 248
导游员管理培训…………………………………… 248
旅游人才队伍建设………………………………… 248

城乡建设与管理

城乡建设……………………………………………… 249
·综　述·………………………………………… 249
概　况……………………………………………… 249
新型城镇化………………………………………… 249
创建全国文明城市………………………………… 249
房屋征收…………………………………………… 249
城建档案…………………………………………… 250
依法行政…………………………………………… 250
行业安全…………………………………………… 251
·城区道路工程·………………………………… 251
概　况……………………………………………… 251
博阳路建成通车…………………………………… 252
凤凰路改造提升完成……………………………… 252
青年路针织厂宿舍段贯通………………………… 252
灵山大街制丝厂段贯通…………………………… 252
·城区市政公用设施·…………………………… 252
概　况……………………………………………… 252
城市供气…………………………………………… 252
城市供水…………………………………………… 252
城市供热…………………………………………… 253
海绵城市建设……………………………………… 253
地下综合管廊建设………………………………… 253
城市污水处理……………………………………… 253
·村镇建设·……………………………………… 253
概　况……………………………………………… 253
农村危房改造……………………………………… 253
农村无害化厕所改造……………………………… 253
美丽村居…………………………………………… 254
农村污水处理……………………………………… 254
农村清洁供暖……………………………………… 254

城市管理……………………………………………… 254
概　况……………………………………………… 254
城管执法…………………………………………… 254
环境卫生…………………………………………… 254
垃圾分类…………………………………………… 254
指挥调度…………………………………………… 255
户外广告…………………………………………… 255
城市园林绿化……………………………………… 255

建筑业………………………………………………… 256
概　况……………………………………………… 256
勘察设计管理……………………………………… 256
建筑市场秩序……………………………………… 256
建筑工程质量……………………………………… 256
建筑工程招标投标管理…………………………… 257
工程建设标准造价管理…………………………… 257
建设领域节能减排………………………………… 257
建筑产业化………………………………………… 258
建设工地扬尘治理………………………………… 258
职工培训…………………………………………… 258

第四届绿色建筑博览会…………………… 259

房地产业与住房保障……………………… 259
概　况…………………………………… 259
住房保障………………………………… 259
老旧小区改造…………………………… 259
房屋交易和产籍管理…………………… 259
房地产中介和预销售管理……………… 259
房屋安全管理…………………………… 259
公房和房屋租赁管理…………………… 259
物业行业管理…………………………… 259

住房公积金管理…………………………… 260
概　况…………………………………… 260
征收管理………………………………… 260
信贷管理………………………………… 260
财务管理和内部审计…………………… 260
服务管理………………………………… 260
信息化建设……………………………… 260
信息宣传和政务公开…………………… 260

自然资源·环境保护

国土空间规划……………………………… 261
概　况…………………………………… 261
规划编制………………………………… 261
城市设计………………………………… 261
规划研究………………………………… 261
规划管理………………………………… 261
规划监察………………………………… 262
招商引资项目建设……………………… 262

土地资源管理……………………………… 262
概　况…………………………………… 262
保障经济社会发展用地………………… 262
严守耕地红线…………………………… 262
土地整治………………………………… 263
第三次国土调查………………………… 263
深化“放管服”改革…………………… 263
依法行政和普法工作…………………… 263

矿产资源管理……………………………… 263
概　况…………………………………… 263
组织实施泰山区域山水林田湖草生态保护修复国土类项目…………………………………… 263
地质灾害防治…………………………… 264
矿产开发监督管理……………………… 264
泰山石保护暨奇石市场综合整治……… 264
·泰山玉保护发展· ……………………… 264
概　况…………………………………… 264
资源管控………………………………… 264
品牌创建………………………………… 264
第二届“泰山玉杯”玉雕大赛暨泰山玉文化论坛…………………………………………… 264
宣传推介………………………………… 264
人才引培………………………………… 264
市场培育………………………………… 265

测绘管理…………………………………… 265
基础地理信息资源建设………………… 265
完成市县两级国土资源数据 2000 国家大地坐标系转换工作……………………………… 265
举办国家版图知识宣传教育活动……… 265

林业资源管理……………………………… 265
概　况…………………………………… 265
林业生态建设…………………………… 266
森林防火工作…………………………… 266
林业有害生物防控……………………… 266
自然保护区监管………………………… 266
湿地保护修复…………………………… 266
林业执法管理…………………………… 266
林业改革………………………………… 267
林业科技创新…………………………… 267
林业扶贫………………………………… 267
中国园林花木产业交易会和首届中国园林新苗商大会……………………………………… 267
第十四届泰山苗木花卉交易会………… 267

生态环境保护综述………………………… 268
概　况…………………………………… 268
生态环保督察整改……………………… 268

生态环境部 2018 年污水处理行业环境执法培训班
在泰安举办…… 268

环境治理…… 268
大气环境…… 268
水环境…… 268
土壤环境…… 269

生态保护…… 269
生态红线…… 269
自然保护区…… 269
农村环保…… 269
生态文明宣传教育…… 269

环境监管…… 270
环境执法…… 270
环境安全保障…… 270
环境监测…… 270

财政·税务

财 政…… 271
概 况…… 271
财政收入…… 271
表 9 2018 年泰安市公共财政预算收入情况
财政支出…… 271
表 10 2018 年泰安市公共财政预算支出情况
预算执行…… 271
财源建设…… 271
政府投融资…… 272
保障民生…… 273
财税改革…… 274
财政管理…… 275

税 务…… 275
概 况…… 275
表 11 2018 年全市税收收入和非税收入分项目分级次完成情况
表 12 2018 年全市税收收入和非税收入分县（市、区）完成情况
税务改革…… 277
依法治税…… 277
税收征管…… 278
纳税服务…… 278
支持地方经济发展…… 278
年度税收分析…… 278

金 融

综 述…… 279
概 况…… 279
融资支持…… 279
政金企合作…… 279
企业直接融资…… 279
金融招商引资…… 279
产业培育和普惠金融…… 279
防范非法集资…… 280
金融控股集团有限公司…… 280

银行业…… 281
·中国人民银行泰安市中心支行·…… 281
概 况…… 281
金融运行…… 281
表 13 2018 年泰安市存款类金融机构信贷收支情况
金融调控…… 281
金融服务…… 281
金融管理…… 282
·中国银行保险监督管理委员会泰安监管分局·…… 284
概 况…… 284
支持地方经济发展…… 284
防控化解金融风险…… 284
推进银行转型发展…… 285
深化监管工作成效…… 285
中国农业发展银行泰安市分行…… 285
表 14 2018 年中国农业发展银行泰安市分行各支行（部）基本情况
中国工商银行股份有限公司泰安分行…… 286
表 15 2018 年中国工商银行泰安分行各支行（部）基本情况
中国农业银行股份有限公司泰安分行…… 288

表 16 2018 年中国农业银行泰安分行各支行（部）基本情况
中国银行泰安分行 …… 289
表 17 2018 年中国银行泰安分行基本情况
中国建设银行股份有限公司泰安分行…… 290
表 18 2018 年中国建设银行股份有限公司泰安分行各支行（部）基本情况
交通银行泰安分行…… 291
表 19 2018 年交通银行泰安分行各支行基本情况
泰安银行…… 292
表 20 2018 年泰安银行基本情况
山东省农村信用社联合社泰安办事处…… 294
表 21 2018 年泰安市农村商业银行基本情况
中国邮政储蓄银行泰安市分行 …… 295
表 22 2018 年中国邮政储蓄银行泰安市分行基本情况
兴业银行泰安分行…… 296
莱商银行泰安分行…… 296
济宁银行泰安分行…… 297
齐鲁银行泰安分行…… 298
天津银行泰安分行…… 298
中国民生银行股份有限公司泰安分行…… 298
上海浦东发展银行泰安分行…… 299
中国光大银行泰安分行…… 299

保险业…… **299**
概 况…… 299
表 23 2018 年 12 月泰安市财产保险业务情况
表 24 2018 年 12 月泰安市人身保险业务情况
行业发展…… 299
行业自律…… 301
行业宣传…… 301
服务会员…… 302
中国人民财产保险股份有限公司泰安市分公司… 302
中国人寿保险股份有限公司泰安分公司…… 303

证券业…… **304**
中泰证券泰安分公司…… 304
中泰证券大力推进金融科技战略…… 304
海通证券泰安营业部…… 304

科 学

综 述…… **305**
概 况…… 305
区域科技创新体系…… 305
科技体制改革…… 305
科技计划与科技成果…… 305
表 25 2018 年泰安市获省级及以上科技奖励情况
科技创新载体…… 305
高新技术产业…… 305
科技人才…… 305
合作交流…… 305
农业与社会科技…… 307
知识产权管理…… 307
创新创业大赛…… 307

社会科学…… **307**
概 况…… 307
表 26 泰安市第三十二次社会科学优秀成果一等奖获奖情况
社科普及…… 307
社科研究…… 307

气 象…… **309**
概 况…… 309
防灾减灾…… 309
基础建设…… 309
重要改革事项…… 309
科技创新…… 309
气候特点…… 310
图 2 2018 年 1—12 月泰安市逐月降水量
图 3 2018 年 1—12 月泰安市逐月平均气温
图 4 2018 年 1—12 月泰安市逐月日照时数
主要天气气候事件…… 310

水文监测…… **311**
概 况…… 311
站点设置…… 312
水文立法…… 312

水文测报…… 312
工程建设…… 312
管理与科研…… 312

教育

综 述…… 313
概 况…… 313
教育均衡发展县创建…… 313
教育督导…… 313
经费保障…… 313
城镇大班额问题…… 313
改善办学条件…… 313
学生资助…… 313
教师队伍…… 314
校长教师培训…… 314
师德建设…… 314
教育扶贫…… 314
乡村教育振兴计划…… 314
人才工作…… 315
教育科研…… 315
学校安全…… 315
各类考试…… 315
教师资格改革…… 315
语言文字…… 315
对外交流…… 315

基础教育…… 315
概 况…… 315
表 27 2018 年泰安市幼儿园基本情况
表 28 2018 年泰安市小学基本情况
表 29 2018 年泰安市普通初中基本情况
表 30 2018 年泰安市普通高中基本情况
学前教育计划…… 318
中小学布局规划…… 318
泰安实验中学首次招生…… 318
望岳中学办学…… 318
招生考试改革…… 318
德育改革…… 318
教育提升…… 318
艺术教育…… 318
体育教育…… 319
卫生教育…… 319
共青团和少先队…… 319
特殊教育…… 319
家庭教育…… 319
高校招生咨询会…… 319

中等职业教育与成人教育…… 319
概 况…… 319
表 31 2018 年泰安市中等职业学校基本情况
特色名校建设…… 319
职业教育内涵发展…… 320
专业人才培养…… 320
职业教育教学质量…… 320

民办教育…… 320
概 况…… 320
民办教育三年行动计划…… 321
扩大民办教育…… 321

高等教育…… 321
概 况…… 321
山东农业大学…… 321
山东科技大学泰安校区…… 322
山东第一医科大学泰安校区…… 323
泰山学院…… 324
泰山职业技术学院…… 324
山东服装职业学院…… 326
山东财经大学东方学院…… 326
泰山护理职业学院…… 327
泰安技师学院…… 328

卫生·体育

卫生综述…… 329
概 况…… 329
表 32 2018 年泰安市医疗卫生机构、人员和床位情况
基层卫生…… 329
家庭医生…… 329
健康扶贫…… 329

医药卫生体制改革……………………………… 331
公共卫生服务…………………………………… 331
公立医院改革…………………………………… 331
完善基本药物制度……………………………… 331

预防保健………………………………………… 331
重点传染病防控………………………………… 331
免疫规划管理…………………………………… 332
非传染性疾病防控……………………………… 332
妇幼保健………………………………………… 332
表 33 2018 年泰安市妇幼卫生保健情况

服务监管………………………………………… 333
分级诊疗与医联体建设………………………… 333
医疗质量管理…………………………………… 333
医疗服务………………………………………… 333
平安医院建设…………………………………… 334
血液管理………………………………………… 334
惠民医疗服务…………………………………… 334

中医・中药……………………………………… 334
概 况…………………………………………… 334
重点专科建设…………………………………… 334
中医药改革……………………………………… 335

卫生法制与监督………………………………… 335
政策法规………………………………………… 335
卫生监督………………………………………… 335
食品监测与企业备案…………………………… 335

卫生应急………………………………………… 336
概 况…………………………………………… 336
医疗应急救援…………………………………… 336
卫生应急宣传…………………………………… 336

科技教育宣传…………………………………… 336
概 况…………………………………………… 336
科技教育与合作交流…………………………… 336
健康促进和健康科普…………………………… 337
宣传工作………………………………………… 337

泰安市红十字会………………………………… 337
概 况…………………………………………… 337
灾害救助………………………………………… 337
造血干细胞捐献………………………………… 337
世界红十字日纪念……………………………… 337

爱国卫生………………………………………… 337
国家卫生城市复审……………………………… 337
健康城市建设…………………………………… 337
卫生创建………………………………………… 338

人口和计划生育………………………………… 338
概 况…………………………………………… 338
政策体系建设…………………………………… 338
协会帮扶………………………………………… 338
基层基础工作…………………………………… 338

老龄工作与医养健康…………………………… 338
概 况…………………………………………… 338
落实老年人优待政策…………………………… 338
养老服务体系建设……………………………… 339
养老环境………………………………………… 339
老年文化建设…………………………………… 339
医养健康………………………………………… 339

医疗保障………………………………………… 339
医疗保障体系…………………………………… 339
医保基金管理…………………………………… 340
支付方式改革…………………………………… 340
惠民政策………………………………………… 340
医保服务………………………………………… 340

体 育…………………………………………… 340
概 况…………………………………………… 340
表 34 2018 年泰安市承办省级以上比赛情况
表 35 2018 年泰安籍运动员在全国级比赛中获奖牌情况
表 36 2018 年第三十二届泰山国际登山节比赛个人成绩前三名
表 37 泰安市参加第二十四届省运会获金牌情况（团体）
表 38 泰安市参加第二十四届省运会获金牌情况（个人）

全民健身…… 340
竞技体育…… 345
体育产业…… 346
体育彩票…… 346

社会管理·居民生活

人力资源社会保障…… 347
概　况…… 347
创业带动就业…… 347
就业公共服务…… 347
大学生就业创业…… 347
困难群体就业…… 348
社会保险概况…… 348
养老保险…… 348
失业保险…… 348
医疗保险…… 348
工伤保险…… 349
生育保险…… 349
劳动能力鉴定…… 349
社保基金监管…… 349
人才引进…… 349
专业技术人才队伍建设…… 350
高技能人才队伍建设…… 350
人事代理…… 350
公务员管理…… 350
事业单位人事管理…… 351
军队转业干部安置…… 351
人事考试…… 351
机关事业单位工资管理…… 351
企业工资宏观管理…… 352
劳动合同管理…… 352
劳动人事争议调解仲裁…… 352
劳动监察…… 352
人社党建…… 352
“放管服”改革…… 352
人社信息化服务…… 353

退役军人事务…… 353
概　况…… 353
优待抚恤…… 353
阳光安置…… 353
拥军优属…… 353
权益维护…… 354

民政事务…… 354
概　况…… 354
社会救助…… 354
福利慈善事业…… 355
社会组织管理…… 355
基层社会治理…… 355
专项社会事务管理…… 355

残疾人事业…… 356
概　况…… 356
残疾人社会保障…… 356
残疾人扶贫…… 356
残疾人就业培训…… 356
残疾人教育…… 356
残疾人康复救助…… 356
残疾人维权…… 356
残疾人组织建设…… 357
残疾人宣传文体…… 357
扶残助残活动…… 357
泰山“一会一园一论坛”项目…… 357
国家康复辅助器具产业综合创新试点工作…… 357
市残疾人培训服务中心…… 358
市残疾人康复中心…… 358

人民生活…… 358
居民收入…… 358
居民消费支出…… 358

泰山景区

综　述…… 359
概　况…… 359
泰山荣誉…… 359
《中华泰山文库》…… 360

泰山景区保护与管理…… 360
概　况…… 360

市场营销…… 361
文化产业…… 361
旅游环境与服务…… 361
·文物保护·…… 362
概 况…… 362
王母池古建修缮工程…… 362
斗母宫古建修缮工程…… 362
岱庙天贶殿及炳灵门古建筑彩画保护维修工程… 363
·林木管理·…… 363
概 况…… 363
森林防火…… 363
森林健康…… 363
·行政执法·…… 363
概 况…… 363
专项整治…… 364
·社会事务·…… 364
概 况…… 364
景区新农村建设…… 364
脱贫攻坚…… 364

泰山景区建设…… 365
概 况…… 365
重点项目建设…… 365
引水上山工程…… 365
“泰山康养·高速大成”项目…… 365
泰山景区山水林田湖草生态保护修复工程…… 365

泰山索道运营中心…… 365
概 况…… 365
安全生产…… 366
运营管理…… 366
桃花源索道维修改造工程…… 366

开 发 区

泰安高新技术产业开发区…… 367
概 况…… 367
深化改革…… 367
泰安高新区政务服务中心建成启用…… 368
双招双引…… 368
项目建设…… 368
泰山新闻出版小镇项目开工建设…… 368
泰山神农智谷大数据产业园项目开工建设…… 368
中国物流泰安国际物流产业园现代综合物流二期项目开工建设…… 369
泰开工业机器人暨智能自动化系统项目竣工投产…… 369
隆基科技城项目竣工投产…… 369
安谱检验检测项目竣工投产…… 369
企业培育…… 370
科技创新…… 370
泰安高新区国家级高创中心孵化器投入使用…… 370
华鲁锻压获 2018 年中国专利优秀奖…… 370
华鲁锻压获 2018 年省科技进步一等奖…… 370
山东万路达毛梾文化产业发展有限公司被评为“国家林业重点龙头企业”…… 370
泰安（化马湾）获批省级农业科技园…… 371
社会民生概况…… 371
社会管理…… 371
生态环境保护…… 372
天宝镇年家峪村“8·19”山洪自然灾害事件… 372

泰安旅游经济开发区…… 372
概 况…… 372
项目建设…… 372
民生保障…… 372
产业发展…… 373
双招双引…… 373
规划建设…… 373
生态建设…… 373
安全生产…… 374
遗留问题处理…… 374
城市管理…… 374

县 市 区

泰山区…… 375
概 况…… 375
表 39 2018 年泰山区、泰山景区乡镇（街道）基本情况
完善社会保障关爱救助体系…… 377
加大少数民族帮扶力度…… 377

"乡村振兴齐鲁样板泰山人家"项目签约落户泰山区 …… 377

岱岳区 …… **378**
概　况 …… 378
表 40　2018 年岱岳区、泰安高新区乡镇（街道）基本情况
岱岳区项目建设成效显著 …… 379
生态循环农业发展成效显著 …… 379
岱岳区九女峰片区乡村振兴齐鲁样板项目 …… 382

新泰市 …… **382**
概　况 …… 382
表 41　2018 年新泰市乡镇（街道）基本情况
新泰市"标准化 + 政务服务"模式被评为"全国政务大厅十佳典型案例" …… 383
新泰市被确定为全国农村合作社质量提升试点县 …… 383
新泰入选全国农村一二三产业融合发展先导区 …… 386

肥城市 …… **386**
概　况 …… 386
表 42　2018 年肥城市乡镇（街道）基本情况
肥城被列入全国新时代文明实践中心试点 …… 388
肥城市 605 个村均成立股份经济合作社 …… 388
参加央视《魅力中国城》节目竞演 …… 388

宁阳县 …… **388**
概　况 …… 388
表 43　2018 年宁阳县乡镇（街道）基本情况
宁阳县通过国家园林县城复审 …… 391
宁阳县被评为全国法治县创建活动先进单位 …… 391
宁阳县东疏镇获评山东省森林乡镇 …… 391

东平县 …… **391**
概　况 …… 391
表 44　2018 年东平县乡镇（街道）基本情况
全国水库移民工作会议在东平召开 …… 394
东平县易地扶贫搬迁工程完成 …… 394
白佛山文化产业园开园 …… 394

人　物

市级领导人 …… **395**
崔洪刚 …… 395
张　涛 …… 395
曲　锋 …… 395
郭德文 …… 395
展宝卫 …… 396
李灿玉 …… 396
郝　红 …… 396
宋洪银 …… 396
高尚山 …… 396
李保泉 …… 397
唐福泉 …… 397
张书盈 …… 397
王淑玲 …… 398
陶长江 …… 398
刘学保 …… 398
曹步山 …… 398
鞠向群 …… 398
成　丽 …… 399
张红旗 …… 399
赵德健 …… 399
袁久党 …… 399
周桂萍 …… 399
徐恩虎 …… 399
张庆明 …… 400
刘　君 …… 400
王昌元 …… 400
马纯勇 …… 400
程　明 …… 400
孙岱峰 …… 400
陈湘安 …… 401
朱旭光 …… 401
苏金森 …… 401
吕军德 …… 401
姚　霆 …… 401
王光锋 …… 401

模范人物选介 …… **402**
陈爱武 …… 402

贾衍强…………………………………………………… 402
范红艳…………………………………………………… 402
杨玉慧…………………………………………………… 403
许晓峰…………………………………………………… 403
张爱国…………………………………………………… 404

先进个人名录（部分） ………………………………… 404

附 录

2018 年中央、省主要媒体关于泰安的重要报道索引 …………………………………………………… 410

文件选目 …………………………………………………… 412

2018 年泰安市国民经济和社会发展统计公报 …… 416

表 45 2018 年泰安市主要农产品产量
表 46 2018 年泰安市主要工业产品产量
表 47 全国重点文物保护单位
表 48 省级重点文物保护单位
表 49 泰安市获得中国驰名商标企业情况
表 50 泰安市地理标志商标情况
表 51 2018 年泰安市新增获得“山东名牌产品”称号企业情况
表 52 2018 年泰安市新增获得“山东服务名牌”称号单位情况
表 53 2018 年泰安市有效期内高新技术企业情况

先进单位名录（部分） ………………………………… 435

索引 …………………………………………………… 439

Contents

Special Collections

Report on the 8th Plenary Meeting of the 11th Committee of the CPC Tai'an Committee ······················ 1
Report on Government Work ························ 6
Moving Tai'an People for the 40th Anniversary of Reform and Opening Up (Group) ················· 14
Most Influential Events in Tai'an for the 40th Anniversary of Reform and Opening Up ······················ 15

Special Issues

Ecological Protection and Rehabilitation Project for the Mountains,Waters,Forests and Grasslands around Mount Tai ······································· 17

Chronicle of Major Events

Major Events of Tai'an in 2018 ······················· 21
The 32th International Mount Tai Climbing Festival ··· 36

Overview of Tai'an City

Environment, Resources and Population ············ 39
Survey of Economic and Social Development ······ 41
Comprehensively Deepening Reform ················· 43
Poverty Alleviation and Development ··············· 45
Intellectual and Ideological Development ··········· 47
Tai'an Municipal Departments and the Main Directors in 2018 ··································· 50

Tai'an Municipal Committee of the CPC

Overview ··· 71
Comprehensive Coordination Service················· 73
Organization ··· 76
Publicity ··· 78
United Front ·· 80
National and Religious Affairs ····················· 82
Taiwan Affairs·· 82
Overseas Chinese Affairs ·························· 83
Policy Research ·· 84
Organization Staffing Management···················· 85
Party Construction in Organs ·························· 86
The Management and Service Work of Retired Leaders ··· 88
Party History and Local Chronicles ·············· 89
Party History Data Compiling and Research ······ 89
Local Chronicles······································ 89
Party School ·· 90
Archives ··· 91

Tai'an Municipal People's Congress

Overview ··· 93
Important Meetings······································· 95
Local Legislation ·· 97
Legal Supervision and Work Supervision ············ 97
Perform Duties of Representatives···················· 98
All the specialized Commissions of National People's Congress ································· 99

Tai'an Municipal People's Governmert

Overview ·· 101
Comprehensive Coordination Service ·············· 105
Decision Service ·· 110
Administrative Review and Approval Service ··· 111
Emergency Management ···························· 112
Supervision and Management of Work Safety ··· 112
Work of Taking Precautions against Earthquake and Reducing Natural Disasters ············ 113
Fire Control and Rescue ···························· 114
Administrative Institutions Affairs ·················· 115
Treatment for People's Letters and Visits ········· 116

Tai'an Municipal Committee of Chinese People's Political Consultative Conference

Overview ·· 117
Important Meetings ································ 119
Political Consultation ································ 120
Participation and Discussion in the Administration ·· 120
Democratic Supervision ···························· 121
Self–construction ···································· 122
All the specialized Commissions of Chinese People's Political Consultative Conference ·············· 123

Discipline Inspection and Supervision

Overview ·· 125
Important Meetings ································ 125
Study and Education ································ 127
Supervision and Discipline ·························· 128
Political Corruption ································ 129
Patrol Inspection ···································· 130

Democratic Parties, Federation of Industry and Commerce

Tai'an Committee of Revolutionary Committee of the Chinese Kuomintang ······························ 131
Tai'an Committee of China Democratic League ··· 132
Tai'an Committee of China Democratic National Construction Association ·························· 133
Tai'an Committee of China Association for Promoting Democracy ·· 134
Tai'an Committee of Chinese Peasants and Workers Democratic Party ································ 135
Tai'an Committee of China Zhi Gong Party ······ 136
Tai'an Committee of Jiu San Society ··············· 136
Federation of Industry and Commerce of Tai'an ··· 137

Mass Organizations

Tai'an Municipal Federation of Trade Unions ··· 139
Tai'an Committee of Communist Youth League of China ·· 141
Tai'an Women's Federation ························ 142
Association of Science and Technology of Tai'an ·· 144
Federation of Returned Overseas Chinese of Tai'an ·· 145

Law–Military

Overview about Governed by Law ················· 147
Construction of the Government by Law ········· 148
Public Security ·· 149
Procuratorate ·· 151
Court ·· 152
Judicial Administration ······························ 153
Arbitration ·· 154
Military Subarea of Tai'an ·························· 155
Civil Air Defence ···································· 155

Economic Management

Development and Reform ······ 157
Economic Performance and Social Development ······ 157
Oriented Assistance and Poverty Alleviation Cooperation ······ 159
Key Projects Construction ······ 160
Control of Price ······ 162
Supervision and Management of State-owned Assets ······ 163
Market Inspection and Management ······ 164
Industry and Commerce Administration ······ 164
Supervision of Quality and Technology ······ 165
Food and Drug Administration ······ 166
Statistics ······ 168
Audit ······ 168
Customs ······ 169

Agriculture · Water Conservancy

Agriculture Overview ······ 171
Planting ······ 172
Forestry Industry ······ 174
Fishery ······ 175
Animal Husbandry ······ 175
Agricultural Machinery ······ 177
Agricultural Scientific Research ······ 178
Water Conservancy ······ 179
Yellow River Affairs ······ 181

Industry · Information Business

Overview of Industry ······ 183
Industry Management ······ 185
Coal Industry ······ 185
Shandong Energy Xinwen Mining Group Co.,Ltd. ······ 186
Shandong Energy Feicheng Mining Group Co.,Ltd. ······ 187
Machinery Manufacturing Industry ······ 187
Chemical Industry ······ 189
Building Materials Industry ······ 190
Food and Drug Industry ······ 191
Textile Clothing Industry ······ 192
Metallurgical Industry ······ 193
Metal Product Industry ······ 194
Rubber and Plastic Product Industry ······ 194
Production and the Supply of Water, Power and Gas ······ 195
State Grid Tai'an Power Supply Company ······ 196
Information Industry ······ 196

Transportation · Postal Service

Overview of Transportation ······ 199
Highway ······ 199
Public Transport ······ 201
Water Transport ······ 201
Industrial Management ······ 202
Railway ······ 204
Postal Service ······ 204

Commerce and Trade Service

Commerce Overview ······ 207
Investment and Promotion ······ 207
Investment Introduction and Trade Promotion ··· 208
Consumer Goods Market ······ 211
E-commerce ······ 212
Special Industrial Administration ······ 212
Modern Logistics ······ 213
Foreign Trade and Trade with Hong Kong,Macao and Taiwan ······ 213
Management of Tobacco ······ 214
Supply and Marketing ······ 214
Silk Industry ······ 216
Petroleum ······ 217
Exhibition Industry ······ 218

Culture · Media · Tourism

Culture Overview ········ 223
Literature and Art ········ 224
Public Culture········ 225
Excellent Traditional Culture ········ 225
Culture Industry ········ 227
Historical Relic ········ 228
Culture Market Administration and Integrated Law Enforcement ········ 228
Administration of Press and Publications, Broadcasting, Film and Television ········ 229
Tai'an Broadcasting and Television Station ··· 229
Tai'an Daily ········ 231
Xinhua Bookstore ········ 233
Overview of Tourism Industry ········ 235
Tourism Development ········ 236
Tourism Resources ········ 239
Special Local Products and Food ········ 244
Tourism Management and Services ········ 246

Urban and Rural Construction and Administration

Urban and Rural Construction ········ 249
Overview ········ 249
Road Project in the Urban Areas ········ 251
Public Utilities in the Urban Areas ········ 252
Village and Town Construction ········ 253
Urban Management ········ 254
Construction Industry ········ 256
Real Estate and Housing Security ········ 259
Management of Housing Provident Fund ········ 260

Natural Resources and Environmental Protection

National Land Planning ········ 261
Land Resources Management ········ 262
Mineral Resources Management ········ 263
Protection and Development of Taishan Jade ··· 264
Surveying and Mapping Management ········ 265
Forest Resources Management ········ 265
Overview of the Ecological Environment Protection ········ 268
Environmental Management ········ 268
Ecological Protection ········ 269
Environment Supervision ········ 270

Finance and Taxation

Finance ········ 271
Taxation ········ 275

Finance

Overview ········ 279
Banking Industry ········ 281
Tai'an Branch of the People's Bank of China··· 281
Tai'an Branch of China Banking Regulatory Commission ········ 284
Insurance System ········ 299
Securities ········ 304

Science

Overview ········ 305
Social Science ········ 307
Meteorological Phenomena ········ 309
Hydrological Monitoring ········ 311

Education

Overview ········ 313
Elementary Education ········ 315
Secondary Vocational Education and Adult Education ········ 319
Non-governmental Founded Education ········ 320
Higher Education ········ 321

Health Administration and Sports

Overview of Health Administration 329
Medical and Health Care System Reform 331
Precaution and Healthcare 331
Supervision of Service 333
Traditional Chinese Medicine Science and Chinese Materia Medica 334
Legal System and Supervision of Health Administraion 335
Health Emergency and Response 336
Scientific Education and Promotion 336
Red Cross of Tai'an 337
Patriotic Health Campaign 337
Population and Family Planning 338
Aging Work and Health Care 338
Medial Security 339
Sports 340

Social Management and Residents Living

Human Resources and Social Security 347
Veterans Affairs 353
Civil Administration Affairs 354
Work for the Disabled Persons 356
People's Livelihood 358

Mount Tai Scenic Zone

Overview 359
The Protection and Management of Mount Tai Scenic Zone 360
Preservation of Cultural Relics 362
Forest Management 363
Law Enforcement 363
Social Affairs 364
The Building of Mount Tai Scenic Zone 365
Taishan Cableway Running Center 365

Development Zones

Tai'an High-Tech Zone 367
Tai'an Tourist Economic Development Zone 372

Cities, Districts and Counties

Taishan District 375
Daiyue District 378
Xintai City 382
Feicheng City 386
Ningyang County 388
Dongping County 391

Figures

City Leaders 395
Model Figures 402
Name-Lists of Advanced Figures (Parts) 404

Appendix

Reports of Tai'an by Major Domestic Mediums in 2018 410
Lists of Selected Documents 412
Statistical Bulletin of the National Economic and Social Development of Tai'an 2018 416
Name-Lists of Advanced Units (Parts) 435

Index 439

特　载

在市委十一届八次全体会议上的报告

（2019年1月27日）

市委书记　崔洪刚

1月13日至14日，省委召开了第十一届八次全体会议。全会听取和讨论了刘家义同志受省委常委会委托作的工作报告，审议通过了《关于进一步深化改革开放加快制度创新的决定》和《关于深化扩权强县改革促进县域经济高质量发展的十条措施》。省委刘家义书记作了讲话，就深入学习习近平新时代中国特色社会主义思想，掌握和运用好蕴含其中的科学思想方法，提高思维的战略性、辩证性、创新性、法治性、底线性、导向性、精准性、历史性、实践性，提出了明确要求，对于指导我们做好今后各项工作具有重要意义。全市各级各部门要认真学习领会，准确把握精神实质，结合实际抓好贯彻落实。要深刻认识省委对制度创新的高度重视，全会审议通过的《关于进一步深化改革开放加快制度创新的决定》和《关于深化扩权强县改革促进县域经济高质量发展的十条措施》，明确了制度创新的时间表、路线图、任务书，鲜明表达了省委对改革开放再出发的坚定信心和决心。全市各级党组织和广大党员干部要进一步提高政治站位，统一思想、凝聚共识，更加坚定不移地向制度创新聚焦发力，健全制度创新责任体系，以改革创新精神推动工作落实落地。

刚刚过去的一年，在党中央、国务院和省委、省政府的坚强领导下，市委常委会团结带领全市广大党员干部群众，坚持以习近平新时代中国特色社会主义思想为指导，认真贯彻党的十九大和十九届二中、三中全会精神，深入落实习近平总书记视察山东重要讲话、重要指示批示精神，坚持稳中求进工作总基调，按照高质量发展要求推进各项工作，全市经济社会发展取得了新的成绩，全面从严治党见到新成效。2018年，全市实现生产总值3651.5亿元，同比增长5.7%；实现一般公共预算收入219.5亿元、增长6%，其中税收收入158亿元、增长7.6%；税收收入占财政收入的比重达到72%，比上年提高1.1个百分点；固定资产投资增长5.8%，社会消费品零售总额增长8.8%，进出口总额增长5.3%；城镇居民人均可支配收入35196元，农村居民人均可支配收入16959元，分别增长7.5%和8.2%，均超过生产总值增幅，农村居民收入增幅高于城镇居民。

一、深入学习贯彻党的十九大和习近平总书记视察山东重要讲话重要指示批示精神，牢牢把握正确政治方向。始终把政治建设摆在首位，把政治纪律和政治规矩挺在前面，牢固树立"四个意识"、坚定"四个自信"、做到"四个服从""两个维护"，把思想和行动统一到习近平新时代中国特色社会主义思想和习近平总书记视察山东重要讲话、重要指示批示精神上来，统一到党中央和省委决策部署上来，不折不扣贯彻执行党的路线方针政策，做到政令畅通、令行禁止。把学习贯彻落实习近平总书记视察山东重要讲话、重要指示批示精神作为首要政治任务，与学习贯彻习近平新时代中国特色社会主义思想和党的十九大精神结合起来，出台《中共泰安市委关于深入学习贯彻习近平总书记视察山东重要讲话精神的意见》，制定学习方案，精心组织实施，保证学习效果。市委常委会发挥表率作用，带头学习、深入落实，认真开展“大学习、大调研、大改进”，组织市委理论学习中心组集中学习23次，举办市委理论学习中心组读书班，专题学习《习近平谈治国理政》第二卷等重要论述。全市各级层层抓好学习培训，利用各类新闻媒体广泛宣传引导，用讲话精神统一思想、指导实践、推进工作，在学懂弄通做实上下功夫，确保泰安各项工作始终坚持正确政治方向。

二、加快新旧动能转换，推动经济高质量发展。 坚定实施“产业兴市”战略，着力构建新旧动能转换规划体系、政策配套体系、“六个一”工作推进体系，推动新旧动能转换全面起势。全市有31个项目纳入省新旧动能转换重大项目库，233个市级新旧动能转换重大项目完成投资660亿元。组织召开全市全面展开新旧动能转换重大工程誓师大会、“双招双引”暨提高行政效能优化营商环境大会等一系列会议，进行专题研究部署，抓好重点工作落实。一是抓好“双招双引”。参加和举办了首届山东儒商大会、2018香港山东周、泰山国际登山节暨2018中国泰安投资合作洽谈会、上海和深圳投资洽谈会等活动，取得了丰硕成果。华能集团投资的光纤制造项目进展顺利，预计10月份试生产。引进落地了中信重工开诚特种机器人、泰山office等一批大项目、好项目。全年实际利用外资46亿元，增长16.6%；在建招商引资项目到位市外资金373.4亿元，增长11%；实现进出口总额160亿元，其中出口127.6亿元、增长8.1%。兑现人才“金十条”奖励扶持资金3022.6万元，共引进省级以上高层次人才106人，1人获“齐鲁杰出人才提名奖”，全市人才工作取得新突破。二是促进产业转型升级。聚焦新旧动能转换“十大产业”，大力实施“双50强”企业培育工程，抓好先进制造、文化旅游、医养健康等产业集群发展，推动优势产业打造千亿级产业集群、优势企业向百亿级企业迈进。全市规模以上工业增加值增长5.5%；泰山石膏主营业务收入首次突破100亿元，8家企业上榜全省第二批瞪羚企业名单。加快传统产业技术改造升级步伐，争取4家化工园区获省政府批准；康平纳集团筒子纱数字化自动染整技术，继荣获2014年度国家科技进步一等奖后，又荣获2018年度中国工业大奖。泰安抽水蓄能电站二期、康平纳筒子纱智能染色工厂一期等6个项目列入2019年省重点建设项目。发挥科技创新驱动作用，全市研发经费投入强度连续4年超过全省平均水平；2项发明专利获中国专利银奖，3项专利获优秀奖；预计全年高新技术产业产值增长12.4%左右。加快发展现代物流、医养健康、会展、科技服务等新兴服务业，不断提升现代服务业水平。坚持把旅游业作为泰安的特色所在、优势所在，以全域旅游为抓手，实施好交通组织换乘、停车场提升、特色餐饮小吃、厕所提升“四大工程”，继市政大院的1043个停车位重要节假日免费向游客开放以后，在市政大院东侧新建了占地56亩、710个停车位的生态停车场，进一步缓解了游客停车难问题。泰山门票改为三天内有效，做好吸引人留住人的文章，预计接待国内外游客和实现旅游消费总额分别增长9%、13%左右。大力发展医养健康产业，诺莱泰山国际大健康医养产业基地、康复辅具产业园等一批项目加快实施。电子商务发展迅速，全市电子商务交易额达到1213亿元，增长26%；13个村被阿里巴巴评为中国“淘宝村”。三是全力支持民营经济发展。召开民营企业座谈会，认真学习贯彻习近平总书记在民营企业座谈会上的重要讲话精神，进一步坚定发展民营经济的信心。出台支持民营经济高质量发展的20条具体措施，在税费、土地、融资、人才等方面给予大力扶持，建立100亿元重点企业财源建设基金，坚定不移支持民营企业做大做强。四是扎实推进乡村振兴战略实施。高标准编制乡村振兴战略规划及配套方案，按照“五个振兴”要求抓好组织实施。粮食生产保持稳定，全年粮食总产达到266.7万吨；有机蔬菜、泰山茶、高档苗木花卉种植面积分别达到30.2万亩、4.5万亩、42.5万亩。农业农村改革进一步深化，农村土地经营权流转面积达到185万亩。加快培育农业经营主体，规模以上农业企业达到315家，农民合作社达到8616家。

三、强化底线思维，扎实推进三大攻坚战。 坚持底线思维、问题导向，系统谋划推进“三大攻坚战”，在重要领域和关键环节取得积极进展。一是着力防范化解重大风险。高度重视防范化解金融风险，坚持早识别、早预警、早发现、早处置，积极开展“增信贷、打逃债、降不良、树诚信”专项行动，打击恶意逃废银行债务，进一步优化金融环境，全市非法集资案件立案数、涉案金额、涉及人数大幅下降，清收不良贷款5.1亿元。坚决打赢扫黑除恶专项斗争攻坚战，打掉恶势力犯罪集团21个、恶势力团伙46个。全国“两会”、上合组织青岛峰会期间，实现进京非访“零登记”。毫不放松抓好安全生产、社会治理创新、食品药品监管等工作，稳妥处理涉军维稳工作，妥善处置、有效应对“4·17”山火、山洪自然灾害等突发事件，确保了社会大局和谐稳定。

二是扎实推进精准脱贫。选派省市县三级“第一书记”和驻村干部857名，安排落实各级财政专项扶贫资金2.6亿元，实施产业扶贫项目283个，1.22万贫困人口实现稳定脱贫。东平县易地扶贫搬迁、黄河滩区迁建、移民避险解困“三大工程”进展顺利，3.5万人实现回迁。全国水库移民工作会议在东平县召开，水利部副部长魏山忠同志对我市水库移民工作给予充分肯定。三是全力开展污染防治。牢固树立绿水青山就是金山银山的理念，扎实推进泰山区域山水林田湖草生态保护修复工程，打造泰山大生态带，推动山水林田湖草生命共同体和谐发展，开工215个项目，完成投资52.7亿元。认真做好中央、省环保督察和“回头看”反馈问题整改工作，全市共整治“散乱污”企业6809家、禁养区内养殖场6467家、燃煤小锅炉2820台。实施蓝天、碧水、净土“三大行动”，深入推进“四减四增”，开展城区空气质量改善、城区污水治理等七项专项治理，生态环境有了较大改善，全市空气质量优良天数达到207天，空气质量居全省内陆城市前列。

四、加强城市规划建设管理，着力打造山水生态名城。坚持规划引领，强化精品意识，加大城市建设力度，不断完善城市功能，提升城市品质和形象。一是抓好大的规划编制实施。抓住省委、省政府研究泰安城乡发展规划的重大机遇，做好城乡一体空间发展战略规划、泰山文化保护传承总体规划编制工作，严控“山体线”“水岸线”“天际线”，体现泰安历史文化名城特色，突出泰山历史文化元素，泰山、徂徕山和大汶河空间布局进一步优化。空间规划省政府常务会已研究，准备提交省委常委会审议。二是提升城市建设管理水平。坚持用创城迎审推进城市建设、优化城市管理，以全省第三名的成绩顺利通过国家卫生城市复审；全国文明城市创建工作，省直部门年度测评泰安得分居第二位。注重研究解决中梗阻、卡脖子的老大难问题，实施财源街、岱北街、灵山大街等拆迁会战攻坚，博阳路、万官大街、凤凰路等一批泰城群众期盼已久的城市道路建成通车，擂鼓石大街中段、环山路东延改造、桃花源路、天平大街等道路建设工程顺利推进，路网结构不断优化，有效缓解了交通压力。扎实开展“大棚房”和违法建设治理，抓好泰山奇石市场整治、户外广告牌匾提升等工作，拆除广告牌52.8万平方米。坚持拆违建绿、见缝栽树、增量提质，对城区道路、沿街绿地、公游园增加法桐等冠大荫浓的高大乔木，共栽植各类乔灌木7.5万余株，各类花卉25.4万株。加强污水设施建设，按照先截污、后清淤、治坡岸、再蓄水“四步走”的路子开展黑臭水体治理，取得了阶段性成果。三是加快重大基础设施工程建设。实施京沪高速、青兰高速、济泰高速等8个高速公路项目，规划建设总里程332.4公里，比全市已通车里程多了近100公里。积极做好济南至微山高速、泰安至东平高速、德州至郓城高速等6个项目规划论证工作，扎实推进京杭运河东平湖区段航道工程，实施国、省道项目17个，新改建农村公路1051公里。

五、继续深化改革扩大开放，着力增强发展动力活力。深入学习贯彻习近平总书记在纪念改革开放四十周年大会上的讲话，坚定不移深化改革扩大开放，激发发展动力活力。一是进一步解放思想。从思想观念、体制机制上清除改革的障碍，鼓励引导全市党员干部解放思想干、瞄准一流干、只争朝夕干、科学谋划干。通过组织赴南方四省六市考察、市内项目观摩、对标对表先进，引导各级各部门学有榜样、赶有目标、干有方向。在研究制定培植“双50强”企业的意见、支持民营经济高质量发展的“20条”措施、人才“金十条”等政策措施时，在推进行政审批制度改革、开发区体制机制改革等重点改革事项上，敢于冲破思想的禁锢、利益的“藩篱”和“惯例”的束缚，力争让出台的政策措施“能感知、有温度、见效果”。在实施拆迁会战、打通“丁字路”等群众关心、社会关注的老大难问题时，不等不靠、不推不拖，敢于拍板决策，勇于承担责任，赢得社会各界的信任和支持。在推动工作落实上，创新工作机制，成立产业经济发展、城市建设管理、文化旅游产业发展、乡村振兴、党建和人才5个工作小组。全市上下敢想敢干、敢闯敢试，敢于担当、主动干事的良好氛围正在逐步形成。二是进一步深化改革。认真履行全面深化改革主体责任，及时研究推进重点改革事项，确保上级改革方案在泰安落地落实。共召开11次市委全面深化改革领导小组会议，研究审议各类改革事项45项，其中审议改革文件32个。建立市级领导领衔推进重点改革项目制度，确定15项重点改革任务，由市级领导领衔推进，以上率下推动全面深化改革工作。深化“放管服”改革，在全省率先推出“贴心代办，一次办好”，成立全省首家市级行政审批服务局，入选山东省庆祝改革开放40周年最具影响力事件；实行“六十二证合一”，整合数量位居全省首位。大力优化营商环境，新登记市场主体6.2万户，增长10.9%。扎实推进供给侧结构性改革，加大“去降补”力度，关停煤矿65万吨。稳妥推进市县党政机构改革，扎实推进国资国企、财税金融、农业农村、统计体制等领域改革。三是进一步扩大开放。妥善应对中美贸易摩擦带来的不利影响，新增外贸获权企业247家，与177个国家和地区建立了贸易往来。扩大利用外资规模，全市新设外商投资企业59家，同比增加12家。积极推动企业“走出去”，岱银集团马来西亚纺织工业园二期项目建成投产，带动进出口7000多万美元。

六、积极发展社会主义民主政治，不断巩固团结和谐良好局面。坚持党的领导、人民当家作主、依法治国有机统一，深化依法治市实践，支持和保证人大及其常委会行使法定职权，保障人民当家作主；支持政协围绕团结和民主两大主题履行职能，发挥协商民主重要作用，支持各民主党派更好履行职能；全面贯彻党的宗教工作基本方针和党的民族政策，认真落实党委宗教工作主体责任，扎实做好发现问题整改；支持工会、共青团、妇联等群团和各类社会组织改革创新，充分发挥政治优势，广泛凝聚推动高质量发展的强大正能量。深入推进法治泰安建设，《泰山风景名胜区生态保护条例》《泰安市城市绿化条例》《泰安市烟花爆竹燃放管理条例》正式实施。深入开展宪法宣传实践活动，引导各级党组织和党员干部带头尊法学法守法用法。拓宽军转民、民参军渠道，引导民企和社会力量参与军民融合发展。高度重视党管武装，全力支持国防后备力量建设。扎实做好“双拥共建”工作，完善优抚服务保障体系。落实退役士兵安置政策，加强职业技能培训，促进退役士兵自主就业创业。

七、加大思想文化建设力度，进一步坚定文化自信。认真履行意识形态工作责任制，牢牢掌握意识形态工作领导权和主动权，不断坚定文化自信，推动文化繁荣兴盛。一是严格履行意识形态工作责任制。成立市委意识形态和宣传思想工作领导小组，定期研究、分析、研判全市意识形态工作。印发《泰安市党委（党组）意识形态工作责任制实施细则》，将落实意识形态工作责任制情况纳入全市经济社会发展综合考核和全面从严治党考核。严格意识形态阵地管理，强化网上舆论引导管控，加强对重大事件、重要情况、重要社情民意的分析研判和处置，推动意识形态领域各项任务落到实处。把握正确新闻舆论导向，推进媒体融合发展，新闻舆论传播力、引导力、影响力、公信力进一步提高。二是推动文化事业繁荣发展。深入挖掘泰山文化的精神内涵和时代价值，大力传承和弘扬泰山文化，编制《泰山文化保护传承意见》《泰山文化保护传承总体规划》，央视春晚泰安分会场成功举办，充分展现了泰山文化特色和自然人文风貌。不断完善公共文化设施建设，所有乡镇（街道）、村（社区）全部建成综合文化站和文化服务中心，开展各类群众文化活动6.8万场次，累计惠及民众600余万人次。加大非物质文化遗产传承保护力度，山东梆子廉政戏《官箴碑》巡演40多场，引起强烈反响。三是推动文化产业加快发展。深入实施文化产业“十百千”工程，全市投资过亿元的文化产业项目90个，省级以上文化产业示范基地达到12家，泰山新闻出版小镇等一批重点文化产业项目加快建设。

八、切实保障和改善民生，群众获得感幸福感安全感不断增强。始终坚持以人民为中心的发展思想，持续加大民生投入力度，全市财政用于民生领域支出达到303.4亿元，占财政支出的79.6%。一是腾出空间做好城市环境优化和公共服务。坚持把最好的地段留给市民，将地处城区核心、占地192亩的黄金地段，开辟为生态绿地健身公园。腾空占地136亩的岱庙周边土地，拆迁改造为岱北文化公园。高起点规划绿地系统和水系，城区规划综合公园14处、专类公园6处、沿河带状绿地8条。二是民生社会事业加快发展。着力解决“大班额”问题，新建、改扩建学校、幼儿园120所；“全面改薄”完成投资2.4亿元。医改工作成效明显，区域医疗费用增幅控制在10%以下，县域内就诊率达到92%。全民健身运动和群众性体育活动蓬勃开展，举办各级各类体育健身赛事活动3172项。三是社会保障体系更加完善。大力推动创新创业，全市新增就业5.25万人，城镇登记失业率2.21%。加快保障性住房建设，实施棚户区改造5.8万套，基本建成2.1万套。发放各项社会保险待遇169.8亿元。对91.6万平方米老旧住宅进行整治改造，修复破损玻璃19.7万平方米，对部分既有住宅开展加装电梯试点。社会养老服务体系不断完善，全市新增养老床位2260张，新建城市社区老年人日间照料中心10处、农村幸福院37处，建筑面积6.1万平方米的泰山社会福利中心一期已于1月9日试运营。农村改厕工作进展顺利。积极解决拖欠农民工工资问题，为2961名农民工追回拖欠工资6585.7万元。

九、纵深推进全面从严治党，为高质量发展提供坚强保障。始终把抓好党建作为最大政绩，把严实的要求落实到管党治党全过程和各方面。一是认真落实管党治党政治责任。完善全面从严治党“1+5”工作机制，制定《泰安市全面从严治党考核办法》，实行全面从严治党和经济社会发展双千分考核。坚持市纪委常委同县处级党政正职廉政谈话制度，开展县（市、区）党（工）委书记向市纪委全会述责述廉，落实市县乡三级约谈机制，层层传导压力、压紧压实责任。把中央巡视整改作为重大政治任务抓紧抓实，召开以巡视整改为主题的专题民主生活会，深入剖析原因，坚决整改落实。强化对巡察工作的组织领导，部署开展4轮巡察，对54个地方、单位党组织进行政治巡察。出台《深化运用监督执纪“四种形态”工作任务分工方案》，坚持抓早抓小、防微杜渐，全市纪检监察机关运用“四种形态”处理3932人次，其中第一、第二种形态处理人数占比82.8%，咬耳扯袖、红脸出汗成为常态。制定《关于加强党内问责的实施意见（试行）》，坚持失责必问，问责必严，全市共有167个党组织、187名党员干部被问责。二是积极推动基层党建全面进步全面过硬。持续深化过硬党支部建设，市级层面命名“泰山先锋”红旗党支部200个，整顿完成203个软弱涣散党组织。深化“强村固基”工程，培育村级集体经济发展新动能，全市村集体经济收入10万元以上的村达到60.3%。我市抓党建促村集体经济发展做法被评为全省组织工作创新奖。推进“育苗升级”工程和换代行动，新一届村“两委”成员中，全日制大专以上高校毕业生264人。积极探索城市基层党建共同体，着力构建党组织领导的城市基层治理新格局。举办纪念建党97周年暨讲述身边先锋群体主题党日活动，省委书记刘家义同志对这一活动给予肯定。三是大力传承弘扬新时代泰山“挑山工”精神。积极响应习近平总书记关于勇做新时代泰山“挑山工”的号召，研究出台了《关于勇做新时代泰山“挑山工”的意见》，筹备建设泰山“挑山工”党性教育基地，谋划开展“埋头苦干、争创一流，勇做新时代泰山‘挑山工’”主题实践活动，激励引导党员干部勇挑重担、干事创业。四是着力加强领导干部队伍建设。坚持正确选人用人导向，落实新时期好干部标准。从严做好机构改革期间有关干部调整工作，确保机构改革平稳顺利。制定《发现培养选拔优秀年轻干部的实施意见》《泰安市挂职干部管理办法》，选派83名干部挂职锻炼、上下交流，从乡镇党委书记中提拔10名担当作为好书记，树立了鲜明用人导向。五是从严推动作风转变。深入贯彻落实中央八项规定及其实施细则精神，在全市开展违规配备使用公车、滥发津补贴、违规公款吃喝、违规收送礼品礼金专项治理，全市纪检监察机关查处“四风”问题375起，党纪政务处分371人。聚焦形式主义、官僚主义，紧扣12类突出问题，开展不担当、不作为问题集中整治专项行动，查处形式主义、官僚主义问题266起，党纪政务处分254人。深入贯彻落实激励干部担当作为实施容错纠错的办法，旗帜鲜明为担当者担当，为11起14名党员干部容错纠错，澄清7起党员干部受到不实举报典型问题。六是持续保持反腐败斗争高压态势。加强对反腐败工作的领导，调整市委反腐败协调小组，健全反腐败协调机制。坚持无禁区、全覆盖、零容忍，坚持重遏制、强高压、长震慑，严肃查处了朱立辉、鲁瑞森、刘涛等一批贪腐分子，形成强力震慑。全市纪检监察机关共立案1763起，党纪政务处分1983人；留置60人；移送司法机关60人。深入开展民生、扶贫领域腐败和作风问题专项治理，严查涉黑涉恶腐败和“保护伞”，全市查处侵害群众利益问题991起，党纪政务处分830人。深化标本兼治，扎实做好监督执纪、审查调查和巡视巡察“后半篇”文章，组织1.6万余名科级以上干部参加党纪法规和德廉知识学习测试；强化反面警示教育，召开全市领导干部警示教育大会，组织2万余人次观看警示教育专题片，以案明纪、以案示警，教育引导党员干部知敬畏、存戒惧、守底线，筑牢拒腐防变思想防线。

以上报告的是去年以来的主要工作。同时，必须清醒看到，我们的工作还面临不少困难和挑战。主要是：经济总量不大，质量不优，过百亿、过50亿企业偏少；结构性矛盾还比较突出，重化工业占比较高，新兴产业比重偏小、力量偏弱；经济下行压力加大，企业信心不足，民间投资乏力；资源环境约束趋紧，能源、环保“天花板”制约凸显；营商环境仍需优化，“玻璃门”“旋转门”“弹簧门”、政策落实“中梗阻”等问题依然存在；财政收支矛盾突出，刚性支出有增无减，实现收支平衡难度加大；作风建设仍需加强，与新时代泰山“挑山工”精神要求相比，有的思想不解放、工作作风不实、担当精神不够，有的不注重学习，研究业务不细不透，能力和水平有待进一步提高；等等。对这些问题，市委常委会将高度重视，在今后工作中着力加以解决。

同志们，一年来的工作成绩，是在以习近平同志为核心的党中央坚强领导下，认真贯彻中央和省委决策部署的结果，是全市各级党组织和广大党员干部群众凝心聚力、共同奋斗的结果。在此，我代表市委常委会向大家表示衷心的感谢！

（下转第7页）

政府工作报告

——2019年4月2日在泰安市第十七届人民代表大会第三次会议上

泰安市常务副市长　展宝卫

一、2018年工作回顾

2018年，是全市上下凝心聚力、砥砺奋进的一年。在省委、省政府和市委坚强领导下，我们坚持以习近平新时代中国特色社会主义思想和党的十九大精神为指导，认真学习贯彻习近平总书记视察山东重要讲话、重要指示批示精神，坚持稳中求进工作总基调，在高质量发展道路上迈出新步伐。全市生产总值实现3651.5亿元、增长5.7%；完成一般公共预算收入219.5亿元、增长6%，其中税收收入158亿元、增长7.6%，税收占比72%、提高1.1个百分点；社会消费品零售总额1593.8亿元、增长8.8%；进出口总额160.8亿元，其中出口127.6亿元、增长8.1%；城镇、农村居民人均可支配收入分别增长7.5%和8.2%，连年保持平稳持续增长。

（一）产业发展取得新成效。坚定实施“产业兴市”战略，坚定不移支持民营经济发展，加大对重点产业、骨干企业培植力度，实体经济发展活力增强。全市规模以上工业增加值、主营业务收入、利润分别增长5.5%、7.4%、20.5%。泰山石膏、山能重装营业收入突破100亿元，全市过百亿元企业达到6家。以全域旅游为抓手，大力实施交通组织换乘、特色餐饮小吃、停车场提升、旅游厕所提升“四大工程”，市政中心东侧占地56亩、可提供710个停车位的生态停车场建成启用；泰山门票改为三天内有效；接待国内外游客人次、旅游消费总额分别增长10.1%和13.4%。现代物流加快发展，峰松物流、速恒物流、中国供销（宁阳）农副产品物流园等项目建成运营，山东宏禾物流公司被认定为国家级城市高效配送示范企业，岱岳经济开发区综合物流产业园荣获全国优秀物流园区称号。全市电商交易额达到1213亿元、增长26%，13个村被阿里巴巴评为中国“淘宝村”。深入实施文化产业“十百千”工程，省级以上文化产业示范基地累计达到12家，泰山新闻出版小镇等一批重点文化产业项目加快建设。高标准编制乡村振兴战略规划及配套方案，乡村振兴战略扎实推进；新泰市和全市5个乡镇、60个村列入全省乡村振兴“十百千”示范创建单位；新增高标准基本农田3.82万亩，粮食生产保持稳定；有机蔬菜、泰山茶、特色果品、高档苗木花卉种植面积分别达到30.2万亩、4.5万亩、171万亩、42.5万亩，农业龙头企业达到538家；奶牛存栏和奶产量连续12年保持全省首位，发展经验在全国推广；泰山区农高区成功入选国家现代农业产业园创建名单。

（二）新旧动能转换全面起势。着力构建新旧动能转换规划体系、政策配套体系、“六个一”工作推进体系，31个项目入选省新旧动能转换重大项目库第一批优选项目，233个市级新旧动能转换重大项目完成投资660亿元。加快推进泰安二期抽水蓄能电站、京杭运河东平湖湖区航道及作业区、正大新能源、复合材料产业研究院、泰山玻纤产业园、海天智能机器人、晋煤明升达洁净煤气化等一批重大项目。诺莱医养、康复辅具产业园等一批医养健康产业项目加快建设。14家企业上榜全省“瞪羚”企业名单。研究制定支持工业领军企业和科技创新型企业“双50强”发展意见，设立100亿元的重点企业财源建设基金，首批共扶持重点企业5家，落实资金12.8亿元；出台人才“金十条”政策，设立6亿元招才引智基金，年内兑现奖励扶持资金3022.6万元。投资14.9亿元，建成13.3万平方米的泰山创新谷和国家级高创中心孵化器，引进并注册公司团队49家。全市研发经费投入强度连续4年超过全省平均水平。农大肥业技术中心获批国家企业技术中心，全市国家级创新平台达到9家。2项发明专利获中国专利银奖，3项专利获优秀奖。净增高新技术企业57家，全年规模以上工业企业实现高新技术产业产值同比增长8.51%，占规模以上工业总产值的比重达到36.89%。新增中国驰名商标5件，全市名牌总量达到50件。石横特钢泰安建筑用钢产业集群被列为全省四大钢铁产业集群之一。康平纳集团“筒子纱智能染色工业示范项目”荣获第五届中国工业大奖。东平超大型粉煤气化工程示范项目列入国家级重点研发计划。峰松物流与北京汇通天下合作成立全国无车承运结算中心。

（三）改革开放力度不断加大。坚持把“放管服”改革作为破解发展环境难点、痛点、堵点的利器。在全省率先提出“贴心代办，一次办好”，共向县（市、区）下放市级行政权力4120项，委托功能区行使市级行政权力3676项。实行“六十二证合一”，整合数量位居全省首位。设立全省第一家市级行政审批服务局，被列入山东省庆祝改革开放40周年最具影响力事件。全年新登记市场主体6.2万户，增长10.9%。加大供给侧结构性改革力度，能源供给结构得到优化，可再生能源装机突破267万千瓦；全面落实国家减税降费政策，减免税费88.25亿元。农业农村改革进一步深化，全市基本完成清产核资工作，93%的村（居）完成集体产权改革。国资国企、财税金融、统计审计等领域改革深入实施。市县机构改革顺利推进。社会信用体系建设、公共资源交易制度改革取得新成效。

突出抓好“双招双引”，成功举办第三十二届泰山国际登山节暨2018中国泰安投资合作洽谈会，集中签约50个项目，总投资1720亿元；积极参与首届山东儒商大会、香港山东周等活动，取得丰硕成果。泰山Office、华能新能源新材料、中信重工开诚智能特种机器人、唯品会山东物流园、万吨级芳纶新材料产业园、隆基科技城、泰山云安智能产业园、泰山国际生态健康城、华润万象汇等一批大项目落地建设。全年实际利用外资46亿元、增长16.6%；在建招商引资项目到位市外资金373.4亿元、增长11%。引进“两院”院士3人、国家“千人计划”“万人计划”专家9人，省级以上高层次人才总量达到130人。组织企业走出去，积极参与“一带一路”建设，新增外贸获权企业279家，与180个国家和地区建立了贸易往来。扎实开展结对共建活动，加大对重庆巫溪县、新疆岳普湖县对口帮扶力度。

（四）山水生态城市建设扎实推进。科学编制《泰安市城乡一体空间发展战略规划》。泰城博阳路、万官大街、凤凰路等一批群众期盼已久的城市道路建成通车，擂鼓石大街中段、环山路东延改造工程顺利推进。坚持城市规划民生优先，把最好的地段留给市民，腾空市值7.5亿元、占地136亩的岱庙北侧土地，改造建设岱庙文化广场；将市值近10亿元、占地192亩的时代发展线黄金地段开辟为生态绿地健身公园。着力抓好徂汶净水厂、城市地下给排水管网、泰城垃圾焚烧发电续建工程等项目建设。开展拆迁会战攻坚，财源街、岱北街拆迁和灵山大街、青年路、望岳西路多年“老大难”问题得到解决，全市共治理违法建设9397处、623万平方米。以全国文明城市创建和国家卫生城市迎审为抓手，抓好户外广告牌匾提升、公厕改造、生活垃圾分类等工作，拆除广告牌52.8万平方米。城镇建设取得新成绩，岱岳区入选全国新型城镇化质量百强区，新泰市被评为全国十佳生态文明城市，宁阳县被列为省第三批新型城镇化试点县，大汶口镇被评为省级绿色生态示范镇；我市以全省第3名的成绩，顺利通过国家卫生城市复审，并实现国家卫生城市（县城）全覆盖；全国文明城市创建工作获得了全省7个提名城市中第2名、全国113个地级提名城市中第12名的好成绩，肥城市、新泰市在全省21个创建县中分列第1名和第4名；我市在全省新型城镇化三年综合考核中列第4位，被省政府授予“山东省适宜人居环境奖”。重大基础设施建设顺利推进，全市在建和开展前期工作的高速公路8条，实施国、省道项目17个，新改建农村公路1051千米。

（上接第5页）在推动工作过程中，市委常委会高度重视加强自身建设，常委同志以身作则、率先垂范，发挥好表率作用。一是不断提高政治站位。带头学习贯彻习近平新时代中国特色社会主义思想和党的十九大精神，深刻领会习近平总书记视察山东重要讲话、重要指示批示精神，树牢“四个意识”，坚定“四个自信”，坚决做到“四个服从”“两个维护”，自觉在思想上政治上行动上同以习近平同志为核心的党中央保持高度一致。二是牢固树立宗旨意识。坚持以人民为中心的发展思想，始终把人民群众的利益放在首位，抓住发展这个第一要务不放松，站在群众立场想问题作决策，设身处地体察群众疾苦，回应群众所想所盼，推动泰安高质量发展。三是严格落实党内政治生活各项制度。严格党内政治生活，认真执行民主集中制，坚持集体领导和个人分工负责相结合，充分发挥常委会的整体作用和每个成员的积极作用。四是加强党风廉政建设。严格遵守党章和廉洁自律准则，自觉接受组织和群众的监督，带头树立良好形象。

希望同志们对市委常委会的工作提出意见和建议。

（五）三大攻坚战取得新进展。扎实开展“增信贷、降不良、打逃债、树诚信”专项行动，清收不良贷款8.6亿元。2018年末，全市人民币各项存款余额3647.68亿元、比年初增长9.7%；人民币各项贷款余额2354.32亿元、比年初增长11.7%。东顺集团在香港成功并购上市。政府债务率比上年压减17.5个百分点。全力推进精准脱贫，1.22万建档立卡贫困人口全部脱贫退出；东平县易地扶贫搬迁、黄河滩区迁建、移民避险解困“三大工程”稳步实施，3.5万人实现回迁，全国水库移民工作会议在东平县召开。扎实推进泰山区域山水林田湖草生态保护修复工程，开工项目215个，完成投资46.8亿元。中央环保督察组反馈意见涉及我市的21个具体问题，8个已完成整改，13个达到序时进度。省环保督察组反馈意见涉及我市的25个具体问题，20个完成整改，5个正积极推进。全年推广洁净煤20万吨。山东宁阳生物化工高技术产业园区、肥城市循环经济产业园区、新泰市循环经济产业示范区、泰安大汶口工业园化工区等4家化工园区获省政府批准。2个土壤污染防治项目纳入中央项目储备库。全市空气质量优良天数达到207天，居全省内陆城市前列。全市482条河流、688座水库、1444座重点塘坝共设河（湖）长4534名，实现河湖水域管理全覆盖。黑臭水体治理取得了阶段性成果。全国水生态文明城市创建顺利通过验收。扎实开展“绿满泰安”行动，全市自然保护区、国家湿地公园、中国森林氧吧分别达到6个、3处和3处，有10个乡镇、55个村（居）成功创建市级以上“森林镇村”，新泰市荣获首批“山东省森林城市”称号，宁阳县被授予“全国绿化模范县”称号。

（六）民生保障水平持续提升。全市一般公共预算中民生支出达到303.4亿元，占财政支出的79.6%。加快解决“大班额”问题，新建、改扩建学校、幼儿园120所；“全面改薄”完成投资2.38亿元，超额完成任务。加快分级诊疗制度建设，县域内就诊率达到92.02%；国家基本公共卫生服务项目人均补助经费达到55元。新增就业5.25万人，城镇登记失业率2.21%。发放各项社会保险待遇180.74亿元、增长10.1%。城乡低保和农村特困供养对象93836人，累计发放救助金3.12亿元。妥善解决拖欠农民工工资问题。加强养老服务体系建设，全市新增养老床位2260张，新建城市社区老年人日间照料中心10处、农村幸福院37处。加快保障性住房建设，实施棚户区改造5.8万套，基本建成2.1万套。整治老旧住宅小区20个、91.6万平方米，修复破损玻璃19.8万平方米，开展既有住宅增设电梯试点工作。发放城镇住房保障家庭租赁补贴4092户，改造农村危房2561户。归集住房公积金48.5亿元，发放公积金贷款26.4亿元。大力繁荣文化体育事业，村级综合性文化服务中心实现全覆盖，举办各级各类体育健身赛事活动3172项，列全省第一，取得省第24届运动会金牌榜第7名好成绩。国防动员、双拥共建、人民防空、民兵预备役、军民融合和退役军人保障工作取得新进展。妇女儿童、残疾人、老龄工作都有新提高。外事侨务、民族宗教、史志档案等都有新进步。持续开展平安泰安建设，深入推进扫黑除恶专项斗争，打掉恶势力犯罪集团21个、恶势力团伙46个。圆满完成全国“两会”、上合组织青岛峰会、改革开放40周年庆祝活动等重大安保维稳工作任务。毫不放松抓好社会治理创新、安全生产、重大动植物疫病防控、食品药品安全监管等工作，妥善处置“4·17”山火、“8·19”山洪自然灾害等突发事件，社会保持和谐稳定。

（七）政府自身建设不断加强。认真学习习近平新时代中国特色社会主义思想，深入贯彻落实习近平总书记视察山东重要讲话、重要指示批示精神，自觉肩负党要管党、全面从严治党政治责任。推进“两学一做”学习教育常态化制度化，扎实开展“大学习、大调研、大改进”。严格落实中央八项规定及实施细则精神，持之以恒纠治“四风”，严厉查处各类违法违纪案件和不担当不作为问题，作风建设更严更实。大力弘扬新时代泰山“挑山工”精神，营造干事创业的浓厚氛围。严格依法行政，努力高效施政，法治政府建设扎实推进。及时解决群众合理诉求，主动接受各方面监督，认真办理人大代表建议和政协委员提案，答复率均达100%。12345政务服务热线接听群众来电52.8万件，回访29.4万人次，群众满意率达到94.42%。持续压减“三公”经费，市级财政拨款安排的“三公”经费同比下降14.6%。政务资源信息整合共享、政务公开、政风行风评议积极推进，政府公信力进一步提升。

各位代表，这些成绩来之不易。这是全市上下坚决贯彻党中央、国务院决策部署和省委、省政府工作要求的结果，是市委统揽全局、加强领导和市人大、市政协监督支持的结果，是历届老领导、老同志关心支持的结果，是全市人民群策群力、实干奋进的结果。在此，我代表市人民政府，向全市广大干部群众、各民主党派、工商联、无党派人士，向人民解放军和武警驻泰部队及驻泰单位，向关心支持泰安发展的社会各界，表示崇高的敬意和衷心的感谢!

在肯定成绩的同时，必须清醒地看到，我们的工作还存在不少困难和挑战。主要表现在：经济总量仍然偏小，实体经济发展面临多重压力，能源、环保“天花板”制约凸显，外部约束日益趋严；财政收支矛盾突出，稳增长压力较大；动能转换内生动力仍然不足，新兴产业发展快但占比小，企业创新能力不强；“双招双引”力度不够大，成效不够好；要素保障不够充分，民营和小微企业融资难融资贵问题还未得到有效缓解，防范化解金融风险压力依然较大，营商环境与市场主体期待还有较大差距；城市综合服务功能还不够完善，城市管理、社会治理短板多、堵点多，与群众要求还有较大差距；生态保护和污染防治任务依然繁重；贫困人口持续稳定脱贫的压力仍然较大；干部工作本领和工作作风与新时代新要求还不相适应，部分干部境界不高、观念不新、作风不实，行政效能、发展环境还需进一步提升和优化，等等。这些矛盾和问题，需要我们系统研究和分类解决。

二、2019 年工作安排

2019 年是新中国成立 70 周年，是决胜全面建成小康社会的关键之年，也是加快新旧动能转换、实现高质量发展的重要一年。今年政府工作的总体思路是：以习近平新时代中国特色社会主义思想为指导，认真贯彻党的十九大和十九届二中、三中全会精神，深入落实习近平总书记视察山东重要讲话、重要指示批示精神，按照中央决策部署和省市委工作要求，坚持稳中求进工作总基调，坚持新发展理念，坚持以供给侧结构性改革为主线，以新旧动能转换重大工程为引领，以“工作落实年”为总抓手，加快实施创新驱动发展和人才强市战略，大力传承和弘扬新时代泰山“挑山工”精神，强化党建统领和人才支撑，聚力推进产业发展、乡村振兴、城市规划建设管理工作实现新突破，努力建设先进制造、文化旅游、医养健康强市，打造创新创业、山水生态名城，不断塑造高质量发展新优势，促进经济持续健康发展和社会大局稳定，以优异成绩庆祝新中国成立 70 周年。

主要预期目标是：生产总值增长 6% 左右，一般公共预算收入增长 5%，收入质量进一步提升；投资结构持续优化；消费对经济增长的贡献率进一步提高；城镇登记失业率控制在 3.5% 以内，城镇、农村居民人均可支配收入分别增长 7% 和 7.5% 左右；全面完成省下达的节能减排降碳约束性目标。

以上预期目标，突出了稳中求进工作总基调，突出了高质量发展新要求，有利于稳定市场预期，有利于缓解要素制约、提高生态承载、化解历史包袱。工作中，我们将按照中央“巩固、增强、提升、畅通”八字要求，紧密联系泰安实际，坚持走改革开放的创新之路、攻坚克难的奋斗之路、高质量发展的效益之路、绿色发展的生态之路、以人民为中心的富民强市之路，更有成效地稳增长、促改革、调结构、惠民生、防风险、保稳定，更加坚定地稳就业、稳金融、稳外贸、稳外资、稳投资、稳预期，努力实现有质量、有效益、有速度的持续稳定增长。工作中，要按照市委要求，在全市上下吹响“同心同德干事业、攻坚克难抓落实”的号角，凝聚一切力量，用好一切资源，戮力同心、和衷共济，砥砺奋进、奋勇争先，以更高标准、更大担当，加快新旧动能转换、实现高质量发展，奋力谱写泰安改革发展的新篇章。重点做到以下七个方面的“狠抓落实”：

（一）突出抓好产业高质量发展，在加快新旧动能转换上狠抓落实。坚定不移实施“产业兴市”战略，进一步强化抓产业就是抓发展、抓好高质量产业发展就是对泰安未来负责的思想，精准编制并落实好新旧动能转换十大产业专项发展规划，尽快形成一批布局结构优、规模体量大、延伸配套好、支撑带动强的千亿级产业集群。积极推动玻纤老厂区搬迁和新园区建设、晋煤明升达洁净煤气化、岱银品牌设计研发中心、石横特钢泰安建筑用钢产业集群等一批项目建设，实现传统产业动能接续提升；大力推进康平纳年产 20 万吨筒子纱智能染色工厂、泰开工业机器人等一批高端装备和智能制造、新一代信息技术、现代物流、新能源和节能环保产业项目建设，形成新兴产业动能新支撑。加快泰山智能制造产业研究院建设，构建研发机构、产业联盟、产业基金、产业基地、人才团队“五位一体”平台，形成产业智能制造的泰安解决方案。推动军民融合发展，抓好中航重车、泰邦生物等企业项目建设，争取更多示范项目落户泰安。

大力培植“双 50 强”企业，建立完善重点企业市级领导联系制度，整合全市资源要素和政策措施，在税收、用地、人才、融资等方面给予重点支持。鼓励引导企业不断加大投入、扩大规模、延伸产业链条、扩大市场份额，力争 3—5 年内全市过 100 亿元的企业达到 10 家，50—100 亿元的企业新增 6 家。用足用好 100 亿元的重点企业财源建设基金，年内对重点企业支持不低于 30 亿元。充分发挥市金控集团和财金集团作用，综合运用融资租赁、融资担保等工具，帮助企业解决融资难融资贵问题。落实好企业上市挂牌奖励政策，支持龙头骨干企业和创新型企业上市融资。

加快编制现代服务业发展规划，推进先进制造业与现代服务业深度融合，带动电子商务、研发创意、大数据等产业发展壮大。推进铁路物流园区、岳华能源泰山内陆港规划建设；持续支持峰松物流无车承运人全国试点，力争全年交易量过100亿元、税收过10亿元，进而打造千亿级现代物流产业集群。立足泰安生态、科教、文化优势，瞄准市场需求，着力发展医疗服务、休闲旅游、健康养老、体育健身、研学体验等新兴产业，努力打造国际知名的“养老泰安·养生泰山”医养健康品牌。

坚定不移把文化旅游业作为战略性支柱产业全域性谋划、一体化推进。年内编制完成《泰安市文化旅游产业发展总体规划》。继续大力实施旅游服务提升“四大工程”，建设一批旅游特色街区。加快泰山新闻出版小镇等文旅重点项目建设，启动天平湖核心区景观提升工程。推动乡村旅游提档升级，加快构建由特色小镇、休闲农庄、现代农业园区、精品民宿、特色村和农家乐组成的乡村旅游体系。更加注重文旅市场主体培植和壮大。把“游客为本”理念落实到旅游每一个环节、每一个细节，开展文明执法、柔性执法，营造良好旅游环境。

加强对实体经济特别是工业经济运行的监测分析，围绕投资、财税、规上企业、进出口等主要经济指标，紧盯运输量、用电量、订单量等先行指标，科学引导和把握增长预期，确保基本面稳定。强化对重点骨干企业的运行监测，帮助解决企业在市场、资金、技术、人才、水电油运气等方面的问题，保障企业需求，助力企业发展，确保我市整体经济形势稳中有进，力争进中见好。

（二）突出抓好乡村振兴战略实施，在加快实现农业农村现代化上狠抓落实。在产业振兴上，重点培植壮大农业“新六产”，切实抓好泰山区国家级现代农业产业园、新泰省级现代农业产业园、汶阳田现代农业产业园、泰安高新区省级农业科技园等园区建设。抓好粮食生产，维护粮食安全。调整优化农业结构，做大做强农业龙头企业，加快培育泰山茶、泰山板栗、现代奶业、泰山樱桃、新泰百合、肥城佛桃、苗木花卉、东平湖产品、宁阳大枣等一批农业优质、绿色产业，努力打造过10亿元的特色产业。深入创建“省级农产品质量安全市”，省级农业标准化基地达到80个。加快推进区域公用品牌、企业品牌、产品品牌“三牌”同创，年内省级以上品牌总数达到25个。在人才振兴上，重点实施好职业农民技能提升、乡土人才培育示范、乡土人才定向培养等计划，逐步构建起市、县、乡、村四级培训网络。完善农民返乡创业政策，支持各类人才返乡下乡创新创业。在文化振兴上，重点推进新时代文明实践中心建设试点，深化乡村文明行动，传承优秀传统文化，形成积极进取、向上向善的文化氛围和价值追求。在生态振兴上，重点开展农村人居环境整治三年行动，统筹推进乡村振兴和美丽乡村、田园综合体建设，抓好垃圾污水处理、厕所革命、村容村貌提升，年内新增省级美丽乡村示范村28个，建成“四好农村路”1000公里。在组织振兴上，重点加强农村基层党组织建设，培养一批政治素质好、能带富、善治理的农村基层组织带头人。建立健全党组织领导，自治、法治、德治相结合的乡村治理体系，为乡村振兴提供组织保障。

（三）突出抓好“双招双引”和重点项目建设，在加快培育发展新动能上狠抓落实。坚持把“双招双引”作为加快新旧动能转换、发展产业经济的总抓手，积极组织开展“产业链招商、专业招商、以商招商、平台招商”四大招商行动，有目标地走出去，有重点地请进来，加大与世界500强、跨国知名企业、大型央企和百强民企的对接力度，着力引进一批领军企业、领先技术和高层次人才。加强与北邮、北航、360企业安全集团等合作，努力培植壮大网络安全产业。继续发挥泰山国际登山节招商引资大舞台、大擂台作用，压实领导责任，形成整体合力，务求“双招双引”实效。

持续强化科技人才支撑，在全省率先打造以“塔形”科技创新体系为核心、以泰山创新谷为载体的“政产学研金服用”创新创业共同体，加强与国内知名高校、专家、团队合作，年内实现10家产业技术研究院实体化运作，以企业为主体的产业技术研究院突破300家。加快培育一批“瞪羚”、隐形冠军和单项冠军企业。全面落实人才“金十条”政策，加大高端人才培养引进和使用力度。着力优化我市人力资源结构，大力实施“泰汶专才”计划，鼓励各高职院校针对“十大产业”设置专业，校企共建，培养专而有用的高技能人才。加强知识产权保护，促进发明创造和转化运用。

加快推进重点项目建设，实现重点项目管理由传统性投资向“四新四化”产业转变，动态管理市级新旧动能转换重大项目库，突出抓好6个省级重点项目、

100个市级重点项目建设，年度计划完成投资300亿元以上，重点推动泰安二期抽水蓄能电站、泰山文旅健身中心、泰山Office、泰山玻纤新生产线、华能光纤预制棒和光纤制造一期、泰山·桃花源、振挺精工智能化生产线、中信重工开诚智能特种机器人等项目取得新进展，争取更多项目列入省新旧动能转换优选项目库。加大城市基础设施建设力度，推进实施泰安汽车总站改造，切实抓好济泰高速、青兰高速、京台高速泰安段拓宽等在建工程，扎实推进泰东高速、聊泰铁路、莲花山机场改扩建等项目前期工作。

为确保重要工作重大工程重点任务落实落地见效，市委、市政府确定实行“5+2”工作模式，即成立产业经济发展、城市规划建设管理、文化旅游产业、乡村振兴、党建和人才5个重点任务工作小组，成立泰山区域山水林田湖草生态保护修复工程城区项目和农村项目2个指挥部，由市重点工作小组协调推进办公室一体推进、一体调度、一体考核，挂图作战、标旗推进。各工作小组和指挥部要各司其职，攻坚克难，确保“双招双引”工作实现大的突破，确保重点项目重点工程按计划顺利实施。

（四）突出抓好规划建设管理，在提升城市功能和补短板、疏堵点上狠抓落实。泰城是老百姓的泰城。城市规划建设管理要更加强化以人为本理念，更加突出坚持以市民为中心，重点在解决好补城市短板、疏市民堵点上狠下功夫。在城市规划上，以高度的历史责任感，重点抓好省委、省政府批复的《泰安市城乡一体空间发展战略规划》的实施工作，根据泰城管辖权调整实际，实现控制性详细规划全覆盖，切实控制好“山体线”“水岸线”“天际线”。强化规划刚性约束，认真抓好专项规划编制实施，加强规划执法管理，进一步改变规划围着项目转的状况。在城市建设上，重点在打通出口、打通连接线、打通城市动脉上下功夫，推进灵山大街东段、泰楼路、泰山大街、北上高大街、龙潭路（老电校段）改造等道路建设，解决好“断头路”“盲肠路”“丁字路”问题。打通背街小巷、完善微循环、构建街区式道路网络。规划好城市道路“三块板”，合理划分快车道、慢车道、人行道，优化城市道路红线、绿线和建筑后退控制线。加快推进天然气储气调峰项目、国电机组高背压改造、东部供热主管道和西部热源厂规划建设，积极发展地源热泵、空气源热泵、电热采暖等新型供热方式。加快做好范镇LNG项目复产工作和徂汶净水厂建设。系统提升城市绿化水平，做到全城有定位、分路有主题、一街一风景、一景一记忆。持续开展城市绿荫行动，按照“300米见绿、500米见园”标准，提高城市公园绿地服务半径覆盖率。加快老城区改造提升步伐，年内启动旧村改造项目17个。完善房地产开发管理机制，做好市场规范、宏观控制工作。切实提高老旧小区物业管理水平，着力解决好居民反映强烈的道路不平、路灯不亮、供气不暖、下水不通和宠物管理混乱等方面的问题。积极推进既有住宅增设电梯试点工作。在城市管理上，积极推进智慧城市建设，重点抓好“智慧城管”平台管理应用，按照全国“示范城市”标准，全力提升市政管养水平。大力推进生活垃圾分类，持续开展城市违法建设治理，推进城乡环境综合整治和旅游秩序整治，巩固国家卫生城市复审成果，继续攻坚全国文明城市创建工作。积极推进新型城镇化建设，尽快实现城镇基本公共服务全覆盖。

（五）突出抓好三大攻坚战，在形成常态化良性机制上狠抓落实。坚持底线思维，坚决打好防范化解重大风险攻坚战。加强地方金融监督管理，持续深入开展“增信贷、降不良、打逃债、树诚信”专项行动，加快构建全域金融风险防控体系。加快推进金融商务区建设，积极争取全省绿色金融试验区。有序处置地方政府存量债务，规范政府举债融资行为。严格落实党政领导干部安全生产责任制，完善“安如泰山”科学预防体系，启动安全发展示范城市建设。深入开展化工产业安全生产转型升级专项行动，加快企业进区入园步伐。加强对道路交通、煤矿和非煤矿山、建筑工地等重点领域专项治理。以“四个不能省”的要求，确保全市安全生产形势持续平稳。大力实施餐饮质量安全提升工程和药械质量安全护航行动。创新社会治理，做实网格化服务管理。深入推进平安泰安建设，持续开展扫黑除恶专项斗争。推进公共法律服务体系建设，深化普法宣传教育。健全社会信用体系，完善失信联合惩戒机制。加强和改进信访工作。加强应急管理和处置能力建设，确保社会和谐稳定。

坚持为民情怀，坚决打好精准脱贫攻坚战。把防止返贫放在更加重要的位置，紧盯重点贫困区域、特殊贫困群体两大重点，着力解决影响“两不愁三保障”的突出问题。统筹抓好东平县易地扶贫搬迁、黄河滩区迁建、移民避险解困“三大工程”。推进脱贫攻坚与乡村振兴战略相衔接，着力提高贫困村、贫困群众的内生动力和自我发展能力。开展脱贫攻坚“回头看”，严查扶贫领域腐败和作风问题，确保扶贫工作务实、脱贫过程扎实、脱贫结果真实。

坚持标本兼治，坚决打好污染防治攻坚战。认真抓好中央、省环保督察及“回头看”反馈意见整改，全面落实环保行动方案，压实生态环境责任。实施“七大专项治理行动”，坚决打好“七大标志性攻坚战”，全面完成国家、省下达的总量减排、环境改善指标任务。落实“四减四增”三年行动方案，统筹抓好工业污染源、移动污染源和农村秸秆焚烧、烟花爆竹等治理工作，确保空气质量优良天数持续增加，坚决打赢蓝天保卫战。

山水林田湖草是一个生命共同体。实施好山水林田湖草生态保护修复工程，是践行习近平总书记生态文明思想的重要内容，是省委、省政府交给我们的重大政治任务，也是泰安高质量绿色发展的重大机遇。该工程总投资166亿元，包含67个项目、326个子项目，要求2020年6月底前全面完成。目前完成投资占总投资的28.1%，任务艰巨、难度很大，必须突出重点，聚力攻坚，今年确保完成工程总量的70%。突出水环境治理，加快实施牟汶河、柴汶河、康汇河流域以及环东平湖水环境综合治理工程；加快推进泰城明堂河、梳洗河、芝田河、泮河等7条河流生态修复和综合整治，建设沿河生态景观带；着力抓好城区污水管网、沿大汶河湿地、污水处理厂建设改造、胜利渠等重点河道清淤和城区雨污分流等工程。加大破损山体修复力度，将山体治理与土地整理结合起来，把破损山体修复与工矿废弃地复垦、工业区建设及居民生活条件改善结合起来，统筹谋划、一体推进；加大泰山石保护力度，坚决实行封山禁采、封场禁售，关闭取缔大型石头存放和交易场所。针对农业面源污染问题，切实抓好土地整治和高效生态农业治理。科学编制全市生态文明建设规划，持续推进“绿满泰安”行动，加大自然湿地和新建湿地保护力度，努力将泰山大生态带打造成“山青、水绿、林郁、田沃、湖美、草丰”的生命共同体。要强化工程项目推进，抓住雨季之前施工黄金期，倒排工期，加快建设。强化工程资金保障，通过PPP模式筹集资金60亿元，落实专项基金60亿元。强化工程质量效益，发挥特聘专家的作用，加强工程项目监理，确保建成一批特色工程、示范工程、优质工程，创出“泰安经验”，向省委、省政府和全市人民交一份满意的答卷。

（六）突出抓好改革开放，在激发经济社会发展活力上狠抓落实。全面完成市县机构改革，不断提高政府效能。强化开发区改革开放排头兵、新旧动能转换主战场作用，更加突出经济发展功能，实行“管委会+公司”运行机制，推进用人制度和薪酬制度改革，实现各类园区的多元化投入、企业化管理、市场化运作和专业化服务。积极推进预算管理改革，全面实施预算绩效管理，加快建立现代财政制度。坚定不移落实好减税降费政策，让企业获得更大的自我发展能力。稳妥推进农村改革，年内全面完成农村集体产权制度改革任务。深化国资国企改革，积极发展国有资本、民营资本交叉持股的混合所有制经济。持续深化“放管服”改革，做到审批至简、服务至善，突出抓好企业开办、不动产登记、建设项目审批三个领域，实行全程代办、高效贴心服务，切实打造优质政务服务品牌。落实好扶持民营经济等有关政策，鼓励支持民营企业建立现代企业制度，加快技术、管理、产品等一系列创新。更加重视企业家队伍建设，特别是针对骨干企业和换代企业，对其管理团队和领航接力人才进行重点培养。构建亲清新型政商关系，健全政企沟通机制，提供更好服务。扩大对外开放，年内新增进出口获权企业100家以上，新增有进出口实绩企业100家以上。积极利用省举办的香港山东周、韩国商务周及中国国际进口博览会等高端平台，推动利用外资实现新突破。深入对接“一带一路”，引导更多企业积极“走出去”。

（七）突出抓好民生和社会事业，在切实提升群众获得感幸福感上狠抓落实。人民群众的获得感幸福感，就是人民政府的使命感责任感。认真抓好民生实事。市委、市政府确定了今年为民要办10件实事，要想尽千方百计把实事办实、好事办好。①城乡居民基本医疗保障提升工程，居民医保财政补助标准提高到520元，居民大病保险筹资标准提高到70元，全面落实建档立卡贫困人口、特困人员、低保对象、重度残疾人等困难人员的参保补贴和大病保险倾斜政策。②农村饮水安全保障工程，解决143个无公共供水设施村、534个水质有风险村的饮水安全问题；完成5个氟超标村改水工作；新建规模化供水工程4处。③农村敬老院“四改一定”工程，全面改善81处农村敬老院卫生间、厨房及餐厅、医疗服务、文体娱乐设施，定期组织老人外出旅游观光，打造农村特困供养人员“幸福之家”。④全市棚户区改造工程，新开工棚户区改造安置住房13396套。⑤城镇小区配套幼儿园综合整治提升工程，新建、扩建幼儿园80处，整改幼儿园14处。⑥城乡道路建设提升工程，拆迁建设好擂鼓石大街中段、环山路东延、天平北街主干道，改造建设学院路、长城西路次干道；年内确保1000个行政村实现道路“三通”（村村通、巷巷通、户户通）。⑦乡镇卫生院（社区卫生服务中心）建设工程，实施“泰山基层名医”人才工程，重点培植20个“泰安市基层医疗卫生机构特色科室建设单位”。⑧泰城老旧小区改造提升工程，年内完成堰岭小区、三联小区等近60万平方米的改造提升工作。⑨泰城农贸市场改造提升工程，年内完成岱北市场等28处农贸市场（农超）的迁建改造提升工作。⑩高铁泰安站北配楼改造工程，总改造面积9600平方米，年内基本完成候车室改造。

更加重视就业和社会保障。扎实做好高校毕业生、退役军人、农民工等重点群体就业工作，实施职业技能提升行动，确保城镇新增就业4万人。完善社会保障体系，逐步提高职工养老保险统筹层次。适时调整机关事业单位和企业退休人员养老金。完善提升居民养老保险待遇，对65周岁以上参保居民予以倾斜，居民基础养老金最低标准每5年至少调整一次。进一步提高城乡低保、特困供养、临时救助和专项救助标准，确保农村低保标准高于动态调整的省定脱贫标准。大力发展养老特别是社区养老服务业，年内新增养老床位2000张，打造10处示范性城市社区老年人日间照料中心，泰山社会福利中心确保规范运营。

优先发展教育事业。坚持立德树人，大力推进义务教育优质均衡发展，力争岱岳区、新泰市、肥城市通过国家首批评估认定。加快冯玉祥小学、市直机关幼儿园等项目建设，全年新建、改扩建中小学19所，有效解决大班额问题。切实保障进城务工人员随迁子女平等接受义务教育，做好家庭经济困难学生资助工作。完善现代职业教育体系，支持泰山职业技术学院创建省优质高职院校，支持各职业院校走产业化自我发展之路。鼓励社会力量多种形式兴办教育。支持驻泰高校做大做强，进一步发挥驻泰高校对地方发展的引领支撑作用。

大力发展卫生健康事业。加快建立现代医院管理制度和分级诊疗制度。全面推进公立医院综合改革，力争泰安市立医院建成运营，市中心医院高新区新院区加快建设。加强医疗保障工作，把更多救命救急的好药纳入医保范围，减轻群众就医负担。提升残疾预防和康复水平，推进国家康复辅助器具产业综合创新试点工作。充分发挥我市中医药特色优势，打造具有较大影响力的中医药事业和产业发展品牌。

繁荣发展其他社会事业。加快编制实施泰山文化保护传承发展总体规划，深入挖掘泰山文化和泰山精神内涵。加快泰山“挑山工”党性教育基地建设，大力弘扬新时代泰山“挑山工”精神。深入实施文化惠民工程，持续开展“送戏下乡”演出和全民阅读活动，建设“书香泰安”。加大文物保护力度，全面提高文物安全防范能力。加快岱庙文化广场建设。加强网信工作，加快建设市县融媒体。繁荣文艺创作，发展新闻出版、广播影视和档案事业。大力发展体育事业和体育产业，全力推进新体育中心建设。高度重视统计工作，认真做好全国第四次经济普查。依法管理宗教事务，增进民族团结。加强国防教育、国防动员和人民防空建设。认真做好军队退役人员安置、管理服务和双拥工作，巩固军政军民团结。关心支持老龄、妇女儿童事业发展。

三、建设新时代人民满意政府

新时代、新形势、新任务，对政府自身建设提出了新的更高要求，全市政府系统一定要坚持党的绝对领导，进一步加强法治政府、服务政府和廉洁政府建设，同心同德干事业、攻坚克难抓落实，努力建设人民满意政府。

（一）切实提高政治站位。把旗帜鲜明讲政治摆在首位，深入贯彻落实党的十九大精神和习近平总书记视察山东重要讲话、重要指示批示精神，自觉用习近平新时代中国特色社会主义思想武装头脑、指导实践、推动工作。牢固树立“四个意识”，坚定“四个自信”，坚决做到“两个维护”，不折不扣贯彻落实中央决策部署和省市委工作要求。政府系统要不断加强党性修养，努力增强政治自觉，激励广大党员干部成为忠诚、干净、担当的楷模。

（二）切实做到依法行政。深入推进依法治市，严格遵守宪法和法律，把政府活动全面纳入法制轨道。认真执行人大及其常委会各项决议决定，自觉接受人大工作监督、法律监督和政协民主监督，主动接受社会和舆论监督，认真做好人大代表建议、政协委员提案办理工作。坚持科学民主依法决策，认真听取社会各界、专家学者和社会公众的意见建议，密切与各民主党派、无党派人士和工会、共青团、妇联等群团组织的联系沟通。深化行政执法体系建设，全面落实执法责任制和问责制。

（三）切实转变工作作风。认真贯彻省市“担当作为、狠抓落实”工作部署，抓好“埋头苦干、争创一流，勇做新时代泰山‘挑山工’”主题实践活动，做到“挑担不怕难、上山不怕险、坦途不歇脚、重压不歇肩”，努力做到咬定目标抓落实、踏实苦干抓落实、攻坚克难抓落实、勇于担责抓落实。坚持以实绩论英雄，比实干赛实绩，积极开展“七赛七比”活动，面向全国全省寻标对标竞标，省内学威海，省外学嘉兴，坚决啃下制约泰安发展的“硬骨头”，通过“四个擂台”，跑好泰安高质量发展的“接力赛”。实行“写实考核”，健全完善正向激励、容错纠错和尽职免责等工作机制，为敢担当、勇担当，能干事、干成事的干部搭建舞台、撑腰鼓劲。坚决反对和整治一切形式主义和官僚主义，采取“四不两直”开展调查研究；大力整治文山会海，文件会议减少 1/3 以上，各类督查考核减少 50% 以上。

（四）切实从严廉洁自律。全面落实从严治党主体责任，坚决履行党风廉政建设“一岗双责”。认真执行党内政治生活准则和党内监督条例，严格落实中央八项规定及实施细则精神。紧盯重大工程、重点领域、关键岗位，强化对权力集中、资金密集、资源富集部门和行业的监督，保持高压反腐态势。突出新旧动能转换、脱贫攻坚、生态环保等重点领域，推进公共资金、国有资产、国有资源和领导干部经济责任审计全覆盖。强化过“紧日子”思想，严肃财经纪律，厉行节约，勤俭办事。每一位政府工作人员，都要始终把纪律和规矩挺在前面，坚定理想信念，强化为民宗旨，做廉洁自律的表率，做真抓实干的表率，真正树立起政府勤政为民的良好形象。

各位代表，志不求易者成，事不避难者进。山东正处于“走在前列、全面开创”的关键时期，泰安正处于转型发展、爬坡过坎的关键时期，我们肩负着新时代赋予的重大责任和光荣使命。让我们更加紧密地团结在以习近平同志为核心的党中央周围，在习近平新时代中国特色社会主义思想指引下，在中共山东省委和泰安市委的坚强领导下，敢于担当，勇于创新，善于实干，乐于奉献，“同心同德干事业、攻坚克难抓落实”，为建设泰安更加美好的明天而努力奋斗！

泰安市庆祝改革开放 40 周年感动泰安人物（群体）

1. 泰安消防支队泰山中队（群体）
2. 苏庆亮　生前系岱岳区扶贫办副主任、大陆山村党支部书记
3. 泰山挑山工（群体）
4. 余松烈　生前系中国工程院院士，山东农业大学教授、博士生导师
5. “泰山勇士”——泰安市公安局处置“1・04”案件英雄群体
6. 马广超　泰山石膏有限公司办公室副主任
7. 王长义 / 王长信（“信义兄弟”）　泰安市金麦香面粉有限公司负责人
8. 和西梅　泰山小荷公益事业发展中心创始人
9. 金兰英　泰山区岱庙街道市场社区原党支部书记
10. 张武宗　石横特钢集团有限公司董事长
11. 徐西国　泰安市邮政公司营业局下港邮电支局投递员
12. 翟　墨　环球航海体育文化有限公司总经理
13. 钱继红　岱岳区人民法院徂徕法庭副庭长
14. 王　峰　省体育局游泳运动管理中心跳水项目负责人
15. 贾美荣　泰安市贾美荣拥军优属服务中心法人代表
16. 刘来村　泰山医学院附属医院原副院长、教授
17. 米培莲　泰山区省庄镇东孙村党支部书记
18. 刘　欣　泰山区岱庙街道花园社区党总支书记
19. 陈队范　山东康平纳集团有限公司党委书记、董事长
20. 李曙光　东平高级中学教师

泰安市庆祝改革开放40周年最具影响力的事件

1. 1979年6月，泰安卫生学校和山东医学院楼德分院合并，命名为山东医学院泰安分院。1981年，国务院批准建立泰山医学院。

2. 1979年，泰安地委决定在泰安县徂徕公社进行包工到组、联产计酬生产责任制试点。1982年10月，在全区农村推行大包干责任制。

3. 20世纪80年代以后，泰安市社会保障事业改革起步，经过30多年的发展，逐步建立起职工、居民养老保险，医疗保险，失业保险，工伤保险，生育保险等制度。截至2018年，基本建立起“老有所养、失有所助、病有所医、伤有所偿、育有所补”的社会保障体系。

4.1982年2月，国务院公布大汶口文化遗址为全国重点文物保护单位；2011年，被确定为全国24个遗址公园项目之一。截至2018年，全市有全国重点文物保护单位14家，国家级非物质文化遗产项目12个。

5. 1983年8月，泰山建成中天门到南天门的全国第一条大型现代化往复式客运索道；1985年10月，泰山西路游览公路竣工通车，实现泰山旅游的历史性跨越。

6. 1985年1月，《泰安日报》正式创刊发行。1987年1月，泰安市电视台正式开播。为适应互联网技术发展新特点，中华泰山网、泰山网等网站相继开办，泰安新闻宣传事业不断发展壮大。

7. 1985年3月，国务院批复撤销泰安地区，设立泰安市，实行市管县体制。改革开放以后，泰安行政区划发生较大调整，1983年10月，汶上、泗水划归泰安地区；1985年3月，泰安市设立泰山区、郊区，汶上、泗水两县划归济宁市，平阴县划归济南市。1992年11月，泰安所辖县级莱芜市升级为地级市。

8. 1987年9月，泰山国际登山节开始举办。至2018年，已成功举办32届。

9.1987年12月，泰山入选世界首例文化与自然双遗产。2006年9月入选世界地质公园名录。

10.20世纪90年代以后，泰安市文明单位创建成效显著。截至2018年，共有12个单位被评为全国文明单位，336个单位被评为省级文明单位，825个单位被评为市级文明单位。

11. 1993年9月，泰安境内山东省第一条全立交全封闭的泰莱一级汽车专用公路建成通车。40年间，泰安市交通事业快速发展，泰城东岳大街、泰山大街、环山路等相继建成通车，泰新高速、京台高速、104国道改建工程相继投入使用，泰安形成四通八达的现代化公路网。

12. 1993年11月，泰安建成占地3.6万平方米、可容纳3.5万名观众的第一座大型体育场——泰山体育场。泰安体育事业自改革开放后迅猛发展，在国际国内各类赛事中取得优异成绩，涌现出奥运会跳水冠军王峰、世界杯体操冠军毕文静等一大批世界级高水平运动员。

13.1993年12月，泰安市首家上市公司山东泰山石化（集团）股份有限公司股票“鲁石化”在深圳证券交易所挂牌上市。到2018年，泰安共有4家上市公司。

14. 泰安高新技术产业开发区1994年正式成立，2012年8月被国务院正式批准为国家高新技术产业开发区。

15.1995年泰安市实现村村通电，2010年实现村村通自来水，2012年实现村村通公路，2013年实现村村通广播电视，人民群众生活更加便利，生活质量大幅提高。

16. 1997年12月，山东农业大学“冬小麦矮秆、多抗、高产新种质‘矮孟牛’的创造及利用”获得国家发明一等奖，该成果的研制成功，丰富全国小麦育种的物质基础，推动全国小麦育种理论与技术水平的提高，创造出巨大的社会与经济效益。

17. 1999年6月，经省政府批准，泰安师范专科学校、泰山乡镇企业职工大学、泰安教育学院、泰安广播电视大学和泰安师范5校合并成立泰山学院。2002年3月，教育部正式批准泰山学院组建。

18. 世纪之交，泰安市政中心西移。2000年3月，市政大楼奠基。2001年11月，位于泰山傲徕峰脚下的新市政中心建成启用。以此为标志，泰城时代发展线逐步形成。

19.2001年5月，岱岳区行政中心西迁，带动泰城西部城区发展。

20. 2001 年 8 月，东平湖抗洪抢险取得决定性胜利。解放军、武警部队官兵和全市干部群众众志成城，奋力抢险，确保 29 个行政村、3 万多群众的生命财产安全。

21. 2003 年 3 月，泰安市被确定为全国保持共产党员先进性教育活动综合试点市。

22.2004 年，宁阳县在全国率先成立新型农民合作经济组织，形成政府引导、大户牵头、群众自发，实行产前、产中、产后全程服务的模式，促进农民增收，为全国农民合作经济组织制度建设提供标准和样板。

23. 自 2006 年开始，泰安市对口支援工作取得显著成绩，先后派出 9 批 246 人支援新疆工作，1 批 2 人到重庆参与东西部扶贫协作。

24.2007 年 5 月，肥城市被国家有机食品发展中心评为“中国有机蔬菜第一县”，创下取得认证最早、编制规划最先、发展面积最大、出口创汇最多 4 个“全国之最”。

25. 2008 年 7 月，北京奥运会火炬传递活动在泰安成功举行。

26. 从 2009 年开始，泰安实施大汶河综合开发工程，先后建成 6 座拦河坝以及泮河人工湿地，引领泰安实现由“依山而建”向“依山傍水”发展的战略跨越。

27. 从 2011 年开始，泰安市在精神文明建设中广泛开展菜单式志愿服务活动，有效解决志愿服务供需衔接问题。民政部、团中央专门印发文件，在全国推广泰安市的经验做法。

28. 2011 年 6 月京沪高铁开通，设立泰安站，泰安出行实现历史性飞跃。

29. 2012 年以后，泰安市强力推进“强村固基”工程，发展壮大村集体经济，全市村集体经济迈入高质量发展阶段。

30. 2013 年，泰安市文化艺术中心建成；2010 年，泰山封禅大典正式开演；2010 年泰山方特欢乐世界、2013 年太阳部落相继正式运营，泰安文化事业、文化产业迈上新台阶。泰山区、新泰市、肥城市先后被评为全国文化先进县（市、区）。

31. 2013 年 10 月，第十届中国艺术节在新落成的泰安市文化艺术中心举行音乐类决赛，泰安市文学艺术创作在十艺节上获得多个奖项，山东梆子新编历史剧《两狼山上》获中国戏剧最高奖“文华优秀剧目奖”，《石韵·泰山》等 4 件作品获“群星奖”，全市文学艺术创作实现历史性突破。

32. 山东康平纳集团有限公司的“筒子纱数字化自动染色成套技术与装备”获 2014 年度国家科学技术进步奖一等奖，中国成为世界首家突破全流程自动化染色技术并实现工程化应用的国家。

33. 2017 年 2 月，泰安高新区和泰山景区管辖范围调整，泰安高新区由 118 平方千米拓展到 748 平方千米，泰山景区由 192 平方千米拓展到 452 平方千米。

34. 2017 年 9 月，泰山区域山水林田湖草生态保护修复工程被确定为全国试点。

35. 2018 年央视春节联欢晚会首次在泰安设立分会场，节目充分体现“国泰民安”的主题。

36. 2018 年 5 月，《泰山风景名胜区生态保护条例》正式生效实施。这是泰安市获得地方立法权后，颁布实施的第一部实体性法规。

37. 2018 年 8 月，泰安市设立山东省首家市级行政审批服务局，实行“一枚印章管审批”。2018 年 3 月，新泰市率先成立全国第一家县级便民服务局，率先推行“贴心代办、一次办好”政务服务，主持编制的 6 项标准，作为国家标准发布实施。

38. 改革开放以后，泰安市陆续获得“国家历史文化名城”“国家卫生城市”“全国双拥模范城”“中国优秀旅游城市”“全国创业先进城市”“全国文明城市提名城市”等称号，集中展示泰安良好形象，提升泰安在国际国内的知名度。

39. 脱贫攻坚工作开展以后，全市贫困村减少到 20 个，建档立卡贫困人口减少到 1.22 万人，贫困地区基础设施和公共服务明显改善，贫困群众生产生活条件和精神面貌发生深刻变化，脱贫攻坚取得决定性进展。

40. 泰安对外交流成果丰硕。40 年间，先后有 32 名外国元首到泰安市参观访问，与 10 个国家的 12 个城市结为友好城市，先后 3 批 22 人获得“泰安市荣誉市民”称号。

（泰安市广播电视台　供稿）

编辑　校对　　刘　凯

专　记

泰山区域山水林田湖草生态保护修复工程

【概况】 自2016年起，国家在全国范围筛选具有区域性、典型性、带动性的生态修复工程作为推进山水林田湖草生态修复工作试点。2017年4月，财政部、国土资源部、环境保护部3部委启动第二批山水林田湖草生态保护修复工程试点的申报工作，全国共申报项目68个。2017年7月，《泰山区域山水林田湖生态保护修复工程试点实施方案》通过国家3部委初审。2017年12月，泰山区域山水林田湖草生态保护修复工程获批国家第二批试点工程，成为全国6个试点项目之一。泰安市泰山区域山水林田湖草生态保护修复工程共确定项目62个，总投资192.03亿元。在推进过程中，对项目进行优化，调整后项目67个（子项目326个），总投资166.37亿元。

【建设目标】 泰山区域山水林田湖草生态保护修复的总体思路是通过地质环境治理、土地综合整治、水环境治理、生物多样性保护及监管能力提升等一系列系统性工程，建立多目标、强功能、高效益的系统修复治理体系，使区域生态环境得到有效修复和保护，生态功能得到强力提升，努力实现泰山山水林田湖草生命共同体和谐发展，构筑"泰山大生态带"的空间结构优势，为南水北调东线工程供水安全、中华民族永续发展和国家生态安全提供保障，为全国实施山水林田湖草生态保护修复提供可借鉴、可复制、可推广的"泰山经验"。

总体目标到2020年，治理采煤塌陷地9090.12公顷，修复矿山生态面积1076公顷，实施地质灾害防治工程6个，整治土地2.59万公顷，新增耕地2658.39公顷，新增湿地630公顷。流域水环境质量持续改善，重点河流水质基本达到水环境功能区划要求，国控断面水质优良比例达到100%。城市建成区黑臭水体基本消除。城镇集中式饮用水水源水质全部达标。

【项目概况】 泰安市泰山区域山水林田湖草生态保护修复工程划分为泰山生态区、大汶河—东平湖生态区2个片区，形成"一山两水、两域一线"总体布局。

泰山生态区 以水源地保护、

7月3日，市委书记崔洪刚（右二），市委常委、统战部部长李灿玉（右三）调研芝田河明堂河治理工作　　（王国梁　摄）

2018年，泰山区新打造国家现代农业产业园，其中茶叶产业园位于省庄镇刘家庄水库周边的刘家庄村、小津口村和安家庄村，新种植茶树上千亩。泰山区国家现代农业产业园是2018年山东省唯一一家被评为国家级的产业园

（隋 翔 摄）

生物多样性恢复和水生态环境保护修复为主。涵盖泰山区、岱岳区、泰山景区、泰安旅游经济开发区，面积574平方千米。该区主要保护修复任务为：加强饮用水水源保护区内违法违规项目清理，加大水源保护力度；划定山体保护红线，制定山体保护规划，保护山体自然形态和生态景观；提升山体的水土保持及水源涵养能力，增强雨水下渗功能；实施地质灾害防治工程，消除地质灾害隐患。

大汶河—东平湖生态区 以水生态环境保护修复、矿山生态环境修复和土地整治为主。涵盖泰山区、岱岳区、高新区、新泰市、肥城市、宁阳县、东平县，面积7188平方千米。该区主要保护修复任务为：完成大汶河水体生态修复及人工湿地建设工程；完善"治用保"治污体系，试点建设"收转用"的农业废弃物综合利用模式；实施破损山体与采煤塌陷地治理工程，修复矿区生态环境；完成矿山废弃工矿地治理，强化土地整理工作；加强地质灾害防治，消除地质灾害隐患。

根据试点区生态环境问题现状，将泰山区域山水林田湖草生态保护修复工程分为地质环境、土地整治、水环境、生物多样性及其他和监管能力建设5大类工程，在此基础上，进一步划分为矿山地质环境修复、地质灾害防治、地质公园及地质遗迹保护、农田环境整治、工矿废弃地复垦利用、人工湿地与生态修复、饮用水水源地保护、污染源综合治理、生物多样性保护、生态农业及生态扶贫、基础调查评价、监管能力提升12小类，共部署生态保护修复工程67项。其中地质环境治理工程3小类17项，土地综合整治工程2小类9项，水环境治理工程3小类27项，生物多样性保护及其他工程2小类9项，监管能力建设工程2小类5项。

【推进措施】 泰安市委、市政府先后印发《关于成立泰安市泰山区域山水林田湖草生态保护修复工程领导机构的通知》《关于成立泰安市泰山区域山水林田湖草生态保护修复工程指挥部的通知》，成立由市委书记崔洪刚挂帅的工程总指挥部，设山、水、林草、田和东平湖生态保护修复工程5个分指挥部以及追责问责、政法稳定、财政审计3个保障工作组，构建起“1+5+3”的组织领导和协调保障体系。特聘自然资源和规划、生态环境、水利、农业农村、生物多样性保护等方面的专家，建立由12名宏观指导专家和30名现场具体指导专家2个层次专家库，其中国家级专家10人、省级专家8人。至年底，专家组对28个项目规划设计方案进行评审，对完成的40个子项目进行竣工验收。制定《关于推进泰安市泰山区域山水林田湖草生态保护修复工程的实施意见》《关于印发泰安市泰山区域山水林田湖草生态保护修复工程项目管理办法及绩效评估管理办法的通知》等文件。2018年10月，泰安市领导小组办公室、泰安市财政局联合印发《关于组建市山水林田湖草生态保护修复建设基金的通知》，明确基金募集总规模60亿元。其中，市级（市财金集团）出资10亿元，县（市、区）和功能区按1 ∶ 0.5配套出资5亿元，吸引和撬动社会资本出资45亿元。针对东平湖沿岸综合治理，支持东平县设立总规模12亿元的山水林田湖草生态保护修复基金，为省内首支生态保护修复基金。同时，对于基金组建早、运作好且项目推进快、建设质量高的县（市、区）给予奖励，鼓励通过市场化运作，解决项目建设资金不足的问题。引入“PPP”模式，将泰山南麓水系生态保护修复工程、泰安城区污水综合治理项目、王家院水库向泰安城区供水项目等，整合为一个PPP项目，通过公开招标，寻求社会资本方合作开发建设。2018年12月，该项目被录入省PPP项目库。

【进展情况】 至年底，已开工项目55个、子项目215个，分别占总计划的82.1%、66%；已完工项目2个、子项目70个；完成项目投资46.83亿元，分别占年度计划和总计划的97.5%、28.8%。

分指挥部进展情况 ①山生态保护修复工程指挥部。项目28个、子项目212个，计划投资32.03亿元。已开工项目23个、子项目129个，完工子项目67个。已完成投资17.64亿元，分别占年度计划和总计划的117.4%、55.1%。②水生态保护修复工程指挥部。项目31个、子项目83个，计划投资122.17亿元。已开工项目24个、子项目63个，完工子项目11个。完成投资25.18亿元，分别占年度计划和总计划的82.2%、20.6%。③田生态保护修复工程指挥部。项目5个、子项目12个，计划投资4.96亿元。已开工项目5个、子项目12个。完成投资1.71亿元，分别占年度计划和总计划的116.3%、34.5%。④林草生态保护修复工程指挥部。项目3个、子项目19个，计划投资7.21亿元。已开工项目3个、子项目11个。完成投资2.30亿元，分别占年度计划和总计划的109.5%、31.9%。

区域进展情况 ①泰安旅游经济开发区。子项目1个，计划投资10.4亿元，完成投资6.55亿元，分别占年度计划和总计划的187.1%、62.8%。②新泰市。项目7个、子项目61个，总投资12.99亿元。已开工项目7个、子项目56个，完成投资8.21亿元，分别占年度计划和总计划的159.6%、63.2%。③宁阳县。项目9个、子项目144个，总投资13.57亿元。已开工项目9个、子项目74个，完成投资9.83亿元，分别占年度计划和总计划的125.9%和72.4%。④泰安高新区。项目3个、子项目7个，总投资8.92亿元。已开工项目1个、子项目2个，完成投资0.57亿元，分别占年度计划和

山水林田湖草生态保护修复工程推动生态环境质量持续改善 （赵文文 摄）

通过沿河道加固堤防、完成沿河两岸绿化、结合现有坝闸形成分蓄水等方式提升洸河（宁阳段）水质，有效改善洸河生态环境（张 健 供）

总计划的 123.9%、6.4%。⑤东平县。项目 15 个、子项目 61 个，总投资 32.08 亿元。已开工项目 15 个、子项目 33 个，完成投资 8.37 亿元，分别占年度计划和总计划的 121.1% 和 26.1%。⑥岱岳区。项目 7 个、子项目 16 个，总投资 6.57 亿元。已开工项目 5 个、子项目 14 个，完成投资 3.02 亿元，分别占年度计划和总计划的 120.8%、46.0%。⑦泰山景区。项目 4 个、子项目 19 个，总投资 11.72 亿元。已开工项目 4 个、子项目 5 个，完成投资 2.44 亿元，分别占年度计划和总计划的 110.9%、20.9%。⑧肥城市。项目 13 个、子项目 50 个，总投资 15.87 亿元。已开工项目 9 个、子项目 25 个，完成投资 6.89 亿元，分别占年度计划和总计划的 107.6%、43.4%。⑨泰山区。子项目 3 个，总投资 7.5 亿元，因与市直 PPP 项目整体推进，年末，完成规划设计费 42 万元。⑩市直。项目 9 个、子项目 14 个，总投资 46.75 亿元。已开工项目 4 个、子项目 5 个，完成投资 0.97 亿元，分别占年度计划和总计划的 6.7%、2.1%。

绩效目标完成情况 ①矿山环境治理和土地整治方面。完成采煤塌陷地治理面积 3081.2 公顷，占年度计划的 118.4%、总计划的 33.9%。完成矿山生态修复面积 506 公顷，占年度计划的 122%、总计划的 51.1%。完成地质灾害防治工程 2 项，占年度计划的 100%、总计划的 33.3%。完成地质公园及地质遗迹保护 93.59 平方千米，占年度计划的 159.4%、总计划的 38.7%。完成土地整治面积 1.81 万公顷，占年度计划的 125.6%、总计划的 69.9%。新增耕地面积 2509.9 公顷，占年度计划约 164.9%、总计划的 94.4%。②生态环境治理修复方面。新建湿地面积 88.3 公顷，占年度计划的 37.8%、总计划的 14%。（张 健）

编辑 校对 刘 凯

大事纪要

大事记

1月

3日 最高人民检察院检察长曹建明在省检察院检察长吴鹏飞陪同下到泰安市调研检察工作，看望慰问基层检察人员。市委书记王云鹏陪同调研。

7日 全市中央环境保护督察反馈问题整改工作推进会议召开，安排部署督察反馈问题整改工作，确保全市环境质量持续改善，进一步提升泰安市生态竞争优势。市委副书记、市长李希信出席会议并讲话。

5—8日 政协第十三届泰安市委员会第二次会议在泰山国际会展中心召开。市委书记王云鹏代表中共泰安市委作重要讲话。市政协主席周桂萍受市政协常务委员会委托，向大会作工作报告。大会一致通过市政协十三届二次会议决议和市政协十三届二次会议提案审查情况的报告等。

6—9日 泰安市第十七届人民代表大会第二次会议在泰山国际会展中心召开。全市各行各业、各条战线的426名人大代表出席会议。市委书记王云鹏发表重要讲话。市长李希信代表泰安市人民政府向大会报告工作。大会根据投票结果，郝红当选泰安市监察委员会主任，51人当选山东省第十三届人民代表大会代表。大会通过市十七届人大二次会议关于政府工作报告的决议、关于泰安市2017年国民经济和社会发展计划执行情况与2018年计划的决议、关于泰安市2017年预算执行情况和2018年预算的决议等。

10日 泰安市监察委员会挂牌成立暨第一次全体干部会议召开。市委书记、市深化国家监察体制改革试点工作领导小组组长王云鹏出席会议并讲话。

△ 市政府全体成员（扩大）会议召开。会议贯彻落实全市经济工作会议和市“两会”精神，分解任务，明确责任，确保年内工作开好头、起好步，如期实现全年各项工作任务。市委副书记、市长李希信出席会议并讲话。

19日 泰安市召开2017年度县（市、区）委书记履行全面从严治党主体责任和抓基层党建工作述职评议会议。市委书记王云鹏，市委副书记张涛，省委组织部有关领导等出席会议。

21日 中共泰安市纪委十一届三次全会召开。会议深入学习贯彻十九届中央纪委二次全会和省纪委十一届三次全会精神，总结上年全市党风廉政建设和反腐败工作，部署2018年任务。市委书记王云鹏出席会议并讲话，市委副书记、市长李希信，市委副书记张涛，市人大常委会主任唐福泉，市政协主席周桂萍出席。市委常委、市纪委书记、市监察委员会主任郝红主持会议并传达十九届中央纪委二次全会和省纪委十一届三次全会精神。

23日 泰安市首部实体性法规《泰山风景名胜区生态保护条例》经省第十二届人民代表大会常务委员会第三十五次会议审查获批，于2018年5月1日正式施行。

2月

2日 市政府党组理论学习中心组进行集体学习研讨，学习习近平总书记在中央政治局民主生活会上的重要讲话精神，领会习近平新时代中国特色社会主义思想的历史地位和丰富内涵，为开好市政府党组2017年度民主生活会打牢思想基础。市委副书记、市长、市政府党组书记李希信参加集体学习。

3—4日 省委常委、政法委书记林峰海到泰安市指导市委常委班子2017年度民主生活会，检查2017年度全面从严治党主体责任落实情况，开展走访慰问活动，并调研政法工作。省人大常委会副主任、市委书记王云鹏，市委副书记、市长李希信，市委副书记张涛，市人大

2月7日，全市"重效率、勇担当、作表率"主题活动总结暨"放管服"改革推进会议召开（司 刚 摄）

常委会主任唐福泉，市政协主席周桂萍参加有关活动。

6日 市政府党组召开2017年度民主生活会，以认真学习领会习近平新时代中国特色社会主义思想、坚定维护以习近平为核心的党中央权威和集中统一领导、全面贯彻落实中共十九大各项决策部署为主题，进行党性分析，开展批评和自我批评，推动全面从严治党向纵深发展。市委副书记、市长、市政府党组书记李希信主持会议。

7日 全市"重效率、勇担当、作表率"主题活动暨"放管服"改革推进会议召开。省人大常委会副主任、市委书记王云鹏，市委副书记、市长李希信分别作出批示。市委副书记张涛出席会议并讲话。

8日 省人大常委会副主任、市委书记王云鹏，市人大常委会主任唐福泉等到济南走访慰问省军区、省消防总队，为人民子弟兵带去全市人民的深情祝愿和崇高敬意。

15日 副省长、省公安厅厅长孙立成一行到泰安市检查指导央视春晚泰安分会场安保工作。市委副书记、市长李希信等陪同活动。

△ 省委常委、宣传部部长王清宪到央视春晚泰安分会场，代表省委、省政府向全体演职人员致以节日祝福和诚挚慰问，勉励大家拿出最好的精神状态，为亿万海内外电视观众奉上一桌丰盛的年夜文化大餐。省人大常委会副主任、市委书记王云鹏，副省长、省公安厅厅长孙立成，市委副书记、市长李希信等陪同活动。

△ 2月15日（大年三十）晚22时36分至41分，央视春晚5分钟"泰安时间"，让数十亿观众领略祖国山河的壮丽和礼仪之邦的风采，阐释"齐鲁魂 泰山情 中国心"的核心内容。"春晚效应"带动泰安旅游市场持续增长，春节黄金周7天时间，全市接待国内游客202万人次，国内游客消费达20.6亿元，泰安旅游实现"开门红"。

27日 泰安市全面展开新旧动能转换重大工程誓师大会在泰山国际会展中心召开。会议贯彻践行山东省全面展开新旧动能转换重大工程动员大会精神，动员全市上下迅速行动起来，以敢打必胜的使命担当和一往无前的信心勇气，全面展开新旧动能转换重大工程，奋力开启高质量发展新征程。省人大常委会副主任、市委书记王云鹏出席大会并讲话，市委副书记、市长李希信主持大会。

28日 市十七届人大常委会第八次会议召开。市人大常委会主任唐福泉，副主任张书盈、王淑玲、陶长江、刘学保、曹步山，秘书长李起峰出席会议。会议书面印发山东省十三届人大一次会议精神传达提纲；听取泰安市人大常委会2018年工作要点（草案）；听取市中级人民法院关于提请任免审判人员职务的报告等。

3月

1日 市委常委会召开扩大会议，传达学习中共十九届三中全会精神，研究贯彻落实意见。省人大常委会副主任、市委书记王云鹏主持会议并讲话。

14日 省人大常委会副主任、市委书记王云鹏到泰安高新区调研新旧动能转换重大工程落实情况。市委常委、常务副市长展宝卫，市委常委、秘书长宋洪银陪同活动。

△ 省人大常委会副主任、市委书记王云鹏到泰山社会福利中心建设现场，调度项目建设进展情况，现场研究解决工作中遇到的困难和问题。

16日 市委理论学习中心组进行集体学习，认真学习《中华人民共和国宪法修正案》。省人大常委会副主任、市委书记王云鹏主持会议并讲话。市委副书记张涛，市人大常委会主任唐福泉，市政协主席周桂萍及中心组成员参加集体学习。

△ 市委常委会召开会议，传达学习习近平总书记参加十三届全

国人大一次会议山东代表团审议时的重要讲话精神，研究贯彻落实意见。省人大常委会副主任、市委书记王云鹏主持会议并讲话。

19日 省人大常委会副主任、市委书记王云鹏到东平县调研，围绕贯彻习近平总书记在全国“两会”参加山东代表团审议时重要讲话精神，调度了解实施乡村振兴战略有关情况。

20日 泰安市召开会议，贯彻落实全省开展“大学习、大调研、大改进”工作会议精神，对全市开展“大学习、大调研、大改进”工作进行部署。省人大常委会副主任、市委书记王云鹏出席会议并讲话。

22日 市委常委会召开扩大会议，传达学习全国“两会”、全省领导干部会议精神，研究贯彻落实意见。省人大常委会副主任、市委书记王云鹏主持会议并讲话，市委副书记、市长李希信传达全国“两会”、全省领导干部会议精神，市委副书记张涛，市人大常委会主任唐福泉，市政协主席周桂萍及市委常委出席会议。

26日 省人大常委会副主任、市委书记王云鹏到肥城市调研，围绕贯彻习近平总书记在全国“两会”参加山东代表团审议时重要讲话精神，调度了解实施乡村振兴战略有关情况。

4月

1日 副省长于杰率领调研组到泰安市调研泰山文化。于杰一行先后到泰山非物质文化遗产展厅、岱庙和建设中的泰山博物院，详细了解泰山皮影戏传承和保护、岱庙古迹修复以及泰山博物院规划设计和施工进度。市委副书记、市长李希信等陪同活动。

5日 市委副书记、市长李希信督导检查森林防火、旅游市场秩序整治、市政中心停车场对外开放运行情况。

8日 市委常委会召开扩大会议，研究领导干部包保重点工作以及全国文明城市创建、国家卫生城市复审、旅游秩序治理等工作。市委副书记、市长李希信主持会议并讲话，市委副书记张涛，市人大常委会主任唐福泉，市政协主席周桂萍及市委常委等出席会议。

△ 市委理论学习中心组学习习近平总书记在参加十三届全国人大一次会议山东代表团审议时的重要讲话精神，重点围绕实施乡村振兴战略进行集体学习研讨。市委副书记、市长李希信主持会议并讲话。

10日 市委副书记、市长李希信到泰安高新区调研新旧动能转换重大工程落实情况。市委常委、秘书长宋洪银陪同调研。

12日 市委副书记、市长李希信到肥城市调研乡村振兴及大项目培植工作情况。市委常委、秘书长宋洪银，市委常委、组织部部长高尚山，市委农村工作领导小组副组长陈湘安陪同调研。

15日 按照中国田径协会A1类标准打造的泰安金控集团·2018泰山国际马拉松赛在泰山国际会展中心鸣枪开赛。24个国家的2.34万名马拉松选手激情奔跑在“最美赛道”，在同场竞技的同时，享受青山、绿水、古城的绝佳体验。此外，当天比赛还有27.64万名选手通过线上马拉松赛报名，与线下选手一起感受泰马魅力。中国田径协会技术代表满庆寿、省体育局巡视员刘明、副市长成丽等参加活动。

18日 省政协副主席赵家军等一行围绕“加强面向新技术新产业新业态新模式学科专业建设”到泰安调研，市政协主席周桂萍等陪同。

19日 在西安举行的全球旅游目的地营销峰会暨世界文化旅游大会上，泰安市荣膺“十大国内自助游目的地”，再添一块金字招牌。

23日 中国泰山第四届国际高洽会暨新旧动能转换峰会举行。会上举行高端人才及项目签约仪式，著名专家围绕新旧动能转换作主题演讲。国务院发展研究中心原副主任、研究员侯云春，市委副书记、市长李希信，中国工程院院士倪光南，国家工业信息安全发展研究中心副主任李新社出席开幕式，并分别致辞。会议期间，“省高层次人才发展促进会泰安高新区代表处”和“泰山国家康复辅助器具产业园”揭牌。同时，举行项目集中签约仪式，20个项目签约泰安高新区。

26日 市委常委会召开会议，研究一季度全市经济运行情况，安排部署下一步经济工作。市委副书记、市长李希信，市委副书记张涛及市委常委出席会议。

△ 市委理论学习中心组学习习近平总书记对山东工作的重要讲话和指示批示精神以及全省全面展开新旧动能转换重大工程动员大会和全市誓师大会精神，重点围绕实施新旧动能转换重大工程进行集体学习研讨。市委副书记、市长李希信出席并讲话，市委副书记张涛及中心组成员参加学习。

△ 市委、市政府召开大会，庆祝“五一”国际劳动节，表扬近年间为全市经济社会发展作出突出贡献的先进集体和先进个人，弘扬劳模精神、劳动精神和工匠精神，更好地组织动员全市广大职工为建设富裕文明幸福新泰安建功立业。

市委副书记、市长李希信，市委副书记张涛，市政协主席周桂萍，市人大常委会副主任、市总工会主席张书盈，副市长成丽出席会议，并为获得全国和省、市荣誉称号的先进集体和先进个人颁奖。

26—28 日 省纪委副书记、省监委副主任、省扫黑除恶专项斗争工作领导小组副组长孙丰华带领省督导组，到泰安市督导扫黑除恶专项斗争工作。市委副书记、市长李希信陪同有关活动。

27—28 日 市十七届人大常委会第九次会议召开。市人大常委会主任唐福泉，副主任张书盈、王淑玲、陶长江、刘学保、曹步山，秘书长李起峰出席会议。会议听取市政府关于 2016 年度市级预算执行和其他财政收支审计查出问题整改情况的报告；听取市政府关于提请审议《泰安市城市绿化条例（草案）》的说明；听取市人民检察院关于提请免去检察人员职务的报告。

5 月

3—4 日 副省长任爱荣一行到泰安市调研旅游及商务工作。副市长成丽、袁久党等分别陪同相关活动。

7 日 全省农村集体产权制度改革暨农村集体资产清产核资工作动员电视会议在济南召开，泰安市设分会场组织收看。市委副书记、市长李希信出席泰安分会场会议，并作大会交流发言。

△ 政协第十三届泰安市委员会常务委员会第九次会议召开。市政协主席周桂萍出席会议并讲话。会议邀请市委常委、常务副市长展宝卫就全市全面开展新旧动能转换重大工程作专题辅导报告。市政协副主席徐恩虎、张庆明、刘君、王昌元、马纯勇、程明、孙岱峰，秘书长魏武出席会议。会议学习贯彻习近平总书记参加十三届全国人大一次会议山东代表团审议时的重要讲话精神，全国“两会”和省政协十二届二次常委会议精神，《中华人民共和国宪法》《中国人民政治协商会议章程》。经过分组讨论，会议审议通过《政协泰安市委员会 2018 年协商工作计划》。

8—9 日 全国政协副主席、全国工商联主席高云龙率调研组到泰安市，就“民营企业高质量发展”进行专题调研。高云龙强调要总结成功经验，创新工作方法，打造民营企业高质量发展的泰安模式。省人大常委会副主任、省工商联主席王随莲，市委副书记、市长李希信陪同调研。

9 日 全市领导干部会议召开，宣布省委关于市委主要负责人的任职决定。省委决定：崔洪刚任中共泰安市委委员、常委、书记兼市委党校校长。省委组织部常务副部长惠新安到会宣布省委决定并讲话。崔洪刚出席会议并讲话，市委副书记、市长李希信主持会议并讲话。

11 日 泰安市在泰山国际会展中心举办首期泰山大讲堂，邀请清华大学国情研究院院长胡鞍钢作“新旧动能转换”专题报告。市委书记崔洪刚出席报告会，市委副书记、市长李希信主持报告会并讲话。

11—12 日 市委书记崔洪刚到东平县调研经济社会发展情况，重点察看脱贫攻坚工作。市委副书记、东平县委书记张涛，市委常委、秘书长宋洪银陪同活动。

14 日 市委书记崔洪刚到新泰市调研经济社会发展情况，重点察看新旧动能转换重大工程落实情况。市委常委、秘书长宋洪银陪同活动。

15 日 省委副书记、省长、省总河长、黄河省级河长龚正到东平湖检查督导防汛工作。市委书记崔洪刚，市委副书记、东平县委书记张涛陪同调研。

△ 市委副书记、市长李希信会见到泰安市考察的俄罗斯喀山国立航空大学技术学院院长卡德利娅·西布加托瓦一行，双方就进一步加强合作进行深入交流。

15—16 日 国务院发展研究中心副主任张来明一行到泰安市，就“国民素质和社会文明程度显著提

5月11日，首期泰山大讲堂“新旧动能转换”专题报告会在泰山国际会展中心举办 （司 刚 摄）

升”等课题进行调研。市委副书记、市长李希信陪同活动。

17日 市委书记崔洪刚到肥城市调研经济社会发展情况，重点察看乡村振兴战略实施及项目建设情况。市委常委、秘书长宋洪银陪同活动。

△ 中国报业教育发展联盟首届理事会暨2018传媒教育融合发展项目交流大会在泰安召开。中国报业协会秘书长胡怀福、副秘书长邓效锋出席大会开幕式。大会通过中国报业教育发展联盟章程；推举泰安日报社为中国报业教育发展联盟首届理事会理事长单位，并将管理机构设在泰安日报社；表彰中国教育发展联盟首届理事大会获奖单位和中国报业传媒教育融合发展先进单位；启动成立中国小记者研学旅行联盟、中国小记者团及中国小记者艺术团各地分团。

18日 市委常委会召开会议，审议通过《关于进一步加强市委常委会自身建设的意见》。市委书记崔洪刚出席会议并讲话，市委副书记、市长李希信等出席会议。

21日 市委书记崔洪刚到宁阳县调研经济社会发展情况，重点察看生态建设绿色发展工作。市委常委、秘书长宋洪银等陪同。

△ 市委副书记、市长、市规委会主任李希信主持召开市城市规划委员会2018年第二次会议，审议通过房村镇、良庄镇总体规划和多项街区控制性详细规划。

22日 市委副书记、市长李希信主持召开第九次市政府常务会议，听取全市安全生产工作情况的汇报，传达全省河长制湖长制现场会议精神并研究贯彻落实意见。

25日 市委书记崔洪刚到泰山区调研经济社会发展情况。市委常委、秘书长宋洪银陪同活动。

28日 市委书记崔洪刚分别走访山东农业大学、山东科技大学、泰山医学院、泰山学院4所省属驻泰安高校，与高校负责人进行座谈，听取他们的意见和建议。

6月

1日 市委理论学习中心组围绕学习贯彻习近平总书记在纪念马克思200周年诞辰大会上的重要讲话精神以及省委、省政府《关于推进重要决策和重点工作落实的意见》，开展集体学习研讨。市委书记崔洪刚主持会议并讲话。市委副书记、市长李希信等中心组成员参加学习研讨。

△ 市委常委会召开会议，传达学习全省生态环境保护大会精神，研究贯彻落实意见。市委书记崔洪刚主持会议并讲话。市委副书记、市长李希信等出席会议。

△ 市委常委会召开“大学习、大调研、大改进”务虚会，学习领会习近平新时代中国特色社会主义思想，分析自身优势，查找短板弱项，理清工作思路，明确目标措施，确保中央和省委、省政府的各项决策部署不折不扣落到实处，努力开创全市各项工作新局面。

4日 全市生态环境保护大会召开。会议全面传达学习习近平生态文明思想及全国、全省生态环境保护大会精神，分析全市生态建设面临的新形势、新任务、新要求，对全面加强生态环境保护、坚决打好污染防治攻坚战进行全面部署，并对中央、省环保督察整改工作进行再动员、再部署。市委书记崔洪刚出席会议并讲话。市委副书记、市长李希信主持会议。市委副书记张涛通报有关情况。

5日 泰安市召开总河长会议暨河长制湖长制现场推进会议，贯彻落实党中央、国务院关于全面推行河长制湖长制的重大战略部署，传达学习全省总河长会议和河长制湖长制现场推进会议精神，就全市推进河长制湖长制重点工作进行安排，推动治水兴水管水迈入新阶段、再上新台阶，加快建设秀美河湖生态泰安。市委书记、市总河长崔洪刚出席会议并讲话。市委副书记、

6月5日，全市总河长会议暨河长制湖长制现场推进会议召开

（司 刚　摄）

市长、市总河长李希信主持会议。

△ 省委党的建设工作领导小组副组长王军民到宁阳县，就加强农村基层党建、实施乡村振兴战略、推进新旧动能转换及农村改厕后续管护工作进行调研。市委书记崔洪刚、市委副书记张涛分别陪同有关活动。

6日 泰安市召开脱贫攻坚工作推进会，贯彻中央和省委、省政府关于脱贫攻坚的新部署新要求，聚焦攻坚目标，坚持问题导向，强化精准理念，对全市脱贫攻坚工作进行再动员、再部署、再推进，确保高质量完成脱贫攻坚各项任务。市委书记崔洪刚出席会议并讲话。市委副书记、市长李希信主持会议。市委副书记、东平县委书记张涛通报有关情况。

12日 市委常委会召开会议，研究通过《关于做好人才支撑新旧动能转换工作助推新泰安建设的十条措施》。市委书记崔洪刚主持会议并讲话。市委副书记、市长李希信等出席会议。

△ 十一届市委全面深化改革领导小组第十七次会议召开。会议传达学习中央改革办关于山东省全面深化改革任务落实情况的督察报告、中办国办关于推进审批服务便民化的指导意见、十一届山东省委全面深化改革领导小组第七次会议精神，研究通过《关于深化“放管服”改革的建议方案》《泰安市市级领导领衔推进重点改革项目工作方案》。市委书记、市委全面深化改革领导小组组长崔洪刚主持会议并讲话。市委副书记、市长、市委全面深化改革领导小组副组长李希信，市委副书记、市委全面深化改革领导小组副组长张涛及领导小组成员出席会议。

6月22日，市委书记崔洪刚（前排中）调研卫生城市迎审工作进展情况。市委常委、秘书长宋洪银（前排右）等参加调研　　（王国梁　摄）

15日 市委常委会召开会议，传达学习习近平总书记在山东省视察时的重要讲话精神。市委书记崔洪刚主持会议并讲话。

22日 全市城市工作暨“创城迎审”推进会议召开，对全国文明城市创建和国家卫生城市迎审工作进行再动员、再加压、再安排，对城市规划建设管理方面的有关工作进行安排部署。市领导崔洪刚、李希信等出席会议。

26日 省人民检察院检察长陈勇到泰安调研检察工作和全市经济社会发展情况。市委书记崔洪刚等陪同有关活动。

△ 市委副书记、市长李希信主持召开第十一次市政府常务会议，研究泰安市事业单位、市属企业公务用车制度改革实施意见，听取《泰安市在湖泊实施湖长制实施方案》《泰安市12345政务服务热线运行管理暂行办法》等文件起草情况。

29日 市十七届人大常委会第十次会议召开。市人大常委会主任唐福泉，副主任张书盈、王淑玲、陶长江、刘学保、曹步山，秘书长李起峰出席会议。会议听取市政府关于对2018年全市新增政府债务限额及市级预算调整方案（草案）的报告；听取市政府关于全市气象事业发展工作情况的报告等。

30日 市委书记崔洪刚，市委副书记、市长李希信，市人大常委会主任唐福泉，市政协主席周桂萍带领市几大班子领导，深入泰山区财源街道王庄社区拆违工地，参加“创城迎审”义务劳动，清除积存垃圾，以实际行动为“创城迎审”助力。

7月

1日 中国共产党泰安市第十一届委员会第六次全体会议在泰安举行。会议学习习近平总书记视察山东重要讲话和省委十一届五次全会精神，审议通过《中共泰安市委关于深入学习贯彻习近平总书记视察山东重要讲话精神的意见》。出席会议的有市委委员48人、市委候补委员9人。市纪委常委、市监委委员及有关方面负责人列席会议。会议由市委常委会主持。市委书记崔洪刚作重要讲话。

2日 泰安市举办第二期“泰

山大讲堂”，邀请浙江大学中国农村发展研究院院长黄祖辉作“乡村振兴战略”专题报告。市委书记崔洪刚、市委副书记张涛、市人大常委会主任唐福泉、市政协主席周桂萍出席报告会。

3日 全市人才工作座谈会召开。会议传达学习市委书记崔洪刚对人才工作的批示精神。市委常委、组织部部长、市人才工作领导小组组长高尚山出席会议并讲话。

2—4日 市委副书记、市长李希信率代表团到重庆市巫溪县调研对接扶贫协作工作，出席泰安·巫溪东西扶贫协作联席会议，并考察泰安市扶贫协作项目。

4日 市委常委会召开扩大会议，传达学习全省新时代激励干部新担当新作为暨“担当作为好书记”“干事创业好班子”表彰大会精神，研究贯彻落实意见。市委书记崔洪刚主持会议并讲话。市委副书记张涛、市人大常委会主任唐福泉、市政协主席周桂萍及市委常委出席会议。

△ 政协第十三届泰安市委员会常务委员会第十次会议召开。市政协主席周桂萍出席会议并讲话。市人大常委会副主任、市工商联主席王淑玲，副市长成丽应邀出席会议。市政协副主席张庆明、刘君、王昌元、马纯勇、程明、孙岱峰出席会议。会议传达学习中共泰安市委十一届六次全体会议精神；听取全市上半年经济运行和社会发展情况的通报；审议通过《关于抢抓招商引资机遇加快新旧动能转换的调研报告》。

5日 新组建的国家税务总局泰安市税务局举行挂牌仪式，标志着原泰安市国家税务局、泰安市地方税务局正式合并。

12日 泰安市委常委会扩大会议召开。会议传达山东省党政代表团到江苏、浙江、广东学习考察有关精神和全省招商引资招才引智工作会议精神，研究贯彻落实意见。市委书记崔洪刚出席会议并讲话，市委副书记、市长李希信，市政协主席周桂萍及市委常委出席会议。

△ 市委副书记、市长李希信主持召开第十二次市政府常务会议，听取上半年全市经济运行情况和全市安全生产工作情况的汇报，传达全省生态环境保护重点工作调度会议精神并研究贯彻落实意见。

15日 全市城市治理工作会议召开。会议强调，要提高认识，从严考核，久久为功，进一步细化分解城市治理任务，确保城市治理工作取得实效。市委书记崔洪刚出席会议并讲话，市委副书记、市长李希信主持会议，市人大常委会主任唐福泉及市委常委等出席会议。

△ 泰安市召开泰山区域山水林田湖草生态保护修复工程项目推进情况汇报会。市委书记崔洪刚出席会议并讲话。会上，听取泰山区域山水林田湖草生态保护修复工程项目推进情况汇报，研究存在的主要问题及下一步应采取的推进措施。

17—18日 国家税务总局山东省税务局联合党委书记薛建英到泰安市调研国税地税征管体制改革工作。市委书记崔洪刚，市委常委、常务副市长展宝卫，市委常委、秘书长宋洪银出席有关活动。

18—19日 全市对各县（市、区）和泰安高新区、泰山景区、泰安旅游经济开发区上半年招商引资和项目建设情况，进行现场观摩和打分评定。20日，接续召开全市招商引资招才引智暨提高行政效能优化营商环境大会，贯彻落实习近平总书记视察山东重要讲话精神和省委十一届五次全会精神，学习山东省赴南方学习经验和全省招商引资招才引智工作会议精神，通报全市观摩情况，动员全市上下立即行动起来，加大招商引资招才引智步伐，进一步提高行政效能，优化营商环境，推动全市经济社会发展迈上新台阶。市委书记崔洪刚出席会议并讲话，市委副书记、市长李希信作观摩点评，市委副书记张涛主持会议，市人大常委会主任唐福泉、市政协主席周桂萍等市几大班子领导出席会议。

25日 市委常委会召开会议，研究上半年全市经济形势，听取全市安全生产和省政府安委会巡查发现问题整改工作情况汇报，传达全省生态环境保护重点工作调度会议精神，研究贯彻落实意见。市委书记崔洪刚主持会议并讲话。市委副书记、市长李希信，市委副书记张涛，市人大常委会主任唐福泉，市政协主席周桂萍及市委常委出席会议。

26日 泰安市召开经济形势分析暨“三强”企业培植工作座谈会，引导全市上下正确把握经济形势，强化抓发展必须重视抓产业、抓产业必须重视抓工业、抓大企业的战略共识，把泰安的高质量工业发展推向新阶段。市领导崔洪刚、李希信等出席会议。

△ 全市党校工作座谈会在市委党校召开，贯彻落实全省党校工作座谈会精神，从更高层次审视、思考和推进全市党校工作。市委书记、市委党校校长崔洪刚出席会议并讲话。

31日 国家文物局副局长宋新潮率领调研组到泰山、岱庙调研文物工作，并召开座谈会，研究泰山文化遗产保护事宜。副省长于杰，市委副

7月27日，市委书记崔洪刚（前排右一）走访慰问驻泰安部队
（王国梁　摄）

书记、市长李希信出席座谈会。

本月　省委常委、省纪委书记、省监委主任陈辐宽到泰安市调研脱贫攻坚工作和基层党风廉政建设工作。市委副书记、市长李希信，市委副书记、东平县委书记张涛陪同调研。

△　在“八一”建军节来临之际，市委书记崔洪刚，市委副书记、市长李希信，市人大常委会主任唐福泉，市政协主席周桂萍分别到驻泰安部队走访慰问，向广大官兵致以节日问候。

8月

1日　市委常委会召开会议，传达学习全省组织工作会议精神，研究贯彻落实意见。市委书记崔洪刚主持会议并讲话。市委副书记、市长李希信，市委副书记张涛，市人大常委会主任唐福泉，市政协主席周桂萍及市委常委出席会议。

△　市委理论学习中心组集体学习中共十九大报告和《习近平谈治国理政》第二卷部分内容。市委书记崔洪刚主持会议并讲话。市委副书记、市长李希信等中心组成员参加学习。

1—3日　联合国教科文组织世界地质公园评估专家内诺宁、努涅斯在国家林业和草原局保护司有关部门负责人陪同下到泰安市，对泰山世界地质公园进行再评估和重申报考察。市委副书记、市长李希信出席评估考察活动。

5日　市委、市政府召开全市生态环境保护重点工作调度推进会议，贯彻落实省、市生态环境保护大会和全省生态环境保护重点工作调度会精神，进一步统一思想、把握大局，聚焦重点、全力攻坚，加快推进中央和省环保督察反馈意见整改等任务落实，坚定不移打好污染防治攻坚战。市委书记崔洪刚，市委副书记、市长李希信出席会议并讲话。

6—7日　市委书记崔洪刚分别到东平县、泰安高新区7个省重点扶持乡镇调研脱贫攻坚工作。市委副书记、东平县委书记张涛陪同参加有关活动。市委常委、秘书长宋洪银参加调研。

8日　市委常委会召开会议，传达学习《中共山东省委关于进一步激励广大干部新时代新担当新作为的实施意见》，研究贯彻落实意见。市委书记崔洪刚主持会议并讲话。市委副书记、市长李希信，市人大常委会主任唐福泉及市委常委出席会议。

△　泰安市全国水生态文明城市建设试点技术评估会议召开，技术评估专家组代表水利部，对泰安市开展全国水生态文明城市建设试点工作进行技术评估。市委副书记、市长李希信出席会议。

9日　泰安市举行2018泰山青年创新创业人才泰山行科技和产业创新恳谈会，围绕贯彻落实习近平总书记视察山东重要讲话精神，坚定践行新发展理念，加快新旧动能转换，推动高质量发展听取意见建议，共话泰安投资发展机遇，共商泰安经济发展大计。市委书记崔洪刚出席会议并讲话。

△　市委副书记、市长李希信主持召开第十三次市政府常务会议，研究《泰安市乡村振兴战略规划》及“5+1”工作方案起草情况，听取第三十二届泰山国际登山节暨2018中国泰安投资合作洽谈会筹备情况和国务院大督查有关情况的汇报。

10—14日　泰安市党政考察团到开封市、合肥市、黄山市、杭州市、湖州市安吉县、无锡市江阴市学习考察。学习归来后，8月15日接续召开学习交流会，认真总结6市的好经验好做法，深刻查找工作中的问题差距，采他山之石，解决全市实际问题，推动高质量发展。

19日　泰安高新区天宝镇年家峪村东一自然村受强降雨影响引发山洪自然灾害，冲毁民房4座13间。灾情发生后，全市第一时间启动应急预案，立即展开搜救救灾工作。

山洪造成该村3人死亡1人受伤（含救出2人中1人经抢救无效死亡，1人受伤）。

21日 市委常委会召开会议，听取第三十二届泰山国际登山节筹备情况汇报，传达学习全省乡村振兴暨脱贫攻坚现场会议精神，研究贯彻落实意见。市委书记崔洪刚主持会议并讲话。

△ 十一届市委全面深化改革领导小组第十九次会议召开。会议传达学习中央全面深化改革委员会第三次会议及十一届山东省委全面深化改革领导小组第八次会议精神，研究审议《泰安市2018年度区域性全面深化改革考核工作实施方案》等。市委书记、市委全面深化改革领导小组组长崔洪刚主持会议并讲话。市委副书记、市委全面深化改革领导小组副组长张涛及领导小组成员出席会议。

28日 市委常委会召开会议，传达学习省委理论学习中心组读书班精神，研究贯彻落实意见。市委书记崔洪刚主持会议并讲话。市委副书记、市长李希信，市委副书记张涛，市人大常委会主任唐福泉，市政协主席周桂萍及市委常委出席会议。

28—29日 市十七届人大常委会第十一次会议召开。市人大常委会主任唐福泉，副主任张书盈、王淑玲、陶长江、刘学保、曹步山，秘书长李起峰出席会议。会议学习全国人大常委会委员长栗战书在十三届全国人大常委会第四次会议上的讲话精神；学习省委书记刘家义在省十三届人大初任代表学习班上的讲话精神；听取市政府关于2018年上半年全市国民经济和社会发展计划执行情况的报告等。

8月29日至9月1日，市委书记崔洪刚（前右一）率泰安市党政代表团到新疆调研对口支援工作　　（王国梁　摄）

8月29日至9月1日 市委书记崔洪刚率领泰安市党政代表团到新疆维吾尔自治区，围绕贯彻以习近平为核心的党中央治疆方略，落实省委书记刘家义调研援疆工作时的重要指示精神，研究对口支援工作，实地考察援建项目，看望慰问援疆同志，确保援疆各项工作做得更好更实，推动受援地经济社会更高水平、更高质量发展。

31日 泰安市在组织收听收看中央扫黑除恶第5督导组督导山东省工作动员会议后召开会议，安排部署相关工作。市委副书记、市长李希信出席会议并讲话。

9月

3日 市委召开扫黑除恶专项斗争约谈会，听取市委政法委、市公安局、各县（市、区）、泰山景区、泰安高新区对当地该部门开展扫黑除恶专项斗争总体进展、存在问题及下步打算的汇报。市委书记崔洪刚现场与各单位签订《山东省扫黑除恶专项斗争约谈自我评估表》，并对全市扫黑除恶专项斗争工作进行部署。

4日 市委常委班子召开巡视整改专题民主生活会，学习贯彻习近平新时代中国特色社会主义思想和中共十九大精神，贯彻落实习近平总书记关于巡视工作的重要指示精神和党中央关于巡视工作部署要求，对照中央巡视组反馈意见，深入查摆问题，深刻剖析原因，进一步明确努力方向，推动巡视整改工作全面到位、务求实效。市委书记崔洪刚主持会议并代表市委常委班子作对照检查。省委组织部有关人员到会指导。市委副书记、市长李希信等列席会议。

5日 全市召开组织工作会议，学习贯彻习近平总书记关于党的建设和组织工作重要思想，根据全国、全省组织工作会议精神，研究部署全市党的建设和组织工作。市委书记崔洪刚出席会议并讲话。市委副书记、市长李希信等市委常委出席。

△ 泰安市2018年教师节庆祝大会召开，表扬全市教育战线上涌现出的先进个人。市委书记崔洪刚出席会议并讲话，市委副书记、市长李希信主持会议，市人大常委会主任唐福泉，市政协主席周桂萍，

市委常委、常务副市长展宝卫，市委常委、组织部部长高尚山出席。

6日 800名海内外嘉宾、客商相聚泰山脚下，参加第三十二届泰山国际登山节暨2018中国泰安投资合作洽谈会开幕式，共叙合作友情，共襄发展大计。2018中国泰安投资合作洽谈会重点项目签约仪式一并举行，50个引资引智大项目签约落地。市委书记崔洪刚出席活动并宣布第三十二届泰山国际登山节暨2018中国泰安投资合作洽谈会开幕，市委副书记、市长李希信出席并致辞。

△ 泰安市举办“2018知名外商泰安行”经贸洽谈活动。该次活动作为第三十二届泰山国际登山节暨2018中国泰安投资合作洽谈会的重点内容之一，旨在加强交流，增进友谊，推介项目，寻求合作，共谋泰安开放发展、高质量发展的美好未来。市委书记崔洪刚、商务部投资促进局副局长李勇出席活动并分别致辞。省商务厅一级巡视员阎兆万出席，市委副书记、市长李希信主持活动。

△ 2018第三届泰山国际福祉暨康复设备博览会开幕。柬埔寨王国电力部部长舍目饿嗯·金木葛恩，民政部社会福利和慈善事业促进司张晓峰，中国残疾人杂志社副总编辑张和勇，全国残疾人用品供应总站站长赵俊涛，省残疾人联合会副理事长张文涛，市委书记崔洪刚，市委副书记、市长李希信等出席开幕仪式。

△ 第二届“泰山玉杯”玉雕大赛暨泰山玉文化论坛在泰山国际会展中心举办。中国珠宝玉石首饰行业协会会长徐德明，国家博物馆艺术品鉴定中心原主任岳峰，中国珠宝玉石首饰行业协会秘书长史洪岳，市委书记崔洪刚，市委副书记、市长李希信等出席开幕仪式。

7日 “鲁能杯”第三十二届泰山国际登山比赛暨第二十三届全国全民健身登泰山比赛和登泰山万人徒步行活动起跑仪式在山东农业大学东校区操场举行。国家体育总局登山运动管理中心主任、中国登山协会主席李致新，市委书记崔洪刚，省体育局巡视员刘明，市委副书记、市长李希信等出席活动。经过角逐，各组别的冠军相继产生。

9月12—14日，市委在市委党校举办理论学习中心组读书班。图为总结交流会现场

（司 刚 摄）

8日 “中国梦·泰山行”首届中华泰山国际微电影（微视频）大赛暨华夏微电影泰山微电影小镇启动。全国政协原常委、全国政协教科文卫体委员会原副主任、中国文联原党组书记胡振民，全国人大常委会内务司法委员会司法室主任李益前，文化部原副部长潘震宙，国家广电总局重大理论文献片审查领导小组副组长金德龙，市委副书记、市长李希信等出席启动仪式。该项大赛于每年9月举办，并永久落户泰山景区大津口乡。

9日 第三届“外国专家泰安行”活动启动。市委书记崔洪刚、国家外国专家局经济技术专家司副司长雷风云、省外国专家局局长张祝秀出席启动仪式并致辞。市委副书记、市长李希信主持活动。国家“千人计划”专家以及美国、英国、法国、德国、意大利、白俄罗斯、韩国等21个国家的60名专家应邀参加启动仪式。

11日 市委副书记、市长李希信主持召开第十四次政府常务会议，研究《打赢脱贫攻坚战三年行动的实施意见》起草情况，听取关于争取省支持新旧动能转换重大工程若干财政政策的汇报并研究制定全市财政政策及考评办法。

12—14日 市委在市委党校举办理论学习中心组读书班，于12日上午合并举行读书班开班仪式和市委党校2018年秋季开学典礼。读书班以深入学习习近平新时代中国特色社会主义思想为主题，重点学习《习近平谈治国理政》第二卷，结合学习《习近平谈治国理政》第一卷、中共十九大报告、习近平总书记视察山东重要讲话、《习近平新时代中国特色社会主义思想三十讲》，并通过深入思考全面贯彻落实的具体措施，真正做到学懂弄通做实。市委书记崔洪刚出席开班仪式并作开班动员讲话，市委副书记、市长李希信主持开班仪式。

13日 副省长孙立成带领督导组到泰安市督导检查中央环保督察整改落实工作，召开泰安市环保督察反馈意见整改工作座谈会，并到工作现场实地督导检查。市委副书记、市长李希信主持座谈会并汇报相关工作情况。

18日 市委常委会召开会议，研究《中共泰安市委、泰安市人民政府关于深入推进安全生产领域改革发展的实施意见》。市委书记崔洪刚主持会议并讲话。市委副书记、市长李希信等出席会议。

△ 第四届山东省绿色建筑与建筑节能新技术产品博览会在泰山国际会展中心开幕。省住房和城乡建设厅厅长王玉志，住房城乡建设部科技与产业化发展中心副主任姜中桥，中国建筑节能协会秘书长李德英，市委副书记、市长李希信出席开幕仪式。

19日 副省长孙继业到泰安市调研泰开集团等包保企业。市委副书记、市长李希信参加活动。

△ 全市农业信贷担保工作推进会议暨山东农业发展信贷担保有限公司与泰安市人民政府合作签约仪式举行。省农业信贷担保公司党委书记、董事长宋文旭，市委副书记、市长李希信出席。

△ 为进一步加强与泰安市在教育、人文、旅游、城市规划等领域的务实合作，芬兰罗凡涅米市市长艾斯克·罗特瓦宁率政府代表团一行9人应邀到泰安访问。代表团先后参观大安书院、泰山职业技术学院、岱庙和泰山新闻出版小镇。

21日 中国贸促会组织“一带一路”10国工商会一行53人到泰安市开展商务考察，宣传“一带一路”国家投资贸易政策，与泰安市企业进行对接交流。市委副书记、市长李希信会见到访外宾。

26日 市政务服务中心启用暨市行政审批服务局揭牌仪式举行，标志着泰安市在推进行政审批体制改革上迈出关键一步。省编办副主任王振乾，省政府办公厅二级巡视员王贞军，市委书记崔洪刚，市委副书记、市长李希信等出席启用仪式并现场检查指导市政务服务中心。

26—28日 市委、市政府召开全市乡村振兴暨脱贫攻坚现场会议，贯彻落实全省乡村振兴暨脱贫攻坚现场会议精神，以现场观摩及交流发言方式，典型开路，总结经验，发现问题，研究推进措施，推动省委、省政府关于推进乡村振兴决策部署在泰安贯彻落实，推动泰安乡村振兴、脱贫攻坚及全域文明建设扎实深入开展。崔洪刚、李希信、张涛、唐福泉、周桂萍等市领导同与会人员一起，现场观摩岱岳区、宁阳县和新泰市部分现场。

29日 市委常委会召开会议，研究乡村振兴战略规划、“五个振兴”方案和投入保障方案，听取《打赢脱贫攻坚战三年行动的实施意见》起草情况汇报。市委书记崔洪刚主持会议并讲话。市委副书记、市长李希信等出席会议。

30日 市委书记崔洪刚，市委副书记、市长李希信，市人大常委会主任唐福泉，市政协主席周桂萍，泰安军分区司令员隋阳、政委李保泉等领导到泰安革命烈士陵园，与社会各界群众一起，参加公祭烈士活动，深切缅怀烈士们的不朽功勋，向人民英雄致以崇高敬意。

△ 60名来自世界各地的知名儒商和重要客商代表相聚在泰山脚下，参加“泰山情——2018知名儒商泰安行”活动，通过圆桌会的形式，共叙儒风乡情，共享发展机遇，共谋合作大计。全国政协社会和法制委员会副主任、丝绸之路商务理事会中国委员会主席、中国大唐集团公司原董事长、党组书记陈进行出席并发言。市委书记崔洪刚发表主旨演讲。市委副书记、市长李希信为加拿大皇家医学院院士、麦吉尔大学病理学系主席高祖华颁发市政府顾问聘书。

10月

1日 泰安市最大的健身公园——生态绿地健身活动公园启用，为市民增添一个健身休闲的好去处。生态绿地健身活动公园位于时代发展线上，紧邻泰山国际会展中心和泰安市文化艺术中心，公园总占地12.8公顷(192亩)，以生态绿地为主，兼顾运动健身等配套设施，为市民游憩、休闲、健身提供良好平台。

9—10日 贵州省人大常委会党组书记、副主任孙永春率考察组一行6人到泰安市考察乡村振兴战略、设区的市人大常委会立法工作方面的经验做法等工作。省人大常委会副主任王云鹏，市委书记崔洪刚，市委副书记、市长李希信等陪同相关考察活动。孙永春一行先后考察泰山景区《泰山风景名胜区生态保护条例》制定及执行情况、岱岳区道朗镇茶溪谷、里峪村等地乡村振兴工作，并召开座谈会，听取全市开展立法工作有关情况的汇报和实施乡村振兴战略有关情况的汇报。

10日 市委常委会召开扩大会议，学习贯彻省委十一届六次全会精神，研究中共泰安市委关于勇做

10月1日，市委书记崔洪刚调研泰安市生态绿地健身公园建设情况
（王国梁　摄）

新时代泰山“挑山工”的相关意见。市委书记崔洪刚主持会议并讲话。市委副书记、市长李希信出席会议并传达有关会议精神。市委副书记张涛、市政协主席周桂萍及市委常委出席会议。

11—12 日　省政协主席付志方在泰安深入有关文化旅游项目、企业、农村，调研文化旅游产业发展、新旧动能转换、乡村振兴等工作，并到市政协机关看望机关干部和政协委员，调研政协工作。市委书记崔洪刚、市政协主席周桂萍等陪同有关活动。

12 日　省委第二巡视组巡视泰安市工作动员会召开。会前，省委巡视工作领导小组成员明春德主持召开与市委书记崔洪刚，市委副书记、市长李希信的见面沟通会，传达省委书记刘家义在听取十一届省委第三轮巡视工作情况汇报后的讲话精神。会上，省委第二巡视组副组长刘天海就巡视工作作动员讲话，明春德就配合做好巡视工作提出要求，崔洪刚主持会议并作表态发言。

△　市委书记崔洪刚会见到访的中国国民党前副主席蒋孝严一行。崔洪刚对蒋孝严一行到访表示欢迎，对蒋孝严多年间给予泰安的关心和支持表示感谢，并简要介绍泰安经济社会发展情况及在交通区位、生态环境等方面的优势。国务院台湾事务办公室所属九州文化传播中心主任王明鉴、市政协主席周桂萍参加会见。

△　由省残联、省人力资源和社会保障厅、省总工会主办，省残疾人综合服务中心、市残联承办，泰山职业技术学院、市残疾人培训服务中心协办的山东省“技能兴鲁”职业技能大赛暨全省第六届残疾人职业技能竞赛在泰安市开幕。副省长于杰，省残联理事长邹斌芳，市委副书记、市长李希信等出席开幕式。

14 日　市委理论学习中心组专题学习新修订的《中国共产党纪律处分条例》。市委书记崔洪刚主持会议并讲话。市委副书记、市长李希信，市委副书记张涛，市人大常委会主任唐福泉，市政协主席周桂萍及中心组成员参加学习。

15 日　岱岳区政府与重庆翔美教育投资有限公司签订山东科技大学泰山科技学院新校区项目框架协议。市委副书记、市长李希信，山东科技大学副校长、泰安校区党委书记、管委会主任王少鹏，市委常委、组织部部长高尚山，重庆翔美教育投资有限公司董事长陈晓莉出席签约仪式。

16 日　市委书记崔洪刚会见到访的泰国驻青岛总领事馆总领事王玉君，双方就加强合作进行深入交流。

19 日　2018 中国山东旅游商品与装备博览会在泰安市开幕。这是山东省首次以博览会形式为省内外旅游企业搭建旅游商品装备交流、展示、合作平台，来自福建、四川、宁夏、新疆、重庆等省、自治区、直辖市和省内各市 300 余家企业参展。市委书记崔洪刚、市人大常委会主任唐福泉、市政协主席周桂萍等出席开幕仪式。

23 日　泰安市召开省派“千名干部下基层”服务队见面会。市委书记崔洪刚出席会议并讲话，代表市委、市政府向省“千名干部下基层”服务队的到来表示欢迎，并向服务队简要介绍全市基本情况、发展目标定位和主要措施。

△　政协第十三届泰安市委员会常务委员会第十一次会议召开。市政协主席周桂萍出席会议并讲话。会议听取市政协十三届二次会议以后提案办理情况的通报；传达学习全省政协系统党的建设工作座谈会精神等。

25 日　省交通运输厅厅长江成到泰安市调研高速公路建设工作。市委书记崔洪刚陪同调研。

26 日　市老年大学举办建校 30 周年庆祝大会。市委书记崔洪刚，市委常委、组织部部长、市老年大学校长高尚山等出席活动。

△　部分住泰安省政协委员和

10月26日，市委书记崔洪刚（前排右二），市委常委、组织部部长高尚山（前排左一）参观庆祝老年大学成立30周年书画展　　（司　刚　摄）

市政协委员代表视察全市政务服务工作。市政协主席周桂萍等参加活动。

29日　市委常委会召开扩大会议，研究前三季度全市经济形势，部署下一步经济工作。市委书记崔洪刚出席会议并讲话。

△　十一届市委全面深化改革领导小组第二十次会议召开，听取《关于建立市政府向市人大常委会报告国有资产管理情况制度的意见》和《泰安市社会保险费和非税收入征管职责划转交接工作方案》起草情况的汇报。市委书记、市委全面深化改革领导小组组长崔洪刚主持会议并讲话。市委全面深化改革领导小组成员出席会议。市有关领导和部门负责人参加会议。

△　市委理论学习中心组进行集体学习，学习贯彻国务院新修订的《宗教事务条例》和省委书记刘家义在省委党校建校80周年庆祝大会暨2018年秋季开学典礼上的讲话精神。市委书记崔洪刚主持会议并讲话。市人大常委会主任唐福泉、市政协主席周桂萍和中心组成员参加学习。

30—31日　市十七届人大常委会第十二次会议召开。市人大常委会主任唐福泉等出席会议。会议听取市政府关于"十三五"规划纲要实施情况中期评估的报告；听取市政府关于全市河长制湖长制工作情况的报告；听取市政府关于全市生态环境保护工作情况的报告；听取市政府关于全市民办教育工作情况的报告等。

11月

2日　市委书记崔洪刚会见以乌克兰总统顾问格雷尼夫·伊戈里·阿列克谢耶维奇为团长的乌克兰代表团一行。崔洪刚代表市委、市政府和560万泰安人民对乌克兰代表团一行的到访表示欢迎，并向代表团简要介绍泰安经济社会发展情况。

4日　市委书记崔洪刚主持召开民营企业座谈会，学习贯彻习近平总书记在民营企业座谈会上的重要讲话，贯彻省委有关会议精神，分析全市民营企业发展面临的新形势，听取对民营经济发展的意见建议，研究对策办法，增强民营企业家发展的信心和决心，推动全市经济向高质量发展方向加快迈进。市领导展宝卫、李灿玉等出席会议。

5日　省委副书记杨东奇在泰安市主持召开泰山"挑山工"精神座谈会，强调要学习贯彻习近平总书记视察山东重要讲话、重要指示批示精神，按照省委部署要求，挖掘"挑山工"精神的核心原旨和时代内涵，在传承弘扬泰山"挑山工"精神上带好头、当示范，为新时代现代化强省建设凝聚强大力量。市委书记崔洪刚参加会议。

△　解放军第960医院举行迎军旗誓师大会。原济南军区总医院、解放军第88医院、解放军第148医院、解放军第456医院共同组建成立解放军第960医院。

6日　省人大常委会党组副书记、副主任王良带领立法调研组到泰安市就《山东省军事设施保护条例（修订草案）》《山东省反家庭暴力条例（草案）》进行立法调研。市人大常委会主任唐福泉等陪同活动。

△　泰安、枣庄、临沂市人大常委会负责人座谈会在泰安召开，省人大常委会党组副书记、副主任王良听取3市人大常委会对人大工作的意见和建议，研究探讨做好新时代地方人大工作的思路措施。市人大常委会主任唐福泉参加会议。

7—10日　市委书记崔洪刚，市委常委、常务副市长展宝卫率团赴珠三角和长三角地区招商引资，与当地企业加强交流，洽谈合作。其间，签约重点项目23个，合同投资额达217.6亿元，项目囊括新材料、新能源、大数据、军民融合、高端装备、智能制造、文化旅游、现代农业、医养健康、环保科技、智慧城市、新一代信息技术等领域。

13日　省委常委、统战部部长

邢善萍一行到泰安市调研非公有制企业发展情况。市委副书记张涛，市委常委、统战部部长李灿玉陪同调研。

15日 市委常委会召开会议，听取全国文明城市创建、新旧动能转换重大工程推进、新体育中心规划建设、清洁取暖和天然气产供储销体系建设情况汇报，研究相关工作措施。市委书记崔洪刚出席会议并讲话。

△ 市委理论学习中心组进行集体学习，学习习近平总书记在民营企业座谈会上的讲话。市委书记崔洪刚主持会议并讲话。市委副书记张涛、市政协主席周桂萍和中心组成员参加学习。

16—17日 民盟山东省十届六次常委（扩大）会议在泰安召开。省政协副主席、民盟省委主委王修林出席会议并讲话。市委常委、统战部部长李灿玉致辞。

21日 省委常委、政法委书记林峰海带队到泰安市督导检查中央环保督察转办信访件整改工作，并调研政法、安全生产工作及经济社会发展情况。市委书记崔洪刚陪同活动。

23日 市委常委会召开会议，学习省委书记刘家义就生态环境部对潍坊围滩河撒药治污、表面整改的通报作出的批示，研究贯彻落实意见，并研究泰安市文明城市创建工作。市委书记崔洪刚出席会议并传达《中共山东省委办公厅关于印发刘家义同志批示的通知》。市委副书记张涛、市人大常委会主任唐福泉及市委常委出席会议。

30日 市委、市政府召开创建全国文明城市迎审工作推进会议，对创城迎审工作进行再动员再部署。市委书记崔洪刚出席会议并讲话。市领导周桂萍、郭德文、袁宝卫、李灿玉、宋洪银等出席会议。

本月 省人大常委会副主任王华带领调研组到泰安市调研所联系服务的非公企业和重大项目。市委副书记、东平县委书记张涛，市人大常委会主任唐福泉分别陪同调研。王华一行先后到瑞星集团、岱银集团和鲁普耐特集团，深入生产一线，召开座谈会，听取企业负责人关于企业生产经营、融资、技术创新以及重大项目建设情况的介绍，详细了解企业发展过程中遇到的困难和问题。

12月

1日 市委常委会召开会议，传达学习全省推进新旧动能转换项目落地现场观摩会等有关会议精神并研究贯彻落实意见，研究泰安市2018年度市直部门、县（市、区）和市级功能区招商引资招才引智考核办法，研究关于培植工业领军企业和科技创新型企业双50强的实施意见。市委书记崔洪刚主持会议并讲话。市委副书记张涛、市政协主席周桂萍及市委常委出席会议。

△ 市委、市政府召开全市重点企业财源建设基金投资签约仪式暨政策发布会。市委书记崔洪刚出席并讲话。

△ 泰安市与山东金融资产管理股份有限公司战略合作暨泰安泰山金融资产管理有限公司揭牌仪式举行。市委书记崔洪刚，省金融资产管理股份有限公司党委书记、董事长金同水等出席揭牌仪式。

3—7日 市委书记崔洪刚率泰安代表团参加“2018香港山东周”活动。代表团参加或举办商务活动20余项，走访拜会世界500强和知名企业数十家，签约项目11个，涉及高端装备、医养健康、现代金融、新能源、跨境电商等领域，总投资达7.3亿美元。

10日 泰安市庆祝改革开放40周年主题摄影展书画作品展拉开帷幕。市领导崔洪刚、张涛、唐福泉、周桂萍等出席开幕式并参观展览。

11日 全国水库移民工作会议在泰安市东平县召开。市委书记崔洪刚出席会议并作典型发言，市委副书

12月11—12日，全国水库移民工作会议在东平县召开，水利部副部长魏山忠（前排中）察看有关现场。市委书记崔洪刚（前排右），市委副书记、东平县县委书记张涛（前排左）等陪同活动　（王国梁　摄）

记、东平县委书记张涛出席会议。

12—13日 省委常委、统战部部长邢善萍带队到泰安市督导环保督察整改、扫黑除恶专项斗争和安全生产工作开展情况。市委书记崔洪刚、省委政法委副书记李娥等陪同活动。

14日 省人大常委会副主任王云鹏到泰安市与分工联系的人大代表进行联系座谈，向代表通报年内省人大常委会有关工作开展情况，并征求代表对省人大常委会工作的意见。市人大常委会主任唐福泉等参加会议。

△ 市委党的建设工作领导小组召开会议，按照党要管党、全面从严治党要求，听取领导小组各成员单位年内的工作情况汇报，研究全市党的建设工作，推动全面从严治党向纵深发展。市委书记、市委党的建设工作领导小组组长崔洪刚主持会议并讲话。

17日 泰安市委召开常委会，传达贯彻省委办公厅、省政府办公厅《关于对中央生态环境保护督察“回头看”有关问题挂牌督办的通知》精神，研究《泰安市贯彻落实省第十五环境保护督察组督察“回头看”反馈意见整改落实方案》《泰安市贯彻〈地方党政领导干部安全生产责任制规定〉的实施办法》和2018年度全市招商引资招才引智考核办法。市委书记崔洪刚主持会议并讲话。市委副书记张涛、市人大常委会主任唐福泉、市政协主席周桂萍及市委常委出席会议。

△ 市委理论学习中心组进行集体学习研讨，集体学习《习近平扶贫论述摘编》部分内容、《中共山东省委山东省人民政府关于深入推进安全生产领域改革发展的实施意见》和《山东省实施〈地方党政领导干部安全生产责任制规定〉细则》等。市委书记崔洪刚主持会议并讲话。市委副书记张涛、市人大常委会主任唐福泉、市政协主席周桂萍和中心组成员参加学习研讨。

18日 泰安市人民政府与中国铁塔山东省分公司举行战略合作协议签约仪式。市委书记崔洪刚会见中国铁塔山东省分公司党委书记、总经理张权一行。

21—23日 泰安市组织市几大班子领导及市直有关部门负责人，现场检查各县（市、区）、功能区下半年招商引资和项目建设情况，集中听取5个招商引资和重点项目建设指挥部工作情况汇报，对各县（市、区）、功能区和各指挥部工作进行评价考核，并召开全市“双招双引”工作推进会，贯彻落实庆祝改革开放40周年大会、中央经济工作会议和省委推进新旧动能转换项目落地第一次现场观摩会议精神，总结交流招商引资招才引智工作情况，安排部署“双招双引”工作任务，推动泰安高质量发展再上新台阶。市委书记崔洪刚出席会议并讲话。市委副书记张涛主持会议。市人大常委会主任唐福泉、市政协主席周桂萍等出席会议。

23日 中国共产党泰安市第十一届委员会第七次全体会议举行。出席会议的有市委委员46人、市委候补委员10人。市纪委常委、市监委委员和有关方面负责人列席会议。市委书记崔洪刚作重要讲话。全会以习近平新时代中国特色社会主义思想为指导，学习贯彻中共十九大和十九届二中、三中全会精神，学习贯彻习近平总书记关于深化党和国家机构改革的重要论述和重要讲话精神，坚决贯彻执行中共山东省委、山东省人民政府批准的《泰安市机构改革方案》，审议通过《中共泰安市委、泰安市人民政府关于泰安市市级机构改革的实施意见》。

24日 泰安市市级机构改革动员大会召开。市委书记崔洪刚出席会议并讲话。市委副书记张涛主持会议，市人大常委会主任唐福泉、市政协主席周桂萍出席会议。

26日 泰安市政府召开第十七次常务会议，听取《泰安市加强污染源头防治推进“四减四增”三年行动方案（2018—2020年）》编制

12月23日，中国共产党泰安市第十一届委员会第七次全体会议举行
（司刚 摄）

情况及《关于推进全市安全发展的实施意见》起草情况。市委常委、常务副市长展宝卫主持会议。

28 日 泰安市十七届人大常委会第十三次会议召开。市人大常委会主任唐福泉，副主任张书盈、陶长江、刘学保等出席会议。会议听取市政府关于泰山文化保护传承工作情况的报告；听取市政府关于2018年市级预算调整方案（草案）的报告；听取市人大法制委员会关于市十七届人大二次会议第27号、28号议案审议和办理情况的报告等。

本月 第八届海峡两岸服务业论坛在泰安市召开。十一届全国政协经济委员会副主任张志刚，中国商业联合会会长姜明，台湾服务业联盟协会理事长张元铭，市委常委、统战部部长李灿玉出席活动。（冯宪谟）

第三十二届泰山国际登山节

9月6日上午，第三十二届泰山国际登山节暨2018中国泰安投资合作洽谈会开幕（司 刚 摄）

【概况】 该届泰山国际登山节以“发展是第一要务，人才是第一资源，创新是第一动力”为目标，坚持“少而精、少而优”原则，策划设计、组织开展四大板块，32项经贸、文旅、科技和体育活动。活动的举办，对全方位展示泰安经济社会发展新成就，加大招商引资、招才引智力度，深化旅游与经贸、文化、科技和体育融合发展，推进产业转型升级和高质高速发展，发挥积极的推动作用。《人民日报》、新华社、《光明日报》、《经济日报》、中央电视台、中央人民广播电台等中央主流媒体，《中国日报》、中新社、香港文汇大公传媒等外宣媒体，《大众日报》、山东电视台、山东广播电视台等省级媒体，人民网、新华网、中新网、中国网、大众网、齐鲁网等网络媒体，计40多家融媒体参与登山节宣传报道。中央电视台《新闻联播》在泰山国际登山比赛当晚播发比赛消息。新华社现场云、山东卫视、泰安电视台、大众网、齐鲁网、中华泰山网、“最泰安”客户端、泰山网、泰安手机台、今日头条“泰安之声”10家媒体，对登山比赛全程进行直播或录播。人民网、新华网、中国网、中国经济网、新浪网、凤凰网等30多家国内主要新闻网站、重点门户网站参与登山节宣传报道，累计播发新闻报道近800篇，阅读量达7756万次。自媒体及网络大V发稿近300篇，阅读量4630万次，点赞量2580万次。通过百度和360搜索“第三十二届泰山国际登山节”等词条获得相关信息分别达12.3万条和10万条。

与往届相比，该届登山节有继承，有创新，呈现出6个方面的特点：①“招商引资”与“招才引智”同频共振。开幕式和经贸板块发挥登山节对外宣传平台效应，加大“双招双引”力度，签约引进一批大项目、好项目，为加快全市新旧动能转换，推进经济社会快速发展注入新的生机和活力。②品牌旅游和文化活动相得益彰。旅游与文化在融合发展中优势互补、相得益彰，既提升旅游的文化内涵，又实现文化的经济价值。③科技创新助力新旧动能转换。科技板块以供给侧结构性改革为主线，以科技创新为支撑，培育壮大新动能，改造提升传统动能，促进经济转型升级、提质增效，努力增创泰安发展新优势，开拓泰安发展新通道。④全民参与成为体育赛事的主题。体育板块以泰山国际登山比赛为主线，策划设计、组织开展登泰山万人徒步行、“健康中国、相约泰山”倡议活动、泰山体育旅游发展论坛、山东省百万老年人打太极启动仪式、全民健身嘉年华、东岳武术邀请赛等体育赛事，营造崇尚健身、参与健身的理想社会环境。⑤全媒体营销提升泰安的国际知名度和美誉度。统筹传统媒体和新锐媒体，侧重市内宣传的力度和强度、对上对外宣传的数量和质量、重要专题宣传的深度和广度，对登山节活动开展全方位、多视角、深层次的宣传报道，形成网上网下联动、市内市外齐发的宣传氛围。⑥后勤保障工作扎实有力。该届登山节期间，各级、各部门、各单位立足全局，紧密配合，协同作战，形成强大工作合力。财政部门全力统筹，确保各种专项资金及时拨付到位；安全保障部门最大限度地投入人力、物力，加强安全保障力度，确保各项活动顺利开展；接待服务工作热情周到，展现出泰安全新的精神风貌。

【开幕式】 9月6日上午，第三十二届泰山国际登山节暨2018中国泰安投资合作洽谈会开幕。市委书记崔洪刚出席活动并宣布第三十二届泰山国际登山节暨2018中国泰安投资合作洽谈会开幕，市委副书记、市长李希信出席并致辞。法中经济促进会主席、法国泰山文化协会副会长让·路易·巴兰朵，中国工程院院士倪光南，华能能源交通产业控股集团有限公司董事长吴永钢应邀出席。市委副书记张涛、市人大常委会主任唐福泉、市政协主席周桂萍等市几大班子领导出席。市委常委、常务副市长展宝卫主持活动。

【经贸活动】 ①2018中国泰安投资合作洽谈会。邀请840名境内外客商到泰安参加活动，涵盖美国、加拿大、英国、德国、法国、日本、韩国、新加坡、澳大利亚等20多个国家、地区以及国内15个省、自治区、直辖市，集中签约项目50个，总投资1720亿元，2019年计划投资306.57亿元，其中符合新旧动能转换重点发展的“十强”产业项目36个，占比72%。②第三届“外国专家泰安行”。邀请美国、加拿大、英国、德国、意大利、法国、荷兰、

9月6日，泰安市国际资本合作圆桌会召开 （司 刚 摄）

白俄罗斯等21个国家的60名专家到泰安参加活动，16个国家的29名专家与市37家企业签订合作项目47项。③2018中国（泰山）国际矿业装备与技术展览会。吸引356家国内外企业和单位参展，展出各类产品5000种，展览面积达3万平方米，接待专业观众4万人次。④2018台湾工商精英泰山行。邀请50名台湾工商界人士到泰安考察，达成多项项目投资和引才引智意向。⑤第三届泰山国际福祉暨康复设备博览会。设置标准展位220个，150家国内外知名企业参展，重点展示智能康复机器人、人工耳蜗等高科技产品，同时新增残疾人运动用品、养老健康食品等品种，展品总数达3000种，展会期间接待观展人员1.3万人次；泰山国际健康论坛邀请25名国内外专家教授作专题发言，为推进全市康复辅助器具产业的发展提供理论支撑。⑥2018中国泰山国际农机化发展论坛。邀请中国工程院、中国农机研究院等权威专家作深度解读，同期举办山东省三秋农机化生产现场演示会。⑦“天南地北泰安人回家”活动。邀请全国10个省份30多个城市的40名老乡代表回乡参与考察对接、洽谈项目等活动，为家乡发展献计献策。

【文旅活动】 ①2018首届泰山美食节。历时19天，平均每天入园超过3000人次，平均每天营业额达20万元，创泰安同类型展会历史之最，取得良好的经济效益和社会效益。②泰安全域旅游网络抢票活动。提供免费门票9.33万张，1670万人次浏览关注并参与抢票活动。③2018百家旅行商泰山会盟暨泰安研学旅游采购商大会。邀请全国各地知名电商、旅行商、自驾游俱乐部代表和泰安旅游企业代表240人与会，签订各类合作协议84项。④“全域绽放·大美泰安”2018中国国际旅游航拍大赛。国内外20个团队参赛，评选出金奖1名、银奖2名、铜奖3名、优秀奖9名。⑤第二届“泰山玉杯”玉雕大赛暨泰山玉文化论坛。收到参赛作品300多件，评选出金奖5件、银奖8件、铜奖23件，最佳工艺奖7件、最佳创意奖3件、优秀作品奖129件。⑥2018国家艺术基金传播交流推广项目——齐鲁大地影像艺术作品巡展。展出摄影作品200幅，巡展现场接待观众近

第二届“泰山玉杯”玉雕大赛上，参赛作品琳琅满目　（司　刚　摄）

万人，网上互动展厅吸引访问网民2万人。⑦第八届石敢当文化节。打造开幕式、泰山石敢当书画展、泰山三宝展、“龙宫”书画作品创作、工艺美术博览会以及民俗摄影大赛等系列主题活动。⑧2018中国山东首届旅游商品与装备博览会和“DOU游魅力·大美泰安”首届泰安旅游抖音大赛。博览会设置特装展区21个，标准展位150多个，国内近30个省份、200家旅游商品企业报名参展；抖音大赛设置一等奖、二等奖、三等奖和优秀奖21个，内容涵盖乡村、城市、山水、美食、旅游景区（点）和旅游商品领域。

【科技活动】　“牵手才智·助跑泰安”招才引智签约仪式，集中签约“泰山国心计算机操作系统”“固态储氢新材料研发及产业化应用”等30个高端人才合作项目，涵盖新一代信息技术、高端装备和智能制造、新材料和新能源、医养健康等新旧动能转换重点产业领域。山东省科技创新促进新旧动能转换产业技术成果对接活动，集中展示省内外高校、科研院所农业领域最新技术和成果2100项，50多家涉农企业参与对接活动，11项科技成果完成拍卖，达成交易10项。举办泰山论灸暨国际欧亚科学院中医药院士泰安工作站、中国针灸学会泰安专家工作站揭牌仪式和专题学术报告会，国际欧亚科学院、中国针灸学会分别与泰安市中医医院签订院士工作站以及专家工作站合作协议书。2018年“全国科普日活动”暨中国科技馆“脑中乾坤”科普主题展，策划设计七大板块、109项重点活动，组织开展科普展览、科普讲座、科普咨询等多种形式的科普服务。中国石化和化学工业绿色制造、“三废”治理及园区智慧化建设大会，邀请全国化工领域的专家、企事业单位负责人及泰安市化工企业负责人400人参会，为推动全市化工及相关产业创新发展创造机遇。中国纺织服装产业新旧动能转换高端论坛暨纺织工业（泰安）检测中心揭牌仪式签订多项合作协议，为破解全市纺织产业技术难题、新产品开发，推动纺织行业健康发展提供发展思路。

【体育活动】　第三十二届泰山国际登山比赛暨第二十二届全国全民健身登泰山比赛，吸引30个国家和地区的3516名运动员参赛，埃塞俄比亚选手阿列木霍涅诺梅芬以57分47秒的成绩夺得男子组冠军，埃塞俄比亚选手吉梅以1小时12分16秒的成绩夺得女子组冠军。第三届登泰山万人徒步行，吸引全国15个省、市、地区1.09万人报名参赛。泰山体育旅游发展论坛围绕体育旅游产业的发展等议题展开探讨和研究。山东省场地赛车锦标赛暨泰安豪庭汽车嘉年华活动，以汽车赛事为主题，以展示泰安城市新形象、繁荣当地汽车运动市场以及汽车旅游项目发展为目的，打造汽车文化产业发展的互动平台。　（张作祥）

编辑　校对　戚淑娟

市情概览

环境·资源·人口

【位置面积】 泰安市位于山东省中部，处北纬35°38′~36°28′，东经116°20′~117°59′。北以泰山与济南市为界，南与济宁市相连，西隔黄河与聊城市及河南省濮阳市相望，东与济南市、淄博市、临沂市相邻。东西长约176.6千米，南北宽约93.5千米，面积7762平方千米，占全省面积的4.94%。泰安城为市政府驻地，位于泰山南麓，北距省会济南66.8千米，南至孔子故里曲阜74.6千米，处于山东省“一水、一山、一圣人”旅游热线的中间。

【建置沿革】 泰安市是国务院公布的国家历史文化名城。早在6000至4000年前，汶河两岸的氏族部落创造了繁盛的“大汶口文化”。此后，历代在此设邑、置郡、建府。秦代设济北郡，郡治博阳（故城在今岱岳区旧县村）。汉武帝封禅泰山时置泰山郡，郡治始为博县，汉元封二年（前109）移至新建之奉高（今岱岳区范镇故县村），北魏时又移治至钜平县(今岱岳区大汶口附近)。北齐改为东平郡，郡治博县。唐宋时分属兖州、郓州（北宋末改称东平府）。金天会十四年（1136）设泰安军，治岱岳镇（今泰安城），泰安之名由此始。境内分属泰安军（金大定二十二年，即1182年升为州）与东平府，隶山东西路。元明设置泰安州。清雍正十三年（1735），升泰安直隶州为泰安府，增置泰安县为府治，降东平直隶州为散州，泰安府时辖泰安、新泰、莱芜、肥城、东阿、平阴六县及东平一州，隶山东行省。抗日战争时期，抗日民主政权设立泰山区、泰西区。1950年5月，泰山、泰西两区合并为泰安专区，成立泰安区行政督察专员公署（同年12月改称泰安区专员公署），机关驻泰安城。1958年10月，撤销泰安专署，辖县分属济南市和聊城专署。1961年7月，复置泰安专署。1967年，成立泰安地区革命委员会替代专署。1978年7月，撤销泰安地区革命委员会，成立泰安地区行政公署。1985年3月，撤销泰安地区，原县级泰安市升格为地级市，实行市管县体制。

【行政区划】 2018年，泰安市辖泰山、岱岳两个区，宁阳、东平两个县，代省管辖新泰、肥城两个市(县级)。全市有乡、镇、街道88个(乡6个、镇62个、街道20个)，村(居)民委员会3754个。其中，泰山区辖2个镇、5个街道，岱岳区辖9个镇、2个街道，泰安高新区辖1个乡、4个镇、1个街道，泰山景区辖1个乡、2个镇，新泰市辖1个乡、16个镇、3个街道，肥城市辖10个镇、4个街道，宁阳县辖1个乡、10个镇、2个街道，东平县辖2个乡、9个镇、3个街道。

【人口状况】 2018年年末，全市有常住人口564.0万人。常住人口中，泰山区74.34万人，岱岳区61万人，高新区40.78万人，泰山景区10.12万人，新泰市127.31万人，肥城市96.81万人，宁阳县77.38万人，东平县76.26万人。年末，按常住人口计算，全市人口密度727人/平方千米。其中，市区834人/平方千米，新泰市712人/平方千米，肥城市758人/平方千米，宁阳县688人/平方千米，东平县569人/平方千米。

【民族概况】 2018年年末，泰安市有汉族、回族、满族、壮族、蒙古族、朝鲜族、苗族、侗族、藏族、维吾尔族、彝族、布依族、瑶族、白族、土家族、土族、哈尼族、傣族、黎族、傈僳族、畲族、水族、纳西族、达斡尔族、仡佬族、俄罗斯族、仫佬族、撒拉族、毛南族、鄂伦春族、佤族、拉祜族、景颇族、布朗族、锡伯族、阿昌族、怒族、鄂温克族、东乡族、羌族、哈萨克族、德昂族、柯尔克孜族、赫哲族、裕固族45个民族。汉族547.57万人，占全市总人口的

98.5%；44个少数民族8.2万人，占全市总人口的1.5%。其中，少数民族中，回族人数为7.9万人，占全市少数民族总人口的96%。少数民族人口在全市呈大分散、小集中分布。全市6个县（市、区）88个乡镇（街道）中，少数民族居住较集中的有39个乡镇（街道）的130个村（居）。其中，少数民族人口占全村人口50%以上的民族村（居）51个，少数民族人口1000人以上的乡镇（街道）20个，少数民族人口1万人以上的县（市、区）有泰山区、岱岳区、新泰市、肥城市。

【土地资源及特征】 全市有土地77.62万公顷。其中，农用地58.23万公顷（耕地36.34万公顷、园地3.94万公顷、林地10.86万公顷，其他农用地7.09万公顷），建设用地13.21万公顷，未利用地6.18万公顷。全市人均占有耕地0.064公顷（0.967亩），农民人均占有耕地0.169公顷（2.535亩）。境域地势自东北向西南倾斜，有山地、丘陵、平原、洼地、湖泊等地貌类型。山地集中分布在境域北部和东部，占全市面积的18.3%，其中泰山雄踞境域北部，其主峰玉皇顶海拔1545米，为山东省第一高峰。丘陵主要分布在新泰市西南部、宁阳县东部、岱岳区西北部、肥城盆地边缘及东平县北部，占全市面积的41.1%，海拔在120米～400米之间。平原主要分布在山麓及河流沿岸，占全市面积的40.6%，海拔在60米～120米之间，其中山东省著名四大山麓平原之一的泰（安）莱（芜）肥（城）宁（阳）平原，大部分在泰安市境内。洼地主要分布在东平县“三湖”（老湖、新湖、稻屯洼）周围，占全市面积的11%，海拔在38米～60米之间。湖泊集中在东平县，“三湖”水面6.35万公顷（含市外部分），其中东平湖系山东省第二大淡水湖，为古梁山水泊遗存水域。

【气候特征】 泰安市属于暖温带大陆性半湿润季风气候区，四季分明，寒暑适宜，光温同步，雨热同季。春季干燥多风，夏季炎热多雨，秋季晴和气爽，冬季寒冷少雪。2018年，全市年平均日照时数2117.7小时，较常年（2313.3小时）偏少195.5小时；年平均气温14.6℃，较常年（13.6℃）偏高1.0℃；年平均降水量785.6毫米，较常年（664.5毫米）偏多18.2%。泰山山顶2018年年日照时数2550.4小时，较常年（2663.8小时）偏少113.4小时；年平均气温6.6℃，较常年（5.9℃）偏高0.7℃；年降水量1304.8毫米，较常年（1046.2毫米）偏多24.7%。

【水源特征】 全市境内有大小河流466条，分属黄河、淮河两大流域。大汶河属黄河流域，为市内第一大河，主流起源于济南市钢城区汶源街道办事处台子村，自东向西流经全市，由下游的大清河流入东平湖注入黄河，境内流域面积6093平方千米，占全市面积的78.5%。新泰市的东汶河及宁阳县的汉马河、洸府河、宁阳沟属淮河流域的泗河、沂河水系，流域面积1305平方千米，占全市面积的16.8%。全市有水面270平方千米，占全市面积的3.5%，主要包括湖泊、水库、坑塘及部分矿区积水洼地，其中水库687座，总库容9.36亿立方米。发现温泉4处，其中岱岳区桥沟温泉面积8.5万平方米，水深0.5米～8米，混合水温在41℃～49℃之间，水质清澈透明，无臭、无味、无毒，属一级水。全市水资源总量18.84亿立方米，其中地表水12.48亿立方米，地下水9.93亿立方米（地表水与地下水互相转化的重复量为3.57亿立方米）。

【生物资源】 全市有野生、栽培及引种成功的高等植物1600余种及变种、亚种、变型，分属191科、775属，陆生脊椎动物4纲300多种，浮游植物8门99种属，浮游动物四大类71种。农作物害虫天敌3纲39科113种。粮食作物主要有小麦、玉米、红薯（俗称地瓜）、高粱、大豆、大麦等。经济作物主要有花生、芝麻、棉花、大麻、烟草、蔬菜等。木本植物分属71科、471种（变种）。用材树种主要有黑杨、毛白杨、刺槐、榆树（又称白榆）、泡桐等50余种。经济林树种主要有苹果、樱桃、核桃、桃、板栗、大枣、杏等30余种，其中“肥城桃”“泰山板栗”“新泰苹果”“宁阳大枣”等被批准为国家地理标志证明商标和农业部农产品地理标志产品。观赏树种有40余种，主要有雪松、圆柏、银杏、槐树（又称国槐）等。以泰山命名的珍稀树木有泰山花楸、泰山柳、泰山椴、泰山盐肤木等20多种，基本上都属于濒危保护级别。古树名木19483株，隶属27科45种，主要有汉柏、唐槐、六朝松等。牧草分属35科、95属、118种，以禾本科最多，菊科次之。全市天然草场年产鲜草约2.5亿千克。中药材分属110科、448种，有10余种属于“道地药材”，为具有全国知名度的药材，如泰山灵芝、泰山何首乌、泰山四叶参、泰山黄精、泰山紫草、汶香附、肥城栝楼、穿山龙、白花丹参、徐长卿等。泰山“四大名药”（泰山何首乌、泰山四叶参、泰山黄精、泰山紫草）被列为国家地理标志证明商标。肥城栝楼属地方名优品种。水生植物40种，分属2门、18科、30属，集中分布于东平“三湖”，主要有藕、芡实、菱角、苇、蒲草等。畜禽品种50多个，主要有牛、马、羊、猪、鸡、鸭等，其中东平、宁阳一带的鲁西黄牛为全国四大良种牛之一，役肉兼用。小尾寒羊为稀有品种，主要产地东平县被列为全省小尾寒羊保种基地。水生动物以东平湖、稻屯湖为最多，主要有中华绒螯蟹（毛蟹）、鳖、虾、蚌等。鱼类分属8目、15科、48种，主要有鲫、鲤、鲢、草鱼等，其中泰山赤鳞鱼（又名螭霖鱼）、东平湖大青虾、东平湖鲤鱼为国家地理标志产品，“泰山金螭霖”被列为国家地理标志证明商标。野生动物有两栖动物7种、爬行动物12种、鸟类200多种。珍稀动物有属国家一级保护动物的白鹳、大鸨、梅花鹿（引进品种）等。

【矿产资源】 境内地下矿产资源丰富，种类齐全，分布较广，具有优势矿产多、资源储量大特点。已发现矿产63种，探明资源储量的矿产地101处。探明资源储量居全省第一位的矿产有自然硫、石膏、岩盐、钾盐、蛇纹岩和玉石，第二位的有铝土矿，第三位的有铁矿，第四位的有煤矿。耐火黏土、水泥用灰岩、制碱用灰岩等也占有重要地位。铁主要分布在东平县和岱岳区角峪一带，保有资源储量5.4亿吨。煤主要分布在新泰市、肥城市、宁阳县、东平县，保有资源储量20.0亿吨。自然硫系国内发现唯一的沉积型自然硫矿床，探明资源储量折合纯硫3.2亿吨。石膏主要分布在大汶口和汶东两盆地，保有资源储量380.0亿吨。岩盐矿分布在大汶口盆地中，地跨肥城市、岱岳区两市区，面积约36.4平方千米，氯化钠平均含量86.76%，保有资源储量71.6亿吨。石灰岩除泰山区外，其余5县（市、区）均有分布。花岗石主要分布在岱岳区、新泰市、肥城市等地，品种主要有泰山红、泰山花、泰山青、吉祥绿、龙岗红等。耐火黏土主要分布在岱岳区、肥城市等地。

2018年泰安市人口和自然资源情况

表1

指　标	单　位	2018年
人　口		
年末人口总数（户籍）	万人	573.0
人口密度（户籍）	人/平方千米	738
年末人口总数（常住）	万人	564.0
人口密度（常住）	人/平方千米	727
土　地		
全市土地面积	平方千米	7762
各类土地面积所占比重		
山地	%	18.3
丘陵	%	41.1
平原	%	40.6
森　林		
森林覆盖率	%	25.1
造林面积	公顷	7333.33
水文、水利		
水资源总量	亿立方米	18.84
地表水资源量	亿立方米	12.48
地下水资源量	亿立方米	9.93
水面养殖面积	千公顷	8.7

经济和社会发展综述

【概况】 2018年，面对错综复杂的国内外发展环境，全市上下认真学习贯彻习近平总书记视察山东重要讲话、重要指示批示精神，坚持稳中求进工作总基调，大力推动供给侧结构性改革，扎实推进新旧动能转换重大工程，着力保障和改善民生，真抓实干，锐意改革，经济发展平稳向好，转型升级向高质量转变，新动能呈现新活力，重点改革深入推进，民生保障更加完善，城乡发展实现新突破，社会事业全面进步。

5月15日，省委副书记、省长龚正（前排右一）调研东平湖防汛工作，市委书记崔洪刚（前排右二）陪同调研　　（王国梁　摄）

【经济发展】 2018年，全市实现生产总值3651.5亿元，同比增长5.7%；完成一般公共预算收入219.5亿元，增长6%，其中税收收入158亿元，增长7.6%，税收收入占财政收入的比重达72%，比上年提高1.1个百分点。全市规模以上工业增加值、主营业务收入、利润分别增长5.5%、7.4%、20.5%；第一产业增加值285.4亿元，增长2.7%；第二产业增加值1615.2亿元，增长5.5%；第三产业增加值1750.9亿元，增长6.3%。固定资产投资增长5.8%；社会消费品零售总额1593.8亿元，增长8.8%；外贸进出口总额160.8亿元，增长5.3%，其中出口127.6亿元，增长8.1%；实际利用外资46.0亿元，增长16.6%。年末，金融机构人民币各项存款、贷款余额分别是3647.7亿元、2354.3亿元，比年初分别增长9.7%、11.7%。

2018年，坚定实施"产业兴市"战略，着力构建新旧动能转换规划体系、政策配套体系、"六个一"工作推进体系，推动新旧动能转换全面起势，三次产业结构调整为7.8∶44.2∶48.0，三、二、一的产业结构形态进一步巩固。①抓好项目建设，推动产业集群发展。推动31个项目入选省新旧动能转换重大项目库第一批优选项目，233个市级新旧动能转换重大项目完成投资660亿元。加快推进泰安二期抽水蓄能电站、京杭运河东平湖湖区航道及作业区、正大新能源、复合材料产业研究院、泰山玻纤产业园、海天智能机器人、晋煤明升达洁净煤气化等一批重大项目；引进落地中信重工开诚特种机器人、泰山office等一批大项目。全市规模以上工业增加值增长5.5%，8家企业上榜全省第二批"瞪羚"企业名单。②加快传统产业技术改造升级。争取4家化工园区获省政府批准；泰安抽水蓄能电站二期、康平纳筒子纱智能染色工厂一期等6个项目列入2019年省重点建设项目。③提升现代服务业水平。以全域旅游为抓手，实施好"四大工程"（交通组织换乘、停车场提升、特色餐饮小吃、厕所提升），建成运营峰松物流、速恒物流、中国供销（宁阳）农副产品物流园等项目，加快建设诺莱医养、康复辅具产业园等一批医养健康产业项目。迅速发展电子商务，全市电子商务交易额达1213亿元。④发挥科技创新驱动作用。全市研发经费投入强度连续4年超过全省平均水平；2项发明专利获中国专利银奖，3项专利获优秀奖。引进省级以上高层次人才106人，净增高新技术企业57家，全年规模以上工业企业实现高新技术产业产值同比增长8.51%。农大肥业技术中心获批国家企业技术中心，全市国家级创新平台达9家。新增中国驰名商标5件，全市名牌总量达50件。石横特钢泰安建筑用钢产业集群被列为全省四大钢铁产业集群之一。康平纳集团"筒子纱智能染色工业示范项目"获得第五届中国工业大奖。东平超大型粉煤气化工程示范项目列入国家级重点研发计划。峰松物流与北京汇通天下合作成立全国无车承运结算中心。

【城乡建设】 ①抓好规划编制实施。做好城乡一体空间发展战略规划、泰山文化保护传承总体规划编制工作。②坚持城市规划民生优先。腾空市值7.5亿元、占地9.07公顷的岱庙北侧土地，改造建设岱庙文化广场。将市值近10亿元、占地12.8公顷的时代发展线黄金地段开辟为生态绿地健身公园。城区规划综合公园14处、专类公园6处、沿河带状绿地8条。③推进城市建设。国家卫生城市复审列全省第3名，实现国家卫生城市（县城）全覆盖。全国文明城市创建在全省7个提名城市中列第2名。优化路网结构，实施财源街、岱北街、灵山大街等拆迁会战攻坚，泰安城区博阳路、万官大街、凤凰路等一批城市道路建成通车；顺利推进擂鼓石大街中段、环山路东延改造、桃花源路、天平大街等道路建设工程。④开展违法建设治理。抓好泰山奇石市场整治、户外广告牌匾提升等工作，全市共治理违法建设9397处、623万平方米。坚持拆违建绿、见缝栽树、增量提质，在城区道路、沿街绿地、公游园栽植乔灌木7.5万株，各类花卉25.4万株。⑤加快重大基础设施建设。实施京沪高速、青兰高速、济泰高速等8个高速公路项目，实施17个国、省道项目，新改建农村公路1051千米。⑥做好城镇建设。岱岳区入选全国新型城镇化质量百强区，新泰市被评为全国十佳生态文明城市，宁阳县被列为省第三批新型城镇化试点县，大汶口镇被评为省级绿色生态示范镇。泰安市在全省新型城镇化三年综合考核中列第4位，被省政府授予“山东省适宜人居环境奖”。

【社会民生】 持续加大民生投入力度，全市财政用于民生领域支出达303.4亿元，占财政支出的79.6%，城镇、农村居民人均可支配收入分别达35196元和16959元，分别增长7.5%和8.2%，均超过生产总值增幅。①推进精准脱贫。选派省、市、县三级“第一书记”和驻村干部857人，安排落实各级财政专项扶贫资金2.6亿元，实施产业扶贫项目283个，1.22万名贫困人口实现稳定脱贫。顺利实施东平县易地扶贫搬迁、黄河滩区迁建、移民避险解困“三大工程”，3.5万人实现回迁。②完善社会保障体系。推动创新创业，全市新增就业5.25万人，城镇登记失业率2.21%。发放各项社会保险待遇180.74亿元。城乡低保和农村特困供养对象9.38万人，累计发放救助金3.12亿元。妥善解决拖欠农民工工资问题。完善社会养老服务体系，全市新增养老床位2260张，新建城市社区老年人日间照料中心10处、农村幸福院37所。加快保障性住房建设，实施棚户区改造5.8万套，基本建成2.1万套，整治老旧住宅小区20个、91.6万平方米，对部分既有住宅开展加装电梯试点工作。③加快民生社会事业发展。解决“大班额”问题，新建、改扩建学校、幼儿园120所。“全面改薄”完成投资2.38亿元。区域医疗费用增幅控制在10%以下，县域内就诊率达92.02%。国家基本公共卫生服务项目人均补助经费达55元。④繁荣文化体育事业。深入实施文化产业“十百千”工程，全市投资过亿元的文化产业项目90个，省级以上文化产业示范基地累计达12家，加快建设泰山新闻出版小镇等一批重点文化产业项目，村级综合性文化服务中心实现全覆盖。举办各级各类体育健身赛事活动3172项，列全省第一。

【生态环保】 推进泰山区域山水林田湖草生态保护修复工程，开工215个项目，完成投资46.8亿元。做好中央、省环保督察和“回头看”反馈问题整改工作。全市共整治“散乱污”企业6809家、禁养区内养殖场6467家、燃煤小锅炉2820台。全年推广洁净煤20万吨。实施蓝天、碧水、净土“三大行动”，开展城区空气质量改善、城区污水治理等7项专项治理，全市空气质量优良天数达207天，居全省内陆城市前列。全市482条河流、688座水库、1444座重点塘坝共设河（湖）长4534人，实现河湖水域管理全覆盖。全国水生态文明城市创建顺利通过验收。开展“绿满泰安”行动，全市自然保护区、国家湿地公园、中国森林氧吧分别达6个、3处和3处，有10个乡镇、55个村（居）成功创建市级以上“森林镇村”，新泰市获得首批“山东省森林城市”称号，宁阳县被授予“全国绿化模范县”称号。 （刘小笋）

全面深化改革

【概况】 泰安市委全面深化改革委员会（以下简称深改委），负责全市改革的总体设计、统筹协调、整体推进和督促落实。深改委设专项小组6个，分别为经济体制和生态文明体制改革专项小组、民主法制领域改革专项小组、文化体制改革专项小组、社会体制改革专项小组、党的建设制度改革专项小组、纪检监察体制改革专项小组，主要负责相关改革部署在该领域的落实。深改委下设办公室，与市委政研室一个机构两块牌子，设主任1人，由市委常委、市委秘书长兼任；副主任4人，其中市委政研室主任和市发展改革委主任分别兼任副主任，专职副主任2人。2018年，召开市委全面深化改革领导小组会议11次，研究审议各类改革事项45项，其中审议改革文件32个。加强对全市改革工作的统筹协调、整体推进和督促落实，加大对年初确定的205项改革任务的推进力度，“放管服”改革、新旧动能转换、乡村振兴战略等得到较好落实；人才管理、“三强”企业培植、“双50强”企业培植等一批自主推进的改革事项都取得显著成效；山水林田湖草生态保护修复试点工程、村级集体产权制度改革、家事审判改革试点等具有重大牵引作用的改革稳步推进，为推动经济社会发展注入新活力、释放新动能，全市人民群众获得感、幸福感、安全感持续增强。

【改革试点任务推进】 泰安市始终将改革试点作为推进改革的重要途径，结合全市实际，争取各类国家级、省级改革试点，以试点带动面上改革，取得显著成效。全市累计承担省级以上改革试点任务 169 项，顺利完成试点任务 102 项，67 项试点任务尚在实施。其中，2018 年新争取省级以上改革试点 61 项（国家级试点 24 项、省级试点 37 项）。①提高改革试点方案编制质量。编制高质量的改革方案能有效提高各项改革任务落实的效果。岱岳区抓住满庄镇作为第三批全国发展改革试点镇契机，经过专家论证、多方评估，探索建立“政府引导、社会参与、市场运作”的投融资机制，加大旧村改造、房地产开发、道路交通、公共服务等基础设施建设力度，建成太阳部落、南迎旧村改造等项目。②加大对改革试点工作的重视力度。对所承接的改革试点，均成立相应的组织领导机构，大部分试点由各级党委、政府一把手或党委、政府分管领导挂帅，相关责任部门主要负责人为成员。对一些改革试点任务，如县级公立医院改革、土地承包经营权改革、东平湖库区移民避险解困工程等，均列入市委、市政府督查内容，定期调度督导，实施重点督办，为推进各项试点顺利实施提供机制保障。③及时破解试点难题。在改革试点推进过程中，注重与泰安实际充分结合，将破除体制机制障碍和探索解决群众生产生活中的突出问题作为工作出发点和落脚点，并通过试点的实施，解决一些突出问题。东平县通过全国第二批农村改革试验区试点的实施，针对农村土地细碎化、农民兼业化、集体空壳化这一制约集体经济发展难题，坚持以土地股份合作为突破口，引导土地入股、农民入社、活权赋能、合作经营，促进农民收益、集体增收、农业增效、农村发展，被专家称为解决农村集体经济诸多难题的“东平样本”，中央农村工作领导小组办公室主任陈锡文对《以钱生钱：政策性资金股份运作之路——东平县的调查与启示》作出批示。为破解农村集体产权制度难题，推进农村经济可持续发展，肥城市以承担农村土地承包经营权确权登记试点为契机，对农村产权状况进行拉网式排查摸底，形成的《关于农村集体产权制度改革情况的调查与研究》，省领导作出批示。④总结推广试点经验。交通运输部无车承运试点，泰安市峰松电子科技有限公司在无车承运人试点综合监测评估中名列全省第一，其经验被交通运输部推广。新泰市推进行政体制改革，主持制定 6 项政务服务国家标准并正式发布实施，省委副书记、省长龚正在 5 月 24 日召开的省政府廉政视频工作会议上给予高度评价，新泰市的经验做法得到省委、省政府充分肯定并在全省推广，中央电视台《新闻联播》作出专题报道。

【改革成效】 确定一批影响泰安经济社会发展的重点领域和重要改革事项进行领衔推进，明确“时间表”“施工图”，加强调度督导，逐项抓好落实，2018 年年初确定的 205 项重点改革任务全部落实完成。在推进整体改革过程中，以改革的大力度换取经济社会发展的加速度，改革效果日益显现。“放管服”改革不断深入，出台“1+4”一揽子“放管服”改革方案，在全省率先向各县（市、区）下放市级行政权力 4120 项、向功能区委托市级行政权力 3676 项。在全省率先实施“五十证合一、一照一码”改革，已实现“六十二证合一”，事项整合数量居全省首位，各类市场主体比商事制度改革前增长 83.3%。9 月 26 日，泰安市行政审批服务局正式挂牌运行，成为山东首家市级行政审批服务局，入选山东省改革开放 40 周年最具影响力事件，中央电视台、山东电视台分别予以专题报道。供给侧结构性改革稳步推进，市政府印发推进供给侧结构性改革的《实施意见》，提出 50 项重点任务和政策措施，“三去一降一补”重点任务推进顺利。出台人才新政“金十条”及 47 个配套细则，兑现首批奖励扶持资金 586 万元，大大提升对高层次人才的吸引力，年内引进省级以上高层次人才 106 人。国资国企改革持续深化，探索建立以管资本为主的投资运营公司监管新模式，国有资产保值增值率达 108%。扎实推进农村土地“三权”分置，农村土地承包经营权确权登记获得全省优秀等次，集体产权制度改革全面铺开并成为全国试点。在 5 月 7 日召开的全省农村集体产权制度改革会议上，泰安市作为全省唯一一个地级市政府作典型发言。首创“河长巡查制度”，市、县、乡、村四级河长组织体系全面建立。社会保障、教育、养老、医药卫生等民生改革积极稳妥向前推进，人民群众获得感持续增强。

【改革工作宣传】 通过电视、报纸、网络等各种媒体，采取多种形式开展改革宣传发动、改革政策解读，提高干部群众对该地区改革创新工作及重大改革举措的知晓率。

抓住庆祝改革开放40周年的契机，组织开展改革开放40周年感动泰安人物和最具影响力的事件评选、主题摄影展、书画作品展、国防建设成就图片展和千人签名等一系列活动；《宁阳县抓党建促村级集体经济发展、家庭医生签约》《泰安市顺利通过国家级旅游服务综合标准化示范市验收》在省委改革办《改革情况交流》刊发；新泰市行政审批服务中心标准化建设在中央电视台《新闻联播》播出，在《泰安日报》、泰安电视台等市级主流媒体开设《深化改革进行时》专栏，进行集中报道；在市委党刊《泰安工作》开设《改革与创新》《政策解读》等专栏，持续加大舆论宣传引导工作，最大限度凝聚改革共识。年内，先后在《人民日报》《新华内参》《大众日报》等省级以上主流媒体刊发宣传稿件300篇，在《泰安日报》、泰安电视台刊播各类宣传稿件400件。

【泰安市全面深化改革专题研修班】 4月10—14日，市委改革办在复旦大学举办“泰安市全面深化改革专题研修班”。培训班由市委政研室主任、改革办副主任带队，各县（市、区）委改革办、市直有关部门改革工作分管负责人共计60人参加培训。该次培训班设置供给侧改革、政府管理创新、营商环境再造、区域转型发展、自贸区经验等多个专题的课程，聘请上海市经济发展研究中心、上海交通大学、上海对外经贸大学等有关方面的专家教授，部分复旦大学知名教授进行授课，为做好全市全面深化改革工作奠定思想和理论基础。

（贾　波）

扶贫开发

【概况】 2018年，全市深入落实中央和省委、市委关于脱贫攻坚的决策部署，扎实推进精准扶贫、精准脱贫，脱贫攻坚工作取得决定性进展。全市剩余20个省市级贫困村和5367户、1.22万名建档立卡贫困人口全部脱贫退出，基本完成脱贫攻坚任务。

【组织体系建设】 调整充实市扶贫开发领导小组，印发《中共泰安市委、泰安市人民政府关于打赢脱贫攻坚战三年行动的实施意见》，明确其后三年脱贫攻坚的目标任务、重点工作和时间安排。先后召开全市扶贫开发工作会、全市脱贫攻坚工作推进会、全市脱贫攻坚问题整改推进会、市扶贫开发领导小组成员（扩大）会等会议，组织县（市、区）扶贫办和乡镇负责人到省内脱贫攻坚先进地区对标考察学习。与各县（市、区）、泰安高新区、泰山景区分别签订年度脱贫责任书，实行市级领导包保责任制，19名市级领导联系包保19个脱贫任务较重的乡镇。全面开展遍访贫困对象行动，市委书记崔洪刚带头遍访脱贫任务较重的省扶贫工作重点乡镇，各县（市、区）委书记遍访省扶贫工作重点村，各乡镇（街道）党（工）委书记、村党组织书记分别遍访未脱贫及脱贫享受政策贫困户，形成四级书记一起抓、党政一齐上、部门全参与的工作局面。

【精准识别与退出】 对精准识别情况进行反复梳理排查，与住建、民政、教育、残联、卫计等部门对接，加强数据分析和信息比对，做好建档立卡数据核准清洗工作，确保“档内无硬伤、档外无真贫”。印发《贫困人口动态调整管理实施细则补充规定》《2018年度全市扶贫对象动态调整工作方案》，严格标准和程序，完成贫困人口动态调整工作。全市20个省、市级贫困村和5367户、1.22万名建档立卡贫困人口实现稳定脱贫退出。

【项目资金管理】 全市落实各级财政专项扶贫资金25639万元，其中市级资金8200万元，较上年增长31.9%；新增小额扶贫信贷资金31412万元，累计发放小额扶贫信贷资金83194万元。印发《关于加强2018年度财政专项扶贫资金使用监管的意见》，将“嵌入式”审计监督贯穿脱贫攻坚全领域、全过程，组织开展扶贫系统预算执行审计和精准扶贫政策落实及资金管理使用情况审计。发挥扶贫开发项目库、专家评审委员会和村级精准扶贫理事会的作用，严格“村申报、乡审核、县审定”和“三公示一公告”（村公示、镇公示、县公示、县公告）程序，整合帮扶资金联村建设大项目。全市实施产业扶贫项目283个，覆盖贫困人员3.89万人。全面完成2015—2017年度产业扶贫项目资产登记管理工作，纳入农村集体“三资”管理平台，明晰所有权、放活经营权、确保收益权、落实监督权，保障贫困群众稳定受益、持续受益。

【党建引领扶贫】 发挥第一书记抓党建促脱贫作用，市委办公室、市政府办公室印发《关于加强贫困村驻村工作队选派管理工作的实施意见》，实行帮扶责任人定期入户走访、帮扶措施挂账销号等制度，“穷亲”不脱贫、帮扶不脱钩、责任不解除。全市选派第一书记811人（市级选派132人、县级选派679人），并从市、县机关选派优秀干部到27个扶贫工作重点村和工作基础薄弱村担任村党支部书记，实现“两个全覆盖”（对全市未脱贫户和脱贫享受政策户实现帮扶责任人全覆盖；对省扶贫工作重点村和尚未脱贫退出的省级贫困村实现第一书记、驻村工作队全覆盖）。

【重点贫困区域帮扶】 出台《关于进一步强化政策措施推进重点贫困区域精准脱贫的实施意见》，将1个脱贫任务比较重的县（东平县）、27个脱贫任务比较重的乡镇、347个扶贫工作重点村作为重点贫困区域，集中力量攻坚克难。统筹推进东平易地扶贫搬迁、黄河滩区迁建、移民避险解困“三大工程”建设，需迁建新建的29个社区全部铺开，20个社区建设完成，17个社区3.5万人实现回迁，易地扶贫搬迁全部实现回迁入住，东平县银山镇耿山口社区成为全省黄河滩区迁建工程中第一个实现回迁的社区。12月11日，全国水库移民工作会议在东平县召开，泰安市作典型发言。将脱贫攻坚与乡村振兴、美丽乡村建设、农村人居环境整治三年行动计划结合起来，推进贫困户脱贫与贫困村固基同步发展。投资540万元，为18个贫困村实施饮水安全巩固提升工程；投资5874万元，对76个贫困村的117.3千米农村公路进行新建改造；投资1.08亿元，对93个贫困村电力设施实施改造升级，贫困村公共服务和基础设施得以改善。

【特困群体帮扶】 实行从学前教育到高等教育的全覆盖资助政策，为建档立卡贫困学生发放助学金、补助金555万元，免除保教费、学杂费654万元；为530名贫困家庭大学新生争取“泛海助学”资金265万元；为1620名在校中高职贫困学生落实“雨露计划”补助486万元。健全完善基本医疗、大病保险、医疗机构减免、医疗救助、商业补充保险五重保障体系，在全省率先实行医疗机构减免贫困患者住院费用5%和民政医疗救助直补，为符合条件的贫困人口办理扶贫特惠保险，贫困人口个人住院医疗负担费用控制在10%以内。在全省15个使用地纬医保结算软件市中，率先开通系统化、集成化的扶贫特惠保险“一站式”结算服务，贫困群众在全市124家公立医院住院就医均可“一站式”结算医疗费用。组织对贫困人口住房安全情况进行全面核查，需进行危房改造的1826户建档立卡贫困户已全部完成改造。组建村级孝善养老理事会，与贫困老人子女签订家庭赡养协议，对积极赡养老人的子女，按子女缴纳孝善资金10%～20%的比例进行奖补；无子女的或子女无赡养能力的，由民政等部门按照标准落实供养政策，通过建设农村幸福院、日间照料中心和邻里互助等方式，让贫困老人集中居住、统一护理或者在家居住、固定专人照顾。通过政府购买公益岗位方式，聘请有劳动能力的贫困人口特别是留守妇女，与贫困老年人、贫困残疾人结对帮扶，同步解决贫困人口脱贫与贫困失能人员解困问题。

【行业社会扶贫】 实施“62116”（组建1个60余人的专家服务团；选派1支200人的科技指导员队伍；建立1个科技指导员与第一书记帮扶协调互动机制；完善1个农村科技信息服务平台；推动60个农业科技园区，涉农企业与贫困村结对帮扶）科技助推脱贫专项行动，选派287名科技指导员深入基层开展技术帮扶，实现科技指导员贫困村全覆盖。用足用好省扶贫开发基金会泰安办事处平台优势，接收社会各界捐赠资金1246万元，实施“我为贫困群众捐床被”等扶贫项目64个，拨付资金760万元，惠及贫困群众4.2万人。成立泰安同仁慈善光明基金，筹资600万元为2000名贫困患者进行医疗救助。实施“三下乡·千村行动”，聚焦建档立卡贫困青少年，选派100支服务队开展支教支医、助残助困、科技推广、政策宣讲等志愿服务和调研实践活动。深化“金晖助老”行动，按照2∶1的比例招募1000名志愿者，结对帮扶500名留守、失独贫困老年人。实施救助贫困母亲活动，动员社会力量捐款150万元，救助贫困母亲3666人，并对10万名农村妇女进行“两癌”（宫颈癌、乳腺癌）免费检查，推进“百企帮百村”“菜单式”志愿服务扶贫等活动，形成“微爱助学”等一批优秀扶贫公益品牌。

【督查考核评估】 实行“五位一体”（集中调度、随时督导、专项会诊、实时整改、年终考核）工作推进机制，每月确定工作重点和检查事项，通过专项督查、第三方调查评估、明察暗访、实地调研等方式，对脱贫攻坚工作开展情况分县（市、区）、乡镇按“好”“较好”“一般”“较差”4个档次进行综合评价。对督查暗访发现问题整改不到位的和综合评价连续2次“较差”的县（市、区）、乡镇，按照有关规定严肃问责。围绕脱贫稳定性、干部帮扶、项目建设等开展2次6个阶段的第三方调查评估，对1609个村、1.02万户贫困户、583个产业扶贫项目、163个省级贫困村“五通十有”（通路、通水、通电、通广播电视、通信息，有旱涝保收田、有致富项目、有办公用房、有卫生室服务、有农村垃圾处理、有教育扶贫、有文化活动场所、有健身场所、有良好的生态环境、有就业保障措施）等情况进行入户评估和实地核查，确保脱贫成效群众认可。

【扶贫舆论宣传】 市委宣传部、市扶贫办联合印发《打好精准脱贫攻坚战宣传报道实施方案》，在《泰安日报》、泰安电视台、泰安广播电台等媒体开设《脱贫攻坚、奔康致富》系列专栏，开通政务微博和微信公众号，联合省扶贫开发基金会举办“扶贫济困·你我同行”扶贫日系列活动，做好脱贫攻坚先进集体和先进个人评选表扬工作。在《人民日报》《光明日报》等省级以上主流媒体刊发稿件850篇，编发《泰安脱贫攻坚简报》53期；公益广告片《两个鸡蛋》在国家广播电视总局和国务院扶贫办联合开展的脱贫攻坚公益广告作品征集活动中被评为二类作品；电影《苏庆亮》在全国城市和农村院线公开上映。

（闫　超）

精神文明建设综述

【概况】 2018年，全市精神文明战线以培育和践行社会主义核心价值观为根本，以提升公民素养和社会文明程度为目标，全力推进创建全国文明城市（以下简称“创城”）、乡村文明行动、市民素质提升工程、志愿服务、未成年人思想道德建设等重点工作，公民素养和社会文明程度不断提升。在全省17市文明城市创建工作年度测评中列第2名，档案资料满分；在中央文明办组织的年度测评中，在113个地级提名城市中列第12名。全市新增省级文明单位40个、省级文明村镇28个、省级文明社区8个，新增市级文明单位78个、市级文明村镇37个、市级文明社区16个。乡村文明行动城乡环卫一体化、移风易俗工作、村风民风民调分别列全省第6名、第2名、第6名，综合名次列全省第4名。“全国志愿服务信息系统”已实名注册志愿者41万人、组织1.5万个，3个志愿服务先进典型入围全国评选范围，23个典型获省级表彰；推荐成功“中国好人”5人、“山东好人”47人、“山东好人之星”3人，评选“泰安好人”78人。

【全国文明城市创建】 ①创建依据。印发《关于调整泰安市文明城市创建活动领导小组及其办公室、各创建督导组组成人员的通知》《泰安市2018年度创建全国文明城市实施方案》，为创城提供工作保障和政策依据。根据《全国文明城市测评体系》，印发《泰安市创建全国文明城市A类网格实地测评标准》《泰安市创建全国文明城市B类网格实地测评标准》和《泰安市创建全国文明城市行业单位实地测评标准》《泰安市创建全国文明城市测评体系和操作手册》《泰安市创建全国文明城市责任单位任务清单》等，按照“七有、五落实”（有办公场所、工作方案、工作措施、完成时限、督导检查、处理结果、反馈机制，落实工作班子、分工领导、联络员、任务清单、问题清单）等措施，推动创建全国文明城市实现标准化、规范化、精细化、常态化和长效化。②领导机构。成立由市委书记任组长的市创城领导小组，下设创城办和7个创建督导组，统筹督导全市创城工作，将城区所辖29个街道（乡镇）划分为29个网格，按照“网格化创建”“项目化推进”“指标化考核”的原则，对全市133个市直及省属以上驻泰安单位和29个网格进行督导考核、验收，打分排名。泰山区、岱岳区、泰安高新区、泰山景区及市直各部门各单位均相应成立由主要负责人任组长的领导小组。③督导检查。坚持“天天创、天天查”的原则加强督导检查，每季度对29个网格和34个市直部门（单位）分类考核通报排名，反馈问题，限期整改。市委、市政府领导带领创建督导组进行现场督导，现场发现问题、解决问题，对发现的问题及时下发督办单并限期整改，已经形成常态化。全年全市累计督导800次，督导里程4.8万千米，发现问题6000项。对指标体系要求的37类实测场所都分别打造示范点，在全市3683个实测场所推广复制。市、区、街道、社区四级创城办联合开展“大排查、大整改、大提升”达标活动，查摆整改挂账销号问题3600条，实现精准精细、全面快捷达标，编发简报54期、督办单48期、调查问卷25万份。④业务培训。举办2次大型创城专题辅导报告会，邀请全国文明城市创建知名专家对全市各级创城专业人员进行专题培训，解读创建全国文明城市工作推进体制机制、实地考察注意事项、创城档案资料的整理和网上申报等内容，累计培训一线人员1万人次，组织业务骨干到先进地区学习考察文明城市创建工作。⑤创城数据。各级累计投向民生实事款项5.1亿元，共安装玻璃19.75万平方米，修补路面300千米，整理线路20万米，维修路灯3600盏，维护文体设施1000套，施划停车位8万个、经营线6万平方米，清理垃圾73.83万吨，设置母婴室60个，新建无障碍设施4475个、排水设施400千米，新设道路指示牌800个，新建环卫设施1.5万个、消防设施7000个、避难设施29个、充电桩599个。⑥群众参与。群众自觉参加文明劝导、卫生保洁、文艺演出等志愿服务活动。其中，对不文明行为、不文明现象“随手拍”曝光1.8万条，提意见建议600条，参与转发“泰安创建文明城市，我是助力者”信息达16万人次。

【文明出行专项行动】 市精神文明委员会办公室印发《关于深化开展文明出行专项行动的实施方案》，成立全市深化开展文明出行专项行动领导小组和2个督导检查组。文明出行专项行动督导检查组每月对公共交通、公共秩序、公共环境进行督导检查。领导小组每月对各成员单位工作情况进行考评，将全省每季度暗访测评情况计入各级各单位每季度文明城市测评考核成绩，在全市进行通报。

【乡村文明行动】 市精神文明委员会制定印发《2018年乡村文明行动实施方案》，持续提升乡村“五化”（净化、绿化、硬化、美化、亮化）建设水平，深入实施“六大提升工程”（人居环境、四德建设、新农村新生活、移风易俗、平安村庄、文化惠民）。健全完善乡村文明行动城乡环卫一体化和移风易俗长效工作机制，各县（市、区）全面落实城乡环卫一体化市场化，加快生活垃圾处理场、垃圾中转站建设升级改造和配套完善相关设施设备，科学确定生活垃圾处理方式，逐步推行分类投放、分类收集、分类运输和分类处置。加强红白理事会规范化建设，基本实现红白理事会村（居）全覆盖。12个村入选全省第六批省级“乡村文明家园”。全市在省组织的乡村文明行动城乡环卫一体化和移风易俗工作、村风民风民调中列全省第6名、第2名、第6名，综合名次列全省第4名。组织实施全市2018年城乡文明牵手共建行动，选取66个省级文明单位与东平县6个乡镇和其他县（市、区）6个村庄结对。

【新时代文明实践中心】 岱岳区、肥城市均被列入省级首批26个试点县（市、区），肥城市同时被列为全国首批50个试点县（市、区）。其余县（市、区）分别选定部分乡镇（街道）、村（社区）进行先期试点工作。年末，全市建有实践中心8个、实践分中心60个、实践站1785个和实践点138个。

【市民素质提升工程】 ①文明礼仪培训。500家（个）企事业单位和街道社区开展文明礼仪培训活动，10万名市民接受1~2次文明礼仪培训。②文明旅游活动。联合市文化和旅游局、泰山管委及市属高校等单位，在春节、“五一”期间开展文明旅游志愿服务活动，在《泰安日报》、泰安电视台《泰安新闻》《泰山晚报》曝光不文明旅游行为。开展文明旅游先进单位、精品导游等评选活动。发放《文明旅游公约》，对游客进行文明劝导。在“五一”“十一”期间加强文明旅游宣传。联合市工商局等单位，开展规范景区内商户的经营活动。③祈福与祭祀活动。春节期间，联合泰山景区在天地广场举行“平安吉祥新春游　泰山祈福过大年”大型祈福活动。清明节期间，开展“鲜花换香纸”文明祭祀活动；在中小学校中采用网上签名寄语与“清明时节忆先烈”革命传统教育主题班会相结合的方式，引导未成年人慎终追远，缅怀先辈。④宣传展示。在市级媒体开设《我们的节日》专栏，报道全市具有浓郁地方特色的民俗文化表演和民间艺术展示，普及传统节日知识，传播中华文化精粹。《泰安日报》、泰安电视台《泰安新闻》《泰山晚报》以及泰安文明网、中华泰山网、泰山网都制作专题进行宣传报道。全年刊发专版、专题30个，刊发各类稿件100篇。

【公益广告宣传】 市文明办严格按照《2018年创建全国文明城市公益广告宣传设置方案》，对公益广告的内容要求、样式标准提出要求。鼓励市级媒体和手机、网络等新兴媒介刊播公益广告，《泰安日报》《泰山晚报》每月刊登8个整版以上的自制公益广告；泰安电视台多个频道每天早、中、晚播出15次以上；电信、移动、联通手机运营商面向各类群体发送公益短信。设计制作本土特色的《泰安时光》系列公益广告（泰山风光、城市风貌、公众人物、传统文化）作品363个，在全市主次干道、公共广场、路名牌、交通护栏、电子显示屏、公交站亭等设置刊播。

【未成年人思想道德建设】 创建全国文明城市未成年人思想道德建设工作，在全省17市文明城市测评中，档案材料和实地考察获得满分。文明校园创建工作进一步规范，在全省率先制定《泰安市文明校园管理办法（试行）》，保障文明校园创建常态化；举办“文明校园风采展”，扩大典型影响力。提升乡村学校少年宫建设管理使用水平，年内顺利建成4个中央项目，所有项目档案实现网络电子化管理；组织开展志愿者进乡村学校少年宫大调研活动，全市130个志愿服务组织进驻乡村学校少年宫，有效弥补师资力量不足的问题；举办全市2018乡村学校少年宫成果展示活动，承办2018全省乡村学校少年宫骨干人员培训班。组织开展“扣好人生第一粒扣子”主题实践活动，中小学生参与率100%；评选出36名市级“新时代好少年”，其中3名同学获省级“新时代好少年”称号，在全市未成年人中开展宣传学习争做“新时代好少年”活动；举办2018“泰山国学小名士”经典诵读电视大赛，全市10万学生直接参与各级展演和比赛，评选出“泰山国学小名士”19人，1名选手获得全省第五届“国学小名士”经典诵读电视大赛三等奖，泰安市获优秀组织奖；全市130万人参与“清明祭英烈”活动；童谣征集传唱活动征集童谣作品60首，30首作品获市级优秀童谣，3首获省级优秀童谣；8万名未成年人参与“童心向党”歌咏比赛，300名学生参加市级决赛。

【志愿服务】 落实国务院《志愿服务条例》，制定星级认定制度，明确志愿者和志愿服务组织的星级标准以及星级申报和认证办法；推进志愿服务回馈激励机制建设，推出“最美志愿者证”，持证最美志愿者可免费游览泰山景区。提升志愿服务基地建管用水平，各基地策划项目60个，开展活动500次，参与单位100个，参与志愿者达1.2万人次，实现资源整合、供需衔接、活动常态、运作规范。加强志愿服务站点建设，在村、社区、城市广场、车站、行业基层服务窗口、公共文化设施基本实现全覆盖。加强信息平台建设，加大“全国志愿服务信息系统”推广力度，年内系统实名注册志愿者新增14万人，累计超过41万人，在全国同类城市中位居前列。围绕市委中心工作，策划开展系列大型志愿服务活动，参与志愿者达50万人次。推进“菜单式”志愿服务提质扩面，建立志愿服务“需求菜单”，突出需求导向，促进供需衔接，提高精准性。围绕创建全国文明城市，开展“学雷锋志愿行”主题实践活动，确定15项重点活动，累计开展活动2万次，约30万人次参与。开展学雷锋志愿服务活动，明确温情社区、助力春运、文化服务、生态保护、平安建设、弘扬新风6个重点内容 开展“迎新春·净家园”志愿服务活动，春节前后有3万人次的志愿者、1000个组织参与，直接服务群众3.5万人。开展“绿满泰安”志愿服务活动，在徂徕山林场建成“青年志愿林”，志愿者在全市各地共完成造林作业面积7000公顷。开展泰安市文明单位“菜单式”志愿服务“五进五送”助力创城主题实践活动，2万名志愿者“进社区、进广场、进街巷、进楼道、进家庭”，开展“送政策法规、送文明礼仪、送文化娱乐、送环境秩序、送养生健体”志愿服务活动。开展文明交通志愿服务活动，组织150个文明单位和19所文明校园认管泰城城区66个主要交通路口和学校周边路段。向全社会发出《关于开展“精准扶贫”志愿服务活动的倡议》，全市各地各类社会志愿服务组织策划实施扶贫志愿服务项目500个，直接受益人数达2万人。

【公民思想道德建设】 发动各级各单位和广大干部群众参与“好人线索”推荐活动，全市每月平均推荐2万条以上，推荐总数量位居全省前列。开展“身边好人”评选推荐活动，发动全市各级各部门开展各级好人评选推荐活动，每月通过电话调度、网络发动、媒体宣传组织各文明单位及县（市、区）做好投票评选活动，并在《泰安日报》、泰安电视台开辟《德耀中华》专栏，集中宣传报道好人事迹，展示好人事迹12期。全年全市评选“泰安好人”78人，推选成功“中国好人”5人、“山东好人”47人、“山东好人之星”3人。

【网络文明建设】 根据《泰安文明网信息工作考核办法》，明确各级文明单位信息员职责，实现信息工作管理制度化。泰安文明网2018年被中国文明网采用稿件20篇，被山东文明网采用40篇。设计制作“网上祭英烈”“‘泰山国学小名士’经典诵读电视大赛”“全省道德模范展示”“志愿服务先进典型评选”“‘向国旗敬礼’活动”“‘传承红色基因·童心向党’歌咏活动”6个大型网站专题。组织5次网上主题报道和线上活动。对网络传播志愿者进行2次线上集中培训。通过“文明泰安”官方微博、微信公众号等新媒体渠道，组织“清明祭英烈”“童话新时代 手绘价值观”“泰山国学小名士”诵读大赛、“志愿服务先进典型评选”等5个宣传报道和投票评选活动。

（李　明）

2018 年泰安市组织机构及负责人

市级领导班子

中共泰安市委员会

书　记　王云鹏（3 月止）
　　崔洪刚（4 月起）
副书记　李希信（10 月止）
　　张　涛（正厅级）
常　委　郭德文
　　展宝卫
　　李灿玉
　　郝　红（女）
　　宋洪银
　　高尚山
　　王永征
　　李保泉（4 月起）
秘书长　宋洪银
副秘书长　朱玉春（12 月止）
　　亓　涛（8 月止）
　　亓顺民（正县）
　　张建东（正县）
　　杨承修（正县）
　　杨军昌（12 月起）
　　韩志强（12 月止）
　　彭海训（12 月止）
　　姜士科（12 月止）
　　肖玉果（正县）
　　刘茂华
　　董　磊
　　侯红岩
　　任　军
　　乔国荣
　　魏剑峰

泰安市人民代表大会常务委员会

主　任　唐福泉
副主任　张书盈
　　王淑玲（女，党外）
　　陶长江
　　刘学保
　　曹步山
秘书长　李起峰
副秘书长　蒋庆蓬（正县）
　　刘传华（正县）
　　高　翔（正县）
　　崔拥军（党外，正县）
　　李　平

泰安市人民政府

市　长　李希信（10 月止）
副市长　展宝卫
　　鞠向群
　　成　丽（女）
　　张红旗
　　赵德健
　　袁久党（党外）
秘书长　张　韧
副秘书长　于文龙（正县）
　　郑晓明（正县，10 月止）
　　赵玉镇（正县）
　　田书阳（正县）
　　侯衍奎（正县，12 月起）
　　张　耀（正县）
　　葛宝文
　　李鲁青（女，党外，挂职）
　　张效会（挂职，11 月止）

中国人民政治协商会议泰安市委员会

主　席　周桂萍（女）
副主席　徐恩虎（党外）
　　张庆明（党外）
　　刘　君（党外，不驻会）
　　王昌元（党外，不驻会）
　　马纯勇
　　程　明
　　孙岱峰（党外）
秘书长　魏　武
副秘书长　孙德常（党外，正县）
　　陈师超

中共泰安市纪律检查委员会、泰安市监察委员会

书记、主任　郝　红（女）
常务副书记、
副主任　赵永强（1 月起任监委副主任）

副书记、副主任　张　勇（1月起任监委副主任）
杨永成（1月起任监委副主任）
常委、委员　郭冬云（12月止）
仇义军（12月止）
娄本亮
李学军（12月止）
张同武（1月起任监委委员）
张　亮（1月起任监委委员，12月起任市纪委常委）
朱玉山（1月起任监委委员）
杨成栋（12月起任市纪委常委）
陈文远（12月起任市纪委常委）

市委工作部门

市委办公室（12月起挂市档案局、市委保密委员会办公室、市国家保密局牌子）
主　任　亓　涛（8月止）
亓顺民（9月起）
副主任　高　斌
彭元刚
曹玉楼

组织部（12月起挂市公务员局牌子）
部　长　高尚山
常务副部长　李千弘（正县）
副部长　张步军（正县，12月止）
蒋永斌（正县）
李作超（正县）
郝　燕（女，正县）
刘焕民
刘式堃

宣传部（12月起挂市政府新闻办公室、市精神文明建设委员会办公室牌子）
部　长　王永征
常务副部长　袁久亮（正县）
副部长　张耀民（正县）
边永彬
苌　晶（女）
韩西德

精神文明建设委员会办公室（12月止）
主　任　张耀民
副主任　李　静（女）
何召松

统战部（12月起挂市政府台湾事务办公室、市民族宗教事务局、市政府侨务办公室牌子）
部　长　李灿玉
常务副部长　刘卫东（正县）
副部长　朱志平（正县，12月止）
刘　华（正县）
高树顺（正县）
张庆峰（正县）
柴　力（正县，12月起）
乔敬田（正县，12月起）
薛其福（正县，12月止）
杨　灏

台湾工作办公室（市政府台湾事务办公室）
主　任　张庆峰（12月止）
副主任　马鹏举（回族，正县，12月止）
亓永海（12月止）

政法委员会（12月起不再挂社会管理综合治理委员会办公室牌子）
书　记　郭德文
常务副书记　苗丰平（正县，12月止）
韩志强（正县，12月起）
副书记　袁　超（正县）
杨传文（正县）
李　彤（正县）
魏　宏（12月起）
常庆智

社会管理综合治理委员会办公室（12月止）
主　任　李　彤（12月止）
副主任　洪　勇（12月止）
于善波（12月止）

政策研究室（改革办）
主　任　杨承修
副主任　李卫国
李洪洲
刘义存

改革办
专职副主任　马德芳
刘向军

网络安全和信息化委员会办公室（12月起）
主　任
副主任　步衍金（正县，主持工作）

冯　忠
张　磊
孟庆军

市委机构编制委员会办公室（12月起由市机构编制委员会办公室调整）
主　任　李作超
副主任　张卫国
王万福
耿　建

市直机关工作委员会
书　记　张建东
副书记　杨彦民（女）
魏文峰
张爱国
纪工委书记　吕　川

市委巡察办
主　任　崔耕和
副主任　刘光辉

老干部局
局　长　郝　燕（女）
副局长　曲业芝（正县）
苏宝菊（女）
姜桂成

市离退休干部党工委
书　记　郝　燕（女）
专职副书记　鞠晓帆

市政府工作部门

市政府办公室（12月起挂市大数据局、市政府外事办公室牌子）
主任（局长、主任）　于文龙
副主任
（副局长、副主任）　李　勇
张秀芬（女，12月起）
苗庆民（12月起）
党组书记　张　韧
党组副书记　于文龙（正县）

发展和改革委员会（12月起挂市新旧动能转换综合试验区建设办公室牌子）
主　任　董世武
副主任　任广军（正县）
梁进涛
田　华
贾明清
党组书记　董世武
党组副书记　任广军（正县）

物价局（12月止）
局　长　段爱华
副局长　王胜一
张晋强
张吉峰
党组书记　段爱华
党组副书记　尚庆国（正县）

粮食局（12月止）
局　长　梁立元
副局长　张　训
曹兴水
赵文彬
党委书记　梁立元
党委副书记　朱效光（正县）

教育局
局　长　张　伟
副局长　苏雪峰（女，党外，正县）
张传峰
徐炳伦
党委书记　张　伟
纪检组组长　曹长钰

科学技术局（12月起挂市外国专家局牌子）
局　长　张庆云
副局长　梁晨阳
陈书林
王东之
党组书记　张庆云
党组副书记　刘桂选（正县）

工业和信息化局（12月整合市经济和信息化委员会、市中小企业办公室等职责组建，挂市民营经济发展服务局牌子）
局　长　黄正玉
副局长　郭庆敏
徐从军
刘元忠
马庆忠（12月起）
党组书记　黄正玉

市中小企业办公室（12 月止）

主　任	陈　峰
副主任	朱　彬（回）
	李洪涛
党总支书记	陈　峰
党总支副书记	朱　彬（回）

公安局

局　长	鞠向群
政　委	高黎明
副局长	亓子海（正县）
	徐志刚（正县）
	韩立强（正县）
	亓景会（正县）
党委书记	鞠向群
党委副书记	高黎明（正县）

民政局

局　长	孙兰俊
副局长	宋　萍（女）
	陈维文（12 月止）
	董　峰
党组（委）书记	梁久军
党组（委）副书记	鹿　锋（正县）

司法局（12 月由原司法局、市政府法制办公室重新组建）

局　长	高建明
副局长	任伟建
	王序东
	杜衍娜（女）
	吕传庆（12 月起）
	胡中志（12 月起）
党委书记	高建明

市政府法制办公室（12 月止）

主　任	侯衍奎
副主任	吕传庆
	宋鸿鹏（10 月止）

财政局

局　长	刘　斌
副局长	孙　磊
	张焕杰
	王庆涛
	李玉林（挂职，9 月起）
党组（委）书记	刘　斌

人力资源和社会保障局

局　长	蒋永斌
副局长	刘增祥（正县，12 月止）
	刘金安（正县，12 月起）
	周　民
	刘业新
党委书记	蒋永斌
党委副书记	刘增祥（正县）
	刘金安（正县）

自然资源和规划局（12 月整合市国土资源局、市规划局等职责组建）

局　长	陈锦勇
副局长	宋宪春
	陈京国
	窦从东
	吕卫东
	王　涛
	韩　明（党外）
	从建永
党组书记	宋宪春
党组副书记	陈锦勇（正县）
	陈京国

国土资源局（12 月止）

局　长	陈锦勇
副局长	赵　成
	李新建
	王　涛
	翟广西
党组书记	陈锦勇
纪检组长	吕卫东

规划局（12 月止）

局　长	吕桂平
副局长	陈京国
	窦从东
	韩　明（党外）
	从建永
党组书记	吕桂平
党组副书记	陈京国
	刘忠义（正县）

生态环境局（12 月整合市环境保护局等职责组建）

局　长	乔建博
副局长	王炳建

李向农
王　华
党组书记　乔建博

住房和城乡建设局

局　长　张广银
副局长　王海峰（正县）
许　伟
李松林
刘凤祥（5 月止）
党委书记　张广银
党委副书记　王海峰（正县）
纪检组组长　续丙西

城市管理局（12 月起调整为政府工作部门）

局　长　吕桂平
副局长　冯　利
赵维立
党组书记　吕桂平
党组副书记　李遵建

交通运输局

局　长　朱　杰（10 月止）
季春秋（10 月起）
副局长　王诗新
袁立新
郭启锋
张　鑫（兼）
党委书记　朱　杰（9 月止）
季春秋（9 月起）
党委副书记　安增利（正县）

水利局（12 月整合市水利和渔业局等职责组建，挂市南水北调工程建设管理局牌子）

局　长　王　骞
副局长　孙庆进（正县）
李　全
邢攸三
党委书记　王　骞
党委副书记　郑中其（正县）

农业农村局（12 月整合市委农村工作领导小组办公室、市农业局等职责组建，挂市扶贫开发办公室、市畜牧兽医局牌子）

局　长　刘兆泉
副局长　许立波（回）
王耀辉（12 月起）
王　民
刘　伟
党组书记　姜士科
党组副书记　刘兆泉

扶贫开发领导小组办公室

主　任　韩志强（12 月止）
姜士科（12 月起）
副主任　臧玉海
马新华
王　宁

农业局（12 月止）

局　长　刘兆泉
副局长　许立波（回）
王　民
刘　伟
党委书记　刘兆泉

商务局（12 月挂市投资促进局牌子）

局　长　吕怀玉（12 月止）
王志翔（12 月起）
副局长　王成岩
张桂明（12 月止）
张　斌（12 月起）
刘　媚（女）
党组（委）书记　吕怀玉（12 月止）
王志翔（12 月起）
党组（委）副书记　王林青（正县，12 月止）
裴黎明（正县，12 月起）

文化和旅游局（12 月整合市文化广电新闻出版局〈市文物局〉、市旅游发展委员会职责组建，挂市新闻出版广电局、市文物局牌子）

局　长　李华民
副局长　刘　水
朱　丽（女，党外）
宋韶峰
张安军
陈士强
党组书记　王新民
党组副书记　李华民（正县）

文化广电新闻出版局（文物局）（12 月止）

局　长　王新民
副局长　朱　丽（女，党外）
张安军

陈士强
党委书记　王新民
党委副书记　李京泰（正县）

旅游发展委员会（12月止）
主　任　李华民
副主任　刘　水
宋韶峰
党组书记　李华民
党组副书记　高　勤（女，正县）

卫生健康委员会（12月整合市卫生和计划生育委员会等职责组建，挂市中医药管理局牌子）
主任（局长）　刘焕星（12月止）
张步军（12月起）
副主任（副局长）　倪庆宾（正县）
徐学森
刘建国（12月止）
牛启富
陈增江
党委书记　刘焕星（12月止）
张步军（12月起）
党委副书记　倪庆宾（正县）
纪检组组长　袁明山

退役军人事务局（11月组建）
局　长　魏　勃（12月起）
副局长　魏　勃（正县，11月起，主持工作，12月止）
陈维文（11月起，12月止）
李学军（11月起）
聂圣江（12月起）
党组书记　魏　勃（12月起）
党组副书记　魏　勃（正县，11月起，主持工作，12月止）
李学军（12月起）

应急管理局（12月整合市安全生产监督管理局、市地震局等职责组建）
局　长　王立军
副局长　宋锡军（正县）
常成武
邵洪文
李　强
党组书记　王立军

安全生产监督管理局（12月止）
局　长　袁久党（副厅，党外，10月止）
王立军（10月起）
副局长　张宪廷（9月止）
常成武
邵洪文
李　强
党组书记　张宪廷（9月止）
王立军（9月起）
党组副书记　张宪廷（正县，9月起）

审计局
局　长　辛海明
副局长　刘　安
程　波
吴　思（女）
孟恒新
党组书记　辛海明（12月止）
党组副书记　张仁安（正县）

市政府国有资产监督管理委员会
主　任　刘太荣
副主任　陈　刚
唐衍刚
杨辉苍
党委书记　刘太荣

行政审批服务局（10月组建，挂市政务服务管理办公室牌子）
局　长　宋鸿鹏（10月起）
副局长　马连启（10月起）
刘树国（10月起）
肖培庆（10月起）
党委书记　展宝卫（副厅，兼，10月起）
党委副书记　宋鸿鹏（10月起）

市场监督管理局（12月整合市工商行政管理局、市质量技术监督局、市食品药品监督管理局〈食品安全委员会办公室〉等职责组建，挂市知识产权局牌子）
局　长　张京洲
副局长　相益霖
米文珂
孙和新
赵东润

张　斌
王自坦
刘秀文
孙洪英
杨树国
陈　政
党组书记　张京洲

食品药品监督管理局（食品安全委员会办公室）（12 月止）
局　长（主任）　肖和元
副局长（副主任）　王自坦
刘秀文（女）
孙洪英
杨树国
党组书记　肖和元

工商行政管理局（12 月止）
局　长　张京洲
副局长　米文珂（回）
赵东润
陈　政
党组书记　张京洲
党组副书记　张树昌（正县）
纪检组长　季　中

质量技术监督局（12 月止）
局　长　陈晓娜（女）
副局长　相益霖
孙和新
魏传仁
党组书记　陈晓娜（女）
纪检组长　张　斌

体育局
局　长　苏有森
副局长　曹东平
许　兵
谭晓蕾（女，党外，12 月起）
党组书记　苏有森

统计局
局　长　董彦和
副局长　万传友（正县，兼，11 月止）
郝金荣
刘　林
高　伟
党组书记　董彦和

医疗保障局（12 月起）
局　长　肖和元
副局长　刘建国
张吉峰
党组书记　肖和元
党组副书记　刘建国

人民防空办公室（12 月起调整为政府工作部门）
主　任　梁国言
副主任　朱效建
薛建旺
谭　伟（兼，12 月止）
党组书记　梁国言

市政府研究室（12 月由市政府调查研究室更名，调整为政府工作部门）
主　任　杨建全
副主任　石　斌
于善波（12 月起）
党组书记　杨建全（12 月起）

地方金融监督管理局（12 月起调整为政府工作部门，挂市金融工作办公室牌子）
局　长（主任）　任树凯
副局长（副主任）　高　萍（女，12 月止）
陈克忆
王凤坤
刘　彬（女，12 月起）
党组书记　任树凯

信访局（12 月起调整为政府工作部门）
局　长　亓顺民
副局长　葛宝文（12 月起，主持工作）
李广生
曹永先
赵克俊（女）
党组书记　亓顺民（12 月止）
党组副书记　魏　勃（正县，11 月止）
葛宝文（12 月起，主持工作）

能源局（12 月起）
局　长　徐兆兵
副局长　刘　勇
党组书记　徐兆兵

林业局
局　长　葛茂金

副局长　李传生
李　杰
张德涛
党组（委）书记　葛茂金

民族与宗教事务局（12 月止）

局　长　朱志平（回）
副局长　乔敬田（正县）
张西忠
谭晓蕾（女，党外，6 月起）
党组书记　朱志平（回）
党组副书记　乔敬田（正县）

外事侨务办公室（12 月止）

主　任　柴　力
副主任　张秀芬（女）
苗庆民
朱宗穆
党组书记　柴　力

市政府派出机构

泰安经济开发区、泰安高新技术产业开发区管理委员会

党工委书记　李诚实
主　任
党工委副书记　孔祥湖（正县）
吴国庆（正县，9 月止）
律云彪（正县）
副主任　李诚实
赵　胜
刘振华
姜　林
石振房
张安富
乔　伟
张立忠
赵兴伟
纪工委书记　亓习忠

泰安旅游经济开发区管理委员会

党工委书记　杨荣和
主　任　孙卫连
党工委副书记　孙卫连（正县）
孙　晶（正县）
副主任　杨　义
滕绪国（4 月起，挂职）
纪工委书记　曲宏伟

政务服务中心管理办公室（10 月止）

主　任　胡兆柱
副主任　武家新
党组书记　胡兆柱

泰山风景名胜区管理委员会

党工委书记　姚　霆
主　任　王光锋
党工委副书记　王光锋
朱　杰（9 月起）
万庆海
副主任　朱　杰（9 月起）
朱立辉（8 月止）
纪工委书记　王建雷

市委、市政府直属事业单位

市委党校（市行政学院，12 月起加挂市社会主义学院牌子）

校　长　王云鹏（3 月止）
崔洪刚（4 月起）
常务副校长　吕军德（副厅）
副校长　梅长冬
夏庆涛
陈卫东
牛兰春
张文华

市委党史研究院（12 月起，挂市地方史志研究院牌子）

院　长　王敬泽
副院长　周美广
张　博
曹成义
李耀德

市委党史征集研究办公室（12 月止）

主　任　王敬泽
副主任　张　博
李耀德

地方史志办公室（12 月止）

主　任　王天宇
副主任　周美广
曹成义

党组书记　王天宇
党组副书记　周美广
纪检组长　高兴学

泰安日报社

社　长　戴　冰
副社长　赵利泽（满族）
　吕文佳（女）
总编辑　张洪洲
副总编辑　郑其国
　曲　岩（女）
　李建中
　张文圣
　车　军
党委书记　戴　冰
副书记　张洪洲
　何麦之
　张宏强

档案馆（局）

馆（局）长　杨军昌
副馆（局）长　万长江
　孙　暄（女）
　侯卫国
党组书记　杨军昌

机关事务管理局

局　长　于海涛
副局长　武家新（8月起）
　朱开用
　陈兆金
党组书记　于海涛

广播电视台

台　长　王传宝
副台长　付　强
　吴　涛
总编辑　胡开剑
副总编辑　亓修举
　亓雪峰
党委书记　王传宝
党委副书记　胡开剑（正县）

经济合作局（12月更名为中国国际贸易促进委员会泰安市委员会，列群团机关）

局长（会长）　王志翔（12月止）
副局长（副会长）　陈　勇（12月止）
　刘　勇（12月止）
　张　斌（12月止）
党组书记　王志翔（12月止）
党组副书记　裴黎明（正县，12月止）

仲裁委员会办公室

主　任　于　锋
副主任　刘月永（党外）
　金　飞（回）
党组书记　于　锋

住房公积金管理中心

主　任　王　峰（回）
副主任　吕长文
　蒲英标
　杨　皓
党组书记　王　峰（回）

供销合作社联合社

理事会主任　张　莉（女）
理事会副主任　靳兆宏
　王建国
　苏礼平
监事会主任　王学光
监事会副主任　李庆涛
党委书记　张　莉（女）

高铁新区建设发展中心

主　任　杨荣和
副主任　张书祥（正县）
　张秀琛
　王祥森
党委书记　张书祥
党委副书记　杨荣和（正县）

泰山索道运营中心

主　任　翟松杰
副主任　葛遵瑞
　陈　旭
　吴杞强
党委书记　翟松杰
党委副书记　葛遵瑞
　李西军
纪委书记　王　军

地震局（12月止）

局　长　范为民
副局长　马兆生（6月止）

刘建中
党组书记 范为民

煤炭工业管理局（12 月止）

局　长 徐兆兵
副局长 顾　兵
孟　仲
党组书记 徐兆兵
党组副书记 顾　兵

老龄委员会办公室（12 月止）

主　任 张德臣
副主任 孟凡玲（女）
薛　华
党组书记 张德臣

行业管理办公室（12 月止）

主　任 陈　强
副主任 王　伟（女）
高隆生
党委书记 陈　强
党委副书记 孟兆慧

农业机械管理局（12 月止）

局　长 苗明峻
副局长 邢介斌
梁孝祥
王荣军
党委书记 苗明峻

畜牧兽医局（12 月止）

局　长 鹿道新
副局长 柳桂霞（女）
李　华（女）
刘宣生
党委书记 鹿道新

法院、检察院

泰安市中级人民法院

院　长 朱旭光
副院长 孙岱峰（党外）
林建森
李成涛
李海滨（12 月止）
党组书记 朱旭光
党组副书记 林建森

泰安市人民检察院

检察长 苏金森
副检察长 岳荣胜（1 月止）
刘学刚
吴新村
王敬政
党组书记 苏金森
党组副书记 岳荣胜（1 月止）
刘学刚

人大、政协、纪委机关

人大专门委员会

法制委员会

主任委员 刘栋梁
副主任委员 刘向阳

内务司法委员会（12 月止）

主任委员 石　岩（女）

监察和司法委员会（12 月起）

主任委员 石　岩（女）

财经委员会

主任委员 赵　明
副主任委员 梁望东（党外）

农业与农村委员会

主任委员 朱叙民
副主任委员 侯　力
李渊祥

城乡建设与环境资源保护委员会

主任委员 吴洪建
副主任委员 张建国
张兴华

教育科学文化卫生委员会

主任委员 刘　康
副主任委员 何广文
王德全

民族侨务外事旅游委员会

主任委员 孟祥彬（回）
副主任委员 徐　鑫
周光林

社会建设委员会（12 月起）

副主任委员 孙培国

人大机关办事机构和工作机构

办公室

主　任　蒋庆蓬
副主任　刘庆华
　　　　毕可波
　　　　陈业荣

人事选举代表工作室

主　任　刘　锋
副主任　郭　霞（女）
　　　　徐　伟（女）

研究室

主　任　刘文明
副主任　辛振华
　　　　王衍婷（女）

法制工作委员会

主　任　刘栋梁
副主任　张文珂

财政经济工作委员会

主　任　梁望东（党外）
副主任　谷红卫

预算工作委员会

主　任　王照星
副主任　王文忠

农村经济工作委员会

主　任　李渊祥
副主任　李　明（女）
　　　　王子强

城乡建设环境保护工作委员会

主　任　张建国
副主任　刘凤芝（女）

教育科学文化卫生工作委员会

主　任　王德全
副主任　侯　丽（女，党外）
　　　　彭长青

民族侨务外事旅游工作委员会

主　任　周光林

政协专门委员会

提案委员会

主　任　周长欣
副主任　董　军

经济委员会

主　任
副主任　马玉军

农业和农村委员会（12月起）

人口资源环境委员会

主　任　刘焕星（12月起）
副主任　黄东葵
　　　　郭大年

教科卫体委员会（12月由科教文卫体委员会更名）

主　任　李建国（12月止）
　　　　王天宇（12月起）
副主任　孙培国（12月止）
　　　　陈占峰

社会法制和民族宗教委员会

主　任　杨　红（女）
副主任　陈建中
　　　　韩克双

文化文史和学习委员会（12月由文史资料委员会更名）

主　任　张亚莉（女）
副主任　周建国

港澳台侨和外事委员会

主　任　张　清（女，党外）

政协机关办事机构和工作机构

办公室

主　任
副主任　单光德
　　　　孙　健
　　　　李伟忠

研究室

主　任　王　波
副主任　毕研坤
　　　　张学亮

委员活动工作室

主　任　黄会平（女）
副主任　张　磊（12月止）

提案委员会工作室

主　任
副主任　徐宗林

经济委员会工作室

主　任　马玉军
副主任

人口资源环境委员会工作室

主　任
副主任　张西环（女）

教科卫体委员会工作室

主　任　陈占峰

副主任　刘雪菲（女）

社会法制和民族宗教委员会工作室

主　任　韩克双

副主任　李洪奎

文化文史和学习委员会工作室

主　任　周建国

副主任　贾汇红（女，党外）

港澳台侨和外事委员会工作室

主　任

副主任　刘　宁

纪委内设机构

宣传部

部　长　公鲁华（12月起）

研究室

主　任　陈文远

党风政风监督室

主　任　杨培水（12月起）

信访室

主　任　孙　鹏

案件管理监督室

主　任　杨成栋

第一纪检监察室

主　任　毛尚纯（12月起）

第二纪检监察室

主　任　石金城（12月起）

第八纪检监察室

主　任　张继军（12月起）

纪检监察干部监督室

主　任　朱玉山

派驻纪检组

第一纪检组

组　长　王新慧（正县）

第二纪检组

组　长　马贵昌（正县）

第三纪检组

组　长　李和军（正县）

第四纪检组

组　长　王　蕾（女，正县）

第五纪检组

组　长　张丽娟（女，正县）

第六纪检组

组　长　周生华（正县）

第七纪检组

组　长　刘爱科

第八纪检组

组　长　成坤志（正县）

第九纪检组

组　长　盛东风（正县）

第十纪检组

组　长　李海平

驻市法院纪检组

组　长　赵兴杰（女，正县）

驻市检察院纪检组

组　长　吕丰强

驻市公安局纪检组

组　长　田志云（女，正县）

驻市教育局纪检组

组　长　曹长钰

驻市卫生和计生委纪检组

组　长　袁明山

驻市住房和城乡建设局纪检组

组　长　续丙西

民主党派

中国国民党革命委员会泰安市委员会

主　委　徐恩虎

副主委　林国志

杨维仁

刘清廷

朱　丽（女）

秘书长　李　芳（女，驻会）

中国民主同盟泰安市委员会

主　委　孙岱峰

副主委　张春庆

丁　爽（女）

张　清（女）

周　奎

秘书长　徐建英（女，驻会）

中国民主建国会泰安市委员会

主　委　张庆明

副主委　黄屹峰

尹洪宗
魏云刚
陈　文（女）
秘书长　戚　锋（驻会）

中国民主促进会泰安市委员会

主　委　王昌元
副主委　董　洁（女）
吕忠堂
苏雪峰（女）
贾汇红（女）
秘书长　孙圆景（女，驻会）

中国农工民主党泰安市委员会

主　委　徐　坤
副主委　陈玉社
赵晓民
吕学爱（女）
梁群言
秘书长　巩相会（驻会）

致公党泰安市委员会

主　委　梁望东
副主委　张丽霞（女）
鞠达青
李传泰
秘书长　卢晓堂（驻会）

九三学社泰安市委员会

主　委　刘　君
副主委　孙启凯
刘　峰
诸葛玉平
肖　玲（女）
秘书长　刘彦涛（驻会）

群众团体

总工会

主　席　张书盈
常务副主席　巩华仁（正县）
副主席　郭　青
李宝荣
陈长举
党组书记　张书盈
党组副书记　巩华仁（正县）

共青团泰安市委员会

书　记　孔凡洪
副书记　苏伟丽（女）
杨　帅
刘荣星
党组书记　孔凡洪

妇女联合会

主　席　葛　新（女，12 月止）
陈晓娜（女，12 月起）
副主席　付望舒（女，3 月起）
马　俏（女）
国文丽（女，3 月起）
党组书记　葛　新（女，12 月止）
陈晓娜（女，12 月起）

科学技术协会

主　席　董树亭（不驻会）
副主席　张秀峰（女）
闫　敏（女）
王　倩（女）
范宝品
党组书记　张秀峰（女）

文学艺术界联合会

主　席　杜广华（12 月止）
张德臣（12 月起）
副主席　周　鹏
孙　黎
秘书长　孙启媇
党组书记　杜广华（12 月止）
张德臣（12 月起）
副书记　周　鹏

社会科学联合会

主　席　贾志秋
副主席　米清国（回）
李光冉
秘书长　王元军
党组书记　贾志秋
副书记　米清国（回）

工商业联合会（总商会）

主　席（会长）　王淑玲（女）
副主席（副会长）　高树顺
亓金海
杨启航

周　晓

秘书长　周　晓

党组书记　高树顺

残疾人联合会

理事长　刘学永

副理事长　尹燕青

刘海力

党组书记　刘学永

归国华侨联合会

主　席　刘　华

副主席　吴　蕾（女，党外）

党组书记　刘　华

各县市区领导班子

泰山区

区　委

书　记　赵　斌

副书记　王爱新（女）

毕华年

常　委　安　丽（女）

徐立勇

赵永斌

李培国

王冠祥

刘兴钰

人　大

主　任　李殿勤

副主任　王志亮

刘　凤（女，党外）

葛安华

史书超

李志科

政　府

区　长　王爱新（女）

副区长　徐立勇

杨启典

刘　伟（援疆）

苏春明

黄　涛

姚学理（女）

政　协

主　席　陈庆业

副主席　王德玉

李战德（党外，不驻会）

张　玲（女，党外）

甄永莲（女）

孙圆景（女）

纪　委

书　记　李培国

法　院

院　长　刘国锋

检察院

检察长　王增爱

岱岳区

区　委

书　记　亓利群

副书记　王长勇

蔡丽霞（女）

常　委　雷建民

展延安（回）

刘　琳

袁义明

赵国强

王兆富

刘灿玉

人　大

主　任　徐永涛

副主任　张　军

孙启印

吴秀峰

唐晓飞（女，党外）

李振华

政　府

区　长　王长勇

副区长　刘　琳

杨昭晖

孙启龙

张建峰

朱延华（女）

政　协

主　席　李效军

副主席　游志成（党外）

法臣文（回，党外）
肖　玲（女，党外）
方增群
刘桂华（女）
徐建英（女）

纪　委

书　记　展延安（回）

法　院

院　长　高广权

检察院

检察长　郝永生

新泰市

市　委

书　记　刘钦海

副书记　赵书刚
倪建军

常　委　刘　军
桑　民
夏念新
赵文坡
刘敬锋
仇安源
李　玲（女）

人　大

主　任　马秀义

副主任　亓桂峰
郭志强
渠红梅（女，回，党外）
朱致义
安　原

政　府

市　长　赵书刚

副市长　桑　民
吴振吉
苏永涛
李　斌
周典红（女）

政　协

主　席　韩学锋

副主席　薛宝良
张传军（党外）
培　文（党外）
赵连军
徐加柱（党外）
马丽丽（女，回，党外）

纪　委

书　记　刘　军

法　院

院　长　吕　华

检察院

检察长　卜静波（女）

肥城市

市　委

书　记　常绪扩

副书记　殷锡瑞
王立军（9 月止）
辛　涛（9 月起）

常　委　乔　磊
戴先锋
名树伟
王勇强
王志勇
付　玲
贾同国（9 月起）

人　大

主　任　赵燕军

副主任　王同华（女，党外，不驻会）
宁洪法
张　伟
李向东
刘　益

政　府

市　长　殷锡瑞

副市长　王志勇
赵兴广（回，党外）
鄂宏超（满）
贾同国（9 月止）
孙　琪（女）
桑逢智（9 月起）

政　协

主　席　侯庆洋

副主席　杜尊春
杨淑贞（女，党外，不驻会）
邹家强

付振江（党外）
李红伟（女，党外）
刘　琴（女，党外）

纪　委

书　记　　戴先锋

法　院

院　长　　石　军

检察院

检察长　　杨希沧

宁阳县

县　委

书　记　　刘学保

副书记　　陈　波
王国强
张培峰（援疆，9月起）

常　委　　孟庆刚
刘　明
崔　媛（女）
董　骞
张　涛
王广浩
周鹏飞

人　大

主　任　　李为群

副主任　　靳恩松
张树法
周慎凯
马海荣（女）

政　府

县　长　　陈　波

副县长　　张培峰（9月止）
刘　明
柳桂敏（女，党外）
李　甡
于师义
许　军

政　协

主　席　　侯　涛

副主席　　尚　勇（党外）
连桂荣（党外，不驻会）
辛艳珍（女，党外，不驻会）
韩运来（12月止）
董先思
戴　伟（党外）

纪　委

书　记　　孟庆刚

法　院

院　长　　杨福桐

检察院

检察长　　尚晓兵

东平县

县　委

书　记　　赵德健（4月止）
张　涛（4月起）

副书记　　刘　玉
宫庆会

常　委　　陈传帅
王　强
徐宗才（回）
陈　锋
张立国
徐彩虹（女）
靳庆新（12月止）
李广义（12月起）

人　大

主　任　　刘思宏

副主任　　侯圣玉
李元申（党外）
陈兰芳（女）
王成明
牛之春

政　府

县　长　　刘　玉

副县长　　陈传帅
程　鹏（女，党外）
李广义（12月止）
王洪亮
李生广
王　冰（12月起）

政　协

主　席　　刘祥涛

副主席　　吴绪季（党外）
王金艳（女，满族，党外）
王成生

孟　光（党外）

纪　委

书　记　徐宗才（回）

法　院

院　长　张海鹏（1 月起）

检察院

检察长　赵平原

驻泰安部队

泰安军分区

司令员　邹风亭（9 月止）
　　隋　阳（9 月起）
政　委　李保泉（1 月起）
副司令员　吴　伟
　　任建宙
战备建设处处长　吴　斌
政治工作处主任　朱景州（11 月止）
党委书记　李保泉（1 月起）
党委副书记　邹风亭（9 月止）
　　隋　阳（9 月起）
纪委书记　任建宙

武警泰安市支队

支队长　邹本忠（3 月止）
　　张　莹（4 月起）
第一政委　鞠向群（兼，1 月止）
政　委　周显喆（9 月止）
　　陈云龙（9 月起）
副支队长　丁　伟
　　钟家峰（3 月起）
副政委　公茂青
参谋长　陆丹红
政治处主任　刘　锟
后勤处长　朱学兵
第一书记　鞠向群（兼，1 月止）
党委书记　周显喆（9 月止）
　　陈云龙（9 月起）
纪委书记　公茂青

泰安市公安消防支队

支队长　巩向海
政　委　张翠花（女，7 月止）
副支队长　丰　光（7 月止）
　　刘　锋
副政委　张传永
参谋长　闫志强
政治处主任　许松华
后勤处长　任鹏飞
防火监督处长　马宏彬
党委书记　张翠花（女，7 月止）
党委副书记　巩向海
纪委书记　张传永

中央、省属驻泰安单位

国家税务总局泰安市税务局（10 月起，因国、地税征管体制改革，原泰安市国家税务局、原泰安市地方税务局合并为国家税务总局泰安市税务局）

局　长　郝　玲（女，10 月起）
副局长　周建奎（正县，10 月起）
　　张鲁光（10 月起）
　　崔　健（10 月起）
　　李　达（10 月起）
　　刘先军（10 月起）
　　郭宝德（10 月起）
　　李西坤（10 月起）
　　孙雷春（10 月起）
　　潘　武（10 月起）
党委书记　郝　玲（女，10 月起）
党委副书记　周建奎（10 月起）
　　张鲁光（10 月起）
纪检组长　宋来竹（10 月起）

气象局

局　长　徐法彬
副局长　张兴强
　　徐学义
党组书记　徐法彬
纪检组长　玄绪峰

泰安海关

关　长　王作来（12 月起）
副关长　周升扬（12 月起）
　　肖永琪（12 月起）
纪检组长　郭京鹏（12 月起）

中国人民银行泰安市中心支行

行　长　杨化军

副行长　　庞建敏
孙　蕾（女）
司斌涛
李国栋（8 月止）
党委书记　　杨化军
党委副书记　　庞建敏
纪委书记　　孙世超

中国银行保险监督管理委员会泰安监管分局（12 月由中国银行业监督管理委员会泰安监管分局更名）
局　长　　王希娟（女）
副局长　　刘　健
蒋代明
党委书记　　王希娟（女）
纪委书记　　孙钦波

中国工商银行泰安市分行
行　长　　金　滨（1 月止）
祝广成（1 月起）
副行长　　陈福五
杨万鲁（5 月起）
李新武（6 月止）
梁尔政（4 月止）
党委书记　　金　滨（1 月止）
祝广成（1 月起）
纪委书记　　梁化新

中国农业银行泰安市分行
行　长　　孟宪军
副行长　　戴国文
刘学德
王会堂
党委书记　　孟宪军
党委副书记　　戴国文
纪委书记　　刘文国（10 月止）
毕　伟（11 月起）

中国银行泰安分行
行　长　　李　波
副行长　　冯德厚
徐大勇（1 月起）
张桂浩
党委书记　　李　波
纪委书记　　王洪军

中国建设银行股份有限公司泰安分行
行　长　　姜学军（9 月止）
宋旭东（12 月起）
副行长　　张开锦（1 月止）
李　军
孙　良
楚　栋
王万里（8 月起）
党委书记　　姜学军（9 月止）
宋旭东（9 月起）
党委副书记　　李　晋（7 月止）
纪委书记　　张开锦（1 月止）
朱坤礼（1 月起）

交通银行泰安分行
行　长　　王子敬（7 月起）
副行长　　王子敬（7 月止）
党委副书记　　王子敬

中国农业发展银行泰安市分行
行　长　　宋　毅（1 月止）
辛俊峰（2 月起）
副行长　　耿大伟（9 月起）
张效会
国　虎（10 月起）
王　君（女，10 月止）
侯海峰（4 月止）
李元华（10 月止）
党委书记　　宋　毅（1 月止）
辛俊峰（2 月起）
纪委书记　　侯海峰（4 月止）
李元华（4 月起）
李元华（10 月止）
张效会（10 月起）

省农村信用社联合社泰安办事处
主　任　　辛士勇
副主任　　郑允幸（9 月止）
时培行（1 月起）
杜晋生（1 月起）
董海涛（9 月起）
党委书记　　辛士勇
纪委书记　　焦学杰（10 月止）

中国人寿保险股份有限公司泰安分公司
总经理　　刘新乐（10 月止）
岳文成（10 月起）
副总经理　　段崇申

赵洪臣（12 月起）
余　巍（11 月止）
张　博（11 月止）
党委书记　刘新乐（10 月止）
岳文成（10 月起）
纪委书记　段崇申

泰安供电公司

总经理　刘加国
副总经理　王少勇
刘国明
高　山（7 月起）
吴　斌
张爱群（女，4 月止）
党委书记　王少勇
党委副书记　刘加国
纪委书记　姜良民（7 月止）
李　龙（7 月起）

中国电信股份有限公司泰安分公司

总经理　宋　亮
副总经理　耿立明
侯启敬
党委书记　宋　亮
纪委书记　耿立明

中国移动通信集团泰安分公司

总经理　孔建坤
副总经理　朱　晖
程化伟
贾景坤
党委书记　孔建坤
纪委书记　朱　晖

中国联合网络通信有限公司泰安市分公司

总经理　盖永新（5 月止）
李新宇（5 月起）
副总经理　聂树秋
王　平
于传渭
工会主席　王　平（1 月起）
党委书记　盖永新（5 月止）
李新宇（5 月起）
党委副书记　聂树秋
纪检组长　侯　忠

中国邮政泰安市分公司

总经理　姚志刚
副总经理　王拥军（9 月起）
尚庆涛（7 月起）
赵　磊
李　平（女，7 月止）
尹　澎
党委书记　姚志刚
纪委书记　李　平（女，7 月止）
尚庆涛（7 月起）

泰安市邮政管理局

局　长　张　鑫
副局长　张　锐（女）
党组书记　张　鑫
纪检组长　张　锐（女）

烟草专卖局（公司）

局　长　方士浩（8 月起）
副局长　方士浩（8 月止）
张洪强
总经理　方士浩（8 月起）
副总经理　方士浩（8 月止）
初　旭（10 月止）
孙　涛（3 月止）
王立忠（3 月起）
党委书记　方士浩（8 月起）
纪委书记　张洪强（10 月止）
初　旭（10 月起）

泰安水文水资源勘测局

局　长　侯恩光
副局长　侯　元
党委书记　侯恩光（4 月起）
党委副书记　侯　元（4 月起）
纪检委员　段建筑（3 月止）
纪委书记　张春霞（3 月起）

山东科技大学泰安校区

管委会主任　王少鹏
管委会副主任　蒋金泉
王以功
贾长响
逄杰文
党委书记　王少鹏
党委副书记　刘传玺

	王　民
纪委副书记	宋传文

山东农业大学

校　长	张宪省
副校长	高东升
	嵇景涛
	王振林
	吴衍涛
	张　然（女）
	司金贵
党委书记	徐剑波
党委副书记	张宪省
	朱　莉（女）
	杨天梅
纪委书记	张明志

泰山学院

校　长	秦梦华
副校长	李玉洋（2 月起）
	王雷亭
	于鸿远
	殷　敏
	彭淑贞（2 月起）
	徐　跃（2 月止）
党委书记	范　真
党委副书记	秦梦华
	李玉洋（1 月止）
	李进京（1 月起）
纪委书记	张永法

新汶矿业集团

董事长	张若祥（8 月止）
	葛茂新（8 月起）
总经理	葛茂新（8 月止）
	辛恒奇（8 月起）
副总经理	辛恒奇（1 月止）
	公建祥（8 月起）
	佟　强
	何希霖
	唐　军（8 月起）
	张殿振（8 月起）
党委书记	张若祥（8 月止）
	葛茂新（8 月起）
党委副书记	葛茂新（8 月止）
	辛恒奇（8 月起）
	刘真伦（8 月起）
纪委书记	辛生业

肥城矿业集团

董事长	朱立新（8 月止）
	姚　峰（8 月起）
总经理	桑红星
副总经理	张　斌（8 月止）
	张强玉
	李　伟
	任国顺（8 月起）
	孙传福（8 月起）
	赵树华（4 月止）
工会主席	张　斌（8 月起）
	赵　军（8 月止）
党委书记	朱立新（8 月止）
	姚　峰（8 月起）
党委副书记	桑红星
	姚　峰（8 月止）
	张　斌（8 月起）
纪委书记	王立才（8 月止）
	油石坤（8 月起）

高职高专院校

泰山职业技术学院

党委书记	张勇华
院　长	毕于民
党委副书记	毕于民
	马培安
	张清民
副院长	马培安
	张小烨（女）
	刘洪东
	王文林
纪委书记	张广健（12 月止）
	项　岚（女，12 月起）

山东服装职业学院

党委书记	闫恂秋
院　长	戴　磊
党委副书记	戴　磊
	贾　军

副院长　　侯长城
　　王建洪
　　刘贞锋
纪委书记　　刘光珍（女）

泰山护理职业学院

党委书记　　刘连功（4 月止）
　　孙兰俊（12 月起）
院　长　　郭向军
党委副书记　　郭向军
　　房　华
副院长　　张建国
　　孙元儒
　　刘　琳（女）
纪委书记　　项　岚（女，12 月止）
　　张广健（12 月起）

泰安技师学院

党委书记　　袁久亮（12 月起）
院　长　　韩向民
党委副书记　　韩向民
　　马腾文
副院长　　董　军
　　李冬梅（女）
　　马成禄
纪委书记　　李志学（7 月起）

（备注：该稿由市委组织部供稿；市级机构按市委泰发〔2018〕42 号文件公布的 2018 年年底机构名称用黑体排序；机构名称在改革前后延续性强的，在括号内楷体备注；原机构撤销或调整隶属关系的，用楷体标注，在括号内注明“12 月止”字样；个别单位因机构改革未及挂牌或重新公布班子成员，用原机构名称。）

编辑　校对　　刘小笋

中国共产党泰安市委员会

综　述

【概况】 **党组织** 全市有基层党组织1.59万个。其中，党委751个，总支部1335个，党支部1.39万个。有各级党组242个，地方党委派出工委59个。全市企业中有党组织4923个，事业单位中有党组织3984个，机关中有党组织2189个，建制村中有党组织3739个。

党员队伍 至年底，有党员38.16万名，减少5267名。党员总数中，预备党员6301名，占1.65%；女党员7.54万名，占19.77%；少数民族党员3421名，占0.90%。从党员的入党时间看，1937年7月7日至1945年9月2日入党的112名，占0.03%；1945年9月3日至1949年9月入党的825名，占0.22%；1949年10月至1966年4月入党的2.16万名，占5.65%；1966年5月至1976年10月入党的5.10万名，占13.36%；1976年11月至2002年10月入党的17.72万名，占46.44%；2002年11月至2012年10月入党的9万名，占23.58%；2012年11月及以后入党的4.09万名，占10.72%。从党员的年龄看，35岁及以下的5.39万名，占14.12%；36岁至45岁的6.67万名，占17.47%；46岁至60岁的12.66万名，占33.16%；61岁及以上的13.45万名，占35.24%。从党员的学历看，研究生8044名，占2.11%；大学本科6.99万名，占18.31%；大学专科6.68万名，占17.51%；中专3.87万名，占10.14%；高中、中技7.72万名，占20.23%；初中及以下12.10万名，占31.71%。从党员的职业看，在岗职工13.77万名，占36.09%（其中，公有制单位11.31万名，非公有制单位2.47万名）；农牧渔民13.78万名，占36.10%；学生3923名，占1.03%；离、退休人员8.62万名，占22.59%；其他1.60万名，占4.19%。全市发展新党员6241名。新党员中，女党员2492名，占39.93%；少数民族党员58名，占0.93%。从新党员的年龄看，35岁及以下的4273名，占68.47%；36岁至60岁的1956名，占31.34%；61岁及以上的12名，占0.19%。从新党员的学历看，研究生115名，占1.84%；大学本科1686名，占27.01%；大学专科1003名，占16.07%；中专425名，占6.81%；高中、中技2447名，占39.21%；初中及以下565名，占9.05%。从新党员的职业看，在岗职工2880名，占46.15%（其中公有制单位2213名、非公有制单位667名）；农牧渔民1305名，占20.91%；学生1987名，占31.84%；离、退休人员2名，占0.03%；其他67名，占1.07%。新发展党员中，在生产、工作第一线的3912名，占62.68%；企事业、民办非企业单位专业技术人员153名，占2.45%；乡（镇）、建制村1903名，占30.49%；先进模范人物1名，占0.02%；共青团员2172名，占34.80%。 （组织部）

【全市农村工作会议】 2月9日召开。省人大常委会副主任、市委书记王云鹏出席会议并讲话，市领导李希信、张涛、唐福泉、周桂萍等出席会议。

会议强调，要坚持以产业兴旺为重点，加快现代农业发展，构建现代农业新格局，进一步优化农业产业结构，推动一、二、三产业融合发展，大力实施质量兴农和品牌战略，持续推进农村综合改革。要坚持以生态宜居为关键，加强美丽乡村建设，深化城乡融合发展，加快基础设施建设，注重保护生态环境，推动民生事业发展。要坚持以乡风文明为支撑，夯实农村基层基础，加强思想道德建设，弘扬优秀传统文化，推动农村移风易俗，推进法治乡村建设。要坚持以生活富裕为根本，加大脱贫攻坚力度，聚焦深度贫困精准施策，聚焦特困群体精准帮扶，聚焦到户到人精准发力，聚焦脱贫质量精准推进。要坚持以党的领导为保障，健全完善工作机制，完善领导体制机制，切实加强队伍建设，强化多元投入机制，真抓实干持续攻坚，不断开创全市“三农”工作新局面。

【全市扶贫开发工作会议】 2月9日召开。市委副书记张涛出席会议并讲话。市委农村工作领导小组副组长陈湘安主持会议并就贯彻落实会议精神发表意见。

会议强调，要坚持重中之重不动摇，提高政治站位，坚定打好脱贫攻坚战的信心决心。要坚持稳中求进不动摇，坚持现行扶贫标准，增强贫困群众获得感，做好乡村振兴与脱贫的衔接，确保脱贫攻坚蹄疾步稳向前推进。要坚持精准方略不动摇，做好产业就业提质提效、扶贫资金支持保障、聚焦发力重点贫困区域、特困群体脱贫解困等工作，全面打好决胜之年的脱贫攻坚战。要坚持严督实考不动摇，强化组织保障和责任担当，从严督查考核，从严从实推动脱贫攻坚落实落地。

【全市“大学习、大调研、大改进”工作会议】 3月20日召开。省人大常委会副主任、市委书记王云鹏出席会议并讲话，市委副书记张涛，市委常委、组织部部长高尚山出席会议。

会议强调，要把学习作为基础，围绕习近平新时代中国特色社会主义思想和中共十九大精神，聚焦开展“3+2”专题学习，做到真学真懂、真信真用。要以“叩问初心、强化使命”为主题开展调研，围绕加快新旧动能转换、招商引资和项目建设、实施乡村振兴战略、搞好山水林田湖草生态保护修复工程国家试点、推动全面从严治党向纵深发展等当前最重要最紧迫的任务，确定一批重点课题开展调研。要以改开局，从一开始就改起来、做起来，对调研梳理出的问题，做到不等不靠、即知即改、立行立改，切实改进思想、改进制度、改进作风、改进工作。

【全市领导干部会议】 5月9日召开。宣布省委关于市委主要负责人的任职决定。省委决定：崔洪刚任中共泰安市委委员、常委、书记兼市委党校校长。省委组织部常务副部长惠新安到会宣布省委决定并讲话。崔洪刚出席会议并讲话，市委副书记、市长李希信主持会议并讲话。

【全市科学技术奖励大会】 6月26日召开。市领导崔洪刚、李希信、展宝卫、王淑玲、成丽、张庆明等出席。

会上，市委书记崔洪刚为2017年度泰安市科学技术最高奖获得者山东农业大学教授毛志泉颁奖。崔洪刚、李希信等市领导为2017年度泰安市科学技术奖、科学技术合作奖、青年科技创新奖以及专利奖的获奖代表颁奖。副市长成丽宣读《泰安市人民政府关于2017年度科学技术奖励的决定》《泰安市人民政府关于2017年度专利奖励的决定》。

会议要求，一要聚焦核心创新体系，抓好“泰山创新谷”建设。二要聚焦科技创新主体，抓好创新型企业梯度培育。三要聚焦创新第一资源，抓好高端创新人才引育。四要聚焦科技创新环境，抓好创新创业生态营造。

【中共泰安市委十一届六次全体会议】 7月1日召开。市委委员48人，市委候补委员9人出席会议。市纪委常委、市监委委员及有关方面负责人列席会议。会议由市委常委会主持。市委书记崔洪刚作重要讲话。

全会审议通过的《中共泰安市委关于深入学习贯彻习近平总书记视察山东重要讲话精神的意见》，从6个方面作部署：一是迅速兴起学习贯彻习近平总书记视察山东重要讲话精神热潮。二是扎实推动高质量发展。三是扎实实施乡村振兴战略。四是扎实推进全面深化改革。五是扎实做好保障和改善民生工作。六是扎实抓好干部队伍建设。

【全市招商引资招才引智暨提高行政效能优化营商环境大会】 7月18—20日召开。会议分两个阶段进行。第一阶段，对各县（市、区）和泰安高新区、泰山景区、泰安旅游经济开发区上半年招商引资和项目建设情况，进行现场观摩和打分评定。第二阶段，召开全市招商引资招才引智暨提高行政效能优化营商环境大会。市委书记崔洪刚出席会议并讲话，市委副书记、市长李希信作观摩点评，市委副书记张涛主持会议，市人大常委会主任唐福泉、市政协主席周桂萍等市领导出席会议。

会议指出，要加快发展现代产业体系，坚定高质量发展的信心决心。要加快产业发展，强化“产业兴市”的思想，尽快培育扶持一批千亿级产业集群和百亿级骨干企业。要坚定不移发展好旅游业，在传统旅游路线开发的基础上，进一步挖掘泰山博大精深的文化资源，丰富旅游产品，完善旅游要素、提升服务质量，拉长产业链，为游客营造舒心、安心、开心的旅游环境，城市工作也要围绕旅游产业来谋划和打造，打造具有国际影响力的旅游名城。要大力发展新产业、新业态，在新材料、现代物流、医养健康产业上聚焦聚力、大力培育，把现代物流业打造成千亿级优势产业集群，努力打造国际知名的“养老泰安·养生泰山”医养休闲品牌。要打造创新创业活力之城，主动融入全省、全国乃至全球创新网络，着力打造一批层次高、集聚能力强的创新创业平台，把泰安打造成全省乃至全国具有品牌影响力的科技创新中心。

【中共泰安市委十一届七次全体会议】 12月23日召开。市委委员46人、市委候补委员10人出席会议。市纪委常委、市监委委员和有关方面负责人列席会议。会议由市委常委会主持。市委书记崔洪刚作重要讲话。

全会以习近平新时代中国特色社会主义思想为指导，深入学习贯彻中共十九大和十九届二中、三中全会精神，深入学习贯彻习近平总书记关于深化党和国家机构改革的重要论述和重要讲话精神，坚决贯彻执行中共山东省委、山东省人民政府批准的《泰安市机构改革方案》，审议通过《中共泰安市委、泰安市人民政府关于泰安市市级机构改革的实施意见》。

【全市“双招双引”工作推进会】 12月21—23日召开。会议分两个阶段进行。第一阶段，现场检查各县（市、区）、功能区下半年招商引资和项目建设情况，集中听取5个招商引资和重点项目建设指挥部工作情况汇报，对各县（市、区）、功能区和各指挥部工作进行评价考核。第二阶段，召开全市“双招双引”工作推进会，市委书记崔洪刚出席会议并讲话，市委副书记张涛主持会议，市人大常委会主任唐福泉、市政协主席周桂萍等市领导出席会议。

会议强调，“双招双引”的核心问题是，吃透自己的产业基础、比较优势和整体的产业方向设计，进一步找准“双招双引”的发力点，精准化、专业化地开展“双招双引”。要集中精力抓好产业发展，做到思想集中、领导集中、资源集中、政策集中，坚定不移、心无旁骛地抓好产业发展。要更加聚焦新兴产业，搞好专业化的产业链条设计，积极对接500强、央企、知名民企，加大精准招引力度，推动更多大项目好项目落地见效。要抓好传统产业升级，加强技术创新、科技合作、人才引进，使传统产业与新兴产业比翼齐飞。要加快签约项目落地，想方设法破解环境容量、土地供给、资本运作等影响项目落地的瓶颈问题。要加快项目建设进展，完善重点建设项目管理推进机制、领导干部包保责任制、调度督办等制度，强化责任意识、效率意识，千方百计加快工作进度。

【泰安市市级机构改革动员大会】 12月24日召开。市委书记崔洪刚出席会议并讲话。市委副书记张涛主持会议，市人大常委会主任唐福泉、市政协主席周桂萍出席会议。市委常委、副市长、市中级人民法院院长、市人民检察院检察长及市直各部门（单位）主要负责人参加会议。

会议强调，这次机构改革，机构和职能调整力度大，涉及部门人员多，社会关注程度高，要准确把握这次机构改革的基本要求和重点任务，把各项工作做细做实做到位。

要充分认清这次机构改革的系统性复杂性严肃性，切实加强组织领导严明工作纪律。要做好思想政治工作，加强政策研究，及时制定配套政策，维护好干部职工的切身利益，通过多种形式加强正面宣传和舆论引导，及时回应各方关切，凝聚最大共识，为深化机构改革营造良好社会环境。 （刘淑文）

综合协调服务

【市委办公室机关建设】 ①作风建设。2018年被确定为“作风建设提升年”，制定实施方案，聚焦、集中整治“等、慢、浅、低”4个问题，组织科室（单位）和机关干部对照标准找差距、对照问题找不足，建台账、定措施、抓整改。推进“大学习、大调研、大改进”工作，组织月度工作会7次、研讨交流5次、专题研讨2次。②主体责任。成立市委办公室落实全面从严治党主体责任领导小组，制定落实全面从严治党主体责任《实施细则（试行）》和《2018年工作要点》，逐级签订全面从严治党工作任务责任书、党风廉政建设责任书、机关党建工作责任书。③班子建设。严格落实“三会一课”、理论中心组学习等制度，开展理论中心组集体学习13次；健全完善民主集中制，对“三重一大”事项坚持集体领导、民主集中、会议决定，召开室务会16次；严格执行领导班子民主生活会制度，每半年召开1次民主生活会，开展批评与自我批评。④队伍素质。组织全体党员干部参加“两学一做”学习教育、“大学习、大调研、大改进”工作。抓好学习教育培训，先后安排11人到北京、深圳、上海、沈阳等地参加高层次跟班培训，7人到省、市党校和行政学院参加培训，策划组织2期赴浙江大学举办的全市党办系统学习贯彻中共十九大精神暨综合素质提升培训班。创新考评办法，制定《科室（单位）工作绩效考核办法》《机关工作人员考核办法》，实施科室（单位）和科级及以下工作人员考核，开展季度评议和半年考评。规范改进并继续实施对下属单位的年度考核及日常管理等工作。⑤机关党建。推进组织建设、制度建设、党员教育、台账管理、责任落实“五个规范化”。各党支部调整理顺党小组设置。成立机关党的纪律检查委员会，配合市纪委派驻纪检组开展工作。在市直机关庆祝建党97周年暨“党的规范化创建活动”现场推进会上，作典型发言。⑥文明创建。开展“植树造林、绿化家园”“凝心聚力、砥砺奋进”“弘扬新时代泰山挑山工精神”等主题党日活动9次，各党支部开展志愿服务活动20次，组织参加“慈善月”、开展帮扶救助、扶贫济困等活动。健全完善工会组织和有关制度，推进工会经费管理规范化；组织举办迎新春联欢会，组织参加全市团青年干部培训班、“中国梦·劳动美”演讲比赛、市直机关乒乓球比赛、运动会等活动；组织女职工到莱芜革命纪念馆开展主题党日活动。

【会务服务】 组织服务市委常委会会议46次、书记专题会议13次，起草送审印发会议纪要72期；组织召开市委全委会、领导干部会、市委务虚会、民主生活会、理论中心组集体学习等20次，组织收听收看省委、省政府重点工作推进视频会议5次，参与组织、承办全市综合性会议90次，各类市委专题会议、协调调度会议30次；组织服务市委主要领导开展新旧动能转换、乡村振兴、扫黑除恶、脱贫攻坚、招商引资和项目建设等现场调研督导检查40次；组织、参与服务省级以上领导到泰安考察调研活动20次；做好市党政考察团到四省六市学习考察组织服务工作；提报市委全年性工作安排、半年工作安排、阶段性工作安排建议10期，市委主要领导每周工作安排建议50期，审核呈报各类请示90件。做好办公室内部会议及市几套班子秘书长联席会议的组织服务工作，组织室务会16次、碰头会40次、市几套班子秘书长联席会议4次。

【信息值守】 健全完善“值班+信息+机要”“三位一体”值班模式，办理来电、来函、来文4000件，编发《市领导今日工作安排》200期，手机彩信推送2万条。办理领导干部请假报备1305人次，办理市委主要领导向省委请假报备15次，全国“两会”、上合组织青岛峰会等重要时期报告市委、市政府主要负责人和县（市、区）党政主要负责人在岗在位情况670次；编发《领导干部请假报备报告单》200期，手机彩信推送2000条。健全完善科室“四个一”基层联系点制度，各科室（单位）开展调研60次，形成调研报告30篇；组织开展现场调研和委托调研80次，形成调研报告40篇，市委、市政府领导批示各类信息21篇、28人次。编发《泰安信息》72期、《信息快报》121期、《领导参阅》34期、《上报信息》200期、《信息直呈》200期，其中《信息快报》《信息直呈》实现手机彩信推送1.5万条。上报省委信息2000条。

【督查落实】 围绕贯彻落实中央和省委、市委重要决策部署，就贯彻执行习近平总书记视察山东重要讲话重要指示批示精神、推进“一次办好”改革优化营商环境等11项重点工作以及全省新旧动能转换动员大会部署情况等6个专项工作开展督查调度，起草上报省委专题报告13期。抓好国家卫生城市复审、全国文明城市创建、中央和省环保督察及“回头看”反馈问题整改等重点工作的督查调度，持续抓好中央八项规定精神贯彻执行情况的督促检查，全年向市委报送专题报告20期，印发专项通报4期，市委主要领导先后4次作出批示，给予肯定。做好市委领导调研确定事项的督查督办工作，参与市委主要领导现场调研活动20次，下发告知单149个、催办单3个、督办单12个，跟踪督办140项事项。办理省、市委领导批示件80件；督办政协提案59件，按时办结率、满意率均为100%；对特战旅、高铁站广场改造等批示件涉及问题进行现场复核，复核率达100%。健全完善工作统筹、台账推进、会商联动、成果运用4项机制，提高党委督查工作的制度化、规范化水平。

【公文处理】 以公文审核、来文办理、文件管理为重点，强化精品意识，严格办文程序，提高公文制发质量。起草审核各类文件385件，传阅办理中央、省委文件741件，县（市、区）及市直部门请示、报告件70件，收发传递办理各级公文15万份，拟办交办领导批示件538件。编写《市委大事记》12期，提供市委、市委办公室印鉴服务900枚次，为部门和群众查阅文件档案400人次；清退2017年度中央和省委、市委密级文件4.2万份，清退率100％。推进党内法规制度体系建设，向省委备案市委规范性文件

75件，合格率100%；审查县（市、区）和市委部门规范性文件120件，备案96件。全面清理中华人民共和国成立后的市（地）委规范性文件，明确党内规范性文件609件，确定废止176件，宣布失效71件。

【农业农村工作】 组织召开全市农村工作会议、全市乡村振兴暨脱贫攻坚现场会议，印发《关于实施乡村振兴战略的意见》《美丽乡村建设三年攻坚行动计划》《泰安市“一圈一带”现代农业发展规划》《2018—2020年脱贫攻坚行动计划》《实施乡村振兴战略任务责任分工方案》。牵头组织编制完成全市乡村振兴战略规划、“五个振兴”方案和1个保障方案，形成推进乡村振兴战略“1+5+1”编制工作体系。实行市级领导包保乡村振兴工作机制，8名市级领导分别包保1个乡镇和1个重点村。开展专题调研，形成《全市实施乡村振兴战略情况调研报告》《全市美丽乡村建设情况调研报告》《全市农业产业发展情况调研报告》等调研成果。推动47个省扶贫工作重点村和300个市级扶贫工作重点村基础设施建设和村容村貌整治，加快建成美丽乡村。邀请浙江大学中国农村发展研究院院长黄祖辉作“乡村振兴战略”专题报告，组织县（市、区）、乡镇（街道）及市直有关部门负责人到淄博市临淄区、河南、安徽等地学习考察。制作《乡村振兴看泰安》《乡村振兴——泰安美丽画卷》栏目，采访制作乡村振兴专题新闻片20期。

【主体责任工作】 健全完善市委落实全面从严治党主体责任工作体系。制定印发《关于认真贯彻鲁发〔2018〕4号文件精神强化全面从严治党主体责任落实的通知》，及时调整市委主体责任领导小组及办公室，签订主体责任责任书，召开领导小组会议6次、领导小组办公室主任会议3次，研究相关工作。制定印发《泰安市全面从严治党考核办法（试行）》，汇总形成2018年度全面从严治党考核指标标准。制定印发《市委关于加强党内问责的实施意见（试行）》，推动党内问责工作的开展。

【综合服务】 ①文稿服务。以“快节奏、高标准、零纰漏”为目标，全力提高文稿质量，累计起草各类文字材料700件。②公务接待。接待国家级领导2批次，副省（军）级以上领导19批次、200人，完成中央环保督察组、全国政协调研组、省委巡视组、省环保督察组等接待任务170次。加强所属宾馆管理，对3个宾馆进行年度综合考核。③老干部服务。健全完善老干部集体学习、阅读文件等制度，建立“老干部科服务老同志”微信公众号，组织老干部到东平县、徂徕山战役纪念馆等开展主题党日活动，参观市文化艺术馆书画展，举办迎新春座谈会、老年健康保健知识讲座；改造升级老干部活动室，配套完善阅文室，更新桌椅、健身、文体器材；经常到老干部家中走访、到病房探视，想方设法为他们办实事、解难事。④招商引资和挂职任职、包村驻村等工作。引进江苏大明金属加工、岱佑医药、领航传媒研学等项目，推进广印堂中药项目落实落地。选派1人挂任新泰市委常委、副市长，1人挂任肥城市高新区曹杭村党支部书记。做好徂徕镇南上庄村包村工作，协调争取各类资金近300万元，精准做好扶贫脱贫工作，南上庄村获“省级美丽乡村”、山东省“文明村庄”、泰安市“先进基层党组织”“泰山先锋红旗党支部”等称号。做好驻肥城市高新区曹杭村驻村工作，协调争取各类资金30万元，栽植樱花树800株，修建村内道路2.6千米，完善硬化百姓广场、购置体育器材、维修水泵等基础设施。⑤后勤保障。起草印发《中共泰安市委办公室内部审计工作办法（试行）》，完成《2017年度行政事业单位内部控制报告》、“内部控制评测系统”编报工作，对办公室固定资产特别是办公设备全面清查摸底。做好财务预决算，规范做好精神文明奖、交通补贴等津贴补贴发放工作，完成1995年1月至2014年9月期间养老保险按原统筹办法个人缴费部分的返还工作。完成有关会议室和接待室多媒体改造及修缮工作，做好部分办公室维修改造等工作，做好春晚泰安分会场、省委第二巡视组到泰安巡视等重要会议活动后勤保障工作。累计准备会议室220次、维修维护办公设备270次，办理办公用品领用600次，提供各类公务用车300批次。

【综合协调】 ①巡视工作。牵头做好中央巡视组巡视山东省反馈意见整改落实工作，组建市委巡视整改工作领导小组办公室，制定市委《关于中央巡视组巡视山东省反馈意见整改落实方案》，起草上报《市委关于中央巡视组巡视山东省反馈意见整改落实情况的报告》《关于巩固中央巡视组巡视山东省反馈意见整改成效持续深化整改工作情况的报告》。制定《省委巡视组对泰安市巡视工作总体安排及任务分工方案》和有关会议活动安排方案，配合好省委第二巡视组巡视泰安工作，服务省委巡视组开展个别谈话310人次，落实省委巡视组安排事项300项，协助发放调查问卷210份，提供相关材料85批1.1万件，移交转办信访案件7批427件。②包保重点工作。制定《关于领导干部包保重点工作的实施方案》，组织各牵头部门分别制定新旧动能转换、区域经济社会发展、乡村振兴、国家卫生城市复审、全国文明城市创建、环境保护等分工方案，促进各重点工作快速推进、高效落实。对办公室承担的国家卫生城市复审、全国文明城市创建泰前街道网格，抽调5名县级干部和部分工作人员，组成工作专班，全天候、全覆盖包保，全方位、高频次督办。③环保督察工作。配合做好中央、省生态环保督察及"回头看"有关保障服务工作，履行综合协调、档案资料、督促落实等职责，做好会议、资料报送、调研座谈、走访问询、下沉督察等督察活动的总体计划筹划和组织安排等工作。（刘淑文）

组　织

【概况】 2018年，泰安市委组织部深入学习贯彻习近平新时代中国特色社会主义思想和中共十九大精神，以习近平总书记关于党的建设和组织工作重要思想为指引，落实新时代党的建设总要求，践行新时代党的组织路线，坚持党要管党、全面从严治党，不断提高党的建设和组织工作质量，连续12年通过省级文明单位复审。

【思想建设】 把学习贯彻习近平新时代中国特色社会主义思想和中共十九大精神作为首要政治任务，推进"两学一做"学习教育常态化制度化，开展"大学习、大调研、大改进"。打造"五位一体"新时代党员教育体系，建好用好"灯塔—泰山网"综合管理服务平台，分层分类抓好党员干部培训轮训。全市举办各级党委理论学习读书班、干部专题学习班等110期。印发《中共泰安市委关于勇做新时代泰山"挑山工"的意见》，筹备建设泰山"挑山工"党性教育基地，部署开展"埋头苦干、争创一流，勇做新时代泰山'挑山工'"主题实践活动。省委副书记杨东奇在全市主持召开座谈会听取有关情况汇报并给予肯定。

【领导干部队伍建设】 锻造堪当发展重任的高素质专业化干部队伍，实施干部能力提升计划，深化"新泰安建设"专题教学，举办专业能力提升、新旧动能转换、企业家队伍、政务建设等系列高端研修班，开办"泰山大讲堂"2期。市、县培训各级干部3.37万人次。坚持在重点工作和急难险重任务中培养考察使用干部，探索实施"融入式"考察机制，完善干部现实表现台账和实绩档案，动态掌握干部的思想动态、履职成效、作风表现等情况。充分运用年度考核结果，加强综合分析研判，形成优秀副县级干部、优秀正科级干部和优秀年轻干部3个名单。从严做好机构改革期间有关干部调整工作，有序做好领导班子调整、机构划转和人员转隶等工作，确保机构改革平稳顺利。发现培养选拔优秀年轻干部，研究制定发现培养选拔优秀年轻干部的实施意见，印发《泰安市挂职干部管理办法》，选派83名干部挂职锻炼、上下交流，砸实"人才到实践中去、干部从发展中来"的成长路径。

【干部管理监督】 落实提醒、函询、诫勉和干部双向约谈制度，通过政治巡察、考核考察、经济责任审计等渠道，洞察苗头问题，及时提醒帮助。年内，全市各级组织部门开展提醒函询诫勉424人次。坚持"凡提四必"（对拟提拔或进一步使用人选，做到干部档案"凡提必审"，个人有关事项报告"凡提必核"，纪检监察机关意见"凡提必听"，反映违规违纪问题线索具体、有可查性的信访举报"凡提必查"。对发现问题影响使用的，及时中止选拔作用程序；疑点没有排除、问题没有查清的，不得提交会议讨论或任用），做好选人用人专项检查、个人有关事项报告查核和干部档案审核，审核查核228名干部的个人有关事项报告、110名干部的档案材料。

【健全考核激励机制】 市委制定《关于激励干部担当作为干事创业的实施意见（试行）》，改进经济社会发展综合考核，每半年对各县（市、区）、功能区招商引资和重点项目建设进行现场检查考核，建立以"企业评机关、基层评上级、群众评干部"为主要内容的"三维评价"体系，研究起草正向激励办法，推动考用结合的刚性机制落到实处。

【基层党建工作】 实施"组织力提升"计划，制定《泰安市2018—2022年党的基层组织建设规划纲要》，持续建强基本队伍、基本活动、基本阵地、基本制度、基本保障。深化过硬党支部建设，制订三年培树计划，推动支部主题党日、党支部定标研判、红旗党支部"1+5"帮带引领等常态化开展。市级层面命名"泰山先锋"红旗党支部200个。

聚焦薄弱环节突破，集中整治支部建设不规范、村集体经济数据造假、机关党建“灯下黑”等问题，新排查并整顿完成软弱涣散党组织203个。推进抓党建促乡村振兴。制定推动乡村组织振兴工作方案，实施“五乡”行动（举荐1万名新乡才植乡治理；实施“育苗升级”工程，引进5000名大学生返乡创新创业；回请1万名经济能人归乡兴业；每2年选派1000名第一书记驻乡帮扶；遴选1万名实用技术人员跨乡服务）和“十百千”创建，持续抓好第一书记工作，深化“强村固基”工程，培育村级集体经济发展新动能。全市村集体经济收入10万元以上的村达2153个，占60.3%。推进“育苗升级”工程和换代行动，发现、储备和培养村级班子后备力量。新一届村“两委”成员中，全日制大专以上高校毕业生264人，其中33人担任村党组织书记。推进城市基层党建共同体建设，召开城市基层党建共同体建设座谈会，构建全面加强党的领导的共同体。深化“红色家园”计划，设立“刘欣工作室”，建成131处10.3万平方米党群服务中心。泰安市加强城市基层党建有关做法在中组部《组工信息》刊发。加快推进“两新”组织“百强示范”工程和社会组织党建“孵化引领”工程，“两新”组织党的工作实现全覆盖。

【激发党员队伍活力】 举办“泰山支书讲坛”、示范培训班、“党员大讲堂”，市级培训村（社区）党组织书记、党务工作者910人，带动全市基层党组织书记和党员干部全部轮训一遍。推行“主题党日+”党员教育管理模式，举办纪念建党97周年暨讲述“身边”先锋群体主题党日活动，承办全国主题党日研讨会，省委书记刘家义对泰安市有关做法给予批示肯定。开展“泰山先锋”党员志愿服务行动，引导广大党员在改革发展稳定前沿当先锋、作表率，19万名党员参加志愿服务行动，解决热点难点问题1.3万件。

【人才队伍建设】 强化人才对新旧动能转换的支撑作用，制定人才新政“金十条”（实施顶尖人才集聚计划、实施高端人才培育计划、实施智汇泰山兴业计划、实施引才特别支持计划、构建创业创新平台、构建成果转化平台、构建多元投入平台、打造人才服务联盟、实施人才安居工程、建设人才休养基地）和47项配套细则，建立6亿元人才发展基金，抓好政策兑现，促进产才融合。发放2批扶持资金共3022.64万元。实施顶尖人才集聚、高端人才培育、智慧泰山兴业、引才特别支持“四大计划”，抓好“泰山创新谷”和创业创新、成果转化、多元投入平台“一谷三平台”建设，加快推进“金字塔”型人才梯队构建。组织“牵手才智·助跑泰安”招才引智签约仪式，召开外来高层次人才联谊会代表座谈会，搭建起高端人才引进新桥梁。开展“弘扬爱国奋斗精神、建功立业新时代”活动，打造高层次人才服务联盟，实施人才安居工程，为高层次人才颁发“泰山人才金卡”和人才证书，营造“近悦远来”的人才生态。建立校地合作联席会议制度，推动落实校地联合科研攻关、平台载体共建共享、人才联合培养、科研成果就地转化。全市新引进省级以上高层次人才30人，其中“两院”院士及发达国家科学院院士7人，国家“万人计划”专家等国家级重点人才工程人选15人。至年底，全市辖区内有“两院”院士39人，国家“千人计划”专家44人、“万人计划”专家10人，泰山学者29人，泰山产业领军人才25人，“齐鲁”系列人才工程人选150人。

【锻造模范部门和过硬队伍】 弘扬泰山“挑山工”精神，制定落实弘扬新时代泰山“挑山工”精神加强全市组织部门自身建设的意见，坚持从严治部、从严带队伍，推动全面从严治党各项任务落地见效。拍摄“我与党旗合个影·对党说句心里话”微视频，教育引导机关党员干部坚守传承组织部门的优秀品质、优良传统、优良部风。实施组工干部素质能力提升工程，开展“能力提升读书月”活动，推进“书香支部”“文化机关”创建。开展部机关党的建设规范化创建活动，制定部机关党支部工作规范，规范“三会一课”、民主生活会、组织生活会、民主评议党员等制度。开展庆“七一”主题党日活动，到部机关第一书记帮扶的泰山景区黄前镇大地村开展捐款，走访慰问贫困群众25户；围绕服务创建全国文明城市，组织50名党员志愿者分批到泰山区上高街道盯靠包保。严格执行中央八项规定和实施细则精神，持之以恒改进作风。全面加强廉政风险防控，通过梳理岗位风险点、签订廉政承诺书、节日前开会提醒等，引导组工干部筑牢思想防线。 （王　雷）

宣　传

【概况】 2018年，全市宣传思想工作取得突破性发展，在中央文明办组织的全国142个提名城市测评中，泰安市位居第一方阵，在山东省17市文明创建工作年度测评中排名第二。乡村文明行动城乡环卫一体化、移风易俗、村风民风分列全省第6名、第2名和第6名，综合成绩全省第4名。新增省级文明村镇28个、市级文明村镇37个，新增省级文明单位40个、市级文明单位76个，新增省级社区8个、市级文明社区16个。推出“四德”工程示范点43处，其中省级6处、市级37处。推荐成功“山东好人”47人、“山东好人之星”3人、“中国好人”5人，总数居全省前列。余松烈、泰安消防支队泰山中队入选山东省改革开放40周年感动山东人物（群体），“‘筒子纱数字化自动染色成套技术与装备’获2014年度国家科学技术进步一等奖”入选山东省改革开放40周年最具影响力的事件，入选感动山东人物和最具影响力事件数量在全省17地市中名列前茅。泰安市设立山东省首家市级行政审批服务局，实行“一枚印章管审批”。泰山入选世界自然与文化双遗产、世界地质公园名录。岱岳区入选全省新时代文明实践中心建设试点县，肥城市入选全国试点县。全市建成基层综合性文化服务中心3723个，覆盖率达到100%。山东梆子精品剧目《泰山人》入选山东省“第十一届艺术节评比展演”，《一个不能少》获得“华东六省一市戏剧小品大赛”第一名。年内，获得“山东省对外传播奖”组织工作奖，获第七届山东文化产业博览会“优秀组织奖”“优秀展示奖”。

【意识形态工作】 在2017年年底省委考核意识形态工作中，泰安市被评为“好”等次；在2018年省委意识形态和宣传思想工作领导小组办公室印发的整改落实方案中，点名12个市的市委对照具体问题进行整改，泰安市未被点名。2018年，市委常委会开展专题研究意识形态工作6次。成立由市委书记崔洪刚任组长、有关市领导任副组长、相关部门主要负责人为成员的市委意识形态和宣传思想工作领导小组，领导小组办公室设在市委宣传部。年内，泰安市把党委（党组）落实意识形态责任制落实情况纳入市委巡察工作，对泰山职业技术学院、团市委等12个市直单位（部门）进行意识形态工作责任制落实情况专项检查。落实省委意识形态和宣传思想工作领导小组办公室以及市委要求宣传部牵头的整改任务。全力做好省委巡视组对市委意识形态工作责任制落实情况专项检查的专题汇报、材料整理、实地检查、协调服务等各项工作。对哲学社会科学报告会、研讨会、讲座、论坛等哲学社会科学类活动进行集中排查和审批，推进属地管理和主管主办责任落实。

【理论武装工作】 研究制订市委理论学习中心组集体学习计划、学习内容，年内，市委理论学习中心组集体学习研讨23次。举办市委理论学习中心组读书班、学习贯彻习近平新时代中国特色社会主义思想暨市委理论学习中心组辅导报告会。市委宣传部印发《全市党委（党组）理论学习中心组2018年理论学习安排意见》，牵头对市直各部门各单位党委（党组）理论学习中心组成员的学习情况进行检查并印发专门通报。开展理论宣讲活动，到基层开展面对面交流互动，推动习近平新时代中国特色社会主义思想进企业、进农村、进机关、进校园、进社区。加强理论研究阐释，年内，泰安市哲学社会科学规划研究项目立项135项，其中习近平新时代中国特色社会主义思想专题研究项目25项。

【新闻宣传】 做好“在习近平新时代中国特色社会主义思想指引下——新时代新作为新篇章”重点栏目宣传和全市“两会”、全市经济工作会议、庆祝改革开放40周年、“三大攻坚战”、创城迎审、扫黑除恶专项斗争、精准扶贫、“大学习、大调研、大改进”等20项重点宣传。在《人民日报》《光明日报》《大众日报》、新华社系列媒体发稿分别达2篇、2篇、12篇，在中央电视台《新闻联播》、山东卫视《山东新闻联播》分别播发19条、28条。在《人民日报》“民生”专版头条刊发长篇报道《算大局账长远账 增幸福感获得感——泰安：城市规划民生优先》；春节、元宵节、国庆节期间，对上报道发稿500篇；全省“两会”期间，在《山东画报》推出泰安专版；在省委重点党刊《支部生活》刊发重头稿件4篇；在新华社《高管信息》“山东要情动态”专刊刊发泰安市重头稿件《泰安推出人才新政激活新旧动能转换新引擎》。印发《泰安市重要活动重要会议重要文件新闻审批制度》《泰安市新闻阅评制度》。做好全国、全省、全市“两会”，春晚泰安分会场筹备，“4·17”济泰交界处突发山火，“8·19”天宝镇年家峪突发山洪灾害的舆论引导工作。

【网络管理和应用】 市委宣传部出台《关于进一步加强全市网站建设和管理的通知》。开辟宣传习近平新时代中国特色社会主义思想和中共十九大精神网上专题专栏。打好媒体资源"组合拳"，全方位、多角度展现泰安新旧动能转换重大工程的进展。做好春晚泰安分会场网上舆论宣传和管控工作。开展"网络媒体泰安行"活动，构建"今日头条"泰安头条号矩阵。落实24小时双人双岗值班制度，保持省RTX值班和网评双号在线，特别是在全国"两会"、上合组织青岛峰会期间，全市各级投入人员1600人次，下达舆情管控与引导指令82次。升级完善原有监测设备功能和关键词库，培训提高舆情监测人员业务能力。2018年，过滤舆情信息410万条。建立"网络安全和舆情监管处置工作定期联席会议制度"。编报《舆情专报》225期、《舆情快报》8期、《泰安网络舆情》12期。开展"旅游网站严重违规失信"专项整治工作，开展政务网站和新闻网站网络安全专项行动，举办全市网络舆论评论和引导培训班。开展互联网信息服务网站和微博、微信公众号登记工作，至年底，全市登记网站503家、微信公众号320个，认证微博账号21个、自媒体账号71个。

6月29日，市委举办泰安市讲述"身边"先锋群体主题党日活动

（司 刚 摄）

【社会主义核心价值观建设】 建立健全市、县、乡、村四级善行义举"四德"榜，开展"榜上有名"先模人物评选活动，评选出市级"榜上有名"先模人物（群体）40个。举办学习宪法专题报告会。开展庆祝改革开放40周年感动泰安人物和最具影响力的事件评选活动，举行"改革开放再出发——庆祝改革开放40周年感动泰安人物和最具影响力的事件颁奖典礼"，评选出感动泰安人物（群体）20个和最具影响力的事件40件。举办庆祝改革开放40周年主题摄影展和书画作品展，参观人数达15.2万人次。推进创建全国文明城市未成年人思想道德建设工作，在全省测评中，取得档案材料和实地考察满分的优异成绩。在全省率先制定《泰安市文明校园管理办法（试行）》，规范文明校园创建工作。举办"文明校园风采展"和2018"泰山国学小名士"经典诵读电视大赛，全市有10万名学生参赛，1名选手获全省三等奖，泰安市获优秀组织奖。加强爱国主义教育基地建设和管理，全市有市级以上爱国主义教育基地43处，其中省级10处、市级33处。徂徕山起义纪念馆、泰安烈士陵园2处省级爱国主义教育基地被省委宣传部确定为2018年全省上线的爱国主义教育基地。

【群众性精神文明创建】 2018年，山东省17市文明城市创建工作年度测评中，泰安市排名第二。制定印发《2018年乡村文明行动实施方案》。在省里组织的测评中，城乡环卫一体化、移风易俗和村风民风分列第6名、第2名和第6名，综合成绩全省第4名。12个村入选全省第六批省级"乡村文明家园"。新增省级文明村镇28个、市级文明村镇37个。修订完善《典型宣传工作管理办法》，推出"全国学雷锋示范点"泰山消防中队、全国"诚信之星"信义兄弟、"全省岗位学雷锋标兵"刘如伟等先进典型和群体。印发《2018年创建全国文明城市公益广告宣传设置方案》。在公共场所、道路护栏新建公益广告宣传栏1.5万处（块）。新增社会主义核心价值观主题公园4处、景观小品公益广告3000处。建立志愿服务工作联席会议制度，加强与组织、民政、团委等部门的协调配合。年内，全市志愿服务基地策划项目62个，开展活动500次，参与单位102个，参与志愿者达1.2万人次。"全国志愿服务信息系统"实名注册志愿者累计超过42万人，志愿服务活动参与志愿者达50万人次。开展新时代文明实践分中心（站）试点建设工作，岱岳区列入全省试点县，肥城市入选全国试点县。

"改革开放再出发"——泰安市庆祝改革开放40周年感动泰安人物（群体）和最具影响力的事件颁奖典礼举行。图为市委书记崔洪刚（左五）与部分获奖人员合影（司刚 摄）

【文化产业事业】 完成主旋律电影《苏庆亮》《情暖童年》《北极情缘》、歌曲《泰山见证新时代》、长篇小说《天虫》等文艺作品。《官箴碑》在全市进行巡演，近3万名党员干部接受教育。全市各级"三馆"（中国美术馆、公共图书馆、文化馆）全部免费对外开放，3723个村、社区全部建成基层综合性文化服务中心，覆盖率达100%。组织开展文化、卫生、科技"三下乡"和文化进万家、文化扶贫、文化消费季、全民阅读等文化惠民活动。完成"一村一年一场戏""一村一月一场公益电影"年度目标任务。实施泰山文化传承基地工程，至年底，全市有县级以上"非遗"项目629个，其中国家级11个、省级42个、市级310个。制定2018年泰安市深化文化体制改革要点和工作台账，做好文化领域供给侧结构性改革工作，列出6项重点任务、58项具体任务，逐一逐项抓好落实。参加第七届山东文化产业博览会，获得"优秀组织奖""优秀展示奖"，新闻出版小镇项目在会上签约。参加首届山东儒商大会，新泰文创街项目在会上签约。推动文化产业项目做大做强，泰安市新旧动能转换十大重点项目东平白佛山文化产业园项目正式开园，完成泰山封禅大典实景演出项目设施设备及节目的改造升级。

【对外宣传】 泰安市委对外宣传办公室连续4届获得"山东省对外传播奖"组织工作奖，3件作品获得优秀新闻作品奖，2件作品获得优秀出版作品奖。重点加强与国家、省级媒体及海外媒体的合作，协助中央电视台法语频道和法国电视台拍摄制作系列纪录片《乘火车看中国》，配合中央电视台拍摄大型航拍纪录片《航拍中国》，与中央人民广播电台联合举办"2018香港澳门媒体内地采风行"活动，协助中宣部"纪录中国"传播工程立项纪录片《低碳中国梦》摄制组到泰安市采访拍摄低碳农村建设。组织"齐风鲁韵——'开放的山东'全媒体采访活动"走进泰安。在中国日报网"中华泰山·国际在线"频道累计发布稿件198篇、图片400幅，浏览量192.1万次。印发《天下泰安》外宣杂志2万册，拍摄制作《见证·泰山》《泰山封禅之路》《中国泰安》等外宣片，策划制作城市特色文化丛书《多彩泰安 醉美泰山》。出台《泰安市政府规章新闻发布会制度》，举办新闻发布会16场。加强"泰安发布"官方平台对外宣传作用，年内，政务微信推送新闻1920条，新闻阅读数量达78万次，阅读人次达38.5万人。2018年，泰安政务微博总发布量达1968条，日发布量位居其他地市政务微博发布前列。

（王家民）

统一战线

【概况】 年内，全市统战工作坚持以习近平新时代中国特色社会主义思想为指导，紧扣深入学习贯彻中共十九大精神这个核心和主线，坚决贯彻落实中央、省委、市委关于统一战线一系列重大决策部署，抓重点解难点出亮点，各领域统战工作不断取得新成绩。年内，市委统战部继续保持"省级文明单位"称号。

【多党合作事业】 制订落实2018年度政党协商计划，召开市委民主协商会、市政府工作报告征求意见会、全市党风廉政建设和反腐败工作情况通报会等政治协商活动8次，其中，市委、市政府主要领导出席5次。引导各民主党派考察调研，参政议政。在市政协十三届二次会议上，市各民主党派提交提案301件，占总数的82.6%；10件年度重点提案中有民主党派提案9件。组织开展主题征文、文艺演出、书画摄影作品展等庆祝改革开放40周年和纪念中共中央发布"五一口号"70

周年活动。协助各民主党派市委加强领导班子和机关规范化建设，指导各民主党派按照协商确定的比例稳妥推进组织发展。年内，新发展党派成员139人，全市民主党派成员总人数达2630人。

【党外知识分子和新的社会阶层人士统战工作】 举办党外代表人士全国“两会”精神专题辅导报告会，邀请全国人大代表、市党外知识分子联谊会副会长宋文新宣讲第十三届全国人大一次会议精神。成立市新的社会阶层人士联谊会（以下简称“新阶联”），建立新的社会阶层人士统战工作联席会议制度。举办新的社会阶层代表人士培训班2期，培训230人次。支持市新阶联组织或参与举办全省部分新的社会阶层代表人士泰山研讨会、2018新旧动能转换泰山论坛暨“百业千家万里行”活动、新阶联财税大讲堂、首届泰山休闲美食节等特色活动，引导新的社会阶层人士参与光明扶贫工程、“创城”志愿服务、关爱老人行动、高考爱心送考、文化艺术下乡、电商产业扶贫、支援潍坊灾区等社会公益活动。推进泰安市新阶联与北京市海淀区新阶联共建战略合作友好单位。

【服务经济社会发展】 开展民族团结进步宣传教育和创建工作，依法保障各民族群众合法权益。实施少数民族帮扶工程，争取各级各类扶持资金650万元。学习宣传新修订《宗教事务条例》，在市、县、乡、村四级开展宗教政策法规大宣讲活动。加强宗教团体规范化建设，推进和谐宗教活动场所创建活动。开展宗教工作自查督查，部署开展宗教工作“五大专项行动”，狠抓宗

11月13日，省委常委、统战部部长邢善萍（左三）一行到山东康平纳集团有限公司调研，了解泰安市非公有制企业发展情况。市委副书记张涛（左二），市委常委、统战部部长李灿玉（左一）陪同调研　　（王　勇　供）

教领域问题专项治理。全市宗教工作自查督查共排查出12个方面147个问题，其中132个即知即改问题全部得到有效整改，15个长期整改问题积极稳妥推进。贯彻落实省委、省政府“非公十条”意见，起草制订市委、市政府关于支持非公有制经济健康发展的实施意见，抓好省市意见贯彻落实情况督导检查，着力优化营商环境。5月8—9日，全国政协副主席、全国工商联主席高云龙到泰安调研“民营企业高质量发展”情况，对泰安市工作给予肯定。推荐山东首届“儒商大会”参会人选和“第七届山东省优秀中国特色社会主义事业建设者”候选人，协助举办“泰山情——知名儒商泰安行”活动，促成部分项目意向签约。举办全市年轻一代民营企业家专题培训班，引导非公有制经济人士年轻一代坚定理想信念，增强发展信心。组织银企对接活动10次，帮助民营企业协调资金4.3亿元。持续深化港澳台海外统战工作，推进泰安台湾交流交往，重点打造“海峡两岸·情亘泰山”工作品牌。举办台湾地区东岳大帝碧霞元君信众泰山行、台湾中学生中华泰山成人礼、海峡两岸泰山石敢当文化节、海峡两岸泰山敬天祈福、泰山“非遗”文化展览入岛交流等一批国台办、省台港澳办重点交流活动。泰山国际登山节期间，完成市海外联谊会换届工作，并与市商务局联合举办“2018知名外商泰安行”活动。

【党外代表人士队伍建设】 5月，在省社会主义学院举办全市第六期党外干部培训班，对61名科级及以下党外干部进行为期4天的集中培训。推进第二批党外干部挂职锻炼工作，11月底召开挂职锻炼总结会议。更新完善县级党外干部信息库，收集整理19名纳入山东省党外代表人士数据库管理人士的档案资料。交流任职县级党外干部2名。编纂出版《中国人民政治协商会议第十三届泰安市委员会委员名录》。

【统一战线“双百聚力”行动】 部署实施以“百人汇智”“百亿聚资”为内容的“双百聚力”行动，整合

统一战线人才和经济资源优势服务全市“双招双引”和高质量发展。通过市、县统战部门和统战系统各单位牵线搭桥、积极推荐，全市范围全职或柔性引进各层次党外人才120人。重点引进加拿大皇家医学院士、麦吉尔大学病理学系主席高祖华受聘泰安市人民政府顾问。新泰市党外专家工作站、肥城市在外人才工作受到上级统战部门肯定。通过招商引资和引导该市非公有制企业新上项目或技改、增资扩规等形式，扩大投资规模。其中，民革中央企业家新泰行活动签约项目11个，总投资160亿元。

【“同心扶贫攻坚”行动】 开展“百企帮百村”脱贫攻坚行动，128家民营企业结对帮扶202个村，通过参与光彩事业、开展公益慈善等渠道捐款捐物价值2000万元。各民主党派开展社会服务品牌创建活动助力脱贫攻坚。其中，民革“同心·博爱”行动、民盟“陪读妈妈”助学、“民建之光——点亮儿童微心愿”等公益扶贫捐助活动深受群众欢迎。依托市民主党派和党外知识分子联谊会实施“助力东平脱贫”集中行动，通过捐建危房、捐资助学、健康义诊、产业扶贫等形式，捐赠款物价值300万元。东平县统战系统启动实施以“改建10间特困户危房、创建10个贫困户美丽庭院、建成10个扶贫车间”为内容的“3个10”工程，开展统一战线“情暖环卫·爱心早餐”行动，产生良好社会反响。新的社会阶层人士开展“新阶层 新力量”脱贫助力行动，累计捐款捐物20万元。继续争取“泛海助学山东行动”“同心光彩助学行动”向泰安市覆盖，为950名贫困大学生发放助学款475万元。（王 勇）

·民族与宗教工作·

【民族宗教领域和谐稳定】 重新修订涉及民族、宗教方面群体性事件《应急预案》。抓住全国“两会”、上合组织青岛峰会等关键节点，充实完善县、乡、村三级3875名宗教工作网络联络员信息，确保信息渠道通畅、工作响应及时。加强与政法、公安等部门的沟通协作，时刻关注网络舆情，及时回应群众关切，民族宗教领域保持和谐稳定。2018年，市民宗局获“全省民族宗教系统信息工作先进集体”称号，市道教协会会长张诚达当选第十三届全国政协委员。

【民族工作】 组织开展全市第18个“民族团结进步宣传月”活动，筑牢中华民族共同体意识，推动“中华民族一家亲，同心共筑中国梦”思想进机关、进乡村、进社区、进学校、进企业。实施“精准扶贫民族村，牵手助力奔小康”活动，对上争取少数民族发展资金390万元，推动少数民族村道路、水利、桥梁、电力等基础设施建设稳步提升。组织少数民族乡村振兴调研，举办全市民族工作培训班，开展“十三五”期间民族特需商品定点生产企业联合评审，组队参加全省第十届少数民族运动会，少数民族经济社会各项事业取得全面发展。

【宗教工作】 组织开展全市宗教政策法规大宣讲活动，市、县两级举办宣讲80场次，按层级逐级在镇、村全面铺开，近万人接受宣讲教育。支持全市各级宗教团体开展“四进”活动，9月3日举行全市宗教界升国旗暨“四进”启动仪式，增强宗教界国家意识、公民意识。发起“牵手共建文明城，宗教慈善惠民生”活动，捐助东平县戴庙村10万元，共建村级文化基础设施，充分展现宗教正能量。全面铺开宗教工作自查督查及整改落实工作，组成省、市、县三级督导组，摸清宗教工作14个方面底数。坚持问题导向，逐条建立整改台账，组织实施专项治理行动，实地督导重点问题整改进度，确保整改工作落实落地。（王桂林）

·台湾事务·

【对台经贸】 年内，全市新批台资项目2个，合同台资额1100万美元；台资企业增资项目3个，增资额395万美元；在谈在建台资项目9个；全市实际利用台资6245万美元。①开展调查研究，建立健全基础数据库2个。到各县（市、区）、乡镇（街道）对正常经营运营的台资企业调研20次，形成《关于我市台资企业发展情况的报告》，建立健全全市台资企业数据库。围绕对接省、市确定的新旧动能转换重大工程，把现代农业、电子信息和商贸服务三大产业确定为全市对台招商引资的重点推介领域，对全市涉台信息资源进行筛选梳理，确定100名重点台湾人士作为下一步开展对台招商引资工作的重点联络对象，整理包装一批宜合作项目，建立全市对台招商引资新旧动能转换项目库。②挖掘对台招商资源，培植招商主线2条。邀请专业招商机构进行代理招商，与皖江基业集团达成代理招商协议，利用其在深圳、厦门和苏州等台商聚集区的招商资源进行对台招商。以市台商协会为纽带，加强与深圳东莞、上海虹口等地台商协会的联系，密切与台湾工商建设研究会、台湾电机电子工业同业公会和桃园光电产业园区的联系，组织招商团组到台湾进行专门对接洽谈。③以泰山海峡两岸交流基地为媒，开展招商活动2项。泰山国际登山节期间，举办“2018台湾工商精英泰山行”活动，组织到泰安的6批50名台商分别到各县（市、区）进行项目考察和对接洽谈，招商引资和招才引智双促双进，达成多项项目投资和引才引智意向。11月初，与市经合局共同举办第八届海峡两岸服务业论坛，邀请100名两岸客商到泰安进行实地参观考察，推进两岸商贸服务业的互联互通、合作双赢。④加强基地平台和园区建设，搭建载体2个。依托海峡两岸（肥城）有机农业交流合作示范基地，加强与台湾涉农协会和农技企业的交流合作，推进新泰谷里台湾农业产业园和台湾专家工作站建设，借助台湾先进的农产品生产加工技术提升产品质量，提高产出效益。推动新泰市设立“33.33公顷工业园+26.67公顷商业+6.67公顷配套服务”为中心的台湾产业园区，进一步优化全市台资项目结构和布局。

【泰（安）台（湾）交往交流】 全年接待中国国民党党代表山东参访团、台湾杰出农民参访团、台湾电机电子工业同业公会参访团、台湾工商建设研究会参访团、台中市卓越青工总会参访团等10多个台湾交流团组以及前中国国民党副主席蒋孝严、中常委沈智慧、台办论坛基金会董事长苏起、台湾服务业联盟协会理事长张元铭、台中市卓越青工总会总会长王定霖等1000名台湾各界人士到泰安参访交流。年内，办理应邀赴台交流团组48个、208人次，其中经贸考察团29个、120人次。策划举办国务院台湾事务办公室（以下简称国台办）重点交流活动，先后举办“台湾中南部地区东岳大帝、碧霞元君信众泰山行”“海峡两岸·情重泰山”——台湾中学生中华泰山成人礼、“海峡两岸泰山石敢当文化节”等10多项对台交流活动项目。其中，3个项目被列为国台办重点交流项目。“2018海峡两岸暨全球华人敬天祈福活动”突出“弘扬优秀传统文化、促进中华民族团结”主题，组织举办国泰民安·2018海峡两岸暨全球华人敬天祈福盛典、泰山论道——“天人合一”论坛、两岸名家书画艺术展、公益拍卖盛典4场交流活动，签署旨在弘扬中华优秀传统文化的《2018海峡两岸暨全球华人敬天祈福宣言》。活动邀约30家媒体到场，中央电视台《晚间新闻》与山东电视台《山东新闻联播》等栏目进行报道。推动泰山文化资源入岛交流，11月30日，在台北101大楼中华艺术馆举办“镌刻的历史——泰山石刻拓片展”活动，100多名台湾各界人士出席开幕式，两岸20家媒体对活动盛况进行持续报道，从各个视角向岛内民众展示泰山文化的独特魅力。指导泰山景区高雄营销中心开展营销宣传，扩大泰山文化和泰安泰山在岛内的影响，推动在高雄筹备成立海峡两岸东岳泰山文化交流协会。推进对台宣传，赠送各种宣传资料2000份，全面宣传泰安、泰山和泰安市招商引资的政策规定，充分利用中国台湾网、《海峡时空》等涉台媒体刊物进行宣传，报送稿件220篇、照片600幅。

【对台服务和涉台稳定】 做好涉台服务，落实2项惠台政策措施。召开驻泰安台商座谈会，向驻泰安台商台企宣传国“31条”、省“56条”等关于促进两岸经济文化交流合作的若干措施和《山东省台湾同胞投资保护条例》，发动驻泰安台商到公安机关办理台胞居住证，共计办理13人次。牵头7个市直部门开展“台资企业走访季”“进台企、话亲情、助发展”联谊活动，市台湾工作办公室制定《关于开展“平安台企”创建活动的通知》，走访台资企业30家，召开台商台胞座谈会20次，解决实际困难和问题30起。做好台胞台属联谊工作，保护台胞台属合法权益，组织台胞台属开展联谊活动，组织驻泰安台商参与社会公益活动，向东平县老湖镇凤凰社区捐赠优质大米5000千克。 （任延勇）

·侨　务·

【为侨服务】 贯彻落实侨法侨规，立足依法护侨，凝聚侨心、激发侨力。通过“12345”热线，就市民普遍关心的“三侨考生”（归侨青年、归侨子女、华侨在国内的子女报考各类学校的考生）照顾政策、归侨侨眷身份确认和华侨到鲁定居等侨务法规政策问题进行详细解答。12月，集中开展侨法宣传月活动。在全市范围内进行“侨务精准扶贫”，向早期归侨职工发放150元／月生活困难补贴，并对19名（建档立卡5人、医疗救助对象5人、相对困难归侨侨眷9人）贫困归侨侨眷进行帮扶，全年发放侨务扶贫、救济资金约7万元。将“多头跑、来回跑”的涉侨事项纳入“贴心代办，一次办好”清单，全年办理“三侨考生”身份认定6人次、归侨侨眷身份证4人次，受理来信来访、涉侨案件16件次。

【引资引智】 开展“百名侨领泰山行”活动，接待侨商到泰安考察，向侨商推介泰安市经济状况和投资环境，为促进全市经济发展助力。东平液体地膜项目完成工商注册，总投资1.2亿元，年内，开工建设生产线。总投资8800万元的芝人堂项目已完成工商注册和征地手续。“钢琴生产及小镇”项目取得进展。会展经济方面，完成中国城市环境卫生协会华东地区第25届年会项目备案工作。

【华文教育】 依托泰山华文教育基地，华文教育工作走在全国的前列。加强基地建设和管理，泰山华文教育基地成为集接待海外华裔青少年寻根旅游团、进行海内外华校师资培训交流、海外同胞了解中国历史和现状的综合性基地，岱岳实验中学被批准为省级华文教育基地。加大交流工作的力度，先后与国侨办、中国华文教育基金会、省外侨办合作举办“中国寻根之旅”“中国文化行”等活动，全年承办夏（秋）令营活动3批，分别接待来自美国、加拿大、韩国、泰国的华裔青少年276人次。完善外派教师机制，严格把好“选拔关、培训关、输出关、在外管理关”，全年向海外派送教师3人。累计向泰国、菲律宾、印度尼西亚、文莱、秘鲁等国家派出华文教师62人次，与海外近20个国家和地区的39所华文学校、华教机构建立友好合作关系。

【侨务捐赠】 结合“侨爱工程、万侨助万村”活动，加强与中国香港“应善良基金会”、中国台湾“慈心慈善基金会”、美国“欣欣教育基金会”、美国北加州山东同乡会等华社团体和加拿大侨商等华侨华人的联系，鼓励他们为泰安的经济发展和民生事业捐资助力。

（朱志刚）

政策研究

【概况】 年内，市委政研室（改革办）学习贯彻习近平新时代中国特色社会主义思想、中共十九大精神和习近平总书记视察山东重要讲话、重要指示批示精神，围绕中心、服务大局，发挥职能、当好参谋，较好地承担综合性政策研究部门和参谋机构服务市委决策、服务中心工作的各项任务。顺利通过省级文明单位复审，连续10年保持“省级文明单位”称号。

【文稿起草】 把文稿服务作为决策参谋的重要抓手，立足全市发展大局，紧贴市委中心工作，以起草高质量领导讲话稿、汇报材料等为载体，为市委战略决策和工作部署服务。全年起草各类文稿500件。其中，起草的市委全委会、新旧动能转换会、双招双引推进会以及各类专业会议活动等材料，得到市委主要领导肯定。

【调查研究】 结合市委全年工作部署，以破解全市经济社会发展重点难题为着力点，谋划开展一系列专题调研，形成一批有影响力的调研成果，为市委谋划和部署工作提供决策依据。围绕弘扬新时代泰山“挑山工”精神、关心基层十条落实情况、细化完善容错纠错政策措施等方面开展调研，并将有关成果应用到文稿中，提高文稿起草的针对性和操作性。在2018年度全省党委政研系统优秀调研成果评选中，有1篇调研报告获一等奖。

【载体建设】 围绕“推进高质量发展”“加快新旧动能转换”“乡村振兴”“改革开放40年”等重点工作开设栏目，打造泰安特色党刊。新设“泰山挑山工”“泰山先锋”“廉政建设”等党建专栏，交流各级各部门加强党的建设的先进典型和经验做法，为全市党建工作营造浓厚氛围。全年编发《泰安工作》12期。

【深化改革】 组织召开市委全面深化改革领导小组会议11次，研究改革事项45项，审议改革文件方案32个。推进省级以上改革试点86项。建立市级领导领衔推进重点改革项目制度，15名市级领导领衔推进15项重点改革项目。市行政审批服务局在全省率先挂牌运行，并入选全省改革开放40周年最具影响力事件。新泰市被批准设立全国首家便民服务局并开展改革试点，相关做法在全省深化“一次办好”改革现场会上作典型发言。组织开展全市党政机构改革工作，改革方案被确定为全省模板。5项改革工作被评为全省深化改革典型案例，3篇调研报告入选全省深化改革调研报告精选，在省委改革办《改革情况交流》刊发2期改革经验。细化完善县（市、区）和市直部门全面深化改革工作考核办法，纳入全市经济社会发展综合考核体系。加强制度创新，对承担的牵头落实“强化制度建设和改革创新”整改工作，在选人用人、关心基层和鼓励干部担当作为等方面，把关出台一批科学合理、可操作性强的制度文件，制度建设和改革创新工作取得阶段

性成效。举办全市改革工作推进会暨全面深化改革考核专题培训班，编发全市《改革工作简报》43期、会议纪要10期。（赵 辉）

机构编制

【概况】 12月29日，市机构编制委员会办公室调整为市委机构编制委员会办公室，为市委工作机关，归口市委组织部管理。年内，市委编办牵头承担的重大改革和机构编制管理工作均取得明显成效。在全省第一家组建市级行政审批服务局，入选山东省庆祝改革开放40周年最具影响力事件，列全省第七位；机构改革顺利推进，市级改革方案被确定为全省的改革模板；在全省率先提出“贴心代办，一次办好”理念，推动“市县同权”，简政放权力度范围创历年之最；信息工作考核排名全省第一，被评为“全省机构编制信息工作先进单位”。在全省机构编制工作年度考核中成绩位居前列。

【机构改革】 贯彻中共十九届三中全会精神和省委、市委工作部署，会同市委办公室、市委组织部、市委改革办、市人社局等部门组建工作专班，实行集中办公。在充分征求各方面意见建议的基础上，研究制定《泰安市机构改革方案》并报省委批准，系全省除济南、青岛两个副省级城市外第一个定稿的市级改革方案。改革后，市委共设置工作机关12个（含市纪委监委机关），市政府设置工作部门35个。与机构改革相衔接，做好承担行政职能事业单位改革后续工作收尾，同步推进涉改事业单位优化整合。6个县（市、区）机构改革方案顺利得到省委批复，“三定”制定、人员转隶等工作有序推进。

【相对集中行政许可权改革】 组建全省第一家市级行政审批服务局，入选山东省庆祝改革开放40周年最具影响力的事件。9月26日，市行政审批服务局正式挂牌成立，并启用新迁建的市政务服务大厅。改革将涉及市场准入、投资建设、国土规划、环境保护、城市管理、民生保障等领域的188项行政许可事项、34项关联事项及6项收费事项划转至市行政审批服务局。改革后，审批机构由原来的27个归并为1个，审批科室由112个减少为6个，审批人员由379人精简为61人。6个县（市、区）行政审批服务局全部组建完成并挂牌运行，实现“一枚印章管审批”。

【“一次办好”改革】 “一次办好”改革纵深推进，推动“市县同权”，结合泰安实际，搭建起“1＋5＋7”的改革框架体系（“1”指《关于推行“贴心代办、一次办好”改革实施方案》；“5”指下放行政权力、开展集中审批、创新政务服务、推进信息共享、优化营商环境五大领域；“7”指出台压缩企业开办时间、不动产登记、优化工程建设项目审批、优化水气暖报装、简化获得电力、便捷获得信贷、营商环境评价7个专项工作方案）。推动权力下沉，在全省率先向县级下放市级行政权力4120项、委托功能区行使3676项，下放（委托）权力占全部市级行政权力事项的76.16%。拓展服务深度，公布54个市直部门（单位）“代办，办好”事项清单，生成政务服务办理事项2333项，所有事项均达到甚至超过江苏、浙江标准。

【机构编制管理】 创新机构编制管理，探索建立高层次人才专项编制。破除束缚人才发展的障碍，在全市范围内调剂300名事业编制作为高层次人才专项编制，实行全市统筹、动态管理、专编专用，填补泰安市在引进高层次人才方面的编

12月16日，“新时代改革开放再出发”——山东省庆祝改革开放40周年感动山东人物（群体）和最具影响力的事件颁奖典礼举行，泰安市设立全省首家市级行政审批服务局、实行“一枚印章管审批”入选最具影响力的事件，列全省第七位（王鲲鹏 摄）

制政策空白。完成4家高职院校和7家公立医院的人员控制总量备案管理，备案招聘人员124人，收回事业编制251个。全面完成公办幼儿园和基层医疗卫生机构核编工作，全市111所公办幼儿园核定人员控制总量4871人，85所基层医疗卫生机构核定编制6399个。加快机构编制信息化建设，“智慧编办”建设全面起势，制订“泰山智慧”机构编制科学决策平台项目建设方案，在全国机构编制信息化培训班介绍经验，为全省工作推进会提供现场并作经验介绍。（朱传伏）

机关党建

【概况】 年内，市委市直机关工委扎实推进“两学一做”学习教育和“大学习、大调研、大改进”教育活动，拓展新路子，健全新机制，创新推进“一岗双责四联评定”〔“一岗双责”分党内职责和业务职责，党内职责分以下几个层面：部门单位党组（党委）书记党内职责，主要履行机关党建的“领导责任、保障责任、管理责任、监督责任、示范责任”等；机关党委书记党内职责，主要履行机关党建的“协助责任、推进责任、教育责任、监督责任、引领责任”等；机关党支部书记党内职责，主要履行机关党建的“落实责任、统筹责任、教育责任、监督责任、管理责任”等；普通党员党内职责，要按照“四讲四有”标准，做到“四个合格”，即政治合格、执行纪律合格、品德合格、发挥作用合格。“四联评定”即部门党组（党委）书记向市委主体责任办公室考核组述职；机关党组织书记向市直机关工委述职，市直机关工委组织评议考核；机关党支部（党小组）书记将落实党员“一岗双责”制度情况向部门机关党组织述职，部门机关党组织进行评议考核；党员对落实“一岗双责”情况进行自我评定，党支部组织评议考核〕融合机制，围绕市委、市政府中心工作，加强研究和解决新矛盾新问题的能力。获得“省级文明单位”“2018年度山东省机关党建调查研究与实践创新先进单位”“山东省机关党建宣传报道工作先进单位”“泰安市迎接国家卫生城市复审工作先进集体”“泰安市全国文明城市创建工作先进集体”“泰安市‘无烟单位’”“‘五四’红旗团委”称号。

【思想建设】 发挥理论中心组学习的引导作用，推进社会主义核心价值观宣传教育。制定《市直机关党委（党组）理论学习中心组2018年理论学习安排意见》，以党委（党组）中心组学习为龙头，带动基层党组织和全体党员，划分学习教育层次，组织理论中心组学习12次。做好意识形态阵地的管理，引导市直机关基层党组织和党员订购《习近平新时代中国特色社会主义思想三十讲》《习近平谈治国理政·第二卷》等学习资料上万册，作为中心组学习重要内容。检查21个部门单位党委（党组）理论中心组成员、市直部门单位不是理论中心组成员的县级干部和科级干部3000人的理论学习笔记。向市委宣传部推荐市直机关先进县级党委（党组）理论学习中心组8个、优秀理论教育工作者8名。举办市直机关党的规范化建设专题培训班，培训机关专职党务干部、部分基层党支部书记240名，分2期在武汉大学举办全市机关党务干部培训班，培训县（市、区）直机关工委书记及市直部门单位机关党组织书记130人。利用机关干部大讲堂、文化讲坛、专题辅导报告等载体，开展社会主义核心价值观教育40场。

【组织建设】 围绕“党的建设规范化创建活动”，推进组织建设、制度建设、党员教育、台账管理、责任落实“五个规范化”。市直机关112个部门单位制定工作方案和落实措施，申报争创五星级机关党建示范单位72个、四星级规范化建设先进单位28个，争创优秀率达91%。排查梳理机关党的建设中存在的突出问题，组织市直单位党支部以专项整治的形式，列出问题清单3000项。继续实施主题党日活动激励机制，上报“主题党日”活动案例1300个，评选通报优秀“主题党日”167个。新建、改建、换届调整机关党组织41个，新建机关纪委20个，调整充实党组织班子成员253人。培训机关专职党务干部、部分基层党支部书记240人，培训县（市、区）机关工委书记及市直部门单位机关党组织书记130人，培训发展对象190人，发展党员420人。走访慰问生活困难党员、群众201户。培树过硬党支部典型60个，泰山先锋红旗党支部9个。开展党员志愿服务活动，组织276个市直部门单位党员干部到社区报到，结合“创城迎审”开展党员志愿服务活动5000人次。

【作风建设】 全面落实从严治党主体责任，完善党风廉政建设责任制，组织工委领导班子专题会议2次，传达学习上级有关文件精神，专题研究落实市直机关层面和工委自身的党风廉政建设工作，组织机关各层级分别签订承诺书。组织集中学习、专题知识测试、收看警示教育片、组织专题讲座、利用关爱谈心提醒活动等多种形式开展廉政教育。举办市直机关纪委书记培训班，120 名机关纪委书记、纪委委员参加培训。畅通信访举报渠道，接待群众到访、信访 12 次，及时协调配合有关部门进行处理，受理市直机关科级以下干部违纪事项 16 起，依纪对 19 名党员的违纪问题进行审查处理。

【精神文明创建】 抓实抓好文明单位日常管理，严格审查文明单位申报条件，按照平时工作与考核结果相结合的方式，加强规范管理、推动工作、提高效能。文明单位考评继续委托第三方在线考核，分别召开考核培训会，对 170 家单位文明创建工作进行考评；参与 45 家市级申报省级文明单位的考评；完成 2017 年度文明奖的审核发放工作；摸清和解决涉及 42 个单位、592 名离退休老干部要求发放文明奖的工作。表扬市直文明单位 60 个、优秀公仆 62 人、先进工作者 194 人。

【服务品牌建设】 把服务品牌建设工作作为精神文明机关创建的主要抓手。年内，市直机关服务品牌创建工作增加示范性服务品牌、示范性服务窗口建设，评选出示范性服务品牌 19 个、优秀服务品牌 12 个、示范性服务窗口 9 个、优质服务窗口 16 个，推进服务品牌建设和成果转化运用。

【党的建设规范化活动】 泰安市直机关“破解党建难题 建设过硬支部”创新做法被《中直党建》杂志作为创新案例予以推广，并被《中直党建》杂志、人民网、中直党建网、中国新闻网联合评为“优秀创新案例”。10 月，泰安市直机关工委在全国机关党建工作研讨会议上作书面典型交流。11 月，山东省市、县机关工委书记座谈会在肥城市召开，泰安市直机关工委、肥城市直机关工委等 5 个市、县机关工委分别作典型介绍。开展党建理论研究，11 月 26—27 日，在东平县召开泰安市机关党建理论研究暨规范化建设观摩交流推进会议，现场观摩东平县交通局机关党建等 5 个党建工作现场。东平县委县直机关工委等 8 个单位作典型经验交流，岱岳区委区直机关工委等 7 个单位进行书面交流，通报表扬 2018 年优秀党建调研课题成果，并汇编成册。

4月9日，全市机关党的工作暨市直机关“党的建设规范化创建活动”动员会议召开（王 斌 摄）

【宣传工作】 利用泰安党建、泰安机关党建网、“泰安机关党建”微信公众号、宣传栏等平台，搭建“泰安机关党建”微信平台，开设“泰安机关党建专栏”，连续、系统地转发习近平总书记系列重要讲话相关内容。组织开发“泰安机关党建”手机 APP，开通泰安机关党建网在线投稿平台，在《泰安日报》开设《机关党建》专栏，结合“泰安机关党建”微信公众号、宣传栏等平台进行多维度、多平台、全方位宣传。编发《机关党建通讯》11 期，《泰山公仆》杂志 4 期，发行 1.2 万册。市直机关各单位通过在线投稿平台投稿 2500 篇，通过《泰安日报》“党建”专栏宣传党建信息 20 期，通过微信公众号发布党建信息 66 条。完成市委宣传部安排的“永远跟党走”庆祝中国共产党成立 97 周年文艺晚会、庆祝改革开放 40 周年颁奖典礼等集体活动 5 场次，组织观众 1300 人次；组织观看优秀廉政剧《官箴碑》11 场、观众近万人；做好“身边好人”推荐工作。

【群团组织建设】 加强对群团组织的领导，开展富有特色的机关文体活动。5 月 21—25 日，举办市直机关第二十六届乒乓球比赛，77 个部门单位 573 名运动员参赛；10 月 22—26 日，举办市直机关第四届羽毛球比赛，63 个部门单位 530 名运动员参赛；6月11—15日，开展市直机关太极拳骨干培训班，43个部门单位的96名干部职工参加培训。推荐2名机关人员代表市直机关参加“中国梦劳动美”省市工会系统演讲比赛，取得全市第一名和全省银奖的好成绩。在市直机关开展首届“最美职工”活动，评出市直机关“最美职工”10名、“最美职工”提名奖10名。表彰第十二届“市直机关十大杰出青年”10名、“市直机关优秀青年”20名、“市直机关青年服务先锋队”10个。在“5·20”和七夕两个节日，分别组织机关男女青年参加相亲会，100名青年参加。配合泰山区武装部做好市直民兵整组、征兵宣传等工作。

【全国文明城市创建】 完成市直机关文明单位包保街道社区安排和督导工作。组织48个单位包保社区，印发包保工作方案、督导方案，编发督查快讯31期、刊发信息62条。发动市直机关各部门单位开展“迎新春·净家园”学雷锋志愿服务活动、“文明劝导捡拾烟头垃圾”志愿服务活动、全市创建全国文明城市推进暨“五进五送”助力创城志愿服务活动、“高温一线送清凉、党员志愿者在行动”为主题的系列慰问活动等。结合市直各部门活动开展情况向市志愿者服务协会推选最美志愿者4人、最佳志愿者服务组织3个、最佳志愿者服务项目3个。完成机关工委担负11项个性指标、37项共性指标，反复调度市直部门单位的材料，机关工委报送材料被市创城督导三组作为14个单位模板推广。（陈来明）

老干部管理与服务

【概况】 年内，全市老干部工作全面贯彻中共十九大精神，坚持为党和人民事业增添正能量的价值取向，各项老干部工作取得新的成绩。继续保持“省级文明单位”称号。市委老干部局被评为“全省离休退休干部信息统计工作先进单位”“全省老干部工作部门调研信息工作先进单位”。

【离退休干部思想政治建设和组织建设】 将“离退休干部党建工作”纳入全市党建工作总体规划，将“加强离退休干部工作”纳入全市全面从严治党考核体系，健全完善离退休干部党工委工作运行机制。组织开展“党建创新年”活动，“七一”前夕通报表扬全市离退休干部“红旗党支部”20个、全市优秀离退休干部共产党员20人。市、县两级全部印发离退休干部党组织工作经费保障和党组织书记工作补助发放政策文件。在浙江大学举办全市离退休干部党建工作专题培训班。规范离退休干部社团和公益志愿服务组织建设，督促指导各县（市、区）成立老干部志愿者协会，泰山区、新泰市、宁阳县已建立老干部志愿者协会。依托市委老干部党校，举办市直离退休干部党组织书记培训班，召开市直部分离退休干部党支部书记座谈会2次。

【离退休干部服务管理工作】 完善和落实政治待遇制度，市各大班子主要领导集中走访慰问市级老领导，组织召开全市工作情况通报会，组织市级老领导参观全市经济社会发展成果。对上争取省离休干部“两费”（离休干部公用经费和特需经费）专项转移支付资金692万元，增强离休干部“三个机制”（离休费保障机制、医药费保障机制、财政支持机制）保障能力。完成《山东省离休干部名录（泰安分卷）》编纂工作，编录离休干部8731人，形成文稿87万字。做好山东老战士历史资料征集工作、“面对面、户户到”走访调研工作，全市各级各单位先后向省《老干部之家》杂志社报送历史资料260件，填报离休干部精准服务信息库信息867人次。落实走访慰问和生活困难帮扶救助制度，年内安排走访慰问易地安置（长期异地居住）离休干部及遗属50人，帮扶救助市直生活困难离休干部及遗属49人。

【老年教育和文化养老工作】 加强离退休干部学习活动阵地建设，争取省财政专项资金300万元，支持岱岳区老年大学新校建设工程。完成市老年大学协会换届工作，举办全市老年大学校长及业务骨干培训班。探索城区老年大学“一体化”管理机制建设，泰山区老年大学在全省老年大学工作会议上作典型发言。以改革开放40周年、市老年大学建校30周年为契机，组织开展主题征文、书画笔会、书画摄影展、乒乓球友谊赛、文艺会演等活动。举办“齐鲁夕阳红·五彩中国梦”大型文艺展演（泰安赛区）活动。组织老干部参加第二届全省离退休干部合唱比赛，获团体银奖和优秀组织奖。

【为党的事业增添正能量活动】 印发《致全市广大老干部助力“创城迎审”的倡议书》《关于发挥离退休干部优势 助力实施乡村振兴战

10月26日，市委书记崔洪刚（前排中），市委常委、组织部部长、市老年大学校长高尚山（前排右）参加泰安市老年大学建校30周年庆祝活动，并看望部分学员（张　兵　供）

略的通知》，引导全市1.2万名老干部投身乡村振兴、精准脱贫、创城迎审、新旧动能转换等中心工作。开展“夸夸我家这五年”主题征文，全市有6篇文章在全省获奖。开展“我亲历的改革”征稿活动，组织引导老干部忆往昔、说发展、谈变化、献良策，收到稿件64篇。召开纪念泰安市关心下一代工作委员会（以下简称关工委）成立25周年暨全市关工委工作会议，开展“传承红色基因，争做时代新人”主题教育活动。调整市关工委领导班子，市、县两级老年大学成立关工委组织。确立“泰山金秋”老干部工作品牌，全年编发《老干部工作信息》42期、“泰安老干部之家”微信公众平台信息56期，出版“泰山金秋”专版5期，在市级以上媒体采用稿件47篇，其中2篇被《中办信息》、中办《每日汇报》采用，多项重点工作和创新工作开展情况等信息被省委老干部局《情况反映》《山东老干部工作》《大众日报》采用。

（张　兵）

党史与地方志

·党史资料征编与研究·

【概况】　年内，市委党史办以习近平新时代中国特色社会主义思想为指导，学习贯彻中共十九大和十九届二中、三中全会精神，落实习近平总书记视察山东重要讲话、重要批示精神，按照市委有关部署要求，大力开展存史、资政、育人工作，在党史征集研究、党史宣传等方面取得实效。2018年，市委党史办在市级社科成果评选中获二等奖1项。继续保持省级文明单位称号。

【党史征集研究】　①编撰出版《泰安改革开放实录》。全面研究记录改革开放后泰安的经济、政治、文化、社会、生态文明和党的建设等历史经验，共收录314篇文献稿件，合计337万字。②重新编辑《中国共产党泰安历史（1926—1949）》。为“不忘初心、牢记使命”主题教育提供学习资料，重温党的光辉历史，不忘走过的路。③启动《徂徕山起义人物名录》《从徂徕山走出的雄狮劲旅》的编撰工作。进一步深入挖掘徂徕山起义的历史贡献和时代精神，丰富泰安红色文化内涵，传承好红色基因。

【党史宣传教育】　①建设中共泰安第一支部展室。展陈面积约200平方米，收录珍贵图片300幅，全面展示泰安党组织从无到有，历经曲折发展壮大的奋斗历程。②参与“五位一体”新时代党员教育体系建设。利用徂徕山抗日武装起义纪念碑和纪念展室，打造徂徕山爱国主义教育体验路线。③打造党史宣教阵地。新命名泰安主题党日中心、昆山党性教育基地等市级党史教育基地5处，出版《泰汶春秋》杂志4期。

【党史队伍建设】　①开展“大学习、大调研、大改进”。始终坚持边学习讨论、边调研排查、边改进提升，共查摆五大类20条问题，形成综合调研报告并积极整改。②开展党的建设“规范化创建”活动。以一个学习日、一个主题党日、一个党费收缴日、一个党建品牌、一个党建项目等“五个一”为载体，以落实“三会一课”为重点，规范组织生活，激发党员活力。③加强党史业务培训。注重加强党史干部的经常化教育和横向交流学习，7月举办1期全市党史干部（联络员）培训班，进一步提高党史干部的理论水平和专业素养。　（李贵友）

·地方史志·

【概况】　2018年，全市地方史志工作围绕全市工作大局，抓亮点、补短板，扎实做好各项业务工作和机关建设，志、鉴、会（市情研究会）、网（地情网、地情资料库）、馆（方志馆）、开发服务“六位一体”全面发展，各项业务工作位次继续保持在全省前列。在全省优秀史志成果评选中取得突破性进展，共有13项成果获奖。首届齐鲁名镇名村志评选中，泰安市入选3部（共16部）。市史志办继续保持省级文明单位称号。

【镇村志编纂与村史馆建设】 在全市第二轮综合志书、泰安系列山水志编纂工作全面完成的基础上，学习借鉴先进地区经验，尝试探索化无形为有形，通过宣传发动、示范带动、行政推动等形式大力倡导镇村史馆建设。将存于纸面的地方志资料进行综合开发利用，充分利用镇村志资源，在全市推进镇村史馆建设，讲好镇村故事，展示故乡人文传统，打造乡村文化建设新亮点。10月18日，在肥城市召开泰安市镇村志编纂暨村史馆建设推进会，为6个各有特点和特色的镇村（校）史馆授牌、赠书，在全市推开镇村史馆建设，真正使之成为农村思想政治文化建设的新高地。

【《泰安府志》点校本出版】 2018年8月，《泰安府志》点校本印刷出版。该整理点校本由泰安市史志办历时三年而成，分为繁体线装点校本和简体精装注释本两种版本，各有侧重。繁体字版本在尊重原貌的基础上，加注标点，便于文史爱好者收藏阅读。简体字版本改繁体字为简化字，加注标点并进行简明注释，以便于现代读者阅读。2016年年底，先后邀请山东大学博士生导师杜泽逊教授、山东师范大学李伯齐教授、山东省图书馆研究馆员徐泳、泰山学院泰山研究院副研究馆员周郢等专家学者进行审核、点校、注释。2017年9月，完成点校审阅，交付印刷厂排印校稿，11月定版印刷。《泰安府志》的整理出版为保存泰安传统文献、弘扬历史文化、服务当今社会发挥应有的作用。7月，市史志办点校整理的〔清〕乾隆版《泰安府志》入藏国家方志馆。

【年鉴编辑】 年内，全市7部综合年鉴（市年鉴和6部县级年鉴）继续实现“一年一鉴、公开出版”。同时利用《泰安年鉴》组稿资料，继续编辑《泰安年鉴·袖珍本》，于4月初出版，为全市领导干部和部门机关提供快捷可靠的资料服务，使之成为年鉴编辑的短精快项目。

【《泰安年鉴（2018）》出版发行】 年内，由市政府主办、市史志办编辑的《泰安年鉴（2018）》出版发行。《泰安年鉴》1991年创刊，2018卷是连续出版发行的第28卷。全书设特载、大事记、市情概览等栏目30个，条目1300个，刊载图片300幅、表格51个，总字数82.4万字，全面记载2017年全市上下践行五大发展理念，增创五大发展新优势，建设富裕文明幸福新泰安的伟大进程，系统记述全市政治、经济、文化、社会等方面的基本情况，突出记载泰安功能区调整、新旧动能转换、“三强”企业培植、重大项目建设、生态文明建设等内容，着重反映深化改革发展的新思路、新举措、新经验和新成绩，为各级党委、政府科学决策提供参考依据，为社会各界认识、了解泰安提供信息资料。在卷首设置领导调研、重要会议、项目检查、项目介绍、泰山国际登山节、会展活动、文化旅游、泰城风光等彩页专版，以图照形式集中反映年度内大事要闻，反映泰安的发展变化和泰城新貌。该卷年鉴在封面设计上继续以国画“中华泰山”进行制作，庄重大气，突出泰山之美的同时，彰显泰安浓郁的地方特色。

【市情研究宣传】 发挥网站、微信公众号等新媒体宣教作用，泰安市情网、“泰安史志”微信公众号、“泰安史志”头条号等新媒体宣传阵地作用，全年推送各类史志信息740条，向山东省情网推送史志信息133条，位列全省17市第5位。编辑《泰安市情》杂志3期，出版发行3000册。

【方志馆建设】 收集保存地方志编纂资料，购买《泰安志（四卷）》352拍6册、6合套1函。《〔康熙〕泰安州志（四卷）》250拍4册、6合套1函。购买山水志书62册。同时，做好读志用志服务。8月23日，在广生泉社区举行泰安市首家读志用志示范点揭牌赠书仪式，赠送志书、年鉴和地情资料200卷册。10月18日，为肥城市6个镇村（校）史馆授牌、赠书，推动全市推开镇村史馆建设。同时，利用现有条件积极争取，完成方志馆精品陈列室陈列装修、设备安装和志书上架。40组密集架可陈列精品志书、年鉴和市情资料近万卷（册）。 （赵　兵）

党　校

【概况】 年内，市委党校（市行政学院）深入学习贯彻习近平新时代中国特色社会主义思想和中共十九大精神，全面贯彻落实全国、省市党校工作会议精神，坚持“党校姓党”根本原则，瞄准“建设一流市级党校”目标，以“全面质量年”为总抓手，突出主业主课，提升教学质量，强化管理创新，各项工作实现新的发展，一流党校建设迈出新步伐。

【推动各级党委全面落实党校工作主体责任】 市委大力支持、强力推动市委党校工作和全市党校事业。市委主要领导、分管领导到市委党校调研、签批党校工作和科研成果，市委常委到市委党校讲课次数均是历年最多的一年。7月26日，召开全市党校工作座谈会，市委书记、市委党校校长崔洪刚出席会议并讲话。会议贯彻落实全省党校工作座谈会精神，从更高层次审视、思考和推进泰安市党校工作。会议强调加强和改进新形势下党校工作，要突出政治性、研究性、教育性，坚持从严治校、从严施教、从严管理，抓好队伍建设，加强日常管理，营造风清气正氛围，推动党校工作不断提升质量和水平。

各县（市、区）均召开常委会议、党校工作座谈会，专题研究部署党校工作和党校建设；党委领导成员到党校讲课形成制度化、常态化；党的理论教育、党性教育主业主课地位更加突出；县级党校建设实现新突破，乡镇党校规范化建设取得显著成效，走在全省前列，为扩大党员干部正规教育培训发挥重要作用。

【完成重大政治任务】 抽调理论骨干组成市委和市直机关宣讲团，在全市各级各单位集中宣讲100场次；受市纪委监委委托，派出骨干教师深入市直部门和各县（市、区）宣传解读新修订的《纪律处分条例》，宣讲50场次，受教育党员干部5000人次。完成市委理论中心组读书班服务保障工作。承办上级举办的环保执法培训班、山东省新时代习近平党建思想高级研修班、新旧动能转换高级研修班、省社科联“山东社科论坛研讨会”、省中国特色社会主义经济研究会年会等重要培训研修活动。开展勇做新时代泰山“挑山工”专题教学研究工作。

【党员干部培训】 完成16个主体班次进修培训工作，参训学员1500人次；承办对外培训班次67个，学员6500人次，是历年培训人次最多的一年。深化教学改革创新，丰富教学内容和手段，探索“党校＋高校＋现场”“课堂教学＋基地实践”、市县共享优秀师资、与兄弟市党校实行双向异地培训等模式。强化教学竞争机制，把提高教学质量放在首位，严格试讲把关，全面推行教学专题竞聘制、重点专题AB角制，强化质量导向，形成竞争态势。加强师资队伍培训，选派骨干教师、青年教师80人次到中央党校（国家行政学院）和全国知名高校参加相关业务学习和专题培训。实施教研人员挂职锻炼工程，首批选派6名中青年骨干教师分别到市直有关部门和街道办事处挂职。

【科研咨政】 以服务决策为咨政重点，发挥“思想库”作用。完成各级各类研究课题51项，其中省委党校、省行政学院、省党建研究会课题21项，市社科规划课题14项（重点课题9项），市社科联课题7项，市直机关工委机关党建调研课题9项；发表论文90篇，其中核心期刊2篇，8篇咨政报告被市级领导签批。与在校第29期中青班联合攻关，确定调研主题15个，形成高质量的调研成果，全部获得市委、市政府领导的肯定、签批。

【硬件建设】 推进新学员公寓建设，做好建设的各项前期准备工作。加大基础设施建设力度，年内投入数百万元，用于优化提升设施设备、廉政教育展厅工程建设、校园增绿工程、会议中心新型LED屏安装等项目。

【组织建设】 加强过硬党支部建设，激发党建新活力。坚持党建引领，加强组织建设，改选党支部，处室主要负责人担任支部书记，按期换届配强班子。开展“大学习、大调研、大改进”活动，确定调研题目6个，由校委成员分别带队，到江苏、浙江等省，青岛、潍坊等省内先进地市及各县（市、区）开展学习调研，形成高质量调研报告6篇，实施新的工作机制、管理模式、工作举措11项，推动工作创新发展。

（祝　捷）

档　案

【概况】 全市拥有档案馆8个，其中国家综合性档案馆7个，专门档案馆1个，建筑面积1.1万平方米；馆藏档案1115个全宗；馆藏档案资料137.94万册（卷、件、张）。市档案局和各县（市、区）档案局全部被省档案局评为全省档案宣传工作先进集体，9名职工被评为先进个人。市档案局被中国档案报社评为《中国档案报》全国发行先进单位，连续2年保持省级文明单位称号，完成督促创建文明城市包保社区各项创城任务，打造“党的建设规范化创建活动”四星级标准。

【档案资源建设】 ①档案接收。年内，接收文书档案3900件、资料137册。②档案征集。征集名人全宗、民国时期宅地契等档案、资料460件。③档案抢救修复。抢救修复馆藏民国档案和特藏资料3.6万页。④重点档案文件级目录体系建设。完成3698条革命历史档案文件级目录著录工作。⑤档案开放鉴定。完成3698条革命历史档案的开放鉴定工作。⑥档案库房扩建。完成“标准化档案库房改造”“档案库房专用设施设备采购”两个项目招标、建设和验收工作，对1间办公用房进行标准化改造。

【档案信息化建设】 ①数据库续建。全年进行档案数字化扫描160万页，校对档案目录13万条；对全部馆藏1.2万幅照片档案进行目录著录及数字化扫描；完成民国档案4.1万条敌伪档案人物调查表人名著录；完成馆藏70盘音像档案的数字化转换；对馆藏1000卷档案进行目录补录，录入目录2万条。②数字档案馆建设。召开全市数字档案馆系统测试工作推进会，基本完成数字档案管理系统升级工作。③涉密数据管理。为涉密机配备保密“三合一”、红黑隔离插排、USB电脑指纹锁系统登录设备等安全防护设备。④数据备份。2次组织全市统一到省备份中心备份档案数据7.76T。

【档案查阅利用】 ①查阅服务。提供各界利用档案资料420人次，2345卷(件)，复制档案材料3950页。②远程查档。与省档案馆和市内各县(市、区)档案馆签订馆藏资源跨馆利用服务协议，与青岛、日照、东营、烟台等建立横向馆际联动。③规范管理。重新拟定《泰安市档案馆馆藏档案资料利用规定》《查阅利用档案须知》《控制使用档案利用须知》等制度。

【档案开发利用】 泰安档案文化丛书《民国泰山(研究卷)》编纂出版，并获得2017—2018年度省档案学优秀成果一等奖。完成《抗日战争档案汇编·泰安卷》编纂出版工作，扫描图片608幅。编纂出版《2017年泰安市大事记》合订本，入选条目1430条、16.9万字，筛选图片20幅；编辑整理《2018年泰安市大事记》初稿1800条、20万字。创刊《档案资政参考》。完成《泰安改革开放实录》“档案”部分1万字供稿工作。

【档案业务管理】 全市有5个单位被省档案局表彰为“山东省档案工作科学化管理示范单位”，22个单位被表彰为“山东省档案工作科学化管理先进单位”。与市委督查室组成联合督查组对全市各县(市、区)和高新区、泰山景区县级国家综合档案馆建设情况进行专项督查，每季度对新馆建设情况进行调度，并及时向省档案局报送建设进展情况及资金使用情况。配合乡村振兴战略和《村级档案管理办法》的贯彻落实，对全市乡镇、村级档案工作情况进行调研并对农村档案工作进行安排部署，联合市农业局，对全市农村集体产权制度改革档案工作进行督导检查，对检查中存在的问题形成问题清单进行反馈并提出整改要求。按照“贴心代办、一次办好”要求，对相关事项进行拆分梳理，委托、下放部分事项，编制服务指南和业务手册。梳理报送行政处罚(强制)权力网上运行流程相关信息，并通过山东省行政权力事项动态管理系统进行网上填报。

【档案宣传教育】 开展爱国主义教育，接待机关、团体、企事业单位、学校参观者以及社会公众600人次。联合市直有关单位、各县(市、区)档案局及驻泰安高校，开展以“档案见证改革开放”为主题的国际档案日宣传活动。泰安市档案学会召开第五次会员代表大会，换届选举产生新一届领导机构及理事、监事成员。参加山东省档案学会2017—2018年度档案学优秀成果评选，申报13项，获得一等奖1项、二等奖2项、三等奖10项。在《中国档案报》《山东档案》等刊物上发文35篇，2篇入选中国档案学会2018年全国档案工作者年会征文。编制《档案工作简报》26期，培训档案人员2000人。通过评审，8名工作人员具备档案副研究馆员职务的任职资格，10名工作人员具备档案助理馆员职务的任职资格。 (李　梅)

编辑　校对　刘　凯

泰安市人民代表大会

综　述

【概况】　2018年，泰安市第十七届人民代表大会及其常务委员会牢固树立"四个意识"，坚定"四个自信"，做到"两个维护"，自觉把坚持党的领导、人民当家作主、依法治国有机统一于人大各项工作之中。先后召开常委会会议7次，制定地方性法规2部，听取审议专项工作报告27项，开展执法检查、视察和调研32次，开展专题询问1次，作出决议、决定4项，任免国家机关工作人员70人次，组织宪法宣誓30人次，圆满完成市十七届人大二次会议确定的各项目标任务，为推进富裕文明幸福新泰安建设、加快法治泰安进程做出积极贡献。

【重大决定】　认真落实中共中央关于健全人大讨论决定重大事项制度的规定和市委决策部署，完善议题协商、议题审查、调研审议、决定决议督办等程序机制，做好重大事项讨论决定工作，实现党委决策、人大决定有机统一。对财政预决算、政府债务限额调整等重要事项作出决议决定；对旅游经济开发区和高铁新区管理体制调整、行政审批制度改革等重大事项进行专项视察，提出建议意见；对市委深化改革领导小组提出的改革事项，及时调查研究，出台相关制度，努力推动市委重大决策部署贯彻落实。

【人事任免】　坚持党管干部原则与人大依法行使选举任免权相统一，扎实做好选举任免工作。根据市委提名和工作要求，及时召开常委会会议，完成机构改革所涉及的"一府一委两院"相关人员的任免工作，使党组织推荐的人选通过法定程序成为国家机关工作人员，保障市级机构改革的顺利推进。落实宪法宣誓制度，对泰安市人大及其常委会宪法宣誓仪式组织细则进行修订完善，认真组织宪法宣誓，增强国家机关工作人员的宪法意识，带头做宪法的忠实崇尚者、自觉遵守者、坚定捍卫者。年内，常委会依法行使人事任免权，任免国家机关工作人员70人次。泰安市第十七届人民代表大会常务委员会第七次会议，根据泰安市监察委员会主任郝红的提请，于2018年1月9日任命：赵永强、张勇、杨永成为泰安市监察委员会副主任；娄本亮、李学军、张同武、张亮、朱玉山为泰安市监察委员会委员。泰安市第十七届人民代表大会常务委员会第八次会议，2018年2月28日，根据泰安市中级人民法院院长朱旭光的提请，任命：王君远为泰安市中级人民法院刑事审判第二庭副庭长；赵宇为泰安高新技术产业开发区人民法院审

12月28日，市人大常委会主任唐福泉（右二）带领常委会组成人员考察政务服务中心　（苏智伟　供）

9月17日，市人大常委会主任唐福泉（前排左四）到宁阳县调研化工企业环境保护工作 （苏智伟 供）

判委员会委员。免去：王君远泰安市中级人民法院民事审判第二庭副庭长职务；崔利娜、张廷龙泰安市中级人民法院审判员职务。泰安市第十七届人民代表大会常务委员会第八次会议，2018年2月28日，根据泰安市人民检察院检察长苏金森的提请，批准任命：赵平原为东平县人民检察院检察长。免去：赵兴杰泰安市人民检察院检察委员会委员、检察员职务；张亮、毛尚纯泰安市人民检察院检察委员会委员职务；陈娟、叶丛中、郑艳玲、贾囡、赵方进、贾世森泰安市人民检察院检察员职务；乔秀杨、张勤勇泰安高新技术产业开发区人民检察院检察委员会委员职务。泰安市第十七届人民代表大会常务委员会第九次会议，2018年4月28日，根据泰安市人民检察院检察长苏金森的提请，批准免去：岳荣胜泰安市人民检察院副检察长、检察委员会委员、检察员职务；朱传华泰安市人民检察院检察员职务。泰安市第十七届人民代表大会常务委员会第十二次会议，2018年10月31日，根据泰安市人民政府市长李希信的提请，决定任命：季春秋为泰安市交通运输局局长；王立军为泰安市安全生产监督管理局局长；宋鸿鹏为泰安市行政审批服务局局长。免去：朱杰泰安市交通运输局局长职务；袁久党泰安市安全生产监督管理局局长职务。泰安市第十七届人民代表大会常务委员会第十二次会议，2018年10月31日，根据李希信的辞职报告，决定接受其辞去泰安市人民政府市长职务的请求，报泰安市第十七届人民代表大会第三次会议备案。泰安市第十七届人民代表大会常务委员会第十二次会议，2018年10月31日，根据泰安市中级人民法院院长朱旭光的提请，免去：张广乾泰安市中级人民法院民事审判第一庭副庭长、审判员职务；高玉泰、刘军策泰安市中级人民法院审判员职务。泰安市第十七届人民代表大会常务委员会第十三次会议，2018年12月28日，根据泰安市人民政府的提请，决定任命：黄正玉为泰安市工业和信息化局局长；陈锦勇为泰安市自然资源和规划局局长；乔建博为泰安市生态环境局局长；吕桂平为泰安市城市管理局局长；王骞为泰安市水利局局长；刘兆泉为泰安市农业农村局局长；王志翔为泰安市商务局局长；李华民为泰安市文化和旅游局局长；张步军为泰安市卫生健康委员会主任；魏勃为泰安市退役军人事务局局长；王立军为泰安市应急管理局局长；张京洲为泰安市市场监督管理局局长；肖和元为泰安市医疗保障局局长；梁国言为泰安市人民防空办公室主任；杨建全为泰安市人民政府研究室主任；任树凯为泰安市地方金融监督管理局局长；徐兆兵为泰安市能源局局长。决定免去：吕怀玉泰安市商务局局长职务。泰安市经济和信息化委员会主任、泰安市国土资源局局长、泰安市环境保护局局长、泰安市规划局局长、泰安市水利和渔业局局长、泰安市农业局局长、泰安市旅游发展委员会主任、泰安市安全生产监督管理局局长、泰安市工商行政管理局局长、泰安市食品药品监督管理局局长、泰安市文化广电新闻出版局局长、泰安市卫生和计划生育委员会主任、泰安市质量技术监督管理局局长职务自然免除。泰安市第十七届人民代表大会常务委员会第十三次会议，2018年12月28日，根据泰安市监察委员会主任郝红的提请，免去：李学军泰安市监察委员会委员职务。泰安市第十七届人民代表大会常务委员会第十三次会议，2018年12月28日，根据泰安市中级人民法院院长朱旭光的提请，免去：李海滨泰安市中级人民法院副院长、审判委员会委员、审判员职务；孙晓燕泰安市中级人民法院执行局执行一庭副庭长、审判员职务。 （苏智伟）

重要会议

1月6—9日，泰安市第十七届人民代表大会第二次会议在泰山国际会展中心召开　（陈　阳　摄）

【市十七届人大二次会议】 1月6—9日召开。会议审议通过市长李希信作的《泰安市人民政府工作报告》、市政府《关于泰安市2017年国民经济和社会发展计划执行情况与2018年计划草案的报告》《关于泰安市2017年预算执行情况和2018年预算草案的报告》、市人大常委会主任唐福泉作的《市人民代表大会常务委员会工作报告》、市中级人民法院院长朱旭光作的《市中级人民法院工作报告》、市人民检察院检察长苏金森作的《市人民检察院工作报告》，表决通过各项有关决议。会议批准泰安市2017年国民经济和社会发展计划执行情况和2018年市级预算。会议选举泰安市出席山东省第十三届人民代表大会代表和泰安市监察委员会主任，郝红当选为泰安市监察委员会主任。

【市十七届人大常委会会议】 年内，市十七届人大常委会举行会议7次。

市十七届人大常委会第七次会议 1月9日召开。会议听取审议市监察委员会关于提请任命市监察委员会组成人员职务的议案，表决通过人事任免事项，并向被任命人员颁发任命书。会议举行宪法宣誓仪式。在市十七届人大二次会议上当选的市监察委员会主任与常委会会议任命的市监察委员会副主任、委员一并进行宪法宣誓。

市十七届人大常委会第八次会议 2月28日召开。会议书面印发山东省十三届人大一次会议精神传达提纲；听取审议泰安市人大常委会2018年工作要点（草案）；听取审议市中级人民法院关于提请任免审判人员职务的报告；听取审议市人民检察院关于提请任免检察人员职务的报告。经过分组审议，会议原则通过泰安市人大常委会2018年工作要点（草案）；表决通过有关人事任免事项。会议向被任命人员颁发任命书，并举行宪法宣誓仪式。

市十七届人大常委会第九次会议 4月27—28日召开。会前，市人大常委会组成人员到泰山区、岱岳区、新泰市、肥城市、宁阳县实地视察农业产业化及产业园区建设现场。会议听取市政府关于2016年度市级预算执行和其他财政收支审计查出问题整改情况的报告；听取市政府关于提请审议《泰安市城市绿化条例（草案）》的说明；听取市人民检察院关于提请免去检察人员职务的报告。经过分组审议，会议原则通过市人大常委会关于《市政府关于2016年度市级预算执行和其他财政收支审计查出问题整改情况的报告》的审议意见；表决通过有关人事任免事项。

市十七届人大常委会第十次会议 6月29日召开。会议听取市政府关于对2018年全市新增政府债务限额及市级预算调整方案（草案）的报告；听取市政府关于全市气象事业发展工作情况的报告；听取市人大常委会执法检查组关于检查《中华人民共和国残疾人保障法》和《山东省实施〈中华人民共和国残疾人保障法〉办法》实施情况的报告；听取市人大法制委员会关于《泰安市城市绿化条例（草案）》主要问题修改情况的汇报；听取主任会议关于修改《泰安市人民代表大会常务委员会组成人员履职守则》的决定（草案）的说明。经过分组审议，会议原则通过市人大常委会关于全市气象事业发展工作情况报告的审议意见；原则通过市人大常委会关于检查《中华人民共和国残疾人保障法》和《山东省实施〈中华人民共和国残疾人保障法〉办法》实施情况报告的审议意见；表决通过泰安市人大常委会关于批准2018年全市新增政务债务限额及市级预算调整方案的决议（草案）；表决通过关于修改《泰安市人民代表大会常务委员会组成人员履职守则》的决定（草案）。

市十七届人大常委会第十一次会议 8月28—29日召开。会议学习全国人大常委会委员长栗战书在十三届全国人大常委会第四次会议上的讲话精神；学习省委书记刘家义在省十三届人大初任代表学习班上的讲话精神；听取市政府关于2018年上半年全市国民经济和社会发展计划执行情况的报告；听取市政府关于2017年市级财政决算和2018年上半年预算执行情况的报告；听取市政府关于2017年市级财政预算执行和其他财政收支情况的审计工作报告；听取市政府关于全市规划工作情况的报告；听取市人大常委会代表资格审查委员会关于个别代表的代表资格变动情况的报告；听取市人大法制委员会关于《泰安市城市绿化条例（草案）》审议结果的报告；听取主任会议关于提请审议《泰安市禁止燃放烟花爆竹条例（草案）》的议案；听取市人大常委会法工委关于《泰安市禁止燃放烟花爆竹条例（草案）》的说明。经过分组审议，会议表决通过泰安市人大常委会关于批准泰安市2017年市级财政决算的决议；表决通过泰安市人大常委会关于泰安市2017年市级预算执行和其他财政收支情况审计工作报告的决议；原则通过市人大常委会关于2018年上半年全市财政预算执行情况的报告的审议意见；原则通过市人大常委会关于2018年上半年全市国民经济和社会发展计划执行情况的报告的审议意见；原则通过市人大常委会关于全市规划工作情况的报告的审议意见；表决通过市人大常委会代表资格审查委员会关于个别代表的代表资格变动情况的报告；表决通过《泰安市城市绿化条例》。

市十七届人大常委会第十二次会议 10月30—31日召开。会议听取市政府关于"十三五"规划纲要实施情况中期评估的报告；听取市政府关于全市河长制湖长制工作情况的报告；听取市政府关于全市生态环境保护工作情况的报告；听取市政府关于全市民办教育工作情况的报告；听取市人大法制委员会关于《泰安市烟花爆竹燃放管理条例（草案）》修改情况的汇报；听取市人大常委会执法检查组关于检查《中华人民共和国旅游法》实施情况的报告；听取市政府关于提请任命市政府组成人员的议案；听取市中级人民法院关于提请免去审判人员职务的报告。会议还举行联组会议，首次开展环境保护专题询问。经过分组审议，会议表决通过泰安市人大常委会关于批准泰安市"十三五"规划纲要部分指标调整的决议（草案）；原则通过市人大常委会关于"十三五"规划纲要实施情况中期评估的报告的审议意见（草案）；原则通过市人大常委会关于全市河长制湖长制工作情况的报告的审议意见（草案）；原则通过市人大常委会关于全市生态环境保护工作情况的报告的审议意见（草案）；原则通过市人大常委会关于全市民办教育工作情况的报告的审议意见（草案）；表决通过《泰安市烟花爆竹燃放管理条例（草案）》；原则通过市人大常委会关于检查《中华人民共和国旅游法》实施情况的报告的审议意见（草案）；表决通过人事任免事项。会议向被任命人员颁发任命书，并举行宪法宣誓仪式。

9月21日，市人大常委会副主任张书盈（右四）到泰山景区调研环境保护工作
（苏智伟 供）

市十七届人大常委会第十三次会议 12月28日召开。会议听取市政府关于泰山文化保护传承工作情况的报告；听取市政府关于2018年市级预算调整方案（草案）的报告；听取市人大法制委员会关于市十七届人大二次会议第二十七号、二十八号议案审议和办理情况的报告；听取市人大教科文卫委员会关于市十七届人大二次会议第二十四号、三十五号议案审议和办理情况的报告；听取市政府关于政府系统办理市十七届人大二次会议代表建议、批评和意见情况的报告；书面印发市人大常委会人事选举代表工

作室关于市十七届人大二次会议以后代表所提建议、批评和意见办理情况的报告（草案）；听取市人大常委会代表资格审查委员会关于个别代表的代表资格变动情况的报告；听取市政府关于提请任命市政府组成人员职务的议案；听取市监察委员会关于提请免去监察委员会组成人员职务的议案；听取市中级人民法院关于提请免去审判人员职务的报告。会议期间，市人大常委会组成人员视察泰安市政务服务中心。经过分组审议，会议原则通过市人大常委会对有关报告的审议意见，表决通过人事任免事项。会议向被任命人员颁发任命书，并举行宪法宣誓仪式。

1月9日，在市十七届人大常委会第七次会议上，市监察委员会主任、副主任、委员进行宪法宣誓　（苏智伟　供）

【全市人大工作座谈会】 12月25—26日召开。回顾全市各级人大改革开放40年取得的成就，总结交流年内依法履职的工作经验，部署安排加强和改进人大工作的思路措施，推动全市人大工作创新发展。市人大常委会主任唐福泉作重要讲话，市人大常委会领导人、各县（市、区）人大常委会负责人、部分乡（镇、街道）人大机构负责人、市人大各专门委员会和常委会各委室负责人参加会议。　（苏智伟）

地方立法

【坚持党对立法工作的领导】 深入学习习近平总书记关于全面依法治国、加强立法工作的重要论述，始终坚持立法与时代同步伐、与改革同频率、与实践同发展。本着“有需求、不抵触、有特色、可操作”的原则，努力将改革发展所需、人民群众所盼作为立法工作重中之重，积极向市委请示汇报，确保市委决策意图落实到人大立法全过程。

【坚持人大对立法工作的主导】 树立问题导向、需求导向和效果导向，深入开展立法调研，严把法规草案起草、论证、修改等关键节点，及时协调解决立法中的重大问题。

【坚持立法工作以政府为依托】 注重发挥政府及有关部门的优势，建立完善立法沟通和协调机制，克服部门利益倾向。重视发挥基层和专家在立法中的作用，建成4个地方立法服务基地，并在山东农业大学建成首个高校立法服务基地。创新立法咨询工作机制，建立30名专家学者组成的立法咨询专家库，为立法工作提供专业指导和智力支撑。重视发挥人大代表在立法中的作用，让代表更广泛、更深入地参与立法实践，体现人民的期盼、代表的呼声。重视发挥舆论宣传在立法中的作用，每部法规草案都通过主流媒体和人大网站及时公布，广泛征求社会各界的意见和建议，最大限度地凝聚共识、反映民意、集中民智。

【三部法规相继颁布实施】 《泰山风景名胜区生态保护条例》首开泰安市实体立法先河，入选“泰安市庆祝改革开放40周年最具影响力的事件”，对于保护泰安、泰山的绿水青山、蓝天白云具有重大的现实意义和深远的历史意义。《泰安市城市绿化条例》对推动城区生态保护、延续城市根脉有着极其重要作用。《泰安市烟花爆竹燃放管理条例》的制定和实施，是在处理延续民俗与生态文明两者关系中，反复思忖、慎重考量，走出的一条“科学立法、严格执法、全民守法”的新路子。施行后，全市禁燃区域内基本未发生燃放现象。　（苏智伟）

法律监督和工作监督

【保障法律法规实施】 先后对残疾人保障法、旅游法、大气污染防治“一法一条例”、《山东省风景名胜区条例》等实施情况开展执法检查，督促政府提高依法行政水平，严格执法，切实发挥好法律法规的规范引领作用。以山东省多元化解纠纷

10月9日，贵州省人大常委会党组书记、副主任孙永春（右一），山东省人大常委会副主任王云鹏（右三）到泰安调研，市委书记崔洪刚（右二）陪同活动　（王国梁　摄）

促进条例执法检查为契机，深入现场实地察看，专题听取有关部门的情况汇报，有针对性地提出意见建议。跟踪检查“七五”普法和“六五”依法治市工作，总结经验、查找问题，夯实法治基础。健全完善规范性文件备案审查制度，市人大与市政府相关部门、县（市、区）人大建立备案联动机制，邀请专家学者参与备案审查，切实维护法制统一。年内备案审查规范性文件10件。

【增强监督实效】　首次开展专题询问，2018年10月，对全市生态环境保护工作开展专题询问，常委会领导人分别带队，不打招呼直接深入各县（市、区）和重点区域进行检查，梳理突出问题，确定询问事项。市政府和15个应询部门高度重视，认真解答疑难、回应群众关切，并由电视台对询问过程面向全市播放，社会反响强烈，达到预期效果。通过专题询问，有力地推动中央、省委环保督察反馈问题的整改和市委决策部署的落实。设立专家库，邀请专家参与视察检查，以专业视角查找问题、提出意见，督促整改落实。规范审议程序，对常委会会议审议材料、审议质量、会议时间、委员发言等方面作出规范，以简报形式刊发审议情况，呈报市委，转交市政府及相关部门研究落实。

【强化国民经济监督】　认真研判经济发展形势，听取审议计划、预决算执行、审计及查出问题整改情况、“十三五”规划中期评估等报告，分别提出有针对性的审议意见。督促有关部门认真贯彻新发展理念，优化财政支出结构，提高财政资金使用效益，促进经济社会持续健康发展。落实建立国有资产管理情况报告制度要求，制定泰安市具体实施意见并以市委文件印发，推动国有资产有效管理，发挥更大效益。推进人大预算监督信息化，建成市人大预算联网监督中心，实现对财政预算支出实时在线全程监督。组织开展新旧动能转换、民营企业发展、“放管服”改革调研，集中视察政务服务中心大厅，摸问题、献良策，围绕推动供给侧改革、优化发展环境、节能减排、助推“四新”产业等提出意见建议。督促市政府及有关部门认真办理，推进创新驱动战略实施、产业转型升级。

【助推乡村振兴】　把人民群众关心的小事、难事当作履职的大事，发挥监督作用，做到人民有呼声，人大有回应。重视教育发展，对民办教育工作开展视察，以督办“解决泰城中小学校不足问题的议案”为切入点，提出落实意见。市政府落实教育设施“三同步”和教育用地“三个优先”政策，新建和改扩建学校项目396个，新增校舍面积355.6万平方米，新增学位24.2万个，基本消除义务教育起始年级“大班额”现象。密切关注文化惠民工作，就泰山文化保护传承和非国有博物馆发展情况组织视察，为做强文化品牌、助推文化产业发展发挥积极作用。专题调研全市现代农业示范园区建设情况，提出促进园区三产融合、提升园区科技和建设水平等建议。对泰山茶产业发展情况进行调研，建议与泰山文化、泰山旅游相融合，推进现代茶园标准化建设，培大培优培强龙头企业。围绕落实河长制湖长制、气象事业发展、乡村旅游等开展专题视察，分析问题、提出意见，不断推进农业更强、农村更美、农民更富。　（苏智伟）

代表履职

【改革事项落实情况调查】　组织开展“贴心代办、一次办好”改革事项落实情况调查，123名市、县人大代表提出涉及人民群众关注的热点难点问题367项，改进意见和具体措施458条。将调查报告编印成册，转交市政府及有关部门办理，促进代表建议迅速转化，也为深化“放管服”改革提供重要参考。以代表小组为单位，组织开展“发挥代表模范作用，助力生态文明建设”主题实践活动，先后有27个代表小组提交代表建议90件。组织驻泰安全国、省人大代表64人次开展年中专题调研和会前集中视察活动，形成调研报告8篇，提出建议74条，为人代会期间提出高质量的议案建议、审议各项报告做好充分准备。

【开展“集中联系代表月”活动】 开展常委会组成人员“集中联系代表月”活动，发出致全市人大代表的一封信，征求对常委会及代表工作的意见建议，为提高议事决策水平和工作质量打下基础。在机关建立“人大代表之家”，按照“四位一体”模式，将其打造成为各级人大代表“学习查询、履职活动、联系群众、权益保障”的专属平台，提升代表小组活动室建设制度化、规范化水平。邀请部分驻泰安全国、省和市人大代表走进“人大代表大讲堂”，围绕乡村振兴、精准扶贫、教育改革、防范金融风险等作专题报告，讲好代表履职创业故事，展示新时代人大代表新风采。密切人大代表与国家机关的联系，保障代表的参与权知情权，邀请32名省、市人大代表列席常委会会议，邀请驻泰安全国、省和市人大代表参与各类视察调研、执法检查活动共计248人次。

【学习贯彻刘家义在省十三届人大初任代表学习班的重要讲话】 组织人大代表深入学习贯彻省委书记、省人大常委会主任刘家义在省十三届人大初任代表学习班上的重要讲话，推动讲话精神在代表工作中落地生根。组织县（市、区）人大常委会主任和39名驻泰安全国、省和市人大代表参加地方人大干部和代表培训班，提高履职能力和水平。泰安高新区、泰山景区管辖范围调整后，及时调整建立泰安高新区、泰山景区市人大代表小组，选优配齐代表小组召集人、联络员，为开展代表小组活动提供保障。推进代表工作信息化建设，建立“泰安市人大代表履职网络平台”，完成代表信息、代表活动线上管理工作，为保障代表履职奠定基础。组建9个律师顾问团，为人大代表依法履职提供法律咨询和法律建议。

【专题审议代表议案】 对2017年大会主席团交付相关专门委员会的4件代表议案，有关专门委员会深入调研、反复论证，召开会议进行专题审议，向常委会提交审议结果的报告，并向该次代表大会备案。对112件建议认真整理汇编成册，建立工作台账，转交市政府及有关部门办理。对6件重点督办的代表建议，有关专门委员会主动对接承办单位、开展视察调研、加强跟踪督办，取得良好效果。创新代表建议督办形式，在泰安人大信息网和《泰安人大》杂志开设议案建议跟踪督办专栏，督促承办单位把办理代表议案建议作为接受人民监督的重要渠道，主动听取代表意见，扎实做好办理工作，代表满意率不断上升。（苏智伟）

专门委员会

【法制委员会】 年内，颁布实施《泰山风景名胜区生态保护条例》《泰安市城市绿化条例》《泰安市烟花爆竹燃放管理条例》3部地方性法规；“公布实施《泰山风景名胜区生态保护条例》”事件入选“泰安市庆祝改革开放40周年最具影响力的事件”；开展立法调研6次，召开地方性法规动员实施部署会议3次。

【内务司法委员会】 开展以宪法为核心的法治宣传教育，营造“弘扬宪法精神，树立宪法权威”的氛围，联合市普法办公室对全市“七五”普法和“六五”依法治市工作进行

12月7日，市人大常委会副主任曹步山（右四）到泰山区省庄镇调研全国文明城市创建工作（苏智伟 供）

中期检查督导。创新法治宣传形式，邀请泰安万境水岸小学师生到市人大常委会会议厅模拟进行宪法宣誓仪式，培养学生尊崇法律的观念、遵守法律的意识。开展残疾人保障法执法检查，重点促进农村贫困残疾人脱贫脱困，切实做好精准帮扶工作，确保贫困残疾人脱贫脱困。围绕代表建议重点督办，开展对全市社区养老工作进行视察调研，推进社区居家养老服务健康发展。积极推动建立人大代表履职服务律师顾问制度，成立人大代表履职服务律师顾问工作领导小组，加强对人大代表履职服务律师顾问工作的指导，确保顾问工作正常开展。

【财政经济委员会】 依法审查国民经济计划草案、监督计划执行，协助常委会审议“十三五”规划中期评估报告，对市政府《关于2017年全市国民经济和社会发展计划执行情况与2018年计划草案的报告》及2018年计划草案的初步方案进行审查。组织开展2017年市级财政决算和2018年上半年预算执行情况的初步审查，对市政府提交的《2018年市级财政决算和2018年上半年预算执行情况的报告》分析研究，提出意见建议。强化政府债务监督，督促市政府严格政府债务限额管理，批准2018年泰安市及市本级新增地方政府债务限额。制定出台《关于建立市政府向市人大常委会报告国有资产管理情况制度的有关意见》，明确政府报告国有资产管理情况的方式和重点，明确人大审议程序和重点，建立健全人大国有资产报告监督机制，切实提高人大监督实效。

【农业与农村委员会】 协助常委会听取审议市政府关于全市气象事业发展工作情况报告，视察市、县两级政府落实气象部门双重计划财务体制情况。协助常委会听取审议市政府关于全市河长制湖长制工作情况的报告提出相关审议意见，并督促市政府研究办理。对全市泰山茶产业发展情况开展专题调研，协助常委会做好全市环境保护工作专题询问前的调研工作。对全市现代农业示范园区建设情况进行专题调研，形成翔实充分的调查报告，提出落实园区发展各项措施、促进园内三产融合、提升园区建设水平等意见建议。重点督办代表提出的《关于培植壮大泰山中药产业的建议》，促进泰山“四大名药”成功注册地理商标。

【城乡建设与环境资源保护委员会】 年内，协助市人大常委会开展调研6次，完成调研报告1篇，起草审议意见2篇，提出意见建议9条，较好地完成年初制定的各项工作任务。协助常委会开展生态环境保护专题询问，结合中央、省委环保督察组对全市生态环境保护工作反馈意见情况，组织常委会委员及各级人大代表50人，成立5个调研组，集中利用1个月时间，对6个县（市、区）及相关部门进行全覆盖式调研，深入工业园区、企业车间、项目建设现场、种养殖区、采石采砂工地、水源保护地等现场。市十七届人大常委会第十二次会议举行联组会议，对市政府《关于全市生态环境保护工作情况的报告》进行审议，并进行专题询问。10名常委会组成人员和人大代表围绕巡视问题整改、新旧动能转换、饮用水源地保护和黑臭水体治理、大气污染防治、生活垃圾分类处理、土壤污染治理、《泰山风景名胜区生态保护条例》贯彻执行等方面进行提问，有力推动政府生态环境保护工作，使群众切身感受到环境治理成效，取得良好社会效果。

【教育科学文化卫生委员会】 开展视察活动2次，办理代表议案2件，落实代表建议重点督办1件。开展全市民办教育工作、泰山文化保护传承工作情况视察，提出相关意见建议。做好《关于切实落实教育设施“三同步”要求，解决泰城中小学校不足问题的议案》《关于建立医学检验中心和医学影像诊断中心的议案》办理工作，提出有针对性的意见要求，推动议案处理工作落地落实。重点督办代表建议，开展全市非国有博物馆发展情况调研，实地视察山东泰山文化博物馆、泰山乡村博物馆、泰山石刻博物馆，提出具有建设性和针对性的意见建议。

【民族侨务外事旅游委员会】 推动侨务工作更好地服务于全市改革发展，听取侨务工作全市工作情况汇报，形成《关于做好侨务工作，更好地服务于改革发展的调研报告》。组织旅游法执法检查，促进依法治旅、依法兴旅，常委会听取并审议《市人大常委会执法检查组关于检查〈中华人民共和国旅游法〉实施情况的报告》，推动旅游法在全市深入贯彻实施。重点督办《关于采用“旅游＋会议”方式发展泰安全域旅游的建议》，配合好省人大在泰安开展民族工作调研等工作。（苏智伟）

编辑　校对　封彦君

泰安市人民政府

综　述

【市政府常务会议】 **第八次会议**　4月3日下午，市政府召开第八次常务会议，市委常委、常务副市长展宝卫主持会议。会议指出，清明节小长假期间，全市各级各有关部门要进一步坚持问题导向，优化工作机制，加强旅游市场综合整治，继续提升泰安旅游品牌形象。针对清明节期间祭祀用火高度集中的传统习俗，要进一步加强宣传，强化管控力度，严防死守，全面提升泰安市森林防火综合防控能力。扎实开展安全生产攻坚整治，加大执法力度，深入推进双重预防体系建设，坚决防范各类事故特别是较大以上事故发生。进一步压实责任，提升认识，保障教育支出。会议还研究《泰安市总河长令泰安市河长令实施办法》《全省推进农业“新六产”发展现场会暨“两区”规划工作会议精神及贯彻落实意见》《泰山景区实施综合行政执法相对集中行政处罚权工作方案》的起草情况及《全国全省禁毒示范城市创建部署视频会议精神及贯彻落实意见》。

第九次会议　5月22日上午，市委副书记、市长李希信主持召开第九次市政府常务会议，听取全市安全生产工作情况的汇报，传达全省河长制湖长制现场会议精神并研究贯彻落实意见。省政府安委会第四巡查组组长、省政府安委会办公室副主任、省安监局一级巡视员张增胜列席会议。会议要求，要高度警觉，绷紧安全生产这根弦，真正把安全生产作为“天字一号”工程来抓，努力保持全市安全生产形势持续稳定的良好局面；要强化领导，切实承担起本部门、本系统安全生产监管职责，全面落实安全生产责任制；要即知即改，对省政府安委会巡查组检查发现的问题照单全收，逐项制定整改方案；要强化追责问责，严格事故调查，落实安全生产“一票否决”制度，以铁的措施抓好安全生产；要突出重点，切实抓好各项安全生产工作，为上合组织青岛峰会召开营造良好的安全生产环境，把双重预防体系建设与“安如泰山”科学预防体系创建紧密融合，提升泰安市安全生产科学预防的水平。会议强调，全面推行河长制湖长制是治水兴水管水的全方位系统变革，是完善水治理体系、保障国家水安全的重大制度创新，要高度重视、认真对待、尽职尽责，全面落实落细各项措施。要深学笃用习近平总书记治水兴水重要思想，按照山东省“四水共享，三水共治”的要求，紧扣实际，创造性开展工作，做好新时代泰安市河长制湖长制工作。

第十次会议　6月8日下午，市委副书记、市长李希信主持召开第十次市政府常务会议，研究招才引智工作，听取泰山区域山水林田湖草生态保护修复工程和集中式饮用水水源地环境保护工作情况汇报。会议强调，要坚定实施科教兴泰战略、人才强市战略和创新驱动发展战略，充分发挥人才对新旧动能转换的支撑引领作用，以人才优势打造创新优势、产业优势、发展优势，进一步加快新泰安建设进程。要大力引进培养高端尖缺人才，支持人才发展载体建设，营造优质温馨服务环境；要充分发挥财政资金的引导撬动作用，吸引更多金融、社会资本向人才和项目倾斜，确保泰安市招才引智工作效果最大化。会议要求，要深刻认识实施泰山区域山水林田湖草生态保护修复工程的重要性、紧迫性，扎实组织好工程实施各项工作，探索新路径、新模式，创出泰山经验，打造泰山品牌，努力为全国生态保护修复工作提供“泰山样板”。要建立台账制度，规范资金支出管理，加强生态环境保护，完善监督制约机制，保证工程项目高标准、高质量建设实施。会议强调，要提高思想认识和工作站位，着力推进集中式饮用水水源地环境保护工作。要对自查发现、上级交办、环保部门排查发现的问题，列

1月10日，市政府全体成员（扩大）会议召开 （司 刚 摄）

出清单，限期整改，逐一销号。要建立完善问题交办、督办、通报及约谈机制，定期督导检查，不定期抽查暗访，及时掌握饮用水水源地生态环保动态，发现问题及时整改，确保泰城居民饮水安全和身体健康。

第十一次会议 6月26日下午，市委副书记、市长李希信主持召开第十一次市政府常务会议，研究泰安市事业单位、市属企业公务用车制度改革实施意见，听取《泰安市在湖泊实施湖长制实施方案》《泰安市“12345”政务服务热线运行管理暂行办法》等文件起草情况。会议强调，要严格按照中央和省公务用车制度改革有关政策及省企事业单位公务用车制度改革实施意见的要求，扎实推进事业单位、市属企业公务用车制度改革。要按照中央厉行节约反对浪费的总要求，坚持社会化、市场化改革方向，创新公务交通保障机制、方式，实现公务交通保障高效、费用节约、成本下降和管理规范。会议要求，要按照组织体系到位、制度体系到位、责任落实到位、监督检查和考核评估到位的要求，全面实行河长制、湖长制，构建责任明确、协调有序、监管严格、保护有力的湖泊管理保护机制。通过持续不断努力，使全市湖泊水环境功能全面恢复，水环境风险得到控制，生态系统得到恢复和改善，使湖泊成为维护良好生态系统的重要枢纽、提升人民生活质量的优美空间、展现“秀美河湖、生态泰安”形象的生动载体。会议强调，泰安市“12345”政务服务热线平台运行后，集约高效畅通民意渠道，保障和改善群众生活，促进行政机关依法行政，推进法治政府、服务政府、阳光政府建设，为各级党委政府汇集分析民意、把握社会舆情、进行科学决策提供依据参考。市政务服务热线管理中心、各承办单位应当各司其职、相互配合，协同联动做好“12345”政务服务热线平台运行、使用、维护和管理工作，逐步形成职责明确、运行规范、便民高效、监管有力的体制机制。

第十二次会议 7月12日下午，市委副书记、市长李希信主持召开第十二次市政府常务会议，听取上半年全市经济运行情况和全市安全生产工作情况的汇报，传达全省生态环境保护重点工作调度会议精神并研究贯彻落实意见。会议指出，上半年，在市委、市政府的坚强领导下，全市经济运行呈现“稳、优、好、新”发展态势。下一步，要突出工作重点，充分发挥重点项目、重点企业等拉动点的作用，进一步释放重点产业、重点集群的强劲拉动力，着力培育高压特高压输变电装备、无机非金属新材料等产业集群；要大力推动泰安高新区项目进度、产业培植、集群形成，高标准做好东部新城生态水系规划建设，打造宜居宜业新城。要抓好招商引资工作，分解任务，明确责任，推进督导督查机制建设，完善考核奖惩制度，激励干部担当作为、干事创业。要着力优化环境，进一步提升服务质量，不断优化营商环境；做好园区规划建设，提升档次、完善功能；加强创新平台建设，提升自主创新能力，助力产业转型升级，增强泰安市经济竞争力。会议强调，要迅速整改省政府安全生产巡查发现的问题，制定整改工作方案，逐项列出清单，逐一落实整改责任和时限，从严从实、迅速整改到位；要建立完善“党政同责、一岗双责、齐抓共管、失职追责”的安全生产责任体系，深入推进双重预防体系建设，持续加大精准整治和执法监察力度，深入落实企业安全生产主体责任，确保全市安全生产工作持续稳定。会议要求，要深入推动全省、全市生态环境保护大会和全省生态环保重点工作调度会议精神落实，加快中央、省环保督察整改工作步伐，坚持整改标准能严不松、整改时限能早不晚、整改力度能强不弱，以中央环保督察“回头看”倒逼整改质量提高。要进一步强化党政同责和督导检查，及时调度整改进展情况，确保问题按时整改到位，坚决打赢污染防治攻坚战，提高全市生态文明建设水平。

第十三次会议 8月9日下午，市委副书记、市长李希信主持召开第十三次市政府常务会议，研究《泰安市乡村振兴战略规划》及工作方案起草情况，听取第三十二届泰山国际登山节暨2018中国泰安投资合作洽谈会筹备情况和国务院大督查有关情况的汇报。会议指出，实施乡村振兴战略是中共十九大作出的重大决策部署，是决胜全面建成小康社会、全面建设社会主义现代化国家的重大历史任务，是新时代做好“三农”工作的总抓手。全国“两会”期间，习近平总书记参加山东代表团审议时提出新时代山东工作的总要求，特别是就实施乡村振兴战略作出重要指示，要求山东打造乡村振兴的齐鲁样板。泰安市必须高度重视，提高政治站位，超前研究谋划，及时推进落实，做好相关工作培训，加大考核力度，推动农业全面升级、农村全面进步、农民全面发展，谱写新时代全市乡村振兴新篇章。会议强调，要在做好安全工作的前提下，组织开展主题鲜明、务实高效和异彩纷呈的经贸、文旅、科技和体育活动，抢抓新旧动能转换契机，加大招商引资、招才引智力度，着力推进产业转型升级和高质高速发展，做大做强做优旅游产业，抢占科技创新高地，不断深化文化和体育产业发展，全方位展示泰安市经济社会发展新成果，进一步提升泰安市的知名度和美誉度。会议要求，各级各有关部门单位要切实把迎接国务院大督查作为当前一项重要的政治任务，按照中央和省市部署要求，统一思想，抓紧行动，全面做好迎接国务院大督查实地督查的各项工作。针对国务院大督查所涉及的督查内容，各牵头部门必须以高度的责任感和担当精神做好相关专题的牵头自查，强化自查问题整改。要形成沟通及时、协调有力、运转高效的工作机制，确保各项工作环环相扣、无缝衔接、有序推进、不出纰漏。

第十四次会议 9月11日上午，市委副书记、市长李希信主持召开第十四次政府常务会议，听取研究《打赢脱贫攻坚战三年行动的实施意见》起草情况的汇报，听取研究关于争取省支持新旧动能转换重大工程若干财政政策和制定泰安市财政政策及考评办法有关情况的汇报。会议指出，打赢脱贫攻坚战对于全面建成小康社会、实现第一个百年奋斗目标具有决定性意义，其后三年更是决战决胜的关键时期。泰安市按照党中央、国务院和省委、省政府关于打赢脱贫攻坚战三年行动决策部署，起草的《打赢脱贫攻坚战三年行动的实施意见（讨论稿）》是确保按时高质量完成脱贫攻坚政治任务的重要保障，要增强其前瞻性、可行性和实用性，多方听取意见建议，进行进一步的修改完善。会议强调，新旧动能转换是山东省确立的重大发展方向和工作任务，是其后一段时期工作的总纲领、主体和主线，政策杠杆是做好该项工作的重要抓手，各级相关部门要高度重视，认真研究把握上级政府的重大政策机遇，全面细化分解各项优惠政策，拉出工作清单，逐一研究制定争取对策。要确保落实到具体的支撑项目，进一步深化政策的研究利用，做好相关配套政策的支持，为加快新旧动能转换提供支持。要明确导向，在结合政策和当地实际的同时，对上开展对接，对下逐一梳理落实，确保政策、项目、资金等逐一到位，促进泰安市新旧动能转换工作走在全省前列。

第十五次会议 12月3日上午，第十五次市政府常务会议召开，听取《泰安市贯彻落实省第十五环境保护督察组督察“回头看”反馈意见整改方案》编制情况和《泰安市贯彻〈地方党政领导干部安全生产责任制规定〉实施办法》起草情况，听取关于进一步深入贯彻落实习近平总书记视察山东重要讲话重要指示批示精神的建议。会议强调，各级各部门务必要提高思想认识，把环境保护督察“回头看”问题整改工作视为对政治站位、政治觉悟、素质能力、工作作风的重大考验，作为一项重大政治任务、重大民生工程、重大发展机遇来抓，坚定扛起生态文明建设的政治责任，进一步落实好“党政同责、一岗双责”。务必要提升大局意识，对号入座，严格按照整改方案，抓好整改落实，坚决杜绝“表面整改”“假装整改”“敷衍整改”，密切配合、通力合作，尤其是在存在职能交叉的问题上，牵头部门更应主动协调，决不能把眼光局限在本部门、本单位的小圈子里，而影响全市的大局。要整改落实到位，实行市级领导带头督导，强化部门联动，全面落实销号制度，建立问题台账，坚持从实际出发，督促引导企业以环保问题整改倒逼产业转型升级，健全责任追究机制，对不作为、慢作为、乱作为的要真追责、严追责。会议指出，从现在到年底仅有一个月的时间，全市经济社会发展的任务十分繁重，各级各部门要进一步增强自觉性和主动性，扎实做好经济运行调度分析、招商引资和重点项目建设、中央和省环保督察“回头看”

反馈问题整改、民生保障、安全生产和社会稳定、督导督查、机构改革等工作，强化措施，狠抓落实，做好年内收尾工作，精心谋划好次年的工作，确保圆满完成年初确定的各项目标任务。

第十六次会议 12月26日，市政府召开第十六次常务会议，听取《泰安市加强污染源头防治推进“四减四增”三年行动方案（2018—2020年）》编制情况和《关于推进全市安全发展的实施意见》起草情况。会议指出，各级各部门要统一思想，明确任务目标和责任落实，以习近平新时代中国特色社会主义思想为指导，全面贯彻中共十九大和十九届二中、三中全会精神，认真践行习近平生态文明思想，认真落实习近平总书记在中央财经委员会第一次会议、全国生态环境保护大会及视察山东重要讲话、重要指示批示精神，认真实施国家打好污染防治攻坚战的决策部署，坚持源头防控，坚持调整优化产业结构、能源结构、运输结构、农业投入结构，坚持“四减四增”（减少过剩和落后产业，增加新的增长动能；减少煤炭消费，增加清洁能源使用；减少公路运输量，增加铁路运输量；减少化肥农药使用量，增加有机肥使用量），推进污染物排放总量大幅减少，推进新旧动能转换，推进高质量发展，推进形成节约资源和保护环境的产业结构、空间格局、生产方式、生活方式，为打好打赢污染防治攻坚战，加快生态泰安美丽泰安建设奠定坚实基础。会议强调，各级各部门要坚持生命至上、安全第一，牢固树立安全发展理念，强化安全红线意识，切实把安全发展作为城市现代文明的重要标志，健全完善安全生产责任制，加强城市建设和运行安全管理，深化“安如泰山”科学预防体系建设，有效防范和坚决遏制较大以上安全事故，营造安居乐业、幸福安康的安全环境。要进一步强化城市规划和安全标准科学引领，提升城市基础设施建设水平，加强城市运行管理，健全完善城市安全防控机制，加快城市应急管理和救援能力建设，大力开展城市安全文化建设，全面提升城市安全监管效能。

（王海青）

【重要决策、决定】 1月4日，市政府办公室印发《关于开展粮食生产功能区和重要农产品生产保护区划定工作的通知》，促进农业结构调整，提升农产品质量效益和市场竞争力。

2月12日，市政府印发《关于深入推进“绿满泰安”国土绿化行动的实施意见》，进一步增加森林资源、提高森林质量，保障生态安全。

2月28日，市政府印发《2017年度法治政府建设情况报告》，深入推进依法行政，进一步加快法治政府建设，为建设富裕文明幸福新泰安提供法治保障。

3月13日，市政府办公室印发《关于印发2018年全市应急管理工作要点的通知》，突出抓好政务值班、信息报告、预案演练、宣教培训、应急平台建设等重点工作，扎实推进应急体系和应急保障能力建设，夯实各项基础性工作，不断提升突发事件预防和处置能力。

3月22日，市政府印发《关于加强泰山（泰安）品牌建设的实施意见》，充分发挥品牌对经济社会发展的引领作用，打造区域竞争新优势，加快推进新旧动能转换重大工程。

3月22日，市政府印发《关于公布泰安市2018年度国有建设用地供应计划的通知》，提高土地资源供给质量，优化土地资源供给结构，提升土地资源利用效率，为全市经济社会高质量发展提供坚实的用地保障。

3月30日，市政府印发《关于印发泰安市盐业体制改革实施方案和泰安市食盐监管体制改革方案的通知》，进一步释放市场活力，实现泰安市盐业资源有效配置，促进全市盐业持续健康发展。

3月30日，市政府办公室印发《关于印发“放心消费在泰安”创建工作实施方案的通知》，进一步优化消费环境，保护消费者合法权益，促进经济社会发展。

4月2日，市政府办公室印发《关于印发泰安市2018年清理现行排除限制竞争政策措施工作方案的通知》，对全市现行排除限制竞争政策措施清理工作进行全面部署，进一步优化营商环境。

4月16日，市政府办公室印发《关于转发市发展改革委泰安市2018年国民经济和社会发展计划的通知》，按照高质量发展的要求，以“走在前列、位次前移”为目标，以供给侧结构性改革为主线，加快实施新旧动能转换重大工程，加快推进富裕文明幸福新泰安建设进程。

4月16日，市政府办公室印发《关于公布泰安市需要村（社区）开具的证明材料清单的通知》，进一步深化简政放权、放管结合、优化服务改革，加快转变政府职能，服务保障新旧动能转换重大工程。

4月23日，市政府办公室印发《关于印发泰安市遏制与防治艾滋病“十三五”行动计划的通知》，进一步推进全市艾滋病防治工作深入开展，保障全市群众身体健康。

4月25日，市政府印发《关于公布2018年第一批调整市级行政权力事项的通知》，纵深推进“放管服”改革工作，加快政府职能转变，促进经济社会持续健康发展。

4月27日，市政府办公室印发《关于印发泰安市健康城市健康村镇建设实施意见的通知》，进一步提高全市群众整体健康水平，加快推进健康中国建设，提高全市健康城市、健康村镇建设水平。

5月3日，市政府办公室印发《关于实行“照后办证承诺制”改革的通知》，持续深入推进“放管服”改革，进一步优化营商环境，提高审批效率，破解“办照容易办证难”和“准入不准营”等突出问题，降低市场准入门槛和制度性交易成本。

5月11日，市政府办公室印发《关于印发泰安市政府网站集约化建设工作方案的通知》，进一步推进全市政府网站集约化建设，提升政府网站工作水平，确保如期完成全省政府网站统一技术平台建设任务。

5月15日，市政府办公室印发《关于印发泰安市“四好农村路”建设工作实施方案的通知》，进一步加快推进全市农村公路建管养运协调可持续发展，助力乡村振兴战略。

5月17日，市政府办公室印发《关于印发泰安市城镇人口密集区化学品生产企业搬迁改造工作实施方案的通知》，进一步降低城镇人口密集区安全和环境风险，保障人民群众生命财产安全，有序推进全市城镇人口密集区危险化学品生产企业搬迁改造工作，促进全市化工产业转型升级。

5月23日，市政府办公室印发《关于公布第一批泰安农业公园名单的通知》，进一步推动全市休闲农业发展，打造农业“新六产”新模式、新业态。

6月12日，市政府印发《关于印发泰安市新旧动能转换重大工程实施规划的通知》，全面贯彻落实中共十九大精神和省第十一次党代会精神，认真落实市第十一次党代会部署，加快推进新旧动能转换重大工程，全面提升发展质量和效益。

6月13日，市政府印发《关于进一步推进涉农资金统筹整合的实施意见》，解决涉农资金多头管理、交叉重复、使用分散等问题，提高涉农资金管理效率和使用效益。

6月19日，市政府印发《关于推进泰安市泰山区域山水林田湖草生态保护修复工程的实施意见》，泰山区域山水林田湖草生态保护修复工程是深入贯彻中共十九大和习近平总书记重要指示精神、落实党中央和国务院关于生态文明建设决策部署的重大举措，是解决泰山区域生态环境突出问题、保障南水北调干线水质、推进生态文明建设的重要抓手，是加快新旧动能转换实现高质量发展、满足人民日益增长的美好生活需要、保护中华文化和华夏文明重要发祥地的战略工程，影响深远、意义重大。

6月23日，市政府印发《关于印发泰安市创新型城市建设实施方案的通知》，创新型城市建设是创新型国家建设和创新型省份建设的重要支撑，也是泰安市实施新旧动能转换重大工程、建设富裕文明幸福新泰安的重要抓手。

6月25日，市政府办公室印发《关于印发泰安市湿地保护修复实施方案的通知》，加快推动湿地保护修复，增强湿地保护修复的系统性、完整性和协同性。

6月28日，市政府办公室印发《关于印发泰安市2018年地质灾害防治方案的通知》，全面做好全市地质灾害防治工作，保护人民群众生命和财产安全。

7月5日，市政府办公室印发《关于贯彻落实省、市政府廉政工作会议精神任务分工的通知》，贯彻落实上级廉政工作会议精神，对2018年政府系统党风廉政建设和反腐败工作提出明确要求。

7月23日，市政府印发《关于推进国土资源节约集约示范省创建工作的实施方案》，推动全市形成资源节约集约利用和绿色发展的新格局，使国土空间开发格局明显优化，资源节约集约利用水平明显提高，国土资源保护成效明显增强、生态环境明显改善、综合治理能力明显提升。

7月23日，市政府办公室印发《关于全面推进农业信贷担保工作的实施意见》，为创新财政金融协同支农方式，建立健全农业信贷担保体系，撬动金融资本投向农业农村，为全市实施乡村振兴战略提供有力支撑。

7月27日，市政府办公室印发《关于印发泰安市开展“多规合一”试点工作实施方案的通知》，发挥国家发展规划的战略导向作用，加快构建国土空间开发保护制度，统筹山水林田湖草系统治理。

7月30日，市政府印发《关于推进县域内城乡义务教育一体化改革促进优质均衡发展的实施意见》，进一步统筹推进泰安市县域内城乡义务教育一体化改革，促进义务教育优质均衡发展。

8月9日，市政府办公室印发《关于印发泰安市第三期学前教育行动计划（2018—2020年）的通知》，促进全市学前教育持续健康发展。

8月11日，市政府印发《关于下放（委托）行政权力工作的实施意见》，进一步深化“放管服”改革，激发经济社会发展活力，更好营造国际化、法治化、便利化的营商环境，全力推进新旧动能转换。

8月14日，市政府办公室印发《关于创新政务服务工作的实施意见》，持续深化“放管服”改革，加大转变政府职能和简政放权力度，更好地服务保障新旧动能转换重大工程。

8月27日，市政府办公室印发《关于印发泰安市小微企业治理结构和产业结构“双升四上”战略实施方案的通知》，加快实施新旧动能转换工程，促进全市小微企业可持续发展、高质量发展。

8月31日，市政府印发《关于进一步优化营商环境的实施意见》，构建“亲”“清”新型政商关系，坚决破除制约市场在资源配置中起决定性作用、更好发挥政府作用的体制机制弊端，持续创优全市营商环境，激发经济增长内生动力。

8月31日，市政府办公室印发《关于进一步加强山石资源开发管理的意见》，加快推进泰安市山石资源集约开发，实现矿业产业绿色发展，保障城乡和经济社会发展的需要。

8月31日，市政府办公室印发《关于公布第十三批农业产业化市级重点龙头企业名单的通知》，充分发挥企业在乡村振兴战略中的重要作用，推动农业产业化高质量发展。

9月4日，市政府办公室印发《关于建立旅游联合执法长效机制持续开展旅游市场秩序综合整治的通知》，有效治理旅游市场秩序，着力解决游客反映的突出问题，形成涉旅行政部门联合执法综合监管的整体合力，推动旅游经济实现高质量发展。

9月21日，市政府办公室印发《关于印发泰安市规范吸烟环境建设工作实施方案的通知》，助力泰安市创建全国文明城市和国家卫生城市迎审，消除和减少烟草危害，创造良好的公共卫生环境，保障市民身心健康。

9月25日，市政府办公室印发《关于印发泰安市加快推进农业供给侧结构性改革大力发展粮食产业经济实施方案的通知》，大力实施乡村振兴战略，推动粮食产业高质高效发展。

9月29日，市政府印发《泰安市打好危险废物治理攻坚战作战方案（2018—2020年）的通知》，到2020年，全市建立起较为完善的危险废物收集、贮存、运输、利用和处置体系，危险废物处置设施布局趋于合理，处置能力与危险废物产生种类和数量基本匹配，基本实现全市危险废物的安全处置。

9月30日，市政府办公室印发《关于进一步做好“大棚房”问题清理整治工作的通知》，坚决遏制违法建设“大棚房”问题，切实落实最严格的耕地保护制度，坚决守住“农地兴农”底线。

10月17日，市政府印发《关于全面推进泰安标准化工作改革发展的实施意见》，推动标准化工作顺利开展，全面深化标准化工作改革。

11月16日，市政府办公室印发《关于印发泰安市投资建设项目“多评合一”工作方案（试行）的通知》，全面推进投资项目审批制度改革，优化评估评价流程，压减服务时限，提高审批效率。

12月7日，市政府办公室印发《关于做好2017年度市级预算执行和其他财政收支审计查出问题整改工作的通知》，做好全市2017年度市级预算执行和其他财政收支审计查出问题整改工作。

12月14日，市政府办公室印发《关于印发泰安市城区既有住宅增设电梯试点方案的通知》，进一步完善既有住宅使用功能，提高居民生活舒适度。

12月25日，市政府印发《关于培植工业领军企业50强的实施意见》，加快推进新旧动能转换推进工业经济高质量发展，重塑泰安工业竞争新优势，推进工业经济高质量发展。

12月27日，市政府办公室印发《关于贯彻落实鲁政发〔2018〕21号文件精神推动实体经济高质量发展的通知》，加快推进实施全市新旧动能转换重大工程，实现全市经济高质量发展。

12月27日，市政府办公室印发《关于印发泰安市重点项目全程代办实施意见的通知》，进一步转变政府职能，更好地服务保障新旧动能转换重大工程，提高重点投资项目审批效率，切实提高企业群众办事便捷度、满意度。

12月29日，市政府办公室印发《关于进一步加强严重精神障碍患者救治救助与服务管理工作的通知》，促进全市精神卫生事业发展，维护社会安全、和谐、稳定。（白　霞）

综合协调服务

【概况】 2018年，市政府办公室获“泰安市迎接国家卫生城市复审工作先进集体”“泰安市全国文明城市创建工作先进集体”“市直机关党建示范单位”“市直机关优秀党建品牌”“示范性服务品牌”“工人先锋号”等称号，通过“省级文明单位”复审。1人被表彰为“2018年度泰安市优秀共产党员”，5人被表彰为“泰安市迎接国家卫生城市复审工作先进个人”，2人被表彰为“泰安市全国文明城市创建工作先进个人”，1人被表彰为市直机关优秀公仆，4人被表彰为市直机关先进工作者，1人获最美职工提名奖。组织开展“不忘初心 牢记使命 全心跟党走”等形式多样的主题党日活动13次，自市直机关工委组织开展优秀主题党日评选活动后，至年底，每次均被评为优秀。“五个规范化”（组织建设规范化、制度建设规范化、党员教育规范化、台账管理规范化、责任落实规范化）创建工作得到市直机关工委充分肯定，在市直机关党的规范化建设培训班、市直机关庆祝建党97周年暨“党的建设规范化创建活动”现场推进会、市直机关党建理论研究暨规范化建设观摩交流推进会议上作典型发言，经验做法在全市得到总结、交流和推广。

（纪晓娜）

4月12日，市政府办公室全体党员干部到泰安高新区学习考察

（白 霞 供）

【会议活动服务】 会议方面，全年审核市政府工作会议25个，较2017年减少10个；组织市政府常务会议10次、市政府党组会议13次、各级视频会议48次、其他各类会议470次。政务活动方面，办理领导干部外出报备580人次、各类请柬文书90份，完成中央环保督察组到泰安、泰安市2018年春季重点项目建设集中开工仪式、第三十二届泰山国际登山节、2018年第三届泰山国际福祉暨康复设备博览会开幕式、市政中心停车场节假日对外开放等530次政务活动组织实施工作。起草、审核市政府专题会议纪要62个，各类讲话、致辞400份；调度与会人员名单300次，办理领导干部外出请假报备600人次、各类请柬类文书56份。

（李 军 张 庆）

【政务信息】 全年采编信息6564条，形成有效文字量500万字。编发《泰安政务信息普刊》《专报》《要情快报》共124期，其中市领导批示16件次，增长23%。上报省政府办公厅信息957篇，增长10%，采用222篇、批示22篇；国办采用19篇、批示4篇，继续保持全省先进位次。

（乔 强）

【政务督查】 年内，市政府督查室围绕市政府工作中心和领导关注的焦点、重点以及群众关心的热点、难点问题，着力完善督查工作机制、强化定向精准督导，环环紧扣狠抓落实，全力推动全市经济工作会议、政府工作报告确定的各项目标任务、重要民生事项、新旧动能转换重大工程等各项工作落到实处、落地见效。全年办理省、市政府决策督查80项次、组织督查90项次；下发各类督查通知70期，编发《通报》《专报》44期；办理市长信件及领导批示件75件。市政府系统承办省市人大代表建议、政协提案369件，全部办理完毕，代表和委员答复面复率达98%。督查室报送的《泰安市开展重要民生事项延伸督查的实践和体会》被国办督查室作为典型案例汇编到《全国政府系统督查实践案例文集》，在全国政府督查系统予以宣传推广。《强化政务督查 提升工作实效的探索和实践》作为政府办公室改革开放40周年的一项工作成果入选《泰安改革开放实录》。

（陈 超）

【外事工作】 年内，外事办公室贯彻落实中央、省市委关于加强外事管理特别是因公出国（境）管理工作的政策规定，贯彻县处级及以上领导干部因公出访的预报告制度，对全市所有党政机关、国有企事业单位人员全部实行计划管理。全年批准因公出国（境）团组69批184人次，接待乌克兰总统顾问格雷尼夫一行、爱尔兰驻华大使代表团等到访团组25批326人次，其中正部级以上1批18人次。在友好合作关系城市日本八王子市举办“2018泰安摄影展”，促成泰安国际马拉松协会与八王子市“富士森走友会”签署友好交流备忘录。泰安市与芬兰罗凡涅米市签署友好合作备忘录，初步与苏格兰斯特林就缔结友好合作关系达成初步意向。至年底，泰安市已与15个国家的21个城市建立友城关系或友好合作关系，与16个国家的55个社团、院校、医院等建立基层友好关系，缔结4个国际友好山关系。做好涉外邀请业务，办理19个国家231批447人次的涉外邀请，其中到泰安参加博览会等交流活动1批5人次、从事贸易往来217批414人次。推广APEC商务旅行卡，助推企业实施“走出去”战略。至年底，为15家企业22名商务人员申办旅行卡，为9家企业11人办理旅行卡，办理批次和人数分别增长7%和29%。 （任建波）

2018年国外团组到泰安访问情况

表2

国籍及团队名称	领队姓名	到访目的	时　间
埃及血液制品项目考察团	艾汉麦德	与泰安市岱岳区政府洽谈在岱岳经济开发区投建干细胞国家标准实验室事宜	3月9—11日
日本山口县教育旅行促进团	大田淳夫	访问泰安市教育局并与当地中学座谈	3月21日
德国巴伐利亚州工作组	科慕贤	游览泰山，体验泰山文化	3月22日
爱尔兰驻华大使代表团	李修文	出席爱尔兰科技企业迈科珍环境生物修复技术有限公司落户泰安启动仪式	4月11日
西日本华侨华人妇女会访问团	唐永茜	拜访市外侨办，探讨交流合作事宜；考察泰安市迎春学校幼儿园，并捐赠幼儿图书和文具	4月22—23日
以色列司库联合会代表团	托马尔·比顿	考察世界自然文化遗产（泰山、岱庙）	4月25—26日
俄罗斯罗布尼亚市代表团	聂夫斯基	拜访市外侨办，赴肥城和泰安高新区寻找经贸合作机会	5月4—5日
中国国际新闻交流中心上海合作组织分中心常驻记者访问团		考察泰安高新区总体规划馆、山东众志电子有限公司，游览泰山	5月9—10日
俄罗斯联邦民族委员会教育理事会大学考察交流团	姜彦彬	拜会市领导，考察泰安二中、泰山职业技术学院、泰安英雄山中学	5月14—17日
芬兰David公司代表团	Arno	肌肉康复暨训练器械项目洽谈	6月15日
日本驻青岛总领馆代表团	福永护	拜会市领导，了解泰安市与日本经济交流与合作情况	6月20日
韩国驻青岛总领馆代表团	朴镇雄	拜会主要市领导，促进泰安市与韩国交流与合作	6月25日
发展中国家反腐败官员研修班考察团		游览泰山，体验泰山文化	7月12—13日
泰山世界地质公园中期评估考察团	内诺宁	拜会市领导，召开中期评估汇报会和反馈会，考察泰山世界地质公园	7月31日至8月3日
日本八王子市富士森走友会代表团	守屋 和利	拜会市领导，参加第32届泰山国际登山比赛，并同泰安市马拉松运动协会交流	9月5—8日
第三届外国专家泰安行		拜会市领导；参加第32届泰山国际登山节暨第三届外国专家泰安行活动启动仪式；与企业洽谈对接	9月8—10日

续表

国籍及团队名称	领队姓名	到访目的	时 间
芬兰罗瓦涅米市政府代表团	阿斯科·沃特宁	拜会市领导；考察大安书院、泰山职业技术学院、泰山新闻出版小镇	9月18—19日
“一带一路”国家工商会代表团		参加“一带一路”沿线国家投资与贸易政策推介说明会，与市内企业座谈；考察泰安市部分重点外向型企业，就开展对外投资及贸易合作进行交流洽谈	9月20—22日
泰山情——2018知名儒商泰安行		参加“泰山情—2018知名儒商泰安行”返乡考察活动	9月29日至10月1日
泰国驻青岛总领馆代表团	王玉君	拜会市领导，考察泰安高新区	10月16—18日
苏格兰国家语言中心代表团	马菲娜	考察泰安高新区，与市外侨办、市教育局举行座谈	10月23日
乌克兰总统顾问代表团	格雷尼夫	拜会市领导，考察泰安高新区、泰山学院、泰山医学院	11月1—4日
驻爱尔兰大使代表团	岳晓勇	考察迈科珍生物科技有限公司等高新区企业	11月12—13日
卢森堡驻华大使代表团	俞博生	拜会市领导，考察泰安市经济社会发展情况	12月10—11日

【电子政务】 电子政务办公室以全市政务信息系统整合共享工作为重点，紧盯“12345”工作目标，建设形成设施集约统一、资源有效共享、业务有机协同、工作有力推进的发展格局。加强电子政务云管理，组织全市139个业务系统迁移上云。健全电子政务基础网络，完成市电子政务外网公共服务域优化升级和互联网统一出口平台建设，整合部门业务专网，完成市级视频监控资源共享平台建设，实现市政务服务大厅和泰山景区等重要视频资源的接入上传。推动数据资源共享开放，完成市政务信息资源共享交换平台升级建设及与省共享平台三期级联，实现国家、省、市三级平台互联互通。建立健全共享交换平台安全管理制度，编制政务信息资源目录2.4万条，发布共享资源3000项。开展重点领域供需对接，围绕涉企涉税、市场监管、社会保障等领域，开展多轮次政务信息资源供需对接，指导部门制定资源利用方案，推动跨部门、跨层级、跨地区政务信息的综合利用。促进公共数据资源开放利用，编制发布《泰安市公共数据资源开放清单》，依托全省统一数据开放平台上线泰安市公共数据开放网站，开放数据集900个。深化政务服务体系建设，完成60个部门及县（市、区）政府门户网站整合迁移，实现全市政府网站集约管理；15个业务系统纳入全省统一身份认证体系，实现公众网上办事“一号登录，一号申办”；对全市434个政务服务类APP进行调查清理，39项服务入驻“爱山东”政务APP。推进业务协同体系建设，完成泰安市机关综合办公系统与省业务协同平台对接，实现全市机关

数字化城市管理中心 （赵文文 摄）

单位全覆盖；开展专项培训，促进业务协同系统应用；开展一体化移动办公服务，完成全市一体化移动办公平台开发设计；大力推进“山东公务邮”应用，全市93个一级单位（含县、市、区）开通账户4.6万个。在省政府召开的全省政务信息系统整合共享工作现场会上，泰安市作为3个先进地市之一作典型发言，政务资源共享利用项目入选省数据大厅展示项目。（曹　磊）

【政务服务热线管理】 制定出台《泰安市12345政务服务热线运行管理暂行办法》及工作考核办法、督办暂行办法、监督问责办法3个配套文件，构建“一个办法三个保障”工作制度体系，填补泰安市在政务服务热线运行管理方面的制度空白。下达书面督办通知单39件，召开各类座谈和协调会议35次，向13个承办单位的一把手发送催办督办和情况通报的短信。全年接听群众来电52.8万件，日均接听1444件，话务量增长7.8%。其中有效工单43.3万件，受话员直接答复21万件，转办22.3万件，转办量增长54.9%。回访29.4万件，回访率100%。政务服务热线群众诉求事项满意率、回复群众率和按时办结率分别为94.42%、98.83%和98.01%，满意率上升0.04%。实施政风行风测评评议工作，组织88个部门主要负责人到“12345”热线平台接听群众来电，共接听989件，均以群众满意的结果办理完毕。从市直企业、基层单位及群众中选取4828名评议代表，通过网络或微信的方式完成对124个部门（单位）的投票评议，投票率达80%，创历史新高，收到社会各界各类意见建议1452条，有效意见建议562条。（周小龙）

【应急管理与政务值班工作】 规范政务值班，提升政务服务水平，组织做好工作日、双休日、节假日值班工作安排，完成市政府全年政务值班任务。制定《市级领导带班工作制度》《市直机关值班工作制度》，编写《市政府政务值班工作实用手册》。全国“两会”、庆祝改革开放40周年活动期间，参与联合维稳值班，完成安保维稳任务。全年接听各类来电1.6万件，接收办理各类明传电报、密码电报、传真件876件，下发各类电报、通知210件，编发《市政府领导工作安排》245期。强化信息报告，妥善协调处置突发事件，全年接报各类突发事件信息36件，向省政府总值班室核报、上报突发事件信息16件。妥善协调处置济（南）泰（安）交界森林火灾、天宝镇山洪自然灾害、京台高速宁阳段交通事故等突发事件9起。“4·17”济（南）泰（安）交界森林火灾发生后，应急办加强应急值守，协调部队及地方有关部门、单位迅速行动，做好救援队伍集结、车辆物资准备、前线食品供应、移动通信保障等工作。推进体系建设，夯实各项工作基础，修订完成《泰安市突发事件总体应急预案》《泰安市房屋建筑和市政工程建设及燃气生产安全事故应急预案》等专项预案6个。推进应急平台升级改造，依托视联网建立应急视频调度系统，与省政府应急办实现互联互通，每2周参加1次全省应急视频点名。加强宣教培训，提升应急意识和能力，5月12日，与市减灾委联合举办“防灾减灾日”宣传活动，通过摆放展板、设立现场咨询台、发放宣传资料、消防器材装备操作展示，向市民宣传防灾减灾知识。11月26—30日，在暨南大学应急管理学院举办2018年全市应急管理专题培训班，各县（市、区）、市应急委成员单位分管负责人50人参加培训。（田　野）

决策服务

【概况】 年内，市政府调研室以中共十九大精神为指导，围绕文稿起草、调查研究等任务，改进工作思路，创新工作方法，转变工作作风，各项工作实现新突破。做好省政府调研室、省政府参事调研组、省专家课题组等上级部门和东营市等调研系统单位的调研接待、协调以及材料报送、交流等工作，承担完成《山东经济战略研究》等刊物的联络、供稿和订阅工作。

【文稿起草】 组织起草《政府工作报告》，完成全市经济工作会议等重要会议、专业会议、重要公务活动场合的领导讲话、汇报、致辞等各类文字材料300份，有效文字量150万字。

【重要课题调研】 围绕市委、市政府重点工作开展调研活动，形成一批质量较高的调研成果，做到调研出精品、成果进决策。其中，《全市民营企业发展情况调查报告》受到市委、市政府领导高度重视，文中关于民营经济发展存在的问题分析和对策建议，特别是对调研报告中应出台的政策及相应的机构设立问题，得到领导高度肯定，并先后作出重要批示。

【《泰安市人民政府公报》编发】 根据中央、省关于政务公开要求，开展《泰安市人民政府公报》编辑、

印刷、发行工作，总发行25期，年内发行8期，对全市4000个各级行政事业单位、村居（社区）等进行免费投递。（张　猛）

行政审批服务

【概况】　年内，累计办理各类审批服务事项21.4万件，按时办结率达100%，群众满意率达99%以上。市行政审批服务局践行“以人民为中心”的发展思想，坚持“审批至简，服务至善的”服务理念，全力打造行政审批服务“泰安品牌”，连续13年被评为“省级文明单位”。

【组建行政审批服务局】　泰安市行政审批服务局于9月26日正式挂牌成立，是全省第一家市级行政审批服务局。划转27个部门188项行政许可事项、34项关联事项和6项收费事项至市行政审批服务局集中行使，实现“一枚印章管审批”。

【搬迁新政务服务大厅】　由建设大厦搬迁至会展中心2楼东厅，服务面积1万平方米，进驻部门42个，事项550项。强化智慧大厅建设，新上智能导服系统、窗口自动化服务终端系统、大数据分析系统，实现大厅智能化管理。设立自助服务区，集成9个部门51台自助设备，实现58项高频事项的自助办理。

【完善平台建设】　市级60个部门单位共916项事项全部实现政务服务网上运行，实现省、市、县、乡四级互联互通。开发审管一体化平台，推送审批信息1058条，实现审批监管无缝转接。完善移动政务APP、微信公众号平台，优化EMS邮寄平台，提供证照材料免费寄递服务2697件。

9月26日，泰安市举行市行政审批服务局揭牌仪式，系全省首家挂牌成立的市级行政审批服务局。市委书记崔洪刚（右二）、省编办副主任王振乾（左三）出席仪式并为行政审批服务局揭牌　（司　刚　摄）

【深化流程再造】　在实现“3545”改革任务基础上做到流程再优化、速度再提升。在市场准入领域，建立“一门”（进政务服务中心一个大门）、“一链”（设立企业开办专区，提供营业执照、公章刻制、发票申领、银行开户、社保登记一链办理服务）、企业开办“一个模板”（制定企业开办工作手册，统一申报模板）、代办服务“一支队伍”（成立专职代办员队伍，提供全程代办），“四个一”（一门、一链、一个模板、一支队伍）服务体系，企业开办实现由“按天办”到“按小时办”。不动产登记领域，实行不动产登记中心、房管、纳税三合一综合受理，全流程只需“一套材料”。投资建设项目领域，推行模拟预审批、告知承诺制等，减少审批事项4项，改前置审查为即时备案3项，实施建设单位承诺事项2项，大幅提高审批效率。

【优化服务措施】　实施贴心代办、全程帮办，制定《泰安市重点项目全程代办实施办法》，为14个重点项目提供全过程、个性化、精准化代办服务。实施双休日便民服务、预约服务、延时服务、局长助跑和窗口部门领导带班服务等贴心服务制度，最大限度满足群众需求。

【强化窗口管理】　开展“从心出发、温情服务”活动，实行物品摆放“六条线”（“平板”一条线、高拍仪一条线、电话一条线、电脑一条线、打印机一条线、暖瓶一条线）、服务礼仪“八部曲”（将接待办事群众的全过程分解为八步，并规范每一步的服务用语和服务礼仪）、电话接听“五部曲”（将接听群众电话咨询的全过程分解为五步，并规范每一步的服务用语和服务礼仪），开展贴心化、亲情化服务。完善“4+1”（《政务服务中心窗口考核管理办法》和《政务服务大厅巡查制度》《窗口服务投诉制度》《“背对背”评议制度》《服务对象回访制度》4个配套制度）考核管理体系，开展“红旗窗口”“服

务标兵”评选，不断提升精神风貌、展现文明形象。（吴东哲）

应急管理

·安全生产监督管理·

【概况】 年末，全市有安全生产监督管理（以下简称安全监管）机构9个，其中市级1个，在职人员28人；县（市、区）级6个，泰安高新区、泰山景区各1个，在职人员88人。县（市、区）均建立安全生产监察大队，配备安全生产执法人员213人，乡镇均成立安全生产监督管理办公室，安全监管人员311人。2018年，全市安全生产形势保持持续稳定，全年发生各类生产安全事故21起，死亡23人，分别下降70%、68.5%，在统计的农林牧渔业、采矿业、商贸制造业、建筑业、交通运输、仓储业等行业（领域）均未发生较大及以上生产安全事故，是全省未发生较大事故的4个市之一。市政府被省政府安委会表彰为2017年度全省安全生产优秀市、2018年度全省“安全生产月”活动优秀组织单位。

【安全生产责任落实】 市委、市政府在全市经济工作会议、“两会”等重要会议上反复强调安全生产，召开3次市委常委会会议、5次市政府常务会议和12次全市安全生产会议作出安排部署。市政府安委会升格为市委、市政府安委会，市委书记、市长共同担任主任，设立13个专业委员会，实行“市委常委包县（市、区）、分管市长包行业领域”安全生产包保责任制，建立市级领导每2月1次督导检查县（市、区）和行业领域安全生产常态化机制。市委、市政府出台《关于深入推进安全生产领域改革发展的实施意见》《贯彻地方党政领导干部安全生产责任制规定实施办法》。强化“一岗双责”落实，由市政府常务副市长与县（市、区）、省属以上驻泰安企事业单位签订安全生产责任书，副市长与分管部门主要负责人签订。发挥安全生产各专业委员会作用，开展市政府月督导活动12次，责令限期整改隐患386项。突出抓好企业主体责任落实，推进责任落实网格化等“七化”建设。市安委会命名主体责任落实示范企业100家。

【安全生产隐患治理和监督检查】 结合“大排查快整治严执法”集中行动，部署开展建筑施工、餐饮场所燃气、电动自行车消防、大型综合体等治理活动，实施精准整治，排查整改事故隐患9.4万条。强化重点时段安全防控，全国“两会”期间成立安全生产专班和6个专项督导组；自2月初至上合组织青岛峰会结束，开展综合整治大行动，全市派驻监督人员和专家345人次，严密盯守791家重点管控企业、314项重点监控风险点、3处重大事故隐患和27家暂时停产企业。7—9月，在全市开展企业安全生产大检查活动。自10月20日至2019年1月底，开展安全生产“攻坚四季度、决战一百天”行动。加大日常执法力度，开展专项执法、联合执法和突击夜查活动，全市执法检查企业1.6万家次，立案234起，保持“打非治违”（打击非法违法生产经营活动）的高压态势。

【安全生产基层基础】 利用多种形式和载体，开展安全生产日常宣传。6月“安全生产月”期间，相继开展宣传咨询日、安全警示教育、泰山安全卫士评选、安全文化“七进”（进机关、进企业、进学校、进社区、进农村、进家庭、进公共场所）等活动。在泰安电视台、泰安广播电台设立安全宣传专题4个，每天分4个时段，循环播放《生命至上》主题歌曲；泰山安全网开设专题1个，累计播放、刊发安全宣传、警示信息546条（次），制作相关公益广告（动漫）2部。市安委会办公室印发《80条居家安全宣传标语》，在泰安电视台播出、《泰安日报》刊发，严防冬季取暖中毒等居家安全事故。加强企业主要负责人、安全管理人员、特种作业人员安全培训考试，全市累计培训考核发证2.78万人。同时，督促企业认真抓好三级教育培训，全面提升员工的安全技术素质。2018年12月5日，泰安市首家建筑施工安全体验式教育基地启用。市安监局与市教育局、公安局、住房和城乡建设局、总工会、团市委、妇联、消防支队联合下发《关于开展全市冬季安全应急宣传教育进家庭活动的通知》，明确各部门任务，加大冬季预防一氧化碳中毒等居家安全宣传普及工作力度。开展安全生产应急预案演练，组织各种类型的演习演练700场次，约12万人参加。11月9日，市森林防火指挥部组织举办以水灭火实战演练。11月15日，举办全市第一届安全生产应急救援技能竞赛，提升应急处置能力。

【安全生产长效机制】 推进“安如泰山”科学预防体系建设，完善安全发展目标等12个子体系，“安如泰山”理论体系日臻完善，实践应用逐步推开，事故预防关口进一步前移。全面推进双重预防体系建设，将风险隐患双重预防体系建设纳入市政府民生督查事项，健全完善跟踪督导、督查、通报等工作机制，通过召开会议、标杆引领、观摩培训、视频点评、执法检查等措施加快推进力度。分5期对1000名高危及规模以上企业负责人进行培训。384家标杆企业全部通过评估验收，818家高危行业和规模以上企业全部建成并运行双重预防体系，走在全省前列。开展预防重特大事故试点城市工作，对12个行业领域、3个重点产煤县、4个重点化工县、3个重点非煤矿山县、4个县级化工园区和14个人员密集重点街道等区域，落实制度、技术、工程、管理等措施，实施公路生命防护等十大工程，重特大事故防范能力不断提升。（张　进）

·防震减灾·

【概况】 全市地震系统按照探索防震减灾融合式发展，推进全市防震减灾工作再上新台阶的工作思路，推进监测预报、震灾预防、应急救援和宣传教育体系建设。市地震局被省地震局表彰为全省市级防震减灾工作目标考核优秀单位，新泰市地震局、东平县地震局被省地震局表彰为全省县级防震减灾工作目标考核先进单位，新泰市被中国地震局表彰为2018年度全国县级防震减灾工作综合考核先进单位。

【落实全省防震减灾工作会议精神】 3月，市地震局召开全市地震局长会议，各县（市、区）科技局局长、地震局局长参加。印发《2018年度全市防震减灾工作任务分解表》，对2018年度全市防震减灾各项工作任务进行细化分解。5月，市政府召开全市防震减灾工作领导小组扩大会议。市防震减灾工作领导小组成员、各县（市、区）分管副县(市、区)长及科技局局长、地震局局长参加，分管副市长到会讲话，提出工作要求。

【监测预报体系建设】 印发《泰安市地震局2018年度震情跟踪工作方案》，完成节假日、全国、全省“两会”、上合组织青岛峰会期间震情保障、涉震舆情监测工作。快速应对临沂平邑3.1级地震对新泰市的影响，及时向市委、市政府汇报地震基本情况及泰安市震感，加强舆情监测，回应社会关切。加强全市地震监测系统建设维护，市地震局更换市台网中心路由器，市高新区对良庄地震台进行整修，新泰地震局更换台站及附属硬件设备设施，东平地震台在原有体应变观测的基础上新上分量应变观测仪，新泰市、东平县配备地震流动监测台。执行《震情会商工作制度》，与泰安基准地震台配合，完成周、月、年中、年度震情会商工作。推进防震减灾“三网一员”（地震宏观测报网、地震灾情速报网、地震知识宣传网，防震减震助理员）体系建设，对全市“三网一员”名单进行完善调整。开展“地震烈度速报与预警工程”建设，完成点位复核、基本站租地协议工作。开展“中国地震科学台震探测”泰安观测点设备安装及巡检工作。加强机构建设，经市编委批复设立泰安市地震监测台网中心，隶属市地震局管理，为正科级财政拨款事业单位，核定编制3人。

【震灾预防体系建设】 依法加强抗震设防要求监管，全市审批一般建设工程120项。开展山东省防震减灾“十三五”规划项目建设，新泰、宁阳、东平等4个农村民居地震安全示范工程列为山东省防震减灾“十三五”规划第二批项目。肥城市被省地震局命名为“山东省防震减灾基层基础工作强化市”，肥城、新泰、宁阳等5个农村民居被省地震局、省住建厅联合命名为“省级农村民居地震安全示范工程”。

【应急救援体系建设】 完善机构建设，在震害防御科加挂应急救援

5月11日，全市防震减灾工作领导小组扩大会议召开，副市长成丽（右三）出席会议　（赵红明　摄）

科牌子，增加应急工作职能。加强应急车辆与应急物资的管理与养护，筹措资金13万元，购置应急指挥与宿营设备。完成省、市、县三级指挥中心运维及数据库的更新维护，对各县（市、区）地震应急工作进行检查，加强应急救援队伍训练、演练，联合泰山区政府组织地震应急疏散演练，各县（市、区）结合防灾减灾日在学校、企业等开展应急演练。推进地震应急避难场所向村（居）延伸，村级避难场所建设完成达65%。

【防震减灾宣传教育】 围绕“5·12”全国防灾减灾纪念日、“7·28”唐山地震纪念日等重要时段，以防震减灾宣传“六进”（进机关、进学校、进企业、进社区、进农村、进家庭）活动为载体，开展防震减灾宣传教育活动。联合泰安基准地震台开展“地震开放日”活动；在《泰安日报》开辟《防震减灾知识》专栏，每月1期。市地震局与市科协联合依托市科技馆进行防震减灾展区建设，东平县投资30万元扩大防震减灾基地建设规模，增设家庭隐患排查、地震逃生VR体验等6项体验项目。肥城市利用示范学校平台，建设肥城市防震减灾宣教基地。组织参加全省防震减灾宣讲大赛、防震减灾知识竞赛活动，泰安分获宣讲大赛优秀组织奖和知识竞赛初中组第三名。开通泰安市地震局微信公众号平台、泰安市地震局头条号等新媒体，及时推送防震减灾文章和有关震情信息。

（赵红明）

·消防救援·

【概况】 全市消防救援队伍在改制转隶特殊时期，牢记使命、砥砺前行，提高消防监督和灭火救援能力，顺利完成各项消防安保任务。支队接连打赢央视春晚分会场、上合组织青岛峰会消防安保和“4·17”济泰交界处山火、寿光抗洪救灾等重大任务，全市连续17年未发生较大以上火灾事故，泰山连续28年未发生古建筑火灾。支队创新研发技防系统综合管控平台，探索“引水上山”扑救山火、“家庭助廉”稳控队伍等实用措施，部局简报刊发支队打造信息化实战体系经验做法，区域性火灾隐患整治、改革转隶教育等10项工作推向全省。支队党委连续9年被表彰为先进党委，支队连续16年被评为“省级文明单位”，泰山中队被中宣部评为“全国学雷锋活动示范点”、当选改革开放四十周年感动山东、感动泰安集体，支队涌现出以“见义勇为最美战士”赵士军等为代表的一大批先进典型。山东省消防总队总队长王伟、泰安市委书记崔洪刚等主要领导8次批示肯定支队工作；市政府5次召开专题会议，帮助破解瓶颈难题；支队首次作为独立单位接收市委、市政府文电，支队主官直接参加全市重要会议，政治待遇实现历史性突破。

【思想政治工作】 举行泰安消防救援队伍迎旗、授衔和换装仪式，市委书记崔洪刚出席并称赞支队“是一支忠诚可靠、敢打必胜、功勋卓著的队伍，更是一支党委政府放心、人民群众满意、有坚强战斗力的队伍”。组织全体干部参加学习习近平总书记重要训词暨集中教育整训培训班，强化“听党话、跟党走”的坚定信念。10月24日，支队主官在《中国应急管理报》刊发署名文章，号召全体指战员勇做新时代应急救援事业“挑山工”。在信息网主页和微信平台开设专栏，宣讲政策、交流经验。建成泰安消防史馆，并依托支队内外优质资源成立教育基地。国庆当天，支队在岱顶组织“歌唱祖国”快闪活动。组织党组织书记培训，到市党团教育中心开展“勇做新时代泰山挑山工”主题党日活动。投资320万元对技防系统进行全面升级，打造具有泰安特色的“智慧营区”管控模式。以泰山中队授称八周年为契机，举办“不忘初心再出发”主题纪念活动。深入挖掘赵士军先进事迹，得到应急管理部党组书记、副部长黄明，应急管理部消防局副政治委员詹寿旺，应急管理部消防局副局长琼色等领导的批示肯定。

【火灾防控】 全市各级党委政府累计召开消防工作会议28次，消防工作连续3年被列入安全生产“月督导”内容，并被纳入市政府政务督查和安全工作巡查范畴。做实市消防安全委员会（以下简称消安委）平台，以市政府名义印发《消防安全委员会工作制度》等文件，市消安委召开负责人会议6次，推动民政、教育等4个行业开展消防安全标准化建设。出台《“六条红线”责任倒查措施》，督促全市1601家重点单位逐一落实“六加一”措施（推动所有消防安全重点单位开展一次消防安全评估、签订一份消防安全承诺书、维护保养一次消防设施、组织检测一次电气和燃气线路设施、全面清洗一次油烟道、集中培训一次全体员工，并建立一支志愿消防队）、“两书两报告一考试”（规范消防安全告知书、承诺书；规范单位消防安全自查报告、维保检测报告；规范单位消防安全管理人考试制度）和火灾危险源警示制度。提请市政府举办“消防安全宣传月”启动仪式，组织社区宣传大使、消防志愿者、基层网格员开展宣讲40次，受众7万人。与央视、《中国应急管理报》等主流媒体建立合作机制，在市电视台、市交通广播电台开设2个消防专栏。研发中控室视频监控和微型消防站语音对讲“两个平台”，探索“兵团式”隐患排查整治模式，成立首支消防安全巡查服务队。年内，全市共检查单位2.3万家，督促整改火灾隐患6.3万处，责令“三停”208家，临时查封297家，拘留35人，社会面火灾形势保持高度平稳。在全省率先出台《新旧动能转换重大工程消防服务十条措施》，下放4个县（市）、49个乡镇、40类审核验收权限。召开4次执法案卷互查暨监督执法工作例会，开展执法质量暗访督察40次，评查案卷300份。

【消防队伍建设】 突出主业地位，先后4次召开全市会议部署推进训练工作，出台战训工作《七项措施》。出台《训练工作奖惩办法》，建立训练标兵疗养制度。分4批对指战员开展攻坚组培训，夺得全省夏训比武分区竞赛冠军2次，综合成绩位列全省第五。对作战资料库开展新一轮修订，更新各类场所信息1.8万份，图像资料7万张。开展无预案随机拉练700次，熟悉单位2500家，修订完善预案及熟悉卡1800份。年内，全市共接警出动4400起，抢救疏散被困人员1200人。提请市政府以购买服务的形式，组建编制100人的灭火救援专业队。组建高层建筑和石油化工两支专业队，打造“术业有专攻”的攻坚梯队。做实做细人员编配、器材配置、操法科目等各个环节，完善国家山岳救援泰安大队建设。编写7个岗位操作指南，配齐山林火灾扑救方舱车等8类300件（套）装备。联合泰山景区管委研发“智慧泰山”监管平台，实时监控气候、客流、风险点等情况。建成3个支队级、2个大队级通信保障分队，配齐卫星便携站、北斗终端、卫星电话等设备，应对各类复杂条件的通信保障体系全面形成。在龙郓煤矿冲击地压坍塌等事故救援中，支队应急通信保障分队发挥重要作用，得到应急管理部和省委、省政府领导高度肯定。

【后勤保障】 出台《改制期间基层财务管理工作规定》等制度，开展全市资产清查工作。年内，购置消防车9部，购置竖井救援、水域救援等专业器材5000件（套）。至年底，总投资1.2亿元的高铁新区消防站投入使用，楼德、房村、博阳路消防站已投入执勤，石横消防站开工建设，徂汶新区消防站纳入整体规划，全市消防队站总数达29个。组织装备维护、使用培训8次，巡检器材装备4200件（套），17人考取装备技师职业技能鉴定资质。与驻泰安高校及驻军建立人才招收机制。（李　波）

机关事务

【节约型机关建设】 至年底，全市公共机构人均能耗253.9千克标准煤，单位面积能耗10.21千克标准煤，分别下降2.08%和1.73%。全市公共机构能源消费构成比例中，电力、天然气所占比例稳步提升，煤炭（热力）消费比例逐步降低。

【后勤社会化改革】 与63家单位签订委托服务合同，内容覆盖安保、会务、保洁、出行、办公用品、水电气暖维修等。完成采光顶维修、屋面防水、绿化提升、会议室改造等重点工程建设。将市政中心消防系统维修改造、市政中心走廊吊顶及照明更换、市政中心综合安防升级改造、市政大楼会议室更新改造等工程项目提上日程。

【支撑保障】 办公用房方面，初步建立起集中办公区办公用房信息资料库和数据台账。健全办公用房使用审批制度，实现办公用房配置使用规范化。在全市范围内组织开展全面清查3次、集中清退1次、督导巡查10次，确保全市办公用房配置使用基本合法合规。公务出行方面，全年实现出车1000台次，安全行使18万千米；全面完成事业单位车改涉改车辆处置工作；率先完成市本级车管平台与省级平台对接工作，并对市级平台进行二次开发。

【服务保障】 安全工作方面，坚持以筑牢安全生产防线为工作重点，落实主抓主管责任，确保市政中心安全态势保持平稳，被市安委会评为“安全生产先进单位”。资金结算方面，办理结算业务2.9万笔，核算自有资金3.3亿元，审核国库授权支付资金14.6亿元，提供办公用品600种，价值63.6万元。生活服务方面，全年提供饮食服务22万人次，采购各类食材物资300吨，生活服务满意率达90%以上，通过餐饮服务食品安全单位复审。（周长坤）

12月29日，泰安市信访局挂牌成立，副市长鞠向群（前排左七）出席揭牌仪式。图为全体人员合影　（叶　松　供）

信　访

【概况】 年内，各级“两会”、中央巡视组驻鲁巡视、上合组织青岛峰会、改革开放40周年庆典活动等重点敏感时期，全市没有发生有影响的信访问题。信访形势趋稳向好，进京非正常上访、进京到省到市上访呈下降态势。“四个重点”信访矛盾化解、打造网上信访主渠道等重点工作任务完成较好。4月，省委副书记、省长龚正对泰安市重点信访事项办理工作给予批示表扬；7月，全省信访矛盾化解攻坚战现场推进会上，交流推广泰安市经验；11月底，全省信访督查工作会议上，泰安市作典型发言；4月，全省网上信访工作会议上，交流推广泰安市经验。市信访局被省委办公厅、省政府办公厅授予全国“两会”安保维稳工作先进集体，连续6年被评为省级文明单位，被市委、市政府评为经济社会发展综合考核先进单位，被市委、市政府授予全国文明城市创建工作先进集体，“倾情为民、重于泰山”被评为市直机关十佳党建品牌、优秀服务品牌，驻京办党支部连续2年被市驻京工作党委评为“泰山流动先锋”党组织。1人被评为市直机关“优秀公仆”，1人被评为市直机关先进工作者，1人被评为市直机关首届“最美职工”。

【案件处理】 年内，接待处理群众到市上访1843批次4405人次，其中集体访136批次2143人次；到省上访756批次1636人次，其中集体访33批503人次；进京上访490批次607人次，其中集体访19批次95人次。受理办理群众来信及网上信访1.35万件。办理中央巡视组、中央扫黑除恶督导组、省委第二巡视组等转交信访事项2757件，省交办民生、环保、扶贫领域信访事项241件，省重点督办、市领导批示信访事项16件，按期办结率均为100%。

【信访矛盾化解】 推进“四个重点”（重点领域、重点群体、重点问题、重点人员）信访矛盾化解攻坚战，国家信访局交办的20件、省信访局交办的127件“四个重点”案件，市排查的131件难案老案，化解稳定率均为100%。深入推进信访隐患排查化解，累计排查可能发生到省进京集体访、进京访的信访隐患及矛盾纠纷9497件，逐人逐案交办，压实责任单位化解和稳控责任，化解稳控率84.9%。

【领导干部公开接访】 市级党政领导公开接访形成“常态化”，每周1名市党政班子领导公开接访，重点敏感时期每天2名市四大班子成员同时接访。年内，市级领导干部公开接访99人次，接待群众到访68批次858人次，大量复杂矛盾问题得到就地吸纳化解。

【提升信访事项办理质量】 深化信访基础业务规范化建设，着力推动信访事项依法及时妥善解决。年内，全市信访工作机构信访事项及时受理率99.7%，有权处理机关及时受理率97.8%、按期办理率98.4%；纳入满意度评价的6975件信访事项，群众对信访部门的评价率86.7%、满意率99.3%，对责任单位的评价率89.3%、满意率99.6%。

【信访事项复查复核与听证工作】 年内，市信访局受理信访复查事项1件、复核事项13件，办结率100%。其中，复查撤销1件，复核维持8件，撤销4件，变更1件。全市有38件信访事项召开听证会。

（叶　松）

编辑　校对　　刘　凯

中国人民政治协商会议泰安市委员会

综　述

【概况】 2018年，市政协召开常委会议5次、主席会议8次；开展协商活动17次、专项视察26次，306件提案集中转交承办单位办理。向市委、市政府报送《领导参阅》9期，编发社情民意信息280条。市委、市政府主要领导对报送的4个调研报告作出批示。12月14日，中共泰安市委办公室印发《关于加强新时代人民政协党的建设工作的实施意见》，结合泰安实际，就全市政协系统加强党的建设提出具体实施意见。6月21日，市政协十三届十三次主席会议通过《政协泰安市委员会委员履职考核办法（试行）》，旨在充分发挥委员主体作用，不断提高委员履职积极性、主动性，增强委员责任意识。12月25日，中共泰安市政协党组印发《关于加强党组成员同政协各方面经常性联系的意见》，结合泰安市实际，就加强市政协党组成员与各方面经常性联系提出意见，确保履职工作顺利开展。市政协继续保持"省级文明单位"称号。

【聚焦中心协商议政】 紧扣新旧动能转换，就双招双引、重点建设项目、开发区体制机制创新、乡村旅游转型升级等开展调研，形成《抢抓招商引资机遇，加快新旧动能转换的调研报告》。着眼城市规划建设管理，就泰安城区棚改工作进行专题调研，形成《关于加快推进泰城棚户区改造的调研报告》；组织召开"提高泰城建设管理水平，建设现代城市"专题议政会；瞄准社会管理创新，精准选择城市社区治理体系建设、推进农村社区服务中心建设等课题开展联合调研、广泛协商，形成《加强城市社区治理体系建设》《引导乡镇力量下沉，助推农村社区实体化运作》等专项调研报告，得到市委、市政府领导的肯定和批示。

【围绕民生建言献策】 围绕社会保障体系建设、老旧住宅小区基础设施建设、药品质量安全监管、政务服务中心建设等开展视察监督，推动民生问题解决。组织开展"扶贫攻坚委员行"活动，部分委员与贫困村结成对子，为村里修桥铺路、建设文化设施、资助贫困大学生，累计捐款360万元；部分委员到贫困乡镇创办企业，安排2000名贫困人口就业；部分委员身残志坚、艰苦创业，每年安置200名残疾人就业。发挥政协领导牵头作用，担当作为惠民生。按照市委部署，牵头包保新泰市岳家庄乡的脱贫攻坚工作，组织带领有关方面深入贫困村实地调研，协调解决脱贫难点问题。牵头推进医养健康产业发展，组织多方开展调研论证，加快推动制订《泰安市医养健康产业发展规划》。落实市委"强村固基"工作部署，选派2人担任驻村第一书记，帮助岱岳区先锋村和岩庄社区强党建、兴产业、促脱贫，建设9000平方米的区域党群服务中心，建成的高标准大棚收益全部用于贫困户脱贫，先锋村年内被评为省级美丽乡村示范村。

【汇聚改革发展合力】 充分发挥统一战线组织的优势，广泛团结各党派团体和各界人士。重视支持各民主党派和各界人士发挥重要作用。建立市政协党组成员联系各民主党派、无党派人士制度，落实市政协秘书长与各民主党派、工商联秘书长联席会议制度，就政协重大活动及时沟通、听取建议，为各民主党派和工商联履职搭建平台。年内，市各民主党派提交提案76件，占提案总数的25%，在政协全委会议和专题议政会议作大会发言31人次，开展"企业家联谊会新泰行"活动，举办"我心如初"大型文艺演出等履职活动，为全市改革发展添动力、聚合力。凝聚侨心侨力，邀请市政协侨外顾问参加全市组织的经贸活动，在深化对外交流合作、扩大经

10月11日至12日，省政协主席付志方（前排右六）到泰安调研并看望市政协委员代表　（张龙基　摄）

贸往来等方面发挥建设性作用。团结各界人士庆祝改革开放40周年，整理出版近70万字的《泰安改革开放四十年亲历记》；向历届政协委员征集书画摄影作品335件，成功举办“翰墨颂辉煌——庆祝改革开放四十周年书画摄影展”。

【推进履职提质增效】 把提高工作质量作为关键环节，探索履职的新机制新方法。①完善协商的形式和方法。探索党政领导点题、党派委员议题、党政部门答题的协商机制，首次向党政领导征集协商题目，组织开展专题协商2项、对口协商7项、界别协商6项、提案办理协商2项。②创新提案办理协商机制。建立政协协调各方、提办双方协商、媒体跟踪监督、考核表彰激励的提案办理机制，开展优秀提案、先进提案承办单位、先进提案工作者评选活动。年内，市政协立案的306件提案全部办复，群众关注的“中梗阻”“卡脖子”“老大难”问题得到解决。其中，委员提案多年关注的《尽快打通泰城“断头路”问题》，市委、市政府高度重视，先后成立擂鼓石大街中段、岱北街等建设指挥部，实施拆迁会战攻坚，各项道路改造工程顺利推进。③改进专题调研方式。坚持协商选题求准、实地调研求深、多层协商求实的调研思路，通过市县政协联动、吸收部门参与、实施合力攻关，打造协商议政的精品成果。④丰富民主监督形式。统筹运用委员视察、反映社情民意、民主评议、委员担任司法监督员等方式，加大民主监督力度，组织委员开展视察活动26次；推荐委员参与全市政风行风网上投票，受聘担任市司法监督员，通过旁听法院案件公开审理，见证法院破解执行难案件，促进社会的公平正义。

【全面加强履职能力建设】 扎实履行从严治党主体责任。首次召开全市政协系统党建工作座谈会，把全面从严治党落实到政协履职的全过程；认真落实意识形态工作责任，加强对政协新闻宣传、政协刊物、社情民意信息的审查把关，强化政协网站、委员微信群的管控，做到守土有责、守土尽责。以建设过硬党支部为目标，举办一系列主题党日活动，其中5次被评为市直机关优秀主题党日活动。从严加强政协自身建设。加强对委员的服务管理，制定委员履职考核办法，研究出台《市政协委员退出和暂停履职办法》，促进委员更好地完成“履职作业”。组织开展“大学习、大调研、大改进”活动，激励机关干部干事创业、担当作为。加强机关文化建设，组织创作书画作品，打造机关“文化长廊”。认真做好老干部工作，为老干部工作生活提供良好服务保障。加强纪律作风建设，持之以恒纠正“四风”，认真落实中央和省委巡视整改意见，积极配合市纪委派驻组履行职责，深化党风廉政建设。市政协机关连续被评为省级文明机关。

【重要活动】 **省政协委员送文化到泰安** 2月2日，省政协常委、委员联络工作委员会主任高峰岗率领省政协委员艺术团与山东画院、山东爱乐民族乐团、山东中山书画院、山东致公艺术团，到泰安举办“书乐迎新春·献礼新时代”文艺演出和书画进基层活动，并调研高铁新区建设情况。市政协主席周桂萍、市政府副市长成丽、市政协副主席徐恩虎和市政协秘书长魏武参加活动。

省政协副主席赵家军到泰安调研 4月18日，省政协副主席赵家军带领调研组，到泰安调研“加强面向新技术新产业新业态新模式学科专业建设”情况，并在山东农业大学召开座谈会。市政协主席周桂萍、副主席徐恩虎、秘书长魏武陪同调研。

省政协副主席韩金峰到泰安调研 6月13日，省政协副主席韩金峰带领调研组，实地考察山东路德新材料股份有限公司等企业，就纺织业转型升级工作进行调研。市政协主席周桂萍，市委常委、副市长展宝卫，市政协副主席马纯勇，市政协秘书长魏武陪同调研。

省政协调研组到泰安调研 8月21日，省政协副秘书长董利忠带领省政协调研组，到泰安就“加强我省森林生态自然保护区的建设与发展”进行调研。市政协副主席程明陪同活动。

省政协民宗委到泰安开展“两看三强”活动 9月17—18日，省政协民族和宗教委员会组织部分少数民族和宗教界委员到泰安开展“两看三强”活动，并先后到泰山灵应宫、碧霞祠看望宗教界代表人士。市政协副主席马纯勇陪同活动。

省政协副主席刘均刚到泰安调研 9月19—20日，省政协副主席、省林业厅厅长刘均刚带领调研组，调研泰安市国家森林公园建设和管理工作。市政府副市长赵德健，市政协副主席马纯勇、秘书长魏武陪同调研。

省政协主席付志方到泰安调研 10月11—12日，省政协主席付志方到泰安调研文化旅游产业发展、新旧动能转换、乡村振兴等工作，并到市政协机关看望机关干部和政协委员，调研地方政协工作。市委书记崔洪刚，市政协主席周桂萍、副主席徐恩虎，泰山景区党工委书记姚霆陪同有关活动。

省政协调研组到泰安调研 12月25日，省政协调研组一行到泰安调研委员学习培训和界别工作情况，并召开座谈会。调研组听取市、县政协开展委员学习培训和界别工作情况汇报。省政协委员活动工作室主任王修岐、市政协副主席程明出席会议。 （宁爱民）

重要会议

【市政协十三届二次全体会议】 1月5—8日，在泰山国际会展中心泰山会堂举行。政协第十三届泰安市委员会第二次会议应出席委员419人，实到394人。会议认真听取和讨论中共泰安市委书记王云鹏的讲话，讨论审议并一致同意第十三届市政协常务委员会工作报告和提案工作报告。与会委员列席市十七届人大二次会议，听取和讨论市长李希信所作的政府工作报告及其他有关报告。大会共收到提案336件、大会发言材料45份，12名委员作大会现场发言，25名委员作书面发言。大会补选陈师超、赵永强、韩克双为政协第十三届泰安市委员会常务委员，审议通过市政协十三届二次会议决议和提案审查情况的报告。大会闭幕时，市政协主席周桂萍作讲话。

1月5—8日，市政协十三届二次会议召开 （张龙基 摄）

【市政协常委会议】 2018年，市政协召开常委会议5次。

十三届七次会议 1月7日举行，市政协主席周桂萍主持会议。会议听取市委常委、组织部部长高尚山作的关于人事选举事项说明；协商审议政协第十三届泰安市委员会第二次会议选举办法（草案）、有关人事选举事项、选举监票人和总监票人名单（草案）、会议提案审查情况的报告（草案）、会议决议（草案）。会议决定，将该次会议协商审议的内容提交全体委员讨论审议。

十三届八次会议 1月8日举行，市政协主席周桂萍主持会议。会议听取大会组织组负责人汇报有关人事选举事项讨论酝酿情况，审议通过市政协十三届二次会议选举办法（草案），监票人、总监票人名单（草案）和有关人事选举事项，市政协十三届二次会议提案审查情况的报告（草案），市政协十三届二次会议决议（草案）。

十三届九次会议 5月7日举行，市政协主席周桂萍出席会议并讲话。会议传达学习习近平总书记参加十三届全国人大一次会议山东代表团审议时的重要讲话精神，全国“两会”和省政协十二届二次常委会议精神等内容，邀请市委常委、副市长展宝卫就全市全面开展新旧动能转换重大工程作专题辅导报告，审议通过《政协泰安市委员会2018年协商工作计划》。

十三届十次会议 7月4日举行，市政协主席周桂萍出席会议并讲话。会议传达学习中共泰安市委十一届六次全体会议精神；听取全市上半年经济运行和社会发展情况的通报；审议通过《关于抢抓招商引资机遇加快新旧动能转换的调研报告》。

十三届十一次会议 10月23日举行，市政协主席周桂萍出席会议并讲话。会议听取市政府负责人关于市政协十三届二次会议以后提案办理情况的通报；传达学习全省政协系统党的建设工作座谈会精神；围绕“提高城市建设管理水平，建设现代城市”进行发言；审议通过《关于加快推进泰城棚户区改造的调研报告》。

【市政协主席会议】 **十三届十二次会议** 3月23日召开。会议审议通过关于召开市政协十三届九次常委会议的有关事项；传达学习全国“两会”精神；研究调整领导工作分工；审议通过《市政协2018年主要活动安排表（讨论稿）》《政协泰安市委员会2018年协商工作计划（讨论稿）》《市政协十三届二次会议重点提案（讨论稿）》。

十三届十三次会议 6月21日召开。会议传达学习习近平总书记在山东考察时的重要讲话精神；审议通过关于召开市政协十三届十次常委会议的有关事项；听取全省政协反映社情民意信息工作座谈会、全省17市政协秘书长工作座谈会情况汇报；审议通过《关于抢抓招商引资机遇、加快新旧动能转换的调研报告（讨论稿）》《政协泰安市委员会委员履职考核办法（讨论稿）》。

十三届十四次会议 7月23日召开。会议重点学习全市招商引资招才引智暨提高行政效能优化营商环境大会精神，要求全市各级政协组织、政协委员和政协工作者要紧扣产业发展、招商引资招才引智、放管服改革、干部队伍建设等重点问题建真言、献良策、出实招，积极推动泰安高质量发展。

十三届十五次会议 9月28日召开。会议审议通过关于召开市政协十三届十一次常委会议的有关事项；审议通过市政协《关于加快推进泰城棚户区改造的调研报告（讨论稿）》；听取2018年度市政协委员学习培训情况汇报。（宁爱民）

政治协商

【协商计划】 贯彻全国和省、市“两会”精神，落实泰安市全面展开新旧动能转换重大工程誓师大会部署，组织好2018年协商活动，提高政协协商议政实效，通过与市政府有关部门充分沟通协商，广泛征求意见，2018年在市政协开展重点协商活动17项。

【专题协商】 2018年度专题协商由市政协办公室和相关专委会共同组织开展，市政协主席或主席委托的副主席召集并主持。主要内容包括：围绕抢抓招商引资机遇，推动新旧动能转换实现突破，由市政协经济委牵头；推进泰城棚户区改造，牵头单位为市政协人口资源环境委。

【对口协商】 由相关专门委员会负责组织开展。主要协商内容包括：中央对泰安市环保督察的重点问题整治情况；加快泰安美丽乡村建设步伐，助推乡村振兴战略实施；做实做细家庭医生签约服务，增强群众获得感；推进泰山创新谷建设；推进泰安国家康复辅助器具产业综合创新试点地区建设；全市工业文化遗产保护发展；促进全市乡村旅游转型升级等内容。

【界别协商】 由相关界别活动组负责组织开展，市政协相关专委会协助。主要协商内容包括：在放开“二孩”政策的新形势下应做好孕妇产前筛查工作；新时代慈善志愿服务与公益组织发展；推进全国无车承运交易中心落户泰安，助力泰安市新旧动能转换；实现智能化制造，加快小微企业新旧动能转换；建设泰山明清文化商贸街；加强非公有制企业法律服务等。

【重点提案办理协商】 主要包括两项：促进泰安市生态畜牧业发展；加快泰安市大运河文化带建设等。

（宁爱民）

参政议政

【调查研究】 **调研科技人才工作情况** 2月7日，市政协主席周桂萍到新泰市调研科技人才工作，并听取新泰市科技人才管理使用等情况汇报。

调研包保重点工作 4月17日，市政协主席周桂萍先后调研市旅游经济开发区经济社会发展情况；岱岳区政协民主监督工作开展情况以及粥店街道网格、天平街道网格国家卫生城市复审和全国文明城市创建工作。市政协秘书长魏武

11月14日，市政协主席周桂萍（右五）带领部分市政协委员、市直有关部门负责人对全市供销社综合改革工作情况进行考察　　（郝飞　供）

陪同调研。

调研泰安城区棚户区改造工作　7月24—26日，市政协副主席张庆明带领调研组，实地察看泰山区、岱岳区、高新区、高铁新区棚户区改造相关项目，对泰安市棚户区改造工作开展调研。

调研泰山道教文化发展情况　10月24日，市政协组织部分委员先后到泰山灵应宫、泰山道教文化馆、泰山碧霞祠，调研泰山道教文化发展情况。市政协副主席马纯勇、孙岱峰参加调研。

【督促落实】　**召开市政协文史工作会议**　3月7日，市政协文史工作会议召开，市政协副主席张庆明出席会议并讲话，要求加快推进《改革开放四十周年亲历记》和《风雨同舟·共铸辉煌》两部文史丛书征编工作。

召开提升政务公共服务水平座谈会　4月20日，市政协围绕推进“放管服”改革，召开提升公共服务水平座谈会。市政协副主席孙岱峰出席会议并讲话，部分市政协委员和有关部门负责人参加会议。

召开《风雨同舟·共铸辉煌》史料征编工作推进会　5月15日，市政协组织召开《风雨同舟·共铸辉煌》史料征编工作推进会。市政协副主席张庆明出席会议并讲话。

督导新泰脱贫攻坚工作　8月29日，市政协主席周桂萍、副主席程明一行到新泰市督导脱贫攻坚工作。督导组先后到岳家庄乡张家村产业扶贫项目和新泰市盛嘉工贸有限公司仿藤篮编织扶贫项目进行调研，就打赢脱贫攻坚战提出要求。

【对口协商】　**开展家庭医生签约服务工作对口协商**　6月15日，市政协召开“做实做细家庭医生签约服务工作，增强群众获得感”对口协商会议。市政协副主席徐恩虎出席会议并讲话。

组织开展工业遗产保护对口协商活动　11月9日，市政协组织有关委员和部门单位，对全市工业文化遗产保护开展对口协商。委员们深入肥城市湖屯镇兴隆村北和康王酒业有限公司现场查看工业遗产保护情况。市政协副主席张庆明出席活动并讲话。

对泰山创新谷建设进行视察和对口协商　11月29日，市政协副主席徐恩虎带领市政协科教文卫体委成员和部分委员，以及相关单位负责人对泰山创新谷建设情况进行视察和对口协商。　（宁爱民）

民主监督

【提案监督】　市政协十三届二次会议以后，市政协委员及各参加单位聚焦泰安市经济社会发展的重大问题、聚焦深化改革的瓶颈问题、聚焦群众关心的热点问题，通过提案履职尽责，共提交提案367件，经审查立案306件，其中委员提案178件，各民主党派市委、市工商联、有关人民团体和市政协专门委员会集体提案128件。79个承办部门和单位已全部办复，大多数提案的意见建议得到采纳或正在逐步落实。

【视察监督】　**视察“全国创新驱动助力工程示范市”建设情况**　4月4日，市政协组织部分委员到山东岱银集团等单位视察创新驱动助力工程示范市建设情况。市政协副主席徐恩虎参加活动。

视察中央环保督察反馈意见整改落实情况　4月4日，市政协组织部分委员到康平纳股份有限公司等企业，就中央环保督察反馈意见整改落实情况进行视察。市政协副主席张庆明参加活动。

视察地方金融工作　4月4日，市政协主席周桂萍带领部分政协委员，到泰安银行等单位进行视察，并召开地方金融工作发展情况座谈会。市政协副主席马纯勇、秘书长魏武参加活动。

视察“同线同标同质”工作 4月18日，市政协副主席王昌元带领部分政协委员，先后到泰山亚细亚食品有限公司等企业，对“同线同标同质”（简称“三同”）工作进行视察。

调研视察生态畜牧业发展情况 4月19日，市政协副主席程明带领调研组，到肥城新百利奶牛养殖专业合作社等现场实地视察并召开座谈会，深入调研生态畜牧业发展情况。

视察全市乡村旅游工作 6月14日，市政协组织部分委员先后到岱岳区天鹅湖等地进行视察并召开座谈会。市政协副主席徐恩虎、王昌元参加视察，副市长成丽参加活动。

视察康复辅助器具产业综合创新试点工作 6月20日，市政协副主席孙岱峰带领部分委员，先后到市残疾人康复中心等单位，视察泰安市国家康复辅助器具产业综合创新试点工作。

视察全市食品药品质量安全监管工作 6月26日，市政协副主席徐恩虎带领部分市政协委员，先后到华润泰安医药有限公司等企业，视察全市食品药品质量安全监管工作。市政府副市长、市公安局局长鞠向群参加活动。

视察全市美丽乡村建设 6月28日，市政协副主席张庆明带领调研组到肥城边院镇视察美丽乡村建设工作，并听取相关工作情况汇报。

视察山水林田湖草生态修复保护工程 7月11日，市政协组织部分委员开展重点提案办理协商活动，视察山水林田湖草生态修复工程进展情况。市政协副主席张庆明出席活动并讲话。

视察全市社保体系建设情况 8月16日，市政协副主席马纯勇、孙岱峰带领部分委员，先后到市社保服务大厅、人才绿色通道窗口、人才交流服务中心、人力资源市场和就业服务窗口，对全市社会保障体系建设情况进行视察。

视察全市侨务工作 8月24日，市政协组织部分委员视察侨务工作，并深入塔高矿业机械科技有限公司等单位进行调研。市政协副主席徐恩虎、王昌元参加活动。

视察全市学前教育发展情况 9月13日，市政协组织部分委员，先后到肥城市实验幼儿园等单位，视察全市学前教育发展情况。市政协副主席徐恩虎参加活动。

视察全市政务服务工作 10月26日，市政协组织部分驻泰安省政协委员和市政协委员视察政务服务工作。委员们实地视察市政务服务中心各功能区，了解市行政审批服务局组建和工作开展情况。市政协主席周桂萍，市委常委、副市长展宝卫，市政协副主席徐恩虎、程明，秘书长魏武参加活动。

视察全市供销社综合改革工作 11月14日，市政协主席周桂萍带领政协委员视察全市供销社综合改革工作情况，并召开座谈会。参会人员先后到新泰市供销社翟镇为农服务中心和新泰市齐云为农服务中心，听取相关情况介绍。市政府副市长赵德健，市政协副主席马纯勇、秘书长魏武参加活动。

【社会监督】 推选部分专委会成员参与有关调查和听证活动，及时反映群众意见，提出工作建议。依据标准条件推荐4名司法界委员按规定程序担任检察院、法院系统司法监督员，推荐2名委员为山东省高级人民法院特邀监督员。

【社情民意反映】 利用省政协社情民意信息系统，创建泰安市社情民意信息报送平台，每季度编发省政协信息报送参考选题，充分发挥各县（市、区）政协和社情民意信息员的作用，组织撰写上报社情民意。全年共向省政协报送社情民意信息280条，得到省政协的充分肯定，在省政协召开的社情民意信息工作会议上，泰安市作题为《强化“四项”建设，增强工作实效，不断提升反映社情民意信息工作水平》交流发言，3人被评为“山东省政协先进信息工作者”。 （宁爱民）

自身建设

【党的建设工作】 召开党组民主生活会。 2月5日，市政协党组召开民主生活会，市政协主席周桂萍，副主席马纯勇、程明，秘书长魏武出席会议，副主席徐恩虎、张庆明、刘岩、王昌元、孙岱峰列席会议。

开展“清明祭英烈 传承红色基因”主题党日活动 4月3日，市政协机关党委组织机关工作人员到临沂市参观红嫂纪念馆和孟良崮战役纪念馆，重温入党誓词，接受红色革命教育。市政协副主席马纯勇、秘书长魏武参加活动。

召开巡视整改专题民主生活会 9月5日，市政协党组召开巡视整改专题民主生活会。市政协党组书记、主席周桂萍主持会议。市政协党组成员、副主席马纯勇、程明及秘书长魏武参加会议，市政协副主席王昌元列席会议。

召开全市政协系统党的建设工作座谈会 12月25日，全市政协系统党的建设工作座谈会召开，市政协主席周桂萍出席会议并讲话。会议传达学习习近平总书记在庆祝改革开放40周年大会上的重要讲话和全国、全省政协系统党建工作座谈会精神，8人分别作交流发言。副主席徐恩虎、张庆明、刘君、马纯勇、程明、孙岱峰，秘书长魏武出席会议。

【宣传思想工作】 *市政协举办庆祝改革开放40周年书画摄影展* 9月28日，市政协主办的“翰墨颂辉煌——庆祝改革开放四十周年书画摄影展”启幕，共有400件书法、绘画、摄影作品参加展出。市政协主席周桂萍，市委常委、泰安军分区政委李保泉，市人大常委会副主任陶长江，市政府副市长成丽，市政协副主席徐恩虎、马纯勇，市政协秘书长魏武出席开幕式。市级老领导唐家品、汤贵仁、赵成道参加活动。

召开全市政协宣传工作会议 12月4日，全市政协宣传工作会议召开，充分肯定政协宣传工作取得的成绩，对下步工作进行安排部署。市政协副主席程明出席会议并讲话，秘书长魏武主持会议。

召开城乡文明牵手共建行动调度会 12月14日，市政协召开省级文明单位牵手东平县梯门镇开展城乡文明牵手共建行动调度会。会上各省级文明单位分管领导介绍各自的文明牵手共建活动开展情况。市政协副主席张庆明、秘书长魏武出席会议。

【队伍建设】 *市政协机关召开年轻干部座谈会* 5月4日，市政协机关召开纪念五四运动99周年年轻干部座谈会，组织年轻干部围绕“激扬青春、实干奉献”主题，畅谈所思所想，提出意见建议。市政协主席周桂萍，副主席马纯勇、程明，秘书长魏武出席会议。

组织举办委员履职培训班 7月15—21日，市政协组织80名委员，在浙江大学举办履职能力提升培训班，听取部分浙大教授讲课，实地考察杭州智慧城市建设等情况，举办“委员论坛”活动。市政协副主席程明参加活动。 （宁爱民）

政协各专门委员会

【提案委员会】 ①完善工作机制。及时向党委、政府主要领导报送相关提案，让市领导及早了解、及早阅批，争取及早让提案进入决策，形成“党委重视、政府支持、政协主动、各方参与”的良好局面，在政协系统内形成“主要领导牵头抓、分管领导具体抓、办公室协调抓、提案委专门抓、各专委会共同抓”的工作机制。②提高提案质量。根据市委、市政府工作要点，结合党政部门重点工作，整理《提案征集目录》，编印《政协提案工作手册》《提案选编》，加强委员培训，确保提案质量。③规范办理程序。完善提案办理协商办法、提案审查工作细则、重点提案遴选与督办办法等制度，协调市委、政府督查部门对重点承办单位办理工作进行检查。④注重工作创新。通过最泰安全媒体的ZAKER客户端进行全程图片、视频直播，让广大市民可以通过网络监督提案办理成果。加强与当地新闻媒体合作，在《泰安日报》开设《提案追踪》专栏、在《泰山晚报》开设《提案回头看》专栏报道，遴选22件优秀提案，组织新闻媒体对提案人进行深度采访，提高社会的关注。

【经济委员会】 围绕新旧动能转换开展专题调研。先后两次召开座谈会，听取有关部门单位、4家委员企业和部分县（市、区）工作情况和意见建议，形成《关于抢抓招商引资机遇，加快新旧动能转换的调研报告》。着眼热点难点问题组织视察，对全市地方金融工作提出提高金融资源配置效率、抓好地方金融培育，全力推进惠普金融发展等建议；对农业“新六产”发展提出进一步整合和统筹财政涉农资金，重点扶持产村融合、乡村休闲游、“互联网＋农业”、新型农业经营主体的建议；对供销社综合改革提出要持续提升为农服务能力，聚焦乡村振兴，弘扬供销社“扁担精神”“背篓精神”的建议。组织部分企业家委员参加全国政协“发展实体经济、提高供给体系质量”专题调研座谈会。认真做好政协全会大会发言，共收到发言材料40篇，经过精心修改完善，有37名委员分别作口头和书面发言。

【人口资源环境委员会】 把“加快推进泰城棚户区改造”作为2018年重点专题调研课题，调研组深入县（市、区）14个棚改现场进行实地调研，形成《关于加快推进泰城棚户区改造的调研报告》，提出高质量的建议和对策，推动泰安城区棚户区和老旧小区改造工作加快实施。认真落实市委“建设现代城市”的要求，围绕“提高泰城建设管理水平，建设现代城市”主题，积极参与组织召开专题议政性常委会，为建设现代城市助力建言，共有19名委员提报发言材料，6名常委作大会发言，助推城市规划建设管理工作。围绕泰山山水林田湖草生态保护修复试点工程，组织泰山区域山水林田湖草生态保护修复工程视察暨重点提案办理协商活动。

【科教文卫体委员会】 开展“全国创新驱动助力工程示范市”建设调研活动，深入山东岱银集团等企业开展调研的基础上，组织市直有关单位及部分政协委员召开座谈会，听取各方意见建议，形成专题调研报告。围绕提高食品药品安全监管水平，组织视察组到华润泰安医药有限公司等企业进行实地视察，督促相关部门创新监管机制。组织开展全市学前教育发展情况视察，先后到部分幼儿园进行现场视察，形成《关于全市学前教育发展情况的视察报告》。组织开展“做实做细家庭医生签约服务 增强群众获得感”对口协商活动，了解工作现状和推进难题，提出建议 10 条，会后协商形成《关于推进家庭医生签约服务工作的对口协商报告》。组织市政协医疗保健服务团 10 名专家到市政协派驻第一书记的岱岳区角峪镇先锋村开展义诊活动，为先锋村捐赠部分常用药品和医疗器械，为群众开展诊疗和健康咨询。

【社会法制和民族宗教委员会】 推进“放管服”改革，召开座谈会，提出健全完善相关配套政策、继续削减行政审批事项、加快政务服务平台建设、强化监管考核机制体制等意见和建议。助推泰安国家康复器具产业综合创新试点，组织部分政协委员深入企业对试点工作开展情况进行现场视察并召开协商座谈会。组织政协委员视察窗口单位，提出全面落实积极就业政策，建成覆盖全民、城乡统筹、权责清晰、保障适度、可持续的多层次社会保障体系等意见建议。组织部分政协委员对泰山灵应宫等地进行视察。完成市政协重点提案第 172 号《关于合理调整泰城部分斑马线和信号灯设置提高道路通行率的建议》的督办视察活动。定期走访宗教界、少数民族界委员。

【文史资料委员会】 召开全市政协文史工作会议，听取各县（市、区）情况汇报，对全年文史工作进行安排部署。会上印发《改革开放四十年亲历记》和《风雨同舟 共铸辉煌》两书的编纂方案。开展全市工业文化遗产保护对口协商会议，与会文史委成员及专家学者就泰安市工业遗产保护工作与相关部门进行沟通协商，并对下一步加强工业遗产保护教育与宣传和探索工业遗产保护利用新途径形成共识。认真组织委员完成对全市传统村落保护发展情况的视察，了解泰安市农村古村落的现状、发展利用、未来前景和存在的制约问题，提出具体的意见建议。集中力量做好《改革开放四十年亲历记》和《风雨同舟 共铸辉煌》两本书的征集、编撰、出版工作。

【港澳台侨和外事委员会】 把发展乡村旅游促进乡村振兴对口协商作为年度工作重点，组成调研组先后实地现场视察，召开协商座谈会，就推动泰安市乡村旅游快速发展、提档升级、文旅融合发展等方面提出意见建议，形成《全市乡村旅游转型升级对口协商报告》。组织部分委员对全市出口食品内外销“同线、同标、同质”“三同”工程进行视察，形成《关于泰安市进出口食品企业内外销“同线同标同质”工作的调研报告》。围绕开发区体制机制创新，组织部分委员开展进行视察调研，实地考察新泰市部分企业项目，就强化政策支持、完善考核激励、坚持功能定位、坚持特色发展提出意见建议。积极开展海内外团结联谊活动，向到泰安考察的 14 个国家和地区的企业家、港澳委员推介泰安、招商引资。充分发挥侨外顾问作用，组织海外联谊会会员参加“山东省首届儒商大会”“2018 知名外商泰安行”等活动。

（宁爱民）

9月28日，市政协主办“翰墨颂辉煌——庆祝改革开放四十周年书画摄影展”
（张龙基　摄）

编辑　校对　　封彦君

纪检·监察

综　述

【概况】 2018年，全市纪检监察机关坚持以习近平新时代中国特色社会主义思想为指导，在省纪委和市委正确领导下，提高政治站位，聚焦高质量发展目标，坚持稳中求进工作总基调，忠实履行党章和宪法赋予的职责，稳步有序推进纪检监察体制改革，以永远在路上的恒心韧劲，推动全面从严治党不断向纵深发展，纪检监察工作取得新进展、新成效，获得2018年度全省纪检监察网络舆情和评论工作先进集体称号，被评为省级文明单位。

【推进监察体制改革】 市委牢牢扛起主体责任，从政治和全局上研究推进改革工作；市纪委认真履行专责，周密组织、精心实施，按时全面完成市（县）监委组建挂牌、人员转隶和内设机构优化调整等任务。市级增设执纪监督机构，实现监督检查和审查调查部门分设。积极推进监察职能向基层延伸，全市各县（市、区）乡镇（街道）全部完成监察机构挂牌组建工作。

【健全完善制度机制】 严格落实省纪委“1+10”纪检监察业务工作制度〔《山东省纪检监察机关监督执纪监察工作办法（试行）》《山东省纪委省监委机关问题线索管理处置工作办法（试行）》《山东省监察机关指定办理工作方法》《山东省监察机关调查措施使用规范》《山东省监察机关留置场所改造指导意见（试行）》《山东省监察机关留置场所管理办法（试行）》《山东省纪委省监委机关审理工作流程图》《山东省监察机关政务处分工作办法（试行）》《关于省纪委派驻（派出）纪检机构国家监察体制改革试点工作的指导意见》《关于乡镇（街道）国家监察体制改革试点工作的指导意见》《山东省银监局、青岛银监局、山东省监察委员会关于银行业金融机构协助全省各级监察机关进行查询冻结工作的通知》〕和“1+7”与政法单位工作衔接制度〔《山东省委政法委统筹指导政法机关做好国家监察体制改革试点相关协作配合工作的意见》《山东省委政法委协助配合国家监察体制改革试点工作联系会议制度》《山东省委政法委协助配合国家监察体制改革试点工作办法（试行）》《山东省各级人民法院配合国家监察体制改革试点工作审理职务犯罪案件办法（试行）》《山东省国家监察体制改革试点工作期间办理职务犯罪案件取证、认证指引》《山东省检察机关与监察机关办理职务犯罪案件衔接工作办法（试行）》《山东省公安机关协助配合监察机关调查工作办法（试行）》《山东省司法行政机关协助配合监察机关调查工作办法（试行）》〕，结合实际，进一步优化工作流程，理顺运行机制，加强与检察机关、审判机关及政法部门的沟通衔接。市公安局组建市级专业化留置看护队伍，建立健全市纪委市监委留置场所安全管理制度规范，精准防范安全风险，坚决守住安全底线。　（王阳明）

重要会议

【泰安市监察委员会挂牌成立暨第一次全体干部会议】 1月9日，泰安市十七届人大二次会议上，市委常委、市纪委书记郝红当选为市监察委员会主任。经郝红提名，市人大常委会表决任命3名监察委员会副主任和5名监察委员会委员。新当选、任命的市监察委员会组成人员现场举行宪法宣誓仪式。1月10日，泰安市监察委员会正式挂牌成立，随即召开市监察委员会第一次全体干部会议。市委书记、市人大常委会主任王云鹏出席全会并讲话。会议指出，深化国家监察体制改革试点工作，是一项重大政治任务。市委高度重视，坚决担负起改革试

1月21日，中共泰安市纪委十一届三次全体会议召开　（王阳明　供）

点政治责任，党委负主责、纪委负专责，成立领导机构，建立工作机制，提高政治站位，强化责任担当，相关部门大力支持配合，改革试点工作取得重要阶段性成果。会议强调，市纪委市监委要提高政治觉悟，切实增强责任感使命感，确保圆满完成各项改革任务；要立足新起点，倾力谱写党风廉政建设和反腐败斗争新篇章，在维护党的政治纪律上有新作为，在持之以恒正风肃纪上有新进展，在夺取反腐败斗争压倒性胜利上有新突破；要加强纪检监察机关自身建设，打造忠诚干净担当的纪检监察干部队伍。

【市纪委十一届三次全会】 1月21日，中共泰安市纪委十一届三次全会召开。会议深入学习贯彻十九届中央纪委二次全会和省纪委十一届三次全会精神，总结上年全市党风廉政建设和反腐败工作，部署年内任务。市委书记、市人大常委会主任王云鹏出席全会并讲话，市委常委、市纪委书记、市监委主任郝红代表市纪委常委会作题为《深入贯彻落实党的十九大精神，坚定不移把全面从严治党推向纵深》的报告。报告从深入贯彻落实中共十九大精神，自觉用习近平新时代中国特色社会主义思想武装头脑、指导实践、推动工作；把党的政治建设摆在首位，坚决维护以习近平为核心的党中央权威和集中统一领导；深化国家监察体制改革，实现对行使公权力公职人员监察全覆盖；打好作风建设持久战，把落实中央八项规定精神化作自觉行动；完善党内监督体系，强化党内监督；全面加强党的纪律建设，管住管好各级党组织和全体党员；坚定不移惩治腐败，巩固发展反腐败斗争压倒性态势；坚决惩治群众身边腐败和作风问题，维护群众切身利益；牢牢抓住关键，推动全面从严治党责任落地生根9个方面，对2018年任务作出部署。

【党外人士情况通报会】 4月2日，中共泰安市委召开党外人士情况通报会，市委常委、市纪委书记、市监委主任郝红向各民主党派、工商联和无党派人士通报2017年全市党风廉政建设和反腐败工作情况，并介绍2018年主要工作安排。会议指出，各民主党派、工商联和无党派人士要发扬优良传统，继续以高度的政治使命感和责任心，关心支持全市党风廉政建设和反腐败工作，真诚协助中国共产党加强自身建设。同时，学习借鉴中国共产党自身建设成功经验，全面加强思想、组织、作风、制度和廉政建设，时刻严守纪律底线，不断提高中国特色社会主义参政党建设水平。

【十一届市委第三轮巡察工作动员部署会】 4月11日，十一届市委第三轮巡察工作动员部署会召开。会议强调，要提高站位，以习近平新时代中国特色社会主义思想为指导，认真贯彻中央、省委巡视工作要求，牢牢把握正确方向；要精准发力，重点围绕党的政治建设、思想建设、组织建设、作风建设、纪律建设、夺取反腐败斗争压倒性胜利，以及巡视巡察整改情况等加强监督检查，坚定不移深化政治巡察；要巩固成果，创新方式方法，强化成果运用，着力提高巡察监督质量；要强化自身建设，打造过硬巡察队伍，为做好巡察工作提供有力保证。

【全市纪检监察工作会】 7月30日，市纪委市监委召开全市纪检监察工作会议，深入学习贯彻习近平总书记视察山东重要讲话，传达学习全国、全省纪检监察工作座谈会和陈辐宽东平脱贫攻坚工作座谈会讲话精神，总结上半年工作，研究部署下步任务。会议要求，全市纪检监察机关要认真学习贯彻落实全国、全省纪检监察工作座谈会精神，牢牢把握正确工作方向，高度自觉践行“两个维护”，聚焦高质量发展目标，切实加强自身建设，扎实推进纪检监察工作再上新水平。会议强调，要按照省、市纪委全会部署，强化政治监督，持续深化国家监察体制改革，驰而不息纠治“四风”，加大扶贫领域监督执纪问责力度，强化涉黑涉恶背后腐败和“保护伞”问题的查处，抓好巡视巡察反馈问题整改督促落实工作，不断推动全面从严治党向纵深发展。

【全市扫黑除恶专项斗争监督执纪监察工作推进会】 8月22日上午，全市扫黑除恶专项斗争监督执纪监察工作推进会召开，传达省纪委专项工作推进会精神和市委常委会议要求，深入推进全市扫黑除恶专项斗争监督执纪监察工作。会议强调，全市纪检监察机关要进一步提高政治站位，切实增强“四个意识”，充分认识扫黑除恶专项斗争的重大意义，把握政治机关定位，强化责任担当，采取有力措施，确保扫黑除恶专项斗争监督执纪监察工作取得新成效。

【十一届市委第四轮巡察工作动员部署会】 8月27日，十一届市委第四轮巡察工作动员部署会召开。会议强调，要坚持以习近平新时代中国特色社会主义思想为指导，认真贯彻落实中央巡视工作规划，坚持以人民为中心，牢牢把握“两个维护”根本政治任务，聚焦“六个围绕、一个加强”（围绕政治建设，重点检查维护党中央权威和集中统一领导情况；围绕思想建设，重点检查学习贯彻习近平新时代中国特色社会主义思想情况；围绕组织建设，重点检查选人用人和基层党组织建设情况；围绕作风建设，重点检查整治“四风”情况；围绕纪律建设，重点检查党规党纪执行情况；围绕夺取反腐败斗争压倒性胜利，重点检查领导干部廉洁自律和整治群众身边腐败问题情况。加强对巡视巡察整改情况的监督检查，看巡视巡察发现的问题是否整改到位，移交的问题线索是否认真处置、核查，有没有报假账、做表面文章问题），坚定不移深化政治巡察。要坚持问题导向，抓住关键、突出重点，精准发现问题，发挥好党内监督“探头”作用。要坚持实事求是、稳中求进，依规依纪依法开展巡察，扎实推进巡察全覆盖。要加强自身建设，着力打造忠诚担当、本领过硬、作风优良、纪律严明的巡察队伍。

【2018年度县（市、区）党（工）委书记向市纪委全会述责述廉会】 12月25日，2018年度县（市、区）党（工）委书记向市纪委全会述责述廉会议召开。市委常委、市纪委书记、市监委主任郝红主持会议，省纪委党风政风监督室负责人到会指导。会上，泰山区、岱岳区、新泰市、肥城市和市高新区、泰山景区、市旅游经济开发区党（工）委书记现场述责述廉，接受纪委委员询问和评议。宁阳县、东平县县委书记书面述责述廉，一并接受评议。会议指出，各级党组织特别是主要负责人要进一步提高政治站位，把自己摆进去、把职责摆进去，主动接受监督。要把抓好党建作为最大政绩，切实履行全面从严治党第一责任，夯实管党治党政治责任，发挥好表率作用。要强化结果运用，对照反馈问题，抓好整改落实。要深化标本兼治，一体推进不敢腐、不能腐、不想腐，努力营造风清气正的良好政治生态，为全市高质量发展提供坚强政治保证。（王阳明）

学习教育

【加强队伍建设】 把政治建设摆在首位，修订市纪委加强常委会自身建设的意见，把“两个维护”落实到纪检监察工作各个环节。突出政治功能健全基层组织，推进党支部标准化建设，扎实推进“两学一做”学习教育常态化制度化，开展“大学习、大调研、大改进”和系列党性教育活动，建设过硬党支部。严肃党内政治生活，严格落实领导干部讲党课、双重组织生活等制度，发挥党建引领作用。强化教育培训，强化实践锻炼，着力提高日常监督、执纪审查、依法调查等核心本领。严格自我监督，将制度建设贯穿监督执纪问责、队伍建设和日常管理全过程，全面提升工作制度化、规范化水平。建立完善执纪审查调查、机关内部管理、派驻监督等系列制度规范，严格审批程序，细化工作流程，强化内部约束。严格执行监督执纪工作规则，落实关于加强纪

组织全市1.6万余名科级以上党员干部和公职人员开展党纪法规和德廉知识学习测试 （王阳明 供）

检监察干部监督工作的意见，加强内部监督制约，保持队伍纯洁。

【强化理论武装】 持续深入学习习近平新时代中国特色社会主义思想，市纪委常委会作为常规首要议题，开展33次专题学习。坚持市纪委理论中心组学习制度，分专题集体学习18次，用党的创新理论武装头脑，带动全系统树牢“四个意识”、坚定“四个自信”、做到“四个服从”。把推动落实中共十九大精神作为全年工作主题主线，学习贯彻十九届中央纪委二次全会、省纪委十一届三次全会精神，召开市纪委十一届三次全会、全市纪检监察工作会，推动党中央全面从严治党决策部署落地生根。学习贯彻中共十九届二中、三中全会精神，认真贯彻实施宪法和监察法，增强保障全市党和国家机构改革扎实推进的政治自觉。

【践行“两个维护”】 牢牢把握政治机关定位，把“两个维护”作为根本政治任务，带头贯彻中央政治局关于加强和维护党中央集中统一领导的若干规定精神及省委、市委有关规定，严格落实请示报告制度。加强对党的路线方针政策、党中央重大决策部署，习近平总书记视察山东重要讲话、重要指示批示精神贯彻落实情况的监督检查，确保政令畅通。严明政治纪律和政治规矩，高度警觉“七个有之”问题，严肃查处违反政治纪律行为。用好问责利器，全市167个党组织、3个纪检组织、187名党员干部被问责。

【净化政治生态】 严肃党内政治生活，加强对民主生活会的督导检查，督促党员领导干部把群众反映、巡视巡察反馈、组织约谈函询的问题说清楚；对查处的严重违纪违法领导干部，督促所在部门单位党组织召开专题民主生活会剖析警示。加强对全市政治生态情况的分析研判，研究有针对性的防治措施。严把政治关、品行关、作风关、廉洁关，市纪委共回复党风廉政意见1019人次。注重激励保护担当作为，推动《关于激励干部担当作为实施容错纠错的办法（试行）》落地落实，科学认定容错免责情形，加大澄清保护力度，严肃查处诬告陷害、打击报复行为。

【筑牢思想防线】 开展经常性纪律规矩教育，把党章党规党纪作为党委（党组）理论学习中心组和党校必修课，市县纪委监委班子成员带头讲廉政党课，1.6万名科级以上干部参加党纪法规和德廉知识学习测试。成立市、县廉政教育宣讲团，开展巡回宣讲；建设廉政教育展厅，在《泰安日报》等媒体开设专题专栏，宣传解读党纪党规。强化警示教育，召开全市领导干部警示教育大会，以案明纪、以案示警。以查处的典型案件为素材拍摄警示片，编印警示录，用身边人身边事讲好“纪法故事”。充分挖掘泰安优秀廉政文化资源，弘扬优秀家规家训家风，组织巡演廉政历史剧《官箴碑》25场次，引导形成崇廉拒腐、尚俭戒奢的良好社会风气。 （王阳明）

监督执纪

【强化日常监督】 夯实管党治党政治责任，开展县（市、区）党（工）委书记向市纪委全会述责述廉，坚持市纪委常委同县处级党政正职廉政谈话制度，开展市、县、乡三级约谈，层层传导压力。抓住“关键少数”，对有问题反映的领导干部建立廉政档案，动态管理、重点监督。坚持公开接访制度，落实重要信访件包保督办责任，完善信访举报受理平台，把好监督“第一道关口”。加强对巡视巡察反馈问题整改情况的监督检查，确保整改到位。深化巡察监督，市委强化对巡察工作的组织领导，制订五年规划，部署开展4轮巡察；同步开展选人用人、意识形态工作责任制专项检查；聚焦扶贫，实现对省定脱贫攻坚重点乡镇（街道）、重点村（社区）巡察全覆盖。配合省委巡视，实行省、市、县三级巡视巡察联动，推动巡察工作向村（社区）延伸。推行巡察报告问题底稿制度，完善巡察工作机制，做好巡察“后半篇”文章，提高成果运用水平。擦亮派驻监督“探头”，强化政治监督，及时发现、报告和处置问题。

【深化运用监督执纪“四种形态”】 市委出台深化运用监督执纪“四种形态”工作任务分工方案，压实各级党委（党组）主体责任。全市纪检监察机关运用“四种形态”处理3932人次。充分运用第一种形态约谈函询、批评教育占48.8%；妥善运用第二种形态给予轻处分、组织调整占34%；准确运用第三种形态给予重处分、重大职务调整占5.4%；果断运用第四种形态处理严重违纪违法涉嫌犯罪的党员干部占11.8%。谈话函询283人次，咬耳扯袖、红脸出汗成为常态。

【集中整治形式主义、官僚主义】 落实习近平总书记关于进一步纠正“四风”、加强作风建设重要指示精神，贯彻落实省纪委集中整治工作意见，聚焦形式主义、官僚主义具体表现，紧扣突出问题，开展不担当、不作为问题集中整治专项行动，明确责任、细化措施，加大监督执纪问责力度，抓住典型、坚决问责、通报曝光、形成威慑。全市纪检监察机关查处典型问题266起，处理438人，党纪政务处分254人。

【坚决防止“四风”反弹回潮】 建立市、县、乡三级经常性察访机制，常态化监督检查落实中央八项规定及其实施细则精神。建立重要节点集中察访和值班报告督办制度，密切关注新表现新动向，持续开展突出问题专项整治，严查顶风违纪行为。在全市开展违反中央八项规定精神突出问题专项治理，推动作风建设向解决深层次问题延伸。全市查处违反中央八项规定精神问题109起，处理174人。（王阳明）

惩治腐败

【持续保持高压态势】 健全反腐败工作体制机制，充分发挥市委反腐败协调小组作用，强化党委全过程、常态化领导。坚持无禁区、全覆盖、零容忍，坚持重遏制、强高压、长震慑，紧盯重点对象、重点领域、关键岗位、关键环节，严惩腐败问题。坚持惩前毖后、治病救人，把握政策策略，做好思想转化工作，确保审查调查效果。市纪委市监委查处市管干部22人，形成持续有力震慑。全市纪检监察机关处置问题线索3412件、立案1763起，对1936名党员干部作出党纪处分，对136名公职人员作出政务处分；共留置60人；移送司法机关60人。

【惩治并举标本兼治】 做好监督执纪、审查调查和巡视巡察“后半篇”文章，针对发现的突出问题，查找薄弱环节和制度漏洞，发出纪检监察建议书176份，督促各级党组织开展警示教育193次，查找廉政风险点1033个，建章立制187项，扎紧织密制度笼子。

【开展扶贫领域腐败和作风突出问题专项治理】 聚焦扶贫领域腐败和作风问题，落实精准督导、专项治理、市县巡察、严查严惩、从严问责5项措施，形成上下联动工作格局。坚决查处贯彻党中央脱贫攻坚决策部署不坚决不到位、弄虚作假履职不力等形式主义、官僚主义问题，严肃查处违纪违法行为。全市查处侵害群众利益问题991起，党纪政务处分830人。其中，扶贫领域问题446起，党纪政务处分322人，以维护群众切身利益的扎实成效取信于民。

市纪委市监委聚焦扶贫领域腐败和作风问题开展明察暗访，图为工作人员在乡镇查阅精准扶贫档案（王阳明　供）

【严查涉黑涉恶腐败和“保护伞”】 把扫黑除恶同反腐败斗争和基层“拍蝇”结合起来，坚决查处涉黑涉恶腐败，坚决惩治放纵、包庇黑恶势力甚至充当“保护伞”的党员干部，对民愤集中、性质恶劣问题挂牌督办、直接查办。抓好中央、省委扫黑除恶督导组反馈问题整改落实以及问题整改情况的监督检查。全市查结涉黑涉恶腐败和“保护伞”问题37起，党纪政务处分49人，移送司法机关5人。

（王阳明）

巡视巡察

【概况】 年内，市委巡察机构坚持以习近平新时代中国特色社会主义思想和中共十九大精神为指导，坚持党要管党、全面从严治党，按照新时代党的建设总要求，以加强党的长期执政能力建设、先进性和纯洁性建设为主线，深入贯彻“发现问题、形成震慑，推动改革、促进发展”的巡视工作方针和省委巡视巡察工作要求，提高政治站位，深化政治巡察，坚持问题导向，创新方式方法，进一步发挥巡察“利剑”作用，做好巡察“后半篇”文章，努力推动全面从严治党向纵深发展，为建设富裕文明幸福新泰安提供坚强保证。

【组织领导】 市委高度重视巡察工作，根据巡察工作任务要求，不定期召开常委会研究巡察工作。4月26日，审议通过《中共泰安市委巡察工作规划（2018—2022年）》，明确开展巡察工作的总体要求、主要任务和保障措施，确定统筹推进巡察全覆盖的“路线图”“任务书”。市委巡察工作领导小组认真组织实施巡察工作，加强统筹谋划、督导指导、组织协调和专题调研。市委巡察工作领导小组召开4次会议，安排巡察任务、听取工作汇报、审议有关制度文件。

【巡察监督】 把坚决维护习近平总书记党中央的核心、全党的核心地位，坚决维护党中央权威和集中统一领导，作为根本政治任务，围绕党的政治建设、思想建设、组织建设、作风建设、纪律建设、夺取反腐败斗争压倒性胜利以及巡视巡察整改工作，明确每轮巡察监督重点。研究制定《政治巡察监督重点及突出问题表现》，将政治巡察内容细化分解为47项监督重点、168个突出问题表现，使巡察组能够更加精准地发现问题。先后将脱贫攻坚、民生惠民、扫黑除恶、学习《中国共产党纪律处分条例》等列为巡察监督内容，着力发现侵害群众利益的不正之风和腐败问题。

【工作创新】 坚持上下联动与自主巡察相结合，重点在组织形式上探索创新。第二轮巡察时，与东平县市县联动，市委在巡察乡镇时，县委配合派出巡察组巡察村居（社区），实现对7个省定脱贫攻坚重点乡镇、47个重点村巡察全覆盖。《中国纪检监察报》、省广播电台《廉政之声》栏目先后对该做法进行刊（播）发。省委巡视期间，市委派出两个联动巡察组，肥城和宁阳派出6个巡察组，配合省委巡视组开展省、市、县巡视巡察上下联动。市委聚焦扶贫民生领域开展4轮巡察，根据巡察移交问题线索立案93起，给予党纪政务处分123人。

【县级巡察】 加强对县（市、区）巡察工作的督导指导，建立县级巡察工作规划、年度计划、党委书记听取巡察汇报情况报备等制度。县（市、区）创新组织形式和方式方法，采取巡乡镇带村（居）、巡部门带基层站（所）等方式，持续加大对村（居）和基层站（所）的巡察，共巡察部门单位160个、乡镇（街道）51个，发现重点问题1990个，问题线索474件，立案56件，给予党纪政务处分42人。坚持党组织建立到哪里，巡察就跟进到哪里，积极推动巡察工作向村（居）和基层站（所）党组织延伸，着力打通全面从严治党“最后一公里”。全市共巡察村（居）451个、基层站（所）392个。

【自身建设】 配强巡察干部队伍，形成相对稳定、专兼结合的巡察干部队伍。强化对巡察干部的教育培训，选调优秀干部到高校、党校，中央、省纪检监察学院培训学习，采取以干代训方式选拔巡察干部到省委巡视组、市委巡察组挂职锻炼。制定巡察工作领导小组、巡察组、巡察办3个规则，以及巡察发现问题线索处置及移交工作办法、巡察发现问题事项报备工作规范、党委书记听取巡察汇报情况报备制度等20项制度规范。制定并严格落实巡察机构工作人员请销假规定、外出报备，巡察后评估工作方案，加强对巡察干部的日常教育、监督和管理，严防违纪违规问题发生。制定市委巡察组临时党支部工作规范，巡察期间，巡察组成立临时党支部，落实“三会一课”、主题党日制度，严格党内政治生活，发挥临时党支部战斗堡垒和党员先锋模范作用。

（冯　庆）

编辑　校对　　封彦君

民主党派·工商联

中国国民党革命委员会泰安市委员会

【概况】 中国国民党革命委员会泰安市委员会简称民革泰安市委会，设基层委员会1个、支部12个、小组1个。年内，发展新党员15人，平均年龄35岁，党员人数313人。

【思想建设】 市委会定期召开全委扩大会议，学习中共十九大精神、习近平新时代中国特色社会主义思想，各支部（基层委员会）、小组认真开展学习活动。5月，民革市委开展纪念民革成立70周年暨“五一口号”发布70周年书画笔会活动。民革新泰市基层委员会举行纪念“五一口号”发布70周年暨何香凝先生诞辰140周年书画笔会。7月，举办“香凝如故——纪念何香凝先生诞辰140周年”泰山美术作品展。8月，举办提案和社情民意信息工作培训班。年内，机关人员参加统战部机关组织学习《习近平谈治国理政（第二卷）》活动5次，参加统战部机关党总支主题党日活动4次。接待东营、烟台、天津、北京、贵州、陕西等地民革组织到泰安开展“观故居，走多党合作”活动。

【组织建设】 继续开展领导班子及成员年度述职和评议。进一步完善党员发展的预审程序，印发《关于规范入党预审材料上报的通知》，严格审查、培养、考察环节。完善后备干部队伍人才库建设，强化后备人才教育管理，选派4名优秀党员参加在山东省社会主义学院举办的全市第六期党外干部培训班。9月19日，民革中央副主席兼秘书长李惠东，山东省副省长、民革山东省委主委孙继业到新泰考察民革工作，并为新泰民革党员之家揭牌。10月28—29日，北京海淀十一支部、湖南长沙城建支部等13个民革全国“十佳基层组织”和“优秀基层组织”的代表齐聚泰安，开展“不忘初心，博爱·牵手再出发”友好支部共建活动。开展跨区域基层组织交流学习，先后接待东营市委、天津市委“民革党员之家”建设课题调研组、张家港市基层委员会四支部、北京市朝阳区七支部等多地民革组织到泰安开展交流学习活动。

【参政议政】 开展“参政议政集中活动月”“一人一案”“精品提案”活动，年内，市委会组织开展参政议政调研活动3次，各基层组织开展调研活动16次，征集政协提案20件。向市政协十三届二次会议

9月19日，民革中央副主席兼秘书长李惠东（前排左三），民革山东省委会主委孙继业（前排左四）到新泰民革党员之家考察调研，并为新泰民革党员之家揭牌　（王　磊　供）

提交集体提案 10 件，其中 2 件被列为重点提案。向中共泰安市委提交《全力推进“粮改饲”，助力我市畜牧业新旧动能转换的建议》调研报告。全年向民革省委提交反映社情民意信息 15 件，其中有 12 件被采用。开展界别协商活动，12 月，同市卫生和计划生育委员会开展界别协商座谈会。

【社会服务】 9 月 17—19 日，由民革中央企业家联谊会组织的 40 名企业家走进新泰，开展投资考察、项目洽谈签约活动，民革中央副主席兼秘书长李惠东及副省长、民革省委主委孙继业出席，活动签约涉及产业园区建设、生态旅游开发、农业合作等领域的项目 11 个。年内，市委会开展春节走访慰问黄埔老人活动，到社区、车站、景区等公众场所开展创卫迎审志愿服务活动 4 次。民革新泰市基层委员会开展“同心·博爱行”暖冬行动、健康义诊和扶贫帮扶活动，服务群众 1000 人，捐助物资价值 11 万元，继续开展“法制进校园”普法教育系列活动，为 12 个乡镇的初级中学进行普法讲座。民革中心医院支部组织 20 名医疗专家、医务人员深入偏远农村开展义诊活动，为 150 名群众提供医疗服务。（王 磊）

中国民主同盟泰安市委员会

【概况】 中国民主同盟泰安市委员会简称民盟泰安市委会，共有盟员 637 人，设总支 1 个、基层委员会 1 个、支部 22 个、学习小组 1 个。年内，民盟泰安市委会被民盟中央表彰为“思想宣传工作先进集体”；民盟新泰基层委员会盟员之家被民盟中央表彰为“优秀盟员之家”。民盟泰安市委获民盟山东省委“参政议政先进集体”称号，新泰基层委员会、山东农业大学总支、泰山区支部、岱岳区支部、书画艺术支部 5 个支部分获民盟山东省委“先进集体”称号，12 名盟员获“先进个人”称号。民盟泰安市委《关于推动泰安市新旧动能转换的建议》被市政协十三届二次会议评为十大重点提案之一。

【思想建设】 召开市委会议 3 次，传达学习中共十九大会议精神、习近平总书记在参加全国“两会”山东代表团审议时的讲话精神、民盟十二大会议精神，学习贯彻民盟常委会议精神，讨论通过《中国民主同盟泰安市委员会全体会议议事规则》。在盟省委组织的“五一口号 70 周年征文活动”中，获一等奖、二等奖各 1 名，三等奖 2 名，盟市委获优秀组织奖。在纪念改革开放 40 周年征文比赛工作中，2 篇文章被评为优秀征文。在省政协开展的委员谈履职征文活动中，获一等奖、三等奖各 1 名。在山东省庆祝改革开放 40 周年感动山东人物和最具影响力事件评选中，民盟老主委余松烈和另 1 名民盟盟员成功入选，在山东全省各民主党派成员中仅 2 人入选。年内，向盟中央、盟省委上报工作信息 22 条，17 条被盟省委采纳，16 条被《泰安统战信息》采纳。在泰安电视台、《泰安日报》刊发新闻 6 条。

【组织建设】 年内，发展盟员 33 名，其中博士、硕士研究生 4 人，高、中级职称 13 人，县（市、区）政协委员人大代表 3 人。召开民盟泰安市委八届四次市委（扩大）会，对 2 名民盟八届市委委员进行届中调整。举办新盟员培训班。联合民盟威海市委、泰安市美术馆举办“纪念改革开放四十周年威海泰安民盟书画联展”。11 月，民盟山东省十届六次常委（扩大）会议在泰安召开，民盟泰安市委作会议交流发言。开展调研活动，向民盟省委提交《加强高层次人才队伍建设报告》《关于市委会领导班子建设情况的报告》《关于高校基层组织建设情况的报告》《民盟泰安市委机关建设情况调研报告》。

【参政议政】 向市政协十三届二次会议提交集体提案 17 件、个人提案 17 件，政协大会发言 4 篇。继续开展专项调研和界别协商调研，完成“新慈善时代志愿服务与公益组织发展建议”调研课题，形成调研报告呈送市领导和有关单位。参加民盟省委“加快推进新旧动能转换重大工程议政建言专题”活动并上报《关于加快推进乡村振兴战略的报告》。在盟省委举办的“山东民盟经济高质量发展研讨会”上，10 篇论文入选研讨会论文汇编。年内，上报社情民意信息 18 条，5 条被盟省委采用。泰安民盟 36 名盟员入选盟省委各专门委员会。3 月，民盟肥城支部到山东一滕集团进行“新旧动能转换”专题调研。

【社会服务】 年内，盟市委、各支部开展各类走访、慰问、扶贫活动 12 次。民盟新泰市基层委员会、市直一支部、民盟泰安市委艺术团、泰山区支部、民盟书画艺术支部等都开展各项社会服务活动，民盟泰山区支部盟员刘建国个人出资向小学学生捐赠管乐器——竖笛，并指导小学生们学习竖笛演奏技艺。成

2月11日，民盟泰安市委领导看望杰出盟员代表全国人大代表、山东农业大学党委副书记、校长张宪省（左二） （王玲玲 供）

立“民盟泰安市教育科技支部幼儿教育创新基地”，举办中国（首届）幼教·家庭教育发展论坛，来自全国各地的幼教专家、园长、幼教工作者、家庭教育专家、心理学专家、住泰民盟相关幼教专业盟员200人参会。 （王玲玲）

中国民主建国会泰安市委员会

【概况】 中国民主建国会泰安市委员会简称民建泰安市委会，设总支部1个、基层支部13个、专委会8个。全市会员270人，其中，女会员84人，占31.1%；经济界会员201人，占74.4%；大学本科以上学历178人，占65.9%；中级以上职称172人，占63.7%。年内，被民建山东省委表彰为“全省民建理论宣传调研先进单位”“全省民建新媒体宣传工作先进单位”。

【思想建设】 开展中共中央发布“五一口号”70周年、改革开放40周年学习宣传活动。利用微信平台转载《统战新语》连续刊发的32期中共中央发布“五一口号”的前后历史记忆。开展主题征文活动，向上推送10篇征文，其中1篇被民建中央采用，1篇被省委统战部采用，5篇被民建省委采用。转发省委统战部刊发的“讲统战故事，话改革开放”优秀征文。年内，召开纪念“五一口号”座谈会，并在泰山国际会展中心举办“庆祝改革开放40周年文艺演出”。

【组织建设】 ①落实《市委会领导班子分工》《领导班子成员联系基层组织和专委会暂行办法》制度。班子成员带头撰写提案社情民意信息和主题征文，参加基层组织活动，到支部、专委会及会员企业调研20次。注重加强政治理论学习，主委参加省委党校举办的为期3个月的市级人大政协领导干部进修班，选派1名副主委参加民建中央举办的为期1周的骨干会员培训班。②基层组织建设。活动场所逐渐规范，新泰总支、泰山区支部、东岳支部先后建立会员活动室。制度建设逐渐完善，各支部都建立符合自身实际的规章制度，其中泰山区支部创新建立会员星级评分奖励制度和支部活动轮值主委制度，得到民建省委的关注，先进做法被民建中央杂志、民建省委杂志网站同时刊发。支部活动逐渐品牌化、联合化，各支部之间联合开展学习交流、缔结友好支部、创建专家服务站等活动。③严把入会关口。市委会从2018年度开始在考察预备期期间开展对发展对象的政治理论、会的优良传统教育。举办新会员暨入会积极分子培训班。年内，新发展会员20人，其中经济界人士15人。

【参政议政】 向市政协十三届二次全会提交集体提案15件、个人提案30件，其中《关于实施乡村振兴战略，推进美丽乡村建设的建议》《关于加快泰安市大运河文化带建设的建议》《关于尽快规划打通泰安市区“断头路”的建议》被列为重点提案，打通断头路的建议得到市政府领导高度重视，项目年内进入具体实施程序，《创新思路推进多层住宅加装电梯》建议进入政府决策。有7人在会上作大会发言，其中3人现场发言、4人书面交流发言。市委会落实市委会主委、副主委领办调研课题制度。年内，开展大数据、乡村旅游、知识产权保护、无车承运等多项调研活动，形成《加快政务大数据平台建设 提升政府行政效能》《助力乡村旅游，振兴乡村经济》《加快新旧动能转换，推动高质量发展》《推进传统产业与电商融合》《民间资本投资养老服务市场的调查研究》等多篇调研成果，呈报市委、市政府及相关部门。举办参政议政工作培训班，80人参加培训。

年末，民建泰安市委庆祝改革开放40周年文艺演出在泰山国际会展中心举办　（杜荣立　摄）

【社会服务】　①参与脱贫攻坚行动。以特殊会费形式筹集9.02万元，帮扶民建省委对口扶贫点贵州省黔西县铁石乡青杠坝村实施脱贫项目。发动2名企业家各出资5万元，帮助东平县2户特困家庭实施危房改造。会员企业山东泰茶农业发展有限公司被省扶贫开发领导小组办公室、省发展改革委联合认定为山东省2018年度省级扶贫龙头企业。会员企业鲁普耐特集团负责人被省扶贫开发领导小组办公室授予“2018年山东省脱贫攻坚先进个人”称号。②开展社会服务品牌工程。组织企业参与大学生招聘会1次，会员企业家深入高校讲述创业历程2次。开展第五期民建之光点亮留守儿童微心愿活动，帮助岱岳区角峪镇中心小学300名学生实现微心愿。各支部、专委会及部分会员坚持开展捐资助学、扶危济困、爱心敬老、“三下乡”等社会服务活动。1名会员个人出资20万元帮助岱岳区夏张镇平家官庄村70岁以上老人交纳医疗保险费个人部分。　（杜荣立）

中国民主促进会泰安市委员会

【概况】　中国民主促进会泰安市委员会简称民进泰安市委会，设支部10个。年内，发展会员16人，减员2人，会员总数245人。民进山东农业大学支部、民进泰安市泰山区支部和民进泰安市岱岳区支部被民进山东省委评为“民进山东省先进基层组织”，23名会员被评为“民进山东省优秀会员”。

【思想建设】　召开主委办公会议7次，学习中共十九大精神、习近平总书记视察山东重要讲话精神和民进十二大精神。2月6日，召开民进泰安市委六届三次全体（扩大）会议。11月3日，举办新会员培训班。参加民进省委2018年网络新春联欢会，市委会获“优秀组织奖”。参加民进省委关于开展纪念“五一口号”征文活动，3篇文章获奖，其中2篇被中共山东省委统战部微信平台采用，并编入中共山东省委统战部编写的《风雨同舟七十载》一书。组织书画界会员选送9幅作品参加全市统一战线“同心圆·中国梦”书画摄影展。机关人员参加市委统战部召开的“党的建设规范化创建活动”动员大会，参加到西柏坡开展的“忆初心·话同行”主题党日活动。

【组织建设】　坚持主委、副主委联系支部制度。11月3日，举办由市委委员、支部主委和民进会员中的市政协委员参加的骨干会员培训班。各支部结合自身实际开展读书会、参观学习、调研等活动，利用微信平台进行工作和生活交流，增强支部建设的凝聚力和向心力。机关人员4人次参加“民进全国参政议政调研工作培训班”“山东民进2018年省、市级组织驻会负责人联系会议”“山东民进思想政治教育主题年研讨班”“民进省委2018年参政议政年会”。会员4人次参加民进全省反映社情民意信息工作培训班、山东民进思想政治教育主题年研讨班、民进山东省委2018年骨干会员培训班。

【参政议政】　年内，民进泰安市委会有省、市、县三级人大代表、政协委员37人次（省级2人，市级19人，县级16人）。在市政协十三届二次会议上，提交集体提案12件、个人提案28件，其中《关于实施乡村振兴战略，推进美丽乡村建设的建议》《关于合理调整泰城部分斑马线和信号灯设置，提高道路通行率的建议》被列为重点提案。开展专题调研，围绕泰安市学前教育改革发展主要任务落实情况，民进泰安市委会与市编办、市教育局、市住建局、市国土资源局、市规划局到岱岳区粥店街道岱下明珠幼儿园、

2月13日，民进泰安市委到对口帮扶乡镇——东平县彭集街道开展捐资助学活动，向8名贫困家庭的学生每人捐助800元的现金和励志书籍，并为他们送上大米等生活用品。市政协副主席、民进泰安市委主委王昌元（后排左四）参加活动　　（王传其　摄）

岱岳区实验幼儿园进行实地调研，形成《关于加快泰安市学前教育发展的调研报告》。

【社会服务】　1月，邀请民进山东省委“家庭教育百场公益讲座齐鲁行活动”在泰安博文中学和泰山中学举行第81场、82场家庭教育报告会，700名中学生家长参加。2月，市委会到对口帮扶乡镇——东平县彭集街道办事处开展捐资助学活动，向8名贫困家庭的学生捐款捐物价值1万元。各支部立足自身实际，开展捐资助学、法律咨询等不同形式的社会服务活动。民进泰山区支部开展“迎新春　送温暖”活动，到邱家店镇后店村、黄沟满村为30户贫困家庭送去价值1万元的慰问品。民进岱岳区支部在岱岳区道朗镇第二中学开展“爱心助学”活动，向15名贫困家庭学生每人捐助400元助学金。　　（王传其）

中国农工民主党泰安市委员会

【概况】　中国农工民主党泰安市委员会简称农工党泰安市委会，设总支2个、支部19个，有党员362人。年内，农工党泰安市委会被农工省委评为“全省脱贫攻坚先进集体”，2名党员被评为“全省脱贫攻坚先进个人”。4个支部被农工省委评为优秀基层组织，6名党员被评为优秀党员。

【思想建设】　学习贯彻习近平新时代中国特色社会主义思想和中共十九大精神，开展思想政治引导，以纪念中共中央“五一口号”发布70周年、改革开放40周年为契机，组织党员参与农工省委和市委统战部组织的征文活动，向农工省委报送征文8篇，获三等奖1篇。向市委统战部报送征文12篇。参与农工省委举办“永远跟共产党走”书画展，选送10幅书法作品参展。参与市委统战部组织的“同心圆·中国梦”书画摄影展，选送14幅书画摄影作品参展。年内，55名党员入选《改革开放40年山东省获奖农工党员人物小传》。加强参政党理论研究，组织党员参加省委理论征文，报送征文3篇。

【组织建设】　新发展党员25人，其中博士1人、硕士5人。召开主委办公会、全委会4次，就全国“两会”精神、党的统一战线政策、文件等进行学习。领导班子成员参加农工省委和市委统战部组织的各类学习班、培训班。加强基层组织建设，山东农业大学支部完成换届。各基层组织结合自身实际，以纪念“五一口号”发布70周年为契机，开展形式多样的纪念活动。举行颁发入党批准通知书仪式，就农工党的发展历史、《中国农工民主党章程》以及农工党泰安市委的建设情况作培训报告。

【参政议政】　向市政协十三届二次会议提交集体提案5件、个人提案34件，其中2件提案被列为重点提案。参加农工省委举办的社情民意信息工作培训班。年内，向农工省委报送社情民意信息20条，5条被采用。围绕“医疗机构消毒与感染控制”开展专题调研，形成调研报告上报市委。做好界别协商工作，就“实现智能化制造　加快小微企业新旧动能转换”协调市发改委和经信委进行协商。

【社会服务】　年内，发挥优势，整合资源，建立专家智囊团队伍，结合招才引智工作，提高为地方经济社会发展服务的力度，打造社会服务工作新亮点。在新泰市翟镇建立专家工作站，4月8日，举行专家工作站揭牌仪式。6月9日，在泰山区嘉德社区开展“第十一届环境与健康宣传周”义诊活动，受益群众300人。响应农工省委为农工中央定点扶贫县——贵州省大方县同心圆博爱家园精准扶贫项目捐款的倡议，号召党员捐款3.65万元。泰山区支部参与精准扶贫“千企帮千村”民企助村工程，党员企业定期走访企业驻地村的贫困户，发放慰问金15万元。岱岳区支部、肥城矿业集团支部、新泰总支、二院支部、一院支部、泰山医学院总支、泰山护理职业学院支部等各基层组织发挥优势，结合各自实际开展义诊、敬老爱老、扶贫，设立教育基金、爱心基金等不同形式的社会服务活动。（丁 婧）

中国致公党泰安市委员会

【概况】 中国致公党泰安市委员会简称致公党泰安市委会，设支部13个，有党员175人。年内，新成立中国致公党泰安市市直四支部。致公党党员侨海关系覆盖美国、日本、英国、新西兰、澳大利亚等多个国家和地区，鼓励有海外联系的致公党员通过考察、访问、探亲等时机，加强联谊对接，宣传泰安、泰山，促进交流合作。市直二支部被致公党省委会评为“创先争优参政议政工作先进集体”，市直一支部和新泰支部被评为“创先争优社会服务工作先进集体”，市委会有13名党员被评为“创先争优·优秀党员”。

【思想建设】 继续开展“不忘合作初心，继续携手前进”专题教育活动，参加致公党中央、省委统战部、致公党省委和中共泰安市委组织的各类学习9次。以支部为重点开展各种形式学习12次，组织致公党员深入学习习近平新时代中国特色社会主义思想，学习中共十九大精神，引导党员在社会和思想复杂多元的形势下，做到旗帜鲜明讲政治。开展纪念“五一口号”发布70周年、庆祝改革开放40周年系列活动，通过开展征文活动、书画作品展、座谈会，引导党员回顾改革开放历史，继承弘扬多党合作优良传统，收到各类征文46篇、书画作品10幅。

【组织建设】 加强与市区、高校统战部门及有关单位党委的联系协调，推进组织发展、基层支部建设和后备干部队伍建设。对市委会领导班子后备干部、支部领导班子后备干部情况进行整体研究考察；对市委会领导班子人选进行民主推荐和考察。参加“两学一做”学习教育，机关干部党派意识、服务意识进一步增强。

【参政议政】 以重点课题调研为抓手，组建课题组，把课题分解到人、落实到位，引导更多有条件的党员参与其中，逐步完善课题安排、调研、推进等工作。抓好省委会年度课题调研，提报课题6件。市委会重点课题选定2件。抓好市政协会议大会发言工作和提案工作，提交立案提案36件，3件进入大会发言。报送社情民意信息18条，其中11条被省委会、市政协、市委统战部采用。担任各级司法机关和政府部门特约人员的致公党员，积极参加有关活动，认真履行监督职责。

【社会服务】 年内，开展各类社会服务活动40次，受益群众1万人次。拓展推进重点工作品牌项目，开展针对农村小学的支教助教项目活动5次，捐赠电脑5台，品牌运动衫、棉衣等100件，各类文化体育用品300套；开展针对农村的科技服务项目活动12次，新增茶基地1处，培训茶农700人次；开展济困助残服务项目活动6次，捐赠资金11万元，用于救助村（社区）困难家庭、困难群众、残疾人群，受益家庭20家、群众120人次。泰山区支部继续开展定点社区服务活动，为社区老人免费洗脚修脚、治疗脚部疾患，活动涉及社区4个，受益老人500人次；新泰支部继续开展针对幼儿的自我防护教育活动，致公书屋面向社会免费借阅；肥城支部继续开展“传播正能量，爱心助学行”活动，捐赠资金3万元，帮扶困难高中生10名。（张淑蕾）

九三学社泰安市委员会

【概况】 九三学社泰安市委员会简称九三学社泰安市委会，至年底，有基层组织32个，包括基层委员会4个、支社27个、小组1个，社员624人。年内，获九三学社山东省委思想宣传工作三等奖。

【思想建设】 召开专题会，学习中共十九大和中共十九届二中、三中全会精神，社市委各基层组织按照社市委统一部署，采取多种形式开展学习活动。开展纪念“五一口号”发布70周年活动，组织社市委机关直属基层委员会所属7个支社的50名社员，调研全市水利基础设施建设新成果。提交社省委纪念“五一口号”发布70周年征文30篇，获二等奖2篇。提交社省委庆祝改革开放40周年征文15篇，有2篇分别获二等奖、三等奖，同时该2篇征文获省委统战部庆祝改革开放40周年优秀征文奖。

【组织建设】 年内，成立新泰市基层委员会、社泰安市委青年工作委员会和妇女工作委员会。发展社员22人，主要涵盖医疗卫生、高等教育、行政机关和个别新的社会基层人员。推进领导班子建设规范化，制订全年工作计划、活动安排和干部培训计划，注意发挥班子成员的作用，重视后备干部的培养，加大对人才的发现、培养、推荐力度，为后备干部铺台阶、搭舞台。创新组织生活形式，做到组织生活规范化、活动形式多样化。加强后备干部队伍建设，把年富力强、政治坚定、工作能力强、知识水平高、社会影响大的社员选到领导岗位上，配强配齐各级领导班子，提高领导班子成员参政议政能力。坚持领导班子集体述职和个人述职制度，班子成员主动接受社员监督和民主评议。推荐3名年轻后备骨干社员参加社省委举办的九三齐鲁青年论坛。

【参政议政】 向泰安市政协十三届二次全会提交集体提案42件、个人提案35件、大会发言2件，2件提案入选市政协重点提案。向中共泰安市委提交《关于促进我省果树产业提质增效的建议》的调研报告。落实《九三学社山东省委关于进一步加强参政议政工作的意见》，进一步完善课题征集、申报制度。收集整理并上报社省委参政议政课题7篇，其中《关于促进我省果树产业提质增效的建议》项目入选省参政议政课题，年内完成该课题并报

5月8—9日，全国政协副主席、全国工商联主席高云龙（右三）率领调研组到泰安市，就“民营企业高质量发展”专题进行调研　　（王亚楠　供）

九三学社山东省委参政议政部。2人获社省委2018年度参政议政工作先进个人称号。

【社会服务】 继续做好对东平县老湖镇的扶贫工作。组织山东农业大学科技专家，就果树养殖提供技术支持。联合爱心企业到东平县老湖镇辛店铺村进行扶贫活动，并捐赠价值2万元的办公设备。年内，社市委和各基层组织开展医疗下乡、帮扶慰问、参观调研、主题教育活动等社会服务活动20次。　（刘彦伟）

泰安市工商业联合会

【概况】 年内，市工商联把握“两个健康”（非公有制经济健康发展和非公有制经济人士健康成长）工作主题，发挥桥梁纽带作用，各项工作取得新成绩。全国政协副主席、全国工商联主席高云龙到泰安市进行专题调研，对工商联工作给予充分肯定。2018年，市工商联获“省级文明单位”称号。

【学习贯彻习近平总书记民营企业座谈会讲话精神】 11月1日，习近平总书记主持召开民营企业座谈会并发表重要讲话。泰安市委第一时间召开会议，贯彻落实习近平总书记讲话精神，市委书记崔洪刚出席会议并讲话。会后，市工商联配合市委办公室、市政府办公室、市发展改革委等相关部门分解任务、完善政策、检查督促，推动会议精神贯彻落实。组织召开全市工商联系统学习交流会、企业家专题培训会，在直属商会和会员企业开展宣讲活动，传递中央和省、市委毫不动摇鼓励、支持、引导民营经济健康发展的坚定决心。与《大众日报》《齐鲁晚报》、泰安电视台、泰安日报社等媒体联合推出企业家“谈学习感受、谋发展之路”系列报道活动，刊出人物访谈32篇次。

【思想政治工作】 ①深化理想信念教育。以“不忘创业初心，接力改革伟业”为主题，将理想信念教育融入促进“两个健康”各项工作，举办泰山企业家大讲堂，在市委党校举办年轻一代企业家培训班，在

11月4日，市委书记崔洪刚主持召开全市民营企业座谈会　（王亚楠　供）

上海财经大学举办经济管理专题培训班，开展“2018 新旧动能转换泰山论坛暨百家企业万里行”活动，全年举办各类培训班 9 期，培训 3000 人次。组织开展《改革开放四十周年亲历记》企业家征文活动。抓好舆论宣传引导，全市工商联系统在《中华工商时报》《泰安日报》等新闻媒体发稿 40 篇。②加强非公企业党建工作。制订实施会员企业党建三年行动计划，加强民营企业出资人、基层党组织负责人两支“关键人”队伍建设，召开县（市、区）非公经济组织党委书记抓基层党建述职评议会，全面推广“党建 +”工作法。与市文明办联合开展“争当文明先锋，争做诚信企业”活动，在非公经济人士中开展“重品行、树形象、做榜样”主题实践活动，举办党建工作专题培训班，组织部分企业家参观徂徕山抗日武装起义纪念馆。

【经济服务】　①开展调查研究。调研走访企业 230 家，上报省工商联调研报告 5 篇，其中获二等奖 1 篇、三等奖 2 篇。提报省工商联集体提案 2 件，提交市政协全委会提案 9 件、大会发言 4 件，报送反映非公经济发展的社情民意信息 25 篇。②加强政商沟通协调。全市工商联系统召开联席会议 22 次。与建设银行、民生银行建立战略合作关系，组织银企对接活动 10 次，帮助民营企业协调资金 4.3 亿元。组织会员企业参加毕业生专场招聘会、驻泰安高校校园招聘会，签订用工协议 800 个。与市公安局、检察院、法院、司法局建立协作机制，与法院联合召开共建服务保障全市民营经济高质量发展座谈会。召开全市律师服务民营企业发展座谈会议，举办企业法律风险管理论坛和法律仲裁知识培训班，开展民营企业公益性“法治体检”专项活动，为企业提供法律援助 100 次。

【百企帮百村扶贫行动】　制订“百企助百村”振兴行动计划，召开“百企帮百村”脱贫攻坚推进暨“百企助百村”振兴行动现场会，强化台账管理，培树推广典型。年内，全市有 135 家民营企业与 253 个贫困村结成帮扶对子，产业扶贫项目总投资 4.7 亿元，帮扶贫困群众 9321 人。推进东西扶贫协作。引导民营企业参与光彩事业、公益慈善活动，全年捐款捐物合计 2000 万元。

【联络工作】　参与筹备首届山东儒商大会，拜访北京、上海等 11 个省级山东商会、泰安商会。举办“泰山情——2018 知名儒商泰安行”圆桌会议，美国、法国、加拿大、澳大利亚、俄罗斯、韩国等国家和中国香港地区的 60 名知名儒商和异地商会客商代表参加，活动签约项目 8 个，总投资 200 亿元。年内，新建泰安商会 7 家。举办“情系家乡、共赢未来”异地泰安商会座谈会，邀请外地企业家到泰安参观考察，接待全国商会社团 87 个、客商 360 人次，与河南许昌、浙江金华缔结为友好商会。组织 62 家会员企业参加各类经贸会、洽谈会、推介会、博览会。年内，全市工商联系统引进项目 11 个，合同引资额 130 亿元，其中市工商联引进的中国供销·宁阳农副产品物流园项目，总投资 35 亿元，至年底，一期工程主体建设已完工。

【组织建设】　推动“五好”（领导班子好、会员发展好、商会建设好、作用发挥好、工作保障好）县级工商联和“四好”（班子建设好、团结教育好、服务发展好、自律规范好）商会建设。制定《泰安市工商联关于开展“四好”商会建设工作的实施意见》，坚持每季度召开商会会长、秘书长联席会议。新成立商会 12 家，推荐全国“四好”商会 1 家、省级“四好”商会 6 家、“五好”县级工商联 4 家。全市会员总数达 1.54 万个，年增长率超过 10%。　（王亚楠）

编辑　校对　　刘　凯

人民团体

泰安市总工会

【概况】　泰安市总工会辖6个县（市、区）总工会和新汶、肥城两个矿业集团公司工会，市属产业工会44个，基层工会组织5798家，涵盖法人单位1.32万家，建会单位职工100.2万人、工会会员97.1万人。市总工会机关设办公室、组织部、宣传教育部（政策研究室）、生产保护部、权益保障部（女职工部）、基层工作部、法律工作部（市直企事业工会工作委员会）、财务部8个部（室），工作人员24人；辖市职工服务中心（副县级）、经费审查委员会办公室（正科级）、工人文化宫（正科级）3个事业单位，工作人员19人。年内，市总工会获“全省困难职工解困脱困先进集体”称号和“全国‘安康杯’竞赛优秀组织奖”，连续六年保持“省级文明单位”称号，申报的“回归公益　搭建平台　打造新时代职工共享美好生活的温馨家园”工作项目获全省工会工作创新奖第五名。

【服务工作大局】　①职工技术创新竞赛。联合市人社局、泰山景区管委会、市卫计委等部门开展技能比武活动60项；组织全市100个班组与供电公司开展共建活动；组织开展群众性“五小”（小革新、小发明、小改造、小设计、小建议）劳动竞赛活动，全市职工提出合理化建议2.3万条，完成小发明、小革新7000项。组队参加全省第六届职工技能大赛全部5个工种的决赛，获得优秀组织奖，1个工种获得团体优胜奖。②提升职工素养。开展多层次职工技能培训活动，全年培训职工89万人次。实施“名师带徒”“结对帮带”等活动，结对1726对；组织各类创新宣讲活动657次、观摩研讨289次，受益职工达9万人次。③弘扬劳模精神。召开“五一”先模人物表彰大会，评选“振兴泰安”劳动奖章105人，评选命名首届泰山工匠10人、泰山工匠提名奖10人。年内，评选命名劳模和工匠、高技能人才创新工作室11个，评选职工技术创新成果28项。完成全国五一劳动奖章、全国工人先锋号、省劳动模范和先进工作者的评选推荐工作，1人被授予全国五一劳动奖章，2个单位被授予全国工人先锋号，49人被省委、省政府授予劳动模范或先进工作者称号。完善劳模帮扶工作机制，接待劳模电话咨询、来访400人次，累计发放各类帮扶专项资金、慰问金125.04万元。④深化安全生产工作。开展“安康杯”竞赛活动，参赛单位2300家，参赛班组2.7万个，职工76万人，规模

3月15日，全国总工会办公厅主任邹震（右二）到泰山玻纤公司调研“妈妈小屋”，省总工会副主任魏勇（左一），市人大常委会副主任、市总工会主席张书盈（右三）陪同活动　　（张婷婷　供）

企业参赛率达95%以上。开展“安全生产月”活动，上报安全生产微视频127部。

【协调劳动关系】 ①构建和谐稳定劳动关系。依托协调劳动关系三方机制、政府与工会联席会议制度，深化劳动关系和谐企业创建活动。扩大工会法律援助受益面，制定《关于进一步加强职工法律援助工作的意见》《关于建立六部门协作机制设立“工、青、妇、老、残”法律援助工作站的意见》，全年办结法律援助案件20起，支付法律援助费用2.8万元。做好职工心理健康服务进企业活动，组织开展讲座46场次，受益职工4000人。开展“尊法守法、携手筑梦”农民工法律服务活动，印制农民工服务手册3000本。②厂务公开民主管理工作。全市建立职代会、厂务公开制度的企事业单位分别达1.3万家和1.2万家，覆盖职工分别达89万人和87万人。开展工会与行政沟通协商机制“提质增效年”活动，编制《泰安市企业工会与行政沟通协商机制一本通》，命名表彰全市“推行协商民主强化社会责任”先进单位21家、优秀个人21人。开展集团职代会制度建设专题调研，完成基层调研报告7篇。全市100人以上的建会非公有制企业建制率达86.5%，国有、集体及其控股企业和事业单位建制率达100%。③集体协商工作。开展“工资集体协商集中要约行动”活动，完成泰安市餐饮行业和电子机械行业的工资集体协商工作。加强协商指导员队伍建设，实行动态管理，为全市18名专职指导员增发岗位补贴500元。做好工会法人资格登记和职工信访工作，为400家单位办理工会法人资格证书。

【服务职工群众】 ①实施工会“惠员工程”。“春送岗位”活动先后组织18场招聘会，提供就业岗位4300个，提供免费就业服务6000人次；“夏送清凉”活动筹集发放慰问金163.89万元，走访企业和工地234家，走访慰问岗位作业一线职工4.24万人；“金秋助学”活动筹集发放助学款193.3万元，资助困难职工和困难农民工子女436人；“冬送温暖”活动筹集发放送温暖资金797.44万元，走访慰问困难职工和困难劳模5960人次。深化职工大病医疗互助工程，为115人补助140万元。联合爱尔医院开展“守护光明”眼健康检查活动，修订完善“泰山情·守护光明”活动程序，为38名困难职工补助医疗费5.32万元。组织1750名一线职工进行疗休养。开展“情满旅途”活动，为农民工购票订票提供便利。②精准帮扶工作。召开全市工会帮扶工作会议，对全市解困脱困工作情况进行实地督查，建立健全困难职工联系人制度。联合邮政公司开展为返乡返岗农民工送票活动，该项工作被中宣部列为春节走基层重点活动，央视网、山东电视台、《大众日报》等多家媒体相继报道。召开全市工友创业会议，与泰山云谷共同出资设立“泰山云谷”双创基金，成立“泰山云谷创客实训基地”“创客导师工作室”，设立工友创业创客联盟，20家工友创业园和工友创业优秀个人加入联盟。举办6期工会新旧动能转换就业创业培训班，培训职工650人。③女职工心灵关爱行动。开展“十百千”结对帮扶工作，帮扶特困女职工998户，帮扶资金63万元。开展“帮扶送教育”活动，资助困难职工子女819人，资助金额136.91万元。定期举办“幸福1+1”职工沙龙、幸福密码、“家长大学”公益沙龙活动，组织“缘结泰山”单身职工联谊活动。新建“妈妈小屋”75个，创建市级“妈妈小屋”示范点30个，省级“妈妈小屋”示范点11个。

【基层工会建设】 ①健全工会组织网络。开展八大群体、八大领域建会集中行动，全市八大群体工会组建率达58%，入会率达62%。开展工会机关干部到企业单位担任工会指导员工作，市总工会从市、县（市、区）、乡镇（街道）三级工会中，选派50名工会干部到未建立工会组织或工会工作薄弱的“两新”组织挂职第一主席，涉及货车司机等八大群体未建会企业优先选派；市总工会选派4名年轻干部到新兴群体中做好工会组建工作。②提高基层工会规范化水平。创新开展“四分类四升级”（根据工会工作的优、良和较差分为一类、二类和三类，未建会单位分为四类，推动一类工会组织上水平、二类工会组织上台阶、三类工会组织换面貌、四类工会组织促建会）活动，实现全市工会工作创新发展，全市5798个基层工会组织中有5276个开展该活动，开展面达91%。其中，一类工会组织由年初的1100个上升为1477个，占28%；二类工会组织1688个，占32%；三类工会组织由年初的2955个下降为2478个。③创新“两新”工会组建工作。联合市委“两新”组织党工委转发省委“两新”组织党工委、省总工会《关于进一步加强非公有制经济组织和社会组织“党建带工建、党工共建”工作的通知》，把加强“两新”组织党组织制度建设与建设职工信赖的“职工之家”结合起来，实现“三会一课”、民主生活会、民主评议党员、党务公开等制度与职代会制度、厂务公开民主管理制度、会员评价制度等有机衔接，做到制度建设同研究、同安排、同落实、同检查。④加大工会干部培训。创新培训模式，提高培训质量，围绕工会重点业务工作开设课程，首次到浙江举办全市工会干部培训班。年内，全市基层以上工会培训干部6000人次，其中市总工会举办培训班6期，培训干部800人次。 （张婷婷）

中国共产主义青年团泰安市委员会

【概况】 年末，全市有共青团员17.9万人，团总支322个，团支部8602个，团干部9468人。团市委机关设办公室、组织宣传部、学校少年部、青年发展和社会联络部4个职能部室，机关党总支（下辖两个党支部）、市少年工作委员会2个辅助专职工作机构；辖泰安市青少年教育培训活动中心、泰安市希望工程办公室2个直属事业单位。

【深化改革和服务发展】 印发团市委和直属事业单位改革“三定”方案，印发6个县（市、区）团委改革实施方案，统筹推动青年联合会、学生联合会、少先队和中学共青团改革。开展2018青年创新创业人才泰山行活动，邀请全国10家上市公司、26家商会协会、8家科研机构负责人共计150名优秀青年人才参加，推介“双招双引”政策，推出泰山国际青年合作交流计划，发布“融合之旅青年营”社群品牌。申报“鲁青基准贷”青年创业项目贴息34.5万元。启动“村村都有好青年”选培计划，选树村级好青年3000人。

【联系青年和基层组织建设】 开展“融合之旅”团干部和青年骨干培训活动，170名基层团干部和青年骨干参加；联合市委党校举办团干部和青年骨干培训班，对团市委直属团组织负责人和部分乡镇（街道）团委书记共计90人进行培训。推进乡镇（街道）青年工作委员会建设，通过创新项目大赛提供支持资金2.8万元。推进“青年之家”建设，新增省级示范性“青年之家”3家，申报1项“共青团在你身边”——全国青年之家主题活动季项目，年末有8家市级、5家省级示范性综合服务平台。全市“青年之家”组织各类科学体验、团队运动、阳光体育等活动900次，开展关爱未成年人、读书会、健步走等活动200次，直接服务青年1.9万人次。启动智慧团建系统建设，录入下级组织9470个，团员11.36万人。

【宣传引导工作】 开展“青年大学习”系列活动，在《青春泰安》微信平台建立《青年大学习》专栏，学习贯彻习近平新时代中国特色社会主义思想，共推出23期系列学习产品，组织广大团员青年、全市88个乡镇（街道）青年工作委员会、12所驻泰安大中专院校参与“青年大学习”。组织开展宣讲报告、网上主题团课等活动113场次，覆盖团员青年2.18万人；线上线下广泛开展“思想大解放，青春创时代”大讨论活动，2.9万名团员青年参加；“青春泰安”微信平台发布原创文章279篇，开展网络投票2次，“泰安共青团”微博发布211次，发起话题21次，双微平台粉丝量达12万。开展“泰安美德少年”评选活动，评选出美德少年100人；召开全市优秀青年座谈会，引导青年坚持理想，增长才干，在加快新旧动能转换、实施乡村振兴战略中绽放风采；开展“你好，新时代”“庆祝改革开放40周年”“有国有家有爱”等主题网络活动，参与人数21万人次，留言6万条，收集“我和国旗合个影”图片4万幅。围绕主题文化产品生产制作，先后推出《融合之旅》《奋斗的青春》《我和文明有个约

8月8日，2018泰山青年创新创业人才泰山行活动举办，市领导张涛、袁久党等出席活动 （毕建军 摄）

定》等文化产品。采用交办、联办、协办的方式为项目组织提供资金、资源支持，吸引全社会共同参与，打造“共青团支持＋社会众筹＋志愿服务＋宣传运作”的模式。开展网络骨干专题培训，带动共青团网络宣传能力整体提升。年内，在《山东青年报》刊发泰安专版2次，《大众日报》专题报道泰安青年工作委员会工作，团中央对泰安共青团文化产品《幸福都是奋斗出来的》进行全国推广，《山东少先队》8次对泰安少先队工作进行报道。

【学校少先队工作】 创新开展少先队工作，全市累计发放“少先队员证”3.3万册，131所学校建立队籍管理制度。成立“泰安市少先队辅导员工作室”。规范少先队文化标识，联合教育、工商、网信、民政、市场、公安、食药等部门推进少先队标志标识使用排查工作；推进基层鼓号操建设，全市265所学校建立鼓号队，368所学校建立少先队楼体文化墙。开展“动感中队”创建活动，覆盖全市720所学校9468个中队；举办市、县两级少先队辅导员培训班9期，累计培训人数达1000人；联合市教育局举办第八届泰安市优秀少先队员评选暨首届泰安市少先队辅导员技能大赛活动，45人参与比赛，30人被评为市优秀少先队辅导员。参加2018年齐鲁学子青春国学荟，组织申报6个省青少年弘扬中华优秀传统文化教育实践基地，3个省青少年弘扬中华优秀传统文化导师团。参加省青少年“国学达人”挑战赛，分别获得展示活动一等奖和高中组二等奖、三等奖，以及优秀组织奖。组织“小手拉大手　三十行动”，带动20.5万个家庭加入行动。制作少先队假期指导手册《少先队员的旺旺中国年》，累计发放2.5万册。开展移风易俗我助力、低碳生活我先行、文明标兵我争当系列活动350次，发放倡议书1.2万份，收集低碳生活创意作品5000份，5.3万名少先队员参与活动。组织中小学生参与“垃圾分类减量”实践体验活动，活动开展24期，3500名少先队员参与。

【青春扶贫和希望工程】 落实青春扶贫工作要求，青年联合会委员及青年企业家协会会员结对贫困村3个，完成率100%；结对户数量20个，完成率100%。为80名建档立卡贫困群众提供技能培训和知识宣讲，青年文明号助千家脱贫行动为34名建档立卡贫困群众提供结对帮扶，“牵手关爱行动”结对1000名农村贫困留守儿童，“金晖助老”行动结对500名建档立卡贫困人口中65岁以上不集中供养的留守、失独贫困老年人，组织青年干部扶贫专题培训班，“三下乡·千村行动”向47个扶贫工作重点村派遣100支服务队。开展“希望工程圆梦行动”“朝阳助学·圆梦行动”等活动，为24名贫困学生申请资助20.4万元，为希望小学争取资助金额95万元。

（单美菁）

泰安市妇女联合会

【概况】 年末，全市有县（市、区）妇联工作机构6个，乡镇（街道）妇联工作机构91个，村、社区妇联3742个，市、县两级党政机关、科教文卫单位妇委会399个。市妇联机关工作人员16人，县（市、区）妇联机关工作人员43人，乡镇（街道）妇联主席、副主席183人，村、社区妇联主席、副主席7577人；辖市直机关幼儿园、市妇女儿童活动中心、市妇女儿童服务中心3个事业单位。年内，获得“省级文明单位”称号。

【妇联组织和队伍建设】 组织阵地建设　推动女性进支部委员会、村（居）民委员会（以下简称“两委”），提高农村妇女参政议政水平，换届后，有女支部书记183人，女村（居）委会主任203人，其中书记、主任一肩挑有113人，女性进村党支部比例一直处于全省17市第一名。加强基层组织规范化建设，发挥兼职副主席、执委作用，开展兼职副主席、执委述职考核工作，探索实行兼职副主席轮值制度、执委项目负责制等。加强基层妇联工作经费保障工作，全市各乡镇(街道)均已按照标准将妇联工作经费足额列入同级财政预算，夯实基层组织基础。

干部队伍建设　开展“大学习、大调研、大改进”工作，改进妇联干部工作作风力度，密切联系和服务妇女群众。加强妇联干部队伍建设，强化对各级妇联干部的教育培训。联合市委组织部举办全市村（社区）女党支部书记、女村（居）委会主任培训班，300人参加培训；举办全市村（社区）妇联主席示范培训班和1期乡镇（街道）妇联主席培训班，培训乡镇(街道)、村(社区）妇联主席200人。全市共培训基层妇联组织成员3.07万人。

【组织妇女参与经济建设】 妇女技术技能培训　市妇联举办4期“乡村振兴巾帼行动”农村妇女技术技能培训班，讲授核桃、板栗、樱桃实用种植技术，570名女性特色种

3月6日，泰安市各界妇女纪念“三八”国际妇女节108周年暨表彰大会召开，市委副书记张涛、市人大常委会副主任訇长江、市政府副市长成丽、市政协副主席徐恩虎出席会议并为获奖人员颁奖。图为大会会场

（贾秀梅　供）

植大户学习相关科学种植管理知识，用于解决在果树种植管理中的实际问题。全市共举办妇女技术技能培训班、电子商务培训班914场次，培训10.88万人次。

妇女创业就业　开展“春风行动”，举办“庆‘三八’妇女就业专场招聘会”，募集适合女性就业岗位2100个，450名女性达成就业意向。各级举办妇女专场招聘会23次，提供就业岗位1.41万个。继续抓好小额担保贷款，为488名妇女、5家企业提供创业资金5833万元，为4名妇女申报省巾帼创业贴息资金。全市各级妇联组织和大姐机构共举办巾帼家政服务技能培训班147场次，培训妇女7392人次，3040名妇女取得职业资格证书。

巾帼建功活动　深化“双学双比”（学文化、学科技、比发展、比贡献）、“巾帼建功”活动，激发城乡妇女为经济社会发展建功立业。评选表彰市级城乡妇女岗位建功先进集体20个、市级城乡妇女岗位建功先进工作者20名、巾帼建功标兵60名及巾帼文明岗35个。开展“第四届泰安金融微笑天使评选”“2018中国泰山·最美白衣天使”等活动。

【救助扶贫工作】　**开展救助贫困母亲活动**　在春节、中秋节、重阳节等重要节日，到基层进行走访慰问，发放爱心捐款。全年组织开展贫困母亲救助活动20次，全市各级累计捐款捐物146.7万元，3666名贫困母亲受益。

做好农村妇女“两癌”筛查救助工作　全年开展农村妇女“两癌”（宫颈癌、乳腺癌）免费检查10万人次。规范贫困母亲“两癌”救助申报、审核工作，对农村“两癌”母亲进行摸底登记，将符合条件的700名贫困“两癌”母亲信息录入全国妇联农村妇女“两癌”免费检查项目数据采集系统。争取“两癌”专项救助金74万元，救助患病贫困母亲74人。

推进“巾帼脱贫行动”　开展“爱心大篷车”送温暖活动，全市各级妇联共筹集投入爱心资助金163.77万元，惠及7471名贫困妇女儿童。继续抓好“企联村、岗联户”活动，举办全市乡村振兴巾帼返乡下乡创业暨脱贫致富带头人电商培训班，提高贫困妇女创业技能。

开展留守流动妇女儿童关爱活动　开展关爱留守儿童、困境儿童志愿服务活动，组织“爱心妈妈”为孩子们送去爱心书包、文具等物品。至年底，全市各级妇联组织共资助贫困儿童4941人，资助金额176.99万元。

【维护妇女儿童合法权益】　开展“三八”维权周活动，各级妇联共发放宣传资料3.30万份，解答咨询5700人次，举办各类法律培训班40场，培训妇女6000人。开展巾帼维权志愿者“进社区、进家庭、到身边”百场巡讲活动，全市共开展巡讲活动225场次，受益妇女3.20万人。开展普法宣传活动，提高妇联干部和妇女群众学法守法水平。完善地方法规政策性别平等咨询评估机制，参与农村集体产权制度改革工作。成立反家暴公益维权服务站、设立法律援助工作站。开展“幸福护航”婚姻家庭辅导服务活动，举办维权干部、婚姻家庭辅导志愿者培训班。推进“平安家庭”创建活动，参与社会管理综合治理。做好信访接待工作，市、县两级共接待信访或到访255件（次），处结率100%。

【推进实施妇女儿童发展规划】　在全市开展妇女儿童发展“十三五”规划和男女平等基本国策宣传月活动，开展“两个规划”（泰安市妇女发展“十三五”规划、泰安市儿童发展“十三五”规划）年度监测统计，编制完成市级妇女儿童发展规划2017年度监测统计报表和报告。通过省级“两个规划”示范项目检查验收，完成“两个规划”中期监测评估工作。确定2018年为妇女儿童要办的实事项目。

【组织妇女参与精神文明建设】 **培育文明新风** 学习贯彻中共十九大精神和习近平新时代中国特色社会主义思想，开展“巾帼心向党，建功新时代”主题教育活动。各级开展中共十九大精神百千万宣讲活动869场次，受众妇女4.04万人次。在泰山网开设《巾帼心向党，建功新时代》巾帼风采专栏，宣传展示26名优秀妇女典型的先进事迹。各级线上开设主题教育活动专题77个，6.08万名妇女参与活动，举办现场宣传活动46次，1.44万名妇女接受教育，在妇女网、微信展播巾帼先模先进事迹71人次，受众妇女17万人次。举办巾帼先模事迹报告89场次，5180名妇女聆听报告。

举办特色活动 “三八”期间，开展庆祝纪念表彰大会，命名表彰先进集体和先进个人。举办“爱在泰山 玫瑰相约”“浪漫七夕 花海寻缘”公益相亲联谊会。“六一”期间，市领导带队看望慰问少年儿童和幼教工作者，并赠送价值20万元的空气净化器。开展首届“十佳幼儿园女园长”评选活动。

推进家庭文明建设 开展寻找“最美家庭”、创建“美丽庭院”活动，命名市级“五好文明家庭”31户、“最美家庭”60户、“美丽庭院”40户。开展“孝传万家”万人签名暨“最美家庭”故事巡讲活动，全市共举办“最美家庭”巡讲等主题活动192场次，2.2万名家庭成员参与。开展“泰山人家”文化创建活动，征集家训220条、家风故事55篇、家庭照片300幅。开展“家和万事兴”家风家训主题巡展活动。举办“做智慧女性 创书香家庭”亲子阅读专题讲座，成立“幸福家庭俱乐部”，举办各类家庭教育讲座和亲子实践活动290场，参加母亲和儿童达2.48万人次。开设母亲公益讲堂，打造“母亲素质提升工程”基地，加强村（社区）家长学校规范化建设。

开展志愿服务活动 开展以“学好新思想·服务新时代”为主题的巾帼志愿服务活动。助力创建全国文明城市，向市民发放创建全国文明城市倡议书等宣传资料，教育和引导市民摈弃不文明言行。开展“邻里守望·姐妹相助”巾帼主题志愿服务活动，组织巾帼志愿者在传统节日期间送温暖献爱心，帮助邻里解决生活中的困难。

提升文明素养 开展“新农村新生活”培训工作，全市共开展培训423场次，培训妇女5.45万人。各级开展“四德”（爱德、诚德、孝德、仁德）健身广场舞培训129场次，培训妇女1.43万人。（贾秀梅）

泰安市科学技术协会

【概况】 2018年，市科协管理市级学会53个、企业科协132个、高校科协10个、农技协200个、老科协248个，会员20万人。市科协机关设4个科室，工作人员12人；下辖泰安市科技创新服务中心、泰安市科技馆等事业单位，工作人员28人。年内，市科协立足“四服务”（服务科技工作者、服务创新驱动发展战略、服务公民科学素质提高、服务党委政府科学决策）工作定位，各项工作取得新发展。建成泰安中研复合材料产业技术研究院、国家纺织工业（泰安）检测中心、中国科协创新驱动科技成果转化服务中心（泰安）分中心等高层次创新平台，召开国家级产学研会议18个，举办山东省第三十三届青少年科技创新大赛。先后3次在全国、全省工作会议上作典型发言，连续多年获得“全国科普日优秀组织单位”“全国青少年科技创新大赛优秀组织单位”称号，连续三年被市委、市政府评为“经济社会发展综合考核先进单位”。

【服务科技工作者】 联合市科技局、市广播电视台开展“泰安市十大最美科技工作者”推选活动，推选泰安市十大最美科技工作者，评出最美科技工作者10人、提名奖10人，制作科技工作者风采宣传片，在泰安电视台展播。拓宽举才荐才渠道，组织推荐企业、学会、驻泰安高校大学生科技社团等参加科技工作者创新大赛、创客之家评选活动，16人受表彰。新建山东医药技师学院科协、山东财经大学东方学院科协、泰山护理职业学院科协，全市高校科协达11家，实现驻泰安高校全覆盖。争取第十九届国际卵菌分子遗传学年会、全军神经内科专业委员会第十九届学术年会、中国纺织服装产业新旧动能转换高端论坛等14个国家级高端学术会议，举办泰山科技论坛3期，62名国外专家及1080名国内知名专家到泰安市交流。实施市级学会能力提升工程，12个学术交流项目、9个助力工程项目分别入选岱下科技论坛及创新驱动助力工程示范项目。新成立市茶叶科技学会、市检验检测学会。

【服务创新驱动】 推进中国科协创新驱动助力工程示范市建设（以

下简称“示范市”），示范市建设写入《泰安市新旧动能转换重大工程实施意见》，国家纺织工业（泰安）检测中心、中国科协创新驱动科技成果转化服务中心（泰安）分中心落户泰安市。《泰安市纺织服装产业新旧动能转换行业服务平台》列为中国科协创新驱动助力工程示范项目（山东省仅有2个项目获批），并获50万元经费支持。5个国家级学会与市政府签订战略合作协议，2个国家级学会在泰安市建立学会服务站。肥城市、宁阳县、新泰市、泰山区、岱岳区5个县（市、区）成功创建省科协创新驱动助力工程示范区。市科协连续三年被省科协列为中国科协科技信息企业推广应用服务项目子站分站。全市企业科技信息应用企业达420家，培训专利应用工程师1029人，形成202项新专利，产生经济效益3.6亿元。

9月15日，泰安市2018年“全国科普日活动”暨中国科技馆“脑中乾坤”科普主题展启动仪式在泰安市科技馆举行，市政府副市长成丽出席活动并致辞（孙一鸣　摄）

【服务全民科学素质提升】　完善科普基础设施，市科技馆继续纳入全国科技馆免费开放试点，再次获得资助资金256万元，新建5D影院40座，年接待观众2.6万人次。新增市级科普教育基地13个，至年底，有国家级科普教育基地3处、省三星级以上科普教育基地9处、市级科普教育基地83处。开展科普之春、科普日、专家志愿者走基层、订单式科普、科普报告百校行等活动，受益人数8万人次。科普日期间，全市策划七大板块109项重点活动，4项活动被中国科协评为全国科普日优秀科普活动。实施省、市基层科普行动计划，全市12个单位获省级基层科普行动计划奖补资金140万元，30个单位获市级基层科普行动计划奖补资金80万元。举办市级青少年创新大赛、青少年机器人竞赛、信息学奥林匹克赛等科技赛事。承办第三十三届山东省青少年科技创新大赛，获二等奖3个、专项奖3个，18名学生获全国信息学奥赛一等奖。

【服务党和政府科学决策】　吸纳国家级学会高层次专家，建立高水平智库专家库。支持科技工作者围绕2018年科技创新智库调研课题开展专题调研。《关于加快推进我市科技服务业转型升级的建议》《关于科学规划重点建设我市“三大场馆”积极彰显我市城市历史文化底蕴的建议》《关于充分利用高层学会资源优势助力泰安创新发展》《关于在泰安市开展食育基地建设的建议》等有关建议列入市人大建议或政协提案。（邵国帅）

泰安市归国华侨联合会

【概况】　年末，全市有归侨138人、侨眷2.5万人；市侨联机关有工作人员6人。泰安市侨联继续保持“市级文明单位”称号。1人被评为“全国侨联系统先进工作者”，1人被评为“全国归侨侨眷先进个人”。

【服务经济建设】　年内，通过与奥地利浙江商会、欧洲经贸促进会及澳大利亚、加拿大、美国等华侨经贸考察团对接推介，主办、参办海外华侨华人商会经贸洽谈会、泰山国际登山节经贸洽谈会、2018知名外商泰安行活动等经贸交流活动，向泰安市相关企业牵桥引线促签合作协议25个。促成英菲尔能源科技有限公司高清度蓖麻油项目顺利开工，奥地利徂徕山医疗养老项目进入洽谈阶段。依托泰安市华商联合会和“三库两会一基地”（知名华侨华人信息库、海外华商信息库、重点项目推介库，泰安市侨联青年委员会、海外企业家联谊会，泰山侨商投资服务基地）平台资源，开展侨资企业经营情况调研，帮助企业反映和化解转型升级中遇到的困难需求。组织侨商企业参加世界侨商重庆行等各项培训交流活动。推荐3家企业成功加入全国、省新侨创新创业联盟。

10月18日，泰安市侨联接待奥地利浙江商会考察团　　（马　琳　供）

【服务社会事业】　发挥“中国泰山华侨（华商）慈善基金会”作用，协助海外慈善机构、华侨华人联合国内专家教授和志愿者开展慈善公益活动。年内，举办市侨联“助贫扶困 抢险救灾”慈善捐助活动、薛岭村“六一”结对子慈善助学活动、房庄村“扶贫济困、你我同行”送温暖活动、仪阳慈爱公益重阳敬老活动、好运家园社区爱心助学活动，兴办教育卫生、建桥修路等公益事业20宗 。承办省侨联“启喑”行动暨澳大利亚“魏基成天籁列车”助听器捐助活动，接受捐赠总价值280万元助听器及教学机。

【服务对外交流】　继续打造“泰山文化”金字招牌，以纪念改革开放40周年为主题，举办“泰安侨界美术书法摄影展”“情暖侨心 感恩母亲”母亲节慈善义演、“泰安小幅精品油画作品展”“侨界委员座谈会”等活动。组织参加第十九届世界华人学生作文大赛，取得500名师生获奖的历史最好成绩。组织“中华泰山文化寻根之旅”主题活动，先后承接来自奥地利、印度尼西亚、美国、澳大利亚等10个国家或地区的华侨华人组织、港澳台同胞、国外友人到泰安、泰山观光旅游、省亲考察2000人次。

【为侨服务】　组织“助推侨资企业新旧动能转换”调研活动，协调有关部门帮助侨界群众解决家庭婚姻、入学就业、出国事务、侨企发展等多项实际困难或问题，受理侨界群众信访或到访60件（次）。开展全市侨界困难群众调研工作，组织侨联干部、委员、热心侨界人士以一对一捐资助学、走访慰问、结对子帮扶等形式探索合作扶贫新途径。开展“走侨家·送温暖”主题活动，春节、中秋、重阳等节假日期间走访慰问贫困归侨侨眷11户，发放慰问金、慰问品共计2万元。成立市侨联“同心侨”志愿服务队，开展寻根认亲、侨法普及、关爱空巢老人等志愿服务活动。

【参政议政】　年内，推荐1名归侨侨眷代表泰安侨界参加第十次全国归侨侨眷代表大会。组织全市各级侨界政协委员、人大代表提交《关于给予贫困人员社保缴费优惠的建议》等23份提（议）案，2名归侨侨眷、侨界人士被增选为各级政协委员。推荐3名侨界优秀代表人士加入民主党派，推荐4名优秀侨企代表人士加入泰安市新社会阶层人士联谊会。开展征求中国侨联章程修改意见工作，通过召开座谈会、访问等形式征集全市各级侨界群众意见。

【外宣外联】　先后与奥地利浙江商会、欧洲经贸促进会、澳大利亚侨商会等海外商会组织缔结友好合作关系。7名海外侨领被聘为泰安市侨联海外名誉主席、海外顾问。在市级以上电视、广播、报纸、杂志、网站等新闻媒体上刊载宣传稿件23篇（件）；与40个海外中华会馆、宗（乡）亲会、华人商会、华侨机构建立起定期信息交流关系。　　（马　琳）

编辑　校对　　刘小笋

法治·军事

法治综述

【概况】 2018年，全市政法机关深入推进平安泰安建设，加强和创新社会治理，全力维护社会大局稳定。做好重点时期安保维稳工作，是全省唯一4次实现进北京非法上访“零登记”和上合组织青岛峰会时期无重点人员赴青岛的市。创新的“一元主导多元化解”矛盾机制被省委常委、政法委书记林峰海给予批示肯定；中央纪念“枫桥经验”会议期间，该做法在中央电视台进行展播；被《法制日报》《法治参考》、山东电视台等总结推广。市委政法委在全市经济社会发展综合考核中被评为一类部门，通过省级文明单位复核。

【平安建设】 ①维护政治安全。健全反恐维稳工作体系，打击各类渗透破坏活动。加强反邪教斗争，深化警示教育，突出动态排查、依法管控和专项打击，切实消减存量、遏制增量，没有发生任何问题。②社会治安大局平稳。构建立体化社会治安防控体系，发挥“雪亮工程”综合应用效能，开展社会化治安大巡防，加强网格化服务管理，维护社会治安大局平稳。全市刑事立案7884起，下降20.02%，“两抢一盗”等可防性刑事警情下降55.88%；无命案乡镇（街道）覆盖率76.14%，无刑事案件村居（社区）覆盖率69.40%。③一元主导多元化解机制。对各类矛盾风险源头治理、动态管理、多元化解、应急处置，成功调解矛盾纠纷9756件，成功率98.8%。

【安保维稳】 ①完善长效机制。全国“两会”和上合组织青岛峰会、改革开放40周年庆祝等重点敏感时期，成立安保维稳工作领导小组和市内、驻北京、驻青岛指挥部、工作组等工作专班，抓好安全管控、矛盾化解、舆情引导、维稳零报告、应急处置等机制落实。②排查风险隐患。开展风险隐患排查，提升排查整治标准，实行挂账销号，不放过任何一个漏洞，不留下任何一个隐患。③加强重点管控。对影响安全稳定的风险隐患，落实领导干部包案制度，开展重点攻坚，加强依法管控。④加强督导暗访。市委政法委牵头成立暗访组，关键敏感时期，每周至少2次对各地安保维稳工作情况进行暗访，发现问题，及时反馈，督促整改，跟踪督办。

【扫黑除恶专项斗争】 全市各级把扫黑除恶专项斗争作为一项全局性、战略性政治任务，斗争开展以后，在侦黑社会性质组织犯罪案件5起，打掉恶势力犯罪集团21个，打掉恶势力团伙46个，查扣涉案资金2.45

11月22日，省委常委、政法委书记林峰海（前排左二）到泰安市泰山区调研，市委书记崔洪刚（前排左一）等陪同调研　　（张 磊 供）

亿元。立九类涉恶刑事案件428起，刑事拘留1044人，批准逮捕396人，移送起诉783人。审理涉黑涉恶案件10件、99人。终审判决周某某等黑社会性质组织犯罪案件，是全省判决的第一起黑社会性质组织案件。中央扫黑除恶第五督导组，省委常委、政法委书记林峰海，省委常委、统战部部长邢善萍均对泰安市工作给予肯定。

【服务大局】 ①服务中心工作。对新旧动能转换、乡村振兴战略、山水林田湖草生态保护修复工程等重大部署，及时跟进秩序维护、权益保障、关系调节、矛盾化解、依法打击等工作，提供坚强政法保障。②优化服务保障。对吸纳就业比较集中的企业、纳税大户和治安矛盾复杂的企业，实行政法领导干部包保制度，落实干警联系包保措施，协调解决涉企涉法问题，严厉打击违法行为。③勇于担当作为，强化农贸市场、污水直排、旱厕整治等专项治理，发挥政法职能优势，联合执法。配合完成占压市政主要道路、影响城市交通的5处老旧居民楼、厂区的拆除安置工作。对财源街中央商务区、历史文化轴等城市规划建设中遇到的难题，推动房屋征收、拆迁安置、政策落实等遗留问题依法解决。在推进擂鼓石大街中段建设工程、泰安城区农贸市场规范化建设、泮河综合治理等方面，发挥政法作用，推动项目建设。

（张　磊）

法治政府建设

【概况】 2018年，市政府法制办以贯彻落实《泰安市法治政府建设实施纲要（2016—2020年）》为主线，围绕全市经济社会发展大局，科学谋划，精准发力，突出抓好法治政府建设督导考核、决策服务、制度建设、执法监督和行政复议应诉等重点工作，全市政府法制工作取得新成效。

【组织谋划和督导检查】 统筹谋划、督促指导和考核评价。提请法治政府建设领导小组召开会议，对法治政府报告、年度建设计划等问题专题研究。领导小组办公室印发《泰安市2018年度法治政府建设工作计划》。制定对各县（市、区）政府和管委会法治政府建设考核指标和内容，9月21日，召开全市政府法制工作推进会，调度督导依法行政和考核指标完成情况。被表彰为全省依法行政宣传工作先进单位。行政决策和涉法事务。对以市政府名义签订的35件合同协议、66件政府会议纪要进行合法性审查。组织市政府法律顾问或专家库成员36人次对23件法律事项进行研究并提出建议。

【制度建设】 重点领域制度建设。审核出台政府规范性文件6件，研究审核其他政府文件70件，完成《山东省环境保护条例》等10件省级法规规章草案的调研和征求意见。审核印发《泰安市专利奖励办法》《泰安市水文管理办法》等一批文件。提请市人大常委会审议出台《泰安市城市绿化条例》，完成《泰安市生活垃圾分类管理条例（草案）》审查修改，配合市人大常委会对《泰安市烟花爆竹燃放管理条例（草案）》审查修改。完善政府立法程序。制定《政府立法工作流程图》《泰安市政府立法专家咨询工作规定》《泰安市政府规章新闻发布会制度》，对政府立法环节进行规范和细化。严格规范性文件监督管理，制定《泰安市行政规范性文件监督管理规定》《行政规范性文件备案审查工作流程图》《行政规范性文件评估工作流程图》，细化备案审查和评估程序及内容，对"公开征求意见、合法性审查、公平竞争审查和集体研究"4项制度重点规范。对《泰安市行政规范性文件监督管理规定》和3个流程图的解释应用进行辅导，确保起草部门严格履行文件制定程序。履行备案审查职责，审查县（市、区）政府及市直部门备案文件8件，向省法制办和市人大常委会报送市政府备案文件6件。组织对《泰安市数字地理空间框架建设使用管理办法》等2个政府规范性文件评估。

【行政执法监督】 落实行政执法裁量权制度，重新组织执法部门梳理和公示行政处罚裁量基准，建立动态管理和长效管理机制。建立行政执法与刑事司法衔接制度，推进依法行政。加强信息化建设，落实"数字法治"理念，研发建设"泰安市行政执法信息平台"，实现执法主体、人员、事项、结果统一公示。推进行政处罚（强制）权力网上运行，搭建市级行政处罚（强制）运行系统，编写电子化的行政处罚、行政强制执法文书，实现各部门网上办案执法流程和执法文书的统一、规范。推进行政执法体制改革，会同市编办调整扩大综合行政执法机构相对集中处罚权领域，建立统一行政执法体制，强化事中事后监管责任落实。推进泰安市行政审批服务局成立，系全省首家，促进高效便民营商环境建设。深化"简政放权"改革，按照“应放尽放、放无可放”要求，研究制定权力下放（委托）方案，明确下放、委托方式，推进“放管服”工作进程。组织市、县两级设定的证明事项清理工作，对自行设定的40项证明事项全部公布取消。组织1100名执法人员参加公共法律知识考试，对279名市直部门执法人员进行公共法律知识培训，督促建立专业法律知识培训常态化机制，提升执法人员业务能力和职业素养。加强行政执法事后监督，开展执法案卷评查，随机抽取市直部门50份案卷集中评查。

【行政复议应诉】 各级政府收到行政复议申请816件，受理769件，审结706件（含2017年结转43件）。其中维持334件，驳回69件，撤销33件，确认违法23件，责令履行法定职责3件，调解和解结案242件，全市综合纠错率42.9%，其中市本级综合纠错率46.7%。各级政府办理行政应诉一审案件729件，二审案件213件，再审案件6件。主办或协办泰安中央商务区、历史文化轴等重点项目国有土地房屋征收补偿、信息公开类行诉案件40件，徂徕山汶河景区、高铁新区土地规划类行诉案件20件。 （孙梦琳）

公　安

【概况】 全市公安强化警察意识、问题意识、应急意识，推进主动警务、重大活动精准化智能化安保、现代合成作战机制建设以及扫黑除恶专项斗争、基层基础建设等工作。市公安局被中央文明委表彰为全国文明单位，被省公安厅表彰为全省公安机关上海合作组织青岛峰会安保工作先进集体，连续2年被表彰为全省优秀公安局，被市委、市政府表彰为经济社会综合考核先进单位。

【反恐维稳】 ①安保维稳。完成央视春晚泰安分会场、各级“两会”、上合组织青岛峰会等125批次重大安保任务、12批次三级以上警卫任务。②强化应急处突能力。加强特巡警装备、能力、队伍建设，组织开展无预案、跨区域、大规模拉练13次，累计投入警力6010人次。处置高新区“3·23”“3·25”敏感突发事件37起。抽调1400人次，完成到济南、青岛等地跨区域勤务5次。成立2个看护大队，完成54名留置对象看护任务。③加大邪教打击力度。先后破获邪教案件37起，打掉团伙15个，抓获违法犯罪人员114人。④狠抓信访案件化解。推行“一元主导，多元化解”工作模式，受理群众到访117起，下降3.88%，到部、赴省上访同比分别下降6.83%、2.85%。⑤网上舆情处置。及时处置网上有害信息。

【打击犯罪】 ①严打违法犯罪。刑事立案7884起，下降20.02%，抓获刑事作案人员5989人，刑事拘留3867人，提请逮捕1306人，查处行政案件2.25万起，“两抢一盗”等刑事警情同比下降55.88%。②扫黑除恶斗争。运用下打一级、异地用警、挂牌督办等机制战法，打掉恶势力犯罪集团21个、恶势力团伙46个；立涉恶刑事案件428起，刑事拘留1044人，批准逮捕396人，移送起诉783人，查扣涉案资金2.45亿元，打掉全省首例判决的周某某黑社会性质犯罪集团、周某某敲诈勒索犯罪团伙等涉嫌黑社会性质组织犯罪集团。收集涉“高利贷”违法犯罪案件线索65条，破获泰山区高某某“套路贷”诈骗案、泰山景区赵某某恶势力犯罪团伙系列案件等69起。受到中央第五督导组充分肯定，在省公安厅推进会上作典型发言。③整治治安突出问题。强化经济领域风险排查，对1436家金融企业逐一见面约谈，先后破获经济类案件394起，上升63.5%。侵财案件立案同比下降17.09%。电信网络违法犯罪破获案件336起，抓获犯罪嫌疑人570人，分别提升44.2%、105.1%。破获涉毒类案件147起，缉毒执法和涉毒资产追缴工作走在全省前列，入选全国首批禁毒示范城市创建名单。查处“黄赌”类案件388起，下降4.43%，连续3年在省公安厅暗访中涉“黄赌”比例最低。打击带路“车虫、黄牛”、交通肇事等违法犯罪，刑事拘留11人，提请逮捕6人，行政拘留33人。④提升打击质效。破获涉网重大案件306起，抓获犯罪嫌疑人1165人，分别上升119.5%、192.3%，“3·17”非法利用信息网络案入选公安部“净网2018”专项行动十大典型案例，省委书记刘家义作出重要批示。实行“作战单元——合成作战”机制战法，实现60%以上侵财案件侦破和70%以上嫌疑人身份信息确认，提升打击犯罪效能。

【社会治理】 ①交通管理。全市发生一般以上交通事故442起、死亡176人、受伤380人、财产损失130.9万元。查处交通违法218.9万起，排查整改事故隐患503处。未发生一次死亡3人以上较大交通事故，连续5年被评为全省深化道路交通“平安行·你我他”行动先进市。②消防管理。持续抓好消防安

5月15日，泰安市公安局举办跨区域增援工作出征仪式　（吴　昊　供）

全，连续17年未发生较大以上火灾事故，泰山景区古建筑群连续28年无火灾。在扑救“4·17”济南泰安交界处山火中，创新研发串联式山林灭火泵，实施“引水上山”山林火灾战法，被市委、市政府誉为“中坚力量中的尖刀，骨干力量中的拳头”。③城市环境治理。出台《服务新旧动能转换重大工程实施意见》《优化旅游发展环境10条措施》，在全省首家挂牌成立公共秩序治安（旅游秩序）管理大队，牵头建立全市监管执法联席会议制度。整治医疗、校园、信访等重点社会领域突出问题。参与国家卫生城市复审和全国文明城市创建工作，抓好自身创建和消防安全、交通秩序、小广告等整治工作。④服务民生。搭建网上便民服务大厅，五大类、18项证明材料得到精简，户籍、出入境、车驾管等12类39项业务实现“一站式”办结。出入境、户政等业务推行微信、支付宝等线上缴费服务。主动公开政府信息2181条，受理、回复政府信息公开申请8件。受理群众诉求1.83万件。实施“警银合作”“警邮合作”等护航企业发展措施，优化营商环境。

【基层基础建设】 ①政治建设。推进“泰安公安铁军”建设，弘扬“泰山挑山工”精神，先后有30个集体、70名个人获“铁军警队”“铁军卫士”称号。调整警史馆布展内容，加挂“泰安市公安局政治生活馆”牌子，成为党员民警红色教育基地。②人才建设。制定《关于加强公安人才工作的意见》《泰山公安英才管理暂行办法》等文件，111名民警入选“泰山公安英才”库，2名民警被评为公安部物证鉴定中心科研项目评审专家，命名韩建军式交通管理示范岗、杨玉慧网络侦察工作室、许晓峰警犬技术工作队等8个以优秀泰山公安英才名字命名的工作示范点。推进执法警务序列与警务技术改革。③基层派出所。提前完成省厅督导的13个改扩建派出所任务，5月，泰山区分局财源派出所入住新址。面向基层一线调整科级干部49人。投入945万元用于补助基层一线，解决基层一线经费保障不足问题。配备城区社区警务专职辅警、网格员，一村一警务助理，覆盖率100.3%。④科技技术。投入2186万元用于网络安全、刑事技术等建设。市公安局被公安部确定为警犬技术建设市级示范点、物证鉴定中心科技成果应用示范基地，市公安局理化实验室和DNA检验实验室通过公安部全国公安机关重点司法鉴定专业实验室评审验收，全市Y库图谱绘制、家系信息录入和血样采集入库提前完成。以反恐大数据中心为依托，建立情报信息专业数据库，采集、清洗、存储内部数据37亿条，整合民政、林业等部门数据20亿条，累计融合汇聚社会部门数据101类、137亿条。人口基础信息采集1136万条，完成率102%。打造“泰山盾”布控安保系统，组建“泰山鹰”警航队。⑤警务规范。从接处警、现场执法等初始环节入手，狠抓源头预防，将问题和舆情控制在萌芽，未发生有影响的执法舆情。建立“视频＋菜单”式执法操作体系，在全省公安机关法制员业务技能比武竞赛暨“刑辩大赛”中获第4名。改造案管中心、执法办案场所，对案件要素全流程监督管控，完成案管中心（室）建设任务。

（吴　昊）

检 察

【概况】 2018年，市检察院在市委和省检察院领导下，在市人大、市政府、市政协和社会各界的监督支持下，围绕全市工作大局，履行法律监督职责，加强队伍建设，各项工作取得新进展。全市检察机关有17个单位、28名个人受到省级以上表彰，岱岳区检察院、新泰市检察院、宁阳县检察院被评为全国检察宣传先进单位，宁阳县检察院苏康被最高人民检察院记个人一等功。

【保障经济发展】 制定服务营商环境措施19条，制定服务新旧动能转换实施意见5个，惩治侵犯知识产权犯罪14人，化解淘汰落后产能矛盾纠纷11件。打击集资诈骗、非法吸收公众存款等犯罪，批捕73人，起诉130人。东平县检察院参与农商银行不良资产清收攻坚行动，批准逮捕7人，追缴资金2亿元。打击破坏环境资源犯罪244人，惩治乡霸、村霸、宗族恶势力犯罪42人，起诉干扰“两委”换届选举犯罪8人，非法占用农用地犯罪18人。高新区检察院办理的程某某等17人非法采矿案，检察机关提前介入、快捕快诉，其被判处有期徒刑5年6个月。打好扫黑除恶专项斗争，打击威胁政治安全、把持基层政权等11类黑恶势力犯罪，批捕95人、起诉83人。依法办理周某某等31人黑社会性质组织犯罪团伙，首犯周某某被判处有期徒刑20年，该案是全省判决的第一起黑社会性质组织案件。参与社会综合治理，对重点行业、重点领域提出检察建议20份，从源头遏制黑恶势力滋生蔓延。打击生产销售有毒有害食品、假药劣药等犯罪63人，依法惩治危险驾驶、重大责任事故等犯罪1299人。以危险方法危害公共安全罪起诉公交车司乘冲突案，被告人被判处有期徒刑3年。帮助农民工讨薪专项活动，支持农民工起诉48件。两级院12309检察服务中心全部挂牌成立，全年办理信访案件2141件。

【维护社会和谐稳定】 依法打击刑事犯罪，受理审查逮捕1778人，批捕1190人，受理审查起诉5096人，起诉4090人。批捕故意杀人、绑架、放火等严重暴力犯罪52人，起诉541人；批捕抢劫、抢夺、盗窃等多发性侵财犯罪138人，起诉301人。依法对286名情节轻微、危害不大的犯罪嫌疑人作出不捕不诉决定。落实检调对接、以案释法、轻伤害案件快速办理等制度，促成刑事和解81人。完成上合组织青岛峰会等重大安保维稳任务，处置复杂维稳问题11个。审查起诉职务犯罪案件48件、53人，其中副部级干部1人、厅级干部4人、处级干部9人。办理中国中化集团原总经理蔡某某（副部级）等一批大要案，审查起诉山东科技大学原校长任某某（正厅级）被判处有期徒刑12年，山东钢铁集团有限公司原副总经理蔡某某（正厅级）被判处有期徒刑15年。坚持“高墙内”与“高墙外”一体监督，发现纠正各类刑罚执行和监管活动违法208件，纠正违法减刑、假释、暂予监外执行70件，惩处又犯罪66人，办理羁押必要性审查案件140件，泰山区检察院办理的黄某某涉嫌诈骗羁押必要性审查案被评为全省精品案件。开展财产刑执行专项监督活动，清理纠正违法问题35件次。部署开展对泰安监狱巡回检察活动，督促整改安全隐患9处，发出纠正违法通知书7份。完善“捕、诉、监、防、帮”一体化工作模式，依法对136名涉罪未成年人作出处理。打击侵犯未成年人犯罪，从快从严批捕49人，起诉95人。挽救涉罪未成年人，提供法律援助28次，开展社会调查20人，封存犯罪记录36人，依法不捕不诉21人，附条件不起诉22人。建成青少年法治教育基地2处，8名检察官担任法治副

1月18日，最高人民检察院副检察长张雪樵（左三）到泰安调研指导工作，泰安市检察院检察长苏金森（右三）陪同调研 （丛 飞 摄）

校长，组织开展法治进校园活动 40 场次，受教育人数 6 万人次。

【诉讼监督】 推进刑事诉讼活动监督，监督立案 27 件，监督撤案 32 件，追捕 59 人，追诉 113 人。推进以审判为中心的刑事诉讼制度改革，健全证据收集指引，排除非法证据 63 件，退查 704 件次，提出补充侦查意见建议 1500 条，对不构成犯罪或证据不足的不批捕 318 人、不起诉 26 人。审查办理民事行政诉讼监督案件 111 件，提出或提请抗诉 20 件，法院改判 5 件；提出再审检察建议 18 件，法院采纳 10 件。组织开展民事虚假诉讼专项监督，重点解决民间借贷、以物抵债、企业破产等领域的问题，发现虚假诉讼案件线索 16 件，提出抗诉或再审检察建议 11 件，推动社会诚信体系建设。加强民事行政执行活动监督，与法院共同破解“执行难”问题，办理民事行政执行监督案件 53 件，对不当保全、选择性执行、执行结案不规范等问题提出检察建议 47 件，法院采纳 45 件。依法严惩拒不执行判决、裁定犯罪，批捕起诉 13 人。全市检察机关围绕“公益”核心，聚焦环保、国有财产保护、食品药品安全等领域，发出行政诉前检察建议 74 件，提起公益诉讼 9 件，通过办案复垦耕地林地 20.8 公顷，督促保护国有财产 1400 万元，收回国有土地出让金 1600 万元，督促关停和整治环境污染企业 9 家。（赵志刚）

法 院

【概况】 全市法院收案 8.41 万件，结案 8.01 万件，分别增长 26.3% 和 23.4%，员额法官人均结案 212 件。其中，市中级人民法院（以下简称中院）收案 8152 件，结案 7658 件，均创历史新高。全系统有 10 个集体、28 名个人获省以上表彰，中院继续保持省级文明单位称号，最高法院在泰安召开表彰大会，授予岱岳区法院法警大队“全国优秀司法警察集体”称号。

【刑事审判】 审结一审刑事案件 3227 件，判处罪犯 4430 人，其中判处 5 年以上重刑犯 320 人。审结危害公共安全和群众生命财产安全的犯罪案件 2575 件，审结涉黑涉恶案件 10 件、99 人，审结涉及黑恶势力“保护伞”和腐败犯罪案件 2 件，审结贪污、贿赂、渎职等案件 76 件，其中含 4 名中管、省管干部职务犯罪案件，审结集资诈骗、骗取贷款、非法吸收公众存款等犯罪案件 74 件，审结生产销售伪劣产品、危害食品药品安全等犯罪案件 24 件，审结污染环境、破坏资源等犯罪案件 59 件。

【民商事审判】 审结一审民商事案件 3.64 万件。其中，合同纠纷 1.93 万件，离婚、继承等家事纠纷 8246 件，侵权责任纠纷 4439 件，追索劳动报酬、工伤保险等劳动争议纠纷 1634 件，物权纠纷 657 件，知识产权案件 303 件，企业破产、重整案件 16 件。

【行政审判】 审结一审行政案件 791 件，国家赔偿案件 72 件，审查非诉行政执行案件 1046 件，向相关部门提出司法建议 5 份。其中，判决确认行政行为违法、撤销行政行为、履行法定职责 304 件。处理征收拆迁、棚改旧改、拆违拆临等案件 125 件，促进涉财源街中央商务区、历史文化轴、高铁新区旅游经济开发区等重点项目建设和创城迎审工作顺利推进。

【执行工作】 在执行难方面取得突出成效，执结案件 2.72 万件，执行到位标的额 72.2 亿元，为金融机构清缴欠款 10.49 亿元，涉党政机关执行案件全部执结。加大对失信被执行人联合惩戒，公布失信被执行人信息 3517 人次，拘传、拘留 4273 人次，追究刑事责任 8 人，强制腾退土地房屋 477 处，2285 人主动履行义务或与申请执行人达成和解协议。网拍名嘉广场等标的物 477 件，为当事人节约佣金 2971 万元。

【司法改革】 推进司法责任制改革，让审理者裁判，由裁判者负责，细化司法人员权力清单，强化合议庭、法官办案主体地位。落实院领导带头办理涉黑涉恶及其他重大疑难复杂案件制度，院庭长办案数量占比 35%。推进司法人员分类管理、内设机构等改革，构建业绩考评和奖惩激励机制，激发内生动力。推进以审判为中心的刑事诉讼制度改革，实现刑事案件律师辩护全覆盖，推行刑事案件速裁程序。深化“分调裁”改革，推行“审前调解 + 简案快审”繁简分流模式。实行跨行政区划管辖行政案件制度，当事人自主自愿选择管辖法院。

【司法为民】 落实“一次办好”改革要求，改造升级诉讼服务中心，实行“一窗受理”“一键办理”。开展网上立案、送达、缴费、调解等工作，全市法院网上立案占比 73.2%。完善便民服务举措，发挥人民法庭便民服务站功能作用，实行远程接访、巡回审判，为群众提供高效便捷的司法服务。

2月27日，最高法院党组成员、政治部主任徐家新（前排左）代表最高法院授予岱岳区法院司法警察大队“全国优秀司法警察集体”奖牌　（林　营　供）

【司法公开】 按照“网络化、阳光化、智能化”要求，建成一体化办案平台和智审系统。深化审判流程、庭审直播、执行信息、裁判文书“四大公开平台”应用，公布生效裁判文书3.61万份，利用网站、新闻发布会等多元公开体系发布信息2500条，满足群众的知情权、参与权和监督权。及时办结代表委员建议、提案12件，办结率100%。加强人民陪审工作，人民陪审员一审参审率90.73%。　（林　营）

司法行政

【概况】 全市司法行政系统按照局党委会确定的年度重点工作安排及办实事计划，突出重点，增加亮点，统筹谋划，全面推进，多项业务实现新突破，为全市经济社会发展和保障改善民生做出应有贡献。全系统排查调处矛盾纠纷9876件，办理法律事务7.18万件，提供法律援助4522件，法律知识宣传讲座2568场（次）。市司法局被司法部评为全国人民调解工作先进集体、国家统一法律职业资格考试工作表现突出单位。

【法治宣传】 ①宪法学习宣传。开展宪法巡讲报告会或专题辅导200场（次），组织20万人参与全省网上法律知识竞赛活动。②法治文化建设。出台《关于大力推进社会主义法治文化建设的实施意见》，联合泰安电视台开办《法治泰安》栏目，启动“泰山普法宣传公益大使”，参与法治宣传和法治实践，打造泰安特色的公益普法品牌。③推进依法治理工作。开展第六批民主法治示范村评选命名，宁阳县被评为全国法治创建先进县（市、区），岱岳区被评为全省法治创建先进县（市、区），泰山区岱庙街道4个村（居）被评为全国民主法治示范村，岱岳区天平街道7个村（居）被评为全省民主法治示范村。

【基层基础工作】 ①一元主导多元化解机制建设。在县（市、区）、乡镇（街道）建立联席会议制度，研究解决影响社会稳定的突出矛盾问题。新泰市在乡镇成立“说事中心”，做好矛盾纠纷收集分类、分析研判、调解结案。泰山区推行由政法委、法院等部门及乡镇（街道）主要负责人参加的“双周”联动联调制度，解决遗留的重大疑难纠纷案件和涉法涉诉问题。6月，省司法厅在泰安市召开全省人民调解工作座谈会，市司法局作经验介绍。②调解协会建设。成立市人民调解员协会。建立由律师、公证员等50人组成的调解人才资源库。开展金银牌调委会、金银牌调解员评选活动。③司法所建设。全市86个司法所达到省级规范化标准，司法系统实现内网互联互通。④大排查大调解。围绕安保维稳工作，发挥各类调解组织作用，开展矛盾纠纷拉网式排查。调解组织调解矛盾纠纷9876件，调解成功9756件，成功率98.8%。⑤社区矫正。印发《全市社区矫正、安置帮教工作要点》《关于开展社区矫正规范化建设年活动的实施方案》等文件，开展社区矫正规范化建设年活动。社区接收服刑人员累计1.66万人，解除1.36万人。

【法律服务体系】 完善市、县、乡、村四级公共法律服务网络，三大（实体、热线、网络）公共法律服务平台基本建成。县级公共法律服务中心全部建成，其中宁阳、肥城、泰山区3个实体平台先后被评为省级规范化示范中心。全市87个乡镇（街道）司法所全部建成公共法律服务工作站，有条件的建立司法行政工作站，设立公共法律服务工作室。推进一村（社区）一法律顾问工作，村居法律顾问实现全覆盖。全系统办理公益法律服务6300件，组织普法讲师团专题法治宣传230次。

【法律援助】 设立法律援助中心驻人民检察院法律援助工作站，在市劳动人事争议仲裁院设立劳动人事争议法律援助工作站，印发《关于建立六部门协作机制设立“工、青、妇、老、残”法律援助工作站的意见》。法律援助工作列入政府“贴心代办，一次办好”事项，将市法律援助便民大厅并入市政务服务中心。接待群众咨询1.38万人次，受理法律援助4522件，结案3399件。

【司法鉴定】 规范司法鉴定委托与受理，规范鉴定人出庭，建立司法鉴定管理与使用衔接机制。抓好司法鉴定机构标准化建设，推进质量体系、诚信体系、人员队伍、机构品牌和管理体系建设，提升司法鉴定规范化水平。全市11家司法鉴定机构、88名司法鉴定人办理司法鉴定案件5456件，采信率98%以上。

【律师业务】 各县（市、区）组织320名律师、法律工作者开展“法律服务进万家”“法律进企业”等活动。组建人大代表履职服务律师顾问团，为人大代表提供法律咨询、建议等服务。指导市律师协会对200名律师进行扫黑除恶业务培训，成立由23名律师组成的律师办理涉黑涉恶犯罪案件辩护代理业务工作指导委员会。84家律师事务所936名执业律师办理案件2.6万件，其中刑事2156件、民事1.36万件、行政440件、代理申诉28件、非诉1108件、仲裁306件、咨询和代书6032件、公益法律服务2302件。业务费用连续三年突破亿元。

【公证业务】 深化公证体制改革，优化事业体制公证处工作机制，拓展民生、金融、知识产权保护等领域公证服务，推行“贴心代办，一次办好”服务方式，做好公证减证便民工作。办理公证事项2.6万件，业务收费570万元，均增长4%。

【司法改革】 联合市法院印发《关于开展律师调解试点工作的实施方案》，参与接访220件，调解化解25件。推行公职律师公司律师制度，14家单位开展公职律师工作，15人取得公职律师工作证。印发《泰安市律师惩戒委员会工作方案》，成立律师惩戒委员会。印发《关于保障岱宗公证处顺利改革的意见》，保障岱宗公证处改革顺利过渡。开展合作制公证机构试点工作，为群众提供优质高效的公证法律服务。在司法鉴定委托书的格式、鉴定材料的提取补充等方面规范统一，推动司法鉴定工作深入发展。印发《泰安市市级人民监督员履职经费管理办法》，规范监督员参加案件监督评议、跟踪回访等经费的管理，激发监督员参与案件监督活动的积极性和主动性。 （赵欣欣）

仲　裁

【概况】 全年受理仲裁案件636件，增长21%，案件标的额7.4亿元。办案质量稳步提升，案件审限结案率、调解和解率分别为96%、62%，没有被法院撤销或不予执行的案件。泰安仲裁委首次被评为省级文明单位。

【宣传推行】 借力微信公众号、网站、报纸、电视台等平台，宣传仲裁法律热点、典型仲裁案例，打造全方位宣传格局。泰安仲裁委微信公众号推送信息280次、310条。十佳仲裁员评选活动，拍摄优秀仲裁员微视频6部。在《泰山先锋》党建电视节目中开办《泰安仲裁视点》栏目，对仲裁工作进行报道。在《泰安日报》设立仲裁周刊专栏，每周一专题，每月一专版，持续宣传仲裁工作。《替政府分忧，为百姓解困——泰安仲裁多元化解纠纷打造“公信如泰山”品牌》和《仲裁铸和谐，公信如泰山——泰安仲裁办争创文明单位活动纪实》2篇文章在《泰安日报》头版头条发表。

【仲裁业务】 ①网络服务体系建设。在6个县（市、区）和泰安高新区设立仲裁分会和仲裁发展促进会，与仲裁发展促进会签订政府购买仲裁法律服务协议，形成仲裁服务网络体系。8月，在第二届中国中等城市仲裁机构发展论坛上，泰安仲裁委作《拓展仲裁分支机构，服务县域经济发展》的经验交流。完善仲裁分支机构考核监管机制，实行按季度考核通报制度。各分会受理案件237件，占总受案数的37%，调解和解率61%，涉及标的额5.5亿元，分会立案数增长110%。②专业仲裁分支机构建设。与市金融办、地方金融组织协会、保险业协会等座谈沟通，推介宣传仲裁制度在金融交易活动中的优势。12月7日，与市金融办、市地方金融组织协会和市保险业协会联合成立泰安地方金融仲裁中心和泰安市保险业仲裁中心。向有关金融机构发放《泰安仲裁委金融仲裁法律服务项目及服务模式推介书》，推介三大类（公益类、借贷类、个性化特色服务）10种仲裁法律服务项目。③仲裁规范化建设。5月，召开泰安仲裁委员会四届二次全委会议，重新修订仲裁规则、收费办法等8个方面制度办法，增补仲裁员122名，丰富仲裁程序、仲裁确认等制度。④加强案审管控。实行案审动态监管制度，每日更新案件动态监管表，实现网上共享，实时监督。实行办案流程跟踪管理考核

5月2日，泰安仲裁委员会四届二次全委（扩大）会议召开（张天宇　供）

写实制度，逐案签订《仲裁员承诺书》。坚持复杂案件研讨和专家咨询制度，对6件疑难和群体性案件进行专家咨询。⑤提升内部管理。开展仲裁员培训2次，邀请市内外专家授课，对新聘仲裁员进行培训。派员到北京参加金融仲裁培训班。成立内部控制规范工作领导小组和资产管理领导小组，完善《泰安仲裁委员会办公室内部控制管理制度》《内部控制风险评价制度》等24项制度办法。（张天宇）

泰安军分区

【军事工作】　落实战备制度，推进应急应战国防动员准备，投入230万元改造民兵训练基地等基层设备、设施。严格战备制度，组织民兵应急分队实战拉动演练，完成谷山林场火灾扑救和土门水库塌方救援。坚持按纲施训，开展岗位练兵比武，组织封闭集训25天，完成全省民兵应急分队骨干集训和基干民兵训练任务。开展“贯彻落实新条令、塑造军队好样子”和“百日安全”活动，增强法治素养和依法办事能力。开展排查整治，查找梳理问题隐患，组织昼巡夜查，加强各单位管理制度规范落实。

【政治工作】　5月24日，军分区第七次党代表会召开，听取审议军分区第六届委员会、纪律检查委员会工作报告，选举新一届党委、纪委。开展“传承红色基因、担当强军重任”教育活动，军委主席负责制专题学习，经常性思想教育坚持经常，组织军事政策制度改革专题教育。庆祝改革开放40周年，组织第八届篮球赛，参加省军区“强军杯”系列文化活动。军分区被省委宣传部、省国防教育办公室联合表彰为“爱我国防”山东省大学生演讲大赛组织奖。新泰市人武部被省国防教育办公室表彰为庆祝改革开放四十周年“沂蒙红嫂杯”国防知识竞赛先进单位。

【国防动员】　完善人民武装动员方案和兵员动员方案，组织国防动员潜力普查、专项核查、完善数据采集更新。强力推进民兵调整改革，投入800万元加强基础设施和装备器材建设，完成普通民兵、基干民兵编建任务，迎接省军区检查验收，总评成绩第二，被省军区表彰为民兵调整改革先进单位。做好兵员征集，创新大学生征集办法，设立20万元专项奖励基金，细化分解任务、抓实各个环节，大学生兵员比例再创新高。开展关心国防建设十佳单位和十佳个人评选表彰，岱岳区政府被省国防动员委员会表彰为关心国防建设十佳单位，东平县1人被省国防动员委员会表彰为关心国防建设十佳个人。

【后勤装备保障】　做好应急作战综合保障准备，抓好后勤装备训练。坚持党委管财，依法理财，财力物力向能打胜仗聚焦。细化经费使用、车辆维修、工程建设及物资采购管理规定。贯彻落实全面停止有偿服务决策部署，强化责任落实，军分区、干休二所被省军区表彰为全面停止有偿服务先进单位。

【双拥共建】　参与打赢脱贫攻坚战，立足帮扶对象实际，开展经常性援建活动，军分区、各人武部分别同7个贫困村结成帮扶对子，推进脱贫攻坚落实，帮扶村全部实现脱贫。加强双拥共建，组织向暴雨灾区送温暖献爱心，协调做好退役军人登记和立功受奖官兵走访，开展帮支部建设、帮困难学生、帮特困家庭活动，密切军政军民关系。

（张立涛）

人民防空

【概况】　全市人防系统坚持“走在前列，位次前移”目标，以实施人防建设新旧动能转换为统领和抓手，在指挥通信体系建设、工程建设管理、融合式发展等方面实现提升。市人防办由市政府办公室直属

11月13日，泰安军分区司令员隋阳（左四）、政委李保泉（左六）调研人防信息化建设情况　（梁　波　供）

机构调整为市政府工作部门，县（市、区）人防办均设在住建局，加挂人防办牌子。市人防办在全省人防军政考核中获第一名，连续3年保持省级文明单位称号。

【新旧动能转换和科技创新】　在全国率先建成“人防可视化互联平台”和“人防无线宽带集群传输专网”，均被评为国家人防科技成果。制定《人防工程防护（化）设备维护保养规程》《人民防空可视化互联平台功能要求》，均被批准为“山东标准”。

【组织指挥和训练演练】　制定《关于加强全市人民防空训练的实施意见》，规定训练内容和评估标准，压实责任，明确保障措施，省人防办在全省推广泰安市措施办法。组织指挥部、机关、专业队等开展常规性训练演练，组织市人防指挥部暨人防系统军事周集训，结合“9·18”警报试鸣，组织群众防空组织、重要经济目标单位、城镇居民等开展疏散演练，参训7000人。组织县（市、区）基本指挥所建设，东平县展开主体施工，新泰市、肥城市完成立项、设计工作。

【人防工程建设】　编制完成《泰安市城市人民防空建设规划（2017—2020年）》，完成2个城市片区人防工程控制性规划、7个人防工程修建性规划。1101人防工程完成竣工验收，推进1701、1702、1801等单建人防工程工作。向上争取到位专项资金1500万元。

【建设费征缴】　制定防空地下室建设动态管理办法，健全防空地下室建设全程管理台账，形成行政审批、质量监督、行政执法协同推进防空地下室建设新机制，审批结建防空地下室面积、征缴防空地下室易地建设费增长75.6%、21.9%。

【工程监督和安全监管】　人防工程质量监督巡查180次，采取第三方技术检测方式辅助质量监督，新增人防工程竣工验收面积增长97.1%。开展安全生产“大、快、严”集中行动、消防安全“能力提升年”等活动，落实人防工程安全生产监督管理各项任务，人防系统安全生产形势持续稳定。

【工程管理和开发利用】　对市级平战结合工程开展安全管理检查，督促责任单位落实安全生产主体责任，限期整改安全隐患。加大人防工程开发力度，新增人防工程面积增长24%。

【“放管服”改革】　精简审批流程和审批时限，政务服务事项申请材料压缩8.7%，办理环节压缩40%，办理时限压缩55%，全部实现一次办好。承接省人防办下放的4项权力事项，将7项行政许可、5项其他权力、27项行政处罚、1项行政强制下放县（市、区），同步委托泰安高新区、泰山景区组织实施。将6项行政许可事项、1项其他权力事项和1项行政收费事项移交市行政审批服务局。

【行政执法】　组织巡查86次，督促27个新开工建设项目履行人防工程建设义务，立案查处25个，1个违法建设项目法院强制执行。组织“双随机、一公开”随机抽查6次，随机抽取在建和投入使用人防工程项目36个，整改维护管理问题11个、施工质量问题16个。　（梁　波）

编辑　校对　王云勇

经济管理

发展和改革

·经济运行与社会发展·

【概况】 2018年，全市实现生产总值3651.5亿元，同比增长5.7%。三次产业结构调整为7.8∶44.2∶48。完成一般公共预算收入219.5亿元，增长6.0%。固定资产投资增长5.8%。实现社会消费品零售总额1593.8亿元，增长8.8%。完成进出口160.8亿元，增长5.3%。城镇和农村居民人均可支配收入分别达35196元、16959元，增长7.5%和8.2%。市发展和改革委员会（简称市发展改革委）继续保持省级文明单位称号。

【规划编制与形势分析】 推进“十三五”规划实施，组织“十三五”重点专项规划编制，25个专项规划全部编制完成汇编成册。开展“十三五”规划中期评估工作，加大规划跟踪分析和任务目标客观评价，重点分析存在问题，提出进一步实施规划的重点对策，确保“十三五”规划顺利实施。加强经济运行形势监测分析，科学提出下步工作建议，按季度形成经济形势分析报告，向市委、市政府作出汇报，为领导科学决策提供参考。推动县域经济科学发展，建立领导包保区域经济社会发展机制，研究拟订《领导干部包保区域经济社会发展工作方案》。做好全市县域经济发展分析，按季度对全市以及6个县（市、区）主要经济指标情况与全省17市和137个县（市、区）进行对比分析，客观分析评价全市县域经济发展现状，研究起草《关于贯彻落实鲁办发〔2018〕33号文件的实施意见》。

【乡村振兴战略】 牵头编制《泰安市乡村振兴战略规划（2018—2022年）》，建立具体指标29项，谋划体现泰安特色的5个振兴工作思路，提出11个专栏、45项重大工程，明确乡村振兴时间表、路线图和任务书。组织开展乡村振兴“十百千”示范创建，新泰市和肥城市汶阳镇、东平县接山镇、肥城市潮泉镇、岱岳区祝阳镇、宁阳县蒋集镇5个乡镇以及东孙村等60个村成功列入全省创建名单，新泰市农光一体国家级农村产业融合示范园争取省级补助资金300万元。19个涉农项目落实省级以上无偿资金10.2亿元，其中新增千亿斤粮食产能规划田间工程争取省级以上无偿资金1.15亿元，为历年间最高；月牙河水库除险加固工程争取中央和省预算内投资2700多万元；宁阳县、岱岳区奶牛养殖大县种养结合整县推进试点县项目争取中央投资3200万元。

【重点项目建设】 强化项目策划筛选，围绕先进制造、高新技术、战略性新兴产业、现代服务业等重点领域，策划过亿元项目100个，开工67个。强化管理服务推进，参与组织市委、市政府重点项目建设观摩活动。健全完善市级领导包保机制，建成启用动态监管平台，实行全过程动态“闭环管理”，加强“月调度、季通报、季度考评、年终考核”。争取康平纳年产2万吨纱线染色智能工厂等6个项目列入省重点建设项目，完成投资18.6亿元。筛选确定123个市级重点项目，年度完成投资526亿元。强化对上争取，组织进京“双对接”活动2次，对接项目87个、落实资金17.42亿元。争取中央和省发改系统无偿资金24.43亿元，是上年的1.7倍，支持项目128个。新泰市纳入国家重点采煤沉陷区综合治理工程试点，肥城市列为国家独立工矿区改造搬迁工程试点。强化重大项目突破，泰安抽水蓄能电站二期工程、徂徕山省级自然保护区调整规划、徂徕山国家森林公园修编规划等政策制约已基本消除。

【改革开放】 强化重点领域改革，印发《经济体制改革专项小组2018年改革任务分工方案》，推动18个部门单位24项改革任务落实。基本

6月25日，国务院国资委党委书记郝鹏（前排右一），副省长王书坚（前排左一）参观“相聚齐鲁、共赢发展”山东经济发展展览泰安展区，市委书记崔洪刚（前排中）陪同活动（王国梁　摄）

完成市、县企事业单位公务用车制度改革。推进“放管服”改革，梳理公布市国资委“依申请行政权力”事项、“贴心代办，一次办好”事项47项；牵头建立营商环境评价体系，组织全市首次营商环境试评价。市级公共信用信息平台二期建成运行，归集59个部门单位“双公示”信息14.7万条。制定《公共资源交易平台管理实施细则》，建设工程、政府采购、国有（集体）产权和土地交易四大类项目实现全程电子化交易。实施创新驱动战略，农大肥业技术中心获批第24批国家企业技术中心，全市国家级创新平台达到9家。国泰科技等3家企业获批省级工程实验室，新认定市级工程实验室14家，总数达79家。推进对外开放，提出全市打造对外开放新高地工作设想，组织参加儒商大会、外交部山东全球推介、鲁台经贸洽谈会等重大活动，儒商大会平行论坛签约8个项目，数量列全省第6位。组织企业参加2018年中国企业走出去风险发布会、第三届中南（南非）投资推介会，深入调研全市与境外82个国家和地区双边合作情况，推动对外产能和投资合作。

【生态文明建设】 制定《泰安市“多规合一”试点工作方案》，统筹推动城乡、土地利用、生态环境保护等规划“多规合一”。牵头成立全市清洁取暖和天然气产供销储体系建设工作领导小组，超额完成城乡清洁取暖年度新增任务。2018年进京“双对接”活动中，争取中石化气源2000余万立方米。煤炭消耗总量压减方面，制定调度通报制度、监管考核办法、消费减量替代工作方案、耗煤项目煤炭消费减量替代管理等办法。遏制煤炭消费持续增长势头。培育新能源和节能环保产业，成立市发展改革委牵头，各有关部门为成员的产业专班，制定《全市新能源和节能环保产业培育工作方案》，组建以中南设计院为主的专家团队，编制完成产业发展专项规划初稿，推动全市新能源和节能环保产业加快发展。组织企业上报制造业核心竞争力、重大装备、重大技术改造国家预算内投资项目。

【新旧动能转换】 高标准编制《泰安新旧动能转换重大工程实施规划》，印发《关于推进新旧动能转换的实施意见》，“十大产业”专项规划加快编制，新一代信息技术、纺织服装、新能源和节能环保、旅游4个产业集群列入全省首批现代优势产业集群名单。围绕“十大产业”发展，健全完善领导包保制度和“推进措施，“一业一策”指导十大产业发展。牵头产业经济发展工作小组相关工作，优化提升产业专项规划。动态管理市级新旧动能转换重大项目库，入库项目233个，其中31个项目入选全省第一批优选项目。开工项目179个，累计完成投资660亿元。健全“市重大办提报、市重点项目联席会议决策、各级各有关部门落实、市政府督查督导”重大项目推进机制，泰山玻纤产业园、神农智谷、峰松物流等重大项目取得积极进展。牵头研究起草全市《推动实体经济高质量发展的实施意见》《支持民营经济高质量发展的实施意见》《关于加快县域经济健康发展转型发展任务分工方案》等政策文件，最大限度释放政策红利。制定《新旧动能转换工作要点》《新旧动能转换重大工程督导考核办法》，建立起常态化的工作推进调度机制，重大项目定期调度制度，进一步明确任务、传导压力，确保各项任务落实落细。

【产业转型升级】 优化提升现代服务业，服务业增加值1750.9亿元，同比增长6.3%，高于生产总值平均增速0.6个百分点；服务业占比达到48%，提高1.2个百分点。加快推进服务业载体培育提升，泰山区列入省级现代服务业重点集聚区，泰山健康幸福小镇、新泰市莲

6月13日，泰安市·巫溪县东西部扶贫协作联席会议召开　（葛宗泰　供）

花小镇、肥城市春秋古城3个特色小镇入选第二批省级服务业特色小镇，新易泰物流大数据全链条服务创新公共平台获国家服务业引导资金800万元，海天智能脑机交互智能机器人创新中心入选省级服务业创新中心。

【社会民生事业】 推进脱贫攻坚，易地扶贫搬迁取得阶段性成果。"十三五"期间规划建设的9个集中安置区已全面完工，1.58万名搬迁群众全部入住新居。黄河滩区迁建加快实施，一期试点工程完成土地复垦；二期工程完成主体建设，部分群众已搬迁入住；三期工程外迁安置5个社区全部开工。防范重大风险，组织开展2018年企业债券本息兑付风险排查，梳理汇总11家企业债券存续期管理档案，对3家省级备案创投企业开展风险排查，确保非法集资案件零发生。支持社会事业健康发展，争取基础教育、职业教育产教融合等五大类、14个项目获国家、省无偿资金8661万元，筛选全民健康、基础教育、产教融合、社会兜底四大类、14个项目纳入省2019年储备库，拟争取扶持资金1.04亿元。推进对口支援和扶贫协作，协调服务市委、市政府主要领导考察、高层对接活动8次；印发《关于加强和推进新一轮援疆工作的实施意见》《扶贫协作巫溪县规划》等文件；筹集援疆资金4000多万元、扶贫协作资金1800万元；开展结对共建，省、市、县、镇四级结对帮扶格局初步形成。市发展改革委牵头组织的泰安高新区和泰山景区管辖范围调整及对口支援工作入选全市改革开放40周年最具影响力事件。　（葛宗泰）

·对口支援和扶贫协作·

【概况】 2018年，泰安市筹集援建岳普湖县项目24个，投入援疆资金2.28亿元。开展"携手奔小康行动"，投入巫溪县援建资金1900万元。全年实施扶贫项目共计24个，帮助建档立卡贫困人口脱贫数1529人，其中帮扶贫困残疾人脱贫数90人。

【体制机制】 年内，制定年度东西扶贫协作工作计划和三年（2018—2020年）行动方案，印发《关于深入推进对口支援和扶贫协作工作的意见》等文件。全市主要领导与受援地协作地党政主要负责人开展互访交流5次，召开高层联席会议5次。

【帮扶支持】 全年安排七大类24个援疆项目，80%以上的援疆资金用于脱贫攻坚。协调泰安市5个功能区与岳普湖县10个贫困村结对，筹集资金1000万元。确定泰安市6个县（市、区）及6个经济强镇，与巫溪县6个贫困乡镇、深度贫困村结对，形成"市对县、县对县、县对镇、镇对村"的立体帮扶体系。

【人才支援】 全年选派各类援疆教师168人。举行公开课60节次，选派优秀管理人才担任岳普湖县医院院长，举办援疆医学专家论坛主题讲座11期、医疗难题授课30次。协调市卫健委与巫溪县卫计委签订对口帮扶框架协议书；协调有关部门先后选派18名医生、10名教师、3名农技人员到巫溪县进行长期帮扶；协调有关部门派遣3批10名专家到巫溪县短期指导培训。

【产业扶持】 围绕岳普湖县、巫溪县当地资源禀赋，加大招商力度。落地和在谈项目22个（农业示范园4个、工业项目15个、三产项目3个）。其中，落地项目8个，完成投资额1.04亿元，带动就业890人（其中贫困户人数600人）；新签约项目5个，项目金额1.82亿元。协助巫溪县组织重点招商活动4次，签署合作协议4个，协议投资额5.4亿元。巫溪柒善传媒有限公司已开工建设，到位资金260万元。

【社会力量支持】 全年社会各界筹集帮扶巫溪县，资金288万元。其中，新汶矿业集团有限责任公司捐赠200万元，市残疾人联合会捐赠残疾人器械用品价值5万元，团市委捐赠书籍价值2万元，市畜牧兽医局捐赠价值2万元的养殖技术教材，肥城市中医院捐赠33万元，泰安市教育系统捐赠自动阅卷机设备和棉衣折合46万元。

【创新扶贫模式】 市发展改革委牵头组织财政局、供销社成立泰供农产品销售有限公司作为岳普湖农产品流通经营服务主体，从岳普湖县采购大枣、面粉为主的特色产品96吨、价值110万元。新矿集团以保护价定点采购面粉300吨、红枣400吨。（葛宗泰）

·重点项目建设·

【年产2万吨纱线染色智能工厂项目】 该项目位于泰安市泰山区，由泰安康平纳机械有限公司投资建设。该项目建设内容为进行厂房改造，建设污水处理、配电及蒸汽等配套设施，配置中央控制系统及检测反馈系统、自动染料配料系统等先进染整装备，建设染色智能工厂，年产优质色纱2万吨。2014年12月筒子纱数字化自动染色成套技术与装备项目获国家科学技术进步一等奖。实现纱线染色全流程数字化智能化绿色化生产，达到国际领先水平，填补国内空白。项目被列入2015年国家首批家智能制造试点示范项目、《中国制造2025》2017年度重大标志性项目。项目建成后，年可实现销售收入61740万元，利润4108万元，税收2000万元，解决就业120人。

【年产2万吨锂正极材料项目】 该项目位于肥城市，由山东三秋新能源科技有限公司投资建设。该项目建设年产1.6万吨的无水草酸亚铁生产线、2万吨的磷酸铁锂生产线。该项目由南京大学高分子材料国内权威专家曹正祥教授和中科院院士、中国著名半导体物理专家褚君浩教授为首组成研发团队，于2014年在三秋新能源公司注册成立中科院大学院士工作站（2017年重新通过评审，纳入2017年第三批山东省院士工作站）、省级锂正极材料技术研发中心，研发并拥有国内首创的锂正极材料制备专利技术。采用低能耗固相法合成纳米级磷酸铁锂正极材料，解决高温固相法的缺陷，填补国内空白，与国内同行业相比，大幅度提高锂正极材料的质量，降低锂正极材料的能耗，成本降低30%以上。项目建成后，可实现销售收入22.7亿元，利税2.8亿元，安置就业762人。

【泰开集团新能源箱变项目】 该项目位于泰安高新技术产业开发区，由泰开集团有限公司全资子公司山东泰开箱变有限公司投资建设。该项目建设规模为新建车间、研发楼、食堂及配套基础设施约14万平方米，新增各类先进生产设备928台（套），年设计生产能力为生产光伏、风力发电用箱式变电站设备7800台（套）。新能源箱变通过国家变压器质检中心、苏州电科院等国家级试验中心认证，2017年市场占有率31.32%，国内同行业居于首位。其中，自主研发功能型风电组合式箱变产品技术水平达到国内领先水平，填补国内空白，获得国家专利；集成光伏组合式箱变产品填补国内空白，获得国家专利。节能型变压器项目列入省政府产业集群重大专项，其夹持铁芯柱绕线和器身装配工艺技术水平国内行业领先，属国内首创，获国家专利。项目建成达产后，年可实现销售收入17.9亿元，利润1.52亿元，税收1.17亿元，解决就业1200人。

【高性能碳纤维土工格栅项目】 该项目位于泰安高新技术产业开发区，由山东路德新材料股份有限公司投资建设。该项目占地16.33公顷，一期已建设面积8.82万平方米，购置相关生产及检测设备36台（套），建成自动化生产线10条；二期建筑面积4万平方米，购置相关生产及检测设备20台（套），建成智能化生产线5条。年设计生产能力为年

图为康平纳集团智能染色工厂——机器人工作区（葛宗泰 供）

产高性能土工格栅1.1亿平方米，其中高性能碳纤维土工格栅1000万平方米、高强智能集成化土工格栅1亿平方米。该项目为公司与东华大学、武汉理工大学联合研发，拥有完全自主知识产权。产品可植入光纤光栅，除具有土工复合材料的加固补强作用之外，还具有受力形变信息采集功能，集加筋加固与信号采集于一体，可对所埋入的土木工程主体进行受力情况实时监测、安全预警。产品填补国内空白，属国内首创，技术水平处于国内领先、国际先进水平。项目已申请相关专利7项，其中发明专利4项，登记软件著作权1项。项目建成后，年可实现销售收入13亿元，利润1.6亿元，税收1亿元，解决就业200人。

【高端电缆产业化智能制造项目】 该项目位于宁阳经济开发区，由山东华宁矿业集团与江苏宝胜集团合资兴建，注册资本2.2亿元，占地15.33公顷，员工390人，是集电缆研发、生产、销售于一体的高新技术企业。该项目总投资7亿元，其中一期投资2亿元、二期投资1亿元、三期投资4亿元。项目建设规模及主要建设内容为规划用地7.87公顷，分三期建设，一期为电气系统用高性能特种电线电缆产品项目，新建现代化、自动化、数字化厂房2万平方米，项目达产后，年新增销售收入6亿元；二期为电缆研发中心项目，新建科研、办公用房等设施1.50万平方米；三期为超高压电缆、架空绝缘电缆技改扩规项目，项目达产后，年新增销售收入8亿元。该项目由宝胜集团与中航宝胜智能及哈工大机器人集团（HRG）合作研发，项目集合宝胜集团、中航宝胜智能、哈工大机器人集团三方技术、管理优势，全部建成达产后，将成为机器人智能电缆生产企业，形成具有低压电缆、中压电缆、高压、超高压电缆、特种电缆及高性能长寿命电线电缆等门类齐全、产品配套的高科技、高附加值电缆产业园。

【众客生态食品产业融合发展创新园项目】 该项目位于新泰市，由山东众客食品有限公司投资建设。该项目总建筑面积17.5万平方米，建设大数据管理中心，食品、机械、鸭绒等生产车间，建设安全可靠的产品追溯系统。年屠宰肉鸭1亿只，熟食3万吨，加工多品级羽绒1万吨。构建孵化养殖、饲料生产、食品加工、食品包装、食品机械、羽绒制品、生物医药与商业连锁为一体的八大循环协同产业链，实现养殖端、加工端、销售及冷链物流融合贯通的创新模式，为全国农村产业融合发展培训班提供培训现场。国内首次提出肉鸭多层立体笼养技术模式，节省养殖用地70%，养殖密度提高3～4倍；国内首家自主开发“智农云禽”系统（IFBS），建立完善的全产业链可追溯体系。拥有自主专利技术21项，获得国际羽绒羽毛局（IDFB）ERP数据系统等多项专利授权。推出“爱鸭”自主品牌，在全国建有600家直销连锁店，市场覆盖率90%以上，是全国单体规模最大的肉鸭养殖基地和熟食、羽绒加工基地。项目建成后，可实现年增销售收入30亿元，利润15360万元，税收39000万元，解决就业岗位1.2万个。

【泰安市区域细胞制备中心项目】 该项目位于泰山区，由山东泰山云谷信息产业有限公司、山东泰汶实业有限公司等共同投资建设，是全国第四家政府批准的细胞制备中心。该项目建设规模2.2万平方米，其中区域细胞制备中心建筑面积3300平方米、功能医学等其他功能区域建筑面积1.87万平方米。细胞制备中心主要购置液氮罐、全自动生化分析仪、DNA测序仪、全自动血细胞分析仪、荧光倒置显微镜等设备。自主研发的干细胞治疗糖尿病技术，获得国家发明专利，临床治愈率高达70%。同时在调节亚健康、提高免疫力、防癌抗肿瘤细胞研发上取得重大突破，NK细胞、CAR-T细胞技术达到国际领先水平。建成后可实现年销售收入3.2亿元，利税1.6亿元。

【中国北方教育装备项目】 中国北方教育装备项目位于泰安市泰山经济开发区，由山东永昌志合教育科技集团投资建设。项目建筑面积33万平方米，主要以交互式触摸屏一体机项目产品教学一体机、班播机、考勤机及教学应用软件和教学资源等产品生产研发为基础，根据用户需求打造完整的教育信息化综合解决方案。项目达产后年实现销售收入10亿元，实现利税1.6亿元。整个产业园建成后，将成为中国北方最大的教育装备生产基地。

【泰山神农智谷大数据产业项目】 项目位于泰安高新区，由山东神农智谷产业园管理有限公司投资建设。公司主营业务是以建设区域性农业大数据资源中心为依托，该项目规划总建筑面积43.26万平方米，园区设计分商务区及配套住宅区两大片区，商务区建筑面积22.68万平方米，布置有数据中心、数据学院等单体建筑，裙房层数为3～5层，塔楼层数为15～23层，最高100米；配套专家公寓建筑面积8.72万平方米。园区研究推广的国家“863”计划——奶牛数字化精准养殖系统填补国内空白，达到国际先进水平，是农业部向全国推广的农业农村大数据实践案例之一。园区建设完成后，预计实现产值100亿元以上；吸引2000名高层次人才创新创业、解决1.50万名大学生就业；上缴税金超过10亿元，建成国家级大数据人才双创示范基地。（葛宗泰）

·物价管理·

【概况】 2018年年末，全市有价格管理机构7个，在编干部职工158人。其中，市级管理机构1个，在编46人；县（市、区）级管理机构6个，在编112人。市物价局连续9年被省文明委评为省级文明单位。

【价格调控】 ①价格监测预警。向上级主管部门报送监测数据2万条、分析报告65篇，向市委、市政府报送专项调查报告5篇、物价简报15期、价格快讯16期、监测信息160条。②价格调查研究。结合“大学习、大调研、大改进”活动制定调研计划，明确课题12个，完成重点课题5个，形成5篇调研报告报送市政府和上级主管部门。

【价费管理】 ①加强水、电、气价格管理。强化非居民用水价格管理，制定《泰安市农业供水价格管理实施办法》和《泰安市城镇非居民用水超定额（计划）累进加价制度》；降低农业生产用电和工商业用电价格，农业生产用电与农业排灌用电实现同质同价，一般工商业单一制目录电价每千瓦时降低7.52分，年减轻工商业用户电费负担1.01亿元；理顺居民用管道天然气配气价格和销售价格，制定《泰安市城镇管道燃气配气价格监管规则》，放开车用天然气定价权限。②优化公立医院医疗服务价格管理。县属公立医疗机构基本医疗服务价格定价权限收归市人民政府，30项医疗服务项目定价权放归医疗机构自主定价；推行按病种收付费，制定单病种收费标准105个，在全市二级以上公立医疗机构试行。③推动景区景点门票定价体制改革。降低市、县管理的景区景点门票价格，年内全市21个景区门票降价；推行联票机制，鼓励县域内相邻景点实行联票。

【价格服务】 ①价格举报受理。年内受理群众价格咨询和举报投诉788件，实施经济制裁923万元。②成本调查。完成国家和省定点成本调查任务4项、专项调查任务5项，加强设施农业、规模种植养殖调查力度，完成化马湾大樱桃和范镇大蒜成本收益调查。③成本监审。完成泰山港华燃气有限公司、泰山燃气集团、安泰燃气公司配气价格和泰山东城热电有限公司蒸汽价格定调价成本监审，完成岱庙门票价格定期成本监审，监审总金额8.7亿元，核减不合理费用1.31亿元。④价格认定。完成价格认定案件1302件，认定金额1.91亿元，未出现复核案件。⑤价格指数编制。“中国峰松公路运价指数”在省价格指数发布平台完成封闭运行。⑥价格临时补贴发放。启动社会救助和保障标准与物价上涨挂钩联动机制，向10.20万名困难群体发放一次性价格补贴219.72万元，其中低保对象、特困供养人员和优抚对象每人补贴20元，领取失业保险金人员每人补贴40元。

【市场价格监管】 ①“网格化”市场价格监管。重点整治新增商业街道的明码标价行为，对问题集中的景区景点组织复查，入户宣传3500户（次），登记经营者2000户，张贴价格诚信承诺书200张，发放提醒告诫函300份、标价签20万张。②节假日市场巡查。重要节假日期间派出执法人员300人次，检查经营者800家，发放提醒告诫函5000份，规范不正当价格行为50起。集中整治景区停车场乱收费行为，检查公共停车场15家，责令6家标价不规范停车场限期整改，处罚违规收费停车场1家。③价格专项检查。开展资源性产品价格专项整治，检查垄断性企业31家，对1家违规收费企业罚款0.9万元。开展涉企收费专项检查，全面检查涉企收费集中的住建和金融系统，重点检查住建、国土、规划部门所属执收单位和金融机构20家，未发现乱收费行为。专项整治学前教育阶段乱收费，登记学前教育和幼教托管机构80家，责令35家存在问题的机构限期整改。④规范房地产明码标价。前置明码标价审查关口，实施“一房一标”审核，审核开发企业96家，随机抽检20家。⑤价格诚信建设。牵头成立价格诚信建设领导小组，在大型零售、金融电信、宾馆饭店、景区景点4个行业推广诚信价格理念，并在全市景区景点全面启动“价格诚信旅游示范区”创建活动。

【蔬菜目标价格保险】 完成2017年秋季大白菜和2018年春季马铃薯保险赔偿金发放，其中大白菜赔偿标准为每公顷1200元，发放赔偿金836.4万元，马铃薯赔偿标准为每公顷600元，发放赔偿金414.93万元。

【公平竞争审查】 建立公平竞争审查部门联席会议制度，在全市范围内清理限制或妨碍市场公平竞争的存量政策，审查政府规范性文件191件、部门规范性文件75件、其他政策措施文件3068件，废止10件、修改4件。（王　涛）

12月1日，市委书记崔洪刚（右）与省金融资产管理股份有限公司党委书记、董事长金同水（左）共同为泰安泰山金融资产管理有限公司揭牌

（王国梁　摄）

国有资产监督管理

【概况】 2018年，市国有资产管理委员会继续保持省级文明单位称号，获全省国资监管机构企业国有资产统计工作优秀单位。年末，全市国有及国有控股企业276家，净增加25家；资产总额2272.5亿元，增长10.5%；所有者权益661.7亿元，增长6.2%。其中，市级企业164家，资产总额1397亿元，增长15.3%；所有者权益总额407.9亿元，增长5.1%。

【市属国有企业经济运行】 年内，市国资委所属参控股企业（含统一监管划转企业）实现营业收入243.5亿元，利润总额38.3亿元，利税总额49.8亿元，分别增长14.3%、29.2%和28%。实际上缴税费17亿元，增长13.1%。年末，参控股企业资产总额725亿元，净资产261亿元，分别增长14.1%和19.7%。国有资本收益收缴入库3371.67万元。牵头成立全市新材料产业工作专班，制定《泰安市新旧动能转换新材料产业发展推进工作方案》，委托浙江大学团队编制《泰安市新材料产业发展规划（2018—2022年）》，泰山石膏有限公司年内综合业务收入超过100亿元，引领带动全市新材料产业集群发展。

【国有经济新旧动能转换】 实施思想提升、规划提档、项目提速、改革提质、服务提效“五提行动”。举行国资系统新旧动能转换重点项目建设集中开工仪式，策划论证、招商洽谈、新建续建重点建设项目21个，完成投资51亿元，实际到位省外资金5.47亿元。其中，引进诺贝尔医学奖获得者埃文斯爵士创建的英国柏颜国际医疗集团及诺贝尔医学奖获得者“细胞疗法之父”尼翰斯创建的德国国家活细胞治疗中心，将全球领先的再生医学、功能医学、抗衰老医学为主的精准医学带入中国，共同建设泰山国际健康生态城。围绕深化央企合作，发挥优势开展精准招商，全市与10家央企签订合作项目15个，总投资额760亿元。借助2018央企助力山东新旧动能转换座谈会机遇，市政府与华能集团签订总投资394亿元的华能新能源新材料及智慧物流综合产业园项目。引进华润医药公司投资建设市中心医院高新区院区项目，与青旅国际合作成立文化旅游管理公司建设文旅小镇。

【招商引资招才引智】 年内，市国资委与中国电子科技集团第22研究所签订战略合作协议，打造国有资本招才引智新模式。国泰民安集团侧重发展实体经济，航天特车公司引进航天基金2.82亿元增资扩股，依托航天技术、人才、资源等优势，打造世界一流特种车生产商。金融控股集团与山东省金融资产管理公司联合发起设立泰山金融资产管理有限公司，注册资本20亿元。年内，累计为全市3240家企业及个人提供担保服务123亿元，其中为24家“重点”企业提供融资服务38.1亿元。泰山旅游集团侧重文旅特色小镇，与北大教育学院、星源投资集团合作建设北大科教产业园，引进华能集团建设世纪龙湖康养小镇项目。泰山国信科技集团侧重战略性新兴产业，华大基因医检所产前无创DNA检测项目实现泰安市及各县（市、区）全覆盖，累计检测样本2.6万例，避免社会经济损失3亿元。泰山保安服务公司联合市检察院系统建设的涉案财物管理中心项目年内启用。

【深化国资国企改革】 年内，市政府印发《关于印发推进市属经营性国有资产集中统一监管实施方案的通知》，将交通运输、粮食、住建等11个部门单位所属的28户市属企业纳入国资统一监管体系，资产总额75.23亿元。市属国有企业负责人第一任期业绩考核工作全面完成，考核企业经济效益和管理水平均实现大幅提升。强化分类考核、对标考核，突出整改提升、激励奖惩，2017年度纳入考核范围的20户市属企业考核结果A级8家、B级10家、C级2家。全市国有企业50.8万家职工宿舍区“三供一业”（供水、供电、供热气及物业管理）实现分离移交，工作进度位居全省地市前列。完成21个教育机构和19个医疗机构深化改革工作，完成2个专职消防机构分类处理工作，推动企业瘦身健体、提质增效。市属国有企业公务用车制度改革基本完成。持续深化“放管服”改革，印发《审核备案事项工作指引》《关于建立监管事项报告制度的通知》，创新“一图一表e平台”，将全部国资监管事项通过一张流程指引图、一张监管报告表和综合平台，实现集成受理、一次办好。

【县级国有资产监管】 县级国资监管机构机构改革全面完成，其中泰山区、岱岳区分别组建国有资产监管管理局，新泰市、肥城市、宁阳县、东平县分别组建国有资产运营中心。年内，新泰市成立国有资本投资运营公司，注册资本20亿元搭建“国资监管机构管资本—投资运营公司管股权—所属企业管运营”的运营体系。宁阳县印发《企业国有资产监督管理暂行办法》《县属国有资本运营公司管理暂行办法》《规范国有资本运营公司管理工作流程》等制度，完善国资监管体系。改建新建统筹城乡、国投实业、城市发展、鲁居建设四大国资运营公司，为加快产业布局、转型升级步伐提供平台支撑。

（李国庆　刘锦多）

市场监督管理

·工商行政管理·

【概况】 市工商行政管理局继续保持省级文明单位称号；被省市场监管局确定为放心消费创建、企业名称自主申报改革、消费投诉公示、经营范围规范化改革等重点工作试点单位。先后在全市城市工作暨创城迎审推进会、全市“双招双引”暨提高行政效能优化营商环境会、全省打传工作经验交流会、2018中国国际商标品牌节“工商和市场监管局长论坛”等会议上介绍经验。获得2017年度全市经济社会发展综合考核先进单位。

【商事制度改革】 实行“六十二证合一”，整合涉企证照事项数量位居全省首位、全国前列，代表市政府在全省政务信息系统整合工作现场会上，汇报展示推动政务信息资源整合的做法。“证照分离”改革试点工作得到省政府专题督导组的充分肯定，并在全市推广。全省首推“照后办证承诺制”，入选首届全国市场监管领域社会共治案例候选名单。推行“贴心代办、一次办好”改革、企业名称自主申报、全程电子化登记等新开办企业5个环节于3个工作日内完成。全市新登记注册各类市场主体6.15万家，增长10.9%；全市实有市场主体达到37.92万家，增长15.31%，增幅位居全省第5位。

【商标战略】 采取面上宣传、示范引领、规范指导等措施，促进商标扩量提质，增强企业创新意识和市场竞争力。全市新申请商标9300多件，增长59 %，有效注册商标量达2.7万件，增长23.9%。新认定中国驰名商标5件、新增地理标志证明商标7件。泰山石膏有限公司、山东省肥城桃开发总公司分别获得全省商标品牌运用示范单位、地理标志商标运用示范单位称号。

【服务新旧动能转换】 促进小微企业治理结构和产业结构提升。加大“守合同重信用”企业公示推荐力度，303家企业被公示为省级“守合同重信用”企业。全市16处市场被评为2016—2017年度“山东省文明诚信市场”。建立非公党建联系点126个、示范点66个。全省非公企业党组织负责人培训班和纪念改革开放40周年书画展在泰安召开。履行泰城农贸市场管理牵头职责，加大泰城农贸市场整治改造力度，通过国家卫生城市复审和全国文明城市年度测评。

【消费者权益保护】 组织开展“品质消费、美好生活”年主题纪念大会、现场大型咨询服务等系列活动，引寻50家企业集中承诺，在市老年大学设立消费维权服务站，成立消费者协会律师团，开通消费维权直通车，开展品质消费教育乡村行活动，扩大消费维权面和监督面。市政府办公室以1号文件印发《“放心消费在泰安”创建工作实施方案》。山东省消协、青海省消协系统消费维权专题培训班专题到泰安考察放心消费创建工作。印发《泰安市工商（市场监管）系统消费投诉公示办法（试行）》《消费投诉公示试点工作实施方案》，推行消费投诉公示试点工作。开展“放心消费”百日行动，加强流通领域商品质量抽检，保护消费者合法权益。

【信用监管】 加大市场主体年报公示力度，全市企业、个体工商户、农民专业合作社2017年度年报率位居全省前列。研发泰安市场监管服务大数据分析平台，推动信息共享、互联互通。强化涉企信息的推送、归集、公示，举办市直部门国家企业信用信息公示系统（山东）应用培训班和全市涉企信息归集暨做好“双随机、一公开”监管工作会议。深入实施“双随机、一公开”监管，开展跨部门联合抽查。

【竞争执法工作】 加大对商业贿赂、市场混淆、虚假宣传等不正当竞争行为的查处力度。开展“净网络、促公平”和“2018网剑”行动。加大流通领域成品油、煤炭质量抽检力度，推进大气污染防治工作。加强上合组织青岛峰会期间公益广告宣传工作，组织开展互联网金融广告、户外广告专项整治，树立正确的广告导向。建立政企联手维权机制，与泰山酒业、泰山啤酒、泰安亚圣斋等企业联手开展打假维权活动，保护企业合法权益。高压态势打击传销规范直销。深入开展扫黑除恶专项斗争，省、市督导组对工作给予充分肯定。（张　军）

3月14日，市人大常委会副主任王淑玲（中），市政府副市长鞠向群（右二），市政协副主席马纯勇（左二）出席“品质消费，美好生活”3·15国际消费者权益日纪念大会，并启动“天天3·15”栏目（张　雷　摄）

·质量技术监督·

【概况】 2018年，市质量技术监督管理局开展质量提升行动，加速推进质量强市建设，提升质量供给水平，服务全市高质量发展和新旧动能转换。市质监局机关、稽查局、计量所保持省级文明单位称号。市质监局被评为全省安全生产先进单位。市纤检所连续13年保持全国纤维质量监督工作先进单位称号。

【质量强市战略】 市委、市政府印发《泰安市质量提升行动实施方案》，市政府印发《关于加强泰山（泰安）品牌建设的实施意见》，完善质量品牌工作机制。开展重点行业质量提升行动，组织全市装备制造、纺织服装、电子商务等11个重点行业开展质量提升计划（2017—2020年），推动行业和企业的质量发展水平。27个产品、8个服务品牌被评为山东名牌；新泰电线电缆被认定为创建省优质产品基地，持续保持全省前列。

【标准化工作】 ①完善工作机制。市政府印发《关于全面推进泰安标准化工作改革发展的实施意见》，建立标准化协调推进机制，46个部门参与，统筹标准化改革的各项工作任务。印发《泰安市标准化建设项目培育计划（2018—2020年）》，明确未来三年重点领域的重点培育项目，标准化工作从生产领域向农业农村、文化旅游、公共服务等领域延伸。②工业标准化。2018年，主持或参与制定国家标准19项、行业标准1项。2个产品采用国际标准或国外先进标准。1个“国家循环经济标准化试点”项目通过验收。列入全省第一批团体标准试点的泰安路德2项“团体标准”发布实施。泰安华鲁锻压1个标准化项目获“山东省科技进步一等奖”。③农业标准化。2018年，组织市林科院主持制定行业标准《古树名木生长与环境监测技术规程》1项。组织对全市166项市级农业标准规范进行自查清理，废止98项，保留68项。④服务业领域标准化。2018年“旅游服务综合标准化试点”“科技服务业标准化试点”“医保服务标准化试点”3个国家级服务标准化试点项目通过验收。组织泰山景区、封禅大典和新泰政务服务中心主导制定3项省地方标准。

【特种设备安全监察】 ①完善特种设备安全工作机制。开展“特种设备安全主体责任落实全面提升年”活动，建立故障统计和隐患自查自改自报自纠制度，健全完善企业安全生产主体责任体系。特种设备安全生产专业委员会在市安委会19个专委会率先实行联席会议制度，推动形成纵向上下联动、横向多方参与的多元共治机制。②开展系列专项整治。完成上合组织青岛峰会2900台电梯保障检验重大任务。重点对学校、幼儿园、医院、商场、体育场馆、展览馆、公园景区等公众密集场所的电梯和游乐设施进行重点排查，排查整治各类事故隐患，认真落实风险管控措施和隐患整改。检查特种设备生产使用单位2322家，发现安全隐患761处，整改743处，下达安全监察指令书185份，立案查处36起。

【工业产品质量监督】 在全市范围内组织开展电线电缆、低压电器、轮胎式装载机等17类271批次、涉及242家企业的监督抽查工作，产品抽样合格率97.55%。通过采取企业报告主体责任落实情况、完善企业档案、定期监督检查、专项检查等措施对获证企业实施分类监管，落实监管责任。对钢铁、水泥产品开展监督检查并落实企业自查报告制度。开展车用尿素产品质量专项整治行动和电动自行车消防安全综合治理工作。

【计量管理】 ①计量宣传。组织全市“5·20”世界计量日宣传活动，开展宣传、咨询、免费检测等活动。②民用计量。组织开展夏粮收购、安全防护、环境监测机构和机动车安检机构、验光配镜等行业计量专项检查以及加油机、能效标识产品计量监督检查。③能源计量。康平纳“筒子纱数字化自动染色成套技术与装备”被评为全国重点能源资源计量服务示范项目。特变电工鲁缆公司被评为山东省工业计量标杆示范单位。

【检验检测能力建设】 ①平台建设。全市首个国家级质检中心——国家再制造机械产品质检中心于3月建成。该中心加大与山东大学、山东科技大学、中南大学、太原理工大学、合肥工业大学等高校的合作力度，开展检验检测、科研、标准制修订等技术合作交流，为航天特车、华鲁锻压、泰山玻纤等全市“三强企业”和装备制造企业解决生产过程中遇到的技术难题。②棉花及桑茧检验。与东营市等4个市纤检机构开展国储棉、期货棉公证检验。争取继续将全市纺织、桑蚕生产和制丝等11家企业纳入国家免费公证检验范围，节省检验费用100余万元。③特种设备检验。优化科技成果转化平台功能模块，建成特种设备专业化众创空间。成功举办焊接、无损检测与智能制造技术交流会和首届电梯安装维修工技能大赛。焊接与无损检测实验室被评为山东省工程实验室认定。（马　敏）

·食品药品监管·

【概况】 2018年，全市食品药品安全形势总体稳定良好。泰安市在全省食品安全工作考核考评等次为A级，药品监管工作考核考评等次为B级，被省食安委命名为“全省食品安全市”。至年底，市、县（市、区）有食品药品监督管理行政管理机构9个（含高新区和泰山景区）、乡镇食品药品监管所87个，市场监管所1个；食品药品稽查机构7个，食品药品检验机构5个，药品不良反应监测机构1个。在职干部737人，其中市食品药品监督管理局机关在职工作人员38人。

至年底，全市食品生产加工企业617家，食品经营单位3万户。其中，批发市场12处，农贸市场51处，大型商场、超市（经营面积1000平方米以上）54家。餐饮服务单位1.27万家，医药生产企业16家，药品批发企业23家，药品零售企业2362家，药品使用单位4088家，医疗器械生产企业32家，医疗器械经营企业2888家（三类791家），医疗器械使用单位4088家，保健食品生产经营单位2015家，化妆品生产经营企业1260家。

【食品生产监管】 以落实企业主体责任为主线，推进分级分类监管，完成日常监督检查1605家次，整改问题451个，对全市566家企业重新评定风险等级。突出饮用水规范提升活动，全面提升饮用水质量安全保障水平。61家规模以上企业实施HACCP（国际上共同认可和接受的食品安全保证体系，主要是对食品中微生物、化学和物理危害进行安全控制）、ISO 22000等先进质量管理方式，85%以上的食品企业建立自查制度和追溯体系。

【食品流通监管】 开展“食安护佳节”专项行动，快速检测3700批次，监督抽检400批次。做好非洲猪瘟染疫猪肉等动物产品市场排查工作，消除猪肉安全隐患，17家农贸市场通过创建验收。继续推行韭菜产品“双证制”实施。开展“放心肉菜示范超市”创建工作和畜禽水产品风险隐患排查。

【餐饮服务食品监管】 对学校食堂及校外托管机构进行“双随机、一公开”（在监管过程中随机抽取检查对象，随机选派执法检查人员，抽查情况及查处结果及时向社会公开）督导检查。检查学校食堂1000家次，整治各类食品安全问题50项。9月5日，对重点学校（含幼儿园）食堂提醒式约谈，实施“约规十条”。评选群众满意餐饮经营单位20家、“十佳食堂”10家。加强中、高考期间及旅游景区食品安全监管，开展网络订餐现场直播式执法检查和网络订餐“净网行动”媒体通报会，完成春晚泰安分会场、泰山国际马拉松赛、上合组织青岛峰会等72次重大活动餐饮安全保障任务，快检样品5000份，未出现食品安全问题。

【保健食品化妆品监管】 落实质量受权人制度，加大抽检监测力度，化妆品抽检经营环节检出3批次不合格。推进保健食品化妆品市场规范化建设工作，4家企业参加省食品药品监督局现场答辩。

【食盐质量安全监管】 协助省食品药品监督管理局开展食盐定点生产企业、定点批发企业的审核换证工作。全市2家国家定点生产企业、7家定点批发企业均通过验收。完成国家食品药品监管局总局和省食品药品监管局对泰安市食盐监管体制改革和质量安全监管工作调研任务。完成食盐监督抽检工作，接受食盐政策咨询、及时移交举报线索、按时回复“12345”转至的有关举报。

【药品生产监管】 开展四类药品（高风险药品、中药、特殊药品、医疗机构制剂）和一个环节（检验环节）开展专项整治。牵头拟定《关于深化审评审批制度改革推进药品医疗器械创新的实施意见》，对推进药品医疗器械创新及仿制药疗效一致性公开评价等重点工作作出安排部署。

【药品市场监管】 流通使用环节5725家涉药单位签订药品质量安全承诺书，对全市2196家零售药店进行安全信用分级评定，评选出27家药品经营质量管理示范药店。在全市范围内全面排查疫苗流通使用质量，做好相关应急处置工作。监督实施药品经营质量管理规范，发布认证公示、公告各22期，发放药品GSP认证证书350张。推进药品追溯体系建设工作，23家药品批发企建立信息追溯系统。

【医疗器械监管】 开展“医疗器械生产质量管理规范提升年”活动，完成国家抽检12批、省级抽捡23批。发放一类医疗器械产品备案凭证32个，一类医疗器械生产备案凭证9个。组织医疗器械生产经营企业参加2018（春季）泰山医疗设备新产品新技术展览会。

【专项整治】 围绕重点区域、重点环节、重点品种，针对公众反映强烈的突出问题，在食品、药械领域开展专项整治。出动执法人员8万人次，检查食品药品生产经营单位4万家次，下达整改通知书6000份，立案查处违法行为1100起，罚没款合计680万元。部门联合执法144次，案件移交17起，发出协查函46份，处置并回复外地协查函38份。

【稽查工作】 印发《泰安市食品药品违法行为举报奖励工作程序》，做好与“12345”政务热线并号及衔接工作，实现食品药品投诉举报“一号通”。全年受理奖励投诉举报13件，发放奖金1.23万元。“12331”投诉举报系统共接受投诉举报咨询3462件，受理2952件，立案18件，移交司法机关2件。

【技术支撑能力建设】 5月，通过省食品药品监管局组织的检验资质扩项现场评审。完成2018年央视春晚泰安分会场等各类检验任务，食品检验4061批次，药品检验1147批次。获得全省检验检测技能比武食品竞赛“团体三等奖”、药品竞赛“优秀组织奖”。

【不良反应监测】 上报药品不良反应报告6129例，新严报告760例，器械不良事件病例报告1210例，新严报告174例，化妆品不良反应报告209份。

【食盐质量安全监管体制改革】 根据《泰安市人民政府关于印发泰安市盐业体制改革实施方案和泰安市监管体制改革方案的通知》精神，3月30日，市食品药品监管局调整为市政府食盐质量安全监管部门，负责食盐质量安全管理与监督工作。市机构编制委员会印发《泰安市机构编制委员会关于调整食品药品监管局机构编制事项的通知》，明确食盐质量安全管理与监督职责，设立食盐质量安全监管科，编制2人，执法职能划归市食品药品稽查支队。市局成立食盐监管体制改革领导小组，设立食盐质量安全监管科。

（王玉梅）

统 计

【概况】 2018年1月19日，市统计局被国务院第三次全国农业普查领导小组表彰为“第三次全国农业普查先进集体”。在2018年度全省统计系统综合考核中，被省统计局表彰为先进市统计局、全省统计宣传工作先进单位。市统计局连续11年保持省级文明单位称号。

【统计体制改革】 中共中央办公厅、国务院办公厅《关于深化统计管理体制改革提高统计数据真实性的实施意见》中27项改革任务已完成25项。建立全市新旧动能转换、“十强”产业、三大攻坚战和乡村振兴战略监测方案。完成局队业务分工改革，“四下”企业调查顺利衔接。在全省率先建立绿色发展统计制度，客观反映全市生态文明建设，省统计局编发统计改革专刊推介泰安经验。

【第四次经济普查】 成立第四次经济普查领导小组，办公室，普查机构、经费、人员、培训全部到位，制作经普宣传片，开通专题网站，强化普法宣传，高质量完成全市综合试点和单位清查。

【数据质量管控】 制定全市统计工作整改巩固提升方案，建立企业联网直报日报制度、县（市、区）主要指标情况通报制度，修订统计数据质量管理体系。开展全市督查和专项检查，每月开展数据质量评审，确保统计质量。

【基层基础建设】 开展统计基层基础提升年活动，县（市、区）、乡镇（街道）、企业统计管理全部实现目标，国家统计局调研组到泰安专项调研。在全省率先出台基层统计人才培育工程实施办法，完成乡镇统计专业技术高、中级岗位设置。

12月14日，国家统计局调研组到泰安调研统计基层基础建设工作。图为在岱岳区满庄镇统计站进行实地调研 （孙珺富 供）

【统计服务】 制定服务新旧动能转换重大工程实施方案，开展“十强产业”统计监测，开展文化产业、健康产业、旅游休闲产业等派生产业增加值测算和节能降耗监测预警。全市政务信息资源共享率、开放率达100%。增发统计专报，其中5篇被市领导批示，在国家统计局网站信息采用数量位居全省各市第二位。

（孙珺富）

审 计

【概况】 年末，市、县（市、区）审计机关7个，审计工作人员214人。市、县两级审计机关审计单位275个，查出违规问题金额1.83亿元，移送司法机关、纪检监察机关和有关部门处理事项18件，促进增收节支1.99亿元。获得省优秀审计项目1个，在全省市县审计质量检查中，泰安市被评为优秀等次，市审计局连续9年保持省级文明单位称号。

【政策落实跟踪审计】 重点关注中央、省、市重大政策措施贯彻落实情况，聚焦防范化解重大风险、精准脱贫、污染防治三大攻坚战，推进深化供给侧结构性改革，促进新旧动能转换，开展重大政策措施落实情况跟踪审计。对保障性安居工程、精准扶贫、对口支援新疆建设、境外投资、自然保护区建设、地方债务等政策措施落实情况进行审计和调查，促进政策措施实施和惠民政策落到实处。

【预算执行审计】 审计预算执行部门单位98个，延伸审计单位45个。打破科室、县（市、区）界限，统一调配审计力量，探索实现“上审下”“交叉审”“跨区审”等审计组织模式，首次实现一般公共预算、政府性基金预算、国有资本经营预算、社保基金预算审计全覆盖，基本实现大数据背景下的部门预算审计全覆盖。

【经济责任审计】 市委组织部、市审计局联合印发《泰安市市本级党政主要领导干部和国有企业领导人员任前经济责任告知办法(试行)》《领导干部履行经济责任风险防范手册》。对173名领导干部开展经济责任审计，任中审计83人，离任审计90人。注重发挥经济责任审计“免疫功能”，推动审计发现问题的整改工作，市委组织部、市审计局联合印发《关于认真整改审计发现突出问题的函》，督促被审计单位整改到位。建立经济责任审计整改台账，列出“问题清单”和“整改清单”对账销号。

【政府投资审计】 开展市重点建设项目博阳路和桃花源路建设工程跟踪审计，对泰安一中新校区、泮河大街（南外环）项目开展竣工财务决算审计，对天平湖水源地保护开发工程开展结算审计，对泰城中央商务区、历史文化轴（一期）工程建设情况开展专项审计调查。提交的审计专报得到市委、市政府主要领导批示，推动问题整改。

【领导干部自然资源资产离任审计】 受组织部委托，开展全市领导干部自然资源资产离任审计项目7个，重点围绕耕地保护、水资源、大气污染防治、森林资源以及矿产资源等重要生态环境领域进行审计。探索审计方式方法，确保审计质量，针对审计发现的重大事项、突出问题，加强综合分析，推动问题解决，促进领导干部落实生态环境保护责任，保障自然资源资产节约集约利用和生态环境安全。

【内部审计】 年末，全市共有内审机构137个，内审人员406人，完成审计项目1017个，提出意见建议被采纳394条，促进增收节支4.26亿元。

（杨　宁）

海　关

【概况】 2018年，泰安海关审结报关单2.06万票，增长8.01%；税收入库2.30亿元人民币，监管进出口货运量163.95万吨、货值67.31亿元人民币；检验检疫出入境商品8685批、货值3242亿美元，分别增长17.13%和6.18%。继续保持省级文明单位、省级青年文明号称号。

【推进机构改革】 国务院机构改革方案明确“将国家质量监督检验检疫总局的出入境检验检疫管理职责和队伍划入海关总署”。4月20日起，原泰安出入境检验检疫局以海关名义对外开展工作。

【强化实际监管】 深化综合治税，审价补税318.57万元人民币，征收关税和进口环节增值税2.70亿元人民币，税款入库及时率保持100%。强化后续监管，引导企业主动披露问题，开展稽查、核查作业21起，查发问题9起，追补税款23.35万元人民币。加大加工贸易和减免税领域案件查办力度，全年立案案件21起，行政处罚42.85万元人民币。严控虚假贸易，巡查新注册贸易型企业129家实现全覆盖，剔除虚假贸易数据7100万元人民币。加强加工贸易管理，办理加工贸易合同备案226份、备案金额5731.49万美元。加强企业管理，规范企业生产经营，完成9家认证企业重新认证工作，下调8家企业信用等级。

【强化查处力度】 严厉打击固体废物走私，对全市进口固体废物企业进行全面摸排并建档立册，将“洋垃圾”拒于国门之外。强化疫病疫情防控，查出输入性疟疾2例并与

11月22日，市委书记崔洪刚（右一）陪同济南海关关长、党组书记赵儒霞（右二）到泰山玻璃纤维有限公司调研　（张　成　供）

2018 年泰安市进出口情况

表 3

指　标	进出口		出　口		进　口	
	总值（亿元）	同比 ±%	总值（亿元）	同比 ±%	总值（亿元）	同比 ±%
进出口总值	157.5	4.6	124.3	7.3	33.2	-4.4
其中：一般贸易	146.4	6.1	115.8	9.2	30.6	-4.3
来料加工贸易	0.6	-29.2	0.3	-44.2	0.3	13.9
进料加工贸易	8.7	-6.7	7.3	-7.3	1.4	-3.5
其中：对美国贸易	33.8	17.2	31.4	16.1	2.4	32.9
对欧盟贸易	24.4	2.8	20.4	5.1	4.0	-7.2
对东盟贸易	19.0	-8.6	12.9	5.4	6.1	-28.6
对日本贸易	12.2	14.6	9.3	12.9	2.9	20.4
对澳大利亚贸易	11.1	-29.7	4.0	17.3	7.1	-42.8
对中东贸易	9.0	-9.8	8.5	-11.8	0.5	41.4
对非洲贸易	7.8	24.8	6.0	12.7	1.8	96.6
其中：民营企业	113.1	5.4	93.5	11.6	19.6	-16.8
国有企业	30.3	19.6	19.6	10.1	10.7	41.9
外商投资企业	14.1	-21.2	11.2	-21.5	2.9	-20.2

地方疾控中心进行快速处置；做好口岸病媒生物和实蝇、杂草、林木害虫等有害生物监测工作，组织重大疫病疫情应急演练 3 次；查处环保不合格旧挖树机 1 台并监督销毁；查处倒卖进境转基因大豆违法进口大豆存储加工企业 1 家。加强非洲猪瘟全链条防控，全面排查进口猪肉信息并组织应急演练，辖区未发现疫情。开展“国门利剑 2018”联合专项行动，开展走私专项打击和集中整治，维护健康外贸秩序，辖区无重大走私案件发生。

【深化改革优化服务】 全面推广应用提前申报模式，压缩进出口货物整体通关时间，完善通关时效监控分析和处置机制，12 月进口、出口整体通关时间分别为 2.85 小时和 0.69 小时，环比分别压缩 47.7% 和 59.2%。推进税款“自报自缴”改革，为 3 家企业适用汇总征税模式，提高企业资金使用效率。深化无纸化改革，报关单无纸化比例达 99.78%，产地证签证实现 100% 无纸化。抓好质量提升，积极推动岱岳区、新泰市申请国家级出口食品农产品示范区建设，推动宁阳县、东平县申请省级示范区考核，利用国家级、省级示范区的优惠政策，支持县（市、区）将食品农产品产地优势转化为出口优势。做好窗口服务，为 10051 名出入境人员提供优质体检服务。

【为企业减负增效】 引导企业用好优惠原产地政策，签发优惠原产地证书 8171 份，货值 3.62 亿美元，可获得进口国关税减免 1811.95 万美元。进一步降低经营服务性收费，为出国劳务人员减免体检费用 261.33 万元人民币。落实结构性减税政策，支持辖区企业技术改造和高等院校科学研究，办理减免税手续 377 笔，审批减免税额达 5824.60 万元人民币。开展税政研究，提报税政调研报告 10 篇，提高玻纤制品和三氯蔗糖出口退税率等 5 个税则调整建议被国务院税则委采纳并实施，惠及泰安市 6 家企业。（张　成）

编辑　校对　　赵　兵

农业·水利

农业综述

【概况】 2018年，市农业局机关设办公室、人事科、政策法规科等行政科室13个，行政编制41人（含机关工勤1人），截至年底，实有行政工作人员38人；有市农业科学研究院、山东省农业广播电视学校泰安市分校、市农业技术推广站等所属全额拨款事业单位12个。年内，全市农业增加值195.8亿元，增长6.9%；农村居民人均可支配收入16959元，增长8.2%。全年粮食播种面积549.8万亩，总产246.77万吨，单产448.8千克。市农业局继续保持“省级文明单位”称号。

【优化农业发展格局】 按照乡村振兴规划要求，编制《乡村产业振兴工作方案》，对全市乡村产业振兴作出总体设计和谋划，明确以后5年的任务目标，构建高端高质高效发展的农业产业格局。委托省农业科学院编制《泰安市现代高效农业发展规划》。重点围绕十大优势产业和六大特色产业，打造“四区引领、四园一体、百园联动、多业突破”的新格局，推动全市现代高效农业快速发展。全面完成240万亩的粮食生产功能区划定任务。

【推进产业融合】 泰山区现代农业产业园、新泰市益客现代农业产业园分别被认定为国家级现代农业产业园、省级现代农业产业园，共获奖补1.5亿元。在全省率先组织开展第一批市级现代农业产业园评选，确定市级产业园4家，并进行资金奖补。全市市级以上现代农业产业园总面积达71.13万亩，产值175.36亿元。加快推动休闲农业发展，创建全国休闲农业与乡村旅游示范项目4个、中国美丽田园1个、山东省休闲农业与乡村旅游示范项目10个、山东省生态休闲农业示范园区6个、山东美丽休闲乡村3个、齐鲁美丽田园3个。组织开展农业公园创建活动，评选产生“泰山人家·上高庄园”等10个单位为第一批泰安农业公园。市政府与山东农业大学在肥城市合作建设汶阳田现代农业产业园，产业园核心区规划面积5000亩，辐射区规划面积2万～3万亩，重点建设粮食、蔬菜、果茶、中草药等十大板块。全年对上争取到位资金6.25亿元，完成年度目标103.3%。产业招商到位资金27.75亿元，完成年度目标的110.12%。

【农业结构调整】 稳定提升粮食产能，全年粮食种植面积549.8万亩，亩产448.8千克，总产246.77万吨。推动高效特色产业发展，全市新植茶园3000亩，总面积达4.65万亩，产量1400吨，产值7.3亿元。全年蔬菜播种面积稳定在195万亩，总产763万吨。渔业总产值17.5亿元。开展病虫害绿色防控，减少农药使用量，全市农药利用率提高到38.7%，病虫害统防统治覆盖率达28.2%。全市测土配方施肥面积完成605万亩，新增水肥一体化面积7.2万亩，总面积达22万亩。推进秸秆农膜综合利用，全市秸秆综合利用率达89%，农膜回收率达78%。加大科技兴农力度，全年农业科技下乡人数2251人次，培训人数11.7万人次，服务指导面积560万亩次，推广普及农业绿色高效技术。

【质量品牌建设】 提升农产品质量安全水平，全市“省级农业标准化基地”76家；市级农业标准化生产基地18个，市级以上农业地方规范突破100项，省、市级农产品抽检合格率均达98%以上。新增“三品”（无公害农产品、绿色食品、有机农产品）认证面积2.6万亩，总面积达392万亩。新泰惠美农牧发展有限公司生产的食用百合被列为“青岛上合组织峰会”指定供应农产品。肥城、东平、岱岳区和新泰完成省级农产品质量安全县创建工作，宁阳通过国家级农产品质量安全县创建验收。提高农产品品牌建设水平，全市省级知名农产品区域公用品牌和产品品牌总数达20个，泰安市知名农产品区域公用品牌和产品品牌18个。突出泰山茶品牌建设，聘请知名专业公司对泰山茶区域公用品牌进行整体策划，形成《泰山茶区域公用品牌整体规划方案》，完成《泰山茶》宣传片的制作和《泰山茶志》编撰，利用各种媒体宣传推广泰山茶品牌。

【农村综合改革】 推进农村集体产权制度改革，全市基本完成清产核资工作，清查核实农村集体资产320.47亿元。完成集体产权制度改革任务的村（居）达3448个，占93%。通过改革建立新型经济组织，逐步构建起农村经济运行的新机制。在省农村集体产权制度改革工作领导小组对各市2018年度的考核中，泰安市获第一名。推进土地规模化经营，探索“三权”分置有效实现形式，发展适度规模经营。全市农村土地流转面积达185万亩，占土地确权面积的45%。其中，50亩以上的规模流转面积120万亩，占总流转面积的65%。培育壮大农业经营主体，加大“惠农信贷通”政策实施力度，明确规定符合条件的市级以上农业龙头企业不需要抵押担保，即可获得授信和利率优惠。年内，为160家龙头企业发放贷款2.3亿元。全市规模以上农业龙头企业发展到315家，年销售额达420亿元，分别增长12%和10%。农民合作社8770家，其中国家级示范社32家、省级134家；家庭农场4517家，其中省级家庭农场示范场25家。

【农业科技创新与推广】 组织实施新型职业农民培育、农业扶贫培训、行业关键技术培训、赴台农业培训、西部经济隆起带农业专家服务基地等农民实用技术培训项目，累计培训农民30万人次。以提高农业科技进步贡献率为目标，引进试验示范新品种、新成果，遴选发布农业主推技术51项。实施科技项目带动，评选产生2018年度市级农牧渔业丰收奖16项；获市科学技术进步奖4项；市青年科技创新奖1项；获省农牧渔业丰收奖3项。

（高文星）

种植业

【概况】 全市农业增加值195.8亿元，同比增长7.2%（现价比）。全年农作物总播种面积804.1万亩，其中粮食作物面积549.8万亩，总产246.77万吨，单产448.83千克；油料作物面积73.0万亩，总产20.7万吨，单产283.6千克；棉花面积5.1万亩，总产0.4万吨，单产78.2千克；生麻面积539亩，总产72.31吨，单产134.1千克；烟叶面积54亩，总产9.13吨，单产169千克；药材类面积2.18万亩；蔬菜及食用菌面积160.61万亩，总产616.54万吨，单产3838.7千克；瓜果类面积2.47万亩，总产8.02万吨，单产3248.7千克；其他作物10.88万亩。

【粮食生产】 全年粮食播种面积549.8万亩，总产246.77万吨，单产448.83千克。其中，夏粮收获面积253.02万亩，亩产437.35千克，总产110.66万吨；秋粮收获面积296.8万亩，单产458.61千克，总产136.11万吨。

【植物检疫】 ①做好植物检疫宣传培训。在全市范围内通过电视、电台、报纸、网络等不同媒介宣传检疫法规，召开座谈会3期，设立现场咨询点6个，现场咨询人数450人次，发放宣传资料6000份。②做好检疫性有害生物和重大植物疫情的调查防控。全市先后开展梨枯梢病菌、柑橘小实蝇、玉米褪绿斑驳病毒和李痘病毒、扶桑绵粉蚧、瓜类果斑病和黄瓜绿斑驳花叶病毒病

图为中青松石葡萄酒庄，该酒庄是集葡萄种植、加工、销售、观光采摘、休闲垂钓、餐饮度假、乡村旅游等为一体的现代农业科技示范园区

（高文星　供）

2018年泰安市粮棉油菜生产情况

表4　　单位：万亩、千克/亩、吨

名称	粮食			棉花			花生			蔬菜及食用菌		
	面积	单产	总产	面积	单产	总产	面积	单产	总产	面积	单产	总产
合计	549.8	479.6	2467750	5.1	78.2	3989.0	72.51	284.4	206202	160.6	3838.7	6165433
泰山区	5.4	448.9	24241.2	0.0002	90.0	0.2	0.0092	200.0	18.4	0.6	2161.3	12347
岱岳区	91.1	462.3	421109.5	0.34	75.5	257.5	3.48	235.1	8176	30.0	3539.3	1062193
高新区	—	—	—	0.0012	100.0	1.2	7.36	265.7	19557	23.9	4176.5	996892
泰山景区	—	—	—	0.0024	70.0	1.7	0.41	142.3	587	1.0	2142.2	21829
新泰市	76.0	475.4	361054.2	0.2	65.2	131.6	30.97	281.3	87126	27.6	4186.9	1146107
肥城市	110.0	447.1	491807.7	1.35	98.8	1057.0	3.58	252.6	8662.3	33.9	3818.0	1300172
宁阳县	125.2	444.9	556940.6	0.13	77.0	99.6	20.75	312.8	64902	26.4	3644.0	962242
东平县	142.2	430.8	612596.9	3.08	79.3	2440.3	5.95	288.5	17173	17.2	3855.1	663651

备注：文中粮食数据均为国家统计局山东调查总队公布数字，合计数包含泰安高新区、泰山景区。

等疫情普查。开展阻截带疫情监测，记录监测。③严格产地检疫和调运检疫。全市对小麦、黄瓜等制种田进行产地检疫，签发产地检疫合格证325份，产地检疫面积10.60万亩；开展调运检疫276批，签发植物检疫证书381份。

【病虫害防治】 年内，全市病虫草害发生3012.94万亩次，比上年减少184万亩次；防治2871.74万亩次，减少96.90万亩次，防治面积占发生面积的95.31%。其中，病害发生850.90万亩次，比上年减少162.41万亩次；虫害发生1474.91万亩次，比上年增加51.42万亩次；杂草发生653.33万亩次，比上年减少11.81万亩次；飞蝗发生19万亩次；农田鼠害发生15万亩次。通过防治，全市挽回粮食损失35.90万吨，棉花883.62吨，油料2.97万吨，水果7.94万吨，蔬菜113.62万吨。①加强病虫害监测预警。贯彻落实《泰安市农业有害生物监测预警办法》，完善县级有害生物监测预警与控制区域站和乡村基层测报点相结合的监测预警网络，提升农业有害生物监测预警能力。2018年，全市植保科技人员田间调查358次，采集病虫害发生数据8115条，上报病虫信息919条，模式电报68次，病虫情报87期，电视预报20期，建立基层测报点17个。发布每周植保情况30期，及时通报病虫害及植保工作开展情况。②做好病虫害防控技术指导和推广。对小麦蚜虫、条锈病、黄化叶病毒病、赤霉病、灰飞虱、黏虫、玉米螟、东亚飞蝗等重大病虫，及早部署防控工作。先后印发《2018年泰安市春季麦田病虫草害综合防治技术意见》《泰安市2018年植保工作指导意见》《关于切实加强小麦中后期病虫害防控工作的通知》等各种病虫害防控技术意见17次。发放病虫害防治“明白纸”39次，印发3.58万张；开展技术培训57次3272人；发放防治通知56次，专家现场指导294次。③开展专业化统防统治。全市建立植保专业化防治组织152个，新增8个；拥有大型植保器械5004台，新增528台；从业人员3612人，新增270人；全市统防统治面积311.1万亩，新增42万亩；日作业能力达16.23万亩，新增2.9万亩。④绿色控害及农药减量技术推广。全市病虫害绿色防控面积达301.65万亩。物理防治面积101.57万亩，其中灯光诱杀57.32万亩，色板诱杀37.08万亩，使用性诱剂2.67万亩，防虫网4.5万亩；天敌释放0.2万亩；昆虫生长调节剂0.1万亩；生物农药防治199.78万亩。化学农药制剂使用量由上年的4102.21吨减少为3938.95吨，减少用量163.26吨。

（高文星）

【农业综合开发】 2018年，争取到位项目57个，项目总投资17954

万元，其中省以上财政资金13977万元。总项目中，土地治理项目23个，田园综合体项目1个（总投资8802万元，其中省以上财政资金8226万元）；产业化发展项目19个，创新试点项目1个（项目总投资7796万元，其中省以上财政资金5151万元）；争取的新泰市国家级农业综合开发支持农业新型经营主体贷款贴息试点县（全省共3个）已确定试点；争取贴息贷款1.6亿元；省级专项13个（总投资1356万元，其中省以上财政资金600万元）。泰安市四季丰利有限公司高标准农田建设模式创新试点项目（总投资3940万元，其中省以上财政资金2720万元）已在全省竞争立项（位列全省第三），资金计划已下达。规划建设新泰市良心谷田园综合体，已被列为省级试点项目，总规划面积2万亩（核心区8000亩），计划总投资3.08亿元，其中财政投资6300万元，整合资金涉农资金8591万元，自筹资金15879万元，建设期3年。对东平县落实扶贫开发项目7个，落实资金1661万元，建设旱涝保收田1.14万亩。加大对项目建设的督导管理力度，先后3次对2017—2018年度项目建设进行集中督导检查，并聘请第三方中介机构对2017年竣工项目进行竣工验收和存在问题整改复验，2017年项目全部通过市级验收，达到优秀等次；2018年度项目实施基本完成。年底，市农业综合开发办公室被山东省精神文明建设委员会命名表彰为省级文明单位。（续晓丽）

林业产业

【概况】 编制实施全市特色经济林、苗木花卉、中药材3个《产业振兴计划》，突出抓好名优经济林、苗木花卉、林产品加工、林下经济、森林旅游五大优势产业。规模化发展大樱桃、核桃、桃、大枣、板栗等高附加值特色经济林基地5.86万亩，全市经济林总面积达171万亩，经济林果品总产量达70.87万吨。新增高档苗木花卉8000亩，总面积达42.5万亩。全市林下经济开发面积达48万亩。规模以上林业龙头企业410家，其中国家级1家、省级32家、市级146家。全市经济林标准化示范园235个，其中国家级核桃示范基地2处、省级标准化示范园18处、全省十佳旅游观光果园9处；“齐鲁放心果品”品牌15个，“三品”认证面积85万亩。在第十五届中国林产品交易会上，泰安市参展展品获金奖51个、银奖22个，金奖总数连续6年全省第一。新发展泰山“四大名药”（何首乌、黄精、紫草、四叶参）基地1400亩，总开发面积达3000亩。继“肥城桃”之后，“泰山板栗”又获“山东省农产品区域公用品牌”。

【经济林生产】 结合农业种植结构调整，高起点规划、高标准推动、高质量发展名优经济林基地，对山区坡耕地和丘陵薄地，实施退耕还果还林，规模化发展桃、大樱桃、核桃、泰山“四大名药”等高附加值特色经济林基地，利用社会资本助推经济林产业基地发展，实现特色经济林园区化发展。重点培植正大果业、康顿生态等一批规模大、带动能力强的林业龙头企业，加大对经济林发展进度的调动督导工

大河湿地 （石亚男 供）

作。全市新发展桃、大樱桃、优质苹果、核桃、泰山“四大名药”等特色经济林5.86万亩，占年计划的146.5%，其中千亩以上集中连片基地4处；全市经济林总面积达171万亩，经济林果品总产量达70.87万吨。新泰樱桃被评定为“全国经济林产业区域特色品牌”；东平县东海子村被评定为“国家级核桃示范基地”。

【食用林产品质量安全监管】 开展专项整治活动，年初，制定印发《2018年全市“守护舌尖安全”整治行动食用林产品质量安全专项整治实施方案》《食用林产品质量安全生产农药使用技术指导意见》《经济林管理技术要点》等文件10个，从有效监管抓起，从源头上消除安全隐患，确保食用林产品质量安全，保障人民群众身体健康和生命安全。做好食用林产品质量安全监督抽检和风险监测工作。5月，将2018年监督抽检、风险监测计划分解到县（市、区）。指导各县（市、区）完成对核桃、板栗、枣、苹果、梨、桃、葡萄、樱桃、山楂、柿子10类林产品的监督抽检和风险监测，共完成检测948个批次，其中省林业厅监督抽检415个批次、风险监测415个批次、齐鲁放心果品8个批次，市级监督抽检110个批次，合格率达99%以上。（石亚男）

渔　业

【概况】 2018年，全市完成水产品产量8.3万吨，产值17.5亿元。市渔业发展中心被评为“全省基层渔技推广体系改革与建设补助项目组织实施优秀单位”，1人被评为山东省渔业统计工作优秀个人，1人获山东省渔业互保协会先进个人突出贡献奖。6月15日，山东省海洋与渔业厅在泰安市召开全省水生动物疫病远程诊断培训推进现场会议。

【渔业资源人工增殖放流】 投资400万元，分三批次实施2018年度东平湖渔业资源人工增殖放流，放流鲤鱼、鳙鱼、鲢鱼、草鱼、扣蟹等优质鱼蟹苗种2567.25万尾（只），超计划11%。7月31日，在泰山桃花源景区等保护区举行泰山螭霖鱼增殖放流活动，放流螭霖鱼13.2万尾。4月27日，岱岳区小安门水库“测水配方”试验项目放流23厘米以上规格鲢鳙鱼24.24万尾。供水型水库及城市水系增殖放流于10月23日在肥城市启动，当日在尚庄炉水库及城市水系放流鲢鳙鱼36.3万尾，其余水库放流任务均超额完成。

【重点项目实施】 投资渔业油价补贴资金1600万元，实施东平县存民、义和、农梦、旭丰4个生态高效标准化池塘改造项目。年内，投资100万元的东平现代渔业发展平台项目完成验收；投资200万元的新泰市东周水库寡齿新银鱼种质资源保护区项目建设完成并验收；投资500万元的“四大家鱼”水产种质资源场项目基本完成建设内容。

【水产品质量安全】 开展水产品质量安全专项整治和渔用投入品专项整治活动，制定专项整治方案、突发事件应急预案、质量年活动方案。8月下旬，集中开展“守护舌尖安全”水产品质量安全和渔业投入品专项督查。落实监督抽检制度，制定监督抽检方案和风险监测方案。全年完成国家、省、市级247个样品监测任务，产地监督抽检合格率100%。7月17—29日，围绕“尚德守法　食品安全让生活更美好”食品安全宣传周活动主题，开展集中宣传和主题日宣传活动，普及食品安全科普知识，发放宣传材料2200份。11月19—21日，举办全市水产品质量安全培训班，全市监管执法人员40人参加培训。

【渔业安全生产】 以“港规范·船可控·人平安”为目标，制定印发《关于进一步加强渔业安全生产工作的通知》《2018年度渔业安全生产监管工作计划》，完善渔业分级管控和隐患排查治理双重预防机制，推进渔业安全生产主体责任落实。开展上合组织青岛峰会期间渔业安全生产综合整治大行动、渔业“安全生产月”活动，全市渔业安全生产形势持续稳定。

【渔业技术推广】 完成2017年度基层农技推广体系改革与建设补助项目绩效考评；编制完成2018年度基层农技推广体系改革与建设补助项目实施方案并组织实施；编制2018年全市渔业关键技术培训方案并完成培训；推广应用渔业新品种、新技术，重点推广池塘低碳高效循环水生态养殖技术、小龙虾养殖技术，提升现代渔业养殖技术和水平。（牛宏伟）

畜牧业

【概况】 2018年，市畜牧兽医局设8个科室（办公室、政工科、财务科、畜牧生产管理科、兽药卫生管理科、饲料卫生办公室、畜产品安全管理科和畜禽屠宰管理科），辖市动物疫病预防控制中心

（副县级）和市动物卫生监督所（正科级）两个全额事业单位，其中核定参公编制33个，市动物疫病预防控制中心事业编制10个，市动物卫生监督所事业编制12个。年内，全市牛、羊、猪、禽存栏量分别达14.9万头、94.7万羽、97.6万头和2660.8万只，同比分别增长-6%、1.5%、-15.9%和1.5%，出栏量分别为16.2万头、184.2万只、260.0万头和9911.4万羽，同比分别增长-12.7%、7.1%、0.7%和9.1%；肉蛋奶总产量88.7万吨。市畜牧兽医局被省人社厅、省畜牧兽医局、省公务员局表彰为“全省畜牧兽医工作先进集体”，继续保持“省级文明单位”称号。

【畜牧产业化】 加快“现代畜牧业示范园区”和“标准化养殖示范场”一区一场创建，累计创建国家级示范场22个、省级102个、市级600个。新增市级产业化重点畜牧龙头企业8家，累计市级122家、省级12家、国家级2家。

【奶业】 全市奶牛存栏9.35万头，奶产量27.7万吨。在全国率先开展牛奶价格指数保险试点，推广牛奶价格指数保险，为奶牛养殖场户承保的4万吨生鲜乳赔偿295.2万元。奶牛政策性保险投保1.9万头，赔付769万元。

【牛奶价格指数保险】 2015年年初，畜牧、人保财险等部门联合创新政府金融和保险政策支持畜牧业发展的运行模式，在全国率先开展牛奶价格指数保险，并在泰山区开始试点，保险、物价和保户三方根据物价部门发布的月度牛奶价格，联合测算出保险年度的牛奶价格指数和年度牛奶收购价格，保险公司对确定的目标价格和年度价格差价进行赔付，保费在试点期间财政补贴80%、个人承担20%。之后岱岳区开始试点，2015—2018年，两区承保牛奶9920万千克，收取保费992万元，保额3.84亿元，2018年年底全市全面推开。9月27日，市政府副市长赵德健在2018年中国奶业20强（D20）峰会上作《创新奶价保险实现双方共赢 为推动奶业高质量发展保驾护航》发言，推广“泰安经验”。

【特色畜牧业】 发展特色畜牧业，引导畜牧业的一二三产业融合发展。观光旅游畜牧业发展稳健，累计创建省级畜牧旅游示范区18家，数量居全省第一，并向省畜牧兽医局推荐岱岳区泰山天鹅湖、新泰市惠美农牧两个典型畜牧旅游示范区。蜜蜂产业逐渐形成蜜蜂养殖、产品加工、授粉应用等较为完整的产业链。年内，全市存养蜜蜂4万多群，蜂蜜产量3000吨，蜂王浆100吨，蜂业产值过亿元。肥城建成全市第一个种蜂场，为全市乃至周边省市每年提供上千只的良种蜂王；岱岳区建成徂徕山有机蜂蜜生产基地；泰山区着力培植蜂产品物流园，推动蜂产品市场流通。

【重大动物疫病防控】 完成春秋两季重大动物疫病集中免疫工作，重点对高致病性禽流感、新城疫、口蹄疫等5种重大动物疫病进行强制免疫，统筹做好人畜共患病及H7N9流感防控，确保全市应免畜禽免疫率、挂标率100%，主要动物疫病免疫抗体群体合格率超过农业部规定标准，全年免疫禽6952万羽、牛39.4万头、猪386万头、羊398万只，完成年初免疫计划，全年未发生重大动物疫情。

【动物卫生监督】 加强基层防疫队伍建设，建立完善应急反应机制，更新物资储备，做好经费保障，按要求落实疫苗经费、防疫员误工补助。新泰市、岱岳区、肥城市、宁阳县无害化处理厂建成运行，东平县与岱岳区达成协议找到处理办法，全市病死畜禽无害化配套设施全部完成。全年全市调拨高致病性禽流感疫苗4028万毫升，牛、羊口蹄疫疫苗476.8万毫升，猪口蹄疫疫苗772毫升，羊小反刍兽疫疫苗133.4万头份，全面完成省下达的疫苗调拨计划。发放耳标：猪165.5万枚，牛25万枚，羊59万枚。发放检疫合格证明分别为：动物A证为7.2万份，动物B证28万份；产品A证9万份，产品B证35万份。2018年，执业兽医报名444人，初审通过384人并全部通过省复审。考试通过人员191人、执业兽医师96人、助理兽医师40人。

【生猪屠宰监管】 加快畜禽屠宰企业转型升级和资格清理审核，组织开展“畜禽屠宰企业飞行检查”“生猪定点屠宰企业资格审查”等专项整治行动，全市进行飞行检查60次，压缩屠宰点52个。开展生猪屠宰监管“扫雷行动”，严厉打击无证屠宰、屠宰病死猪、注水或注入其他违禁物质等违法行为。在泰山区继续规范畜产品采购中心和配送点经营活动，加强招标采购管理，落实生猪产品质量安全责任，维护城区群众肉品消费安全；新成立1家活禽屠宰厂，规范活禽屠宰行为，保障全市活禽产品供应，确保市民消费安全。

【畜产品安全监管】 开展“瘦肉精”、生鲜乳违禁物质、兽用抗生素、生猪屠宰、农资打假等五大专项整治行动，加强风险隐患排查，加大监督抽检力度，严厉打击违法违规行为。全年出动执法人员1.23万人次，检查相关生产经营单位8651个，查处问题282起，涉及金额45.09万元，吊销证照4个；抽检兽药、饲料、生鲜乳、畜产品1563批次，三聚氰胺等违禁物质实现零检出，平均合格率99.29%；注重品牌引领，优化畜产品“三品一标”认证，截至年底，全市无公害畜产品产地认证329家，产品认证59家，认证数量居全省第二；亚奥特、银宝、兴岳、益客、金兰、巴夫巴夫6家企业被评为“山东省知名农产品企业产品品牌”。规范生鲜乳收购站和生鲜乳运输车验收核查流程，实行二维码扫描和在线出证，实现生鲜乳收购、运输的实时监管。

【兽药监管】 规范兽药市场秩序，开展兽用抗菌药物、“黄灯行动”、蛋鸡养殖用药等专项整治行动。加大“双随机一公开”检查力度，严厉打击生产、经营、使用假劣兽药行为。全市出动兽药执法人员1970人次，检查兽药生产经营使用企业1339家次，印发“明白纸”等宣传资料9000份；查处兽药违法案件17件，罚没金额7.78万元。发挥典型引领作用，推进兽用抗菌药减量使用。在兽药经营环节，推广泰安中泰兽药有限公司以经营环节为源头辐射使用环节的抗菌药物减量使用的“中泰模式”；在养殖环节，推出应用信息化、智能化用药管理的“金兰模式”。健全完善兽药监管体系建设。推进生产企业系统应用率，全市14家生产企业全部入网、所有产品出入库信息上传追溯系统；加快提高兽药经营追溯系统上线率，截至12月底，全市有116家经营企业在新系统上传出入库信息，上线率达90%。

【饲料工业发展和“粮改饲”工作】 年内，全市饲料总产量226万吨，总产值51亿元。全市有饲料生产企业98家，备案生产许可证112个。泰安吉利中慧饲料有限公司、东平中慧饲料有限公司、新希望六和饲料股份有限公司新泰分公司、肥城天普阳光饲料有限公司、宁阳和美、新泰和美饲料有限公司、新泰益客饲料有限公司，通过省畜牧兽医局验收，成为省级示范企业。泰山区、岱岳区、肥城市、新泰市、宁阳县，争取项目资金3993.03万元，全市6个县（市、区）粮改饲项目实现全覆盖。（谷国安）

农业机械化

【概况】 市农业机械管理局为参照公务员管理的事业单位，编制26人，设综合科、计划财务科、政工科、农机管理科、安全监理科科室5个；所属正科级事业单位5个，其中市农业机械技术推广站、市农业机械修配管理站、市农业机械经济管理站、市农业机械科教管理站为全额事业单位，市农业机械开发服务站为自收自支事业单位。2018年，全市农机总动力达521万千瓦，拖拉机保有量8.9万台，增长1.1%，谷物联合收割机2.1万台，其中玉米联合收获机7963台。主要农作物耕种收综合机械化率达86.5%。小麦机收、机播水平稳定在99.9%以上；玉米机收面积16.13万公顷（242万亩），机收率达97%，机械化玉米直播面积15.6万公顷（234万亩），机播率98.2%。落实农机购置补贴资金9074万元，补贴农户5528户。全市农机合作社总数达666个，新增69个，其中市级以上示范社达115家；作业服务面积26.67万公顷（400万亩），服务总收入达6.24亿元。完成到位资金1.03亿元；引进重点项目7个，产业招商实际到位资金8.48亿元。举办“2018中国泰山国际农机化发展论坛”。“两全两高”（全程全面、高质高效）农业机械化示范创建以及岱岳区全国主要农作物全程机械化示范县创建工作有序开展。

【农机科技推广】 承办全省秋季农机化生产作业现场会，举办全市春耕生产、小麦机收、水肥一体化等现场演示会，各县市结合实际，以玉米分层施肥播种、花生覆膜播种、小型园林机械等为推广重点，组织举办各类演示会、观摩会、培训班50场次。推广应用精量小麦播种、水肥一体化智能施肥等新技术。全市大中型拖拉机2.9万台，增长5.8%；玉米联合收获机7963台，增长2.9%；配套机具17.2万台（套），增长4.2%。

【农机深松整地作业】 新增深松机31台，总数达3019台；联合整地机519台。至年底，全市完成土地深松整地作业5.93万公顷（89万亩）。

【农机科教培训及修配管理】 开展科技下乡活动200多次，落实省财政专项教育培训资金12万元，开办农机化实用技术、新型职业农民、农机手等各类培训班170期，培训1.5万人次。农机维修服务点新增66个，总数达348个，农机维修人员达 9706 人；组织参加全省农机职业技能大赛、农机修理工职业技能竞赛活动，获优秀奖。

【农机安全监理】 开展“农机安全生产月”“安全生产百日攻坚治理和执法大检查”、农机安全隐患“大排查、快整治、严执法”等活动，开展联合执法 50 次，查纠整改违法违规行为 600 起。全市拖拉机挂牌 2200 副，农机驾驶人员办证 1900 个，年检年审拖拉机、联合收割机 3 万台，全市农机挂牌率、持证率和年检年审率水平均达 76% 以上。市农机局被市安委会评为 2018 年“安全生产月活动先进单位”。

（陈广建）

农业科研

【概况】 泰安市农业科学研究院（以下简称市农科院）是全市唯一一所综合性农业科研单位，于 1958 年建院，经过 60 余年发展，成为专业齐全、成果显著、科研优势较为突出的科研机构，科研实力稳居全省地市级农业科研院所前三名。该院设小麦、玉米、土壤肥料、植物保护、蔬菜、甘薯、食用菌、生物工程、小杂粮、果茶等专业研究所 10 个。在职科研人员 114 人，其中研究员 9 人、高级农艺师 32 人，博士 17 人、硕士 32 人。享受国务院特殊津贴专家 3 人，山东省有突出贡献中青年专家 2 人，泰安市科技最高奖 1 人，泰安市专业技术拔尖人才 10 人。拥有国家现代农业产业技术体系小麦、食用菌和绿肥试验站 3 个，农业部试验资质中心 5 个，山东省现代农业产业技术体系小麦、玉米、食用菌和蔬菜专家岗位 4 个，花生、杂粮、甘薯和茶叶试验站 4 个，省级创新平台 1 个和市级工程中心 7 个。2018 年，市农科院围绕全市农业发展需求和全院重点工作任务，开展科技创新和科技服务，争取国家、省、市级项目 36 项，获各级科技奖励 11 项；审定农作物新品种 2 个，授权国家专利 19 项，制定国家、省级标准 4 项，发表论文 35 篇；建设科技示范基地 29 处，为全市现代农业发展和乡村振兴提供科技支撑。

【对上争取】 2018 年，全院新上纵向项目 36 项，其中国家级 7 项、省级 17 项、市级 12 项；承担各类试验项目 90 项，全年合同经费 890 万元。项目资金争取保持稳定，为全院长期稳定发展奠定良好基础。

【科技成果争取】 全年验收鉴定科技成果 7 项，其中 1 项成果被山东省农学会评价达到国际领先水平；获奖成果 11 项，其中地厅级科技成果一等奖 2 项。“设施蔬菜优质高效栽培的根区调控技术研究”获 2018 年泰安市科技进步一等奖，连续 9 年保持泰安市科技进步一等奖不断线。

【育种工作】 旱地节水小麦新品种“泰科麦 30”通过国家品种审定，小麦新品种“泰科麦 32”通过山东省品种审定，2002—2018 年通过国家、省审定的小麦新品种达 11 个；玉米新品系“泰青饲 6 号”参加山东省饲用玉米生产试验，并推荐审定，3 个新品系参加山东省玉米预备试验；“泰薯 15”等 2 个甘薯新品系参加省区域试验；谷子新品系“泰谷 003”参加国家区域试验。食用菌、花生、中草药、蔬菜、大豆等育种工作取得新进展。

【知识产权】 全年获得国家发明专利 13 项技术，实用新型专利 6 项，软件著作权 2 项。制定国家、省级标准 4 项，其中主持制定国家农业行业标准 1 项、参与制定山东省地方标准 3 项。发表学术论文 35 篇，其中 SCI 论文 3 篇；参编著作 3 部。

【科技扶贫】 注重科技扶贫工作的典型带动，科技扶贫经验在全省

11 月 29 日，市农科院举办全市基层农技人员培训活动。图为小麦专家吴科为基层农技人员授课

（武晓亮 供）

农业科技扶贫工作会议上进行交流推广。推荐8名科技人员担任山东省西部隆起带和扶贫开发重点区域科技人员，服务全市16个省级贫困村；推荐44名科技人员进入泰安市“精准扶贫科技指导员”团队，对接帮扶全市106个省市级贫困村以及农业企业、家庭农场、专业合作社，利用专业特长帮扶贫困村发展特色产业。组织启动“助力乡村振兴 科技服务（扶贫）”专项活动，选派50名专业技术人员，组建5支科技扶贫专家团队，分区域分重点开展科技扶贫，基本实现全市贫困地区科技扶贫全覆盖。全年科技扶贫指导培训3000人次，发放技术“明白纸”6000份。

【成果推广】 在全市及周边地区建成高产创建、试验示范基地29个，用于示范推广该院自主研发的高产优质农作物新品种和提质增效农业新技术，促进全市粮食增产、农民增收。自主研发的“黑木耳大棚吊袋栽培技术”被列入山东省农业主推技术，“设施蔬菜基质栽培技术”等6项技术被列入泰安市农业主推技术，20项优秀科技成果参加山东省科技创新促进新旧动能转换产业技术成果对接活动，其中“鲁中山区特色优质果品绿色生产技术研究与示范”现场进行成果转化签约。

【农技培训】 承担山东省农业厅基层农技人员培训任务，举办粮食、蔬菜、茶业等培训班4期，培训泰安高新区及6个县（市、区）的基层农技人员431人。加强对外宣传，丰富农技服务手段，开通建设院微信公众号，利用移动互联网等现代信息技术，实现“互联网+”条件下农业技术推广服务新模式，让农技服务更精准、更便捷。全年举办科技培训、示范现场会51场次，培训人员3800人次，科技下乡500人次，发放技术资料8000份；通过电视、报纸和网站等媒体宣传报道该院人才团队和科技成果11次。

【人才建设】 年内，全院有1人获山东省创新能手称号，1人获山东省自然科学创新奖，1人获泰安市青年科技创新奖和泰安市最美科技工作者称号。截至2018年年底，市农科院拥有国务院特殊津贴专家3人，山东省突出贡献专家2人，泰安市科技最高奖1人，泰安市专业技术拔尖人才10人，泰安市青年科技人才标兵2人，国家、省产业体系岗位专家、试验站站长10人。

【基地平台建设】 2018年，市农科院“泰安市农业科技创新示范推广专家服务基地”入选首批15家省级乡村振兴专家服务基地。全院拥有省级专家服务基地、山东农业大学研究生联合培养基地、山东省博士后创新实践基地、山东省专业技术人才知识更新工程培训基地、山东省基层农技人员培训基地、泰安市专业技术人才继续教育基地以及泰安市农学会等服务平台基地7个。（武晓亮）

水　利

【概况】 2018年，市水利和渔业局机关事业编制324人，实有288人。其中，行政编制26人，实有26人；参照公务员法管理的事业单位3个，编制30人，实有27人；局属事业单位16个，编制268人，实有235人。局机关内设职能科室6个。全市水资源总量为18.84亿立方米，比2017年偏多59.2%，其中地表水资源量12.48亿立方米，地下水资源量9.93亿立方米，地表水与地下水资源量重复计算量3.57亿立方米。年内，该局策划重大水利工程、大中型病险水库（闸）除险加固、灾后水利薄弱环节建设、中小河流治理重点县综合整治、农田水利建设、水土保持工程建设、山洪灾害防治、水利工程设施维修养护八大类44个项目，对上争取到位省以上无偿资金9.97亿元，超额完成年度目标。全年新发展高效节水灌溉面积1.25万公顷，实现2.9万人饮水安全状况巩固提升，治理水土流失面积9912公顷。3月，被市委表彰为2017年度五型机关建设示范单位。4月，被市委、市政府表彰为2017年度经济社会发展综合考核先进单位。继续保持省级文明单位、全国水利系统文明单位称号。市直机关庆祝建党97周年暨“党的建设规范化创建活动”现场推进会在该局召开，并作为“党的建设规范化创建活动”示范点，代表泰安市接待省直机关工委调研获好评。

【招商引资】 年内，推介市级招商引资资源，外出招商吸引项目落地泰安，邀请北京水利水电出版社等出版机构到泰安实地考察，其中泰山新闻出版小镇合作项目达成合作意向，房车营地项目在洽谈。继续发挥市政府与水发集团全面战略合作平台作用，推进已招在建项目建设。

【水利工程建设和管理】 推进灾后重点防洪减灾工程建设，启动实施五大建设任务，包括3项水毁修复工程、大汶河防洪治理工程、2座大中型病险水库除险加固工程、143

6月21日，市委书记崔洪刚（左一）到东平湖管理局调研东平湖防汛工作
（刘性泉　供）

座小型病险水库除险加固工程及2座大中型病险水闸除险加固工程。推进王家院水库向泰城供水项目等重点工程的前期工作，全力留住用好泰山水。10月30日，王家院水库工程正式投入使用验收。宁阳月牙河水库、新泰田村水库除险加固工程顺利开工。投资5261万元完成73座小型水库除险加固建设任务。投资378万元完成山洪灾害防治非工程措施提标升级。投资585万元完成13座大中型水库维修养护工程。7月，《泰安市水安全保障总体规划》由市政府批复实施。水利工程管理再上新台阶，13座大中型水库管理单位完成绩效考核，20座市级小水库规范化管理抽检全部合格。

【水利改革】 推进河长制湖长制工作，全面建立市、县、乡、村四级河（湖）长组织体系，全市482条河流设河长3219人，688座水库、1444座重点塘坝设湖长1795人，实现河湖水域管理全覆盖；各级河（湖）长严格按照《泰安市河湖巡查制度》开展日常巡查监管。继续夯实“一湖一策”、河湖划界、“一河（湖）一档”、河长制湖长制信息平台建设、河湖长公示牌更新等基础工作；开展“清河行动回头看”、“清四乱”（乱占、乱采、乱堆、乱建）、河湖采砂整治、河湖清违清障等专项行动，改善河湖水环境面貌。推进农业水价综合改革，争取省级以上专项改革资金1750万元，完成改革面积5.63万公顷，累计完成改革面积7.33万公顷，超额完成省定改革目标，改革力度和进度均处全省前列，泰安市在省水利厅2017年度综合测评中获优秀等次。继续推进水库管理体制改革，泰山区、东平县、泰安高新区、泰山景区列入2018年新增省级小水库管理体制改革试点县，实现全域覆盖。继续推进水资源税费改革，组织开展水资源税纳税人清查行动。深化投融资机制改革，增强水务公司融资载体、投资主体、经营实体作用。“放管服”改革持续深入，下放（委托）行政权力事项110项，对21项依申请办理公共服务事项“颗粒式”拆分为43项，按“一次办好、贴心代办”工作要求逐项编制“业务手册”和“办理指南”，将市级保留的7项行政审批事项全部划至市行政审批服务局办理，实现审批一体化联合运作。

【防汛抗旱】 做好机构调整、会议部署、预案修订、物资储备、督导检查等汛前准备工作。落实领导包保责任制，采取“四不两直”（不发通知、不打招呼、不听汇报、不用陪同接待，直奔基层、直插现场）方式，开展防汛暗访督查8次，做好问题整改工作，全面落实水库安全度汛“三个重点环节”（预测预报、防汛抢险预案、防汛调度预案）和“三个责任人”（行政、技术、巡查）。加强雨水工情调度，发布防汛预警5次，加强应急调度，开展“温比亚”台风影响抢险工作，完成土门水库应急抢险任务。组织市级督查组8个、县级排查组57个，市、县、乡三级抽调人员500人次，开展覆盖全市的防洪薄弱环节隐患排查3次，下达问题整改通报17期，全部按时完成整改。组织修订预案，密切监测分析旱情，全面做好抗旱工作。对雨水情站点进行全面检修、维护优化，用好监测平台，增强防汛抗旱信息化保障能力。

【水生态文明建设】 泰安全国水生态文明城市建设试点顺利通过水利部技术验收和水利部、省政府行政验收，通过3年试点期建设，完成29项评价指标、173项建设项目、24项示范项目，累计完成投资124.98亿元。抓紧用水总量控制、抓实节约用水工作、抓牢水资源保护，高质量落实最严格水资源管理制度，开展建设项目水资源论证171个，完成5万亩以下灌区取水许可登记申报工作，换发“取水许可证”20

个，注销10个，核减水量100万立方米，泰安市以97.2的高分获省政府最严格水资源管理考核第一名，连续5年获优秀等次。肥城市、新泰市、宁阳县顺利通过水利部县域节水型社会达标建设核查。做好中央、省环保督察“回头看”和集中式水源地专项督察问题整改工作。

【农田水利建设】 投资1.2亿元完成5个农田水利项目县建设。岱岳区颜谢引河灌区节水配套改造和宁阳县堽城坝灌区续建配套与节水改造项目超额完成年度投资计划，进度居全省首位。投资1800万元完成省财政扶持新型经营主体发展节水农业和水肥一体化项目，新发展微灌、喷灌600公顷。以投资711万元的中央和省级农田水利设施维修养护资金为带动，引导社会资本加大对农田水利设施维修养护投入，保障各类农田水利设施持续运转。新泰市成功创建国家高效节水灌溉示范县，全市国家级高效节水灌溉示范县总数达4个，数量居全国首位。完成取水井隐患排查整治任务，年内排查取水井47483眼，其中存在安全隐患的9602眼取水井全部完成整改并通过县级验收。

【农村饮水安全】 投资540万元完成省定贫困村通水工程建设任务。投资2005万元的岱岳区农村饮水安全巩固提升工程完工。通过加强从业人员培训、开展水质抽检，保持农村自来水普及率稳定在98%。

【依法治水和行业管理】 泰山区水务局、东平县水利局成功创建2018年全省水利法治建设示范点，通过省级验收。开展山泉水、自备井专项整治，制止非法开采出售山泉水行为。12月17—18日，全省水政工作会议在泰安市召开。探索新的河砂管理模式，开展全市河砂禁采督察，确保砂资源管理工作稳定有序。加强基层水利服务体系建设，抓好农民用水合作组织创新发展，结合政府购买服务改革，培育灌溉排水、农村供水等专业化服务队伍，推进“116”服务热线建设和乡镇水利站服务能力提升。7月12—13日，在重庆召开的基层水利服务机构能力建设经验交流会上，肥城代表泰安市作典型发言。年内，泰安市水利和渔业局顺利通过省政府安委会和省水利厅组织的安全生产巡察，全市水利渔业安全生产形势持续平稳。

【水土保持】 完成水土保持小流域重点治理项目4个。其中，国家水土保持重点县项目2个，分别为岱岳区白马寺小流域和新泰市青云山小流域；省级水土保持重点项目2个，分别为泰安高新区龙湾小流域和肥城市陶山小流域。开展水土保持监督检查专项行动，现场检查项目456个，下发检查意见217份，建立水土保持“违法行为清单”移交制度，依法严肃查处未批先建、只批不干、未验先用、不依法缴费等主要违法行为，全面落实最严格水土保持管控措施。完成水保方案审批73个，水保设施验收9个，水保补偿费征缴1821万元。水土保持“天地一体”监管信息化正式运行并发挥功能。6月初，水利部副部长陆桂华到泰安市调研水土保持生态建设工作，对泰安市工作给予高度评价。5月9—10日，新泰市、东平县在全省水土保持工作会议上作典型发言（全省9个）。加大水土保持科研力度，省级水利科研技术推广项目“旱地果园微孔渗灌节水技术应用推广”结题验收，5项在研课题按计划有序推进。

【移民后期扶持】 加快移民避险解困工程进度，规划建设14个社区658幢住宅楼，帮扶对象已搬迁1.54万人。12月10—12日，全国水库移民工作会议在泰安市东平县召开。印发《关于建立大中型水库移民人口信息比对机制的通知》，联合公安、人社、民政、财政等部门加强移民人口动态管理。安排结余资金10657万元实施项目90个，其中投资1000万元实施美丽移民村项目10个。

【行业扶贫】 用足用好水利渔业扶贫政策，从移民结余资金中安排1911万元实施22个项目，投入540万元用于贫困村农田水利项目建设，争取2168万元渔业专项资金发展龙头企业、合作社，完善贫困移民村、渔民村人口饮水、灌溉、道路等基础设施，促进产业发展，实现贫困移民、渔民增收脱贫。

【南水北调】 东平湖蓄水影响处理工程竣工验收准备工作快速推进。征地移民资金管理顺利通过原国务院南水北调办公室审计。2017—2018年度调入东平湖水量8.86亿立方米，调出东平湖水量8.5亿立方米。

（焦　健）

黄河河务

【概况】 山东黄河河务局东平湖管理局（以下简称东平湖管理局）于1958年成立，隶属于水利部黄河水利委员会山东黄河河务局，系副厅级全民事业单位，办公地点位于泰安市东岳大街22号。该局设5个

4月27日，东平湖管理局防洪工程建设项目办人员检测格宾石笼孔径
（刘性泉 供）

副处级水行政管理单位（东平黄河河务局、东平管理局、梁山黄河河务局、梁山管理局、汶上管理局）、1个正处级经营性事业单位、3个企业单位，机关内设办公室、水政水资源处（水政监察支队）、防汛办公室、工程管理处、财务处、人事劳动处（党群工作处）、监察审计处7个正处级职能部门和4个局直属事业单位。2018年年末，全局在职职工812人。年内，该局贯彻落实山东黄河河务局党组（以下简称黄委党组）“规范管理，加快发展”总体要求，践行“维护黄河健康生命，促进流域人水和谐”治黄思路，推进黄河东平湖防汛、工程建设与管理、水政执法、经济发展等重点工作开展，全面完成年度各项工作任务。获“黄河水利建设工程文明工地”3个，“黄委基本建设样板工程”1个；黄河下游防洪工程东平湖防洪工程获“全国水利建设工程文明工地”称号，代建的南水北调八里湾泵站获“大禹奖”。梁山黄河河务局晋级“国家级水管单位”。

【防汛工作】 层层落实行政、技术、巡查“三个防汛责任人”。组织群防队伍9.14万人，组建2支武警黄河抢险突击队、9支企业抢险队共550人。黄河3次洪水过程共发生并及时抢护根石走失等险情27坝次，抛石9657立方米，耗资323万元。汶河戴村坝站出现11年最大洪峰流量2070立方米/秒，黄河、东平湖安澜度汛。

【防洪工程建设与管理】 截至年底，东平湖蓄滞洪区防洪工程累计完成土方147.51万立方米、石方33.22万立方米、混凝土8.52万立方米，完成计划建设任务；石洼、林辛、十里堡等三闸除险加固工程完工结算。完成防洪工程维修养护投资2754.43万元，梁山黄河河务局黑虎庙管理段堤防被黄河水利委员会评为“黄委示范工程”。

【水政】 落实河道巡查责任制，实行网格化管理，严格执行水行政执法“三项制度”（信息公示制度、执法全过程记录制度、重大执法决定法制审核制度），常态化河道巡查618次5万千米，制止查处水事违法行为42起，沿黄山体禁采保持高压严管态势，老湖区采砂管理实现规范化常态化，对非防洪工程建设实施全覆盖、全过程监督管控，“七五”普法顺利通过黄委、省局督导检查。

【规范管理】 制定“深化规范管理、推进加快发展”的意见并成立领导小组。梳理完善制度办法119项。对职工提出的七大类24个议题逐条答复并持续落实。开展石洼闸除险加固工作施工安全规范管理试点，顺利通过省局验收。落实黄委党组巡察反馈问题整改要求，细化整改任务37项111条，注重标本兼治，建立长效机制，推进规范管理水平再提升。（刘性泉）

编辑 校对 戚淑娟

工业·信息产业

工业综述

【概况】 2018年，泰安市工业坚持稳中求进工作总基调，坚持新发展理念，以新旧动能转换为工作着力点，推进工业转型升级，着力打造工业的升级版。全市规模以上工业增加值累计增长5.5%。按现价计算，1403家规模以上工业企业增长面为55.1%。其中，累计产值前100名企业实现产值增长16.1%，高于全市平均水平7.1个百分点，拉动全市产值增长9.9个百分点，对全市产值增长贡献率109.1%。全市37个大类行业中，增长的有28个，增长面为75.7%，其中增速在10.0%以上的行业17个、增速在15.0%以上的行业10个。工业用电量累计完成135亿千瓦时，同比增长7.6%。

【工业效益】 2018年，全市规模以上工业企业主营业务收入、利润分别同比增长7.4%、20.5%。肥城市、新泰市、高新区和岱岳区主营业务收入增幅分别高于全市3、2、1.7和1个百分点。制造业增加值同比增长6.4%，高于全市规上工业0.9个百分点，拉动规模以上工业增长5.3个百分点，贡献率97.0%，占全市规模以上工业增加值的83.8%，对工业发展支撑作用明显。

【高质量发展】 突出重点行业、重点企业，坚持月调度、季分析，每月编辑1期经济运行月报和“三强”企业效益表。开展工业经济运行专项督导，掌握企业生产经营中遇到的现实困难和苗头性问题，分行业、分区域找出问题症结，督促县（市、区）主动服务、落实政策，帮助企业解决要素保障、市场开拓、科技创新等方面的难题，确保经济运行保持在合理区间。2018年，工业领军50强企业累计实现主营业务收入1278.4亿元，增长10.5%，增幅高于全市3.1个百分点；实现利税178.4亿元，增长14.4%，实现利润122.8亿元，增长12.4%。泰山石膏、山能重装营业收入突破100亿元；石横特钢实现利润75亿元，税收超过15亿元，连续8年单位产品效益处于行业领先水平；康平纳筒子纱数字化自动染整技术获2018年度中国工业大奖，农大肥业、润德生物科技和金塔设备公司3家企业列入国家制造业单项冠军示范企业（全国68家，山东省16家），泰山玻纤和海天智能公司列入国家制造业单项冠军培育企业（全国26家，山东省10家），鲁普耐特、新东岳入选省级制造业单项冠军企业。海斯摩尔、路德新材料、大庚工程材料、汉威集团、康宇医疗器械、海天智能6家企业入选山东省瞪羚标杆企业，昌盛特种石墨公司、爱客多热能公司2家企业入选山东省瞪羚企业。新增省级以上中小企业“一企一技术”研发中心17个、“一企一技术”创新企业18家、“专精特新”中小企业35家。

【重点行业】 八个重点行业中，除纺织服装行业主营业务收入略降，其他行业均呈增长态势，其中钢铁、新材料、食品、化工及煤炭5个行业主营业务收入增幅高于全市平均水平。从煤炭行业看，行业主营业务收入、利润、利税分别增长7.9%、0.7%、−5.3%。从钢铁行业看，主营业务收入、利润、利税分别增长17.2%、57.9%、63.3%。从输变电行业看，主营业务收入、利润、利税分别增长1.1%、−50.7%、−37.3%。从化工行业看，通过转型升级，正逐步走出低谷，主营业务收入、利润、利税分别增长8.2%、370.6%、244.1%。从汽车行业看，主营业务收入、利润、利税分别增长6.1%、123.7%、46.4%。从纺织服装行业看，主营业务收入、利润、利税分别下降1.7%、29.2%、31.4%。从食品行业看，主营业务收入、利润、利税分别增长8.8%、−8.2%、−10.5%。从非金属新材料行业看，主营业务收入、利润、利税分别增长10.7%、57.1%、44.1%。

【政策服务】 争取各级各类资金超过5亿元，其中工业转型升级强基工程项目2项获得扶持资金2087万元，国家导向计划贷款贴息项目获得扶持资金948万元，泰安市建材新材料主导产业集群获得资金扶持1000万元。落实首台（套）保险补偿资金244万元，1个项目获省军民结合产业发展专项补助资金75万元。推荐90家企业参加电力市场交易，推荐泰山玻璃纤维等12户企业参加跨省区电力交易，计划用电66亿千瓦时，年节约电费1.5亿元；7月、9月连续降低单一制电价及输配电价，两次降低5.62分/千瓦时，年降低企业用电成本8亿元。

【要素保障】 做好有序用电工作，完善有序用电预案，现场指导电力用户细化落实到具体车间、设备和班组，圆满完成迎峰度夏工作任务。推进天然气保供和储气设施建设，建立市县两级天然气保供储气体系和市、县、城燃企业三级日调度制度，督导城燃企业与上游中石油、中石化签订供用气合同8.02亿立方米，确定114户用气单位可中断用户调峰能力112万立方米；已建成储气设施3处约90万立方米，在建LNG储配站4个，筹建储气项目4个。

【新旧动能转换】 产业均成立由市委常委领导牵头的工作专班，结合全省“大学习、大调研、大改进”活动，形成产业发展调研报告6篇，进一步摸清现状、托清底子；谋划产业发展方向、突破重点和园区布局，推进专项规划、工作方案的编制。注重引进“外脑”，加强与国内高端院所的合作，初步确定行业转型发展路径。

【化工产业转型升级】 宁阳县、肥城县、新泰市和岱岳区4家化工园区经省政府批准公布；组织4家企业申报省化工企业重点监控点，已通过省验收。组织开展评级评价，127家参评生产企业中，优级22家、中级56家、差级49家，整改清单共列出问题3072条，已全部完成整改。全市危险化学品道路运输、仓储、经营参评企业共45家。其中，仓储、经营参评企业20家，16家企业评级等次为“中”，4家企业评级等次为“差”。推动“进区入园”，组织编制《泰安市城镇人口密集区危险化学品生产企业搬迁改造工作实施方案》，确定关闭退出3家，转产2家，搬迁入园12家。

12月12日，省委常委、统战部部长邢善萍（左二）到泰安调研企业环保工作，市委书记崔洪刚（左一）陪同活动 （王国梁 摄）

【技术创新】 全年列入省技术创新项目计划400项以上，新认定市级企业技术中心29家，新增省级企业技术中心13家，“山东省高性能复合土工材料创新中心”列入省制造业创新中心（第二批）建设试点，2家企业认定为省级技术创新示范企业（全省15家）。康平纳集团有限公司“筒子纱智能染色工业示范项目”获第五届中国工业大奖；国家智能制造专项泰山玻璃纤维有限公司“大型玻璃纤维生产线智能制造新模式示范工程”项目进展并顺利结题验收。高层次人才队伍建设实现新突破。推荐2018年度传统产业创新类泰山产业领军人才人选6个（3个获奖励，超额完成年度考核任务）、完成1名泰山产业领军人才（山东鲁普耐特集团尼克·奥黑尔）年度考核工作，审核推荐泰山英才领军人才人选5个（4个获得奖励）。工业品牌不断提升。积极服务工业和信息化部18家品牌培育试点企业和13家“山东百年品牌”示范培育企业，组织近40家企业参加山东百年品牌论坛和全国质量标杆山东行活动。

【技术改造】 规模以上工业企业建设的工业技术改造项目472项，当年完成投资419亿元。其中，在建过亿元技术改造项目273项，当年完成投资356.7亿元；新开工项目288项，当年完成投资226.4亿元；竣工项目201项，项目累计完成投资311亿元，实现年新增销售收入398.1亿元、利税73亿元。新泰市康平纳智能染色有限公司年产20万吨筒子纱智能染色工厂项目、泰山Office研发及产业化项目、年产12000吨高端芳纶及制品产业化项目、润银化工航天超大型粉煤气化工程示范项目4个项目在儒商大会签约；新泰中环年产20万吨筒子纱智能染色工厂项目已完成投资2.2亿元，1号、4号车间主体已完成。

【两化融合】 全面开展“企业上云”工作，落实“云服务券”助推“企业上云”实施方案，制定“云服务券”财政补贴实施细则，筹集奖补资金1500万元，首批756万元“云服务券”在山东省企业上云公共服务平台率先投放，2018年新推动约500家企业上云，有120家企业已经申领或使用“云服务券”。加大“两化”融合评测工作力度，组织参评企业数由规模以上工业企业数的6%提高到20%，委托第三方评测机构对县市区开展区域“两化”融合水平评估。推动“两化”融合贯标试点，21家企业入选国家、省级贯标试点，15家企业申请贯标启动扶持，4家完成贯标评定工作并获得证书。

【企业家队伍建设】 对企业家队伍建设进行调研，形成调研报告。科学制定培训班次和培训方案，着重培养和提高企业家队伍的整体素质。组织泰安市企业家专题培训1880人次以上。其中，省中青年企业家培训班、智能制造专题研修班等5期培训班参训人员80人次；聚焦新旧动能转换的清华大学研修班参训人员70人；围绕企业金融展开的复旦大学研修班参训人员70人；泰安市工商管理高级研修班参训人员1260人次；第十二届“学在泰山”企业发展年会参训人员400人。

【企业管理】 山东润德生物科技有限公司（生物行业绿色先进制造公共实训基地）和山东康平纳集团有限公司（纺织染整智能制造行业公共实训基地）2家企业入选2017年和2018年山东省级新旧动能转换行业（专项）公共实训基地名单（全省仅20家）。石横特钢集团有限公司、山东超威电源有限公司和山东碧蓝生物科技有限公司申报山东省企业管理创新成果奖。（韩　念）

·行业管理·

【概况】 以“对话行业精英，勾画未来图景，指导行业发展”为主题，开展“行业发展大讲堂”“行业发展座谈会”活动。开展联合国采购推介活动，推进泰安企业走向国际市场，打响泰安国际、国际泰安品牌。推动行业理论研究，搭建由高校学者、行业专家、企业家组成理论研究交流平台。开展泰安市禁化武组织日宣传活动，全方位展示化学武器的发展与危害、禁化武组织的工作与贡献。做好禁化武履约管理工作，加强监控化学品生产管理及数据审核上报。抓好安全生产监督检查工作，对各企业检查督查安全生产工作135人次，填写现场检查记录45份，查出各类安全事故隐患12条，整改率达100%以上，重大安全隐患整改率达到100%。

【协会建设】 开展行业信用体系建设，与市发改委联合开展市场主体公开信用承诺活动，引导行业协会、企业打造诚信行业，建设信用泰安，推动指导行业协会开展诚信行业创建活动。指导市汽车配件协会举办“2018泰山首届汽车配件用品展销会”。指导行业协会开展行业文化建设、团体标准建设、信用体系建设等各类活动，协会建设初步形成以领军企业领军人物为“点”，以行业协会为“线”，以行业产业联盟为“面”，涵盖全市规模以上企业、大专院校、科研院所及中介机构参与的点、线、面相结合的组织网络和服务体系。

【改革改制】 完成市煤炭运销公司和市物资经贸总公司改制，解决宏大中心资产纠纷问题，厘清双龙地下工程资产归属，确保国有资产安全完整。推进破产改制企业党建工作，成立改制单位留守党支部3个。推进原五金站、物贸公司宿舍危房重建工作。做好各项权益兑付工作，办理离休干部医药费报销114人、717.03万元；办理退休人员死亡补助费37人、220万元；发放独生子女父母退休一次性养老补助472人、205万元；办理“4050”人员养老保险返还218人；发放退役军人困难救助和补助金120人、27.7万元；发放事改企人员住房补贴、物业费88人次、17.9万元。

（邵　振）

煤炭工业

【概况】 2018年，规模以上工业企业中采矿业企业49家；实现主营业务收入201.7亿元，增长8.5%，占规模以上工业企业的11.0%；利润16.1亿元，增长0.6%，占规模以上工业企业的12.0%。（颜大龙）

【地方煤矿】 至2018年年底，全市境内有地方煤矿20处，核定生产能力1670万吨。全市地方煤矿生产原煤1363.3万吨，同比增加26.3万吨，增长1.97%

【安全生产】 年内，全市未发生原煤生产责任事故，实现安全生产年，连续12年控制在市政府下达的考核指标内。推进“双重预防体系”建设。排查A级隐患6项，B级隐患394项；排查重大风险467条，各类风险均制定管控措施。部署雨季“三防”工作。成立抢险机构17个，组成抢险队伍108支，抢险人员共计2068人；备足备齐防洪抢险物资，做到专库存放；实施雨季“三防”一般工程284项，计划投入资金813.4万元。开展水泵联合试运转和停产撤人演习。强化防冲管理，对辖区5处冲击地压煤矿停止生产，对停产情况进行现场突击检查，确保有关煤矿真停产；要求各煤矿自查自改，整改隐患100余条；对5处冲击地压煤矿实施逐矿复产验收。全年组织开展检查矿井78矿次，查出问题416条，提出建议23条，下达责令整改通知书64份，现场处理决定书6份，停止作业地点8处，实施行政处罚7矿次，罚款29万元。

【新旧动能转换】 化解过剩产能，2018年，全市计划关闭退出煤矿2处，退出产能65万吨/年，涉及职工1991人。新泰市韩庄煤矿于2018年7月停产回撤，山东隆源煤矿集团于2018年5月停产回撤。省级联合验收组对2煤矿进行验收。全年投资1.2亿元，实施技术改造项目21项，全市煤矿采掘机械化程度分别达85%、93%。推广实施“机械化减人、自动化换人”工程，提高吨煤工效。加强与高等院校、科研院所的科技攻关合作，重点开展复杂地质条件下围岩控制和受承压水威胁区开采等课题攻关，为安全生产提供技术保障。通过合理组织生产，提高煤炭回采率。实施绿色充填开采，置换煤炭并减少矸石排放。“走出去”开拓省外资源。在新疆、内蒙古、山西、陕西、河北、宁夏等省份通过独资、合资、托管等方式办矿64家，占有煤炭资源216亿吨，实现原煤生产3416万吨/年，分流安置境内职工1万多人。按照“立足煤，延伸煤，超越煤”的发展理念，形成多元发展格局。非煤项目涉及金融、房地产、医药、化工、建材、机械制造、电子商务等多个领域。全市非煤企业达150多家，全年实现销售收入约110亿元。

【煤炭清洁高效利用】 全年推广洁净型煤20.20万吨、节能环保炉具1.11万台。争取市财政专项资金2400万元，各县（市、区）分别奖补清洁煤200～300元/吨。向广大居民普及洁净煤相关知识，引导居民提高对洁净煤和洁净炉具的认识，拓展清洁煤保障供应渠道，全市共建立经营网点100家。联合工商、环保、质监等部门通过明察暗访，集中突击等方式，不定期对散煤经营煤质及储煤场地建设情况进行督导检查，实现源头管控。 （沈　杨）

·山东能源新汶矿业集团·

【概况】 2018年，面对煤炭市场继续下行、企业内经营日益困难的严峻形势，新矿集团以“创新发展、转型提效”为主题，以开展“治亏创效”行动为抓手，凝心聚力、创新举措，总体保持较为平稳的发展态势。全年找煤扩量8000万吨，原煤全员效率提高15.24%，新开发有色金属业务增收50亿元。获得首届山东省管理创新优秀企业奖、中国煤炭工业优秀企业管理奖、全国企业文化优秀奖、全国资源综合利用先进单位、全国煤炭行业节能减排先进企业、全国劳动争议调解工作示范企业、山东省AAA级劳动关系和谐企业等称号。

【煤炭生产】 全面推进设计源头控本、生产过程降本、系统节能降耗、生产提速提效四项工程，实现煤炭生产效率、质量双提高。建设智慧矿山，12个工作面安装自动控制电液阀，11个工作面应用超前支护系统，安装无人值守远程集控系统80个，优化增量42万吨，创效2亿元。

【治亏增效】 深化劳动用工改革，推进10家权属单位混合所有制改革，完成28家大集体企业注销，分离移交僵尸、亏损、附属单位，优化职工队伍，累计减员5323人。实行物资采购、设备修理、煤副产品销售等管理，调剂闲置资产152台（套），节约支出1亿元。发行私募公司债券、超短融，在融资存量增加42亿元情况下，融资成本降低8700万元，资金占用比年初下降12.21亿元。

【安全保障】 以“安全责任落实年”为主题，固化“越是困难越要抓安全、抓不好安全更困难”的理念，坚持安全管理不放松、投入保障不减少、质量标准不降低、监管力度不弱化，全面抓好安全工作。鄂庄矿连续安全生产周期超过24周年。（王立峰）

·山东能源肥城矿业集团·

【概况】 2018年，集团上下紧紧围绕“稳中求进”总基调，开创经济运行稳中向好、整体工作进中突破的新局面。抓住煤炭市场整体企稳时机，强化产销协同，保持产销率、回款率100%。商品煤量比确保目标增加5.74万吨。煤价、销售收入、现汇比例同比实现“三增”，其中煤炭增收4.6亿元。全公司账面盈利3.21亿元，比目标增利2077万元，比奋斗目标增利77万元，同比增利1.79亿元。坚持发展依靠职工、成果职工共享，发放养老保险、房贴、报销药费、住房公积金等，投入“三供一业”改造、供暖等，涉及民生的支出10.13亿元，占经营资金收入的18.2%。

【安全生产】 树立“安全是稳中之稳”思想，塑造“端安全碗、吃安全饭、挣安全钱”价值观，安全发展氛围空前浓厚。依法合规组织生产，抓调整、上装备、除隐患，优化安全生产环境。解决安全重大问题，冲击地压、瓦斯、水害等灾害防治能力不断提升。完善安全管理机制，包矿会诊、驻矿督查、量化考核，管控力度持续加大，保持安全生产形势平稳。

【经营管理】 采取稳产措施，坚持“领涨跟降”营销策略，科学组织发运，保障市场波动、停产限产、电煤供应等不同阶段的营销和回款。同时优化产品结构，开展洗配提价，竞拍交易增收，煤价稳居能源集团前三名。紧盯成本超支严重项目，规范招标流程，节支768万元。明确物资代存范围、期限，责令清退长期代存物资，代存资金额度下降5000万元。实施资金、政策、税收筹划、资产盘活“四项创效”，挖掘创效潜力，内控外收，降费减支，综合创效2.53亿元。实施30项装备升级项目，改造大修综采支架826组，12项成果通过中煤协会鉴定，13项优秀科技成果、26项“五小”创新成果受到能源集团表彰。全面清查大型资产、专项设备及闲置资产4389项。处置报废设备物资收入1438万元。清收处置20项闲置资产及应收款项取得成效，已收回4253万元。

【转型发展】 推进平凉五举煤矿项目，合作成立全资子公司。依托自身优势，实施转型发展项目5个。其中，煤炭储备项目取得省级煤炭应急储备基地批复，飞达公司迁回老区，协同物流贸易产业发展。研究老区生产接续，找煤扩量221.8万吨。推进新区压煤村庄搬迁、塌陷地治理，梁宝寺矿“四村一校”搬迁，当年开工、当年主体完成、当期压煤村主过渡搬迁，解放压煤储量700万吨。

【民生工程】 完成梁宝寺矿煤场全封闭式改造，保障环境清洁。完成14家改制企业党工团、安全、维稳、环保等管理责任以及9个社区管理机构、29条市政设施道路移交。“三供一业”管理职能和相关资产全部实质性移交接受单位，实现平稳过渡。依规加快维修改造，全力保障、督导冬季供暖，后续改造工作有序实施。医疗保险纳入统筹，最大限度保障企业利益、百姓权益，矿区4.7万名在职和退休职工，开始享受泰安市公共医疗资源。

（王百灵）

机械制造业

【概况】 2018年，机械制造业（通用设备、专用设备、汽车制造业、铁路、船舶、航空航天和其他运输设备制造业、电气机械及器材制造业）436户，实现主营业务收入433.6亿元，下降0.1%；实现利润14.1亿元，下降38.6%。主要产品中，起重设备7.9万吨，增长52.4%；变压器211.3万千伏安，下降17.6%。

（颜大龙）

【山东泰开电气有限公司】 该公司是开发和生产550千伏及以下电压等级输变电电器成套设备的大型骨干企业，综合经济指标居全国同行业前5名、山东省同行业首位。1980年，泰安县高压开关厂与泰安县机床电器厂合并组建泰安县电器开关厂。1984年，开发研制出DW2-35型多油断路器，DW2-35高压油断路器生产能力在全国同行业居第二位。1997年组建泰安高压开关集团，并通过ISO 9001国际质量体系认证。1998年6月，泰开集团加入山东泰山国际电缆电器公司。1999年更名为鲁能泰山开关集团。生产的LW30-126户外高压SF6断路器，被评为1999年国家级新产品，获得国家实用新型专利；主要产品LW8-35SF6断路器获国家火炬计划证书，产品销往全国各地，并出口苏丹、尼泊尔等国，国内市场占有率80%。2001年，生产的ZF10-126GIS获国家高压电器质量监督检测中心颁发的型号使用证书。2002年，改制为山东泰开电气有限公司。

10月16日，中信重工开诚特种机器人列装暨东平生产基地投产仪式在东平举行，市委副书记、东平县委书记张涛（右三）出席投产仪式。图为参会领导按动启动球 （司 刚 摄）

【中国重汽集团泰安五岳专用汽车有限公司】 1950年10月建，原名泰安专区农具铁工厂，位于泰城灵应宫旧址。后易名或改组为泰安起重机械厂、泰安机械厂、泰安汽车制配厂、泰安专用汽车制造厂、泰安华岳专用汽车有限公司、中国重型汽车集团泰安五岳专用汽车有限公司等。2005年，被评为省级文明单位。2008年4月，公司进行股本重组，中国重型汽车集团有限公司又注入资本金，成为其绝对控股企业。公司地处泰安市高新技术产业开发区，占地面积56万平方米，主要生产建筑面积8.2万平方米，辅助生产面积3702平方米，是国内最早通过ISO 9001质量体系认证、国军标GJB 9001质量体系认证和3C认证的企业之一，已形成改装汽车、特种汽车、军用装备三大系列产品。

【特变电工山东鲁能泰山电缆有限责任公司】 1966年建，原名山东新泰电缆厂。1986年5月改名为山东电缆厂。1992年，以山东电缆厂为核心层，泰安变压器厂、高压开关厂为半紧密层成立山东电缆电器集团总公司。1993年，公司进入全国500家最佳经济效益企业，成为省首批建立现代企业制度试点单位、省百家大型企业集团之一。1994年7月成立山东电缆股份有限公司，被市政府授权经营国有资产，为国有独资公司。1996年，通过ISO 9000国际质量体系认证。1999年，通过ISO 9001国际质量体系审核认证。2000年通过ISO 14001环境管理体系认证。

【泰山集团股份有限公司】 1978年建，原名泰安县锅炉厂，1985年5月改称泰安市锅炉厂，1994年6月更名为泰山集团股份有限公司。1995年，按照A级锅炉生产企业标准规划建设新厂区，成为集工业锅炉、电站锅炉、压力容器、电力设备、电缆电器、船舶尾气制冷等产品研发、制造、销售和服务于一体的国家级重点高新技术企业，并被科技部和国家电网认定为电力设备产业化基地骨干企业。

【泰安华鲁锻压机床有限公司】 该公司前身是建于1968年的国营企业泰安锻压机床厂，2003年改制成为股份制公司。公司主导产品包括数控卷板机、矫平机、校平机、剪板机、折弯机、开卷矫平剪切生产线等五大系列、300多种规格，部分产品代表国内最高水平、达到国际先进。公司制定3种产品的行业标准，拥有40项国家专利、3项软件著作权。有多项产品列入国家重点新产品和国家火炬计划项目，其中WES11K-35×21000大型数控船用卷板机为世界最大，完全替代进口，填补国内空白，达到世界先进水平；WEF11K-40×23000数控船用卷板机列入国家2010年科技重大专项；公司自主研发的具有完全自主知识产权的高强度板料矫平机，系国内首创，为中国多个重点领域特殊板材的矫平需求提供解决方案。

【山东宏康装备集团】 简称宏康集团。主导产品为数控板料开卷矫平剪切生产线、数控铣镗床和钢铁物流配送，已成为中国研制生产数控板料开卷矫平剪切生产线的骨干企业之一。有50多项国家发明和实用新型专利。负责制定的《板料开卷矫平剪切生产线》国家行业标准获中国标准创新贡献奖二等奖，“大型数控中厚板精整成套设备产业化项目”被列入2011年山东省自主创新成果转化重大专项计划。

【山东硕力机械制造有限公司】 该公司是一家集产学研一体化的现代高科技企业，主要生产液压顶升系统、三维数控弯板机等产品。2008年后，公司同武汉理工大学合作，研发独特的“方形压头可调活络模具”等具有自主知识产权的新技术，集成“机、光、电、液、控”等技术，生产出国际领先技术水平的船舶三维数控弯板机，首创“自动化”造船装备，研发制造的 SKWB-2500 型三维数控弯板机达到国际领先技术水平，被储备为国家“863”计划项目。

【山东能源机械集团有限公司】 该公司是新矿集团全资子公司，始建于 1957 年，拥有控参股公司 30 家。产品分“煤机装备、煤化工装备、再制造、不锈钢”四大系列。其中，“煤机装备”以采煤机、刮板机、皮带机、掘进机、综采液压支架“四机一架”为主导，掘进机最大装机功率 300 千瓦，切割硬度 F13 以上，爬坡能力达到 18°，为世界领先水平；设备再制造主要开展采、掘、支护装备以及各类零部件再制造，激光熔覆不锈钢立柱、无火花截齿、激光强化中部槽等；不锈钢产品主要生产 300、400 系列钢种，厚度为 0.05 毫米~1.2 毫米的 20 种精密不锈钢带。各类产品远销新疆、贵州、四川、河南、湖北、青海、内蒙古等 21 个省、自治区、直辖市。

【泰安力博机电科技股份有限公司】 该公司是国内最大的带式输送机生产基地，拥有山东省“企业技术中心”“带式输送机电工程技术研究中心”。公司主要从事散料输送装备，特别是带式输送机整体、关键部件以及关键技术的研发设计与制造，是散料物流输送领域的装备专家。公司在国内外长距离带式输送机、大倾角上带式输送机、大倾角下运带式输送机、线摩擦带式输送机、弯曲带式输送机的开发设计具有明显的技术优势和开发能力。主导产品有液体黏性软起动装置、自冷盘式制动装置、液压自动拉紧装置。此外还研究开发矿山机电类附属产品，如高密封耐磨托辊、高耐磨钢缆托轮等，技术达到国内领先、国际先进水平。

【山东厚丰集团】 亦称泰安鲁美汽车散热器有限公司。始建于 1972 年，是一家车用散热器研制开发、生产制造与销售服务的专业化公司。公司拥有 400 台套国内外先进的自动化设备，12 条现代化生产流水线，年产能力达 150 万台（套）车用散热器、20 万台（套）汽车空调器及空调两器。公司拥有省级技术开发中心、省级散热器产品质量检验站，120 名专业技术工程师每年开发 200 种新产品投放市场。公司产品 60% 为国内各种轿车、大中巴客车、轻卡、重卡主机厂配套，40% 出口美国、加拿大、澳大利亚及欧洲等 14 个国家及地区、年产销量 100 万台（套）。产品有八大系列 1000 种型号，包括铝质汽车散热器（全铝、铝塑）、铜质汽车散热器、工程机散热器、汽车空调器、空调两器、汽车暖风机、内置式钢管和铝质板翅式机油散热器、中冷器、工程塑料水室、塑料导风罩等。公司在全国行业内率先通过 ISO 9001:2000 质量体系、QS 9000 质量体系认证及 ISO/TS 16949:2002 标准，产品获山东省名牌产品、山东省标志产品称号，“鲁美”“东岳”商标获“山东省著名商标”称号。2006 年 8 月，被商务部、国家发展改革委命名为“国家汽车零部件出口基地企业”称号，2004 年、2005 年公司连续获“全国百家最佳零部件供应商”称号，并先后获“中国机械工业 500 强企业”“全国守合同重信用企业”“中国农行 AAA 级信用企业”“全国十佳汽车散热器企业”“中国外贸企业信用示范企业”“全国 CAD 应用示范企业”“山东省产品出口免检单位”“山东省机械工业利税 50 强企业”、山东省“省级高新技术企业”“省级文明单位”等称号。

化学工业

【概况】 2018 年，化学工业企业 101 户，实现主营业务收入 194.3 亿元，增长 8.5%；实现利润 8.7 亿元，增长 370.6%。主要产品中，化肥（折纯）100.4 万吨，增长 4.6%；化学农药原药（折有效成分 100%）1.8 万吨，与上年持平。 （颜大龙）

【山东阿斯德化工有限公司】 1994 年 3 月，肥城市化肥厂与美国酸胺技术公司合资组建，占地面积 4.28 公顷，注册资金 600 万美元。1996 年，承担的年产 2 万吨甲酸项目（国家星火计划）建成投产。1998 年，通过 ISO 9002 国际质量体系认证。1999 年 9 月，“春旺牌”甲酸被省经贸委评为山东省名牌产品。甲酸、甲酸甲酯、甲醇钾、甲酸铵被中国国际贸易促进委员会和法国科技质量监督评价委员会评为向欧盟市场推荐产品和高科技质量产品。

【山东华阳农药化工集团有限公司】 1966 年 10 月，宁阳县石油化工厂扩建为宁阳县农药厂，为集体所有制企业。1976 年转为全民所有制。1996 年，以宁阳农药厂为核心企业，组建山东华阳农药化工集团有限公司，并获得自营进出口权。

图为联强远大装配式建筑生产基地，装配式建筑生产车间生产厂景
（赵文文　摄）

1998年，改称山东华阳集团，并通过ISO 9002国际质量体系认证，入选全省百强重点企业集团。1999年12月，设立山东华阳科技股份有限公司，总股本5000万元。2000年被科技部认定为国家重点高新技术企业。2001年，通过ISO 9001国际质量体系认证。

【山东省瑞星化学工业集团总公司】 1973年建，原名东平化肥厂。1981年改产农用碳酸氢铵。1987年，利用"油脂加氢"技术开发出硬脂酸、甘油项目。1988年更名为东平化工总厂，并利用合成氨生产中的氨、氢等气体制取吗啉。1990年，吗啉项目通过部级鉴定，成为进口替代产品，年生产能力1500吨，产品质量标准达到部颁标准。1993年，组建为山东省瑞星化学工业集团总公司。1994年3月，开始生产尿素。

【山东瑞泰纤维素有限公司】 该公司系主要从事纤维素醚系列产品、药用辅料等深加工产品的研究生产、销售、进出口贸易和房地产开发为一体的国家级高新技术企业，主导产品有十三大系列260多种规格，其中纤维素醚始终保持国内生产规模最大、品种规格最全、生产工艺和产品质量领先的地位。产品主要用于PVC、化工、建材、医药、食品、化妆品、石油开采行业，分别用作成膜剂、保水剂、黏结剂、分散剂、稳定剂、增稠剂等。有8种产品被列入"国家重点新产品"，4种产品被列为"国家火炬计划"，3种产品获省科技成果三等奖。公司为国家级和省级重点高新技术企业。

建材工业

【概况】 2018年，建材工业（非金属矿物制品业）156户，实现主营业务收入174.8亿元，增长10.7%；实现利润25.5亿元，增长57.1%。主要产品中，水泥695.8吨，增长14.8%；石膏板10529万平方米，下降15.0%；玻璃纤维纱67.8万吨，增长17.1%。（颜大龙）

【泰山石膏股份有限公司】 该公司是以生产纸面石膏板为核心业务的新型建材企业，中国建材集团旗下的新型建筑材料生产企业、中国建材百强企业、中国最大的纸面石膏板生产企业、世界同行业第七。在全国20个省（市、自治区）建立30条纸面石膏板生产线，拥有资产30亿元，主导产品纸面石膏板年生产能力已达到8亿平方米，是亚洲最大的纸面石膏板生产企业。公司以"和谐创新，报效社会"为经营理念，通过ISO 9001质量保证体系认证、ISO 14001环境管理体系认证、环境标志产品认证，成为国家环保总局倡导的"双绿色之星"企业。系山东省诚信纳税企业、AAA级银行信用企业、山东省质量管理先进企业、省资源综合利用示范企业、省循环经济示范企业、省环境保护优秀企业、山东省高新技术企业、山东省消费者满意单位、山东省守合同重信誉单位，被业界誉为中国纸面石膏板行业的领跑者。

【泰山玻璃纤维股份有限公司】 1994年11月建，主要产品为无碱玻纤毡、方格布、无捻粗纱等。1997年3月，中国首条万吨无碱玻璃纤维池窑拉丝生产线投产。1999年11月更名为泰安泰山复合材料厂。2001年7月，改制组建为泰安泰山复合材料有限公司；12月实现债转股后，更名为泰山玻璃纤维股份有限公司。2002年7月，新建2条2万吨无碱玻璃纤维池窑拉丝生产线投产，无碱玻璃纤维年生产能力7.8万吨，拥有产品六大类、59个品种、1300多种规格。为世界玻纤行业十强之一，是国家520家重点企业、中国建材百强企业、山东省136家重点企业、海关AA出口企业之一，被科技部认定为国家重点高新技术企业、国家863科技成果转化基地、国家科技兴贸重点出口企业。在国内玻纤行业中首家拥有博士后科研工作站，先后承担国家、省、市科技计划项目50余项，其中国家“863”计划项目2项，在国内同行业中率先通过中国船检局和挪威船级社产品型式认可（欧洲市场准入认可）、英国劳氏认证及国际质量、环境、职业健康安全管理（ISO 9001、ISO 14000、ISO 18000）体系认证。

食品药品业

【概况】 2018年，食品加工制造、饮料业38户，实现主营业务收入68.6亿元，增长11.0%；实现利润4.9亿元，增长5.9%。主要产品中，白酒2100.7万升，下降30.0%；小麦粉15.6万吨，下降68.2%；乳制品28.9万吨，增长7.3%；软饮料10.4万吨，下降5.5%。（*颜大龙*）

【泰山酒业集团股份有限公司】 建于1949年，为新中国成立后境内第一家国营企业。1952年，更名泰安专区酒类专卖事业处泰安酿酒厂，此后，先后更名为山东泰安酒厂、泰安市酒厂、泰安县酒厂、泰安酿酒总厂、山东泰山生力源集团股份有限公司，2011年5月更名泰山酒业集团股份有限公司。1998年，公司通过ISO 9001国际质量体系认证。2000年，“泰山特曲”被中国食品工业协会评为中国18家白酒新秀著名品牌，是省内唯一享有此殊荣的白酒企业。先后获“中国白酒工业经济效益十佳企业”“中国食品行业百强企业”“中国酿酒行业先进企业”“全国酿酒行业劳动关系和谐企业”“AAA级信用企业”“2008年度山东省轻工企业50强”等称号。在中国品牌研究院发布的《第三届中国最有价值商标500强》中，“泰山牌”白酒商标榜上有名，以8.14亿元的商标价值成为山东白酒唯一入选该排行榜的企业。在“2008山东酒业总评榜”上，泰山特曲继续保持山东十大名酒第一名。

【山东泰山啤酒有限公司】 1979年，泰安酒厂以啤酒生产车间为主筹建泰安啤酒厂。1980年建成，年设计生产能力5000吨。1988年，啤酒生产能力2万吨。1997年，啤酒生产能力15万吨，产品销量12万吨，“克利策牌”啤酒被授予省名牌产品称号。1998年10月通过ISO 9002国际质量体系认证。2000年改制为泰山生力源集团啤酒有限公司。到2002年12月，该公司发展成为香港恒捷印务有限公司持股61.54%、东莞虎彩印刷有限公司持股22.59%、泰山生力源集团啤酒有限公司持股15.87%，年啤酒生产能力15万吨的大型企业，“克利策”商标被省工商局认定为省著名商标。

【山东银宝食品有限公司】 1980年建，原名肥城县肉联厂。1985年，肥城县肉联厂获得对苏联和中国香港、澳门的出口注册。1992年，成为美国麦当劳公司在中国大陆唯一的猪肉供应商。1994年，为国内第一批对新加坡出口注册企业。1995年，在国内第一家开办“放心肉”连锁店。2000年，改制为肥城银宝食品有限公司，并组建肥城银宝集团。2001年，“银宝”牌猪肉被认定为中国国际农业博览会名牌产品，并获得ISO 9001国际质量体系认证、国际皇冠质量认证。2002年，通过HACCP国际质量认证，被北京市政府确定为鲜猪肉进京定点屠宰企业，被农业部批准为国家农业产业化重点龙头企业。

【山东泰邦生物制品有限公司】 该公司前身是山东省生物制品研究所，于2002年11月重组成立中外合资企业。公司注册资本为1.6亿元，总资产5亿元，是国家定点、山东唯一的血液制品企业，是以血液制品为主，集科研、生产、经营于一体化的国家级高新技术企业。公司生产人血白蛋白、静脉注射人免疫球蛋白、乙肝人免疫球蛋白、狂犬病人免疫球蛋白等7个品种、21个规格的产品，产品批签发合格率100%，销售收入年增长率超过50%。

【山东宝来利来生物工程股份有限公司】 该公司成立于1996年8月，是中国最早研究和生产动物微生态制剂的企业，是中国最大的动物微生态制剂产品供应商和微生态技术及其解决方案服务商。公司业务领域涉及饲用微生态、畜禽生态养殖微生态、水产微生态、奶牛及反刍微生态、生物发酵等，产品出口到欧盟、美国、韩国等国家和地区。

【山东光大日月集团】 该集团创建于1998年10月，经营占地面积133.33公顷，总资产30亿元，员工3000人。旗下拥有山东光大日月油脂股份有限公司、山东光大肥业科技有限公司、山东光大科技发展有限公司、山东光大绿源食品科技有限公司、山东光大日月集团置业有限公司、青岛光大天一商贸有限公司、安徽光大农副产品有限公司、新疆新光油脂有限公司、新疆光大山河化工科技有限公司、新疆前进光大油脂有限公司等多家子公司，是一家以油脂和食品加工为基础，以精细化工和生物有机肥生产为主导，不断延伸产业链条，逐步向高科技领域发展的现代化集团企业。先后获“国家级扶贫龙头企业”“省级（兵团级）农业产业化重点龙头企业”“山东省农产品加工骨干企业”“山东省守合同重信用企业”“山东省诚信企业”“山东民营企业百强”“全国放心粮油进农村进社区示范加工企业”等称号。企业已通过“高新技术企业”认定，其研发中心被评为省级技术中心。主要产品为“智育”“光大智育”“光大”系列食用油，“智育牌”红花籽油软胶囊，“鸥唛牌”奶油、花生蛋白粉、“光大田园牌”有机肥、复合肥、有机无机复混肥、专用肥，“英瑞”“赛璐王牌”系列淀粉醚、纤维素醚以及“西域山河牌”“西域雪莲花牌”精制棉、棉浆粕、纤维素醚、淀粉醚等。先后承担各级各类科技计划10项，其中“优质油料作物产业化开发”项目被科技部列为富民强县专项行动计划，“年产30万吨生物有机肥复合肥”项目被列为国家星火计划，“东平县20万亩优质油料作物产业化开发”项目被列为省科技厅科技特派员示范工程。

纺织服装业

【概况】 2018年，纺织、服装业148户，实现主营业务收入104.8亿元，下降1.7%；实现利润3.2亿元，下降29.2%。主要产品中，服装4093.5万件，增长8.8%；布3820万米，下降5.5%；纱16.3万吨，下降1.2%。 （颜大龙）

【山东岱银纺织服装集团】 该集团是一家集纺织、服装、进出口贸易、跨国生产经营于一体的大型综合性企业。系全国棉纺织行业竞争力排名前20强企业、全国服装双百强企业、中国优秀民营企业、山东省重点工业企业集团。通过ISO 9001国际质量标准体系认证、ISO 14001国际环境管理体系认证和OHSAS 18000职业健康安全管理体系认证，通过“国家AAAA级标准化良好行业”确认。各种系列的纱、布、毛呢、服装产品远销日、韩、东南亚、美国、欧共体等国家和地区，在国内、国际市场上享有很高的声誉。集团培植发展的名牌产品“雷诺”服饰先后获“中国驰名商标”“中国国际服装服饰博览会金奖”“国家免检产品”“山东省名牌产品”等称号，销售网络遍布全国各大中城市。

【山东傲饰集团】 1955年建，原名肥城县城关被服合作社。1964年改为肥城县被服厂。1983年3月改名为肥城县服装厂。1997年组建为山东傲饰集团有限公司，并通过ISO 9002国际质量体系认证，成为集服装、印刷包装、商业为一体的肥城市首家省级企业集团。企业以服装生产、房产开发、印刷包装、酒水经营为主导，兼营塑料制品、节能电器、喷胶棉、商贸流通等多种产业，主导产品“傲饰牌”西服和“康王河牌”酒双双获“山东名牌”和“山东省著名商标”称号。企业通过ISO 9002国际质量体系认证、ISO 14001国际环境体系认证和SA 8000社会责任体系认证。

【山东泰鹏实业有限公司】 1985年建，原名肥城县毛巾厂。1992年，与香港客商合资成立肥城市第一家外商投资企业——肥城泰鹏纺织有限公司，引进喷胶棉生产线1条，所产喷胶棉产品获“国家级新产品”称号。1996年，企业获得自营进出口权。1997年组建山东泰鹏集团。2000年，通过ISO 9001国际质量体系认证。2001年，通过ISO 14001国际环境管理体系认证。2002年6月，改制为山东泰鹏实业有限公司，成为民营企业。主要生产床上用品、环保生态型休闲用品等八大类、120个品种。

【泰安华兴纺织有限公司】 1987年建，原名宁阳县棉纺厂。1990年，兼并宁阳县织布厂，改为宁阳县纺织厂。1997年，以宁阳县纺织厂为核心企业，组建山东华兴纺织集团，成为集纺织、服装、机械加工、土产贸易、棉花加工为一体的县属国有控股股份制企业集团，生产规模扩大到3万纱锭。2000年，更名泰安华兴纺织有限公司，为国家大型企业，并通过ISO 9002国际质量体系认证。

【山东康平纳集团有限公司】 该公司始建于1998年，是生产高档毛纺面料和现代纺织染整装备的综合性企业，下属纺纱、织布、染色、整理4家分公司和泰安康平纳机械有限公司。公司主要生产高档粗纺呢绒、半精纺呢绒、精纺呢绒，羊绒、多组分纱线及各种纱线的染色加工，12个系列上千个品种。染整系列设备有自动化染色成套设备、多功能湿整设备、数控化后整理设备等。

山东康平纳集团鸟瞰图

冶金工业

【概况】 2018年，冶金工业10户，实现主营业务收入231.9亿元，增长17.2%；实现利润48.6亿元，增长57.9%。主要产品中，生铁319.6万吨，增长6.6%；钢材428.2万吨，增长3.0%；粗钢374.5万吨，增长9.8%。（颜大龙）

【石横特钢集团有限公司】 石横特钢集团有限公司（以下简称石横特钢）地处山东省泰安市肥城市境内，是以钢铁为主业，延伸至化工、金融等领域的大型企业，拥有新疆昆玉钢铁有限公司、山东阿斯德科技有限公司、山东鑫华特钢集团有限公司、泰安华鲁锻压机床有限公司等10多家子公司和控股公司，连续多年跨入中国企业500强之列，钢材产品主要有建筑钢筋、锚杆钢筋、精轧螺纹、圆钢、电力角钢等。2018年5月，被山东省经信委、财政厅联合授予“山东百年品牌重点培育企业”称号；10月，被山东省确定为泰安特种建筑用钢产业集群；12月，获评中国钢铁企业综合竞争力特强A级，被泰安市政府评为工业领军企业50强，董事长张武宗当选泰安市庆祝改革开放四十周年“感动泰安人物”。

生产经营 2018年，石横特钢主要产品产量创历史最好水平，生铁产量556万吨，粗钢产量641万吨，钢材产量684万吨，焦炭产量228万吨，机械产品产量1.23万吨。生产经营取得良好业绩，全年实现营业收入419.17亿元，实现利润75亿元。其中，集团本部实现利润49亿元，入库税金15亿元，列泰安市第1名，资产负债率、流动比率、速动比率分别为25%、260%、230%，钢筋混凝土用热轧带肋钢筋、锚杆用热轧带肋钢筋继续保持“山东名牌产品”称号。

兼并重组与工程建设 2017年4月、12月重组鑫华特钢、东昌焦化，2018年，分别实现利润18亿元、2.5亿元，均创历史最好水平。2018年，投资15亿元完成阿斯德科技一期项目建设，全年生产甲酸9.64万吨，实现利润2500万元；12月，参股泰安华鲁锻压机床有限公司；集团本部项目投资6.1亿元，完成工程建设项目87个，所有项目均实现一次试车成功。集团本部吨钢利润连续8年处于行业领先水平。

技术管理 继续保持“高新技术企业”资质和省级企业技术中心、山东省院士工作站两个技术创新平台，为企业转型升级提供技术支撑。2018年有可比性重点技术经济指标77项，达到同行业先进平均水平的62项，达到同行业先进水平的45项，达到行业领先水平的32项。

技术创新 全年鉴定验收2017年度公司级技术创新成果89项；9项目通过山东省冶金工业总公司组织的科技成果鉴定验收，其中4个项目鉴定为国际先进水平，4个项目鉴定为国内领先水平，1个项目鉴定为国内先进水平。全年获授权专利14项，其中发明专利2项、实用新型专利12项。

循环经济 被山东省政府授予“山东省节能先进企业”“山东省节能先进单位”等称号，绿色工厂建设典型经验被《中国冶金报》《中国环境报》《中国工业报》等数十家新闻媒体竞相报道，社会反响强烈。按照“钢城＋绿网”“生态＋园林”“厂在林中、路在绿中、人在景中”的总体定位，全年新增绿化面积6.4万平方米，厂区绿化率达到21%。

企业文化 设立2000万元教育基金，表彰奖励肥城市品学兼优的学生和贡献突出的教师；出资3000万元用于泰安市见义勇为专项奖励；出资5000万元资助肥城市佛桃品牌建设。不断优化完善社区管理及离退休员工的娱乐文体活动，开办的舞蹈班、书法班及传统的威风锣鼓等项目，得到职工家属认可。适应国家环境治理大政策，减少冬季取

3月29日，山东省先进钢铁制造产业发展规划调研工作会议在石横特钢集团召开　　（邹晓倩　摄）

暖污染排放，为周边村庄供暖，年度折标煤约2600吨。关注员工及离退休员工身心健康，查体5270人次，救助393人次。开展表彰先进活动，表彰奖励2018年度重大绩效项目14个、劳动模范18名、和记功嘉奖360名。　　（李慧星）

金属制品业

【概况】 2018年，金属制品业69户，实现主营业务收入37.8亿元，下降6.1%；实现利润2.1亿元，下降7.7%。主要产品中，金属切削工具0.9万件，下降96.6%；锻件2.2万吨，下降29.0%。　　（颜大龙）

【山东山口钢管集团有限公司】 该公司专业生产高频焊管和冷轧带钢，产品形成六大系列500多个品种，行销全国20多个省、市和地区，并出口到英国、非洲、北美等30个国家和地区。2003年，该公司新上GH200、GH450大型空心型钢生产线2条，专业生产钢结构用管，是全国第一个生产450×450×16毫米大型空心型钢的厂家，填补中国大型空心型钢生产的空白。

【山东九鑫机械工具有限公司】 该公司是省级中型企业，山东省工具出口定点厂，“中国工具五金30强”首批前十强企业。双头呆扳手是公司主导产品之一，年产量达3500万支，是全国最大的制造厂家，梅花扳手、两用扳手、活络扳手、套筒扳手、美式重型管子钳、断线钳等产品在市场享有主导地位。2000年，公司双头呆扳手产品被评为“山东名牌产品”。

橡胶和塑料制品业

【概况】 2018年，橡胶和塑料制品业62户，实现主营业务收入31.4亿元，增长4.3%；实现利润0.1亿元，增长39.4%。主要产品中，橡胶轮胎外胎（轮胎外胎）988.9万条，下降1.0%；塑料制品15.8万吨，增长46.3%。　　（颜大龙）

【山东泰山轮胎有限公司】 该公司始建于1970年，系原化工部定点轮胎生产厂，大二型企业。2002年改制为民营。年末有员工1726人，其中专业技术人员406人。主要生产经营“泰山牌”农用拖拉机轮胎、工程机械轮胎、巨型矿用轮胎（包括全钢巨型轮胎）、轻型载重汽车轮胎、重型载重汽车轮胎、特种轮胎，已形成六大系列300多个品种规格，年产能力260万套，产品畅销90多个国家和地区。公司先后通过ISO 9001质量体系认证、ISO 14001环保体系认证、“CCC”产品安全认证、内胎产品认证和美国DOT、欧共体ECE认证。公司是海关总署“AA”类管理企业、国家质检总局出口工业产品一类检验监管企业，产品为“山东名牌产品”。

【山东东岳橡胶制品有限公司】 该集团下辖新东岳集团有限公司和山东新东岳再生资源科技有限公司两家橡胶制品企业。其中，新东岳集团有限公司以生产“东岳牌”摩托车胎、电动车胎、力车胎、农用车胎、丁基内胎为主导产品的企业，具有40多年的轮胎制造技术和经验。已形成年产1500万套摩托车胎、1500万条自行车胎、1000万条电动车真空胎、1000万条丁基内胎的生产能力。取得摩托车胎“3C”国家强制认证，通过“三体系”认证及美国交通部DOT标准认证，产品畅销全国各地，并出口意大利、希腊、波兰、巴西等国家和中国台湾、中国香港地区，企业综合经济指标位居全国同行业前三位，“东岳”商标被认定为中国驰名商标。

【肥城联谊工程塑料有限公司】 该公司主要生产经营各种玻

璃纤维、涤纶土工格栅、单向塑料土工格栅、双向塑料土工格栅、新型三维土工网垫、高强度土工网、土工格室、工程纤维、土工布、复合土工膜、经编复合土工格栅、玻璃纤维短切毡、玻璃纤维复合毡等工程材料。产品主要应用于公路、铁路、水利、电力、水土保持及环境绿化与基础建设领域，已被广泛应用于高速公路、铁路等多项国家重点工程。

【泰安鲁普耐特塑料有限公司】 该公司成立于2002年4月，主要致力于以各种新材料的化纤、塑料、金属、植物、特种纤维为主要原料的绳、网、线、带及绳网生产设备、绳网检测设备、塑料制品的生产、经营、研发和服务事业。其产品广泛应用于军事、航空航天、体育、休闲、作业、养殖、劳保、防护、农业养殖、海洋捕捞等领域，制造专业，品种齐全，质量一流，位居同行业领先水平。公司生产的登山绳和攀岩系列产品先后被清华大学、北京大学、北京航空航天大学、中国农业大学登山队作为国内外唯一指定登山专用绳索；生产的安全类（登山绳、高空防坠落、高空逃生、攀岩绳、安全网、安全带、安全绳等）、消防类（火场逃生、火场救援、消防装备等绳网）、休闲娱乐类、种植养殖类、船用缆绳及游艇绳索等系列产品出口到欧洲、美国、澳大利亚、日本等60多个国家和地区，仅形成专利的产品就达60项。

水电气生产与供应业

【概况】 2018年末，全市电力、燃气、自来水的生产和供应企业有规模以上工业企业49户，实现主营业务收入78.9亿元，增长13.1%，实现利润-0.7亿元。 （颜大龙）

【国网新源山东泰山抽水蓄能电站有限责任公司】 该公司于1999年7月注册成立。位于泰安市西郊、京沪铁路北侧，为国家重点建设项目。工程总投资43.26亿元，分为上水库系统、厂房系统、水道系统和下水库系统：上水库为樱桃沟上游扩挖、填筑土石方而成，水库总库容1128万立方米。安装4台25万千瓦立轴单级混流可逆式水泵水轮机组，年发电量13亿千瓦时。首台机组于2006年7月11日正式投产，10月11日2号机组投入商业运行，12月7日3号机组投产，4号机组于12月20日并网，实现“三投一并”的目标，增强山东电网调峰、填谷、调频、调相和事故备用功能，有效利用高达460多万千瓦的夜间用电低谷电能，每年节约标准煤43.4万吨，节约燃油25.5万吨，提高电网运行效率。电站工程先后通过竣工验收和工程审计，获得中国建筑行业“鲁班奖”（国家优质工程）。2018年度发电量达到14.18亿千瓦时，提前完成全年发电量任务，同比增长138%，实现发电量跳跃式增长。

【国电石横发电公司】 始建于1962年，为中国国电集团公司大一型企业。占地298公顷。有职工1913人。6台机组运行，总装机容量1920千瓦，固定资产85亿元。先后获全国文明单位、全国精神文明建设工作先进单位、全国模范职工之家、国际一流火力发电厂、全国企业文化建设十佳单位、全国五一劳动奖状、中国国电集团公司绩效贡献特别奖。2018年，提高市场应对能力，树立“电量就是生命线”理念，动态跟踪电量计划完成情况，利用调峰需求等有利因素积极争取电量计划，提高机组运行负荷率和利用小时。抓住电量营销、精细管理、安全管控等关键因素，稳运行、控指标、抢发电、多发电，提前实现全年发电量，并实现安全生产无事故。

鲁普耐特集团引进和吸收国外先进设备的制造经验，建设自动化、信息化、标准化程度较高的绳网智能生产车间，产品远销全球80多个国家和地区
（陈阳 摄）

·国网泰安供电公司·

【概况】 国网泰安供电公司始建于1973年，下辖11个职能部室、8个业务支撑和实施机构及4个县（市）供电企业，有员工3831人。担负着为全市6个县（市、区）560余万人口、223万户客户及7762平方千米区域的安全供用电任务。泰安电网以220千伏为主网架，网内有500千伏变电站3座，35千伏及以上变电站154座，变电总容量1373.9万千伏安；35千伏及以上输电线路399条、4157千米；10千伏配电线路932条、11320千米。2018年，全网最高用电负荷357.4万千瓦，全市全社会电量198.38亿千瓦时，同比增长9.43%。截至年底，公司实现连续安全生产7413天。全年完成固定资产投资12.39亿元，其中电网基建投资完成10.47亿元。先后获得全国“安康杯”竞赛优胜单位、市经济社会发展综合考核先进单位、泰安市政风行风建设先进单位、山东省技术监督工作先进单位、山东省管理创新优秀企业、“推行协商民主强化社会责任”示范单位等称号，立市集体三等功。

【安全生产】 强化各级安全生产主体责任，编制安全责任清单，深化风险分级管控机制，流程化管控610项关键风险点，梳理、整改问题31项。开展“六查六防”等专项行动，查改安全隐患257项，整改消防隐患135项。坚持“一停多用”，优质完成44座变电站、469条线路检修，16项“三跨”反措项目施工，设备健康水平不断提升，110千伏及以上变电设备全年零故障，输电线路外破“零”跳闸。实现配电网精益运维，配电线路跳闸率、停运率、非计停分别同比降低33.4%、26%、44.8%。圆满完成央视春晚分会场、上合组织青岛峰会、泰山国际登山节等期间重大保电任务。2个班组分获山东省青年安全示范岗、泰安市安全生产十佳班组称号。

【电网发展】 编制69个乡镇、3051个行政村“一图一表”村镇规划，完成9.5亿元中低压配网项目储备。全省率先完成上海庙—山东±800千伏特高压直流工程线路通道验收。有序推进220千伏安村等20项工程建设，按计划开工工程6项，按时投产工程7项。投产35千伏及以上线路52.29千米、变电容量26.45万千伏安。通过变压器租赁、轮转等方式增容变压器12台，治理重过载线路19条、重过载配变438台。新建10千伏线路708.74千米、低压线路788.36千米，新增更换配变625台，户均容量提升至2.49千伏安。完成博阳路等迁改工程15项，受理迁改工程19项。将园区配套电网项目纳入电网规划，配网联络率提升至80.61%。重点安排黄河滩区8592万元中低压项目投资，保障东平县扶贫工作用电需求。

【优质服务】 构建办电便捷“绿色通道”，争取新泰正大焦化等园区业扩配套电网增列投资工程5项，应用项目包资金6165.52万元，解决业扩受限129项。简化业扩配套工程物资实物储备流程，明确实物储备定额及红线，储备物资22类。实施“新时代·新彩虹·新服务”为民服务十大工程，落实简化分类等电价调整政策，累计协助客户降低电费10135.7万元。建立“一次办好”业务体系，完成政务大厅进驻，实现电力接入工程“一链办理”。推进保卫蓝天电能替代工程，完成电能替代项目71个，替代电量5.42亿千瓦时。促成三里屯、高铁新区等综合能源服务项目，签订合同金额1142万元，完成集中式供冷供热15万平方米。全年服务电动汽车充电51.74万辆次，充电量1653.5万千瓦时，全国排名第五。（刘　钊）

信息产业

【软件与信息技术服务业】 2018年，软件与信息技术服务业自主研发能力持续增强，49家规模以上企业实现软件业务收入34.1亿元，增长40.5%；实现利润2.2亿元，实现利税4.8亿元。泰山神农智谷大数据产业园落地，项目占地13.33公顷，总投资35亿元，园区以“云（云计算）、物（物联网）、大（大数据）、智（智慧农业）”为产业主体，营造农业大数据全产业链的聚合孵化效应，年末，奶牛智能养殖、渤海大粮仓等项目已经实施。海天智能公司脑控智能康复机器人临床应用效果良好。虚拟现实（VR /AR）领域实现新突破，东艺数科成功打造出拥有完全自主知识产权的“追梦空间”“雷石灵境”“太空前站”3个主题乐园品牌；元矩科技通过与国网泰安供电公司合作，将虚拟/增强现实技术运用于传统电网改造，构建以数字电网为数据基础、以人工智能和大数据为技术核心、以虚拟/增强现实为交互手段的电网企业运作新模式，推动电力系统朝智能化、高效化、安全化发展。

【无线电管理】 组织开展第七个“世界无线电日”和9月无线电管

理宣传月活动，发放宣传资料1000份。做好频率分配和评价工作，指配临时频率14组，为春晚泰安分会场批准临时设台14个，为6人更新业余电台台站资料，并换发电台执照。维护空中电波秩序和频率使用安全，处置无线电干扰案件5起，查处“黑广播”电台9起、航空干扰1起、通信基站干扰2起，完成公务员考录、高考等考试的安全保障任务。以“零失误、零投诉”为目标，以高度的责任感和使命感圆满完成上合组织青岛峰会、春晚泰安分会场、央视中秋晚会泰安分会场等的无线电安全保障任务。

（韩　念）

【中国移动通信集团泰安分公司】 2018年，公司连续17年保持省级文明单位称号，公司团委获得“全国五四红旗团委”称号。

网络运营 累计投资3亿元建成精品4G网络，4G+基站数超过5000个，基站总数8000余个，实现泰山景区、乡镇及以上区域、高速高铁、97%以上行政村的连续覆盖。累计投资2.8亿元建成全光有线宽带网络，具备千兆宽带接入能力，覆盖全市225万户家庭，成为有线宽带用户增速最快的运营商。推进窄带物联网（NB-IoT）建设，建成NB-IoT基站260个，实现城区NB网络连续覆盖，为促进传统产业转型升级提供支撑。提前布局5G技术应用，打造精品接入光缆网，满足全业务综合接入需求，为万物互联奠定坚实的网络基础。

业务发展 完成运营收入15.27亿元，纳税总额9114.445万元。移动客户总数超过360万户，4G用户超过220万户。贯彻实施“提速降费”政策，持续降低通信资费，资费降幅实现行业领先。9月1日，全面取消国内长途漫游费。大幅降低中小企业互联网专线资费，推出“小微宽带”特惠产品，惠及小微企业8万余家。

助推地方发展 建成容纳79架机柜装机容量、60G带宽出口的400平方米IDC机房。借助中国移动全国共享的政务云支撑服务体系，发挥青岛、济南云数据中心资源优势，为全面承接本地中小企业上云做好资源保障；参与政务信息化建设，提高信息化支撑能力，发挥物联网、大数据、通信整体解决方案等方面的集合优势，为推动“智慧泰安”纵深发展、工业互联网快速发展提供丰富的应用和服务。定期开展环境保护、赛事服务、防电信诈骗公益讲堂等志愿活动，资助贫困大中专学生13名。建立创城督导考核机制，向市民发送文明创建公益短信250余万条。做好各类重大活动、重大自然灾害和突发事件的应急通信保障。

（褚文文）

【中国联合网络通信有限公司泰安市分公司】 2018年，公司连续19年保持省级文明单位称号。

经营发展 面向移动互联网的供给侧结构改革，实施“千兆引领，百兆起步”行动，城域网核心路由器带宽出口达到1040G。参与政府主导的通信、信息化基础设施建设和信息通信服务，加大物联网与大数据开发力度，实施“政务上云”“医疗信息化上云”“企业上云”行动，一大批助力政务、惠及民生的信息化产品成功上线。

网络建设及优化 投资8000万元用于城市、农村通信基础设施的改善及建设工作。启动2017年LTE三期工程建设，市区和县城城区面积覆盖率达98.6%，4G网络实现连续覆盖，行政村、省道、国道等面积覆盖率达到90.58%，较2016年4G网络覆盖率提升4.68%，实现全年一、二级干线零故障。加强互联网安全管理，实现100%网站备案。

客户服务 固定宽带接入速度达到200兆，4G移动互联网平均下载速度达17.66兆节/秒，为用户提供极致的网络体验。推动产品从简单折扣降价向价值提升转变，结合漫游费取消等政策，统一省内套餐外语音单价、流量单价，简化资费结构，通过业务融合，实现通信费用支出降低；通过适度释放流量价值，推广冰激凌系列套餐，流量综合单价降幅达20%以上。利用实体营业厅、网厅、手厅、微信公众号、官方微博等线上线下渠道，加大对提速降费优惠政策的公示和宣传力度，提高用户知晓度和覆盖面。宽带服务方面，推出“480”服务承诺，即全市城区及县城障碍4小时修复、8小时装机、乡镇及以下障碍8小时修复、8小时装移机，全市宽带无条件受理。加强网络安全管理，确保用户信息安全，打击信息诈骗。

（杜　鹃）

【中国电信股份有限公司泰安分公司】 **市场经营** 2018年收入完成率100%，全业务收入同比增长2.6%，全省排名第8位，天翼累计新增用户完成率116%，超额完成目标。助力互联网+行动，提供综合信息服务，为智慧城市、智慧园区、智慧交通提供服务。建成泰安公务车智能化信息管理平台项目，形成市、县、乡全市一张网。完成全市司法系统社区矫正平台、泰安市林业局森林防火调度平台、泰安市出租车智能WLAN项目等。

客户服务 开展提速降费专项

行动。光网宽带率先实现100兆高品质带宽网络；推出流量不限量通信产品，满足市民日益提升的信息化需求。严格实施实名登记工作，2018年年底实名率达100%。进行“防诈骗”公众教育和宣传引导。畅通社会监督举报渠道：在本地客服和“10000”号建立通信诈骗举报受理流程；在门户网站和网厅公布热线举报方式，定期以短信向用户发送警示短信。参与泰安市政风行风热线及省公司阳光政务热线活动和“3·15”服务支撑工作，履行法律法规义务，主动承担社会责任。

网络建设 投资1.1亿元建设4GLTE基站157个，室内分布系统38处，扩容基站136处，建设速度全省名列前茅。重点对泰山景区、高铁高速交通线与高密度住宅区进行网络覆盖提升，对高流量高话务区域进行网络扩容。宽带网共投资4567万元，新建或改造小区274个，完成全部FTTB小区的光网络改造，打造全光网城市；新建中继光缆260千米，新增73台OLT设备实现双路由保护；完成13台老旧OLT设备退网升级，新部署10GPON设备6套，基本具备千兆宽带接入能力。（李　倩）

【中国铁塔泰安市分公司】 年内，该公司夯实基础管理，推动转型升级，开创运营发展新局面。获山东铁塔优秀服务单位三等奖、山东铁塔优秀工程建设单位三等奖、山东铁塔营收结算先进单位三等奖和泰安市文明单位、泰安市“4·17”森林火灾扑救工作突出贡献单位称号。

工程建设 年内，建设交付通信基站700个、微站500个，完工率100%。启动开展综合解决方案专项攻坚行动，遵循设计会审制度，加强全过程造价管控，平均新建站综合造价同比降低30%。严格落实项目经理区域责任制，通过工信部安全检查。

12月18日，泰安市人民政府与中国铁塔山东省分公司战略合作协议签约仪式举行，市委常委、副市长展宝卫（后排右五）出席签约仪式
（司　刚　摄）

网络维护 夯实安全保障能力、安全应急处置能力和安全风险防范能力，完善恶劣天气、大面积停电、重要活动等场景通信保障应急预案，完成重要节假日、雷雨汛期、高校开学、青岛峰会、央视春晚分会场、泰山国际登山节、“4·17”火灾扑救等应急通信保障。

业务发展 本着“万物互联必靠塔，一切挂高皆可用”的工作思路，推动实施“变通信塔为社会塔，让社会塔为通信塔”，深化行业共享，拓展社会共享，建设完成3座通信电力共享铁塔。为4G网络深度覆盖和5G网络布局建设奠定资源储备先机保障。建成覆盖泰安主城区的人防LTE专网，推动海洋海事检测、国土智能监控、公安高空瞭望、景区森林防火、环保综合监控、燃气管线监控等行业信息化建设。

政府支持 泰安市政府与山东铁塔签署战略合作协议，统筹资源共享助推新旧动能转换，储备5G站址助力智慧泰安建设，各县（市、区）政府相继签订战略合作协议。泰安市政府九部门联合印发《关于统筹共享社会挂高资源与通信铁塔资源促进我市移动通信建设的通知》，加快推进4G网络覆盖，提前布局5G网络发展。泰安市政府组织召开加强移动通信基础设施规划建设推进会议和加快推进环山路、城区通信基站建设专题会议，加快推进移动通信基站建设；宁阳县政府召开公共挂高及管道资源共建共享领导小组会议，明确铁塔公司统筹实施，为5G建设储备资源。泰安市房管局印发《关于支持移动通信基础设施建设和保护的通知》，深化资源共享，促进移动通信基础设施建设。泰安及4个县（市、区）移动通信基站布局专项规划全部通过规委会评审，获得政府批复同意。（郭　建）

编辑　校对　　赵　兵

交通·邮政

交通综述

【概况】 全市交通运输系统围绕市委、市政府建设富裕文明幸福新泰安战略部署，统筹做好稳增长、调结构、促改革、惠民生、防风险各项工作，加快交通基础设施建设，优化交通运输结构，提升运输服务水平。年内，全系统建成省级文明单位11个、市级文明单位15个，市公路局被评为“全国交通运输行业文明单位”。

【交通基础设施建设】 全年完成交通建设投资83.51亿元，增长56.4%。其中，公路建设完成投资76.79亿元，港航建设完成4.1亿元，场站建设完成投资2.62亿元。实施国省干线公路升级改造，完成养护大中修里程80.5千米。加快农村公路建设，新建和改建农村公路1051千米，改造危桥14座，完成投资12.6亿元，全市农村公路通车里程达1.4万千米，行政村通油路率达100%。

【运输经济】 年末，全市有道路旅客运输经营业户16户、道路货物运输业户数4484户，客运营运线路305条，年平均日发1109.4班次；全市客运车辆保有量1023辆，货物营运车辆27493辆，大型以上载货汽车比例达61.8%；全市集约化客运线路67条，集约化客车比例达67.5%。拥有跨省运输经营的国内水路运输企业4家，船舶运力6.07万载重吨；拥有市内水上旅游运输企业8家、1344客位，水上旅游船舶全部实现公司化运营。年内，全市公路水路运输完成客运量2984万人、旅客周转量20.26亿人千米，货运量8259万吨、货物周转量163.15亿吨千米。城市公交、客运出租汽车客运量达1.69亿人次。完成春节假期运输和重大节假日运输保障及应急运输任务。

【依法行政】 推进法治交通建设，公开行政执法主体、执法依据、执法程序、执法结果、执法承诺和监督办法，落实行政许可与行政处罚“双公示”制度。深化行政审批制度改革，梳理部门权力清单和责任清单，确认行政权力事项532项。落实“贴心代办，一次办好”，形成事项清单126项。将纳入市政务服务中心办理的32项交通运输行政许可事项，重新梳理编制服务指南，为企业和群众提供贴心便利服务。落实事权划转，30个许可事项、24项许可关联事项划转至市行政审批服务局集中承担。消减行政审批冗余证明材料，市级设定的证明材料全部取消，法律法规设定证明材料取消2项，精简为4项。推行行政审批全程网办，所有审批事项办理时限提速20%以上，10项登记备案事项与工商注册登记实现“十证合一”，3项审批事项“只跑一次”即可办结。年内，市行政审批中心交通窗口办理审批服务事项1.5万件，事项办结率、群众满意率均达100%。开展旅游客运市场、客运出租市场、普通货运市场专项整治，完善投诉举报快速反应机制，办理行政复议应诉案件，规范道路水路运输市场秩序。推进道路货运车辆检验检测改革，加强检测企业“三检合一”和综检联网系统建设。推进驾培服务“先学后付、计时收费”，全市所有驾校实现先培后付。依法加强路政、运政、航政管理，检查营运车辆26万辆次，查处违章违规车辆1.24万辆次。加强治超站点规范化建设，完善路面监控网络，干线公路车辆超限超载率控制在4%以下。依法加强交通建设市场管理，强化工程质量监督，规范建设市场秩序。 （张　文）

公　路

【概况】 至年底，全市公路里程1.56万千米，增加114.8千米，公路

2018 年全市公路通车里程情况

表 5　　单位：千米

技术等级 / 行政等级	合　计	高速公路	一级公路	二级公路	三级公路	四级公路
国　道	496.1	115.0	210.0	171.1	—	—
省　道	725.7	123.8	42.3	467.6	92.0	—
县　道	1586.4	—	59.4	621.5	674.1	231.4
乡　道	2303.2	—	24.2	153.6	429.0	1696.4
专用路	23.1	—	—	—	23.1	—
村　道	10453.5	—	12.9	234.7	455.2	9750.7
合　计	15588.0	238.8	348.8	1648.5	1673.4	11678.5

密度每百平方千米 200.8 千米。按行政等级划分，国道 9 条、496.1 千米，省道 10 条、725.7 千米，县道 101 条、1586.4 千米，乡道 2303.2 千米，专用公路 23.1 千米，村道 10453.5 千米；按技术等级划分，高速公路 6 条、238.8 千米，一级公路 348.8 千米，二级公路 1648.5 千米，三级公路 1673.4 千米，四级公路 11678.5 千米。

【高速公路建设】 配合山东高速集团有限公司、齐鲁交通发展集团有限公司、葛洲坝集团济泰分公司加快推进高速公路项目建设，全市高速公路在建项目 8 个，总里程 332.4 千米。青（岛）兰（州）高速公路泰安至东阿段项目，完成投资 17.9 亿元，占年度计划的 113%。济（南）泰（安）高速公路，泰安段永久用地清表、房屋拆迁、坟墓迁移等全部完成，完成投资 12.12 亿元，占年度计划的 121%。（北）京沪（上海）高速公路改扩建工程，泰安段主线征地 181.7 公顷，交付 99.8%；房屋拆迁 156 户，完成 92.3%；管线迁改 206 处，完成 87%；土地组卷完成并上报省自然资源厅，完成投资 7.93 亿元，占年度计划的 115%。董（家口）梁（山）高速宁阳至梁山段，泰安段征地拆迁工作基本结束；土地组卷上报省自然资源厅，完成投资 14.94 亿元，占年度计划的 121%。青（岛）兰（州）高速莱芜至泰安段、董（家口）梁（山）高速新泰至宁阳段、新泰至台儿庄高速公路控制性工程开工。（北）京台（北）高速公路泰安段扩容工程地上附属物清点工作全部完成。青（岛）兰（州）高速莱芜至泰安段，起自莱芜市与岱岳区交界处，于角峪镇鲁东冶村东北进入泰安境，途径岱岳区角峪镇进入高新区徂徕镇，在向阳庄西设枢纽立交与拟建济南至泰安高速公路联接，向西利用泰（安）新（泰）高速扩建至终点泰山立交枢纽，泰安市境内路线长 39.7 千米，投资 40 亿元。董（家口）梁（山）高速新泰至宁阳段，起点位于（北）京沪（上海）高速公路新泰南立交东，向西途径新泰市汶南、石莱、禹城、楼德、宁阳县东庄镇、华丰镇、磁窑镇至京台高速，接现已开工的宁阳至梁山段，项目全部在泰安境内，全长 65 千米，投资 70 亿元，至年底，已启动项目前期准备工作。新泰至台儿庄高速公路，该项目是山东省“十三五”高速公路规划“纵五”无棣—莱芜—台儿庄（鲁苏界）（主体为原滨博高速、京沪高速莱芜至新泰，后新泰至台儿庄为新建）泰安段，全长 6.3 千米，均在新泰市汶南镇，投资 5 亿元。（北）京台（北）高速泰安段扩容项目，“十三五”期间拟将（北）京台（北）高速泰山立交至宁阳曲阜界改扩建，泰安境内长 53.9 千米，投资 50 亿元。

【普通国省道建设与养护】 全年完成普通国省道建设投资 11.3 亿元，完成养护大中修里程 80.5 千米。104 国道济南泰安界至堰北立交段、105 国道东平龙山屯至东平汶上界段、枣（园）徐（州）线岱岳莱城界至新泰泗水界段 3 个大中修工程，泰（安）商（老庄）线挡驾河桥、济（南）微（山）线堽城坝大桥危桥改造工程以及桥梁环保安全设施隐患整治工程按期建成通车。S329 肥城仪阳至石横段改建工程、S104 济（南）微（山）线济南泰安界至肥城仪阳段改建工程和 S243 肥城桃园至东平大羊段改建工程 3 个改建工程，克服征地拆迁、地方环境、配套资金等诸多困难，完成投资分别为 1.93 亿元、1.58 亿元、0.58 亿元。济（南）临（沂）线泰山区莱肥路口至埠阳庄大桥段大修工程和 105 国道流泽大桥、肥（城）梁（山）线王台大桥两座涉航桥梁改造，完成年度投资计划。新建普通国省道服务区 4 个、停车区 1 个，分别为 G104 京平线满庄服务区、S104 济微线安驾庄服务区、G342 日凤线华丰服务区、G105 京澳线东平服务区及

S241临徐线羊流停车区，完成投资829.19万元。开展7个普通国省道项目的前期工作，泰（安）楼（德）路升级改造工程取得工程可行性研究报告、初步设计、施工图设计批复，征地报件组卷上报省自然资源厅。实施科技兴路战略，开展技术攻关，完成《乳化沥青厂拌冷再生关键技术与工程应用研究》《半刚性基层沥青路面水泥就地冷再生技术应用研究》。加强预防性养护和精细化养护，全市普通干线公路优良路率达93.54%，一二类桥梁比例达99.22%。

【路政管理】 依法维护路产路权，完成路政巡查103.9万千米，查处路政事案499起。加强路政许可，建立完善许可事项库，办理路政许可4528件。做好重大涉路工程现场勘察和方案审查，许可事项的事中事后监管。严格执行收费政策，S329薛（家岛）馆（陶）线肥城收费站实现通行费收入1315万元，完成年度计划的103%，并顺利完成停止收费及撤站工作。开展路域环境综合整治，清理公路上乱搭乱建96处、违法非公路标志标牌881块、经营摊点793处、占路集市24处。

【农村公路建设管理】 全面推进“四好（建好、管好、护好、运营好）农村路”建设，市政府出台《泰安市进一步做好“四好农村路”工作实施方案》，组织开展农村公路“三年集中攻坚”专项行动，实施路网提档升级、自然村庄通达、路面状况改善、运输服务提升“四大工程”，年内完成投资12.6亿元，新建改建农村公路1051千米。推进交通精准扶贫工作，帮扶76个扶贫重点村、第一书记帮扶村建设扶贫道路117.3千米，黄河滩区临时撤退道路开工建设。全市所有贫困村达到“道路通畅”扶贫标准，具备条件的贫困村全部通公交车或客车。新泰市、东平县被列入“全省四好农村路示范县”创建名单。肥城市完成村级公路网化示范县建设任务。推行精准化、市场化养护，委托专业检测机构开展县乡公路技术状况评定，科学制定养护工程方案，全市农村公路预防性养护完成投资3000万元，重要县乡公路优良路率保持85%以上。开展路域环境整治，推动农村公路路田分家、路宅分家，打造“畅安舒美”通行环境，为美丽乡村建设提供交通支撑。

（张　文）

公共交通

【概况】 10月26日，根据《泰安市人民政府关于印发泰安市市属经营性国有资产统一监管实施方案的通知》，泰安市公共交通公司国有产权出资人职责由市交通运输局划转至市人民政府国有资产监督管理委员会。12月12日，市人民政府国有资产监督管理委员会与市交通运输局签订协议，确定市人民政府国有资产监督管理委员会履行市公共交通公司出资人职责，市交通运输局履行公共交通行业管理职能，主要承担城市公交线网规划、公交场站建设规划、行政处罚、运营服务（质量）等行业监管范围内的管理责任，并协助行政审批局做好有关行业审批、许可工作。年末，泰安城区拥有公交线路126条，公交车2359辆，完成公交客运量8641万人次。其中，市公共交通公司拥有公交线路67条，公交车2052辆，纯电动、混合动力等环保型占运营公交车辆总数的68.7%；市第二公共交通公司拥有公交线路59条，公交车307辆，纯电动、混合动力等环保型占运营公交车辆总数的84.4%。

【公共交通管理】 落实公交优先发展战略，推进公交车辆增新扩容，优化公交线网布局，推进公交线路向居民小区、旅游景区、学校及泰安城区周边乡镇（街道）延伸，提升公交服务承载能力。年内，泰安城区新增公交车213辆，新开通公交线路6条，优化调整公交线路26条。做好市政中心停车场重要节假日期间对外开放旅客疏导及公交摆渡工作，开通临时公交旅游线路，营造良好旅游交通环境。推进城际客运班线公交化改造，开通402泰安高铁站至肥城公交线路。继续实施一小时免费·优惠换乘、延时服务、残疾人和65岁以上老年人免费乘公交等惠民措施，提高公交社会服务满意度。推进交通一卡通建设，完成“交通一卡通”系统升级、技术准备等工作。

【公交场站建设】 加强城市公交基础设施建设，京沪高铁泰安站公交枢纽二期工程顺利推进；夏张公交停保场完成立项环评工作；万官大街公交枢纽站完成环评立项和前期规划手续；推进光伏发电项目建设。年内，建成乡镇村公交首末站9个。

（张　文）

水　运

【概况】 年末，全市航道通航里程130.42千米，客运码头10个，拥

2月16日，省交通运输厅党组书记、厅长江成（前排右一）调研泰安市高速公路建设情况，市委书记崔洪刚（前排右二）陪同活动 （张 文 供）

有跨省运输经营的国内水路运输企业4家，船舶运力5.43万载重吨；拥有市内水上旅游企业8家、1135客位。

【港航基础设施规划建设】 统筹推进东平湖湖区航道、大清河航道、港口作业区等项目建设。京杭运河东平湖湖区航道工程开挖主航道12.8千米，疏浚土方235万立方米，完成示位标安装，完成投资2.1亿元。京杭运河大清河航道工程被交通运输部调增到“十三五”规划项目库，完成初步设计、防洪专项设计，基本完成施工图设计。东平港区老湖作业区一期工程使用港口岸线取得交通运输部批复，防洪评价报告通过黄河水利委员会专家审查；银山作业区一期工程使用港口岸线取得交通运输部批复。彭集作业区一期工程可行性研究报告通过行业审查。

【水上运输行业管理】 加强水上运输市场管理，实行三级审批制度和市场准入制度。开展水路运输企业经营资质核查，核查水运企业19家，通过17家，核查通过货船75艘、2.61万总吨、5.43万载重吨，旅游客船46艘、1135客位。推行海事管理规范服务，严格办理行政许可，梳理保留行政职能89项，办理海事业务820件。加强水上现场执法检查，实行东平湖、黄河浮桥、大清河巡查和现场监管，强化船舶出航管理，严厉打击各类违法违章行为，检查各类船舶63艘次，整改问题60个，水运秩序保持良好。（张 文）

行业管理

【客运行业管理】 推进道路客运供给侧结构性改革、资源配置改革和监管制度改革，提升道路客运创新发展能力。扩大道路客运企业经营自主权，简化行政审批程序，推行道路客运服务质量招投标，推进道路客运经营主体结构调整。下达县际班线经营行政许可6个，县际包车经营行政许可2个，省际包车客运车辆延长营运年限决定55个，省、市际班线车辆延长营运年限决定61个，班线客车、客运包车调整37个。扩大道路客运集约化经营规模，提高企业集约化、规模化和组织化程度，优化运输结构，提高运输效率。全市集约化线路67条、客车709部，集约化客车占总量的67.5%。推进重点营运车辆应用智能车载视频监控系统，重点营运车辆实现可视、可查、可控，新进入客运市场的三类以上客运班线车辆、客运包车、旅游包车全部安装使用智能车载视频监控。加快道路客运组织经营结构调整，优化运输企业资源配置，对2家达不到许可条件的企业进行重组。开展道路旅客运输市场专项整治活动，加强道路客运市场秩序监管，严查未经许可擅自从事道路旅客运输经营、客运车辆超员超载、站外揽客、不按站点停靠等违法违规行为，规范市场秩序，提高服务质量。

【货运行业管理】 推进货运公司化改造，发展新型货运组织方式，培育道路货运龙头企业，加快物流企业功能整合，推进传统道路货运向现代物流转型。加快运力结构调整，发展厢式、冷藏、罐式、集装箱等标准化货车，推广甩挂运输。开展普通货运企业资质、货运车辆信息清理工作，清理超期经营、无车空户货运业户165家、车辆1694辆。开展全市道路危险货物运输本质挂靠和介质不符清理整顿专项行动，2家企业整改期内未整改合格被注销经营许可，清理整改挂靠经营车辆278辆、运输介质不符车辆163辆。强化重要时段、重要节假日期间货运保障及危险货物运输安全监管，储备应急运力，保障全市道路运输系统安全度汛，完成重点物资运输保障任务。

【客运出租行业管理】 开展网约车业务许可工作，许可网约车平台公司6家，核发网络预约出租汽车运输证148个，发放网约车驾驶员证558个。开展行业服务质量提升活动，加强客运出租市场秩序整治，严厉打击出租汽车违法违规运营行为，累计检查车辆1600辆次，查处违规出租车157辆次。加大出租车违规投诉处理力度，查处各类网络、电话投诉74辆次。开展“泰山文明号”服务品牌创建活动，组建“爱心车队”“雷锋车队”品牌车队，开展“爱心送考”“关爱孤寡老人”等社会公益活动。

【机动车维修行业管理】 加强事中事后监管，严格执行维修企业开业条件和安全生产监管要求，降类、变更经营范围企业5家。推动全市汽车综合性能检测企业实现综合性能检测、安全性能检测、尾气排放检测“三检合一”设备升级改造，落实全市营运货车安全、综合性能检测“两检合一”规定，采信营运货车安检报告，减少综合性能检测项目，降低检测费用。年末，全市共有各类汽车维修业户531家，检测企业4家。开展维修检测企业质量信誉考核，评定AAA级汽车维修企业46家，AA级汽车维修企业163家，A级汽车维修企业278家，B级汽车维修企业27家，汽车维修企业注销2家、迁址7家、歇业3家、新办5家。加强安全管理，明确企业安全生产主体责任和管理部门的监管责任。加强车辆技术等级评定检测管理，完成营运车辆技术等级评定2.3万辆次。落实《道路运输车辆燃料消耗量检测和监督管理办法》，新许可车辆油耗达标车型核查合格车辆2780辆。年末，全市清洁能源、新能源汽车保有量7356辆，占全市营运车辆的23.1%。

【机动车驾驶员培训管理】 加强机动车驾驶员培训管理，改造升级计时培训管理系统，全市所有驾校实现“先学后付、计时收费”驾培服务模式。建立教练员“黑名单”制度，对违规教练员实行系统禁用。严格《培训记录》审核、签章程序，全年审核签章5.32万份。开展驾培市场专项整治，对资格条件不达标、不按规定使用《培训记录》和建立学员培训档案的12所驾校予以停业整顿。开展驾校质量信誉考核，评定AAA级驾校9所，AA级35所，A级3所，B级4所。加强道路运输驾驶员从业资格管理，核发证件3780个。开展道路运输驾驶员诚信考核和继续教育工作，继续教育培训5.1万人。

【车辆超限治理】 建立联合执法常态化制度化机制，联合公安交警部门开展全天候联合执法。依托治超站实行固定检测、流动巡查执法，对全市超限超载违法运输行为严管重罚。开展科技治超，104国道“不停车检测”系统于4月10日启用，全年检测货运车辆80万辆次，向全省各市交通运输主管部门抄告超限车辆信息1823条。加强执法人员培训教育，提升执法人员业务素养，规范路面执法行为。2018年，全市累计出动交通行政执法人员8.6万人次，执法车辆1.8万辆次，检查客、货运输车辆26万辆次，查处违章车辆1.21万辆次。其中，联合公安部门查处超限超载运输车辆9421辆次，卸货6.4万吨，超限信息抄告函1231份，查处脱落扬撒车辆472辆次，违规危化品运输车辆108辆次，违规运营客车470辆次，干线公路车辆超限超载率控制在4%以下。

【平安交通建设】 开展“企业安全生产主体责任落实全面提升年”活动，落实安全生产行业监管责任和企业主体责任，推进风险分级管控和隐患排查治理双重预防体系建设，全市“两客一危”（从事旅游的包车、三类以上班线客车和运输危险化学品、烟花爆竹、民用爆炸物品的道路专用车辆）企业全部实现评估验收。加强汽车客运站、道路客运、危化品运输、水上运输、施工现场等薄弱环节的源头管理和隐患治理，建立重点管控企业、重点监控风险点、重大事故隐患、停产停业企业“四个清单”，采取风险隐患“清单式”管理模式，针对全市46家重点管控企业、355个重点监控风险点，制定管控措施678条，明确管控责任人180人。强化“两客一危”专项整治，通过组织自查、行业检查、专家会诊等多种方式，整改安全隐患1300项，整改率达100%。强化安全生产宣传教育，全系统举办安全管理培训班21期，培训干部职工2000人次。持续推进“平安公路”“平安港航”“平安工地”“道路运输平安年”创建活动，开展安全隐患“大检查快整治严执法”和化工产业转型升级等集中整治行动，排查企业91家次，整改问题隐患2000项，关停注销企业84家，从业人员资格证件181个，安全生产形势保持持续稳定。加强应急救援队伍、应急车辆、应急物资保障，组织开展东平湖水上应急救援演练、道路运输应急拉练、公交应急反恐、公路防汛抢险等应急演练活动，增强交通应急处置能力。狠抓工程质量管理，严格规范参建单位和从业人员的行为，强化施工全过程质量控制，交通建设项目合格率达 100%。

【交通文明行业创建】 开展“党的建设规范化创建活动”，推进组织建设、制度建设、党员教育、台账管理、责任落实“五个规范化”，市交通运输局在市直机关庆祝建党 97 周年大会上作典型发言。围绕创建全国文明城市，组织开展道路客运行业提质、公共交通提升、客运市场规范、文明公路创建、志愿者常态化“五项行动”，提升行业文明程度和服务质量，市交通运输局被市委、市政府表彰为创建全国文明城市先进单位。加强文明单位创建，深化交通运输文化建设，开展志愿服务活动，打造“红叶服务”“泰山百合”“汇元爱心车队”等一批服务品牌。落实全面从严治党主体责任，加强警示教育，深化风险防控，从严正风肃纪，推动全面从严治党向纵深发展。严格干部队伍管理，开展领导干部个人事项报告、选人用人情况专项检查、干部因私出国管理等工作。开展新闻宣传工作，展示交通文明形象，凝聚交通运输发展正能量，稳步提升交通运输行业群众满意度。（张　文）

铁　路

【概况】 境内有铁路 6 条，营运里程 316.25 千米。其中，京沪线北起界首入境，南到宁阳县南驿站前石桥村出境，营运里程 58.51 千米，为国家Ⅰ级干线双线电气化铁路；泰（山）肥（城）支线起点为京沪线泰山站，终点为肥城湖屯站，营运里程 49.34 千米，为单线铁路；磁（窑）莱（芜）线西起京沪线磁窑站，东至新泰北师店出境，营运里程 84 千米，为国家Ⅰ级单线铁路；辛（店）泰（山）线由岱岳区范镇站入境，在泰山站与京沪线接轨，营运里程 27.2 千米，为国家Ⅰ级单线铁路；东（都）平（邑）铁路起点为磁莱线东都站，在新泰放城站出境，营运里程 45 千米；京沪高速铁路泰安市境内长 52.2 千米。泰安市境内形成以京沪线和京沪高铁为主干线，辛泰线、磁莱线、泰肥支线和东平线分布东西两侧的铁路网。

【泰山火车站】 地处京沪干线中段，车站中心里程京沪线 555 千米 +864 米处，是泰肥支线的起点，辛泰线的终点。北端衔接大河站，西端衔接天平店站，南端衔接洪沟站，东端衔接上高镇站，是济南铁路局管内二等中间站，办理客货运输业务，是泰安市的重要窗口单位。泰安火车站 4 个方向接发列车，日均接发列车 305 列。其中，旅客列车 137 列（办理客运业务 97 列，其中上行 48 列、下行 49 列），货物列车 168 列。车站行车设备为 K5B 计算机联锁，设正线 3 条，到发线 10 条，货物线 5 条。固定调车机一台（东风 5 型）。年末，车站设 3 个车间和综合技术室，有职工 339 人（各级管理人员 25 人），其中运转车间 116 人、客运车间 163 人、货运车间 43 人、综合后勤人员 11 人、站级管理人员 6 人。车站设旅客候车室 2 座，建筑面积 4032 平方米，设自动扶梯 2 部，垂直电梯 1 部。售票大厅 1 处，面积 1125 平方米。旅客站台 3 座，一站台（基本站台）长 520 米、宽 14 米、高 1.25 米，二站台长 642 米、宽 8.3 米、高 0.5 米，三站台长 550 米、宽 8.2 米、高 1.25 米。天桥 1 座，长 84.8 米、宽 6 米。地下通道 1 座，长 37.3 米、宽 4 米、高 2.6 米。车站货场有仓库 4 座，总面积 5128 平方米，货物站台 2 座。

全年旅客发送量为 373.34 万人，日均 1.02 万人；旅游旺季最高日发送旅客达 2.68 万人，年旅客到达量为 385 万人。货物装车 4065 车，发送货物 16.35 万吨，日均发送货物 448 吨；货物卸车 3.18 万车、71.87 万吨。

（孙启峰）

邮　政

【概况】 2018 年，全市有邮政普遍服务营业网点 137 处，快递许可企业 50 家，快递分支机构 280 家，实现乡镇全覆盖，行政村快递服务深度覆盖率达 70%。全年验收新增住宅小区信报箱群 123 个，新增信报箱格口 4076 个，新增智能快件箱 229 组。

全市邮政行业业务总量 19.93 亿元，增长 48.13%；邮政行业业务收入（不包括邮政储蓄银行直接营业收入）12.93 亿元，增长 28.3%。其中，快递业务量 8904.62 万件，增长 82.96%；业务收入 7.11 亿元，增长 56.45%，较 2016 年快递业务量和业务收入翻一番。行业增长速度明显高于全市 GDP 和服务业同期增速，增长幅度连续 3 年位于全省前列。

【寄递企业安全主体责任】 聚焦企业收寄验视执行，推动企业依法设立配齐安全管理机构和人员，指导企业建立完善安全管理内控机制，狠抓企业安全主体责任落实的“留痕管理”。年内，全市寄递企业内部收寄验视抽查 3.1 万件，暗访试寄 3002 人次，可疑件二次检查 1474 件，发现 157 件禁限寄物品。企业

9月29日，国家邮政局党组成员、副局长刘君（右一）考察泰安市邮政业发展工作
（邵小庆　供）

内部处罚网点184家、员工1459人次，罚款11.36万元、奖励7.98万元。至年底，全市彻底收寄验视率稳定保持在90%以上，泰安市安委会以专刊形式印发市邮政管理局经验做法并向省安委会推荐相关材料；省邮政管理局将泰安市邮政管理局工作经验列入2018年度首期《工作通报》转发全省系统；国家邮政局副局长刘君到泰安调研时给予充分肯定和高度评价。

【邮政普遍服务监管】 年内，市邮政管理局对辖区内邮政企业作出全国首例机要通信触及“红线”的行政处罚。全年检查邮政普遍服务营业场所53处，邮件处理场所6处，抽查邮政专用车辆25辆。在企业自查基础上集中开展“扫黄打非”专项检查行动，检查邮政企业营业场所53处，快递企业营业场所36处。开展建制村通邮检查150人次，纪特邮票发行销售检查48人次。对检查中发现的邮政企业违法违规行为，下达责令改正通知书14份，下达行政处罚决定4起，约谈市邮政公司主要负责人5次。

【寄递服务质量提升工作】 在全省率先开展寄递服务质量提升专项活动，从社会和用户最关注的延误、丢失、服务等热点问题入手，用减法做好服务质量提升的加法，做到安全、服务“两手抓，两手硬”。工作推进中，坚持由专人对申诉数据进行“日分析”，对申诉涉及到的企业进行“日调度”，建立并完善“每日督办”“一诉一策”“一企一册”制度，努力做到申诉处理事项“日清日毕”，就有效申诉问题共约谈告诫企业10家，全市消费者申诉率10月、11月同比分别下降68.81%和91.44%。

【邮政业民生实事】 围绕国家邮政局部署的民生7件实事精准施策，推动行业转型升级和高质量发展。①强化服务网络支撑。在泰驿站、安驿站成功运行的基础上，着力打造村镇级快递电商服务中心（“安驿站+”），有效破解“最后一百米”和“最后一公里”难题，以肥城共同配送为例，快件派送时效缩短近2个小时，单个快件运营成本降低0.1元，实现经济效益和服务质量双丰收。②深入推进泰安“一地一品”示范工程。按照省局打造“快递+农特产品”的要求，联合商务部门立足“快递+两桃”项目，全年寄递肥城桃100万件、总重3500吨，桃木制品700万件（桃木剑、如意、挂件等）。③积极嵌入制造业流程。联合发改、经信等部门引导企业拓展产业链，提高寄递服务附加值，推动邮政速递与岱银制衣、民营快递企业与宁阳钢珠、狗粮猫粮等企业开展合作。至年底，服务制造业引发的快递业务发件量达300万件。④抓好快递园区建设。与商务局联合印发《关于在肥城市开展共同配送与快递物流协同发展创新试点工作的通知》，在肥城市试点建设共同配送智能化快递园区，规划占地7.8公顷。

【邮政行业监管基础工作】 ①设立泰安市邮政业安全中心。泰安市编办印发《关于设立泰安市邮政业安全中心的批复》，批准设立泰安市邮政业安全中心，协调地方财政提供82.7万元资金支持，安全中心7名购买服务人员年内全部到位。②规范市场准入和备案工作。全年受理邮政普遍服务备案7起，完成399家快递末端网点备案，在许可备案工作中严格遵守审批时限，实现“零超时”目标。③推动智慧邮政监管平台建设。建成并使用“邮安泰山”泰安市邮政行业管理平台，研发“邮安泰山”邮政行业智慧监管平台（二期）手机端，泰安市规模以上168家快递企业和分支的视频监控年内全部接入平台，全面实现手机端对所辖寄递企业营业场所和分拣处理场地的“鹰眼”实时监控。

（邵小庆）

【中国邮政集团公司泰安市分公司】 2018年，市分公司顺利通过省级文明单位复审。多个单位和个人获得“山东省劳动模范”“全国邮政系统先进个人”“振兴泰安劳动奖章”“感动泰安十大人物”“泰安市女职工先进集体”称号。

从严治党 强化党的组织建设，全面推广联合党支部建设，全市建设联合党支部38个，支局党员覆盖率达100%。逐级签订全面从严治党主体责任和专责监督责任书，严格党建工作责任制考核，完成对3个县（市、区）分公司的巡察、2个县（市、区）分公司的约谈工作，实现对所属县（市、区）分公司（营业局）巡察、约谈工作的全覆盖。构建巡视整改常态化、长效化机制，完成整改100项，持续推进4项，完成进度96.15%，完善制度办法14项，对移交的1件信访件进行核查办理。与泰安市委党校达成联合共建关系，组织党性教育培训班5期，全市邮政500名党员参训。强化党风廉政教育，组织廉政警示教育讲座2次、观看警示教育片6次，各级各单位350人到各类警示教育基地接受教育。

邮政经营 全年完成金融总量35.09亿元，点均年增2973万元，居全省第9位；原始保费年增14.75亿，多增1242万元；全年新增电子银行10.16万户，完成计划127%；发放有效绿卡18.8万张，进度居全省第3位。提前1个月完成农村电商批销额计划，进度居全省第1位；实现简易险保费676万元；代开国税发票3.25万笔，代征税款4950万元，增长194%，代征税款占国税第三方代征额比例26%，提高12个百分点。文传业务加快融合转型，积极切入文化惠民活动，开展庆祝改革开放四十周年大型集藏品展销，在文化惠民消费季项目平台总销售额完成336%。“互联网＋邮政”运作能力不断提升，累计实现线上销售额362万元，完成计划131%，居全省第2位；微商城非本地销售额占比45%，居全省第2位。春节期间，与市总工会联合举办“春运邮情 免费送车票”公益活动，为返乡务工人员送去实惠与便利；在2018央视春晚泰安分会场设置2处“主题邮局”，为现场演职人员和游客提供邮政服务，宣传泰安泰山形象。

体制改革 成立中国邮政集团公司泰安市寄递事业部，组建市、县寄递事业部，推进资源整合。推行“众创众享、转型发展”工程升级版，实行“合伙制”经营，全面提升员工经营的参与感。全部经营单元推行业务合伙经营，98人参与单位内部合伙经营，参与率为47.15%。政务、商企、电商、国际、物流五大营销团队实体化、市场化稳步推进。

基础管理 加强领导干部队伍建设，新提任四级领导人员5人，组织干部培训，开展选人用人“大起底”和巡视专项自查。加强党的机构建设，为各县（市、区）分公司增设党建兼纪检监察岗位各1人，实现党的工作机构独立设置全覆盖。加强人才支撑，招聘大学生、劳务用工预备役21人，全部用于一线生产岗位，全市支局经理、综合柜员100%合规配备。完成898人次的职鉴、职鉴复考和高技能人才复考。储汇营业员持证率达100%。开展领导人员离任、集中采购、网点改造、寄递事业部资产负债损益等审计工作。嘉和邮件处理中心投产使用，处理能力达12万件，是日处理阀值的171%。优化作业流程，提升市、县分拣处理效率，“双十一”期间邮件处理量达到86万件，增长150%。落实安全生产主体责任，强化督导检查，检查网点、金库、处理场地等196个次，收寄验视抽查邮件546件，发现处理各类安全隐患514处。完成27套监控设备的更新改造、20套金融网点二级报警系统建设及市分公司办公楼消防设备改造。新集中监控平台系统投入使用，全年发现安全防范类问题195处。完成“两会”、上合组织青岛峰会等活动期间寄递安全服务保障工作。全市邮政满意度94.93分，高于全省平均水平2.1分。推进“绿色邮政”建设，在所有网点布放使用绿色环保包装箱。

精准扶贫 贯彻落实市委精准扶贫工作精神，择优选派驻村第一书记。2018年驻村期间，为宁阳县乡饮乡沙河中心小学捐赠图书价值8000元；争取政府拨款10万元，自筹2万元，打挖机井20眼。开展便民服务体系建设，累计建设覆盖城乡的便民服务站4061个，行政村覆盖率达100%；为群众提供代收话费、代收电费、代售火车票、代理保险、代售彩票、助农取款、代投包裹等便民服务，打造5分钟便民生活圈，至年底，累计服务城乡居民超1000万人次。尝试农产品销售，形成“线上线下”相结合的销售方式，通过“爱心莴苣”“爱心助农大蒜”等销售活动，帮助贫困家庭7户。建设邮乐地方扶贫馆5处，帮扶困难群众120人，为30多户家庭解决销售、创业难题，为贫困家庭创收7万元。（姚　娟）

编辑　校对　　刘　凯

商贸服务

商务综述

【概况】 2018年，全年实现社会消费品零售总额1593.8亿元人民币，增长8.8%；实现外贸进出口总额160.79亿元人民币，其中出口127.57亿元人民币、进口33.21亿元人民币；实际使用外资46.01亿元人民币，增长16.59%；新签对外承包工程合同额3.37亿美元，完成营业额1.89亿美元。

【利用外资工作】 全市批准外商投资企业72家，增长24.14%；实际使用外资46.01亿元人民币，增长16.59%，分别列全省第8位、第9位。新设及增资合同外资过千万美元项目56个，合同外资额9.51亿美元，占总量的96.08%。实际到位外资500万美元以上项目56个，实际使用外资6.78亿美元，占项目总量的97.84%。全市在谈利用外资项目24个，总投资额32.12亿美元。“香港山东周”活动签约重点项目22个，总投资17.3亿美元，其中利用外资9.4亿美元。

【商贸流通经济】 社会消费品零售总额同比增长8.8%。商贸流通业实现增加值624.9亿元，占GDP的比重为17.11%，占服务业的比重为35.69%，对GDP增长的贡献率为16.64%，对服务业增长的贡献率为32.9%。

【对外合作】 全年新签对外承包工程合同额3.37亿美元，完成营业额1.89亿美元，分别下降4.4%、60.1%，总量分别居全省第7位、第11位；派出各类劳务人员2411人次，列全省第9位。全年新批境外投资项目3个，增资1个，完成境外实际投资额1964万美元。岱银集团马来西亚纺织工业园二期项目建成投产，带动进出口7000多万美元；泰安建工集团签约对外承包工程合同额6000万美元的阿联酋迪拜海滨洲际酒店项目。

【园区体制机制创新】 全市7个省级以上经济开发区累计完成固定资产投资1060.95亿元，增长15.89%；实现公共财政预算收入89.62亿元，增长27.93%；累计新批准入区项目449个，增长29.77%。新泰经济开发区“一口办结”服务模式被评为全省第一批试点最佳实践案例。《山东新旧动能转换综合试验区建设总体方案》中支持有条件的省级经济开发区升格，把新泰经济开发区列为第一位。肥城高新区率先进行人事制度和薪酬制度改革，为全市园区转型发展提供借鉴经验。泰安高新区在辖区内统一行使市县两级经济、行政和社会事务管理权，市政府将2424项市级权力授权（委托）泰安高新区行使。

（王　超）

投资促进

【概况】 实施“外商投资环境提升年”活动，对重点项目实行“一条龙”跟踪服务。深化与安永、普华永道、德勤等世界顶端专业机构的合作，探索与省政府驻外经贸代表处、当地有实力企业进行联合招商或建立招商引资窗口。精心组织“2018百家知名外商泰安行”“泰山情——2018知名儒商泰安行”等重大经贸活动。“香港周”期间，与华润集团、光大国际签约项目2个，总投资2.5亿美元。举办“2018（香港）泰安投资促进恳谈会暨重点项目签约仪式”，签约项目8个，总投资4.8亿美元。整合优化招商工作力量，配优配强项目策划、信息筛选、一线对接、落地促进、项目服务5支队伍。与市委组织部联合制定出台“双招双引”考核办法，形成鲜明导向，全面提升全市“双招双引”工作水平。

9月5日，2018知名外商泰安行活动开幕　（王　超　供）

【2018百家知名外商泰安行】 9月5—8日，泰安市举办“第三十二届泰山国际登山节暨2018知名外商泰安行”活动。邀请来自境内外客商近500人次，覆盖美国、加拿大、法国等20个国家和地区，众多世界500强和知名外企高管。活动期间，全市累计签约项目25个，其中合同利用外资9亿美元，包括美国PVH集团投资的CK品牌服装生产项目，总投资额1.2亿美元；欣兴电气（台湾）公司投资的配电柜项目，总投资5000万美元。对接洽谈一批新项目，涉及麦吉尔大学医学项目合作、华润商业综合体、农业综合开发、机器人制造、高端康养、华谊兄弟星剧场、特色小镇、国际资本合作、装配式建筑产业基地等多领域的项目合作。期间还举办“2018泰安国际资本合作圆桌会”，邀请中信建投、中泰证券、西南证券、普华永道等14家专业机构为泰安市27家骨干企业介绍和解答关于融资、股改、上市、引进战投等方面的业务。

【泰山情——2018知名儒商泰安行】 9月29—30日，泰安市举办“泰山情——2018知名儒商泰安行”活动。邀请来自美国、法国、加拿大、澳大利亚、俄罗斯、韩国等国家和中国香港地区以及国内与泰安有渊源的重要儒商60人参会。活动期间，全市签约项目8个，总投资203.4亿元，推介项目52个，总投资1240.75亿元，涉及新一代信息技术、高端装备、高端化工、新材料、新能源、医养健康、现代高效农业、文化创意等领域。　（王　超）

招商引资与贸易促进

【概况】 年内，全市新开工重点产业境内招商引资项目到位资金373.42亿元，增长11.05%。①落实闭环招商机制。制定招商引资目标任务，执行月调度、月通报、季检查、年终考核以及项目报验制度，及时准确反映各单位招商引资工作实绩，营造全市上下齐心协力抓招商、上项目的浓厚氛围。加强调度督促，坚持每季度到现场查验、督促项目进展，对“6+3”〔泰安6个县（市、区）和泰安高新区、泰山景区、泰安旅游经济开发区〕单位和五大指挥部的96个项目进行现场检查，推动项目建设进档升级。②突出重点督查。将2017年登山节集中签约项目列为重点督查内容，建立跟踪调度机制，按月调度项目进展情况，定期现场督导，协调解决存在问题，每季度将登山节签约项目进展情况在全市进行通报，推进项目加快进位升级，提高签约落地率和建成投产率。第一阶段签约的48个项目，履约率87.5%，开工率62.5%，已形成投资128.78亿元，其中2个项目已竣工投产；第二阶段签约的24个意向性、协议类项目，履约率66.7%，开工率54.2%，已形成投资29.2亿元。③优化考核体系。修订完善招商引资考核办法，坚持全面承接省里考核指标和突出区域特色相结合的原则，科学设置考核指标，优化调整招商引资考核分值和权重，发挥招商引资考核的杠杆作用，引导各县（市、区）、泰安高新区、泰山景区、旅游经济开发区以及市直部门将主要精力投入到招引大项目、好项目上来，形成科学合理的激励考核机制。新增对“十强”产业、交通基础设施、产业集群等6部分内容考核；调整考核权重，由注重考核各单位数量，变为考核数量与质量并重，突出对重点大项目的考核。实行功效系数法计算考核结果，通过考出差距，进一步调动部门积极性。④做好登山节擂台赛。发挥泰山国际登山节招商引资大舞台、大擂台的作用，健全完善登山节擂台赛体制机制，提升签约履约率和项目投产率，将登山节擂台赛赛制由“团体赛”改为“单项赛”，明确标准，严把签约项目进口关，好中选优，严控签约项目质量关，进行项目资格、资质、质量三轮评审，筛选评审出10个项目放在第一阶段签约，按项目质量排定签约顺序，其他项目放在第二阶段签约，共签约项目 50 个，总投资 1720 亿元。强化重点项目推进机制，对签约项目实行动态管理，建立跟踪调度机制，努力实现项目引得来、落得下、建得成。⑤围绕新旧动能转换开展精准招商。搭建招商载体，推广轻资产招商模式。策划包装专业园区，对主导产业进行建链补链强链，实施精准招商。借助外力，在行业会议论坛和商会活动上举办泰安经济合作项目推介会，有针对性地宣传推介泰安。推进中德医养产业基地、要地净空防御系统、复合材料产业基地、柴汶河生态农业综合体、联合绿色建材集聚区、高端模具等 10 个投资过亿元的大项目签约建设，促进全市优势产业发展和经济转型升级。⑥开展“大学习、大调研、大改进”活动。围绕“构筑‘稳如泰山’招商引资新体系，加快推进新旧动能转换重大工程”调研课题，破题分解 4 个调研课题。对全市招商引资宣传推介工作、招商信息搜取工作、会展业发展、招商队伍现状和存在的问题进行深入分析，提出建立全方位对外宣传推介新体系、提升招商信息搜取实效、推动会展业成为城市经济发展新的增长点和锻造高素质招商队伍的措施建议，促进工作开展。

【对外联络】 发挥国家贸促会泰安培训基地的作用，举办“中小企业开拓国际市场直通车”系列活动之政策宣讲推介会，泰安市 200 家企业参加活动，40 家企业现场签约；举办“一带一路”沿线国家商协会走进山东培训系列活动，巴拿马、拉脱维亚、叙利亚、利比里亚、越南、老挝、柬埔寨等 16 个“一带一路”沿线国家的 93 名政府经贸部门和商协会高级管理人员进行培训考察，深化泰安与国外工商界的合作与交流。邀请“一带一路”沿线 6 个国家工商会 53 名代表到泰安市举办投资与贸易推介座谈会，重点推介各自的投资贸易政策、对外开放合作领域和项目，拓宽泰安市企业对外合作渠道。继续加强同各级贸促会、国际商会的联系，加强与中国复合材料学会、中国商业联合会等全国性行业协会的联系，推动泰安复合材料研究院、会展项目合作。加强与各地工商联、山东商会、驻鲁异地商会的联系，探索经济发展新常态下的合作模式，共同为企业搭建交流合作的平台，推动投资贸易合作。

【服务工作】 加强与各县（市、区）、市直部门的联系，策划包装对外招商项目 100 个，重新设计制作《中国·泰安》宣传画册，做好全市、园区、企业对外宣传推介的基础性工作。开展服务企业、走访调研活动，完善与重点企业的联系和沟通机制，了解企业实际状况，搞好为企业的协调服务和落地项目的跟踪服务，发挥联系政府与企业的桥梁作用，提高服务企业水平。加强招商队伍建设，组织全市招商引资专题研修班，举办全市招商引资业务培训班 3 期，邀请专家学者和长三角、珠三角领域的招商领军人物，为全市 500 名招商人员授课，提高招商引资理论水平和业务能力。做好出证认证工作，签发一般原产地证和各类商事证明书 7497 份。

【2018 中国泰安投资合作洽谈会】 9 月 6 日，第三十二届泰山国际登山节暨 2018 中国泰安投资合作洽谈会开幕式在泰安举行。市委书记崔洪刚出席活动并宣布大会开幕，市委副书记、市长李希信出席并致辞，市委副书记张涛，市人大常委会主任唐福泉，市政协主席周桂萍等市领导出席会议。美国、德国、法国、加拿大、日本、新加坡等国家和地区以及国内的 840 名嘉宾、客商参加活动。该届登山节投洽会共集中签约项目 50 个，总投资 1720 亿元，2019 年计划投资 306.57 亿元，其中符合新旧动能转换重点发展的“十强”产业项目占到 72%。围绕培育壮大新一代信息技术、高端装备和智能制造、新能源和节能环保、新材料、医养健康等新兴产业，引进项目 26 个，总投资额 1182.7 亿元，华能集团新能源产业基地、芳纶新材料产业园、泰山 Office、中信重工特种机器人生产、泰山氢能源基地、世纪龙湖养旅复合型特色小镇等项目相继落户泰安市。围绕改造提升高端化工、纺织服装、现代物流、文化旅游、现代高效农业等优势产业，签约项目 10 个，投资额 166.7 亿元，引进唯品会山东物流园、美莱网山东运营中心、农旅养复合型特色小镇、美国 CK 品牌服装智能化生产、现代出版印刷与发行一体化综合项目、中化圣奥橡胶助剂产业链等项目。围绕解决城市开发、旧城改造、公共服务、基础设施建设等方面的短板弱项，提升城市品位和形象，引进泰安东平港、寰宇天城、高铁新区商业综合体等产业项目 14 个，投资额 370.6 亿元。

【2018（深圳）泰安经济合作洽谈会】 11 月 8 日，在深圳举办。与华为等大企业洽谈交流，寻求合作，并现场集中签约重点项目 11 个，项目囊括新一代信息技术、军民融合、

11月9日，2018（上海）泰安经济合作洽谈会在上海举行。市委书记崔洪刚，市委常委、常务副市长展宝卫出席洽谈会。图为重点项目签约仪式现场（王国梁　摄）

高端装备、智能制造、文化旅游、现代农业、大数据等领域。诺贝尔实验室亚洲区代表保罗·哈里斯、深圳市山东商会会长王立新、美国贝勒盛医疗集团和德州农工大学医学院访问教授戴勇、中科院深圳先进技术研究院张鹏博士、深圳中商产业研究院执行院长杨云等嘉宾以及60多名深圳市工商界、企业界人士参加洽谈会。会上播放泰安市重点产业推介片，展现泰安市产业发展现状。华讯方舟山东中科星通技术有限公司、中科院深圳先进技术研究院、深圳中商产业研究院等企业负责人推介各自项目。洽谈会相继签约肥城市要地净空防御系统项目、泰安高新区深云物联智慧城项目、泰安高新区国产自主可控泰山超级服务器项目、泰山区泰山基因科技小镇项目、岱岳区生产制造安车检测系统项目、岱岳区六星国际汽车生态文化产业园二期项目、新泰市深圳金运河显示制造项目、新泰市卓越·财富广场项目、宁阳县生态文旅及全域乡村振兴战略合作项目、东平县工艺品生产基地暨饰品小镇建设项目、东平县大数据产业园等项目。

【2018（上海）泰安经济合作洽谈会】 11月9日在上海举办。天合能源集团副总裁高纪庆、英国柏颜国际医疗事业集团大中华区总裁王健、润谷东方总经理李欣达、上海云汇CEO刘敬印、江苏河海新能源股份有限公司董事长杨家华、杭州高巛控股有限公司董事长高立库、上海巽骑骥网络科技有限公司董事长纪小虎等嘉宾以及全国各地70名客商、专家参加洽谈会。会上播放泰安产业宣传片，展现泰安市产业发展现状。天合能源集团、英国柏颜国际医疗事业集团等企业负责人推介各自项目。洽谈会上，集中签约重点项目12个，项目囊括新材料、新能源、医养健康、环保科技、智慧城市等领域。其中，泰安市人民政府与天合光能股份有限公司签订战略合作协议，市政府与英国柏颜国际医疗事业集团签订细胞治疗及生命养护中心项目协议，泰安高新区的大型环保设备制造项目和氢能源特种车项目，泰山区的泰安创新动力港项目，新泰市的智慧消防科技产业园项目、高巛建材五金家居博览城项目、山东海拓智能环保科技示范项目和易天健医药中间体项目，肥城市的国家绿色新材料转化服务示范基地项目，宁阳县的中航氢化新能源项目，东平县的巽骑骥智慧城市建设项目。

【李希信会见“一带一路”工商会代表】 9月20日，中国贸促会组织“一带一路”10国工商会一行53人到泰安市开展商务考察，宣传“一带一路”国家投资贸易政策，与泰安市企业进行对接交流。市委副书记、市长李希信会见到访外宾。李希信对外宾到泰安市进行商务考察表示欢迎，并简要介绍泰安市基本情况。

【“一带一路”国家商协会高级经贸代表团到泰安培训考察】 5月17—19日，在中国贸促会批准设立的第一个地方培训基地——山东（泰安）培训基地举办。该活动由中国贸促会培训中心主办、泰安贸促会承办，巴拿马、拉脱维亚、叙利亚、利比里亚、越南、老挝、柬埔寨等16个“一带一路”国家的93名政府经贸部门和商协会高级管理人员在泰安培训基地进行培训考察。该次考察活动是基地承接的大规模国际化培训，旨在充分发挥基地作用和培训中心的自身平台优势，组织优质国际商协会资源走进泰安，提升泰安乃至山东的国际影响力，进一步深化友谊，加强合作，助力泰安乃至山东的经贸界深入融入“一带一路”建设。活动分为3个板块：举办突出山东地域特色，由省内专家分别就弘扬孔孟传统文化，推动山东新旧动能转换发展进行的专题培训；考察泰安和泰山历史文化；参观泰安国家高新技术开发区展示中心、泰开集团和岱银集团等重点外向型企业。

【2018 出证认证业务培训班】 11 月 23 日，泰安市贸促会在泰山帝苑酒店举办"泰安市贸促会 2018 出证认证业务培训班"，全市 100 家企业共计 140 人参加培训。培训班由泰安市贸促会党组成员、副调研员侯汝群主持，特别邀请山东省贸促会法律事务部副主任刘洁和签证员王臻对泰安市出口企业一般原产地证、优惠原产地证业务、代办外国使领馆业务、ATA 单证册业务和国际商事证明业务、对日本 / 韩国因私签证业务等方面的知识进行授课。该次培训针对新注册企业参会人员多、办证业务不熟的实际情况，讲解细致，注重操作性，提高各办证人员业务素质，确保签证质量，使各出口企业能够做到及时、安全、顺利办理出口结汇和通关手续。

【招商引资专题研修班】 10 月 15—19 日，在深圳举办。市委组织部副部长、市编办主任李作超，深圳市经理进修学院副院长方世友，市经济合作局党组成员、副局长张斌出席开班仪式。市招商引资和重点项目建设领导小组办公室、五大指挥部，市直有关部门、单位负责人，各县（市、区）政府分工负责人以及经济合作局负责人、重点园区负责人共计 69 人参加培训。聘请组织绩效提升与流程管理专家、汇通金融大学副院长廖维，香港创新模式与产业发展研究院院长周志文，招商蛇口产业集团首席策略师陈学军，深圳市中科招商投资管理集团股份有限公司总经理常虹，特尔佳集团董事、深圳市经理进修学院客座教授孙伟，职业培训师、深圳市经理进修学院客座教授晏世乐等 6 名具有实战经验的专家学者围绕宏观经济与国家产业政策、产业聚集和产业链招商原理与战略性方法、新业态新模式招商实务、金融投资与基金运作、电子商务与"互联网 +"、谈判沟通实务技巧等内容开展专题讲座，并组织学员到富士康公司、大族激光、孔雀计划产业园、天安云谷和前海自贸区进行现场考察和学习。

【全市招商引资业务培训班】 年内举办 2 期，分别于 4 月 25—27 日、6 月 20—22 日在泰安市委党校举办。市招商引资和项目建设领导小组办公室、市五大指挥部办公室负责人及部分工作人员，各县（市、区）乡镇（街道）负责人、经合局负责人、所属园区负责人，泰安高新区、泰山景区、旅游经济开发区负责人及工作人员，市直有关部门单位负责人共计 405 人分别参加培训。聘请原上海张江高科技园区开发股份有限公司副董事长、总经理葛培健，日本信州大学访问学者、苏州大学东吴商学院教授沈健，苏州工业园区招商局副局长、调研员、上海交通大学特聘教授张震苏，浦东新区人民政府商务委员会党组副书记、副主任孙永强等 4 名具有实战经验的专家分别就新常态下县域经济发展与招商引资策略、细节决定成败——招商工作的策划与统筹、产业链招商与基层政府组织招商引资的工作开展、区域创新发展与政府软环境建设课题进行授课。各县（市、区）、泰安高新区、旅游经济开发区分别就其产业规划、政策环境及招商项目进行推介交流。

（赵传勇）

消费品市场

【概况】 2018 年泰安市社会消费品零售总额 1593.8 亿元，增长 8.8%。按地域分，城镇 1218.6 亿元，乡村 375.2 亿元。按行业分，批发和零售贸易业 1394.1 亿元，住宿和餐饮业 199.7 亿元。

7月20日，全市招商引资招才引智暨提高行政效能优化营商环境大会召开。图为大会现场（赵文文　摄）

【市场运行和消费促进】 ①品牌推广。2018年，开展第五批“山东老字号”推荐认定工作，有2家企业被认定为“山东老字号”企业，总数达19家。鼓励全市老字号企业参加省商务厅和老字号协会组织的各项活动，其中山东泰之源食品有限公司、山东富士康制粉有限公司在2018年“山东品牌中华行”香港站活动中，与来自中国台湾地区和日本、韩国等近20个国家（地区）的客商达成协议意向30个，协议金额超过30万元人民币；现场成交客户数超过100个，现场产品销售及成交额达10万元人民币。组织全市242家企业参加首届中国国际进口博览会，实现展位签约金额1046.5万美元。②绿色循环消费。肥城泰山新合作商贸连锁有限公司通过全国创建绿色商场评审小组的现场评审验收，成为全市第一家国家级绿色商场，也是山东省第一家县级市的绿色商场，实现泰安市绿色消费工作的突破。③市场运行监测。做好样本企业结构优化调整、信息员培训、绩效考核和信息泵安装工作，建立健全生活必需品和重要生产资料的市场预测预警体系。加强对信息上报人员业务培训力度，累计培训达200人次。④应急调控储备体系。开展应急储备检查和储备应急保供演练。协调银宝、富源商贸等应急储备承担企业开展储备肉、储备糖自查工作，确保应急物资储备质量。会同市发展改革委、市财政局制定《冬春蔬菜储备管理办法》，与嘉元生物工程有限公司签订《冬春蔬菜存储协议》，共存储各类蔬菜2000吨，建立冬春蔬菜储备制度。

【市场体系建设】 2018年，泰安市商贸流通工作实现历史性突破，泰安市被确定为省级“智慧便利店进社区”工程示范城市、省级物流标准化试点城市，分别获得上级财政扶持资金100万元、280万元。做好国家级冷链物流示范城市工作，对通过验收的企业及时拨付财政资金。山东宏禾物流公司被确定为国家级城乡高效配送示范企业。

【商务综合执法】 2018年，泰安市商务执法支队不断加大传统商务领域执法检查力度，围绕典当、拍卖、报废车拆解等领域开展执法检查。年内，检查拍卖企业23家、典当行27家、报废车拆解企业2家，无违法、违规经营行为发生。推进全市打击侵权假冒工作，曝光违法违规案例，牵头开展成品油专项整治、药品和保健食品虚假宣传专项整治等活动。对商务领域群众举报投诉做到百分百查处，及时现场查处并回复18起涉及商务领域的举报投诉。对各县（市、区）“单用途商业预付卡”检查情况进行有效督查，防范化解可能存在的非法集资风险。 （王　超）

电子商务

【概况】 2018年，全市电子商务交易额达1213亿元，增长26%。电子商务网络零售额达374亿元，增长49%，占社会消费品零售总额的18%以上，全市网店数量达6.03万家，农产品交易额达65.61亿元。全市有13个村被阿里巴巴评为中国“淘宝村”，数量居山东省第四位。肥城桃木旅游商品城被评为山东省首批电商小镇。推动“互联网+品牌”创建工作，新泰市与京东集团共同建设京东新泰鲁中电商示范基地。

【电子商务示范创建】 在全市范围内开展“电商特色小镇”创建工作，打造一批电子商务产业特色明显、经营主体强大、服务支撑完备、配套设施健全、创业创新能力强和经济社会综合效益好的电子商务特色小镇，其中泰安肥城桃木旅游商品城被省商务厅、省发展改革委、省住建厅和省农业厅联合授予首批山东省电商小镇称号。

【农村电子商务】 引导地方特色产业和专业市场借助阿里巴巴运营服务商，通过应用“互联网+”模式，推动传统企业与互联网对接，毛刷、起重机、钢球、土工格栅等产业触网发展效果明显。组织100家企业参加“2018京东泰安招商会”“天猫首届山东区域招商大会暨山东电商服务中心推介会”，推动全市商贸流通行业与各大知名电商平台合作。加大电商扶贫培训力度，举办电商扶贫培训班107期，培训农村学员3854人，学员开设网店3414个，其中60%以上网店月收入超1000元。 （王　超）

特殊行业管理

【概况】 完成2018年度特殊行业监管工作，完成全市典当、拍卖行业年审工作，加强报废汽车管理。在拍卖、年审、直销行业开展非法集资风险排查活动，均未发现违法现象。

【典当企业经营】 完成2018年度全市典当行年审工作。至年底，全市有典当行27家、分支机构5家。开展典当行业非法集资风险排查活动，通过排查，没有发现非法集资现象。

【拍卖企业经营】 拍卖行业稳步发展，完成泰安市新设立拍卖企业的报批工作和2018年度全市拍卖行的年审工作。全市有拍卖企业22家，年内，举办拍卖会241场，拍卖总成交额9.06亿元，全市拍卖企业从业人员164人，其中拍卖师43人。开展拍卖行业非法集资风险排查活动，没有发现非法集资现象。

【报废汽车回收管理】 加强报废汽车回收管理，不定期督导并现场检查泰山拆车公司和石横拆车公司。及时协调配合公安、环保、财政等有关部门，解决出现的新问题。全年累积回收各类报废机动车4512辆，拆解4512辆。 （王　超）

9月7日晚，市委书记崔洪刚（前排中）到梦泰山啤酒城、泰安高铁新区泮河景区音乐喷泉广场泰山休闲美食节现场，调研泰安城区夜间旅游经济发展情况 （司　刚　摄）

现代物流业

【概况】 2018年，市委、市政府明确将现代物流千亿级产业集群培育工程列入新旧动能转换十大重点工程，全市物流产业呈现出良好发展态势，逐步进入新旧动能转换发展新阶段。

【改革试点】 全市在新旧动能转换工作中争取到市级以上各类政策改革试点6项，其中国家级试点示范项目4项，省级试点示范项目2项，分别是国家级多式联运示范工程项目山东岳华能源集团有限公司、山东长鑫物流集团，全国无车承运人试点泰安市峰松电子科技有限公司，国家级城乡高效配送骨干企业山东宏禾物流有限公司（2018），中央冷链物流发展示范城市（2016—2018），2018年省级物流标准化试点，2018年“智慧便利店进社区”工程示范城市。

【产业集群】 强化现代物流业发展顶层设计，围绕打造现代物流业千亿级绿色低碳产业集群开展调研，编制高水平、接地气的现代物流业产业规划，按程序压茬推进招标工作，其中《泰安市千亿级现代物流产业园规划》初稿年内编制完成。

（王　超）

对外及对港澳台经济贸易

【概况】 全年完成进出口总额160.79亿元，其中出口127.57亿元，分别增长5.3%、8.1%。新增获权企业279家，新增有进出口业绩企业150家，有进出口业绩的企业达到719家。与180个国家和地区实现贸易往来，对“一带一路”沿线国家出口35.2亿元，增长6.4%；通过“一达通”出口3.3亿元，增长50%。山东雷诺服装、泰安金辉制衣、宁阳环城科技产业园分别获批省级跨境电商综合服务平台、省级海外仓、省级跨境电商产业聚集区。全市累计认定“山东省重点培育的国际自主品牌”企业达12家。

【外贸新业态】 全市有外贸新业态主体企业8家，其中外贸综合服务企业2家，分别是泰安东升服装有限公司和泰安天加国际贸易有限公司；跨境电商综合服务平台2家，分别是山东德泰跨境电商产业园管理有限公司和山东雷诺服装有限公司；跨境电商实训基地1家，为山东冰清电子商务有限公司；跨境电商产业聚集区2家，分别是新泰市跨境电商产业园和宁阳环城科技产业园；公共海外仓1家，为泰安金辉制衣有限公司。5种外贸新业态模式泰安市实现全覆盖。

【政策服务】 联合海关（含商检）、税务、外汇管理、银行等部门开展“外贸企业服务直通车”活动2次，覆盖全部县（市、区），上门给企业送政策、送服务、送信息，现场答疑解难，解决企业开展外贸业务过程中遇到的问题和困难，提振企业发展外贸的信心。开展业务培训和政策宣讲服务，举办应对中美贸易摩擦专项培训、人民币汇率保值专项培训、出口信保专项培训、第三方外贸平台推介等大小业务培训6次，帮助外贸企业了解掌握不断变化的新形势、新情况。（王　超）

烟草专卖

【概况】 泰安市烟草专卖局（公司）辖泰山、岱岳、新泰、肥城、宁阳、东平6个县级烟草专卖局（营销部）、卷烟物流配送中心和泰安泰山壹伍叁贰物联商贸有限公司，服务卷烟零售户1.98万户。2018年，全市共销售卷烟15.3万箱，单箱销售额2.45万元，实现税金6.5亿元，被授予全市“贡献力十强”称号。

【卷烟营销】 实施“9+4+10X”（按9类细分市场、4类商圈，将零售户分为10个销量级别，实行货源精准投放）模式，在全省各地市中率先实现网上订货率、电子结算率和电子结算成功率均达100%。以鲁产卷烟为重点，深入开发旅游、婚庆、工地等特类市场，全年销售鲁产卷烟8.59万箱，市场份额达到56.2%。投入180万元改善零售户店面形象，建成品牌示范店162户、“泰山尊客”加盟店60家。助力泰安市创城工作，按照《规范吸烟环境建设实施方案》要求，投入资金170万元，建成吸烟室（区）53处、吸烟点536处。

【专卖管理】 开展“齐鲁利剑”“亮剑护航”、集中打击加热不燃烧新型卷烟等专项行动，联合公安、工商、交通、邮管等部门，持续推进卷烟市场综合治理。落实“双随机、一公开”监管改革要求，推行“精准分析、精细检查、精确打击、全流程监管”模式，提升市场监管效能。实行“互联网+政务管理服务”模式，依托微信公众号，对零售许可事项实行网上预约申请，优化烟草零售许可审批服务。

中央纪委国家监委驻工业和信息化部纪检监察组组长、工信部党组成员郭开朗到山东省泰安市烟草专卖局（公司）调研。图为郭开朗（左四）在卷烟零售户处了解卷烟经营情况（张　萍　摄）

【党建工作】 创新党建工作载体，开展党建“三联三帮三提升”活动，党员联系和帮扶困难卷烟零售户、中小型零售户、一线人员或业绩较差员工，提升党员的业务能力、服务能力和零售户经营能力。全市系统党员联系零售户105户，联系一线员工45人，开展帮扶活动308次，所帮扶零售户毛利率提升6个百分点，员工平均业绩提升10.4%。

【企业管理】 推行流程建设，由全员按岗位修订流程239项，确定流程目标425项、标准132项。组织专家评审，持续优化流程，研发手机端流程管理系统，固化流程和目标，确保执行落地。在各单位召开管理创新暨服务站建设现场会，展现创新成果，促进学习借鉴，全年员工的管理创新活动参与率达62.3%。

【队伍建设】 以“人本管理、刚柔相济”为原则，稳妥推进“三定”工作，优化人员配置。持续开展军事化培训、员工大讲堂等活动，提升员工能力素质。完善宽带薪酬管理机制，加大薪酬向一线倾斜力度。探索对进步员工的家人发送微信、短信、喜报，对困难群体进行走访慰问，激励员工爱岗敬业。（范盛有）

供　销

【概况】 年内，全市供销社系统坚持把政治建设摆在首位，主动参与乡村振兴，持续深化综合改革，着力夯实基层基础，不断提升服务质效，较好地完成年度目标任务。市供销合作社继续保持“省级文明单位”称号，连续2年在全市扶贫考核中被评为较好等次。

【泰安援疆特色农产品展销系列活动】 成立直属的泰供农产品销售公司，筹建农产品展销中心，助力岳普湖农产品销售，主动服务全市对口援疆工作。12 月 29 日，在泰安城区举行泰安援疆特色农产品展销系列活动启动仪式，泰安援疆特色农产品展销中心正式启用。展销中心纳入省援疆办鲁喀农产品运营中心“喀什好味道”运营体系。策划推出“岳普湖特产洽谈会暨年货大采购”“岳普湖特产进百店联展联销”“寻找千名岳普湖有缘人”等系列营销活动。采取直营店、加盟店的连锁经营模式，加快构建覆盖全市的岳普湖特色农产品“一张网”。与山东科技大学经济管理学院合作，组建线上专业销售团队，打造特色农产品网上专卖店，拓展岳普湖农产品销售渠道。签订 1000 吨岳普湖特色农产品采购协议，可帮助 5000 多户岳普湖当地农民群众，每户实现农产品销售收入 3500 元。

【市政协调研全市供销社综合改革工作】 11 月 14 日，市政协主席周桂萍带领部分市政协委员、市直有关部门负责人，对全市供销社综合改革工作情况进行视察。各政协委员围绕发挥供销社“国家队”作用、加强服务队伍、完善服务内容、打造服务品牌，落实新发展理念、参与农业供给侧结构性改革，密切与村集体利益联结，建设农产品产销平台等方面对全市供销社工作提出意见建议。

【党建带社建村社共建】 全市 6 个县（市、区）组织部和供销社均联合出台深化村社共建的实施方案，市、县两级供销社与组织部门均建立联席会议制度。139 个村与系统单位开展示范创建工作，共建种植、养殖、加工、销售、旅游等产业项目 163 个。市供销合作社对 26 个发挥较强带动作用的单位每个给予 5 万元资金扶持。5 月，市供销合作社在全省供销社深化“党建带社建村社共建”大力推动乡村振兴视频会议上，作为唯一市级社作典型发言。7 月，市供销合作社作为 3 个市直部门之一，在泰安市抓党建促乡村振兴工作会议上进行微视频工作展示。

【综合性规模化可持续为农服务体系建设】 新建为农服务中心 9 处，累计 47 处，占涉农乡镇 68%。其中，具备 4 项功能以上的示范性为农服务中心 28 处，承接政府购买服务面积 6.27 万公顷。累计建设乡镇运营中心 45 家、村级电商服务站 125 家，县、乡、村三级电商运营服务体系基本建立，实现电子商务交易额 22.35 亿元。探索建设中央厨房项目 3 个。取得全省信用互助试点资格的农民合作社达 19 家。市供销合作社在全省供销社开放办社暨统计工作会议上作为唯一市级社作经验介绍。新泰市供销合作社在全国总社上半年经济运行分析会上作为唯一县级社作典型发言。宁阳县供销合作社被确定为全省农民合作社联合社体制机制创新试点单位。岱岳区供销合作社与全省物流业 50 强企业之一的泰安速恒物流公司签署战略合作协议，打造覆盖全市的农产品交易、仓储、配送“一张网”。新泰市政府将财政投资 1 亿元的富美乡村振兴发展公司交由供销社管理运营，发展乡村旅游、美丽乡村、特色产业等乡村振兴产业。

【助力脱贫攻坚】 对接帮扶贫困户 2260 户、4290 人，全部实现脱贫，“5+1”帮扶（就业帮扶、入社帮扶、扶贫资金帮扶、农业服务帮扶和钱物走访帮扶及其他措施帮扶）增收总额 83.2 万元。争取省供销社扶贫资金 214 万元，累计 584 万元。市供销合作社拨款 150 万元，累计拨款 450 万元，专项扶持种植、养殖、光伏等项目 36 个。邀请市扶

12月29日，泰安援疆特色农产品展销系列活动启动仪式举行。图为仪式结束后，副市长赵德健（右四）到位于泰安城区擂鼓石大街中段的岳普湖特产专卖店进行参观（郝飞　供）

贫办分管主任专题授课1次，举办扶贫专题培训班6期，开展财政资金扶贫项目检查1次，开展行业扶贫实地督导4次，召开专题扶贫会议2次。

【招商引资招才引智】 争取“新网工程”股权资金5000万元，农业综合开发项目资金1540万元，省农村现代流通服务体系资金724万元，省政府为农服务中心债券资金600万元，招商引资到位资金1.46亿元，新泰循环生态产业园、肥城农产品交易市场、新合作物流配送中心等过亿元项目3个。聘请山东科技大学教授担任全市供销电子商务顾问。聘请中国人民大学、山东农业大学等35名农业技术专家组成科技顾问团，为农民群众提供精准、定向的科技服务。加强与农口部门对接合作，承担土地深松、统防统治、农民培训等政府购买服务项目。

【基层组织建设】 对全市84家基层社逐一实地调研建档，启动20家基层社改造提升任务。2家县级供销社被评为“全国供销合作社系统百强县级社”，3家基层社被评为“全国供销合作社系统基层社标杆社”，2家合作社被评为“全国供销合作社系统农民专业合作社示范社”，7家合作社被评为“泰安市2018年农民合作社市级示范社”。

【安全生产】 调整市供销合作社安全生产工作小组，修订完善安全管理制度汇编，与所属单位签订安全责任书，开展企业“安全生产主体责任全面深化年”活动。组织开展专项安全检查20次，下达整改通知书21份，整改率达100%。建立生产经营单位“网格化、实名制”监管名册，实现企业“一企一册”。

（郝　飞）

丝　绸

【概况】 全市桑蚕业以“产业发展，农民增收”为总体工作思路，加快科技创新，强化生产管理，提升服务力度，积极应对各种不确定因素，较好地完成全年各项工作任务。全市有桑园面积1763公顷，生产收购鲜茧3183.2吨，全年蚕茧收购均价50.62元/千克，蚕农茧款收入1.61亿元，成龄桑园亩桑产茧平均收入6192元，户均收入1.28万元。

【典型培植】 探索“集约化、专业化、规模化”养蚕新模式，按照“适度规模、相对集中”的原则，通过桑园转包、转让等措施，推进桑园和土地向养蚕能手、重点户流转，培育蚕桑大户，培植示范典型，以亮点或示范片引导蚕农进行高效蚕业生产，走专业大户、专业村、专业乡镇的发展路子。年内，培育养蚕桑园6.67公顷以上、年收入7万元以上的专业大户600户。

【应对冻害】 春季，桑园普遍遭受严重冻害，受害桑园面积80%。丝绸公司和各乡镇蚕茧站迅速摸清受灾情况，发动蚕农进行抗灾自救，同时印发具体的抗灾技术指导意见，全面发动对冻害桑园的剪梢、施肥、浇水和划锄工作，对受灾户进行技术指导，减轻灾害损失。丝绸公司针对各乡镇桑园冻害的不同程度，合理调整各蚕茧站发种时间，多批次催青发种，先后分8个批次发种收蚁，冻害严重的乡镇发种时间推迟10～15天，降低蚕农的灾害损失。

【科技推广】 实施“科技下乡”活动和“蚕桑科技入户”工程，结合全市新型职业农民培训，强化对蚕农的技术培训。年内，累计举办各种类型培训班168场次，培训蚕农7600人次，给养蚕户下发各类技术指导“明白纸”1.2万份，实行集中培训与田间、农户、大棚现场指导的办法，向蚕农传授桑蚕科

4月16日，山东农业大学教授李法德在桑蚕生产技术培训班上授课

（王荣凤　摄）

技知识。同时，针对当前农村养蚕劳动力不足的实际情况，重点突出“省力化、高效益”这个核心，加强小蚕共育的管理，提高共育质量，全力推广桑树截枝轮伐、桑园黑地膜覆盖增产、新型回笼火墙加温灶加温、养蚕大棚内铺地膜覆土隔湿、方格蔟自动上蔟5项实用先进省力高效的蚕桑生产新技术，引进推广切桑机、伐条机等新型机械化设备，依靠科技进步实现蚕桑增效，农民增收。

【引进新品种】 夏秋季全面推广抗血液型脓病家蚕新品种“菁松皓月N”，蚕儿无病高产，除夏蚕部分因食下“飞防”污染叶中毒外，秋季喜获丰收，晚秋蚕茧张产达到49.47千克，是晚秋历史上最好成绩。

【品牌建设】 公司产品为桑蚕茧丝类，“东岳牌”蚕茧主要销往省内及江苏、浙江等地，产销率100%。“以优质服务，让每一户蚕农都丰收；靠质量品牌，使每一个客户都满意”既是企业的宣传口号，也是企业持之以恒的经营理念。

（刘艳芳）

石　油

【概况】 中国石化山东泰山石油股份有限公司（以下简称泰山石油）秉承“诚信、规范、标准、安全、环保、绿色”的发展理念，坚持“量效兼顾、以效为主、量价双收”的经营思路，借助“加油站综合服务提升年”活动，精细管理、诚信经营、规范服务，企业经济效益和社会效益均取得显著成绩。全市在营加油（气）站

加油站全景　（王　琪　供）

190座，油库1座，年吞吐量90万吨，总存储量5万立方米。年末，公司实现成品油销售41.39万吨，其中零售33.17万吨、直分销8.22万吨；销售天然气393.55万立方米；非油品营业额4.35亿元，实现报表利润263万元。

【经营管理】 精准精细营销，提高经营量效水平，借助经信委等政府职能部门的作用，与泰安城区12家成品油经营单位建立座谈机制，就城区市场基本达成营销共识，逐步减少无效让利，避免“恶性竞争”，良性市场氛围初步形成。创新加油卡“五进”营销模式，制定“五进”工作方案流程，坚持“进机关、进社区、进企业、进4S店”主动化、常态化、规范化；提高“五进”营销数量、质量和效果。坚持“一县一策、一站一策”，实现发卡充值双增长，自5月份至年底，开展加油卡“四进”活动117次，发卡2644张，充值228万元。拓展分销，做大汽油销量，年内，开发社会加油站客户59家，形成销售3.5万吨，其中汽油销售3.45万吨。做大易捷门店销售，实现非油量效双提升。开展销售竞赛活动，加大重点特色商品销售，塑造易捷品牌特色，重点品牌、系列商品销售1.19亿元，完成任务的141.9%。引进增值服务，打造出一批集加油、加气、便利店、汽服等为一体的综合服务样板站店。优化网络布局，提升网点发展质量，加快关停歇业站复营进度，恢复营业加油站1座。累计完成双层罐改造加油站140座，对辖区内符合规定的67座加油站完成3次油气回收改造。

【员工管理】 夯实基础管理，激发提质增效动能。为贯彻落实好7S管理推进工作，公司全员参与、上下联动、共同推进，增强活动的时效性。通过7S管理实施，强化员工行为，培养良好习惯，提升安全管理绩效。深入贯彻落实集团公司和省公司的工作会议精神，认真汲取事故教训，按照“谁的业务谁负责，谁的属地谁负责，谁的岗位谁负责”的原则，狠抓HSSE主体责任落实，开展隐患排查治理及设备管理工作，实现HSSE工作的平稳运行，连续实现31年安全生产无事故。关爱员工，

弘扬企业正能量，在庆祝泰山石油股票上市25周年之际，开展“面对面、户户到”走访调研离休干部活动，让离休干部们感受到改革开放尤其是近年企业发生的巨大变化和取得的优异成绩。实施帮扶救助，及时发放协解、改制人员资助金，为企业的和谐稳定发展奠定良好基础。

【应急保障】 5月10日，泰山北侧（济南）发现山火。接到市政府通知后，公司第一时间启动应急预案，紧急调运，合理安排配送车辆，在第36加油站设置应急油品运输车辆等措施，及时保障救火车辆和设备油料供应，受到政府应急办高度肯定。11月19日，京福高速磁窑段南发生危化品车辆事故，在接到救援任务后，启动应急预案，20分钟内协调鲁齐车队派出油罐车，前往事故现场进行泄露油料危化品转运，及时杜绝事故现场进一步恶化，有效提升公司社会形象。

（王 琪）

会展业

【概况】 2018年，泰安市会展业发展按照市场化、专业化、品牌化、国际化的指导思想，以培育壮大会展业为主要任务，以打造泰安会展品牌为主线，统筹抓好全市会展行业发展，促进泰安会展业和旅游等相关产业更好融合发展，推动泰安会展业开放合作和转型升级，服务泰安国际旅游胜地建设，建设国际会展名城。至年底，泰安市举办会展活动166场，其中大型展览活动38场，展览面积44万平方米，规模以上会议、论坛等活动128场，相继举办第四届中国（泰山）国际矿业装备与技术展览会、泰山国际农业机械博览会、全国粮油产销企业订货会、第十四届泰山苗木花卉交易会等专业性展会，以及国际绳网产业高端论坛、全国交通领域复合材料科技大会、中国（国际）石油化工智能工厂科技高峰论坛等高端会议。

【会展业发展机制】 做好会展活动监督管理、综合协调服务等工作，畅通会展活动举办流程，确保活动顺利举办。对确定举办的会展活动，做好预约登记和备案，需要报批的联系好上级会展主管部门尽早对接完成报批手续，确保活动的合法性。发挥职能，履行会展活动便利化服务流程职能，主动为活动举办单位协调消防、交通、城管、医疗等相关部门，提供便利化服务，帮助协调解决各个环节出现的问题。做好兑现2017年度会展业发展引导资金工作，与市商务局、财政局、发展改革委对接落实2017年会展业发展引导资金发放。按照年内扶持政策，初步筛选出符合要求的会展项目，收集相关材料，交由第三方评审机构（泰安致信联合会计事务所）评审，确保资金发放的公平、公正和严肃性。

【展会自主培育】 策划新增一批会展活动，主动帮助全市各级各部门分析各自优势，策划论证会展活动，促进全市自办展会开展。其中，帮助市农机局策划举办2018中国泰山国际农机化发展论坛，帮助市行办举办中国（泰山）汽车配件用品展销会。此外，还协助举办（肥城）首届新动能资本洽谈会暨金融推动新旧动能转换高级人才培训班、中华名优小吃产业化发展高峰论坛、中国泰山艺术品博览会等众多会展活动，打响泰山会展品牌优势。提升嫁接原有会展活动，帮助泰山区将原有泰山苗木花卉交易会提档升级，在秋季接续举办第十四届展会的基础上，寻找突破口，培育中国（泰山）园林花卉产业交易会。协助市旅发委与泰山玉产业发展管理中心策划举办第二届“泰山玉杯”玉雕大赛暨泰山玉精品展，协助市残联召开第三届泰山国际福祉暨康复设备博览会，帮助市教育局开办全国普通高校招生咨询会暨第二届泰山教育博览会，推动泰山医疗设备新产品、新技术展览会上政府阳光采购，搭建公平、公正、严肃的采购平台，推动市传媒集团第五届马博会举办，同期举办马拉松博览会，开创赛事与展览活动结合，健全配套服务。

【会展活动招引】 依托泰安得天独厚地理位置和优越的自然环境，年内，多次走访中国商业联合会、广东市会展业行业协会、中国煤炭工业协会等国内外商协会、会展公司，邀请到泰安办展办会。在北京举办专场会展推介会，向中国商业联合会及其代管的39个全国性商协会推介泰安会展的发展优势。在中国（青岛）世界会议产业日活动上，用“泰山会展”主题摊位，从区位、交通、品牌、场馆设施、产业基础、旅游资源6个方面，集中展览展示泰山会展的发展优势。在广州召开会展推介会，以广州为主阵地，在珠海、广州两地分别进行会展交流推介，加强与珠三角地区的深入洽谈合作。外地到泰安举办的展会大放异彩，中国粮油学会主办的中国泰山粮油论坛暨第十三届全国粮油产销企业订货会，参展经销商、展商到会规模超过1.6万人，现场签约订货量高达700万吨，订货会规模档次、签约数量均超往届；由中国仪器仪表学会主办的2018中国石油化工智能工厂科技高峰论坛暨第九届石油化工重大工程仪表控制技术高峰论坛在泰安召开，除主论坛外，还组织11个平行分论坛、招商推介会、学术论文评审及颁奖会等多个环节，是业内水平规模大、层次高的活动之一；第五届泰山商务论坛暨第四届中国生活服务业大会、第八届海峡两岸服务业论坛在泰安举办，邀请到包括中国国际商会会长姜增伟、山东省人民政府副秘书长魏华祥等领导、知名专家和企业家以及全国各地商务主管部门、行业协会、商贸流通服务业企业负责人和新闻记者1000人参加。引进中国纺织工业联合会的中国纺织工业智能制造大会、中国妇幼保健协会中国妇幼保健协会助产士分会第四次学术年会、2018年中国菌物学会学术年会、中国有色金属业协会锂业分会第二届第三次理事会暨锂产业市场研讨会等会展活动。

8月31日至9月2日，第四届2018中国（泰山）国际矿业装备与技术展览会在泰山国际会展中心举办。图为展会现场　　（司　刚　摄）

【第四届中国（泰山）国际矿业装备与技术展览会】 8月31日至9月2日，在泰山国际会展中心举办。有参展商356家，包括美国小松、波兰华星、中煤科工集团、天地科技股份、北方交通重工等国内外龙头企业，展出产品5000种，展览面积3万平方米，煤矿千万吨总装工作面、智能分布式监控系统、工业机器人、智能无人机等行业领先产品与技术均在展会亮相。同期举办煤炭开采技术与装备发展院士论坛、煤炭装备制造业与先进技术融合发展研讨会、装备制造科技峰会、创新引领发展研讨会等配套活动，打造高科技、新技术、新能源、新产品的宣传、推介、展示的高层次平台。展会成交额达27.8亿元。

【首届中国泰山粮油论坛暨第十三届全国粮油产销企业订货会】 3月16—19日，在泰山国际会展中心举办。该次展会由中国粮油协会举办，汇聚全国400多家企业，五得利、益海嘉里、金沙河、内蒙古恒丰、中粮粮谷、香港南顺、布勒中国、安琪酵母、河南中鹤等国内外知名大型企业参展，展示商品800种，展览面积1.8万平方米，参会代表1万人，现场合同成交粮油500万吨，创历届订货会之最。中国泰山粮油论坛邀请多位行业专家，为与会人员进行政策解读、分享前沿技术、市场营销、互联网时代的产业转型等话题，与会人员500人，创历史新高。

【2018第二届泰山医疗设备新产品新技术展览会】 5月17—18日，在泰山国际会展中心举办。展览会由泰安市人民政府主办，市卫计委、市财政局、市食药局、市经合局共同承办，泰安市医疗器械行业协会、山东新丞华展览有限公司执行承办。该次大会将会展与政府采购相链接，将展会搭建成医疗设备阳光采购的平台，各医疗卫生机构通过在展会现场“货比三家、低价成交”，促进政府采购公平、公正、公开透明，提高资金使用效率，降低各类风险，为参展商提供公平竞争的舞台，提高参展商的积极性，开创“会展+政府采购”新模式。通过会展与政府采购相链接，推广会展采购，发挥会展的生命力和持续带动力。展会期间同步举办医院管理泰山论坛，重点爱心参展企业还向泰安市红十字会捐赠部分医疗设备，实现展览与公益的结合。

【第三届泰山国际福祉暨康复设备博览会】 9月6—8日，在泰山国际会展中心举办。博览会是贯彻国务院颁布的《“十三五”加快残疾人小康进程规划纲要》的具体体现，有利于推动辅助器具纳入国民经济和社会发展规划，纳入公共政策，

9月6日，2018第三届泰山国际福祉暨康复设备博览会开幕　（张　通　摄）

加快促进辅助器具研发和服务水平的提升，同时推进中国政务信息无障碍建设水平和公共信息服务能力大幅提升。博览会的举办有助于优化辅助器具产业发展格局，促进辅具产业提质升级，推动山东省和泰安市残疾人事业实现新突破、新跨越，为全国残疾人事业发展提供新经验和新思路。展会举办宗旨是让每一位有需求的人都能得到及时、有效的辅助器具服务，提供灵活的、人性化的无障碍服务，使辅助器具服务充满真情温暖，体现人文关怀，使生活更有尊严、更有质量。

【第十四届泰山苗木花卉交易会】　10月9—10日，在泰山国际花木城举办。按照“政府引导，企业为主，市场运作”的办展模式，展示泰安市苗木花卉发展成果，开展与全国各地业内企业及经营者交流与合作。围绕“培育绿色发展新动能，实现和谐美丽中国梦”这一主题，安排展览交易、花木高峰论坛、信息发布、采购签约、技术讲座5项活动，设置特色苗木及林产品、盆景奇石、园林资材和机械、桂花、多肉、特色景观等7个展示交易区，展区面积超过2万平方米，有20多个省市、500家企业、2000名客商参展，有500家企业、1.3万名业内人士参展参会，参展苗木花卉品种达5000种，展品3万件。大会组委会邀请中国花卉报社、山东省林木种苗协会、市林科院等有关专家对各参展企业、展品等进行评奖，评出奖项90个，其中评选2017—2018山东省特色（专类）苗圃10个、山东省花木产业领军人物10人，最佳布展奖、最佳组织奖、产品金奖30名，盆景奇石金奖40个。

【2018第四届国际绳网大会泰山峰会暨中产协绳（缆）网分会一届三次理事会】　8月22—24日，在泰安举办。峰会由中国产业用纺织品专业委员会、中国纺织工程学会产业用纺织品专业委员会主办，由中国产业用纺织品行业协会绳（网）缆分会、鲁普奈特集团（中国绳网研发基地）承办。该次峰会邀请到一批产业链各个领域的专家作交流报告，会议还特别安排绳网领域科技成果展示。其间，举办报告会、绳网全产业链新品发布与对接交流会、纤维绳索术语国家标准专题讨论会，共同推动绳网产业快速转型升级。

【2018中国石油化工智能工厂科技高峰论坛暨第九届石油化工重大工程仪表控制技术高峰论坛】　4月11—15日，在泰安举办。该论坛由中国仪器仪表学会主办，除主论坛外，还组织11个平行分论坛、招商推介会、学术论文评审及颁奖会等环节，是国内石油化工智能工厂技术水平规模最大、层次最高的活动之一。活动总结近年间国内大型工程及中国企业在国际工程实施中的经验，分享国际石油化工项目自动化、信息化运行先进技术，研究“十三五”期间石油化工产业的发展以及智能工厂检测、监测、控制、通信、安全、节能、环保等关键技术的应用和问题解决，促进政、产、学、研、用各环节的对接交流，提升中国石油化工工程管理、EPC、设计、运维、物采水平，探索解决国内石油化工升级转型中的技术问题，推动中国石油化工企业两化深度融合。

【第五届泰山商务论坛暨第四届中国生活服务业大会、第八届海峡两岸服务业论坛】　11月28—30日，在泰安举办。该论坛由中国商业联合会和山东省商务厅共同主办，同期举办第八届海峡两岸服务业论坛。商务部、国台办等中央部委，全国各地商务主管部门、行业协会、商贸流通和生活服务业企业负责人以及新闻记者共1000人参加大会。第五届泰山商务论坛暨第四届中国生活服务业大会以“加快消费升级·提高生活品质”为主题，激化市场和企业活力，持续推进消费升级，发展消费新业态新模式，优化产品服务供给，推动商贸流通服务业质量变革、动力变革、效率变革。11月30日，设置诸多分论坛，涵盖零售、洗染、沐浴、美容美发、人像摄影、婚庆礼仪、大健康、诚信经营、商业模式创新等方面，助推国内商贸流通、生活服务业转型升级，提升服务质量，加快品牌化、标准化、规范化发展。第八届海峡两岸服务业论坛以“创新驱动 服务升级”为主题，进一步加强海峡两岸服务产业的交流与沟通，增进双方在服务贸易领域的互信与合作，宣传各自优势与需求，提升合作项目水平和效益，实现优势互补，为海峡两岸消费市场创造更大福祉。

【2018中国石化和化学工业绿色制造、三废治理及园区智慧化建设（泰山）大会】 9月20—21日，在泰安市举办。大会由中国化工学会、泰安市科学技术协会联合主办，南京苏贝尔会展服务有限公司承办。大会以“绿色制造、环境友好、智慧管理、安全高效”为主题。全国学术、科研院所、企业等产学研各界400人参加大会，就石化行业热点关注的绿色化工、安全生产以及数字智能化发展应用等议题进行讨论交流。中国化工学会副理事长兼秘书长华炜、泰安市政府副市长成丽出席大会开幕式并致辞。中国化工学会与泰安市人民政府签订战略合作框架协议，双方在科技创新平台建设、招才引智、学术交流、实体化项目建设等方面加强合作，建立全面战略合作关系。中国化工学会充分发挥人才、智力等方面优势，着力推进泰安市新旧动能转换和科技创新发展。

【2018中国山东首届旅游商品与装备博览会】 10月19—21日，在泰山国际会展中心举办。该次展会由山东省旅游发展委员会、泰安市人民政府主办，集中展示山东省旅游商品产业取得的成就，继续发挥山东省旅游商品产业在国内领先优势，推动山东省旅游商品发展。该次博览会作为第三十二届泰山国际登山节系列活动之一，是山东省旅发委首次举办的省级层面的旅游商品与装备博览会。举办该次博览会是实施山东省旅游商品品牌提升工程的重要举措，也是丰富旅游商品内涵、提升旅游购物消费的现实需要，同时为山东省旅游商品企业学习、交流、合作提供平台，有助于宣传推广各地旅游商品体系，提升旅游商品品牌。

【中国（泰山）汽车配件用品展销会】 9月1—3日，在泰山国际汽配城举办。该展销会由国家汽车零部件产品质量监督检测中心、中国电子商务协会汽车行业分会、中国汽车质量万里行品牌联盟携手主办，泰安市行业管理办公室、泰安市汽车配件用品行业协会、泰安市亿金汽车配件用品有限公司等联合承办。有参展展商500家，七大参展品类，2万种商品。立足“搭建平台 互惠共赢”办展初衷，整合资源，渠道下沉，为上游生产与下游经销之间建立合作对接桥梁，依托泰安泰山国际汽配城，与广州、天津、河北、山东等产业基地500家厂商达成合作，良性嫁接市场双向需求。通过丰富产品品类、价格优势，坚持客户利益最大化，打造行业内口碑好、诚信度高、专业性强的贸易展销会。

【2018全国普通高校招生咨询会暨第二届泰山教育博览会】 6月26—27日，在泰山国际会展中心举办。该次展会展览面积1万平方米，分高校招生咨询展区、泰安教育成果展区、配套展览区、配套活动区四大展区，有200家国内外知名高校，80家留学、语言培训机构应邀参展。展会期间，泰安市内外考生和家长5.5万人次参观咨询，当场

6月26日，2018全国普通高校招生咨询会暨第二届泰山教育博览会开幕
（张 通 摄）

达成志愿填报和留学培训意向1万组。这是泰安市连续第二年举办该项展会。该次展会重点打造泰安市教育成果展示区，集中展示全市各县（市、区）和10所学校近年的教育发展成果、教学成绩和未来发展理念、目标规划。复旦大学、浙江大学、南开大学、同济大学、厦门大学、天津大学等全国211、985重点院校，省内外普通院校及部分专科高职院校等200所高校参与，其中全国39所985高校中就有28所到场参展，还有韩国世明大学、印度尼西亚总统大学等国外大学现场招生。作为全市范围内唯一的大型综合场高招会，在高校招生及报名咨询上，该次展会专门抽调专业人员现场为考生及家长解读高招政策，从分数、专业、地域等各方面给予考生意见和建议，知名高考专家对考生志愿填报作专题讲座，帮助考生快速、科学、准确地确定学校和专业选择范围。该次展会除全国高校到会招生以外，有80家知名留学咨询、语言培训、技能培训机构参展，其中留学咨询涵盖英、美、意、俄、日、韩以及东南亚多个国家和地区，呈现出留学咨询多元化趋势，为广大考生提供更多升学选择。

【“泰山玉杯”玉雕大赛暨泰山玉文化论坛】 9月6—8日，在泰山国际会展中心举办。展会由中国珠宝玉石首饰行业协会、泰安市泰山玉开发管理领导小组共同举办，吸引上海、广州、扬州、苏州、辽宁等地玉雕大师参赛，作品题材包括人物、器皿、动物、花鸟等器件以及手镯、玉牌等小件，该届大赛参赛作品数量和质量较往届有明显的提高，作品取材、立意较往届更丰富。展会对泰山文化运用更加深入，大赛共评出金奖5件，其中《华夏之魂》《家园》《泰山》3件立意泰山文化的玉雕作品被评为金奖。对泰山玉的特性研究更加深入，大赛参赛作品中，许多作品都展现出作者对泰山玉加工特性的研究。对泰山玉使用更加合理，部分参赛作品表现出对泰山玉材质本身的深层次理解，通过对不同玉质甚至石皮的巧妙运用，展现艺术效果。

【2018（北京）泰安会展合作推介会】 7月，在北京举办。向中国商业联合会及其代管的39个全国性商协会推介泰安会展发展优势，会上交流热烈，引进“第五届泰山商务论坛暨第四届中国生活服务业大会”“第八届海峡两岸服务业论坛”等多个会展项目。

【2018（广州）泰安会展合作推介会】 11月7—10日，在广州举办。在珠海、广州两地分别进行会展交流推介，泛珠三角城市会展联盟、广东省山东商会、广州市会展行业协会、杭州市会议展览协会、成都会展联盟40个城市的300个行业协会负责人参加活动。11月8日珠海会展城市合作交流环节，拉开推介会的序幕。泰安市从便利的区位交通、雄厚的产业基础、丰富的旅游资源、完善的展会配套等多个方面全面介绍泰安会展业发展的优势条件，推介泰安市会展体制创新、机制创新、财政扶持等多措并举的先进做法，并和其他会展发达城市交流发展会展的经验。11月9日在广州主会场，广东省商务厅厅长郑建荣、泛珠三角城市会展联盟主席李霞辉、华南理工大学党委副书记陶韶菁分别进行发言，泰安市经济合作局（市会展办、市贸促会）、泰安日报社相关负责人分别介绍泰安资源环境和会展发展优势、泰安会展发展历程、现状和扶持政策，播放泰安产业及泰安会展宣传片，并向与会嘉宾发放《泰山会展》专题杂志，运用视频、文字、图片、PPT等多种形式，对泰安会展业进行详细推介，使与会嘉宾全方位了解泰安，了解泰安会展业的发展情况。在会上，泰安市会展业发展办公室（泰安市经济合作局、泰安市贸易促进委员会）与广州市会展业行业协会签订《会展合作战略合作协议》，确立双方互为战略合作伙伴关系，为珠三角会展公司在泰安办展办会提供优惠条件。（高　炜）

编辑　校对　　刘　凯

文化·传媒·旅游

文化综述

【概况】 年内，全市文化广电新闻出版系统以开展“文化强市建设发展年”为抓手，增强文化担当，勇于文化创新，突出重点，强化落实，文化广电新闻出版文物各方面工作取得新进展、新成效。市文化广电新闻出版局（简称市文广新局）被评为全省非物质文化遗产工作先进集体，连续7年被评为省级文明单位，连续3年被评为全国查处侵权盗版案件有功单位；市文化市场综合执法支队、宁阳县文广新局分别被评为2017年全国查处侵权盗版案件有功单位二等奖、三等奖；泰山文化保护传承上升到省级战略层面，泰山文化生态保护实验区被评为省级文化生态保护实验区；4个县级广播电视台通过山东省县级台标准化建设考核，全部被评为一级台，达标率100%；山东梆子《泰山人》获文化和旅游部全国梆子声腔优秀剧目展演“优秀入选剧目奖”。年末，市文广新局行使文化艺术、广播影视、新闻出版、著作权和文物五大方面的管理职能，设办公室、人事科（离退休干部科）、财务科、公共文化科（非物质文化遗产科）、艺术科、法规市场科（行政许可科）、文化产业科、广播影视科（宣传管理科）、印刷发行科、报刊科（版权科）、市文物事业管理局（副县级内设机构）等科室11个及机关党委，管理市文化艺术中心、市文化市场综合执法支队、市美术馆、市图书馆、市文化馆、市文化艺术创作研究室、市山东梆子艺术研究院、市考古研究所等单位8个。市文广新局机关核定编制31人，实有28人；局属事业单位核定编制262人，实有233人。

【文化艺术创作】 ①央视春晚泰安分会场打响泰山文化品牌。2018年，央视春晚在泰安设分会场，展现泰山文化特色和泰安自然人文风貌，高效率、零事故，圆满完成节目排练演出服务等各项工作任务。市文化馆、市山东梆子艺术研究院分别创作排练大型石乐《石韵泰山》和戏曲《国泰民安中国梦》，亮相央视舞台，彰显泰山文化特色，演绎“齐鲁魂·泰山情·中国心”主题，“国泰民安”的美好寓意在全国人民以及全世界华人中传播。②“泰山文艺精品”创作。现代小戏《一个不能少》获第十四届华东六省一市戏剧小品大赛大奖和第十一届山东文化艺术节群众艺术新创作作品入围奖。山东梆子《还魂儿》获第十一届山东文化艺术节小型戏剧新创作优秀作品展演“优秀小型剧节目奖”。新创作品《泰山挑山工》入选第十一届山东文化艺术节优秀新创群众文艺作品展演。打击乐《七巧鸣春》获第十一届山东文化艺术节群众艺术新创作品优秀奖。《春晖》《祺然》《新丝路物语》等6件美术作品入围“第十一届山东文化艺术节美术作品展”复赛，1件美术作品入选改革开放40年山东美术发展成果展。小小说《端米》入选“改革开放40周年最有影响中国小小说”，山东省重点文学作品《天虫》举行首发式。泰山广播影视精品品牌打造成果凸显，电影《情暖童年》入选中宣部“我们的中国梦”文化进万家公益电影展映活动，电影《紫薇飘香》《苏庆亮》、纪录片《见证泰山》《传承中国梦》获省级专项资金扶持，16件作品被评为省广播电视优秀公益广告。

【系列主题文化活动】 围绕纪念改革开放40周年、庆祝中国共产党成立97周年等主题，举办“名家画泰山”写生、“泰山风情”美展等各类大型美术、书法、摄影写生、展览活动76场，举办“我们的中国梦”春节文艺晚会、首届市民舞蹈大赛、第十四届歌手大赛、传统工艺大赛、百姓天地大舞台、“永远跟党走”文艺晚会等大型文化艺术活动37场。以泰安历史文化为题材的山东梆子廉政戏《官箴碑》先后向市直各部门（单位）、各县（市、区）开展巡演19场次。联合举办“翰墨绘春秋·丹青写精神”泰安市庆祝改革开放40周年书画作品展，市直各部门（单位）、各县（市、区）党员干部以及广大群众累计近万人次观看。（桑运昌）

文学艺术

【概况】 2018年，市文联内设办公室、协会部2个部（室），下属文学创作室、中国书画函授大学泰安分校、《泰山》杂志编辑部3个事业单位，共有编制17个，实有15人。年内，文艺精品创作生产取得新成果，20件文艺作品获奖；志愿服务实现常态化，组织开展各类文艺培训班、讲习班20次，参加培训文艺活动的文艺工作者300人次。继续保持“省级文明单位”称号。

【文艺精品创作】 作品《大写西域》获第七届鲁迅文学奖提名，并获第七届“徐迟报告文学奖”。1人入选山东省签约作家。2件作品分别获得由省委宣传部、省纪委监委宣传部、省文联联合主办的“2018年山东省廉政文化作品征集活动”绘画类优胜奖、漫画类优胜奖。作品《给你掏掏耳朵眼儿》获讲好山东故事征文大赛一等奖。作品《最后的村民》获第四届“十艺济南”初心文学大赛二等奖。

【文化品牌建设】 ①加快推进形成泰山画派。泰山画派以“弘扬泰山文化，传播中华精神”为宗旨，形成与发展脉络清晰、基础扎实，美学特征和艺术风格鲜明，有庞大的画家群体、领军人物和代表画家。《泰山画派概论》理论专著由人民美术出版社出版发行，北京故宫博物院、国家博物馆、上海博物馆等200家国内知名博物馆、图书馆收藏，新华社、中央电视台等主流媒体进行报道。泰山画派代表画家的作品进入人民大会堂、全国政协会议室、泰安市政大楼大厅，并参加在国内组织举办的高层次绘画大展。②打造“东岳气象”。编印《泰山文艺》期刊6期，计100万字，发表小说、诗歌、散文、评论、学术作品300篇（首），推出泰安作家100人，书法家、美术家30人，《泰山文艺》成为泰安市全面展示文艺成果、增进对外文化交流、扩大泰山文化影响的名片。编辑出版《泰安作家文库》第四辑，推出10人作家200万字的文学作品。

【艺术展示平台建设】 举办第四届泰山艺术节，构筑艺术展览、舞台演出、学术研讨、群众文化四大活动板块。突出思想性，举办纪念改革开放40周年摄影艺术展，讴歌中华民族实现伟大复兴的奋斗历程，展现普通百姓生活变迁和泰安文艺发展的历史画卷。提升艺术性，举办泰安文学周、泰山石敢当·张志民作品展、泰山城市雕塑展、中国模特之星大赛、山东省精英模特大赛等多项展演，邀请国内外著名文学、书画、音乐和雕塑大师，展示内涵丰富的艺术精品、演绎激情四射的歌曲和乐曲，为艺术家和人民群众搭建高端艺术平台。增强群众性，组织举办泰山三宝展、水浒英雄泥塑作品展等民俗和群众文化活

10月30日，唱响新时代——纪念改革开放40周年暨第四届泰山艺术节闭幕交响音乐会举行（董玉文 供）

动，激发艺术家的创造力和人民群众参与文艺工作的积极性，营造改革发展、和谐稳定的社会思想文化氛围。

【文艺惠民】 组织“不忘初心·牢记使命”倪和军书法作品扶贫捐赠、“迎新春、送春联、送温暖”文化下乡及走访慰问贫困户、专家学者进校园核心价值观宣讲解读、“重品行、树形象、做榜样”文学采风等活动，助力乡村振兴和全国文明城市创建。

【第二届泰安市签约作家签约仪式暨作品研讨会举办】 2015 年，市文联建立签约作家聘任制度，壮大全市中青年骨干作家队伍，促进文学精品创作，推动泰安文学事业繁荣和发展。该制度三年一届，首批签约期满，取得显著成效。2018 年 10 月 29 日上午，第二届泰安市签约作家签约仪式暨作品研讨会举办，6 名签约作家与市文联、市作协相关负责人签订《泰安市签约作家协议书》，并邀请山东省作协副主席刘玉栋等 3 名文学专家对 6 名签约作家的作品进行研讨。（董玉文）

10月26日，山东梆子《官箴碑》全市巡演启动（桑运昌　供）

公共文化

【公共文化设施建设】 2018 年，3723 个村（社区）全部建成基层综合性文化服务中心，覆盖率和达标率均达 100%，在省对市第三方考核中连续 3 年获得满分。市图书馆、泰山区图书馆、东平县图书馆被评为国家一级馆。各级三馆及乡镇综合文化站全部实行免费开放，公共图书馆均按照“六个一”（一个统一标牌、一尊孔子像、一个国学讲堂、一个道德展室或展板、一个国学经典阅览室或阅览区、一个文化体验室或活动区）标准完成尼山书院建设。完成县级历史文化展示工程建设任务，32 个历史文化展厅被表彰为山东省历史文化展示“十百千”示范点。

【文化惠民活动】 全年各级累计开展各类群众文化活动 6.8 万场次，“送戏下乡”演出 4012 场次，农村公益电影放映 5.9 万场次，“全民阅读”活动 622 场次，“泰山文艺小分队”进基层、进企业、进军营演出 200 场次，文化志愿者“六进”（进社区、进农村、进机关、进校园、进军营、进企业）活动 7500 场次，建设固定银幕架 1500 个，农家书屋出版物更新 50 万册，全市各类文化惠民活动累计惠及民众 600 万人次。市图书馆全年采购图书 1.4 万册，新建分馆 3 处；市文化馆开设涵盖 10 个文化门类的公益培训课程，全年培训学员千人次；市美术馆连续举办免费公教班 4 届，培训学员累计 900 人次。《泰山挑夫》《还魂儿》被评为全省群众艺术优秀新创作品。

【文化扶贫】 年内，354 个省级贫困村、251 个市级贫困村全部按照省建设标准完成综合文化活动室建设任务，联合举办“扶贫济困，你我同行”扶贫主题晚会。加快推进广电行业扶贫，为全市 5.50 万户建档立卡贫困户免费开通有线电视服务，协调社会力量向东平县贫困户捐赠电视 120 台。市山东梆子艺术研究院到 6 个县（市、区）的 19 个贫困村、18 所学校开展惠民演出 129 场，累计惠及群众 7 万人次。市美术馆举办文化扶贫书法作品展，捐赠书法作品 50 幅。泰山区民间故事队闹元宵、岱岳区送戏下乡闹新春和肥城市文化扶贫送戏下乡巡演等 4 个品牌活动被评为山东省冬春文化惠民季活动品牌项目；“中国梦·泰山情”和新泰市“连心服务基层·助力精准扶贫”2 个文化志愿服务品牌项目被评为山东省文化志愿服务典型。（桑运昌）

优秀传统文化

【概况】 至年底，市级公布非物质文化遗产（以下简称“非遗”）

泰安市非物质文化遗产代表性项目名录

表 6

序号	类 别	项目名称	级 别	批 次	公布时间
1	民间文学	泰山传说	国家级	第三批	2006
2		宁阳大禹治水的传说	省 级	第二批	2008
3		范蠡与陶山的故事	省 级	第二批	2008
4		肥桃的传说	省 级	第四批	2010
5		水浒传说	省 级	第三批	2010
6		和圣柳下惠的传说	省 级	第三批	2010
7	传统音乐	泰山道教音乐	国家级	第二批	2006
8		腊山道教音乐	国家级	第二批	2006
9		东平硪号子	省 级	第二批	2008
10	传统舞蹈	独杆跷	国家级	第二批	2006
11		百兽图	省 级	第一批	2006
12		逛荡灯	省 级	第一批	2006
13	传统戏剧	泰山皮影戏	国家级	第二批	2006
14		山东梆子	国家级	第二批	2006
15		四音戏	省 级	第一批	2006
16		宁阳木偶戏	省 级	第一批	2006
17	曲 艺	端鼓腔	国家级	第三批	2006
18	传统美术	泥塑（泰山泥塑）	省 级	第二批	2008
19		泰山水陆画	省 级	第四批	2015
20	传统体育	徐家拳	国家级	第四批	2008
21		中华子午门功夫	省 级	第二批	2008
22	传统技艺	泰安豆腐制作技艺	省 级	第三批	2006
23		泰山火烧制作技艺	省 级	第三批	2010
24		泰山酒传统酿造技艺	省 级	第三批	2012
25		尚氏锔艺	省 级	第四批	2010
26		泰山石刻碑拓技艺	省 级	第三批	2015
27		泰山香传统制作技艺	省 级	第四批	2015
28	传统医药	孟氏正骨疗法	国家级	第四批	2010
29		孟氏接骨膏制作技艺	省 级	第四批	2015
30		安驾庄梁氏正骨疗法	省 级	第二批	2006
31		王氏正骨	省 级	第四批	2008
32	民 俗	泰山石敢当习俗	国家级	第一批	2006
33		泰山东岳庙会习俗	国家级	第二批	2006
34		泰山封禅与祭祀习俗	省 级	第一批	2006
35		泰山祭祀习俗	省 级	第四批	2015
36		泰山豆腐宴食俗	省 级	第四批	2012
37		泰山封禅御宴	省 级	第四批	2012
38		泰山玉习俗	省 级	第四批	2015
39		东岳大帝与碧霞元君信俗	省 级	第三批	2010
40		桃木雕刻民俗	省 级	第一批	2006
41		宁阳斗蟋	省 级	第二批	2006
42		宁阳彩粽及送彩粽习俗	省 级	第一批	2006

6月9日，2018文化和自然遗产日——文化遗产的传播与传承宣传展示活动在岱庙南门举办（桑运昌 供）

项目7批、“非遗”传承人3批；列入四级“非遗”保护名录的项目中，国家级11个、省级42个、市级310个、县级426个；“非遗”代表性传承人国家级2人、省级21人、市级98人、县级214人；泰山皮影被列入联合国教科文组织“非遗”名录。

【泰山文化保护传承】 泰山文化保护传承上升到省级战略层面，弘扬传承泰山文化被列入省、市经济与社会发展“十三五”规划，写入省、市第十一次党代会报告及《政府工作报告》。《泰山文化保护传承意见》通过省委、省政府审议，省财政批复专项资金480万元编制《泰山文化保护传承规划》，省文化和旅游厅、泰安市政府联合召开泰山文化论证会。编制《泰山文化生态保护实验区规划纲要》，经省级专家评审论证，泰山文化生态保护实验区被批准为省级文化生态保护实验区。

【非物质文化遗产保护传承利用】 公布第七批市级“非遗”保护名录，开展第八批市级“非遗”项目评审，范正安被评为全国“非遗”保护工作先进个人，王开金、吴士国、梁盛兴被评为全省“非遗”保护工作先进个人。争取各级“非遗”保护项目经费460.2万元。“宁阳县保护虫源地活动”“泰安市探索非遗资源合理利用新渠道”“泰安市非遗+游学”3项“非遗”工作分别连续3年入选“山东省非遗保护十大亮点工作”。各级累计组织七大类、179个“非遗”项目、183名代表性传承人开展“非遗”宣传展示活动186场次，国家级“非遗”项目山东梆子戏曲在市内外24所中小学校进行展示展演33场次。（桑运昌）

文化产业

【文化产业“十百千”工程】 “十三五”期间，在全市建立10个以上国家级或省级文化产业示范园区、基地，建成100个以上投资过千万的文化产业项目，建设1000个以上投资过百万的文化产业项目。建立重点文化产业项目库和文化产业新旧动能项目库，全市投资过亿元的文化产业项目90个、过千万的73个，其中泰山新闻出版小镇、肥城新华智能印刷工厂、三味书屋3个项目被列入国家新闻出版改革发展项目库，泰安运河之心文化产业园、春秋古城项目、水浒文化产业园等4个项目被列入山东省新旧动能转换文化创意产业重点建设内容，华夏微影（泰山）微电影小镇、电影《大汶河》和肥城市广电云媒资大数据管理服务3个项目被列入山东省新闻出版广播影视产业项目库。省级以上文化产业示范基地达12家，规模以上文化企业145家，其中2家被评为山东省“创意集市”，8家被评为泰安市“三强”企业，1家成立全省首家文化版权服务机构。

【文化会展业】 年内，召开第二届国际新闻出版合作大会、2018岱萌动漫游戏博览会等大型文化会展活动15场次；组织重点文化产业项目参加第十四届中国（深圳）国际文化产业博览交易会、第十三届中国（义乌）文化产品交易会、第七届山东文化产业博览交易会等大型展会，推广宣介泰山新闻出版小镇等重点文化产业项目11项，桃木制品等重点文化产品35个。开展第二届泰安文化惠民消费季，提升文化会展业影响力。市级财政投入专项资金300万元，直接带动消费937万元。消费季期间，全市各级组织开展“中国梦·泰山情”等系列主题文化品牌活动340项、近2万场次，参与群众420万人次。

【第二届国际新闻出版合作大会】 12月11—12日在泰安举办。该届大

12月11—12日，第二届国际新闻出版合作大会召开　（桑运昌　供）

会由泰安市政府主办，泰安高新区管委会、市文广新局、市经合局承办，美国、俄罗斯、法国等国家的20家知名出版机构负责人以及全国新闻出版领域的负责人、专家等300人出席会议。大会以“新平台、新合作、新发展”为主题，共同就国际出版合作、全球数字出版转型升级等话题展开深度交流探讨。其间，印度GDB图书集团、尼泊尔当代出版社、北京印刷学院、中国大百科全书出版社、中国人力资源和社会保障出版集团、浙江正润机械有限公司等6家单位签约入驻泰山新闻出版小镇。新华社、《人民日报》、中国新闻出版传媒集团、《齐鲁晚报》等20家行业内外媒体对大会盛况进行专题报道。　（桑运昌）

文　物

【概况】　全市有世界文化遗产3处，不可移动文物2422处，县级以上文物保护单位451处。其中，国家级重点文物保护单位14处、省级78处、市级144处、县级215处。

【重点文物保护工程】　“十三五”期间，全市实施重点文物保护“125”工程（重点文物保护项目100项、馆藏文物20万件、发展博物馆50家），落实文物保护“四有”（有保护范围、有保护标志、有记录档案、有保管机构）、“五纳入”（纳入经济和社会发展计划、纳入城乡建设规划、纳入财政预算、纳入体制改革、纳入各级领导责任制）和文物安全“六纳入”（纳入下一级政府年度考核，纳入社会治安综合治理考核，纳入文明城市、文明村镇测评，纳入文化强省建设先进市县评选，纳入历史文化名城、名镇、名村、街区审查、评估，纳入消防安全考核等考评体系）。争取各级文物保护项目经费34项、5823.2万元。其中，国家级文物保护项目17项、4111万元，省级文物保护项目9项、1121万元，省级乡村记忆工程项目8个、20万元，省、市级看护员经费71.2万元，市级专项经费500万元。加强文物保护工程项目监管，组织验收竣工项目15个，完善项目档案资料。公布第五批市级重点文物保护单位，划定保护范围和建设控制地带。加强考古调查勘探工作，推进地方项目建设，全年完成考古调查勘探项目6项，设立山东省水下考古泰安工作站。普查不可移动革命文物89处，国有单位可移动革命文物481件（套），《泰安馆藏文物精品集》初稿编辑工作基本完成。

【公共文博服务体系建设】　文博事业快速发展，全市博物馆总数发展到39家，其中国有9家、非国有30家，国有文物收藏单位收藏文物17万件，非国有博物馆藏品登记14.9万件（套）。

【文物安全】　开展法人违法案件三年专项整治行动，实行法人违法案件通报制度。联合消防部门开展文物安全大检查和文物建筑消防安全大检查，建立起“人防、物防、技防”综合防范体系和田野文物看护员四级保护网络。　（桑运昌）

文化市场管理与综合执法

【概况】　全市有文艺表演团体32家，娱乐场所经营单位74家，互联网上网服务营业场所244家，演出场所经营单位2家，艺术品经营单位5家。

【深化“放管服”改革】　精简审批事项，取消文化领域市级行政许可事项2项、行政处罚事项23项，向各县级分离下放市级行政许可事项7项，直接下放市级行政许可事项4项、其他权力事项1项，271项市级行政处罚事项明确由县级实施。推进落实文化领域“多证合一”“先照后证”“证照分离”等制度，公布文化领域“贴心代办，一次办好”事项清单行政许可事项14项、公共服务事项2项。

【开展“扫黄打非”】 组织开展“清源”“净网”“固边”“护苗”“秋风”五大专项行动，推进“扫黄打非”进基层工作，挖窝点、清市场、查大案，群防群治、齐抓共管，先后查处山东泰安四川达州“URBOX”直播聚合平台传播淫秽物品牟利案、新泰市汶南镇溪水边书店非法经营案等一批大案要案。

【文化市场综合执法】 推行“双随机、一公开”文化市场监管模式，划分片区14个，实施网格化管理，开展“双随机”执法行动12次，出动执法人员600人次，检查网吧86家、娱乐场所27家、印刷企业30家、电影院8家、图书经营单位52家，共处罚款9.6万元。针对校园周边及重点区域文化市场经营单位开展专项行动7次，配合全国反盗版联盟查处违规书店6家，收缴各类盗版图书1.34万册。（桑运昌）

新闻出版广播影视管理

【概况】 至年底，全市印刷业391家，资产总额41.8亿元，销售收入35.9亿元，利润总额2.61亿元，工业总产值37.53亿元，年印刷总产值5000万元以上的印刷企业13家。从业人员1.23万人，研发投入0.26亿元。发行单位536家，资产总额16614.39万元，营业收入33755.8万元，实现利润2284.35万元。争取广播电视产业项目资金500万元，全市广播影视类从业人员5000人，营业收入近2亿元。组织影院进行设备更新改造、提档升级，23家城市影院全年放映16万场次，观影230万人次，票房总收入7363万元，增长19%。重点打造的泰山新闻出版小镇是全国首个专门服务于新闻出版行业的特色小镇，作为2018年泰安高新区新开工建设的八大园区之一，被写入《政府工作报告》，是全市新旧动能转换重点园区和山东省新旧动能转换重点项目，先后入选国家新闻出版改革发展项目库、国家发展改革委“千企千镇项目库”和世界儒商大会新旧动能转换项目库。年内，项目建设全面展开。

【新闻出版行业管理】 完成全市新闻出版类统计年报1000家、国家级报纸期刊12家，核验省、市级报纸期刊102家，著作权登记106件，增长27.1%。推动党政机关和民营企业软件正版化工作，开展打“四假”（假报刊、假记者站、假记者、假新闻）活动，查缴各类非法报纸320份，取缔非法经营报刊摊点13个，整治、净化报刊出版市场。

【广播影视行业管理】 按照“属地管理和分级负责”的原则，落实广播影视行业意识形态责任制和重要节日、重大活动播出工作零报告制度，确保广播电视安全播出。新泰市、肥城市、宁阳县、东平县4个县级广播电视台通过山东省县级台标准化建设考核，全部被评为一级台，达标率100%。（桑运昌）

12月23日，市委书记崔洪刚（前排右四）到泰安广播电视台调研，并与工作人员合影 （王国梁　摄）

·泰安市广播电视台·

【概况】 市广播电视台为市政府直属事业单位，设广播、电视新闻、电视社教、电视文体、广播电视技术和电视党建六大中心，职能服务科室5个，台属事业单位1家、公司4家。广播有新闻、旅游、交通3个频率，电视有综合、公共、教科3个专业化频道。新媒体领域有泰山网、泰安新闻网、泰安手机台、“泰安之声”头条号矩阵、楼宇电视等。《泰安广播电视报·泰安周刊》

每周1期，全彩印刷。有不同规格的电视演播室5个、演播大厅2个、广播直播室4个；流动电台直播车和大型电视转播车各1辆，流动文艺演出车2辆。全台有职工706人，其中在职职工592人；资产总额4.79亿元，其中固定资产2.67亿元，全年收入总额超亿元。2018年，泰安市广播电视台连续第三年被山东省新闻出版广电局评为全省“优秀传播机构”第一名，获得山东省市级广电融媒体主流影响力奖；继续保持“市级文明单位”称号。全年广播5个频率（含2个合作频率）播出3.4万小时，电视3套节目播出发射2万小时，实现全年广播电视的安全优质播出。

【新闻、活动宣传】 ①重大主题宣传。完成省、市人大、政协“两会”和泰山国际登山节的宣传报道工作。围绕习近平新时代中国特色社会主义思想、中共十九大、改革开放40周年等重大主题，台属各媒体先后开设《在习近平新时代中国特色社会主义思想指引下——新时代 新作为 新篇章》《勇立潮头 走在前列——庆祝改革开放40周年》《弘扬爱国奋斗精神 建功立业新时代》《改革开放40周年》等专栏。围绕卫生城市复审和全国文明城市创建、新旧动能转换、乡村振兴、山水林田湖草生态保护修复工程、脱贫攻坚、“一次办好”改革优化营商环境、扫黑除恶专项斗争等市委、市政府中心工作、重点工程，长期策划、持续展开宣传，开设《创文明城市 倡文明新风》《中央生态环境保护督察“回头看”工作》《城事人人管》《拆违进行时》《节能在行动》《干在实处 走在前列》《深化放管服改革 推动高质量发展》《直通12345》等栏目，推出《乡村振兴看泰安》《法治泰安》电视专栏，开展“乡村振兴——泰安美丽画卷”“食安泰安进行时”等大型新闻采访，开设《泰安市泰山区域山水林田湖草生态保护修复工程专题访谈》节目，邀请13名第一组长走进演播室，谈认识、话措施、谋未来。围绕全市经济社会发展，及时解读市委、市政府的经济政策、展示各领域取得的成就，开设《聚焦十大支撑产业》《泰山工匠》等栏目，借助“数说三强”的节目形式，推出一系列有影响力的主题报道《三强高度》，开设《榜样电商》专栏，发挥融媒体优势，泰山网、泰安新闻网、泰安手机台、“泰安之声”头条号矩阵、23个微信公众号、8个微博，推送一批重大主题新闻和反映泰安经济社会发展辉煌成就的重点稿件，通过线上线下全媒互动，及时传播政府权威声音，提升政府形象。②重大活动宣传。举办“改革开放再出发——泰安市庆祝改革开放40周年感动泰安人物和最具影响力的事件颁奖典礼”“永远跟党走——庆祝中国共产党成立97周年文艺晚会”“纪念中国共产党成立97周年暨争当跨越发展先锋推进大会”“泰山景区第一届旅游服务技能大赛颁奖典礼”“泰安十大孝子颁奖典礼”“第六届创业大赛暨山东省第四届创业大赛选拔赛”“市直机关十大杰出青年颁奖典礼”“泰安市‘3·15’国际消费者权益日纪念大会”“第四届最美环卫工人评选活动”“‘五月放歌 青春礼赞’纪念五四青年节诗歌朗诵会暨‘十杰青年’表彰典礼”“泰安市讲述‘身边’先锋群体主题党日”等主题晚会；举办电影《牵起妈妈的手》新闻发布会、“泰山国学小名士”经典诵读、“家乡之约——天南地北泰安人回家”“中老年广场舞大赛”“市直机关最美职工”评选、第三届“最美纳税人”评选、“唱响泰山”新春音乐会、“天天说事 天天环保”纪念“六五环境日”等活动；拍摄微电影《强基固本筑堡垒》，开设《我们的节日》《寻找最美教师》《公益助学行动》专栏，对冯玉祥墓、革命烈士纪念碑等带有红色革命意义的景点进行集中宣传报道，把优秀传统文化和家国情怀融入节目之中，引导广大观众深化对中华优秀传统文化的认知认同，增强文明自觉和文化自信。

【对上对外宣传】 做好在央视《新闻联播》、山东卫视《山东新闻联播》的发稿工作，全年在中央电视台发稿42条，其中《新闻联播》12条；在山东电视台《山东新闻联播》播发重头稿件162条；在中央人民广播电台发稿20条，其中早6:30《新闻和报纸摘要》节目7条。泰安作为央视2018春晚4个分会场之一，市广播电视台与央视积极对接，精心准备，抽调骨干人员参与央视春晚的筹备，春晚的成功举办，向全国乃至全世界展示泰安形象、传播泰山文化。借助春晚效应，及时制作播出“跟着春晚游泰安”系列报道，并在全国广电城市台联盟平台播出。拍摄完成《中国泰安》《泰山封禅之路》《中国影像方志·宁阳篇》等高精尖纪录片，并陆续在央视播出；配合央视《四十不惑》新闻纪录片，完成在泰安收集素材的拍摄任务；参与配合“山东改革发展大事纪录工程”，制作推出《飞阅齐鲁》《俯瞰山东》《大美新山东》三大系列电视节目；开通泰山景区抖音账号“泰抖”，推出《泰山味道》

美食系列，及时传递泰山信息，发出泰山声音；完善泰安市人民政府官方政务微博和政务微信“泰安发布”，构建全方位、多层次、宽领域的大外宣格局，增强和扩大泰安、泰山的综合知名度、影响力。

【公共文化服务】 举办“五谷丰登·国泰民安”泰安市首届“中国农民丰收节”、“首届泰山休闲美食节”“第二届情溢中华·爱在齐鲁中外新年联欢会”、泰安广电“五一”“十一”大型车展等大型节庆活动，提升全市人民的自信心、荣誉感、获得感。《天天开发票 月月中大奖》栏目每月1期，全年发放奖金300万；《天天说事》《天天说道》《天天早高峰》《天天晚高峰》《天天大擂台》《天天新发现》《天天上榜》《天天汽车报道》等栏目，泰安手机台“健康养生、违章查询、滴滴打车、旅游文化圈、百台联动、开票有喜、随手拍、旅游文化监督台”等平台，为广大市民提供信息咨询和服务。“说事有爱、新春送福”——《天天说事》新春走基层送温暖、“用心出发，让爱畅行，助力高考，泰安交广绿丝带行动”“携手共护校，牵手平安行，泰安交广安全教育课”“趣味植树，亲子陪伴之旅”“魅力901报时小明星”“免费诊疗，天使的一天”“捐赠净水器进校园，让孩子喝上干净水”等公益活动，延续中华民族的优良传统，擦亮广电爱心品牌。台总编室全年引进（购买）50多部、近2000集正能量主旋律电视剧在各频道播出；广电艺术团坚持开展“一村一年一场戏工程”文化惠民演出104场次，观众人数近5万人次，并抽调专业文艺骨干，深入乡村社区分批次集中培训文艺骨干100名；电影发行放映公司完成农村公益电影放映4万场，观众达680万人次；泰安广电小记者有在校注册学生5000人，举办各种科普活动200场次。策划摄制“孝文化”公益宣传系列片，《牛奶篇》《妈妈的爱》获2018年山东省敬老养老公益广告征集活动视频类二等奖，《愿望篇》获山东省公益篇优秀奖，《回家过年》获山东省广电学会公益广告一等奖。

【安全生产与优质播出】 严格执行“不间断、高质量、既经济、又安全”的工作方针，做好设备的维护、检修，完成春节、“两会”、上合组织青岛峰会、中非合作论坛北京峰会、中国国际进口博览会等重要保障期间的安全播出和网络安全，实现全年广播电视的安全优质播出。升级改造一号演播大厅、新闻中心融媒体演播室，完成徂徕山转播台数字微波的更换工作，为提升泰安广电一流节目制作与传输奠定坚实基础。

【2018央视春晚在泰安设分会场】 2018年，中央电视台春节联欢晚会在泰安设置分会场，在泰山封禅大典剧场向全球华人送去祝福。历经3个月筹备，2018年2月15日（大年三十）晚22时36分至41分，央视春晚5分钟“泰安时间”，让数十亿观众领略祖国山河的壮丽和礼仪之邦的风采，阐释“齐鲁魂 泰山情 中国心”的核心内容。市广播电视台参与筹备工作，抽调20名各工种骨干人员，与央视导演组攻坚克难，圆满交出一份“春晚答卷”，生动展示新时代征程中的新泰山、新泰安形象，提升泰山、泰安的知名度和美誉度。2月21日，央视春晚泰安分会场特别节目——《回家过年》于19:30在央视3套播出，40分钟的晚会融入泰山视觉元素，烘托升华“中华泰山·国泰民安”主题，展示新时代“富裕文明幸福”新泰安形象。

【“泰安之声”头条号矩阵】 7月25日，由市委宣传部、市委网信办主办，市广播电视台承办的泰安头条号矩阵——“泰安之声”开通上线。至年底，有市、县、乡（镇）三级1000家政务头条号集体入驻，市委、市政府的重要会议、重大活动、重要决策部署都在“泰安之声”矩阵下面的单位进行一键转发，达到从面上覆盖全市，从点上推送到各县（市、区）、街道和村居，实现矩阵由单点传播向多点多层级立体传播的突破和升级。“泰安之声”今日头条上线5个月，共推送发文900篇，阅读量超过680万（次），实现快速精准到位的报道。（张尚友）

·泰安日报社（泰安传媒集团）·

【概况】 泰安日报社（泰安传媒集团）旗下拥有《泰安日报》《泰山晚报》、中华泰山网、“最泰安”客户端、ZAKER泰安、“看泰安”音视频平台等媒体10多个，融合组建最泰安中央厨房指挥中心，中华泰山网和“最泰安”客户端具有国家一类新闻资质。2018年，报社（集团）宣传导向正确，报业经营平稳，产业跨界和体制改革稳步推进；六大核心竞争力建设（民生新闻、本地时政新闻、体育新闻、域外重大新闻、新闻态度、本土音视频新闻）等全面推动，“六位一体”全媒体生态格局拼图完成，“最泰安中央厨房指挥中心”建成使用。全年实现报业收入1.76亿元，房地产销售收入0.87亿元，报社（集团）资产总额9.2亿元，净资产3.3亿元。年内，《泰安日报》获全国、省级各类新闻奖24件（一等奖6件），获评“中国传媒经营价值百强榜全国城市日报三十强”。《泰山晚报》获全国、省级各类新闻奖16件(一等奖2件)。中华泰山网在2018年5月举办的世界新媒体大会上，获评“2018年度品牌价值奖”；在2018年9月举办的中国地市新闻网联盟会议上，获评“2018全国地市网络媒体最具价值十强品牌”；在山东省网信办组织的年度考核和知识竞赛中，分别获“山东省重点新闻网站年度综合考核优秀单位”称号和“全省网站平台知识技能竞赛组织奖”。最泰安客户端获评“全国报刊业新媒体三十强（客户端类）”。

【新闻宣传】 完成春晚泰安分会场、“创城迎审”、市党政考察团南下考察、改革开放40周年、新时代泰山挑山工等重大宣传任务。对外对上宣传报道跟进及时、传播有力，受到市委主要领导批示表扬，其中《舍得“黄金地”建设宜居城》《泰安城市规划民生优先》等稿件在《人民日报》《经济日报》、新华社客户端、新华网等国家级媒体重点刊载。《泰安日报》万期策划高点起步，影响广泛，获山东新闻奖、市地报新闻奖、赵超构新闻奖等各类奖项50件。其中，《泰安日报》刊发的《亲商、安商、重商、富商系列报道》获评年度山东新闻奖报纸类系列报道一等奖，《大国重器载着“泰安制造”荣耀》获评年度山东省市地报新闻奖消息类一等奖，《鸭舍变“雅舍”　“鸭倌”再上岗——环保攻坚战的“温度样本”》获评年度山东省市地报新闻奖通讯类一等奖，《“煤城蜕变”带给我们的思考》获评年度山东省市地报新闻奖言论类一等奖，《90后“马帮”夫妻》获评2017年度中国地市报新闻奖平面媒体类一等奖；《泰山晚报》刊发的《泰安有个“第一秋裤村”，年销售额上亿元 专注40年秋裤“缝”出大名堂》获评年度山东新闻奖专项奖复评通讯类一等奖；《“泰安连”系列报道　“泰安连”的魂 打不垮拖不烂》获评2017年度赵超构新闻奖一等奖，新闻奖数量均保持在全省市地报前五名。

最泰安全媒体中央厨房指挥中心　　（陈显良　供）

【媒体融合】 年内，依托山东广电，建成“看泰安音视频平台”，与《泰安日报》《泰山晚报》、中华泰山网、“最泰安”客户端、ZAKER泰安共同形成“六位一体”的全媒体生态格局，媒体矩阵用户总数达600万户。泰报所有媒体自2015年起在全国地市报率先实施中央厨房内容生产模式，一次采集，多次生成，梯次发布，确立强大的内容生产和传播比较优势。2018年12月，“最泰安中央厨房指挥中心”建成使用，完成全媒体格局的最后一块拼图。强有力的媒体融合，使泰报的内容生产能力、传播能力和媒体的核心竞争力得到提升。

【“看泰安音视频聚合平台”建成使用】 “看泰安音视频聚合平台”是报社（集团）为迎接智能电视时代，构建“电视端+PC端+手机端”传播矩阵，联合华为云、山东有线共同打造的全新媒体产品，于2018年12月31日上线试运行，也是全国市级报纸首家依托广电网络建成的综合性音视频聚合平台。该平台具有直播、点播功能，设置主频道和多个子频道。主频道依托媒体融合优势和华为云播出技术优势，以直播为主，子频道以点播为主。至年底，“老年电视大学”等点播栏目落实到位，直播、点播功能达到设计预期，标志着报社（集团）具备通向市民家庭电视终端的传播渠道。

【“最泰安全媒体中央厨房指挥中心”建成使用】 “最泰安全媒体中央厨房指挥中心”是报社（集团）对各媒体进行指挥、调度、评价的神经中枢，于12月12日正式上线运行。该中心是国内首家嵌入式“中央厨房”，与北大方正联合打造。中心嵌入整合报社（集团）旗下所有媒体端口，嵌入整合报社（集团）所有内容生产部门以及4个县域融媒体中心、两个功能区融媒体中心，实现对报纸、网站、客户端以及微博微信矩阵所有新闻采编内容的监控、选题、策划、调度、生产、发布和反馈，使新闻生产的策、采、编、发、评、运营融为一体。中心拥有高清显示屏26块，可展示领导人活动、记者定位、互联网热点、新闻排行、竞媒信息、新闻监控等内容，为指挥新闻报道提供实时信息参考。

【报业经营】 全年实现报业收入1.76亿元，房地产销售收入0.87亿元，报社（集团）资产总额突破9.2亿元，进入全国地市报第一方阵。调整《泰山晚报》征订价格，两报发行平稳，《泰安日报》开机近6万份，《泰山晚报》开机6万份。发行中心完成公司化体制改革；专题新闻中心完成全年营收任务；印务中心在确保两报印刷平稳的前提下，全年节省用纸成本140多万元，连年获“全省印刷质量精品报”称号。泰安日报社高新区融媒体中心、泰山景区融媒体中心，新泰、肥城、宁阳、东平地方版公司，以活动经营促创收，办报、发行、跨界多业务齐头并进，取得良好的社会效益和经济效益。

【产业跨界】 落实自主经营、双指标考核，提升各产业自主性、竞争力，原有产业稳中向好，新的业务稳步拓展。会展公司，全年举办展会145场，展览面积超过80万平方米，接待观众105万人次。置业公司，以业主需求为根本，确保记者村、传媒广场稳定运行，两个项目销售实现销售额8700万元。系统集成公司，顺利完成与泰安传媒科技股份有限公司重组与改革工作，起点打造软件研发业务板块。物业公司，提升服务管理水平，确保行政审批服务大厅配套餐厅如期投入运行。培训公司，小记者团稳步创新升级，研学项目、小记者艺术团工作可圈可点；老年事业开拓新思路，在老年电视大学专区建设方面积极主动。舆情中心，全年“12345”接听电话近50万次，全方位畅通民生诉求，解决百姓难题；承担的行风政风接听工作，全年88个单位（部门）主要负责人参加，推动处理热点难点问题，提高政府公信力。

【泰山国际马拉松赛】 2018年4月15日，由泰安传媒集团组织运营的第五届泰山国际马拉松赛（简称泰马）在泰山国际会展中心开赛。俄罗斯、美国、肯尼亚、埃塞俄比亚、日本等23个国家和地区的2.4万名选手参赛。经过激烈角逐，肯尼亚的选手保罗瓦姆布伊以2小时25分19秒的成绩获得男子全程马拉松冠军，肯尼亚的选手南希切普卡鲁依以2小时51分02秒的成绩获得女子全程马拉松冠军。女子半程前三名全部由中国选手获得，其中选手陈杰以1小时36分28秒的成绩获得女子半程马拉松冠军。2018“泰马”严格按照田协赛事A1类标准打造，42.195千米沿线赛道，赛事组织、参赛规模、赛事保障全面提升，作为该次“泰马”的亮点之一，赛事组委会将航空医疗紧急救援服务引入赛事保障中，为跑友提供及时、高效的医疗服务保障。比赛当日，山东电视台、腾讯、齐鲁网等媒体对赛事进行同步直播，赛事当天网络点击量超500万次。2018年，“泰马”在中国1100场马拉松赛事中，跻身中国最具赞助价值体育赛事第59位。（陈显良）

新华书店

【概况】 山东新华书店集团有限公司泰安分公司辖新泰、肥城、宁阳、东平4家县（市）分公司，是全市规模最大的图书发行单位，也是全市图书发行的主渠道。2018年，泰安新华书店设综合部、数据信息部、教育服务部等部室11个，有员工133人。年内，全市新华书店系统资产总额3.02亿元，流动资产1.92亿元，非流动资产1.1亿元。全年实现销售码洋4.03亿元，较上年增长12.26%；实现利税5303.84万元，较上年增长12.58%。新华书店在第二十五届全国青少年“时刻听党话永远跟党走”爱国主义读书教育活动中获全国团体特等奖（山东赛区）和全国组织特等奖。泰安、肥城、宁阳、东平分公司顺利通过“省级文明单位”复查验收，新泰分公司顺利通过“市级文明单位”复查验收；肥城汶阳中学新华书店悦客艺体中心店，获中国书刊发行协会2018时代出版·中国书店年度致敬活动“年度校园书店（中小学）”称号；在山东新华书店集团“五个年”活动（文化活动创新年、校园书店提升年、门店结构调整年、教育服务突破年、数字平台建设年）及“少儿+特色”成长空间观摩检查中，肥城分公司获校园书店提升年第一名并被评为“校园书店提升年示范单位”，宁阳分公司被评为“教育服务突破年示范单位”。

4月21日，“新时代·新悦读 2018齐鲁阅读季暨新华书店日”活动启动仪式在泰山书城举行（韦　芹　供）

【图书销售】 2018年，全市新华书店系统发行各类图书3929万册，实现销售码洋4.03亿元。其中，发行中小学教材教辅3165万册，销售码洋2.87亿元，增长9.54%；发行一般图书730万册，销售码洋1.02亿元，增长5.15%。全年中转图书21.77万件；代发图书码洋3.99亿元，增加4900万元，增长14%。年内，新华书店全力做好党的政治理论读物的发行工作，各县（市）新华书店在中心门店设立图书陈列专架，组织开展上门征订、送书上门，全面满足广大读者的学习需要，累计发行《习近平新时代中国特色社会主义三十讲》16.5万册、中共十九大文件及学习辅导66万册、《习近平治国理政》（第二卷）3.5万册、《新时代面对面》1.67万册，发行中宣部理论学习重点书《说学论型》2000册。全市顺利完成590家“农家书屋”补充用书的配送任务。全年征订发行青少年读书活动用书、国防教育军训教材等计84.52万册，码洋798.22万元，增长11.3%。

【发行网点】 2018年，全市有城乡营业网点54处，总营业面积2.5万平方米。泰安分公司自身设有图书发行网点3处，图书、电子音像制品经营面积7000平方米。其中，泰山书城位于财源街59号，经营面积5100平方米，上架图书、电子音像制品9万种，是集文化休闲、阅读交流于一体的图书文化场所；天庭园新华书店位于龙潭路5号、泰山美术书店位于岱道庵路551—3号，均为独具特色的小型门店，能满足读者的个性化需求。泰安分公司图书物流中心占地2公顷，主要承担山东新华书店集团在鲁西南的图书代发任务。年内，新建校园书店35家、特色书店1家，增长160.98%。制定《2018—2020年网点建设规划》，确定以自身网点为骨干，以社区书店、特色书店为补充的书店网点建设规划布局，在泰安城区建设“一主三辅”自身网点，“一主”即再建设1家1万平方米以上的大型书城，“三辅”即在老城区（泰山书城）、东部城区、西部城区各建设1家中型书店网点；每个县（市）建设1家大中型书店自身网点，提升全市新华书店发行网点建设水平。

【经营管理】 深化内部考核管理制度和薪酬分配制度改革，组织实施绩效薪酬变革，理顺内部管理机制，建立员工双通道成长机制，激发员工活力，增强发展动力。强化人才队伍建设，建设学习型企业，打造创新型团队。组织开展“社会主义核心价值观宣讲”活动、新华书店系统员工团队拓展训练及“文明礼仪和职业素养”培训等。推动实体书店转型升级，满足读者文化需求。强化“互联网+”经营理念，发挥新华阅购和微书城、智慧书城的作用，丰富图书信息，开展网上图书营销活动，完善物流配送，提升读者网上购书体验。开展智慧书城“进机关、进学校、进社区”活动，为读者提供便捷的购书方式。

【转型升级】 贯彻落实山东新华书店集团“三新”（明确新定位、进行新布局、探索新路径）发展总战略，发挥宣传文化的阵地作用，以创新引领发展，实现线上线下、多业态融合发展，加快书店转型升级步伐。开展“五个年”活动，推进门店结构调整，学习融入多元混搭、图书“美陈”、主题展示等新理念、新手法，启动“少儿+”特色改造工程，营造温馨时尚的文化空间，提升门店服务环境和服务水平，优化门店图书品种结构，动销率明显上升；加强文化活动创新，为读者提供丰富多彩的文化活动；校园书店建设基本形成体系，丰富学生阅读文化活动；推进教育装备招标，年内教育装备中标金额2028.16万元，增长41.7%；探索研学市场，为中小学教育提供第二课堂，先后开展研学活动 13 次，实现研学收入 84.2 万元。做好“智慧书城”APP 推广工作，会员注册量和线上图书销售数量不断上升。

【文化活动】 组织开展全市青少年爱国主义读书教育活动、泰山书城著名书画家助学活动、著名作家读者见面会等各种文化交流、公益、志愿服务活动，推动“书香泰安”全民阅读工程深入开展。泰安、东平分公司分别与东平县接山镇蔴子峪村和南寨子村结成共建对子，实施“美丽乡村”建设工程。向岱岳区实验小学捐赠 50 万元，建设新华书店希望小学。举办第九届“泰山书城著名书画家助学活动”，捐助贫困中小学生 20 人。参加泰山区教育系统“聚合力 助脱贫 送温暖”活动，为贫困生捐款送温暖。全年累计向社会捐赠 80 万元。年内，与泰安监狱联合建设的“启德书屋”启用。泰山书城“妈妈小屋”挂牌启用。市妇联命名泰山书城为“母亲素质提升工程”学习基地。参加“三下乡”活动，送书进机关、社区、部队、学校，到乡村、医院、厂矿、企业。配合市教育局等部门举办全市中小学校少年宫成果展示活动、举办全市中小学生乒乓球比赛和书法大赛、开展“2018 年泰安市‘新华书店杯’中小学生国防知识竞赛和素质拓展训练研学行”活动。世界读书日之际，举行“新时代·新悦读 2018 齐鲁阅读季暨新华书店日”活动启动仪式。邀请全球著名英语教育专家、“疯狂英语”创始人李阳到泰山书城演讲并进行现场签售；邀请著名作家张嘉佳，走进山东科技大学东校区举办《云边有个小卖部》校园分享会。

（韦　芹）

旅游业综述

【概况】 2018 年，全市围绕“创建国家全域旅游示范区”奋斗目标，把旅游业作为支柱产业精心培育，不断整合旅游资源，加快项目建设，完善旅游要素，规范旅游秩序，提升服务质量，拉长产业链条，推动旅游业发展实现量的跨越和质的提升。全市全年接待国内外游客 7589.43 万人次，增长 10.08%；实现旅游消费总额 847.67 亿元，增长 13.38%。全市重点景区接待游客 1668.16 万人次，增长 7.35%；实现旅游收入 13.74 亿元，增长 7.53%。其中，泰山接待进山进景点游客 562.1 万人次，增长 2.8%；实现门票收入 4.1 亿元，增长 0.7%；索道接待游客 378 万人次，实现收入 3.7 亿元，均增长 3%。泰安获评“十大国内自助游目的地”称号，顺利通过国家级旅游服务综合标准化示范市验收，并被列为全省旅游休闲统计改革先行市试点、全省旅游客流大数据试点和全省旅游消费大数据试点。泰安和泰山连续三年入选“中国旅游城市数字资产榜 TOP10”“中国旅游景区数字资产榜 TOP10”。市旅发委获“2018 年度老年旅游工作先进单位”称号。年末，市旅游发展委员会设办公室（挂政策法规科牌子）、产业促进科、规划发展科、市场开发科（挂活动协调科牌子）、监督管理科、人事科等职能科室 6 个，行政编制 21 人，机关工勤 3 人；辖事业单位 4 个，即市旅游监察支队、市旅游开发研究中心、市旅游信息咨询服务中心、泰山国际登山节组织委员会办公室服务中心。

【全域旅游】 市委、市政府将全域旅游列入市委工作要点、市政府工作报告和全市深化改革要点，动员全市上下抢抓机遇加快建设旅游

10月19日，2018中国山东旅游商品与装备博览会在泰安举办。图为市委书记崔洪刚（前排左二）参观博览会　（张作祥　供）

经济强市。坚持两个“必须”原则，即“城市建设的一切工作必须把旅游放在突出位置，旅游行业必须破茧而出把为游客需求服务的触角伸向城市的每一个角落”，抓好旅游服务质量提升“四大工程”（特色街区、交通换乘、停车场、旅游厕所，下同），深化旅游改革，完善旅游管理体制，激发旅游活力，形成一把手亲自抓旅游的良好局面。加强部门联动，贯彻落实《关于加快旅游业改革发展的意见》《四年行动计划》，年中联合市政府督查室对全市全域旅游推进情况进行督查。联合市委组织部在上海复旦大学举办泰安市全域旅游专题培训班，组织各县（市、区）、泰安高新区、泰山景区、泰安旅游经济开发区分管负责人及旅游部门主要负责人，市全域旅游推进工作领导小组分管负责人及部分涉旅企业52名学员参加培训。成立旅游数据中心，开展旅游休闲统计改革，在全省率先进行旅游大数据和客流大数据试点。发改、财政、公安、交通、住建等部门发挥部门职能优势，参与和支持旅游发展；各县（市、区）、功能区党委政府制定政策措施，把旅游业作为战略支柱产业来培育；全社会关心旅游、发展旅游的氛围浓厚，旅游业发展合力增强，大旅游、大产业、大市场、大监管的格局加快形成。

【国家级旅游服务综合标准化示范市验收】 8月，国家标准化管理委员会专家组对泰安国家级旅游服务综合标准化示范市项目进行验收，认为各试点旅游企业在泰安旅游业标准体系框架内，分别建立满足自身需要的服务标准体系，标准富有泰安特色且实施率高。泰安市最终以94.5分的高分顺利通过验收。建立“泰安市旅游服务综合标准体系”，形成包含“通用基础标准体系”“旅游服务保障管理标准综合体”“旅游业态标准综合体”三大板块的标准体系，体系纳入各级各类标准485项，编写发布泰安市旅游服务地方规范22项，团体标准23项。各旅游业态试点单位标准体系纳入各级各类标准计3036项，制定企业内部标准1630项。（张作祥）

旅游开发

【旅游规划编制】 《泰安市全域旅游总体规划》《泰安市乡村旅游发展总体规划》《泰安市十三五旅游发展规划》《平安泰山文化旅游目的地品牌规划》等规划经过多次修改完善，8月通过专家评审，并正式印刷成册。委托山东财经大学王旭科教授编制《泰安市新旧动能转换旅游产业专项规划》，年内完成规划大纲编制。

【旅游项目建设】 以重点项目建设丰富产品业态，带动旅游业转型发展。2018年，全市纳入国家旅游项目库项目50个，完成旅游投资109.24亿元，增长12.12%。泰山康养高速大成、碧霞湖文化、大汶口古镇、莲花小镇等7个项目被列为山东省百强旅游项目。15个文旅体融合项目新签约落地，总投资约346亿元。天房温德姆酒店、中达山城国际大酒店进入内外装修阶段；泰山云集、三里屯文商旅综合体稳步推进；济泰高速、青兰高速、桃花源路建设和博阳路改造加快推进，对完善旅游交通、推动旅游项目串珠成链起到推动作用。

【旅游配套设施建设】 实施旅游服务质量提升“四大工程”，牵头协调有关部门制定实施方案并进行汇总，成立旅游服务质量提升“四大工程”实施推进工作领导小组，召开专题会议，加快推进工程实施步伐，精心、用心打造旅游环境，完善城市旅游配套，提升城市的承载力、舒适度。望岳东路生态停车场、高铁旅游咨询中心按期投入使用，市政中心停车场法定节假日免费向游客开放。新建成旅游厕所51座，在建35座。更新设置旅游标识牌11块、景区导览图5块。

【乡村旅游发展】 围绕“一带（大汶河乡村休闲旅游带）、三环（环泰山、环徂徕山、环东平湖）、多片（乡村旅游集聚片区）”发展格局，加快乡村旅游集中连片发展，在全市形成一批相对集中、业态丰富、功能完善、拥有核心吸引物与综合竞争力的乡村旅游集群片区。推动泰山区、岱岳区、新泰市与鲁商集团、山东文旅加强战略合作，肥城市引入北京唐乡投资管理公司，打造乡村旅游泰安样板。九女峰项目是鲁商集团深度参与全省乡村振兴战略的第一个项目，新泰莲花山景区及乡村振兴项目是山东文旅集团成立后签署的首个景区和乡村振兴项目。以泰山九女峰旅游度假区、桃文化乡村旅游集群片区为代表的集聚片区，大汶口古镇、水浒影视小镇等为代表的旅游小镇，良心谷、百合庄园、长兴农庄·百汇庄园、曼华庄园、茶溪谷、芝峰酒庄、中青松石、青青研学基地为代表的田园综合体，大汶口乡奢、麓垚、里峪铂思民俗、艾家庄曳尾园等精品民宿，以及宁阳东疏园林、东平湖稻屯洼养生养老湿地公园等项目，初具规模，成效明显。承办全省乡村旅游扶贫培训班，接待兄弟地市参训人员240名，组织全市乡村旅游扶贫重点村带头人80人到潍坊进行培训，组织25名乡村旅游带头人到境外参加精准交流活动。开展“送智下乡、送教下乡”活动，邀请专家教授举办农家乐美食设计运营与实践讲座。乡村旅游后备箱工程取得明显成效。加大旅游扶贫力度，开展精准扶贫，鼓励指导旅游企业与贫困村、贫困户进行结对子，帮助贫困群众脱贫致富。全市32个省级重点旅游扶贫村中，30个村、1208户、2480人实现脱贫，脱贫率分别为93.75%、80.64%和74.63%。

【海外及中国港澳台旅游市场促销】 全市接待入境游客40.07万人次，增长1.54%；全市入境游客消费2.43亿美元，增长0.52%。落实文化和旅游部、省旅发委部署，做好首届世界老年旅游大会考察团、首届全球孔子学院山东文化旅游推广峰会、印度尼西亚孔教协会、马来西亚及新加坡旅行商、香港校长考察团、台湾研学考察团、俄罗斯考察团、日本拍摄团、名古屋旅行商、香港东亚管理学院考察团和新加坡渠道商考察团等境外旅行商300人次到泰安考察的接待服务工作。配合省旅发委，做好与文化和旅游部的对接工作，审核通过山东力明科技职业学院为港澳青少年游学基地。组织参加2018北京国际旅游博览会、2018淄博国际妇女儿童商品交易博览会、首届中国国际进口博览会、2018中国旅游产业博览会、2018中国国际旅游交易会、2018第一届重庆国际旅游交易会、2018海南世界休闲旅游博览会等区域旅游会议。

【国内旅游市场促销】 ①市场形象。参与省旅发委“联合推介、捆绑营销”，继续在CCTV-1/新闻《朝闻天下》投放单日10秒新版旅游广告，组织开展“平安泰山”“鲁风运河”文化旅游品牌捆绑营销。加强与携程旅游网合作，全年为泰安市输送游客100万人，其中泰山游客46万人次。利用上海市民和游客集聚场所电子大屏幕，常年不间断播放泰安旅游专题片。设计制作新版旅游地图、折页、招贴画等旅游宣传品。②市场空间。举办2018“平安泰山”走进“长三角”（沪杭宁）泰安旅游推广活动，副市长成丽带队，到上海、杭州、南京三地开展旅游促销，发放各类旅游宣传资料10万份，送出免费门票、优惠券、旅游商品价值近40万元，与三地旅行商达成合作意向200个。上合组织青岛峰会期间，及时推出针对青岛市民的系列特惠活动，7天时间，接待青岛游客10.56万人次。组员参加省旅发委发起的十大文化旅游目的地品牌京沪高铁沿线推广活动，做好新版山东旅游宣传片拍摄、十大文化旅游目的地品牌推介团200人次成员到泰安考察的接待服务工作。组织参加省旅发委组织的齐鲁文化旅游线走进长三角促销活动，开拓长三角客源市场。组织参加京杭大运河联盟年会、临沂“2018山东好时节沂蒙赏花之旅”、“千家旅行社进淄博”“千家旅行社进潍坊”“百家旅行社滨海行”“山海联动·畅游日照”签约暨“泰安人游日照”等主题活动，做好淄博、日照、临沂、潍坊和浙江台州市旅游促销团到泰安促销的接待服务工作。组织全市重点旅行社、旅游景区和研学旅游机构负责人到济宁开展学习调研活动。邀请40名上海春秋国旅和业内人士、专家到泰安市开展研学旅游产品考察。筹备召开泰安市旅行社协会年会，策划组织白佛山开业和功夫传奇开演营销推广活动。③宣传主阵地。全年各类媒体刊发泰安旅游稿件突破1万件。以“跟着春晚游泰安”为主题，组织开展跟着春晚游泰安之“2018寻访冬游泰安的N个理由”和“寻访年味儿泰安”两次媒体采风活动，

9月8日，“泰安金控杯”2018中国国际旅游航拍大赛颁奖典礼举行。副市长成丽（右一）出席活动　　（张作祥　供）

与泰安日报社联合组织开展“泰安过年随手拍”评选活动，印制“2018年春节泰安过大年导游示意图”，提升泰安旅游关注度。以每周刊发的《泰安日报·旅行版》《泰山晚报·360° 旅游》专版为核心宣传阵地，全面辐射“最泰安”客户端、ZAKER 泰安、《泰山晚报》博客、中华泰山网，刊发《泰安日报·旅游版》39个，《泰山晚报·360° 旅游》专版43个，各类稿件、信息800件。在泰安电视台开设《全域旅游看泰安》栏目，每周二、四、六18:50播出，每期10分钟，开设动态、景点、美食、资讯4个栏目，策划推出《跟着春晚游泰安》《全域旅游看泰安》《泰安红色之旅》等特色节目，播出《探访泰山脚下的民宿与民俗》《走进泰安乡村旅游》《研学旅游让旅游淡季不淡》等专题。自2月1日栏目开播至年底，播出节目150期。

【编制旅游新产品】 围绕祈福文化主脉，以平安文化为主题，以“平安泰山”为品牌，打造系列经典旅游线路。设计“登泰山，保平安”泰山祈福二日游、“中华泰山，天下泰安”祈福休闲三日游、“平安泰山，慢游泰安”文化体验三日游3条经典旅游线路。设计以“全家深呼吸”为主题的徂徕山清新“空气游”旅游项目，推出绿色“森”呼吸线路、清新温泉沐浴线、清新运动滑雪线等旅游线路，打响徂徕山“天然氧吧”主题旅游品牌。重新编印出版《天下泰安全域旅游攻略》，更新调整书中吃、住、行、游、购、娱等内容，加入全域旅游、魅力乡村等篇章，在星级酒店大厅及客房内摆放，并设计制作泰安福袋。

【旅游商品设计研发展销】 “桃木雕刻工艺生产性保护与振兴发展模式” 项目入选第三届省政府文化创新奖获奖项目名单。肥城市被命名为“中国桃木旅游商品之都”“山东省民间文化艺术之乡桃文化之乡”称号。全国桃文化旅游商品联盟落户肥城。①举办2018中国山东旅游商品与装备博览会。博览会由中国旅游协会旅游商品与装备分会支持，山东省文化和旅游厅、泰安市人民政府共同主办。博览会以“礼聚泰山 大观天下”为主题，借助泰安旅游城市优势，做好“旅游＋会展”文章，通过展会集中展示泰安市和山东省旅游商品产业取得的成绩，搭建全省乃至全国旅游商品展示交易平台，推动旅游商品产业和会展产业的发展，为旅游商品企业学习、交流、合作提供平台。该次博览会设置泰安展区、山东16市展区、山东省乡村旅游后备箱示范基地展区、省外展区、旅游装备展区（室内、室外）和旅游商品企业展示区六大区域，重庆、福建、四川、宁夏、新疆等省、自治区、直辖市和山东省内16地市的300家客商参加。博览会总面积达1.5万平方米，其中室内面积1万平方米，设特装展位38个、标准展位135个，特装展区占比达三分之二。展会历时3天，现场观展客流量达7万人次，通过移动运营商向游客发送博览会短信17万条，全平台网络直播观看量达406万人次，融媒体报道180条，阅读量超过200万人次。展会期间现场成交额计500万元，达成各类合作意向200个。②举办2018全国桃木旅游商品创新设计大赛暨全国桃文化旅游商品评展活动、肥城桃文化旅游产业发展提升研讨会。北京、河北、江苏等20个省、自治区、直辖市的200家企业和个人参赛，6000多件桃木实物作品和200件设计作品参与终评和展览。③举办2018宁阳县旅游商品展评暨创新设计大赛。活动自2月开始，收到各类参展、参赛作品300种（其中农副产品、食品及饮品类180种，旅游工艺纪念品、文创及实用品类120种）；征集到设计类作品220件（商品包装创意设计类投稿50件、“宁阳好品”品牌标识设计作品投稿170件）。大赛对提升宁阳县农副产品、文化工艺品等产品生产和

泰安旅游咨询中心 （张作祥 供）

包装水平，发掘特色旅游商品，培树龙头企业，打响“宁阳好品”品牌知名度起到推动作用。（张作祥）

旅游资源

【概况】 全市有A级旅游景区78家（AAAAA级旅游景区1家、AAAA级旅游景区13家），省级旅游度假区4家，星级饭店45家，旅行社185家，旅游商品生产经营企业600家。有国家级和省级工农业旅游示范点74家；国家级休闲农业与乡村旅游示范县2个（东平县、岱岳区），休闲农业与乡村旅游示范点2个，乡村旅游模范村4个，美丽田园1个；省级休闲农业与乡村旅游示范县2个（肥城市、新泰市）；省级旅游强乡镇39个，规模化发展乡村旅游的村庄150个，经营业户6000户，从业人员2万多人。省级旅游特色村87个，3星以上精品民宿33家；精品采摘园35个；星级农家乐300家。

泰安市旅游资源丰富，重要景区景点有120多处，除最著名的泰山之外，在自然遗产方面还有国家森林公园徂徕山、腊山、金牛山，省级森林公园莲花山、神童山，省级风景名胜区八百里梁山泊水域以及被列入《世界吉尼斯大全》的肥城十万亩桃园、被誉为“天下斗蟋第一虫”的宁阳蟋蟀园等。在文化遗产方面有国家重点文物保护单位大汶口遗址、岱庙、冯玉祥墓、白佛山隋唐石窟造像、泰山齐长城、泰山古建筑群等；省级重点文物保护单位有徂徕山映佛岩《般若波罗蜜经》刻石、山西会馆、明代三朝元老萧大亨墓、徂徕山抗日武装起义革命遗址、宁阳颜庙颜林、东平司里山等24处；省级优秀历史建筑有宁阳禹王庙以及和圣柳下惠墓、史圣左丘明墓、商圣范蠡墓、黄巢兵败退守遗址黄巢寨及衣冠冢黄巢墓、穆桂英生长地穆柯寨、大字鼻祖洪顶山高僧安道一摩崖经刻及全国民俗旅游定点村埠阳庄等。

全市旅游资源分布主要以市区为中心，呈放射型分布。北为泰山，城区主要有岱庙、蒿里山、灵应宫等名胜古迹；泰山区主要有汉明堂遗址、老县衙旅游文化街、方特欢乐世界、花样年华景区、宝泰隆旅游景区、啤酒生肖乐园、埠阳庄民俗旅游村、白马石民俗村、泰山文化广场、叶家庄旅游特色村、泰山国际花木城等；岱岳区主要有太阳部落、泰山温泉城、天乐城、岳海新天地、天颐湖、徂徕山滑雪场、大汶口国家考古遗址公园、萧大亨墓、文姜城遗址、黄巢寨、无梁殿、桥沟温泉、上泉古泉群、蒙牛乳业泰安工业园、齐长城民俗文化区等；新泰市主要有莲花山、青云山、峙山、和圣园、朝阳洞、九顶皇山、墨石山、太平山、掌平洼、上豹峪等；肥城市主要有陶山、范蠡墓、十万亩桃园、

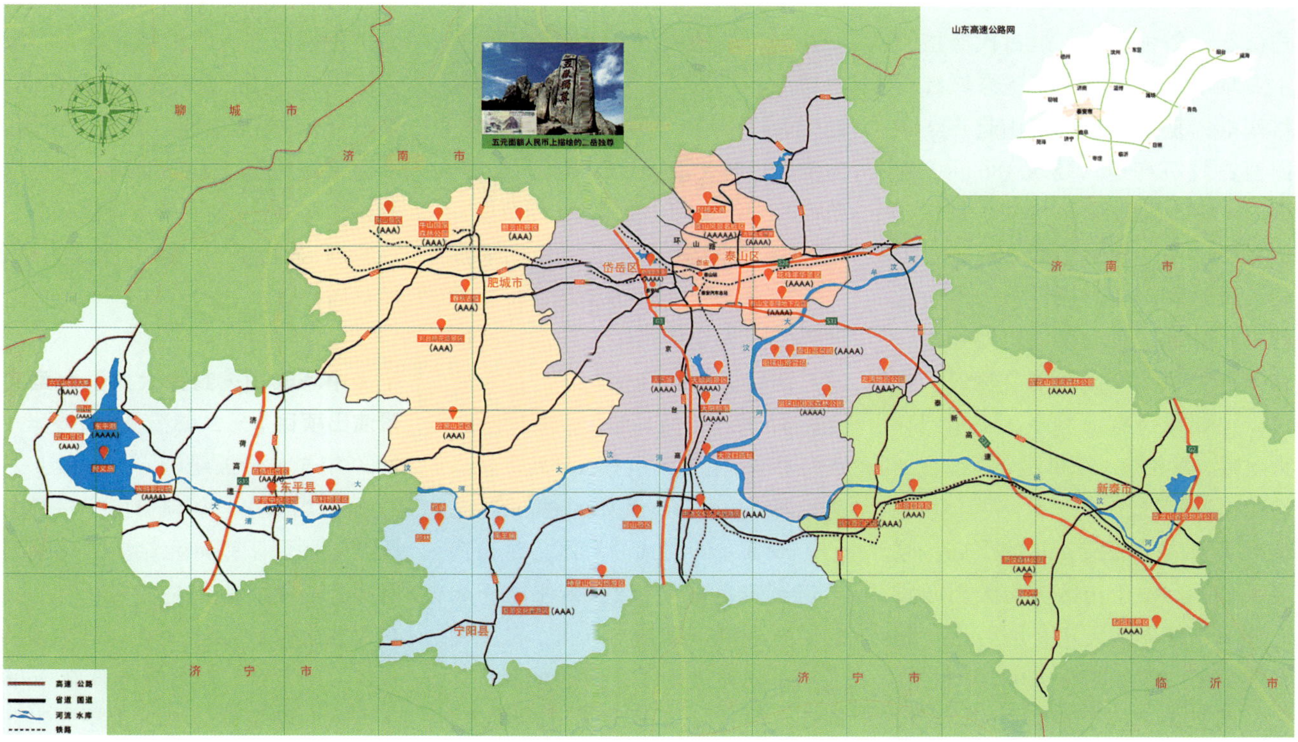

图1 泰安市主要旅游景点分布

左丘明墓、云蒙山、翦云山、牛山、春秋古城、望鲁湖等；宁阳县主要有神童山、千顷枣林、蟋蟀园、文庙、颜庙、颜林、堽城坝、文庙、复圣文化旅游区等；东平县主要有东平湖、腊山、白佛山、司里山、戴村坝、稻屯洼、月岩寺、黄石崖、洪顶山经刻等。

【泰山风景名胜】 主要分布在南起泰安古城南门（包括蒿里山、灵应宫），东南、西南以环山路为界，总面积171平方千米范围内，主景区面积125平方千米。景区内有山峰156座、崖岭138座、溪谷130余条、潭池瀑布64处。泰山自然风光优美、壮观，其景观特点以“雄”为主，兼有“奇、险、秀、幽、奥、妙”的特点。泰山游览区分岱麓游览区（丽区）、中路游览区（幽区）、西路游览区（旷区）、岱顶游览区（妙区）、后石坞游览区（奥区）、桃花峪游览区（秀区）。

岱庙 又名东岳庙、泰岳庙、岱岳庙，俗称泰庙，是古代祭岱的主要场所。位于泰山南麓泰城红门路南端，是泰山中路登山起点。庙内有古建筑和仿古建筑186间，碑碣184块，汉画像石48块，古桧、侧柏212株，观赏植物292种。中华人民共和国成立后，曾为泰山管理机构驻地，后为泰安市博物馆。1988年被列为全国重点文物保护单位。主要景点有遥参亭、正阳门、天贶殿、汉柏院、东御座、唐槐院、后花园等。

灵应宫 碧霞元君的下庙，原名天仙祠。位于市区灵山大街西段北侧。创建年代无考，明万历年间奉敕拓建，赐额此名。2002年重修。

蒿里山 位于泰山之阳，汉代以前，蒿里山被称作“高里山”，《汉书》有汉武帝“亲禅高里”的记载。魏晋时期，始有“蒿里”之称。古代，人们视蒿里为死后灵魂的归宿之处，故汉魏间即有名为“蒿里行”的丧歌。蒿里山为泰山（泰安）地府—人间—天堂“三大空间”的地府所在。蒿里山曾建有蒿里山神祠，又名森罗殿，创建年代无考。1992年，被国务院批准列入泰山总体规划开发景点。

丽区 即岱麓游览区，指的是泰山南麓东起王母池、西至樱桃园一带清幽明丽的游览区域。岱麓地处山城结合部，依山临市，环山公路贯通东西，环境优美，风景秀丽，气候宜人。主要景点有岱宗坊、王母池、范明枢墓、普照寺、烈士祠、五贤祠、三阳观、樱桃园、冯玉祥墓等。

幽区 即中路游览区，是泰山主景区。登山道路是在唐玄宗登封泰山古御道的基础上拓建而成的，自泰山山门岱宗坊始，至岱顶南天门，全长8.5千米。石阶七千，峰回路转，林荫夹道，溪瀑争流，亭台楼阁，风景幽深。沿途两侧碑碣题刻触目皆是，风景名胜最为集中。主要景点有关帝庙、红门宫、万仙楼、革命烈士纪念碑、斗母宫、经石峪、中天门、朝阳洞、十八盘、南天门等。

旷区 即西路游览区，是指自西溪谷口大众桥至中天门的游览区域。西路游览区峰峦起伏，群峰耸立，谷深峪长，潭静瀑飞，林木繁茂，景色旷秀。主要景点有天外村广场、黑龙潭、扇子崖、元始天尊庙等。

妙区 即岱顶游览区，是自南天门至玉皇顶面积约0.6平方千米的游览区域。攀越十八盘，登上南天门，就算进入了“天府仙界”。此处，“日近云低”，“只有天在上，更无山与齐”。虚无缥缈的月观峰，金碧辉煌的碧霞祠，直插云天的玉皇顶，扑朔迷离的无字碑，都使人感到神秘莫测，妙不可言。岱顶集中泰山自然风光与名胜古迹的精华，是游览泰山的高潮所在。主要景点有天街、碧霞祠、唐摩崖、玉皇庙、孔子庙、日观峰、东天门、探海石、爱身崖、仙人桥、月观峰、西天门。

奥区 即后石坞游览区，是以岱阴后石坞为中心的游览区域，南起玉皇顶，北至元君庙，东起天烛峰，西至北天门，面积约5.5平方千米。后石坞自古即被称作岱阴第一洞天。奇峰耸秀，怪石嶙峋，峰险谷深，旷远清幽。步行道“独足盘”环绕其间，为明万历年间所辟。沿“独足盘”攀登，行愈远，路愈险，山愈奇，景愈胜。主要景点有丈人峰、北天门、独足盘、八仙洞、后石坞、元君庙、九龙岗、天烛峰、谷山玉泉寺、周明堂遗址、锦绣谷、齐长城。

秀区 即桃花峪游览区，位于泰山西麓，因旧时桃林满谷而得名，分上下两段，上段称桃花源，下段为桃花峪。这里奇峰垒列，林深涧曲，豁达空旷。峪底公路，逶迤10千米。沿途千潭叠瀑，万壑汇川，丹英饰涧，纷飞如雨。主要景点有桃花源、猛虎沟、彩带溪、后寨门、吴道人庵、桃花峪谷口。

【《中华泰山·封禅大典》大型实景演出项目】 2008年11月筹建，2009年5月开工建设，2010年4月27日首场演出。该项目由东岳泰山旅游集团和阳朔帅元旅游文化策划有限公司合作建设，总投资2.6亿元，总建筑面积1.7万平方米，其中剧场1.34万平方米、综合服务设施3600平方米，剧场舞台1.08万平方米、观众席2600平方米，日常容纳观众

2200人，最多容纳观众2700人。配套建设小型停车场1000平方米，大型停车场8000平方米。演出以泰山帝王文化、封禅文化为主题，再现历代帝王封禅场景，展示泰山的“国山”价值与内涵。演出总策划由中国大型山水实景演出创始人之一的梅帅元担纲，集国内知名的创作、编导、舞美、音乐、灯光设计人才及先进元素，演出阵容由506名演员组成。2018年央视春晚在泰安设置分会场，封禅大典天地剧场作为表演场地，对其演出设施设备进行全面升级改造。在舞台外围两侧及后方增加景观假山包围舞台周边，使舞台与周边山景浑然一体；开合舞台改造为阶梯式舞台，升级LED电子显示屏、灯光音响、舞台设备，完善舞台功能，传递最佳声、光、电效果；增加3倍灯光覆盖，实现周边山体全部打亮，舞台呈现在群山环绕中。改版演出内容，唐朝内容全新改版，一改以往单纯舞蹈表演的形式，首次呈现帝后封禅剧情，细腻演绎内心独白，演出真实而感动；清朝皇家庆隆舞，在大气跳跃的音乐中展现皇家贵族的节日氛围，用虎鹿熊3个图腾崇拜表演来装点和增加节目的娱乐性和可看性；在尾声增加“国泰民安”祈福环节，舞台升降机械升起，观众席90名击鼓演员互动表演，同时210名灯笼演员流线出场，场面壮观。封禅大典演出项目弥补泰山旅游夜间项目的空白。

【环山路景观大道】 环山路东起天烛峰，西至桃花峪停车场，全长26千米，是泰山的保护线、重要的旅游线、泰城重要的交通线和代表泰安形象的景观线。环山路是打通泰山东、中、西部的连接线，可以西接桃花峪景区，东连泰山方特欢乐世界、天烛峰景区，中间连接藏佛寺、蓄能电站、旅游经济开发区、樱桃园景区、市政大楼、天外村、普照寺、红门景区、虎山公园、白马石民俗村等景区景点，还可串接虹桥宾馆、丽景广场酒店、工行培训中心、泰山宾馆、世行培训中心、宝龙温泉大酒店等10家三星级以上宾馆。环山路景观大道是泰安城市的一条风景带，既可沿途参观景点，也可以欣赏泰城、泰山景色以及用餐、休闲等，给游客提供更多选择。

【徂徕山汶河景区】 位于泰城东南部，西临泰山温泉城，总面积293平方千米，景区内徂徕山与大汶河山水相依，生态、历史、文化资源禀赋优良。徂徕山是国家AAA级旅游景区、国家森林公园，世界地质公园，面积约109平方千米，为山东省第二大林场。主峰太平顶与泰山玉皇顶相距30千米，海拔1028米，植被覆盖率92.4%。大汶河绕徂徕山西北流过，每年径流量约10亿立方米，是黄河下游最大的支流，也是南水北调东线工程重要的水源补给地。经综合治理，景区内形成回水长度20千米、水域面积11平方千米、蓄水量4000万立方米的湿地景观12公顷，2014年被国家林业局评定为国家级湿地公园，2015年被水利部评定为国家级水利风景区。景区内的桥沟温泉，是唐代御封八大温泉之一的“乾封汤”，水温高、水量大、水质好。经初步探明，地下热水面积约16公顷，混合水温可达45℃，含有20多种对人体有益的微量元素和矿物质，达到医疗价值标准和矿泉水命名标准。

大汶河是泰安人民的母亲河，孕育了6000年历史的大汶口文化，是中国古代文明发端的标志。景区是著名的泰山石敢当文化和碧霞元君信仰的源出地，民俗文化、道教文化、帝王文化具有深度发掘的潜力。2013年10月，汶河北岸的古博城入选山东省第四批省级文物保护单位名单。其始建于春秋，扩在秦汉，盛于隋唐，历经2000余年，一直是泰山周边郡县治（府）所在地，也是历代帝王到泰山封禅时的行宫所在地。徂徕山古迹众多，唐代大诗人李白曾在徂徕山隐居六载，纵酒酣歌，以诗会友，与山东名士孔巢父等6人世称“竹溪六逸”，留下“秋波落泗水，海色明徂徕”等千古佳句，创造了文坛上久负盛名的友情文学现象；有千余年历史的徂徕书院，与金山、岳麓、石鼓并称宋初四大书院，其创办人徂徕先生——石介是宋代儒家理学的奠基人之一，被誉为新儒学的开拓者和创立者。大寺遗址为国家级文物保护单位，1938年1月1日，在徂徕山大寺举行抗日武装起义，成立八路军山东抗日游击队第四支队。徂徕山抗日武装起义纪念碑和徂徕山革命遗址等，成为开展爱国主义教育的重要场所和红色旅游的经典线路。至年末，景区内存寺庙3处、碑碣54块、摩崖刻石113处、古树名木千余株。

【泰山方特欢乐世界】 位于泰安市泰山区东部新区明堂路北段。2008年12月27日开工建设，2010年5月开门纳客。该项目是国内第四代文化产业主题公园，园内主要建有方特乐园、飞越极限、恐龙危机、生命起源、星际航班、未来警察、海螺湾、聊斋等高科技娱乐项目30多个。运用现代计算机、模拟仿真、自动控制、数字影视、光学与声控等高科技手段，向游客展示包括泰山文化在内的中华5000年文化，游客在虚实结合、亦真亦幻、动感交互的世界中，穿越历史、现代与未来三重空间，感受“新时空”带来的全新旅游体验。2010年，被全国旅游景区质量等级评定委员会评为国家AAAA级旅游景区。

【泰山花样年华景区】 位于泰山区省庄镇，是集娱乐、观光、采摘、餐饮、展销功能于一体的大型农业旅游文化项目，突出兰花产业、休闲旅游和泰山文化主题，主要建设路通花卉、泰安三益、会展大厅、梦幻花都、天合乐园、热带风情、未来田园、欢乐剧场等项目，总占地面积200公顷（3000亩）。其中，未来田园项目，综合运用国内先进的无土栽培技术，通过立体化、园林化和异形化的艺术塑造，集中展示当代中国农业发展水平；梦幻花都项目，采用世界上先进的设计理念和声光电等新科技成果，打造以花卉为主题，集欣赏、娱乐、体验、科普于一体，由绚丽空间、花样童年、幽兰奇域3部分组成的现代科技馆；热带风情项目，集餐饮娱乐、园林艺术、兰艺展示等功能于一体，丰富“吃、购、娱”旅游要素；天合乐园，主要建设为室外婚纱摄影主题公园。2010年，被全国旅游景区质量等级评定委员会评为国家AAAA级旅游景区。

【泰山宝泰隆旅游景区】 位于泰山区邱家店镇，景区总占地128万平方米，以地下漂流观光与地上休闲娱乐为主题，有地下裂谷探险、地下溶洞观光、东海龙宫观光、地下溶洞暗河漂流、候鸟放飞观赏、地上湿地观光、地上游乐等游玩项目。配套建设有游客服务中心、生态停车场、自助餐厅、宾馆与酒店等旅游基础服务设施。产品涵盖观光娱乐、休闲度假、餐饮购物、文化体验、特色演出五大模块，是集吃、住、行、游、购、娱于一体的大型综合性绿色环保休闲度假区。2013年9月，景区对外开放。先后被评定为国家AAAA级旅游景区、中国风景名胜区协会会员单位、山东省文化产业示范基地；地下溶洞漂流项目通过大世界基尼斯认证，获“最长的无动力暗河溶洞漂流”之最称号。

【泰安老县衙旅游文化街】 位于通天街中段，占地面积1.33公顷，经营面积1.7万平方米，由老县衙旅游商品街、泰山国际青年旅舍、泰安风味老街及萧大亨故居纪念馆4部分组成。其中，旅游商品街的旅游商品超市购物面积936平方米，集中展销泰安特色旅游纪念品、工艺品、土特产品、旅游用品及宗教、帝王、民俗、水浒、自然风貌、土特产等千余种系列产品；非物质文化展演区邀请市手工艺大师现场表演泰山皮影等非物质文化遗产。泰安风味老街挖掘泰安地方风味饮食，创造性地开设泰山婚庆大典，将泰山的封禅文化、豆腐文化、茶饮食文化进行有机融合，充分展示“老街·老滋味，老街·老风情”的独特魅力，打造“游在泰山、住在泰安、吃在老街”的全新旅游概念。2010年，被全国旅游景区质量等级评定委员会评为国家AAA级旅游景区。

【埠阳庄民俗村】 位于邱家店镇东南。该地民风淳朴、物产丰富，是典型的中国北方乡村。20世纪80年代，成为泰安市民俗旅游观光点。中外游客到村中，吃农家饭、睡农家炕、干农家活，日出而作、日落而息，体验泰山脚下农民的日常生活，可谓其乐融融。1998年，被国家旅游局定为华夏民俗旅游村。2000年，被省政府定为民俗旅游村。

【太阳部落旅游区】 位于泰山南麓，徂徕之侧，汶河之滨，是大汶口文化的重要发祥地，为国家AAAA级旅游景区。2013年，一期工程建成开放，2014年二期项目建成开放，2015年完成三期项目规划。太阳部落以大汶口文化为主线，以情景体验的形式，将史前文化和游乐项目有机融合，使远古文明的场景在游客面前真实展现，是中国首家体验史前文明的特大型文化主题公园。旅游区分时光穿越、梦回大汶口、洪荒探秘、洪荒历险、情定大汶口、金乌古镇六大版块，由时空隧道、文明之光、地心历险、猿古大战、盘古狂叫、女娲补天、共工的愤怒、山洪暴发、洪荒漂流、高空斗牛、水龙王、远古大战、狩猎归来等40余个主题项目组成，运用现代化高科技手段，将大汶口文化的精髓融入其中，真实再现大汶口时期的生产生活场景，让游客走进古老的洪荒神话，亲身体验史前文化。

【泰山温泉城】 位于岱岳区徂徕镇，占地面积40公顷，规划建筑面积15万平方米，是集温泉养生、商务休闲、生态旅游为一体的国家AAAA级山地森林旅游景区及度假酒店。分温泉区、国际会议接待中心区、温泉度假酒店客房区、十大景观苑区以及综合服务配套区5个功能区。其中，温泉区每天最大接待容量达1万人次，主要建设温泉综合服务楼、温泉露天园区和汤屋汤院区。其中，温泉综合服务楼为温泉区的接待中心，主要配置有室内游泳馆、SPA水疗馆以及一系列康体休闲娱乐设施；温泉露天园区以温泉综合服务楼为中心依山而建，山下为动感温泉区，设有海浪池、通天瀑布池、洞府鱼疗池、七彩儿童池等，山上为文化温泉区和养生温泉区，设有岱岳禅汤、独尊神汤、何首乌汤、墨玉泉、石板泉等60多个功能各异的温泉泡池；汤屋汤院区位于温泉露天园区的西侧，设有中式、日式、南洋式等汤屋汤院30幢。泰山温泉城温泉出水温度50℃左右，最大出水量为3800立方米/天。经检测，该温泉水属优质天然高硫高纳的硅氟复合型医疗热矿水，温泉热水中富含对人体有益的氟、溴、锶、锂、硼酸、硅酸、磷酸等微量元素，经常在此沐浴，可起到延年益寿的作用。

【天乐城旅游休闲区】 位于满庄镇，占地面积37公顷，是以盐文化、室内水上游乐和休闲养生为主题，与泰山文化及地方民俗特色完美融合，集商务会议、特色餐饮、康体娱乐、生态旅游、休闲度假于一体的大型综合旅游度假中心，国家AAAA级旅游景区。天乐城休息区主要建设有天乐城水世界、田雨润华国际酒店、盐浴漂浮体验中心和快捷商务酒店。其中，天乐城水世界总建筑面积2.6万平方米，是舒适度极佳的室内四季水上娱乐项目；田雨润华国际酒店是集商务会议、康体娱乐于一体的五星级酒店，建筑面积4.2万平方米，设中高档客房222间，拥有大中小型多功能会议室11个；天乐城盐海神汤以盐文化为主题，集盐海漂浮、泥疗、盐疗、温泉养生等多项功能于一体，在这里人们可以自然漂浮在水面上，一年四季尽享“盐海”奇景。

【天颐湖旅游度假区】 位于泰山南麓，徂徕山西侧，大汶河之滨，毗邻大汶口文化发祥地。景区规划面积16平方千米，水面面积5.2平方千米，是泰安南部最大的水面。2010年12月被评为国家级水利风景区，2011年5月被山东省旅游景区质量等级评定委员会评为国家AAA级旅游景区。音乐喷泉东西长度160米、南北跨度12米；亲水式沙滩2处，7万余平方米；儿童职业体验场馆——梦想小镇，建筑面积1万平方米，主要包括室内职业体验馆、室外职业体验区和外围休闲娱乐区3个组成部分，设有51个职业体验单馆，主要面向3～15岁的少年儿童群体；泰山花海项目占地面积133公顷，沿天颐湖东岸线呈带状分布，以花卉观赏、游览为主，融入爱情、婚拍元素，集科普、休闲、娱乐、运动于一体；飞行体验馆项目主要包括室内娱乐风洞飞行体验和表演、室内跳伞培训、模拟飞机驾驶娱乐和教学、餐饮娱乐和外场热气球观光等组成，面向3～50岁左右的游客；婚纱摄影基地位于天颐湖泰山花海景区南侧，摄影基地主体建筑面积近万平方米；游艇码头5个，购置大型游船和小型游船，并配备安全巡逻艇，可让游客尽情享受水上娱乐。

【徂徕山滑雪场】 位于风景秀丽的徂徕山脉，是集滑雪、滑索、高尔夫、拓展、休闲娱乐、餐饮于一体的大型四季旅游景区。有初、中、高级雪道4条，高山缆车1条，德国进口管式滑道1条，托牵缆车3条，雪道宽120米、长800米、最高坡度30度，配备国际先进的造雪、压雪设备和完备的配套服务设施。雪场内设有雪上飞碟、马拉爬犁等娱乐区，并为儿童开设专业的滑雪场地，乘坐高山观光缆车可近距离欣赏梅花鹿，做到赏雪、玩雪、娱雪的全方位功能。景区春、夏、秋三季新上拓展训练、高尔夫练习场，让游客在高山滑行之余尽情体验休闲乐趣。

【大汶口国家考古遗址公园项目】 位于岱岳区大汶口镇，规划面积390公顷，涵盖大汶口遗址、大汶口古镇、大汶口明代古石桥等历史文化遗迹。一期工程主要建设“三区”（遗址公园门前服务区、遗址展示区和大汶口古镇区）、“一带”（滨河景观带）、“一节点”（大汶口文化博物馆）。其中，遗址公园门前服务区主要建设门前景石及标志性建筑、主题雕塑、广场及水系，整个广场采用大理石面铺装，水系引入大汶河水、自入口的泰山石叠水而下，最终汇入最南侧的日火山雕塑流进大汶河；遗址展示区总面积30公顷，展示自1959年后4次考古发掘的墓葬189座、房址21座、灰坑120余座、陶器3000余件等；大汶口古镇区，主要对大汶口镇山西街等6个村进行保护性开发建设，涉及2676户、8000人；滨河景观带主要建设1100米防护堤、景观绿化工程及文化墙工程；大汶口文化博物馆展示、陈列面积2600平方米，以文物陈列、图片展示、全息影像、多媒体演示、互动体验等形式，采用声光电结合的表现手法，向公众展示大汶口文化的起源、发展、内涵及其在中华文明史上的重要地位。

（张作祥）

特产名吃

【泰山四大名药】 泰山参、何首乌、黄精、紫草并称泰山四大名药。据近代泰山名医高宗岳编纂的《泰山药物志》记载，泰山有“特产”药物60余种，“通产”药物500余味，其中泰山何首乌、四叶参、黄精和紫草被中医药界誉为“泰山四大名药”。何首乌，被称为泰山中草药之冠。何首乌原名白首乌，传因泰山白发何翁食之须发变黑还童，故泰山一带称白首乌为何首乌。何首乌药效甚好，对于养血、益肝，固精益肾，强筋健骨均有疗效，是滋补的良药。四叶参，即泰山参，又名羊乳。泰山四叶参个大似胡萝卜，外皮粗糙，色灰黄，野生于泰山深处的岩石缝隙，阴湿山沟、山坡林荫之下。具有补血通乳、养阴润肺、益胃生津之效，“效能较长白山人参大十倍”。（《泰山药物志》）体弱者将参浸入白酒内常饮之，健身效果尤佳。黄精，黄蔓精的简称，又名轮生玉竹，生长在泰山荫坡、石壁、杂草丛中和树下。黄精入药性平而润，味甘而淡，无毒而杀虫；其功能补中益气，定肝胆，润心肺，益脾胃，升清气，降浊气，填精髓，壮筋骨，降风湿，下三火，还可润大便，利小便，使人目明耳聪。《本草纲目》载：“服（黄精）亦不论多少，一日不隔即去老还少。”清版《泰安县志》引陶弘景语谓之“仙人遗粮”。紫草，为紫草科多年生草本植物，块根入药。每年六七月间紫草开华前掘根，“质坚色足，功大十倍”。（《泰山药物志》）明轩道人讲：“泰山紫草，一毫入沸水，色鲜如品红。”具有活血、凉血，清热解毒、利尿等功能，主治血热毒盛，疹出不畅、黄疸、丹毒、大便温闭等症。广泛用于治疗小儿麻疹。如将紫草浸制软膏外用，亦可治疗火伤、冻伤、湿疹、水泡等症。泰安民间还用紫草根泡酒，饮之舒筋活血，强身健骨。

【泰山灵芝】 是泰山的珍贵特产，传说是神农在尝百草中从泰山发现的，故称为“神草”。可治疗耳聋、关节病，保神益精气，坚筋骨，除虚劳，还可治疗神经衰弱、冠心病、高血压、肝炎、慢性支气管炎、哮喘等病。

【泰山板栗】 山东名产之一。泰山板栗以个大色鲜、质细味甘而独享盛誉。泰山地区栽培板栗，已有3000多年的历史，在金、元、明、清等时期均定为皇室贡品，民国以后，蜚声国际市场，被誉为“泰山甘栗”。栗子收获季节的糖炒栗子是一年一度的节令佳果，深受男女老幼的青睐。

【泰山红心萝卜】 以夏张产的红心萝卜为最好，个头匀称，每个都在250克左右，青皮白瓤里呈现着清晰的红绿，质地细腻，汁多味甘，清脆爽口，并具有消食、健脾、理气、清热解毒等功能。

【泰山墨玉】 据《山海经》记载：“泰山上多玉……环水出焉，东流注于河，其中多水玉。”秦汉以前，泰山玉就已闻名华夏。泰山墨玉为泰山玉的一种，产于泰山西部，石质细腻，色泽乌亮，是雕刻用的优质材料，据说李白苏轼游泰山时，均对此石盛加称赞。

【泰山燕子石】 又名蝙蝠石，学名为三叶虫化石。三叶虫生成于古生代寒武纪的后期，有五亿年左右历史。燕子石质地优良，色泽典雅，石上虫体形似飞燕，宛如浮雕，极为别致。用此石可制作砚台、镇尺、插屏等工艺美术品。

【泰山三美】 泰安产的白菜、豆腐和泰山泉水被誉为“泰山三美”。泰山白菜口味鲜美、个儿大心实，质细无筋；泰山豆腐，浆细质纯，嫩而不老、味道甘美、富有弹性；泰山泉水，高氧洁净，清甜爽口，杂质少。用泰山白菜、豆腐、水烹制的菜汤称为“泰山三美汤”，豆腐白、菜叶绿、紫菜紫、味汤浓，是一道集美味、营养于一身的菜肴。

【泰山赤鳞鱼】 又名螭霖鱼，产于泰山山涧细流中，是泰山泉水哺育的珍贵山区淡水鱼，为中国鱼类珍品，成鱼长不过20厘米，肉质鲜嫩，其味鲜美而不腥，为名贵菜馔，还可药用。

【泰安煎饼】 创制年代无考，明代已成家常便饭。以玉米、高粱、谷子、地瓜干等粗粮为原料，经过粉碎泡糁、磨细成糊、摊于鏊子上边刮边烙，烙熟即成。质地细薄，水分少，耐久储，香酥可口。泰安煎饼分5种：用未发酵糊子制作的为甜煎饼，用发酵糊子制作的为酸煎饼，冷却的煎饼再烙酥为酥煎饼，煎饼加葱油或豆腐、白菜等馅烙制的为油煎饼，小米面加白糖烙制的为糖酥煎饼。新泰楼德镇利用当地资源优势，开发煎饼产品，成为“中国煎饼第一镇”。

【泰安豆腐宴】 泰安神豆腐浆细含水多，质嫩而不流，洁白如雪，味道甘美，富有弹性，久煮不老亦不糊，系泰山周围居民家常菜。烹制方法多样：或制作豆腐乳、臭豆腐、五香豆腐、豆腐干、豆腐皮、辣豆腐、冻豆腐、茶色豆腐；或用来凉拌、热炖、油炸、蜜汁。随季节而变，春有小葱拌豆腐、香椿麻汁豆腐；夏有大蒜麻汁豆腐；秋有青椒炒豆腐、冬瓜豆腐汤；冬有白菜炖豆腐、大葱炒豆腐、辣椒热豆腐、羊肉炖豆腐、豆腐炒鸡蛋。泰安有名的“豆腐筵”，已开发出150多道菜，以“三美”豆腐、豆腐丸子、锅塌豆腐、炒豆腐脑、砂锅豆腐、煲豆腐、奶汤豆腐、软烧豆腐最为著名。

【泰山野菜宴】 泰山野菜食用历史悠久，历代帝王到泰山、行封禅，均“食素斋，整洁身心”，以示虔诚。寺院倡导素食，民间亦有菜食、菜医习惯。后人将宫廷素食、寺院素食、民间素食集为一体，创制野菜宴，成为中外游客推崇备至的“绿色食品”。泰山野菜宴可分为冷盆类、油炸类、腌制类、汤羹类等，品种50多个，均有丰富的营养价值或医疗、保健作用，尤以姜汁荠菜、炸藿香、山鸡扒鹿角、蛋炒鸦葱（又称琉璃嘴）等最为著名。

【泰安酱包瓜】 清咸丰年间创制，与泰安酱磨茄、泰山牙枣并称泰安三宝，清同治年间定为贡品。采用泰山南麓大白峪村特产的一种黑褐色、未成熟、鲜嫩甜瓜作外衣，将莴苣、黄瓜、花生仁、核桃仁、瓜子仁、杏仁、藕、龙须菜、冰糖、柿饼、青红丝等切块作料馅，用当地自产的甜酱酱制。鲜脆清香，酱味浓郁。

【泰山牙枣】 明末创制，清代定为贡品。该品用精选的鲜长枣经特殊加工制成。枣坯为宁阳县葛石大枣，故有“泰山牙枣宁阳坯”之说。传统的手工制作方法分为：选枣、煮枣、脱皮、晾晒、除核、提霜6个步骤。首先要选择个头均匀的鲜红枣，放入锅内煮至五六成熟，脱皮晾成半干，待枣的表面自然生出一种白色物质（俗称“枣霜”）后，除核，拌上适量淀粉，使外皮漂白光滑美观即成。形似饴糖，肉若荔干，香甜可口，别有风味，被称为“干果糕点”。

【泰安珍珠西红柿】 泰安市岱岳区房村镇西红柿种植已有30年历史，被誉为“齐鲁番茄第一镇”“番茄之乡”，所产西红柿已注册“泰山珍珠”著名商标。珍珠西红柿呈椭圆形，果实直径在1～3厘米之间，单果重10～30克，每穗可结6～10个果实，每株可结80～100个果实；其外皮为鲜红色，有光泽，果肉皮层厚，为粉红色，种子呈黄绿色；其腔室饱满，汁液较多、味清甜、无核、口感好，耐挤压能力强，便于贮藏和长途运输。截至2018年，房村镇珍珠西红柿种植户达7300户，年产量约1.75亿千克，产值达7亿元，成为境内农业经济主要支撑。

【范镇油酥烧饼】 清乾隆年间范镇村民徐畅创制。其制作方法是：用生面、酵面、老面加“油酥”（用驴油、花生油、面粉制成）、食盐、花椒粉等揉合，然后烤制而成。范镇油酥烧饼具有色泽金黄、层次分明、外酥里软等特点。乾隆帝品尝后亲题“徐家烧饼铺”匾额。1940年日本侵略军占领范镇后，令徐家赶制烧饼200个，用于日军占领范镇庆典。徐氏第四代传人徐兆荣对日本人恨之入骨，星夜举家逃往济南。日军听说徐家逃走后，派日伪军砸烂乾隆赐的牌匾，烧毁徐家店铺。新中国成立后，时任中共山东省委书记的舒同到泰安视察工作，听说此事，非常气愤，当即题写“范镇烧饼”四个大字，赠给徐氏五代传人徐连功。1965年，徐氏第六代传人徐太国在山东省供销系统食品表演大赛中，获一等奖和特别荣誉奖。20世纪80年代，越来越多的人开始学做徐家烧饼，范镇烧饼已传遍全国数百个大中城市。

【泰山驴肉】 泰山周边乡村一直有人工饲养驴的传统，据《泰安地区志》记载，1936年，全区养驴已达15万头。村民养驴多以花生秧、谷草、苜蓿等有机绿色农作物秸秆为饲料，掺加玉米、豆粕、豆饼、麸皮、食盐以及矿物质等，饲养的驴毛色黑亮，体型较大，肌肉发达，耳朵宽长，前胸宽且较深，小腿长且粗壮，驴蹄圆大饱满，走路稳健。产出的驴肉颜色鲜亮微红、纹理清晰、肉质紧实，纤维较细富有弹性，且肥瘦适中，口感细腻，滋味浓香，无膻味，营养丰富，是制作驴肉佳肴的上品。泰山驴肉制作工艺复杂，须挑选绿色养殖500天以上、体重250千克以上健壮的毛驴，宰杀前空腹12小时以上，按照屠宰分割标准，经过严格工艺流程屠宰分割，入0℃～4℃恒温室排酸24小时后进行清洗处理。用泰山山脉山泉水，加入天然植物配方煮制3小时，再小火慢煮2小时，关火焖煮7小时后方可出锅晾晒。晾晒后冷藏保存，随时可食用。泰山驴皮可制作保健食品阿胶，也可制作泰山皮影。泰山驴油可制作泰山驴油火烧，已传承上百年。

【演马庄牛肉】 肥城演马庄回民陈氏经销的熟牛肉已有260多年的

历史。其制作工艺讲究：将活牛屠宰后，剔除骨骼，肉分割为块，置木架上晾干后下锅。加水浸过肉约10厘米，点火烧煮，待水开后，用铁勺置火硝约2两，点燃加入锅内，约半小时，漂去白沫及污物。按百斤肉加盐1.5千克，并将配好的佐料（大小茴香、三奈、白芷、砂仁、紫蔻、花椒、丁香、橘皮、边桂等）轧碎装纱布袋放入锅内中层，同时将上次煮肉的老汤注入，继续烧煮约1.5个小时，再改用文火烧煮2～3个小时方可停火，趁热将肉捞出晾至无水汽即可。陈氏加工制作的牛肉微红透亮，味香爽口，咸淡适宜，营养丰富，有色、香、味俱佳的特点。

【宁阳不老枣】 宁阳大枣在1982年被列为国家保健枣，2000年全国红枣交易会上被评为全国金奖。2000年3月，宁阳县被批准为全国名特优经济林“大枣之乡”。宁阳大枣的生长地为砂质棕壤土，经化验，砂质棕壤土中有效铁、有效铜的平均含量高于普通土壤中含量临界值的10倍以上，有效锌、有效硼、有效钼的平均含量高于普通土壤含量临界值的2～5倍。棕壤土中的微量元素为宁阳大枣优良品质提供丰富的物质来源。棕壤土中有机质、腐殖质及氮、磷、钾含量较高也是促进大枣品质优良的重要因素。鲜枣含糖量44%，干枣含糖量85.5%，含蛋白质3.3%，每百克干枣含维生素C14.2毫克，还含有维生素A、维生素B和维生素P，有“天然维生素丸”之称。宁阳大枣的特点：果实硕大、果皮薄、紫红、有光亮，果肉肥厚、细腻扯丝、清甜可口，营养丰富、耐贮运等。宁阳大枣用途十分广泛，可食用，能入药。鲜食、熟食、干食皆宜，也加工成多种保健食品，在医疗保健方面更是一种高级的滋补营养品，并具有较高的药用价值，能健全人体毛细血管，防止溢血病，对高血压有显著疗效，还具有养胃健脾、益肝壮肾、延年益寿之功能。

【州城糟鱼】 东平县地方传统名吃。远自清代，在境内各大集镇均有糟鱼上市，誉为佳品。新中国成立后，糟鱼声誉愈增。特别是州城镇聂、谢两家，世代相传，技艺精湛，久负盛名。所制糟鱼，鱼体完整，骨肉同食，味美，香而不腻。糟鱼制作，多选用鲫鱼、鲇鱼、黑鱼等，留腮鳞，去内脏，洗净下锅，首尾相交，上下分层（大者在下），加适量香料、红糖、食盐、老汤、温水等。以木柴文火通夜焖炖，次日即可食用。

【东平湖咸鸭蛋】 以优良的东平湖麻鸭禽蛋为原料，经腌制而成的著名特产。湖里放养的麻鸭，以各类小鱼、小虾和浮游动植物为食，不仅产蛋率高，而且个头大，蛋质细，黄油多，平均每只重105克左右，比普通鸭蛋超重30克。用湖产麻鸭下的蛋腌制成的咸鸭蛋，油份充足，咸淡适中，煮后切食，味道特美。剖开煮熟的咸鸭蛋，可见蛋白如凝脂白玉，蛋黄似红橘流丹。红白相映，味美诱人。因为蛋心鲜红，所以又称为“红心麻鸭蛋”。

【东平粥】 又名徐家粥，为州城镇桂井子街徐保明家世代经营，清康熙十九年（1600）创制。东平粥系以上好的黄豆、小米做原料，用石磨将黄豆、小米分别制浆，并过滤去渣，然后按配方熬制而成，豆浆与米浆之比约为2∶1。熬汁时，先将豆浆倒入沸水锅内，烧至沸点，用木勺连续搅动，文火慢熬，熬制约半小时，待沸汁浮沫消净、豆香飘溢时，再将过滤的米汁倒入豆汁锅内，慢火烧沸后，即可熄火出锅。熬出的粥液以“清汁”为上品。若豆汁、米汁同时下锅，则会熬成混汁，即下品。出锅的粥在粥缸内呈液体状态，盛入碗内即凝，表面好像浮着一层油汁，此时，把预先用陶罐焖制好的五香熟豆撒在碗里，与粥同食，喝时便会豆随粥游，入口愈嚼愈香，韵味无穷，振人食欲。东平粥的制作选料精、做工细，而且做粥的水是用清真寺附近马公祠深水井中的甜水，故熬出的粥滑润爽口，清香甘甜，沁人心脾，有独特的糊香味，喝尽粥，碗如洗，不挂一丝粥迹。

（张作祥）

旅游管理与服务

【“放管服”改革】 依照“贴心代办，一次办好”的指导思想，树立全心全意为企业服务的理念，落实便民服务承诺制，做好管理与服务相结合的监管工作。保留权力事项1项，即“旅行社经营许可证核发”；办理事项5项，即“导游证审核”“旅行社变更”“A、AA、AAA级旅游景区评定”“三星级饭店质量等级评定”“信息公开”。

【旅游饭店管理】 组织开展旅游饭店质量提升行动，辅导铭座三泰（虹桥酒店）申报山东省文化主题饭店，推荐美若山水酒店申报四星级旅游饭店。在山东省饭店品质提升技能大赛中，泰安市选送的泰山石榴豆腐、粉蒸包获“山东旅游名

泰安市四星级以上酒店

表 7

名 称	地 址	星 级	电 话
泰安东尊华美达大酒店	迎胜东路 16 号	五星级	0538-8368888
泰安市华泰大酒店	迎胜中路	四星级	0538-2105859 0538-2105839
丽景广场酒店	泰山广场东邻	四星级	0538-6986666
泰安市御座宾馆	岱庙北路 50 号	四星级	0538-8269999
泰安市正元名饮国际酒店	东岳大街西段	四星级	0538-8588999
肥城宝盛大酒店	龙山路 20 号	四星级	0538-3237888

泰安市主要旅行社名录

表 8

旅行社名称	地 址	电 话
泰山中国国际旅行社有限责任公司	岱宗大街 210 号（泰山大酒店迎宾楼）	0538-8256538
泰安市泰山瀛泰国际旅行社有限公司	迎胜路 52 号（华泰大酒店南邻）	0538-6267158
泰安市海峡国际旅行社有限公司	新泰市青云街道办事处对面	0538-7226528
山东吉程国际旅行社有限公司	升平街 32 号（双龙池东南侧德克士二楼）	0538-5555001
泰安美景假日国际旅游有限公司	银座广场 A 座 1 单元 801 室	0538-8267128
泰安市众城国际旅行社有限公司	长城路北首圣地国际公寓 A 楼 2202 户	18562327088
泰安泰山天马旅行社	温泉路北段（旅游汽车公司北侧）	0538-8200033
泰安市泰山园林旅行社有限公司	火车站东中南财源门繁华里一号楼 2 单元 101 室	0538-8888613
泰安市泰山文化国际旅行社	岱庙南门广场西侧	0538-8215299
泰安市泰山新华旅行社有限公司	望岳东路 A 区 2 号营业房（泰山文化中心东侧）	0538-8205871
泰安泰山顺达国际旅行社有限公司	东岳大街 356 号（大润发对面）	0538-8236661
泰安市浪漫假期国际旅行社	万达广场 8 号楼 1716 号	0538-8299108
泰山明珠旅行社	龙潭路 7—7 号（如家快捷酒店）	0538-8266885
泰安市华之旅旅行社有限公司	长城路北首圣地大厦 A 座 877 室	0538-8295329
泰安市风华国际旅行社有限公司	银座城市广场 3 号楼 1 单元 604 室	0538-8520789
泰安市泰山青年旅行社有限公司	东岳大街 147 号太平洋宾馆	0538-6308087
泰安市海天国际旅行社有限公司	东岳大街财富中心 1 单元 704 室	0538-8222704
泰安市泰山春秋国际旅行社有限公司	宝龙城市广场横店影视城	0538-8263817
泰安市泰山环球国际旅行社有限公司	银座广场 A2—2 楼	0538-8206368
泰安远东国际旅行社有限公司	火车站旅游咨询中心	0538-8782555
泰安驴妈妈国际旅行社有限公司	红门路 35—20 号	0538-8888001

优小吃”称号，马静、苏纪东获“山东旅游名优小吃制作奖”。

【旅行社管理】 强化服务，做好旅行社、分社的申报、审批许可、变更和注销工作。2018年，新成立旅行社6家，注销旅行社5家，注销分社及网点3家。泰安市金色假日旅行社有限公司申报出境资质，待文化和旅游部审批。泰安市联合假期国际旅行社有限公司通过省旅发委检查验收，获“山东省智慧旅行社”称号。

【旅游安全监管】 印发《2018年泰安市旅游安全工作实施意见》，全面落实旅游安全一岗双责，重点围绕节假日、重要活动等节点组织开展安全大检查，加强安全隐患排查，组织开展旅游安全月督导活动、旅游安全“大快严”集中行动和“攻坚四季度、决战一百天”行动。组织检查80家次，星级饭店50家次，A级旅游景区20家次，消除一般事故隐患50条。

【旅游市场整治】 年内，市委常委会、市政府常务会议专题研究旅游市场秩序治理事项，把旅游环境秩序治理与创城迎审、扫黑除恶专项斗争及整治各类社会乱象紧密结合起来，强力推进。以市政府办公室名义印发《关于建立旅游联合执法长效机制 持续开展旅游市场秩序综合整治的通知》，制定市直涉及旅游的16个部门市场监管责任清单，市公安局治安支队成立旅游秩序管理大队。公安、旅游、交通、城管、工商、物价等八部门组成联合执法检查组，持续坚持对交通枢纽、游客集散地、重点景区进行巡查，严厉打击“黑出租”‘黑导游”、占道经营、无照经营、强买强卖、欺客宰客、尾随兜售等旅游市场不法行为。全年明查或暗访旅行社及分支机构86家、带团导游38名，A级旅游景区29家，星级饭店酒店42家次；约谈警示旅行社负责人12人次，下达整改意见书18份。

【创城和文明旅游工作】 在全市层面建立文明旅游推进工作机制并定期召开会议，研究解决行业创建工作中的突出问题；落实文明城市创建工作“一把手”负责制，成立以主要领导为组长的行业创建工作领导小组，统一指挥协调旅游系统创建工作；把找差距、补短板作为行业创建工作的重中之重，对照全国文明城市测评体系指标，逐项梳理，确保各项工作不留隐患、不留死角、不留空白。开展文明旅游评选和旅游志愿服务活动，成立党员志愿服务队，设立交通志愿服务岗，以主题党日、“5·19’旅游日、节假日等为载体，常态化开展志愿活动，累计开展交通执勤、捡拾垃圾、扶贫济困、文明劝导等志愿服务活动12次。利用宣传展板、微信公众平台、LED显示屏等载体进行宣传，营造文明宣传氛围。制作海报、展台、标牌、招贴画、宣传单等创城宣传品1万份，举办创城培训班及文明旅游等讲座3次，督导旅行社、景区、星级饭店等旅游企业120次。

【导游员管理培训】 年内，为264名导游人员更换电子导游证，其中新申办电子导游证导游员168人；为2家旅行社和60名导游员变更相关信息，为26名导游补办导游证；注销电子导游证21个。举办“莲花山”杯精品导游（讲解）员评选活动，1人获“振兴泰安劳动奖章”，6人获“青年岗位能手”，5人获“巾帼建功标兵”。组织导游参加“云课堂”网上培训和全省导游大赛专项培训，完成2018年全国导游资格考试考务工作，修订《畅游泰安——新编导游词》。

【旅游人才队伍建设】 制定人才金十条配套政策，对持有泰山人才金卡的各类人才，实行免大门票进入全市46家AAA级以上旅游景区的优惠政策。10月18日至11月3日，在上海复旦大学举办全市全域旅游专题培训班，各县、市分管领导、旅游局局长，市全域旅游工作推进领导小组成员单位分管领导以及重点旅游企业参加培训。组织（县市、区）旅游行政人员、旅游景区、旅行社主要负责人、精品导游员（讲解员）9人参加为期1年的全省“旅游管理领军人才”“金牌导游”“旅游创客”精英班学习。（张作祥）

编辑 校对 戚淑娟

城乡建设与管理

城乡建设

·综　述·

【概况】 2018年，市住房和城乡建设局（以下简称市住房城乡建设局）机关设办公室、人事科等职能科室11个，机关行政编制31人。辖事业单位13个。其中，代管正县级事业单位2个（市房管局、市公用事业局），直管副县级事业单位7个（市建筑工程管理局、市城市排水管理处、市房屋征收管理办公室、市城市建设设计院、市广场管理处、市建设职工培训中心、市园林管理局）、正科级事业单位4个（市建设工程质量监督服务站、市建设工程招标投标指导服务中心、市工程建设标准造价管理办公室、市城市建设档案馆）。年内，市住房城乡建设局完成博阳路、万官大街东段及上跨京沪铁路立交桥等城市道路建设，拆除灵山大街、青年路等多年城市"中梗阻"，完善城市污水、燃气、供水、供热等城市基础设施。全市房地产开发完成投资174.92亿元、建筑业完成总产值848.7亿元、村镇建设完成投资113.13亿元。第四届山东省绿色建筑与建筑节能新技术产品博览会在泰山国际会展中心召开。全市实现17万名农业转移人口市民化，在全省2017年度新型城镇化综合考核中列第三。9月，泰安市被山东省政府授予山东省适宜人居环境奖称号。市住房城乡建设局连续10年保持"省级文明单位"称号，先后获泰安市迎接国家卫生城市复审工作先进集体、泰安市全国文明城市创建工作先进集体、2018年全市脱贫攻坚先进集体等称号。

【新型城镇化】 2018年，全市常住人口城镇化率达61.87%，高于全省61.18%的平均水平。《泰安市新型城镇化发展规划（2015—2020）》《泰安市人口市民化规划》有效实施。贯彻落实中央和省关于推进新型城镇化的决策部署，把人口市民化列入重要议事日程，分解工作责任，提升城镇综合承载能力。印发《加快推进新型城镇化建设行动实施方案（2018—2020年）》。2018年，全市实现17.60万名农业转移人口市民化，其中6.42万名农业转移人口市民化（4.21万名外来务工人员、2.21万名就地转移人口），11.18万名城中村城边村原有居民市民化，超额完成年度任务。做好对上争取工作，获得省级城镇化专项资金合计4425万元。8月，宁阳县列入省第三批新型城镇化试点县。

【创建全国文明城市】 围绕全国文明城市创建（以下简称创城）工作，聚焦市级管理的道路、公园、广场、建筑工地等重点领域，打好行业服务提升、城市环境提升、城区水质提升、建设扬尘防治"四大攻坚战役"，取得明显成效。①夯实责任，全员包保。局领导班子成员对自查和市里交办的六大类142件问题进行全员包保，扭住"查、改、建"3个环节，查根源、改问题、建机制，落实创城责任，全面查缺补漏。②精准发力，提升水平。聚焦市民出行问题，建成博阳路、万官大街东段、凤凰路等城市道路，彻底解决灵山大街、青年路等道路"中梗阻"问题。围绕"路面网裂""井盖破损""路灯不亮""管网堵塞""绿化超高土""缺株断垄"等突出问题，实行"目标化管理、项目化推进、责任化落实"，维修路面30万平方米，栽植苗木245万株、更换公益广告501块（1.82万平方米）。③强化督导，促进整改。成立5个督导组，实行"日巡查、周通报、月小结、季汇总、年终总评"的督导考核制度，全年组织督导活动200次，督导地点560处，发现问题1200件，现场全部进行交办和督导整改。

【房屋征收】 ①完成市重点工程房屋征收任务。参加万官大街东段

5月29日，市委书记崔洪刚（右一）调研博阳路建设工程项目
（李 燕 供）

及上跨京沪铁路立交桥、凤凰路、擂鼓石大街等市重点工程项目建设，全年完成5.2万平方米房屋征收任务。万官大街东段、南湖公园针织厂剩余房屋全部安全拆除；财源大街西段旧城区改建、历史文化轴建设工程完成征收任务。环山路东延、灵山大街东段、青年路、泮河大街东延、傲徕峰路南段、天烛峰路南段等56.6万平方米、52.8亿元的房屋征收成本测算工作完成。其中，环山路东延工程房屋征收任务基本完成，擂鼓石大街中段建设工程《征收补偿方案》进入征求意见阶段。②推进房屋拆除和扬尘治理。坚持定期巡查，及时督导整改，坚决杜绝拆除安全事故的发生。年内，检查历史文化轴、万官大街、旅游经济开发区、高铁片区、博阳路等8个市重点工程建设和南关社区、三联社区等5个城中村改造以及中南世纪城、迎春电影院等6个社会单位的房屋拆除项目。发现问题130处，当场提出整改意见140条，责令现场整改120处，对问题较多、任务较重的拆除项目挂牌督办，跟踪整改，直到合格。按照“属地管理”原则，先后向泰山区、岱岳区和高铁新区建设主管部门下达“督办通知”13份。对涉及省委环保督察“回头看”的3处扬尘污染问题（拆除工地），在规定期限内整改销号。③妥善处理房屋征收信访事项。全年接待群众到访21起30人次，回复“12345”便民服务电话16件，受理各类申办单47人次，参加市长信访日活动2次。在全国“两会”、上合组织青岛峰会、改革开放40周年庆祝活动期间，成立维稳临战工作小组，建立24小时值班备勤制度，对排查出来的问题隐患制定切实可行的化解措施，确保重大活动、重要会议期间的社会稳定。

【城建档案】 ①贯彻落实建设工程档案“两书一证”制度。全年签订《山东省建设工程档案移交责任书》89份，签署《山东省建设工程档案预验收意见书》104份，发放“山东省建设工程档案合格证”112份。做好建设工程档案竣工验收工作，共验收单体工程450个。②做好档案的接收、整理工作。全年接收工程档案1万卷，整理完成、进馆存档城建档案1.11万卷。老档案回馆1件，由日本人1940年绘制的泰安老火车站中心图纸，2010年借出，2018年回馆，顺利完成交接。③加强工程项目档案业务指导力度。深入华新等重点工程施工现场加强业务指导，讲解档案资料的归档范围、竣工图的编绘方法及整理的质量要求，检查指导各标段参建单位形成的工程档案。④加大依法治档、依法管档力度。对2010年以后签订《档案报送责任书》已竣工验收未移交档案的老旧工程进行排查，累计列出90项工程，逐一发送《建设工程档案催缴通知书》。10月30日，省住房城乡建设厅城建档案工作执法检查组对全市城建档案管理工作进行执法检查。⑤推进城建档案信息化建设。完成年度数字化加工等项目的采购，2018年度扫描档案突破5万卷。改进查阅方式，简化利用手续。全年接待查询档案利用人员314人次，调卷357卷次。⑥加强档案保护工作。做好库房各项安全管理工作，严格落实“九防”（防火、防盗、防潮、防光、防鼠、防虫、防尘、防污染、防高温）措施，对库房进行日常维护、定期对档案检查，发现隐患，及时弥补，夏天注意防虫、防潮，冬天防火等，每次查阅档案及时关好柜门、库门，确保库房内档案的安全、保密、无缺。做好档案出入库登记、案卷脊背的粘贴修复工作。

【依法行政】 推进“一次办好”改革，确定改革任务9项，召开市住建局“贴心代办，一次办好”改革业务培训会。对标浙江、江苏和省内先进，对政务服务事项进行“颗粒化”改造，拆分“一次办好”行政权力事项399项、公共服务事项46项。8月31日，市政府印发《关于进一步优化营商环境的实施意见》《泰安市优化工程建设项目审批工作实施方案》，要求工业项目建筑工程29日内完成，房屋建筑工程和市政基础设施工程32日内完成。9月11日，市住房城乡建设局印发《关于简化我市建设项目相关程序的通知》，调整部分建设项目相关程序，全市建设工程招标控制价、非国有资金投资项目合同价不再进行审查，可直接进行备案，办理时限分别由5个工作日、3个工作日缩短为1个工作日。将16项行政许可事项全部划转市行政审批局，同时划转许可关联事项8项、关联收费事项2项。加强行业立法工作，《泰安市城市绿化条例》作为泰安市第二部实体性法规，在市十七届人大常委会第十一次会议上表决通过，并经山东省第十三届人民代表大会常务委员会第五次会议批准，于2018年11月1日正式施行。做好规范性文件清理工作，先后开展限制竞争、不利于民营企业发展等相关政策文件的自查清理工作。根据法律法规的立改废和实际工作需求，集中清理部门规范性文件，废止部门规范性文件2件。

【行业安全】 2018年，市住建系统行业安全管理工作围绕安全生产控制指标“一个目标”，坚持“安全第一、预防为主、综合治理”的方针，强化“红线”意识，突出企业主体责任和部门监管责任到位“两条主线”，抓好建筑施工安全、市政施工安全、公用事业安全、城市安全“四个重点”，开展“大快严”“百日攻坚”“专项整治”等行动，严防较大及以上安全事故发生。全年召开安全生产工作会议12次。①加强施工现场监管。按照“网格控制、专人监管、量化指标、综合考核、统一处罚”的原则，划分三大区域、9个片区、3个监管小组进行监管。强化施工现场标准化管理，重点抓好“一堆”（现场物料堆放）、“两挡”（施工现场围挡、楼体围挡）、“三区”（作业区、办公区、生活区）、“四个监管重点”（深基坑、高支模、脚手架、起重机械）、“五大伤害防范”（高处坠落、触电、物体打击、起重伤害、坍塌）等5项工作。全年累计检查在建工程项目422项、单体2988个，提出整改意见5600条，整改率达100%。对存在问题的相关单位进行预警式谈话50次，对32起未办理施工许可证开工建设的行为罚款106万元。②集中开展全市房屋建筑工程综合执法检查、百日攻坚月督导。检查城区房屋建筑工程171项、单体1140个，建筑面积1127.9万平方米，下达质量安全扬尘隐患整改通知书160份，提出整改意见1169条，下达停工通知书18份。检查县（市、区）房建项目48项，下达执法建议书15份，提出整改意见145条；检查各类燃气站点、市政设施等53处，排查治理隐患1453处，落实治理资金1618万元。6月，组织召开建筑施工双重预防体系《实施细则》《实施指南》贯标培训会。8月1日，在岳秀福邸保障房项目召开“双体系”建设现场观摩会。推进验收评估工作，全市102家建筑施工企业通过评估验收。住建局系统主管的14家规模以上企业全部通过双重预防体系评估。③提高城市防汛能力。新建雨水管线21.47千米，疏浚城区河道75.4千米，疏通雨污管线33.62千米，清淤1.75万立方米。储备各类防汛抢险物料3.38万立方米、编织袋4.1万条、木材50立方米、铁丝11.5吨、土工布8600平方米等，组织6000人的抢险队伍。④强化安全生产许可证管理考核。审查117家企业的安全生产条件，为符合条件的企业办理安全生产许可证。督促企业做好应急值守和预警信息报送工作，6月15日，在华新新干线项目组织消防和防汛应急演练；6月28日，在御蓝山项目组织高处坠落应急演练，城区在建工程建设、施工、监理单位项目负责人300人到演练现场观摩。推进安全体验式教育基地建设，成为全省首批建筑施工安全和装配式建筑施工体验式教育基地试点，12月5日正式启用。⑤做好省政府安全生产巡查发现问题整改。逐条梳理省政府安全生产巡查组提出的问题，涉及住建局整改事项15项，全部整改完毕。（李　燕）

·城区道路工程·

【概况】 2018年，泰安城区实施道路30条、80.59千米。博阳路、万官大街等城市主干道建成通车，以环山路、博阳路、万官大街、桃花源路为联结的城区环线全线贯通。佛光路、凤凰路等道路竣工通车，双龙路北段、擂鼓石大街东段、环山路绿道工程完成道路主体建设；东湖路东段、黄前西干渠路、学院路、迎春路南段工程进行路基施工。岱北街等5条道路提升改造完成；擂鼓石大街中段、环山路东延改造工程全面启动；拆除原制丝厂、针织厂宿舍，彻底解决青年路、灵山大街多年“中梗阻”问题。打通泰安城区多条断头路，改造提升主干路，逐步健全内通外联的交通

12月29日，博阳路建成通车　　（李　燕　供）

体系，泰安城区交通拥挤问题得到缓解。

【博阳路建成通车】　博阳路是泰安城区规划主干路的“十纵”之一，是泰安城区东部贯穿南北，连接泰山景区、泰山区、徂汶景区、高新区的大动脉和优化泰安城区空间布局、支撑东部新城发展、加快融入济南“都市圈”的骨架路，是一条全局性、战略性、基础性的景观大道、发展大道、民生大道。该项目北起环山路，南至泰新高速，全长10.45千米，道路宽度70～90米。车行道双向八车道，两侧设置慢车道、步行道、绿道、绿化带等。2018年2月27日开始封闭交通，历时10个月，12月29日正式通车。整个工程总投资20亿元，铺设路面90万平方米、挖运土石方71万立方米、铺设各类管线11万米、栽植苗木3万株、设置路灯581套、信号灯155组，被省住房城乡建设厅推荐为2018年度质量管理标准化试点项目。

【凤凰路改造提升完成】　该路是市委、市政府确定的2018年重点工程，北起泰山大街，南至灵山大街，全长约1.2千米，道路规划红线30米，为双向四车道。按照属地管理的原则，由岱岳区和高铁新区负责征地拆迁，征地约4.67公顷（70亩），拆除各类房屋约3.5万平方米。沿线涉及司家庄、山东科技大学、泰安监狱、粥店中学、健翔小区、泰安一中西校和上旺村等单位7个，拆迁补偿资金约1.5亿元，建设资金3000万元。坚持边拆迁边施工，科学安排，合理调度，该工程从规划、设计、拆迁到工程竣工，历时4个月，2018年10月31日全线通车。

【青年路针织厂宿舍段贯通】　2004年，市委、市政府决定对南湖实施改造和环境提升，启动南湖公园建设工程。该工程涉及位于灵山大街176号的环泰纺织有限公司（原针织厂）宿舍拆迁，该宿舍区有住宅楼7幢、平房2排，居民174户。截至2016年年底，完成搬迁164户，未搬迁10户。2017年4月，市委、市政府抽调市征收办人员成立专门工作组，现场摸排情况，了解剩余住户诉求，集中攻坚，广调房源；6月29日，市政府召开原针织厂宿舍剩余住户拆迁安置专题会，确定搬迁安置方案；11月底，剩余10户全部签订安置协议，长达13年的积难得以破解；12月，分3批对针织厂宿舍院内建筑物实施拆除。2018年6月，全部拆除完毕并将拆除垃圾进行清运，青年路与灵山大街“卡脖子”问题彻底解决。

【灵山大街制丝厂段贯通】　按照市委、市政府关于做好全市断头路、卡脖子路等遗留工作的部署要求，10月10日，市住房城乡建设局、市房屋征收管理办公室对泰山制丝厂沿街宿舍楼正式实施安全拆除。拆除之后，拓宽改造灵山大街，紧密施工1个月，11月12日，灵山大街制丝厂路段改造完成，全新的灵山大街制丝厂段贯通。　（李　燕）

·城区市政公用设施·

【概况】　年内，完善城市燃气、供水、供热等市政公用设施，提升城市保障能力，泰安城区年消费天然气6亿立方米，年供水量5500万立方米，基本实现泰安城区供热管网全覆盖。结合山水林田湖草试点建设项目，对泰安城区进行彻底的治污截污和雨污分流，泰安城区污水治理“一张网”规划设计基本完成。明堂河、梳洗河生态保护修复工程，第一、二、四污水处理厂提标改造工程，第四污水处理厂扩建工程等前期工作顺利推进。

【城市供气】　全面实施燃气全覆盖工程，完善徂汶新区、滨河新区、高铁新区和旅游经济开发区等园区燃气设施配套项目。全年新建天然气次高压、中压管网290千米、改造老旧管网83千米，新增天然气管道用户5.8万户，年消费天然气6亿立方米。

【城市供水】　加快实施徂汶净水厂、黄前水库至三合水厂输水管线和高新区供水管线等工程建设，供水保障能力显著提升，供水普及率98.5%，水质综合合格率达100%。年供水量5500万立方米。

【城市供热】 实施完成高铁新区30个小区供热二次管网和换热站项目建设，完成博阳路、万官大街、桃花源路等主要道路供热管道敷设，基本实现泰安城区供热管网全覆盖。2018—2019年采暖期，集中供热入网面积3121万平方米，同比供热入网面积增加321万平方米。加快推进西区热源项目建设，《泰安市城区热电联产规划》《项目可行性研究报告》编制完成，项目选址初步确定。

【海绵城市建设】 2018年，获省级专项奖励资金894万元，打造多层次海绵城市体系，从海绵型道路、公园广场、居住小区、排水系统、水系治理等方面实践和探索海绵城市建设经验。重点实施桃花源路海绵城市建设工程、梳洗河生态水系改造和提升工程、博城社区（C地块）海绵城市建设工程等一批试点项目，全年累计新增海绵城市汇水面积15.1平方千米。

【地下综合管廊建设】 立足实际，遵循“先规划、后建设”“先地下、后地上”工作原则，综合考虑城市建设开发强度、地质条件以及资源条件等相关因素对综合管廊区位建设条件，选出泰安市道路交通量大、高强度开发、管线密集、地下空间受限的地区作为管廊建设区域，推进综合管廊建设。至年底，全市累计开工建设综合管廊项目7个，形成廊体18.04千米。

【城市污水处理】 2018年，泰安城区3个污水处理厂处理污水6614万吨，其中一厂1368万吨、二厂3698万吨、四厂1548万吨。全部达到一级A排放标准，城市污水集中处理率97%。污泥处置实现无害化处置的目标要求，处置污泥4.99万吨，其中一厂9390.23吨、二厂33324吨、四厂7234吨。①加强对污水处理厂运行单位的监督管理。督促污水处理厂建立健全保障城市污水处理厂正常运行的生产管理制度、安全生产制度、水质检验制度和安全运行应急预案，保证污水达标排放。②优化城市排水管理工作程序。对331家纳管企业实施排水行政许可，出具排水许可现场勘察报告74件。委托排水监测机构，制定纳管企业水质监管调查计划，排查各污水处理厂进水管网上游纳管企业，建立完善排水单位检测档案；随时随机抽样检测纳管企业、管网节点、新老小区的排水水质，抽检水质267次，对超标排放污水的27家单位下达整改通知。③加大污水处理费征收力度。2018年，征收污水处理费6327万元，基本满足污水处理和城市排水管理的需要。④推广中水利用。第一污水处理厂中水主要用于南湖、东湖公园、梳洗河、渿河等景观补充用水，第二污水处理厂中水主要供给泰安国电项目使用，第四污水处理厂有3万吨/日规模的再生水处理能力，设施建设与四厂同步完成，2018年供应中水1600万吨。 （颜　亮）

·村镇建设·

【概况】 2018年，全市村镇建设总投资完成113.13亿元，完成农村危房改造2561户，完成农村无害化卫生厕所改造15.34万户，农村地区新增清洁取暖9905户，均超额完成年度任务。完善农村污水处理设施，59个建制镇建有污水处理设施。新泰市龙廷镇太公峪村，肥城市孙伯镇五埠村、岈山村3个村庄入选第五批省级传统村落；新泰市西张庄镇、翟镇，肥城市孙伯镇3个镇入选第五批省级宜居小镇；新泰市泉沟镇泉沟村、翟镇高家店、龙廷镇掌平洼村、东都镇酒台村、肥城市汶阳镇西徐村5个村入选第五批省级宜居村庄；肥城市孙伯镇五埠村、东平县接山镇刘所村入选山东省省级美丽村居第一批试点。

【农村危房改造】 将农村危房改造工作与精准扶贫工作相结合，制定印发《泰安市2018年农村危房改造工作实施方案》《开展农村危房改造作风专项治理实施“脱贫攻坚作风建设年”活动工作方案》等文件，实行月报告、季督查，加强工作调度，全年完成农村危房改造建档立卡贫困户2561户，完成投资3991万元。

【农村无害化厕所改造】 市、县（市、区）两级抽调专业技术人员，深入现场调研，摸清底数，建立改厕台账，科学制定计划；坚持因地制宜、分类实施，严格按照“四统一”（统一设计、统一购料、统一施工、统一验收）要求，采用双瓮式、三格式、粪尿分集式、一体化等改厕模式，确保改厕实效。按照政府补助引导、集体和社会资助、群众自筹相结合的原则，多方筹集改厕资金。在省财政奖补标准的基础上，市财政按平均每户300元的标准进行奖补，各县（市、区）也加大资金支持力度。截至年底，完成农村无害化卫生厕所改造15.34万户，基本实现农村无害化卫生厕所全覆盖。

【美丽村居】 8月，省住房城乡建设厅印发《关于组织申报山东省第一批美丽村居建设省级试点的通知》，要求建设地域文化鲜明、建筑风格多样、田园风光宜人的美丽村居，形成可借鉴、可复制、多样化的经验模式。泰安市在充分对照申报条件及标准审核后，将肥城市孙伯镇五埠村、东平县接山镇刘所村、新泰市龙廷镇掌平洼村、泰山区邱家店镇瘟家辛庄村4个村作为申报对象上报。10月，肥城市孙伯镇五埠村、东平县接山镇刘所村入选省级美丽村居试点。

【农村污水处理】 2018年，全市对生活污水进行处理的行政村个数达595个，占全市行政村比例的20%；59个建制镇建有污水处理设施，占全市建制镇的95%；乡镇污水处理项目正常运行74个，日处理能力22.4万吨/日；正常运行的社区污水处理设施项目达287个，日处理能力5.4万吨；总配套管网长度达988.2千米。

【农村清洁供暖】 山东省农村地区供暖试点镇——新泰市西张庄镇农村社区有1000户居民接通天然气采用天然气壁挂炉取暖，2800户空调取暖，试点村清洁化取暖达50%以上。至年底，全市218个农村新型社区全部实现清洁取暖，全市农村地区新增清洁取暖9905户。

（李　燕）

城市管理

【概况】 2018年，市城市管理局机关核定行政编制26人，设办公室、人事科、宣教科、执法督查科、财务装备科、市容环境管理科6个科室和机关党委，辖市城市管理行政执法支队、市环境卫生管理处、市城市管理指挥调度中心3个副县级事业单位。年内，市城市管理局以精细管理、长效管理为手段，以“整洁有序、便民宜居”为主线，强化市容秩序整治，深化环卫保洁管理，城市管理各项工作明显提升。市城市管理局被山东省精神文明建设委员会授予省级文明单位称号，被评为住房和城乡建设部办公厅2018年度“强基础、转作风、树形象”专项行动中表现突出单位；在住房和城乡建设部组织的全国46个城市2018年垃圾分类第四季度考核中泰安市排名第18名。

【城管执法】 ①城区容貌整治。清理占道、店外经营1.43万处，清理乱贴乱画小广告2507处，清理玻璃橱窗贴字5.65万处，清理乱堆乱放816处，乱拉乱挂1398处。②油烟噪声整治。检查餐饮业户油烟净化器安装运行600次，督促安装油烟净化器48台，查处各类噪声扰民2000次，拆除店外悬挂音箱30个，证据保全音箱50个。③建筑工地整治。完成331辆渣土运输车辆平推式全密闭装置加装和加装资金兑付；报废过户渣土运输车辆25辆。④推进“网格+”管理。制定《城市“网格+”管理工作督查验收标准》，实现网格管理数据的综合化、可视化，提升各级“网格-”管理平台的监管效能。⑤实施考核奖惩。重新修订完善《泰安市城市管理工作考核办法》，对城区财源街道、岱庙街道、泰前街道实施以奖代补。

（郭洪省）

【环境卫生】 ①深度保洁作业。推进市级管理31条道路的深度保洁，洒水、机扫、冲刷作业时间达275小时，机械化作业覆盖率达100%，机械化作业里程达88万千米。②垃圾清运处理。实施“3+n”清洁收运和“静音清运”，清运生活垃圾30万吨，城肥收处服务1万车。③设施建设管理。新建站厕一体9座、钢结构公厕10座，升级改造大型生活垃圾压缩站；生活垃圾焚烧发电二期续建项目1号炉点火焚烧垃圾，2号炉实现调试运行。④环卫事件督导。查办处理环卫事件29万件，办结率和群众满意率均达100%。⑤重点任务保障。完成2018年央视春晚泰安分会场、节假日市政大楼停车场、全国文明城市创建等环卫保障和值班工作。

【垃圾分类】 ①组织领导。成立市生活垃圾分类工作领导小组，统筹推进全市生活垃圾分类工作。召开全市生活垃圾分类工作推进会议。在住房和城乡建设部组织的全国46个城市2018年垃圾分类第四季度考核中，泰安市排名第18名。②部门推动。市直机关事务管理、教育、卫生等部门分别印发生活垃圾分类文件，细化不同行业分类措施，明确目标任务。③立法推动。启动垃圾分类立法调研工作，完成条例草案文本起草，组织有关部门、单位代表和专家学者进行集中讨论8次，研究完善条例文本。市政府印发《泰安市生活垃圾分类管理条例（草案征求意见稿）》。④机制建设。创新实施“强制分类+引导分类”“专业分类+社会参与”相结合的“2+2”工作模式，配置数量充足、分类标识醒目、规格适宜的分类收运设施，在建成100个分类示范工程项目的基础上，完成49个垃圾分类片区试点建设，开展户数4.83万户。⑤宣传发动。组织志愿者2000人次开展垃圾分类进校园、进社区、进单位、进公园等宣传活动，向市民宣讲垃圾分类知识。在城区开展垃圾分类党员志愿宣传活动98次，累计发放环卫宣传服务卡、垃圾分类指导手册、垃圾分类贴纸、倡议书等2万份。

【指挥调度】 严格落实住建部数字化城市管理平台建设运行标准，规范泰安数字化城市管理指挥调度平台高效运行；督促指导新泰市、宁阳县、东平县数字化城市管理平台建设通过省住房城乡建设厅专家组验收，全市数字化城市管理覆盖率实现100%。优化网格化管理模式，受理、转办城市管理事项51.78万件。建立“三报一研判”制度，形成日报、周研判、月通报和重要事项研判，运用数据图表、问题对比、案件研判等方式夯实数据分析基础。处置突发城市管理案件1061件，处置督办交办转办案件90件。处置市民关注的各类问题6615件。优化“全民城管”APP，升级为“随手拍”软件，受理群众诉求案件6513件。制定《标准化工作手册》，完善技术标准84项、管理制度185项、管理规范86项。

（朱　玲）

【户外广告】 全年受理审批各类门头牌匾设置申请586份。加强户外广告监督管理，排除重大活动和恶劣天气户外广告设施安全隐患。设置创建文明城市、卫生城市复审、扫黑除恶等活动的公益广告1200处。开展户外广告集中整治活动，拆除各类广告2.54万处。编制《泰安市户外广告和牌匾标识管理办法》《泰安市户外广告和牌匾标识设置导则》。

（王荣芝）

【城市园林绿化】 市园林管理局为市住房城乡建设局下属的副县级全额事业单位，主要负责城市公共绿地的养护管理、资源调研评估、绿色图章、绿线管理、占绿审批及城市绿地系统规划的编制等。办公地点位于泰安市长城路16号。2015年市区养管分工后，该局内设办公室、人事教育科、财务审计科、绿化管理科、质量监督科、园林科研科、古树名木保护科等职能科室7个，工会、团委2个群团组织，园林绿化一所、园林绿化二所、公园管理所、园林科研中心（挂泰安市园林苗圃管理中心牌子）4个绿化养管单位，承担市管31条道路和41处公游园的精细化管理以及园林科研苗圃的生产研究工作，养管面积414万平方米。2018年，有在职在编人员180人、离退休人员138人。年内，该局以增绿量、便民生为主要目标，推进绿化重点项目建设，规范绿化养护管理，加强绿化应用研究，营造“春赏百花、夏亲绿荫、秋观色叶、冬看松竹”的城市环境。年末，泰安市建城区绿地率达39.64%，绿化覆盖率45.05%，人均公园绿地面积达22.27平方米。①开展绿化栽植补植。全年设计完成博阳路绿化、南湖公园完善工程、环山路绿道等重点绿化工程设计30项；建设完成博阳路苗木移植、万官大街绿化工程、佛光路绿化工程、唐訾路绿化工程、设施维修工程、东湖路东段及迎春路改造等绿化工程20项。全年栽植各类乔木2.89万株，花灌木23.3万株，模纹、花卉地被材料680万株，草坪12.9万平方米。在苗圃、公游园栽植引种梅花、彩叶树种、观花树种等86种，丰富植物多样性。②加大绿化养管改革力度。实施管理区域深度保洁、包干管理，细化浇水、修剪、病虫害防治等养管措施，推进绿化养管精细化；规范游园秩序，强化安保力量，开展文明劝导，提升服务质量和管理水平；开展绿地内“超高土”落土治理，普查并实施裸露土地绿化，保障绿化养管效果。③修编立法保护成果。完成《泰安城市绿化条例》的立法修编工作，先后通过市、省人大常

图为园林局工作人员进行绿化补植　　（翟　庆　供）

委会审议，2018 年 11 月 1 日正式颁布实施，推动全市绿化建设管理的法制化进程。严把涉绿关口，全年审查各类占绿申请 18 件，办理涉绿审查、备案 82 件，有效保护绿化成果。④加强园林科研。组织申报科研课题 2 项，被评审列入 2018 年山东省住房城乡建设软科学研究类和科研开发类科技计划项目。⑤做好应急管理工作。修订防灾救险应急预案，完善人员、补充装备，全力参与“4・17”泰山火灾救援行动，3 天时间运送救灾用水 750 吨，2 人被市政府授予火灾扑救先进个人和嘉奖奖励。⑥泰安城区植绿补绿专项行动。重点栽植乔木、增加绿荫覆盖，提升绿地服务功能，自 2018 年 11 月至年底，在东岳大街、温泉路、龙潭路、创业大街、环山路、迎宾大道、泰山大街等市级管理区域栽植法桐、白蜡等乔木 1.49 万株，有效提升城市绿量，改善绿化景观效果。施工期间严格按照规范开展苗木调运、栽植和养护等工作，设置安全标识，维护现场卫生。

（翟　庆）

建筑业

【概况】 全市建筑业完成总产值 848.7 亿元，建筑业增加值 231.2 亿元，企业工程结算利润总额 35.9 亿元，分别增长 19.4%、10.6% 和 3.6%，实缴税金 31.7 亿元；出国出省施工产值 401.5 亿元，新签工程合同额 848 亿元，房屋建筑施工面积 1918 万平方米，竣工面积 838 万平方米。建筑业产值过亿元企业 85 家，过 10 亿元企业 11 家，过 100 亿元企业 1 家，兴润建设集团有限公司建筑业产值 150.2 亿元，占全市总产值的 17.7%。收缴建筑企业劳保金 2.8 亿元，罚款 106 万元。创建“泰山杯”工程 7 项，省级优质结构工程 25 项；评选市级优良工程 31 项，市级优质结构工程 127 项。

【勘察设计管理】 2018 年，全市有勘察设计单位 66 家（建筑设计甲级 4 家、勘察甲级 2 家，其他资质甲级 9 家；乙级 25 家、丙级 16 家；劳务资质 10 家），施工图审查机构建筑工程一类、二类各 1 家。山东同辉建筑设计有限公司甲级资质获住建部审批通过。全年设计文件审查 550 项（含县市区），建筑面积约 3754 万平方米。制定《泰安市住房和城乡建设局关于实施建设工程施工图设计文件数字化审查工作的通知》，7 月 1 日起甲级、乙级勘察设计单位全部实现施工图电子化报审及审查，4—12 月，累计进行数字化勘察文件审查 214 项，设计文件审查 238 项。进行抗震专项审查 53 项；初步设计审查 13 项。10 月，与市行政审批服务局完成抗震专项审查及初步设计审查的交接工作。《泰安市城市抗震防灾规划（2018—2020 年）》经市规委会同意，进入批前公示阶段。泰安市建筑设计院有限责任公司有 1 人获 2018 年山东省建筑创意设计技能竞赛一等奖（个人奖）；泰安市建筑设计院有限责任公司团队获 2018 年度山东省建筑信息模型（BIM）技术应用大赛设计组二等奖、设计组三等奖。

【建筑市场秩序】 ①加快建筑市场信用体系建设。转发落实省建筑市场信用管理暂行办法，加快全市建筑市场诚信信息一体化平台建设，启用建筑工人管理服务信息平台。梳理施工许可环节各审批服务事项，优化办理流程，缩短项目周期，10 月，向市行政审批服务局完成施工许可移交工作。②开放建筑市场。运用全省建筑市场一体化平台系统，将企业入山东省、入泰安市备案制改为网上信息登记制，探索推行“零跑腿”业务办理模式，年内办理电子化登记建筑业企 1097 家，工程项目 2705 个。③加强农民工工资清欠管理。实行建设领域农民工实名制和设立工资支付专用账户制度，实行清欠工作季度检查机制，做好清欠接访工作，全年市级受理建筑业农民工欠薪举报投诉案件 45 起，涉及金额 1229.13 万元，涉及人数 764 人。④实现在建项目现场监管全覆盖。泰安市城区在建项目 170 个，单体 1140 个，建设规模 1127.9 万平方米，工程造价 231.3 亿元。下达《责令限期改正通知书》5 份，《责令停止违法行为通知书》114 份，《安全隐患整改通知单》187 份，其中停工 54 份，提出整改意见 1181 条，罚款 106 万元。建筑工程检查率和已查违法违规行为办结率均达 100%。

【建筑工程质量】 ①执法检查。开展工程质量安全治理提升三年行动。采取政府购买服务的方式，开展上半年全市房屋建筑综合执法检查，对全市在建工程项目进行检查、抽查，检查泰城市区房屋建筑工程 77 项、单体 117 个，建筑面积 383.6 万平方米，下达质量安全扬尘隐患整改通知书 160 份，提出整改意见 1169 条，下达停工通知书 15 份。抽查县（市、区）房建项目 19 项、单体 23 个，建筑面积 41.1 万平方米，市政项目 4 个，下达执法建议书 9 份，提出整改意见 123 条。②质量监管。泰安市区内工程质量监督覆盖率100%，建筑工程竣工验收合格率100%，全年受理新注册监督工程690项，建筑面积670.23万平方米，办理竣工验收备案工程335项，备案资料合格率100%。受理质量投诉131起，办结131起，办结率100%，投诉回访满意度98.56%。全面开展建筑工程专项实体质量“双随机、一公开”抽查机制，在全市范围内开展4次，涉及单体工程96项。强化装配式建筑质量监管，5月，组织部分监督、检测技术人员到长沙参观学习装配式建筑质量监督检测方面的经验做法。强化建筑业技术创新，落实建筑业信息化发展纲要，开展建筑业信息化发展水平评估，推动BIM等建筑业信息化技术发展，举办施工BIM技术培训班，推动骨干企业发挥示范作用。③施工现场安全生产。围绕企业安全生产主体责任落实全面提升年活动，重点加强高支模、深基坑、起重设备、脚手架、现场防火的监督。印发《泰安市2018年房屋建筑工程施工安全生产整治实施方案》等文件，开展建筑施工安全月督导、消防月督导、安全生产费用提取和使用情况专项检查等检查活动，提请市政府召开建筑施工安全月督导会议。11月，将城区建筑工程安全生产监督管理工作，下放至两区管理。④检测监管。检测中心全年承接检测业务10.5万组，出具检测试验报告8.03万份，收取检测试验费用2100万元。4月，完成省住房城乡建设厅建工资质延期工作。更新检测软件，开通质监站微信公众号，增加报告查询功能和报告真伪识别二维码，便于客户及时掌握检测动态和管理部门核对报告真伪。重视质量控制工作，与日照市检测站进行10个项目的实验室间比对，结果均在控制范围内，比对结果满意。拓展新业务范围，准备防雷检测、智能化检测、建材有害物质限量检测和新型保温材料导热系数检测等项目的扩项工作。组织人员培训，分批次参加全国“五统一”授权签字人和管理人员培训14人次，内审员培训5人次；完成内部培训20次，覆盖所有检测人员。

【建筑工程招标投标管理】 2018年，泰安城区招标备案、非国有投资合同备案工程项目计160项，划分为200个标段，总合同价107.63亿元，房建工程总建筑面积489.60万平方米。完成招标工程项目计89项，划分为121个标段，房建工程总建筑面积266.55万平方米，总招标控制价79.70亿元，总中标价69.91亿元，通过招标降低工程造价9.79亿元，下浮率12.25%。完成非国有投资工程项目合同备案71项，划分为79个合同段，总合同价37.73亿元；房建工程总建筑面积223.05万平方米。①加强工程招投标活动事中事后监管。加大“放管服”改革工作力度，实现监管“不缺位、不错位，找准位、做到位”。梳理有关法律法规和规范性文件赋予的招投标行政监管职权和服务事项，实现项目类别、设定依据、权限边界、运行规则、职权责任“五个清楚”。贯彻落实关于简化项目审批流程、取消中标公示审核、中标通知书签证等环节，提高备案服务效率。10月底，招标备案审批服务事项划转给市行政审批局。加大投诉举报案件查处力度，严厉打击弄虚作假、借证挂靠、围标串标等违法违规行为。②服务保障重点项目。建立重点项目建设手续审批“绿色通道”，对重点工程实行容缺预审、优先办理。参与市重点项目工程建设，安排业务骨干参加擂鼓石大街工程建设指挥部，为市住房城乡建设局作出相关招标决策提供业务支撑。③加强评标专家队伍建设。按照国家、省关于评标专家统一整合到公共资源综合评审专家库的工作要求，依据新的分类标准，3月15日起组织开展专家基本信息的现场核验工作，实现评标专家库的动态管理。

【工程建设标准造价管理】 制定《关于加强工程建设材料价格风险控制有关事项的通知》，对全市建筑工程材料价格调整作出指导性意见。审查招标单位、具有资质的工程造价咨询单位编制的工程招标控制价，共审查114个大型工程的招标控制价。编辑发行《工程造价信息》4期、6000册。严格审查工程造价从业人员各类注册申请材料。加强工程计价依据的日常管理，解答使用上的疑难问题，调解工程造价纠纷，维护工程计价依据的合理使用。完成非国有资金投资项目合同价备案42个，建筑面积241.25万平方米，涉及工程合同造价42.5亿元。组织工程造价行业职工泰安赛区职业技能大赛。分别于3月、6月、9月、12月发布全市人工成本和建筑材料价格信息，涉及21种人工成本信息和1650种建材价格信息，并按要求上报省住房城乡建设厅定额站。

【建设领域节能减排】 ①新建建筑节能。执行居住建筑节能75%、公共建筑节能65%设计标准，将建筑节能列入各级政府的年度考核任务，健全工作问责制和目标考核制。推行建筑节能全过程闭合式管理模式，把好施工图审查、施工许可、现场查验、质量监督、节能认定评审、竣工验收备案等流程关口，实现建筑节能管理工作全覆盖，全市新建建筑节能强制性标准执行率、设计阶段和施工阶段均达100%。全年累计建成节能建筑6085万平方米。②绿色建筑。全市新增绿色建筑面积452.2万平方米，新增绿色建筑评价标识项目16个，建筑面积160.62万平方米，累计51个项目获得绿色建筑评价标识。岱岳区大汶口镇被评为省级绿色生态示范城镇，三合御都、绿地云水谣二期等4个项目获得省级绿色建筑标识示范项目。2018年，全市获得省级建筑节能与绿色建筑发展专项资金1418万元。③既有建筑节能改造。全年完成既有居住建筑供热计量节能改造面积10.74万平方米、完成公共建筑节能改造面积7.54万平方米，聘请山东永恒电子有限公司对市建筑节能监测数据中心及子系统进行管理，节能监测数据中心运转正常，数据上报及时准确。④可再生能源建筑应用。普及太阳能光热一体化、地源热泵等新能源建筑应用，全面执行100米以下居住建筑和集中供应热水的建筑太阳能一体化设计、施工和验收，新增太阳能光热一体化建筑292.44万平方米。

【建筑产业化】 编制《泰安市装配式建筑发展规划（2017—2020年）》，制定2018年泰安市装配式建筑目标任务分解表，在棚户区改造、保障性住房、城中村改造、解决中小学大班额项目、幼儿园、医院、地下管廊等建设项目中确定应用项目，引领带动全市建筑产业化快速发展。推进岳秀府邸二期、水泉回迁楼等8个项目建设，建筑面积106.3万平方米，其中岳秀福邸二期项目主体结构已封顶，水泉回迁四期、五期工程大部分进入转换层施工，部分进入构件吊装阶段。水泉回迁六期、七期工程进行招投标工作。分2次组织泰建、金通、普惠、鑫泰市建、华龙等施工企业、部分监理企业60人到安徽省进行实操技术培训，提高企业装配式建筑的施工能力。组织2支队伍参加全国首个装配式建筑领域的职业技能竞赛，分别获三等奖、团体优秀奖。建设完成泰安首个建筑施工安全和装配式建筑施工体验式教育基地，完成3期技术人员培训。

【建设工地扬尘治理】 印发《关于进一步加强建筑施工扬尘治理工作的通知》等文件，对城市建设扬尘实行“零容忍”，以房屋建筑、市政工地等施工现场为重点，将扬尘治理工作纳入建筑工程日常监督管理和市场主体违法违规行为考核管理的重要内容，通过日常检查、大检查、专项治理、考核计分等方式，确保整治到位。辖区在建房建工程施工现场全部落实施工现场围挡率、进出道路硬化率、工地物料篷盖率、场地洒水清扫保洁率、密闭运输率、出入车辆清洗率6个100%，安装视频监控系统和在线监测系统率已达100%。累计对泰安市区在建建筑工程下达限改通知书106份、停工通知书73份，提出扬尘隐患整改意见691条。开展专项整治行动，坚持属地管理、部门联动、专项整治、长效管理的原则，确保建筑工地施工扬尘治理措施落到实处，降低建设扬尘污染。落实全市中央生态环境保护督察“回头看”保障工作会议精神，利用1个月时间，查处和整改各施工现场存在的扬尘防治问题，提高建筑施工扬尘防治水平。

【职工培训】 开展全市住建行业培训考核及建设执业资格注册管理工作，全年组织培训考核3万人。①开展重点项目培训考核。组织全市住建领域现场专业人员、安全三类人员计算机考核8300人，现场人员通过3174人，安全三类人员通过1557人。开展现场人员继续教育8995人，安全三类人员继续教育3592人；全年组织11期特种作业人员安全技术培训考核118个班次8299人。②组织住建系统行业培训。共计10个项目、4300人，分别为：全市建筑工程质量与安全生产培训360人，燃气安全管理和作业人员培训考核263人，房地产中介机构和房地产开发企业销售人员培训442人，房屋安全培训154人，全市绿色建筑与建筑节能培训423人，《山东省房屋市政施工危险性较大分部分项工程安全管理实施细则》宣贯会议120人，质检三员培训1165人，建设工程监理从业人员信息审核109人，两期专业技术人员继续教育培训572人，建设技术工人培训605人。③做好执业资格注册管理和考务组织工作。承担全市建设执业资格注册管理，受理全市一、二级建造师执业资格注册2360件，各类注册及报名咨询4000件，专业监理工程师报名审核310人，勘察设计注册工程师执业资格考试报名审核109人。组织全市5430人参加2018年度二级建造师执业资格考试。④建成全市建筑施工安全和装配式建筑施工体验式教育基地。年初，申报建设全省首批建筑施工安全和装配式建筑体验式教育试点基地，9月底建设完成，11月初通过市主管部门检查验收，12月初启动。组织“水泉社区回迁工程”4家参建施工单位共170名学员参加装配式建筑体验学习。

【第四届绿色建筑博览会】 9月18—20日，2018第四届山东省绿色建筑与建筑节能新技术产品博览会（以下简称绿博会）在泰山国际会展中心举办。该届绿博会以“绿色智建 装配未来——发展绿色智能建造 助力新旧动能转换”为主题，由省住房城乡建设厅、泰安市政府共同主办，市住房城乡建设局、山东省建筑节能协会联合承办，山东新丞华展览有限公司承办。分室内、室外两大展区，展示面积3万平方米，现场设置国际标准展位1200个，划分绿色建材与保温防火技术产品、装配式建筑技术与建筑机械设备等新技术产品专题展7个、发展成就展1个。同期举办“泰山高层论坛”主论坛1个，装配式建筑技术交流大会、绿色建造技术创新与发展论坛等分论坛9个。举办健康建筑与立体绿化专题论坛、装配式钢结构建筑发展论坛等专题活动4项。崔愷、肖绪文、周绪红、江亿4名院士以及95名行业专家学者到会，围绕建筑领域的热点话题展开探讨，并现场进行技术交流和分享。万斯达、山东和悦等300家行业代表性企业参加，3万人次参展。

（李 燕）

房地产业与住房保障

【概况】 2018年，全市房地产开发完成投资174.92亿元。健全市场配置和政府保障相结合的住房制度，推进棚户区改造和老旧小区综合整治，加强社区物业管理，发展住房租赁市场，启动既有住宅增设电梯试点，满足城乡居民多元化住房需求。市房管局通过“省级文明单位”复审，获全省住建系统精神文明先进单位、全省物业服务行业文明创建示范单位等称号。

【住房保障】 年内，争取上级棚改补助资金18.64亿元，并通过捆绑棚改安置条件等方式，引入社会资金实施棚改。全市开工棚改项目5.76万套，开工率100%；基本建成2.15万套，基本建成任务完成率109%。列入国家计划的政府投资公租房9315套，分配9039套，分配率97%。发放城镇住房保障家庭租赁补贴4092户，完成率101.46%。严格准入制度，规范退出制度，入户普查4900户，退房40套，确保保障资源公平善用。

【老旧小区改造】 起草《泰城老旧住宅小区整治改造考核办法》，制定泰安城区老旧住宅小区整治改造考核标准，组织开展专营设施管线同步改造评价，加强改造项目绩效评价。全市开工改造项目20个、91.6万平方米，开工率100%，其中完工14个项目、48.8万平方米。

【房屋交易和产籍管理】 完成存量房合同网签备案1.02万份，整理历史数据并进行楼盘导入645幢，受理抵押备案、房屋拆分、合并、备案注销等业务870起。严格落实房产测量规范，完成房产测绘面积712万平方米，出具测绘图纸5000套，审核两区出具图纸2000套、4000份。办理查档业务并出具证明2.81万份，接收房产档案1.15万份。

【房地产中介和预销售管理】 规范房地产市场监管，开展房地产中介机构“扫黑除恶”专项清理活动，督促房地产中介诚信、守法经营。市区发放商品房预售许可证94个，批准预售260万平方米；办理预售合同备案2.03万套、241万平方米，现售合同备案3000套、34万平方米。监管资金缴存2.90万起，存入资金168.3亿元，核准使用资金3363起，核拨资金142.7亿元。加大房产监察力度，整顿房产市场违法行为，年内，对23家房地产开发企业下达责令限期改正通知书。

【房屋安全管理】 组织开展房屋安全排查，排查房屋2.14万幢、2939万平方米。其中，楼房1.36万幢、2790万平方米，平房7805幢、149万平方米，危险房屋133幢、19.8万平方米。做好城市房屋解危安全管理工作，全市解危325幢、11.89万平方米。优化房屋安全管理档案信息系统，录入并储存房屋安全信息4.14万条，建筑面积4996万平方米。

【公房和房屋租赁管理】 建设国有房产电子地图，录入直管公房电子信息，精细化、信息化、规范化管理国有房产。调整直管住宅公房租赁价格，腾空住宅公房市场价公开招租。开展拒管拒租公房欠费清缴工作，复租复管公房9户，追缴陈欠租金15万元，公房租金收缴1016万元，完成全年租金收缴计划。保障公租房的正常运营和维修管理，对3200平方米的房屋进行局部加固维修，完成大中维修项目45个，维修及时率100%。制定印发《关于加快培育和发展住房租赁市场的实施意见》，办理市区房屋租赁登记备案1000件，租赁面积10万平方米。

【物业行业管理】 全年监督16次前期物业管理招标活动，签订7个项目的物业管理用房协议，办理7个项目前期物业服务合同备案手续。制定印发《泰安市住宅专项维修资金管理办法》，优化住宅专项维修资金和物业质量保修金交存使用程序，市区住宅专项维修资金缴存16102万元，累计缴存79293万元，支用676万元，累计支用2452万元；物业质量保修金累计交存4588万元，累计退还2995万元。（邢曙光）

住房公积金管理

【概况】 2018年，市住房公积金管理机构有市级管理中心1个，县（市、区）管理部6个，矿业集团分中心2个，在职人员62人。全年归集住房公积金48.5亿元，完成全年计划的133%，增长45%；全市累计归集住房公积金280.9亿元，归集余额117.9亿元；全市缴存单位4946个，缴存职工44.76万人。全年为12.77万名职工提取住房公积金25.84亿元，其中购房提取9.47亿元、偿还贷款提取7.88亿元、职工退休提取4.94亿元、其他提取3.55亿元；截至年底，累计提取住房公积金163.12亿元。全年发放个人住房公积金贷款26.35亿元，完成全年计划的264%，贷款户数7314户；全市累计为7.97万户职工发放个人公积金贷款165.9亿元，贷款余额96.3亿元；全市住房公积金贷款逾期率为0.21‰，低于国家规定的1.5‰的标准。全市实现住房公积金增值收益1.69亿元，增值收益率达1.63%，高于部、省下达的1.5%的指标水平。

【征收管理】 根据《关于加强住房公积金归集扩面工作的意见》要求，强化归集扩面措施，提请分管市长与各县（市、区）签订年度归集扩面目标责任书；召开各委托银行协助归集会议，挖掘潜在资源，创新营销措施，促进公积金归集。把非公有制规模以上企业、进城务工人员、个体工商户和自由职业者作为归集工作重点，实施重点突破，维护职工合法权益。

【信贷管理】 制定印发高层次人才贷款实施细则、房产抵押变更、自然人变更为房产抵押、取消身份证明材料复印件、维护住房公积金缴存职工购房贷款权益等利民便民政策文件。累计发放项目贷款2.92亿元，回收利息1829万元，建设34幢楼、2858套、22万平方米保障房，实现资金的有效运用和安全回收。全面加强信贷风险防控，做好调度分析督导，强化逾期催收措施，实时监控贷款回收情况，发现苗头性问题果断采取扣划等措施，及时防控逾期贷款的发展。

【财务管理和内部审计】 加强资金效益核算和定期存款管理，落实协定存款利率上浮措施，提高资金收益，使公积金增值收益达到最大化。做好公积金业务的会计核算工作，确保账账相符、账实相符、账表相符，为公积金管理决策提供准确数据资料。制定《中心内部审计工作暂行办法（试行）》，开展经常性内部业务抽查和每季度现场检查，经常性抽查业务档案2.05万份，季度现场检查业务档案1.47万笔，规范公积金内部审计，做好督促整改落实。

【服务管理】 落实“放管服”改革要求，实施综合柜员制改革，1个窗口办结所有业务，前台受理、后台审批，实行两级审批。坚持首问负责、一次告知，开展“一站式”、标准化、人性化服务，减少审批环节，提高工作效率，综合柜员制取得阶段性成效。加强与职工群众的交流互动，完善服务热线和舆情分析制度，全年受理“12329”“12345”服务热线电话1.24万件，直接答复办理1.23万件，转办37件，办结率100%。4月，市政协对住房公积金工作进行考察。12月4日，省政府堵点疏解调研组到中心检查指导，对中心服务工作给予充分肯定。

【信息化建设】 信息化建设“双贯标”工作通过住建部验收，成为全省第一批通过验收的单位之一。配合“双贯标”工作，升级改造中心信息系统，于6月19日正式上线运行，保证各项业务正常开展。加快公积金综合服务平台建设，推进接入人民银行征信系统，加强信息系统运行维护管理，实施24小时巡查维护，保障中心系统硬件及网络安全。

【信息宣传和政务公开】 年内，《全年住房公积金工作任务超额完成》《我市住房公积金贷款增幅列全省第一》等信息被市政府办公室以《要情快报》形式呈报市政府主要领导。全年被各类媒体采用稿件94篇，其中省住房城乡建设厅采用2篇，《住房保障与住房公积金报》采用7篇，《住房公积金研究》杂志采用1篇，《山东住房公积金研究》采用2篇，《泰安工作》采用1篇，市委、市政府信息科采用8篇，《泰安日报》采用31篇，《泰山晚报》采用10篇；编发《住房公积金信息》26期，发布信息55篇。（杜继祥）

编辑　校对　　戚淑娟

自然资源·环境保护

国土空间规划

【概况】 2018年，市规划局在编在岗人员201人，其中公务员、参照公务员法管理人员编制193人，事业编制人员108人。局机关设办公室、总工程师办公室、规划科、工程科、法规科、村镇科、市政科7个科室，行政编制20人。辖城建投融资管理中心（正县级）、规划监察支队（副县级）、规划设计院（副县级）、泰山区直属分局、岱岳区直属分局、高新区直属分局、徂徕山汶河景区分局、地理信息中心、规划展览馆、规划编制研究中心10个单位。年内，完善城乡规划编制体系，全面展开城市设计工作，开展规划编制研究，规划审批效能明显提升，推进治理违法建设工作，招商引资和重点工程建设成效显著，规划队伍建设展现良好风貌。按照“选派第一书记抓党建促脱贫攻坚”的要求，选派2名优秀党员科级干部，分别担任岱岳区天平街道池子崖社区和东平县新湖镇张桥村第一书记，为池子崖社区棚户区改造规划和张桥村村庄规划编制提供技术支持；加强资金争取和筹措力度，为池子崖社区争取水库堤坝维修资金35万元、科普项目资金10万元，为张桥村争取项目建设资金20万元、道路建设资金20万元。做好“东平县黄河滩区脱贫迁建”规划服务和援疆工作。年底，市规划局通过“省级文明单位”复审，获全市经济社会发展综合考核先进单位、政风行风工作先进单位等称号。

【规划编制】 年内，邀请中国城市规划设计研究院、清华同衡规划设计研究院和同济大学院士吴志强团队分别编制《泰安市城乡一体空间发展战略规划》。3家编制成果通过省住房城乡建设厅和市委、市政府组织的专家论证，中国城市规划设计研究院完成比选整合。组织开展新一轮城市总体规划暨综合交通体系规划编制，完成专题研究5个。通信基站、供热、节水专项规划已经市政府批复，城市地下空间利用、城市停车设施、排水（修编）、电力、通信基础设施、燃气等专项规划编制完成并通过专家论证，抗震防灾、人民防空建设等专项规划完成审查。编制并通过市政府审批控制性详细规划45项。省庄、房村、良庄、黄前、邱家店镇总体规划获市政府批复，山口、下港、徂徕镇总体规划成果编制完成。

【城市设计】 编制总体城市设计专篇，确定城市风貌特色，保护自然山水格局，优化城市形态格局，明确公共空间体系。划定城市设计地区，做好“环山地区”“历史城区”“滨水区域”“城市中心”“新城新区”“重要街道”“其他特色地区”7类重点地区城市设计，落实总体城市设计的相关要求。编制地块城市设计，将城市设计要求融入街区控制性详细规划，增加城市设计意向图，提出建筑体量、体型、高度、风格、色彩等城市设计要求，指导修建性详细规划和建筑方案设计。

【规划研究】 完成《灵山大街快速路规划研究》《京台高速扩建项目规划通道预留研究》《济泰高速（环山路至青兰高速段）规划通道预留研究》等，加强城市东西部交通联系，完善城市交通体系，预留城市发展交通联系通道，满足城市发展的远期发展需求。

【规划管理】 全年受理规划1342项，核发“一书四证”（建设项目规划选址意见书，建设用地规划许可证、建设工程规划许可证、乡村建设规划许可证、建设工程竣工规划核实合格证）786件，规划条件94件，审查（批）意见通知书398件。编辑《泰安市优秀建筑方案集选（2012—2017年）》，整理收录2018年度优秀建筑方案项目。为组汶净水厂工程、泰安天平 220KV 变电站改造工程、肥城市老城化工项目聚集区热电联产项目，以及博阳路改造、环山路东延、擂鼓石大街中段建设、棚户区改造等重点项目和民生工程提供规划服务。

【规划监察】 继续开展治理违法建设行动，全市累计摸排违法建设 10.78 万处、5083 万平方米，治理 10.66 万处、5015 万平方米，治理完成率 98.65%。其中，上报省治违办 5511 处、354 万平方米，治理 5468 处、349 万平方米，治理完成率 98.72%。2018 年，全市摸排违法建设 9786 处、623.9 万平方米，治理 9397 处、623 万平方米，治理完成率 99.9%。强化批后建设项目监管执法，对 182 个项目 1456 个建筑单体进行批后检查，立案查处案件 20 个。通过治违行动，全市增加绿化用地 282 万平方米，增加市民活动场所 742 个，增加停车位 2.54 万个，治违成果惠及广大市民。

【招商引资项目建设】 年内，融资到位资金 8.64 亿元。加快推进重点工程，财源街中央商务区工程 2146 户、31.5 万平方米房屋征收和腾空拆除工作全部完成；14 幢回迁楼全面开工建设，9 幢进入收尾，回迁小学、幼儿园完工；中南财源门项目进行土方开挖，十二帝街商业及 3 幢住宅楼基本完工。历史文化轴工程 379 处、11 万平方米房屋征收和腾空拆除工作全部完成；岱庙文化广场岱西街北段道路开工建设。时代发展线工程，生态绿地健身活动公园、会展中心行政审批服务大厅迁建项目及南广场建成并投入使用，市民之家项目建设完成主体工程量的 45%；完成坦克修理大队集资楼回迁户的回迁安置工作。

（韩长清）

土地资源管理

【概况】 2018 年，全市国土资源系统有县（市、区）国土资源局（分局）8 个，国土资源所 87 个，市局辖正县级事业单位 1 个、副县级事业单位 4 个、科级事业单位 3 个，内设科室 14 个，全系统有干部职工 1075 人，其中科级以上干部 217 人。年末，泰安市国土总面积 7762 平方千米，其中农用地 58.23 万公顷（耕地 36.34 万公顷、园地 3.94 万公顷、林地 10.86 万公顷，其他农用地 7.09 万公顷），建设用地 13.21 万公顷，未利用地 6.18 万公顷。全局干部职工牢固树立节约集约循环利用的新资源观，严格落实国土资源管理各项方针政策，依法行政，规范管理，各项工作取得显著成效。市国土资源局连续 3 年保持“全国文明单位”称号，连续 11 年获“全市经济社会发展综合考核先进单位”称号，被市委、市政府授予“山水林田湖草生态保护修复工程对上争取突出贡献奖”，连续两年记集体二等功。

【保障经济社会发展用地】 开展土地利用总体规划局部调整、修改，保障新旧动能转换、重点项目落地。全市报批建设用地 0.15 万公顷，围绕项目落地，采取“1+N”的用地保障模式，优先保障新旧动能转换、实体经济、脱贫攻坚、民生项目和基础设施项目等用地需求。泰安城区完成储备土地 332 公顷，出让土地 130 公顷，实现土地出让金 68 亿元。全市处置闲置土地 233 公顷，盘活利用空闲地 913 公顷。

【严守耕地红线】 全市耕地保有量 36.3 万公顷，永久基本农田保护面积 30.4 万公顷，超额完成省政府下达的目标任务。执行市、县、乡、村四级和永久基本农田保护“4+1”田长制，夯实各级政府主体责任。开展卫片执法监察，对违法用耕地面积较大的县（市、区）、管委会先后警示约谈 2 次。全市违法占用耕地比例为 6.18%，顺利通过省国土资源厅验收。加大四级立体网格化动态巡查力度，推动执法监管由“事后查处”向“事前防范”转变。

新泰泰茶“良心谷”茶产业生态示范园土地整治项目区 （王 健 供）

4月21日，泰安市国土资源局开展"珍惜自然资源 呵护美丽国土"主题党日活动 （王 健 供）

开展扫黑除恶专项斗争，聚焦重点领域，将山石及地砂开采作为巡查重点，深挖细查涉黑涉恶线索。

【土地整治】 编制《泰安市土地整治规划（2016—2020年）》，通过市政府批复，并在省厅备案。引入社会资金15亿元参与土地整治项目，实施项目15个，整治规模1.1万公顷。立项占补平衡项目132个，治理规模1.5万公顷，验收项目50个，新增耕地2807公顷。

【第三次国土调查】 2018年，全市开展第三次国土调查工作，调查对象为泰安市行政辖区内全部土地，调查内容是土地利用现状及变化情况，包括地类、位置、面积、分布等状况；土地权属及变化情况，包括土地的所有权和使用权状况。重点调查永久基本农田现状及变化情况，该次调查工作于2020年结束。2018年3月30日，成立由市政府主要领导任组长的工作领导小组，召开专题会议，制定《泰安市第三次国土调查实施方案》，明确工作目标、技术路线和质量控制措施，落实经费3649万元，确保各项调查工作科学、规范开展。

【深化"放管服"改革】 全面实行"一次办好、贴心代办"，及时做好权力事项动态调整，实现不动产登记"一窗受理、集成服务"，在全省率先推出双休日"不打烊"服务，提高群众满意度和获得感。完成专项改革3545项，实现抵押登记2个工作日办结，首次登记、转移登记5个工作日办结，查（解）封登记、抵押注销登记等业务即时办结。行政权力和公共服务事项全部纳入新政务服务中心集中办理，设置"首席服务官"，选派精干业务人员，实现报件不出大厅，"一审一核、即可办结"。开展"大棚房"和设施农用地问题专项清理整治，成立协调推进小组和专项工作组，全方位、不间断开展拉网式巡查督导。

【依法行政和普法工作】 年内，办理行政诉讼案件93件，行政复议案件23件。开展"法律六进"（进机关、进乡村、进社区、进学校、进企业、进单位）活动，顺利通过省国土资源厅"七五"普法及法治国土建设检查和市普法办"七五"普法中期检查。做好政务信息公开，发布公开信息、微博、微信900条，办理依申请公开200件，为推进法治国土建设发挥重要作用。（王 健）

矿产资源管理

【概况】 全市矿产资源种类齐全、分布较广，具有优势矿产多、资源储量大的特点。年内，编制《泰安市矿产资源总体规划（2016—2020年）》，通过省国土资源厅批复。推进山石矿山综合整治，加快推进山石矿山企业整合退出，各县（市、区）的《山石矿山整合及退出方案》经专家评审并批复实施，验收山石矿山3处，完成采矿权公开出让3处，拆除生产设备18处。

【组织实施泰山区域山水林田湖草生态保护修复国土类项目】 全力推进17个地质环境类、10个土地整治类、2个监管能力建设类，206个子项目实施，完工项目47个，展开施工74个，完成规划设计方案编制39个，尚在编制的规划方案46个。7月31日，财政部、国土资源部、环境保护部三部委专家组一行8人，到泰安实地考察泰山山水林田湖草生态保护修复工程。先后考察东平县矿山地质环境修复项目区、东平湖生态保护生物多样性项目、肥城市西部采煤塌陷地治理工程、徂汶景区汶河湿地保护与综合利用PPP工程现场，并对《山东省泰山山水林田湖草生态保护修复工程试点实施方案（泰安市）》提出意见建议。

【地质灾害防治】 制定年度地质灾害防治方案，拉网式排查辖区内地质灾害隐患点289处，制定详细的防灾措施和应急预案。执行汛期24小时应急值守制度，对重要地质灾害隐患点实时动态监控，提高地质灾害应急预报处置能力。7月24—25日，中国地质科学院地质灾害调研组到泰安调研指导汛期地质灾害防治工作，先后查看泰山景区下港镇勤村火石岔泥石流地质灾害治理项目、黄前镇羊栏沟村上八分泥石流地质灾害治理项目和泰山区省庄镇羊娄岩溶塌陷地质灾害隐患点、上高街道訾家灌庄岩溶塌陷综合治理项目现场，并对下一步地质灾害综合防治工作提出具体要求。

【矿产开发监督管理】 落实矿产督察管理制度，建立分区督察、重点督察、层层负责的矿产督察监管网络。强化矿费征缴，追缴矿产资源补偿费716万元，采矿权价款1487万元。做好省国土资源厅委托的探矿权审批，完成13个政策性关闭矿山闭坑地质报告编制工作，完成14个矿种183处矿山的储量统计工作。充实岩芯库内容，入库岩心钻孔155个，总长2.45万米。

【泰山石保护暨奇石市场综合整治】 严格落实省委批示精神，加大泰山石保护力度，加强动态巡查，严防死守，严厉打击非法开采泰山石行为。起草《泰山石保护暨奇石市场管理长效机制的意见》，严禁乱摆乱放、非法经营，奇石市场管理工作进入良性轨道，“小型奇石入室、大型奇石入市经营”秩序得到维护和巩固。 （王　健）

·泰山玉保护发展·

【概况】 泰安市泰山玉产业发展管理中心（以下简称中心）系正县级全额事业单位，设办公室、规划科、宣传科、市场科4个科室，核定编制16人。主要职责是负责泰山玉的管理、保护和开发，培植壮大泰山玉产业。年内，中心坚持“以玉为本、以文为魂”发展定位，围绕资源管控、品牌打造、宣传推介、人才引培、市场培育等重点工作，主动作为，泰山玉产业实现稳步健康发展。泰山玉经营企业（户）及加工户1000户，各类门店、摊位2300个，龙头企业30家，从事泰山玉加工经营人员1.5万人，玉石全年交易额6亿元。中心继续保持“省级文明单位”称号。

【资源管控】 严格实行生产、定价、销售、安保“四分离”的管理模式和公盘交易销售办法，完善高科技电子监管平台，全面提升信息化管理水平，有效保护珍贵的玉石资源。整合泰安矿区、济南矿区采矿权，扩大泰山玉资源储备，提高资源综合利用率。严格落实安全生产责任制，完善矿山安全生产体系建设，加强环境保护工作，年内矿山安全生产平稳运行，实现国有资产保值增值。

【品牌创建】 6月，联合中央美术学院推动泰山玉作品成为上海合作组织青岛峰会国礼，泰山玉国际知名度得到提升。加大与中国珠宝玉石首饰行业协会的战略合作力度，参加中国国际珠宝展、上海国际珠宝首饰展等行业会展和“天工奖”“玉华奖”等业内评选活动，年内，泰山玉作品获“天工奖”“玉华奖”等各类奖项195个。到苏州、河南镇平、浙江诸暨等地开展玉文化交流活动，提升泰山玉文化品牌影响力。

【第二届“泰山玉杯”玉雕大赛暨泰山玉文化论坛】 9月6—8日，第二届“泰山玉杯”玉雕大赛暨泰山玉文化论坛活动在泰山国际会展中心举办。该活动是由中国珠宝玉石首饰行业协会与泰安市泰山玉开发管理领导小组共同举办的全国性赛事，策划设计玉雕大赛、珠宝玉石展、大师讲坛、泰山玉产业调研、“我最喜爱的泰山玉玉雕作品”网络评选等活动内容。大赛收到作品325件，评选出金奖5件、银奖8件、铜奖23件；最佳工艺奖7件，最佳创意奖3件、优秀作品奖129件。

【宣传推介】 加强与人民网、新浪网、《大众日报》等媒体合作，及时发布产业动态，提升泰山玉关注度。组织业户参加2018中国旅游商品大赛、儒商大会2018、第七届山东文博会、2018中国山东旅游商品与装备博览会、2018中国国际旅游交易会等大型展会，泰山玉作为国家非物质文化遗产和传统文化遗产引起关注。承办“转型发展、聚焦泰安”2018年全国网络媒体泰安行泰山玉推介会，全国40家知名网络媒体到场采访集中宣传。介入2018第五届泰山国际马拉松赛开展宣传，其间，泰山玉材质碧霞元君标准像首次向大众公开展示，泰山玉公众影响力得到提升。强化宣传，通过投放电视广告、户外广告，拍摄宣传视频、制作宣传册等方式，营造宣传氛围，提升网络舆论引导能力。

【人才引培】 加大“双招双引”力度，借助展会、节会、招商推介会、

12月6日，省自然资源厅厅长、省林业局局长李琥（右三）到泰安调研森林防火工作 （石亚男 供）

南阳办事处、苏州办事处，吸引全国各地玉雕人才2500名从事泰山玉雕工作，其中省级以上玉雕大师170名。加强与山东工艺美术学院、泰山职业技术学院、岱岳区职教中心等院校的合作，培养本土专业人才150名，2人获省级工艺美术大师称号，1人获全国玉雕行业优秀人才称号，相关专业在校学生137名。推广人机结合玉石雕刻发展新模式，弥补全市玉雕人才匮乏短板。

【市场培育】 严格实施《泰山玉产业发展规划（2017—2021年）》，以高质量规划引领产业发展。年内，到福建莆田、云南腾冲、河南南阳、上海、苏州等特色珠宝玉石基地开展产业调研，借鉴学习先进经验。设立河南南阳镇平、苏州泰山玉办事处，宣传推介泰山玉，吸纳人才，拓展外地市场。转变市场营销模式，实施泰山玉“旅游+”“互联网+”行动，探索开展网络直播销售，引领泰山玉市场销售新方向。

（李　勇）

测绘管理

【基础地理信息资源建设】 开展“数字泰安”基础地理信息数据更新项目，泰城主城区110平方千米0.05米分辨率正摄影像制作、中心城区100平方千米1∶500全要素更新、省庄镇驻地6.2平方千米1∶500地形图新测、泰城外围250平方千米1∶2000框架要素更新、长度257千米的城区街景扫描、350平方千米地名地址更新等外业及建库入库工作，顺利通过山东省测绘产品质量检验站的质检，并通过专家验收。

【完成市县两级国土资源数据2000国家大地坐标系转换工作】 召开会议进行工作动员部署，落实经费，确定技术支撑单位。6月12日，市、县两级的国土资源数据2000国家大地坐标系转换工作通过省国土资源厅验收。

【举办国家版图知识宣传教育活动】 印发《关于开展国家版图知识竞赛的通知》，举办中小学生国家版图知识网络竞赛，参与人数达1.5万人，实现参与人数多、宣传效果好的预期。

（王　健）

林业资源管理

【概况】 2018年，市林业局设办公室、计划财务科、造林绿化科、资源和林政科、市森林防火指挥部办公室等科室和机关党委，行政编制20人，实有18人。辖市林业站、市经济林管理站、市国有林场苗圃管理站、市野生动植物保护站、市林业科技推广服务站、市林业局实验林场等科级事业站6个，编制40人，实有35人；泰安市泰山林业科学研究院为正县级事业单位，编制34人，实有31人；泰安市森林公安局为副县级行政单位，编制34人，实有30人。年内，全市林业系统以满足人民对优美生态环境需要为主攻方向，以实施乡村振兴战略、新旧动能转换和泰山区域山水林田湖草生态保护修复重大工程为契机，继续实施“绿满泰安”行动，推进国土绿化，发展绿色富民产业，加强森林资源保护，推进林业改革，全市林业改革发展保护各项工作取得显著成效。全年完成成片造林7333.33公顷（11万亩），全市经济林总面积达11.4万公顷（171万亩）。新泰市被国家林业和草原局（以下简称国家林草局）确定为“全国经济林产业区域特色品牌试点市”“新一轮集体林业综合改革试验区”。肥城牛山林场入选全国首批“国家森林小镇建设试点单位”；新泰市龙廷镇掌平洼村被评为“全国生态文化村”；泰安市毛栎产业创新联盟入选全国首批“林业和草原国家创新联盟”。市林业局继续保持“省级文明单位”称号。

【林业生态建设】 年内，市政府印发《关于深入推进“绿满泰安”国土绿化行动的实施意见》，市委、市政府先后召开全市春季造林绿化现场推进会议、全市雨季造林现场推进会议，加快推进“绿满泰安”行动。坚持山水林田湖草综合治理和生态修复，大规模开展国土绿化，推进公路、铁路、河流“三边”绿化、荒山造林、高效经济林开发、高标准农田林网建设和森林县市、森林乡镇、森林村居“三级联创”活动。全市完成造林作业面积 7333.33 公顷（11 万亩），完成“三边”绿化 589.2 千米，新建完善农田林网 8533.33 公顷（12.8 万亩），完成森林抚育 2.67 万公顷（40 万亩），义务植树 1106 万株。宁阳县创建“全国绿化模范县”通过国家验收，新泰市创建为全省首批“省级森林城市”，全市有 10 个乡镇、55 个村居创建为市级以上“森林镇村”，其中 3 个乡镇、25 个村居创建为“省级森林镇（村居）”。宁阳县葛石镇被授予“山东省森林小镇”称号。新泰市民营益生林场场长杨建国被授予“山东省乡村绿化十大楷模人物”称号。

【森林防火工作】 从严落实各级各层面森林防火责任制，开展森林防火督导巡查、明察暗访和夜查，组织开展林区违规用火集中整治行动，狠抓重要节假日和关键时段的严防死守，成功处置自然因素引发的“4·17”森林火灾，确保泰山、徂徕山等重点林区防火形势的稳定。强化森林消防专业队伍、扑火装备、物资储备“三项建设”，加强市级应急扑火力量建设，依托市消防支队新建 100 人的森林消防专业队伍，依托武警泰安支队、驻泰安某部队，组建 600 人的市级森林消防应急扑火力量，并购置配备防火服、风力灭火机、割灌机等森林防火装备物资。11 月 9 日，市政府在徂徕山林场举行全市森林消防专业队伍扑救森林火灾实战演练。全市各级投入 9598 万元，推进以道路网、水源网、电力网、阻隔网、监控网、管护网“六网”为重点的防火基础设施建设，加快以泰山、徂徕山等重点林区“引水上山、以水灭火”工程建设，建立并启用“12119”森林火情接警中心，森林防火的综合防控能力明显增强。

【林业有害生物防控】 全市完成春尺蠖、美国白蛾等重点食叶害虫飞防作业面积 26.67 万公顷（400 万亩），释放周氏啮小蜂 2.18 亿头；加大对日本松干蚧的查防力度，完成 2226.67 公顷（3.34 万亩）的防治任务，释放天敌异色瓢虫 8000 多万头，实现有虫不成灾目标。狠抓松材线虫病检疫查堵、入山封锁和监测普查，完成春、秋两季普查面积 4.86 万公顷（72.9 万亩）；加强媒介昆虫松褐天牛的防控，防治面积 1666.67 公顷（2.5 万亩）。及时发现泰山松材线虫病疫情，邀请国家林草局和省自然资源厅领导及国内权威专家，适时召开“泰山松材线虫病防治工作座谈会和泰山松材线虫病防治方案专家论证会”，制定科学有效的除治方案并组织实施。在全市范围内先后开展“全市松林病死枯树拉网式排查”“全市松木及其制品专项排查整治”“全市景观松树专项排查整治”三大行动，对发现的死亡松树全部开展取样鉴定，对松木及其制品和景观松树开展联合检疫执法检查，强化面上的整体防控。

【自然保护区监管】 落实中央、省环保督察要求，推进林业类型自然保护区突出问题整改，泰山、徂徕山、新泰太平山 3 个省级自然保护区总体规划全部获批。通过自查、排查发现的 57 个违规违法问题全部整改完成，拆除违法违规建筑 3.37 万平方米，关停民宿饭店 30 家。完成泰山、徂徕山和太平山 3 个省级保护区边界及各功能区边界拐点坐标测量 2118 个，埋设界桩 897 颗，设置标记、标识、指示牌 471 个。截至 10 月，省环保督察反馈问题全部完成整改。适时完成的徂徕山国家森林公园和省级自然保护区调整，顺利推进徂徕山蓄能电站项目的实施。

【湿地保护修复】 加大湿地保护与修复力度，6 月，市政府制定印发《泰安市湿地保护修复实施方案》；泰安汶河、肥城康王河、宁阳洸河等国家和省级湿地公园生态修复工程基本完工，生态环境得到改善，湿地功能明显增强。年内，接到野生动物救助咨询 17 起，妥善救助野生动物 18 只，其中国家二级以上保护动物 8 只。

【林业执法管理】 强化林政管理和依法治林，严格林木采伐限额管理，加强林地监管保护和重点工程占用林地许可服务，严守和执行森林、林地、湿地和生物多样性“生态保护红线”。全市办理林木采伐许可证 9723 份，采伐蓄积 28.8 万立方米；办理占用林地项目 20 件，占用林地面积 260 公顷（3900 亩）；承办“12345”便民服务热线 11 起，均在第一时间答复。完成全市国家公益林落界工作。加强森林公安队伍建设，提高执法办案能力，以坚守生态红线为底线，严厉打击破坏森林和野生动植物资源违法犯罪活动。全市森林公安机关查处涉林案件237起，其中涉林刑事案件16起；查处野外违规用火案件23起，有力保护林区森林资源安全。

【林业改革】 新泰市全国集体林业综合改革试验示范区建设和省级林地经营权流转证发放试点取得明显成效，6月又被国家林草局确定为“新一轮集体林业综合改革试验区”，继续开展试验任务。全市落实林权抵押贷款4026.67公顷（6.04万亩），累计发放林权抵押贷款6.71亿元；完成政策性森林保险参保面积7.37万公顷（110.5万亩），保险金额达12亿元。全市林业专业合作社总数达1730家，其中国家级示范社3家、省级70家、市级104家。全市林业专业合作社入社农户达12.75万户，总经营林地面积5.67万公顷（85万亩）。巩固提升国有林场改革成果，加快推进路水电讯房等基础设施建设，有7处国有林场获中央和省级国有林场专项资金扶持。肥城牛山林场被国家林草局列为全国首批“国家森林小镇建设试点单位”。制定印发《泰安市森林公园管理工作意见》，强化森林公园管理。泰山、徂徕山、莲花山、牛山、蟠龙山、腊山6处国家森林公园总体规划修编通过专家评审。

【林业科技创新】 实施新型职业林农培训工程，聘请北京林业大学、山东农业大学、省果树所等高层次专家教授，开展林果科技大培训活动。全市举办各类林果技术培训班232场次，培训林果农1.86万人次。深化与高校院所的科技合作，北京林业大学泰安协同创新基地投入使用，实施科技合作重点项目10项。加强林业科技创新人才队伍和示范基地建设，推广林果新品种新技术30项，创建林业科技推广基地、示范园区44个，全市有7名专家入选省科技创新团队岗位专家，入选省科研与示范试验基地14处。首次依法处理植物新品种侵权纠纷案1件，有力保护全市植物新品种权益。肥城康顿、宁阳燕园、东平二圃3个单位被评为“省级林业科普基地”称号。9月，泰安市毛楱产业创新联盟入选全国首批“林业和草原国家创新联盟”。

【林业扶贫】 年内，制定印发《2018年全市林业行业扶贫及黄河滩区脱贫迁建林业工作实施意见》，局领导联系帮包6个县（市、区）和2个功能区，局机关各科站联系帮包27个扶贫重点乡镇，全面完成扶贫任务。4月25日，在全省林业行业扶贫和黄河滩区脱贫迁建林业工作视频调度会议上，泰安市作为全省唯一先进典型作发言。

【中国园林花木产业交易会和首届中国园林新苗商大会】 4月13—15日在泰山区举办，北京、上海、山东、新疆、福建等18个省市的284家单位参加。其间，举行首届中国园林新苗商大会、全国百强苗圃论坛、2017年度全国十佳苗圃评选授牌活动、2017年度全国十大苗木经纪人评选授牌活动、2018泰安市苗木花卉协会会员单位培训大会、中国苗圃生产技术分享会等精品活动。

【第十四届泰山苗木花卉交易会】 10月9日在泰安举办。国内20多个省、市的500多家苗木花卉企业参展参会。展厅面积超过2万平方米，设展区10个，展位500多个，展出众多获奖盆景、优良苗木花卉、先进的园林机械和优美的园林景观，汇集、展示苗木业的现状和发展趋势，为以后苗木业发展提供样板。

（石亚男）

10月9日，第十四届泰山苗木花卉交易会在泰山国际花木城开幕。图为市委副书记张涛（右八）、副市长赵德健（右七）出席开幕式

（石亚男 供）

生态环境保护综述

【概况】 年末，全市有环境保护管理机构36个。其中，市环境保护局设办公室、污染控制科、监督管理科、科技监测科、法制宣传科、环境安全应急管理科、生态保护科科室7个，辖市环境监察支队、市环境保护监测站、市污染物排放总量控制中心、市机动车排气监督管理中心、市环境保护科学研究所事业单位5个；有干部职工121人。2018年，全市大气环境主要污染物指标SO_2、NO_2、PM_{10}、$PM_{2.5}$年平均浓度分别为18微克/立方米、36微克/立方米、102微克/立方米、51微克/立方米，同比分别改善了28%、7.7%、1.0%、8.9%。全市6个省级及以上重要河流（湖库）监控点位均达到国家、省考核要求，其中大汶河王台大桥、东平湖（湖南、湖心、湖北3个点位）COD（化学需氧量）、氨氮、高锰酸盐指数均值分别为16.6毫克/升、0.17毫克/升、4.0毫克/升和17.3毫克/升、0.10毫克/升、4.47毫克/升，达到国家地表水Ⅲ类水质标准，符合南水北调东线工程调水要求。城市集中式饮用水源地黄前水库全部考核指标监测结果均符合地表水Ⅲ类标准。全市危险废物产生量12.58万吨，当年处置12.63万吨，跨省转移0.74万吨，未发现非法处置和转移危险废物问题。医疗废物3685.27吨，全部委托有资质的单位进行无害化处置。年内未发生重大以上环境污染事件。市环境保护局获全国环境保护系统先进集体、全省生态保护工作先进集体等称号，继续保持“省级文明单位”称号。

【生态环保督察整改】 坚持“调度、督导、通报、督办、约谈、问责、整改”闭环式工作机制，抓好中央、省生态环保督察反馈问题整改。9名市级领导督导检查各县（市、区）和功能区生态环保工作，成立8个督导组和2个问责组，不间断对整改工作开展现场督导、明察暗访，下达通报80期、督办单126份。年内，中央生态环保督察反馈21个问题完成整改8个，省生态环保督察反馈25个问题整改完成21个；中央和省生态环保督察“回头看”交办的718件环境信访案件全部按期办结。

【生态环境部2018年污水处理行业环境执法培训班在泰安举办】 11月5—9日举办。来自河北、江苏、浙江等14个省、自治区的56名环境执法人员参加培训。培训采取理论教学与执法实训相结合的模式，邀请山东农业大学、相关企业在污水处理行业方面经验丰富的专家教授进行授课，组织学员到泰安清源水务有限公司、泰安第四污水处理厂、汶河国家湿地净化工程、泰山玻璃纤维有限公司工业污水处理站进行参观教学，并现场开展模拟执法实训，提高参训学员的环境执法业务水平。其中，选取的实训基地——泰安清源水务有限公司，年内被生态环境部批准设立为污水处理行业国家生态环境执法实训基地，也是全省首家国家级生态环境执法实训基地。 （王 斌）

环境治理

【大气环境】 依托蓝天指挥部，协调各级各部门打好蓝天保卫战，开展城区空气质量改善专项治理行动，全方位推动大气治理联防联控。编制《泰安市加强污染源头防治推进“四减四增”三年行动方案》《泰安市打赢蓝天保卫战作战方案暨2013—2020年大气污染防治规划三期行动计划（2018—2020年）》《城区环境空气质量改善专项工作方案》等方案，明确重点工作任务。强化工业项目大气治理，推进钢铁行业超低排放改造、工业VOCs（挥发性有机化合物，下同）提标整治、工业堆场无组织整治、炉窑专项整治等，开展重点行业重点领域突出环境问题专项检查，发现问题145个，年内全部整改完成，推动重点行业污染物稳定达标排放。坚持“冬病夏治”“冬季严防”相结合，在“春夏季节”重点开展VOCs整治、臭氧偏高成因研究，在秋冬季节持续开展“大气污染防治攻坚行动”，先后开展三轮督巡查，发现问题400个，年内全部整改完成。加强机动车污染防治，环保、公安、交通部门每月开展1次联动执法，有效控制重型柴油货车污染物排放，强化对机动车环保检测机构的监管，推进非道路移动源污染防控。编修重污染天气应急预案，加强重污染天气预警，启动各类预警11次，督促企业限产限排。

【水环境】 ①水污染防治。修订《泰安市水污染防治综合督导方案》，及时分析水环境形势，通报水环境质量状况，综合采取通报、限批、约谈、追责等手段，倒逼各县（市、区）实施全过程水污染防治，持续改善辖区水环境质量。针对不稳定达标的重点河流断面，按照“一河一策”要求，组织开展全面排查、分析，编制水体改善工作方案，落实治理措施。加强东平湖水环境综合治理，打捞清理湖区腐烂菹草，改善东平湖水质，确保南水北调调水安全。科学规划提炼24个水污染防治重点项目，被列入2018—2020年中央水污染防治项目库，获2018年度中央、省级水污染防治资金7671万元。②水源地保护。完善城镇以上集中式饮用水水源地保护区划分，启动黄前、金斗、东周、光明、东平县城5处集中式饮用水水源地保护区范围调整，以及苑庄水源地和角峪水库水源地保护区撤销工作，涉及面积805.69平方千米。对列入水污染防治目标责任书的7处水源地环境状况开展年度评估，对全市88个乡镇（街道）的2023处农村水源开展水质监测、水源周边环境调查，形成单村联村供水工程“一源一档”。开展水源地保护专项行动，整治完成生态环境部交办问题、市级排查问题16个以及县级排查问题11个，关闭企业和个体户7家，拆除面积3000平方米，新建和修补保护区防护栏10.3千米，完成31个村庄生活污水和垃圾收集处理项目建设。

【土壤环境】 年内，完成全市年度土壤污染防治工作计划实施情况的自查工作。环保、国土、农业等部门对全市农用地土壤污染状况进行点位核实，确定土壤污染重点行业企业238家，划定详查单元97个，核实农用地详查点位695个，完成农用地详查样品分析。开展重点行业企业用地核查，全面排查18类重点行业企业用地疑似污染地块，梳理排查关闭搬迁的重点行业企业，确定纳入调查的企业258家。争取和筛选2个土壤污染防治项目纳入中央项目储备库。（王　斌）

生态保护

【生态红线】 开展生态保护红线优化及勘界定标工作，市政府成立由市长任组长的泰安市生态保护红线优化勘界定标工作领导小组，市环保局、市发展改革委联合印发《泰安市生态保护优化及勘界定标工作方案》，完成全市生态保护红线优化工作，优化面积1011.05平方千米，占全市总面积13.03%。徂徕山及周边生态保护红线区域勘界定标工作列入全省试点，确定红线区域面积112.17平方千米，边界长度为238.37千米，拟设界桩525颗、标识牌25个。

【自然保护区】 市政府印发《泰安市打好自然保护区等突出生态问题整治攻坚战作战方案（2018—2020年）》，推进自然保护区攻坚战。市环保局、市林业局联合开展自然保护区“绿盾2018”专项行动，完成3个省级和2个市级自然保护区的市级督查，通报发现的问题。对整改缓慢的县，通过开展督导检查、召开专题对接会、约谈等措施，督促其加快整改落实进度。推进自然保护区调整，徂徕山省级自然保护区范围和功能区调整申请经省政府批复。

【农村环保】 全年争取中央和省级农村环境综合整治专项资金2236万元，对162个农村开展综合整治，主要实施农村集中式饮用水水源地保护、农村生活污水治理、非规模化畜禽养殖污染防治、农村生活垃圾处置等四类项目，受益人口达23万人。各县（市、区）、功能区编制《农村饮用水水源地保护区划分方案》，科学划定保护范围。开展贫困村饮用水水源地状况调查监测、省定贫困村饮用水水源地保护工程大检查及“回头看”活动。召开全市环保行业扶贫工作推进会议，抓严抓实环保行业扶贫工作。

【生态文明宣传教育】 围绕“美丽泰安我是行动者”主题，组织开展“庆祝‘六五’环境日”“环保

6月5日，市环境保护局会同团市委、市妇联等部门（单位），在东湖公园组织开展泰安市纪念“六·五”环境日暨深入推进绿色创建行动宣传活动
（王　斌　供）

嘉年华”“水课堂”“定格生态泰安”摄影作品征集等活动，通过环保宣讲、科普下乡、文艺演出、主题游戏、环保科普图片展、微视频等形式，提高宣教活动感染力、影响力。市环保局等五部门联合印发《泰安市关于开展绿色创建行动 推动优美生态环境建设的意见》，形成以开展绿色家庭、绿色学校、绿色社区、环境教育基地、环保小卫士等为创建内容的绿色行动体系。加强信息公开与新闻宣传，全年召开环保专场新闻发布会4次，开展“2018年度泰安十大环保新闻”评选活动。强化新媒体宣传，“泰安环境”官方微博粉丝数量近15万人，全年发布微博3600条，在2018年泰安传播力十强中位居全市政务类媒体影响力第一位；微信公众号粉丝近万人，发布推送信息900篇。（王　斌）

环境监管

【环境执法】 ①加快“放管服”改革。对新旧动能转换重大项目实施“绿色通道”，做到“即来即审”“容缺受理”；将8项环境行政许可事项划转至市行政审批服务局，落实“贴心代办、一次办好”；对排水去向为城镇污水处理厂、城市基础设施新改扩等项目，实行总量确认豁免。开展建设项目拉网式排查，查处未批先建项目72个。规范环评中介管理，全年审批环评文件994个，网上备案2832个。②开展第二次全国污染源普查。全市选聘普查员、普查指导员697人，清查单位3.48万个，其中纳入普查对象8064家，包括工业源6213家、农业源1541家、集中式污染治理设施130家、生活源锅炉87台和入河排污口93个。③严格执法监管。落实“双随机一公开”“错时检查”制度，全市立案查处环境违法案件417件，处罚金额2585万元，查封扣押4起，移送涉嫌污染犯罪案件9起，行政拘留案件11起。开展农村秸秆禁烧专项检查，发现火点11处，问责11人。④加强执法规范化建设。制定落实环境重大决策事项审核、执法信息公示、执法全过程记录等“三项制度”，与公安、检察等部门建立定期会商机制，开展政策解读和以案释法，提高案件办理水平。

【环境安全保障】 ①环境应急管理。开展全市环境安全隐患综合整治集中行动，排查整改隐患43个。全市449家企业完成突发环境事件应急预案的备案工作，93家风险源企业完成企业突发环境事件风险评估系统的填报工作。举办全市突发环境事件救援应急演练，提升应急处置能力。②固废管理。开展全国固体废物信息管理系统填报工作，核定辖区内产废单位固体废物产生、处置数据。开展全市危险废物产生及经营单位专项整治，建成危险废物处置设施12个，制定印发全市“十三五”危险废物规范化管理评估办法，完成对全市88家涉危险废物重点监管企业以及县（市、区）的年度考核评估。③辐射环境监管。环保、公安部门联合开展全市放射源安全检查专项行动及“回头看”，检查涉源单位46家，督促问题单位完成整改。安全收贮12家单位26枚闲置废弃放射源，消除辐射安全隐患。

【环境监测】 ①制定落实年度监测计划，开展重点污染源例行监测、贫困村“千吨万人”以上规模水源地现状调查监测、重点VOCs企业监测、土壤详查监测等执法监测任务，累计实施人工监测项目1.5万个，出具各类监测报告3000份。②监测能力建设。加快在线监测设施普及，完成78个环境空气自动监测站建设，将大气监测范围覆盖全市88个乡镇（街道）。③环境科研。启动“泰安市大气臭氧污染成因诊断研究项目”，加强政府与企业、科研单位的协同合作，提高科研水平。

（王　斌）

编辑　校对　　戚淑娟

财政·税务

财　政

【概况】 年末，全市有市、县（市、区）、乡镇（街道）三级财政机构101个。其中，市级财政机构1个，县（市、区）级财政机构6个，泰安高新技术产业开发区财政机构1个，泰山风景名胜区管理委员会财政机构1个，旅游经济开发区财政机构1个，乡镇（街道）财政机构91个。在职职工1242人，其中具有高级技术职称的86人、中级技术职称的330人。全市有会计人员7.9万人。按现行财政体制，全市一般公共预算收入，加税收返还和转移支付补助151.5亿元、上年结转15.6亿元、调入资金28.2亿元、调入预算稳定调节基金6.9亿元，全市一般公共预算总收入421.7亿元。全市一般公共预算支出，加上解支出19.2亿元、补充预算稳定调节基金6.7亿元、债务还本支出5601万元，全市一般公共预算总支出407.5亿元。收支相抵，结转下年支出14.2亿元。

【财政收入】 全市一般公共预算收入完成219.5亿元，增长6%，完成调整预算的100.2%。税收收入中，增值税61.8亿元，增长20.7%，完成预算的100.7%；营业税6625万元，增长18.7%，完成预算的249.9%；企业所得税13.4亿元，增长12.7%，完成预算的93.7%；个人所得税7.9亿元，增长23.6%，完成预算的98.4%；其他税收收入74.2亿元，下降3.3%，完成预算的104.7%。非税收入61.6亿元，增长2%，完成预算的95.7%。

【财政支出】 全市一般公共预算支出381亿元，增长7.1%，完成预算的101.9%。其中，一般公共服务29.9亿元，完成预算的103.7%；国防1亿元，完成预算的78.8%；公共安全19.3亿元，完成预算的104.9%；教育74.9亿元，完成预算的103.1%；科学技术3.2亿元，完成预算的92.9%；文化体育与传媒5.1亿元，完成预算的97.3%；社会保障和就业56.8亿元，完成预算的106.4%；医疗卫生与计划生育42.7亿元，完成预算的98.4%；节能环保6.8亿元，完成预算的105.1%；城乡社区22.7亿元，完成预算的81.6%；农林水47.9亿元，完成预算的122.4%；交通运输10.5亿元，完成预算的110.1%；资源勘探信息等3.6亿元，完成预算的32.9%；商业服务业等、金融及援助其他地区10亿元，完成预算的125.6%；国土海洋气象等10.8亿元，完成预算的105.2%；住房保障20.5亿元，完成预算的151.9%；粮油物资储备7669万元，完成预算的156.9%；债务付息11.9亿元，完成预算的90.2%；其他支出2.5亿元，完成预算的32.4%。

【预算执行】 ①改善收入质量。通过强化分析调度、强化税收征管、强化激励约束等手段，促进财政收入尤其是税收收入的稳步增长。全市税收收入完成158亿元，增长7.6%；税收比重达72%，较上年提高1.1个百分点。②优化支出结构。全市一般公共预算中用于民生事业的支出303.4亿元，占财政支出的比重达79.6%，确保民生政策全面落实，保障标准稳步提高。③缓解基层财政困难。全市安排对下各项转移支付129亿元（不含税收返还），帮助基层兑现各项政策。

【财源建设】 ①强化政策引领。制定支持新旧动能转换重大工程的财政政策体系，出台具体政策46条，支持全市新旧动能转换重大工程实施。②强化资金撬动。围绕培植壮大骨干企业，组建100亿元总规模的重点企业财源建设基金，首批签约7家企业、金额15.75亿元，年内完成投资12.8亿元；围绕保障人才新政“金十条”落实落地，组建6亿元规模的招才引智基金，用于支持各项奖励、扶持和补贴等政策实施，年内兑现各类人才奖励资金2711.8万元。③强化工具运用。组建设立泰安市泰山财金投资集团有限公司（以下简称“泰山财金集团”），通过市场化融资，直接向企业提供借款11.5亿元，累计向企业提供担保46亿元，投放融资租赁资金16.6亿元，提供过桥还贷资金18亿元，合计帮助企业融集资金80.6亿元。④做好“财政惠农信贷通”工作。财政担保金规模达2830万元，697个新型农业经营主体获得授信，累计发放贷款5.8亿元；参股省农业发展信贷担保公司，6个县（市、区）均建立分支机构，至年末已申报项目87个，审批金额6125万元，发放贷款4200万元。

【政府投融资】 利用好政府债券融资政策，全市共争取地方政府债券资金79.2亿元，其中新增债券41.1亿元、置换债券38.1亿元，保障重点项目建设和债务还本付息需

2018年泰安市公共财政预算收入情况

表9　　单位：万元

预算科目	调整预算	累计完成	占预算（%）	比上年增长（%）
收入合计	2191849	2195269	100.16	5.98
税收收入	1548408	1579506	102.01	7.60
增值税	613213	617636	100.72	20.69
国内增值税	353844	337030	95.25	10.21
改征增值税	259369	280606	108.19	36.26
营业税	2651	6625	249.91	18.71
企业所得税	143163	134145	93.70	12.74
个人所得税	80030	78746	98.40	23.56
资源税	78578	71809	91.39	-32.69
城市维护建设税	96333	97770	101.49	26.25
房产税	42585	43926	103.15	3.32
印花税	22090	23305	105.50	21.67
城镇土地使用税	108810	117060	107.58	-11.70
土地增值税	92010	103270	112.24	6.19
车船税	29787	27728	93.09	4.03
耕地占用税	122198	109326	89.47	-33.83
契税	113286	144271	127.35	43.66
环境保护税	3674	3889	105.85	—
非税收入	643441	615763	95.70	2.04
专项收入	146081	115917	79.35	17.05
行政事业性收费收入	147419	126930	86.10	-6.78
罚没收入	66424	66487	100.09	-3.77
国有资本经营收入	210	160	76.19	-86.36
国有资源有偿使用收入	258542	286357	110.76	8.12
捐赠收入	1940	2269	116.96	-29.36
政府住房基金收入	16458	12854	78.10	-42.61
其他收入	6367	4789	75.22	-36.38

2018 年泰安市公共财政预算支出情况

表 10　　单位：万元

预算科目	调整预算	累计完成	占预算（%）	比上年增长（%）
支出合计	3739304	3810385	101.90	7.05
一般公共服务支出	288549	299305	103.73	3.40
国防支出	13141	10348	78.75	6.22
公共安全支出	183855	192999	104.97	10.75
教育支出	726625	748893	103.06	8.52
科学技术支出	34512	32047	92.86	-19.01
文化体育与传媒支出	52206	50781	97.27	4.74
社会保障和就业支出	533976	568074	106.39	12.01
医疗卫生与计划生育支出	434325	427443	98.42	4.53
节能环保支出	64412	67725	105.14	13.89
城乡社区支出	278441	227120	81.57	-31.62
农林水支出	391299	478901	122.39	10.93
交通运输支出	95020	104614	110.10	-6.60
资源勘探信息等支出	110465	36338	32.90	-66.43
商业服务业等支出	75949	95309	125.49	138.70
金融支出	1625	728	44.80	-15.64
援助其他地区支出	1891	3798	200.85	7.90
国土海洋气象等支出	102913	108241	105.18	22.73
住房保障支出	135309	205480	151.86	102.67
粮油物资储备支出	4887	7669	156.93	41.83
债务利息支出	132436	119498	90.23	39.11
其他支出	77468	25074	32.37	8.48

要。成功争取将泰安市纳入财政部土地储备专项债试点，开辟新的融资途径。推进市场化融资，泰山财金集团与浦发银行、威海银行、泰安银行等金融机构对接，获得授信总额 36 亿元，年内到位资金 22 亿元。推行 PPP 模式，至年底，全市纳入财政部 PPP 综合平台管理项目 62 个，总投资 980.6 亿元，涉及市政基础设施、生态保护、教育、文化、医疗、旅游等多个政府公共服务领域。其中，已完成“两评一案”（物有所值评价、财政承受能力论证，初步实施方案）项目 19 个，总投资 128.4 亿元；已签约项目 12 个，总投资 83 亿元；入选国家级示范项目 4 个，省级示范项目 7 个。加强政府债务管理，开展和迎接多项专项检查及债务审计，健全完善风险预警和应急处置机制，并继续将政府债务率纳入县（市、区）经济社会发展综合考核；召开全市隐性债务风险防控工作会议，摸清政府隐性债务底数，有针对性地制定消化方案，确保政府债务风险可防可控。2018 年，全市政府债务率比上年压减 17.5 个百分点。

【保障民生】 ①教育。市财政投入 4.6 亿元，支持城乡义务教育经费保障机制改革，落实“两免一补”、生均公用经费等政策，全市义务教育中小学生均公用经费分别达 1010 元和 810 元，高中达 900 元；投入 1.1 亿元，支持全面落实教育资助政策；投入 8065 万元，支持“全面改薄”

12月31日，市委书记崔洪刚（左一），市委常委、副市长展宝卫（左三），市委常委、秘书长宋洪银（左二）等市领导走访慰问年终决算人员
（高 磊 供）

工程建设；投入2.3亿元，支持解决城镇普通中小学"大班额"项目建设。②社保和就业。全市投入资金23.5亿元，用于职工各类保险（不含医保）、新型农村居民社会养老保险、城镇居民养老保险等补助；投入2.8亿元，用于退役士兵安置、教育培训等支出；投入3.8亿元，用于城乡居民救助；继续从失业保险基金滚存结余中安排1亿元，作为市级创业带动就业扶持资金，支持推动创业带动就业。③医保。全市拨付资金20.7亿元，完善落实居民基本医疗保险制度，将政府补助标准由每人每年450元提高到490元，将居民大病保险筹资标准提高到每人每年66元；拨付资金3亿元，将全市基本公共服务人均补助标准由每人每年50元提高到55元。④"三农"。把打好脱贫攻坚战作为重大政治任务，全市拨付专项扶贫资金2.7亿元，统筹整合行业扶贫资金10.2亿元，推动精准扶贫项目开展。支持乡村振兴战略实施，出台《推动乡村振兴投入保障工作方案》，保障"五个振兴"系统推进。其中，全市投入资金3.7亿元，支持美丽乡村、"四好公路"、农村改厕等项目建设；投入1.9亿元，支持农村"一事一议"奖补、"强村固基"工程和"乡村连片"治理试点；筹集资金3.7亿元，支持实施村级组织运转财政保障经费五年递增计划，缓解县（市、区）之间保障水平不均衡问题。推进全国农村综合性改革试点试验，8个试点村累计投入资金2780万元，支持村集体经济项目建设，提高村集体和农民个人的收入水平。⑤住房保障。统筹一般公共预算和政府性基金预算财力，全市投入10.8亿元，支持实施棚户区改造工程；投入1.6亿元，支持城镇和困难工矿区老旧小区、农村危房改造以及公租房建设。⑥城市环境改善提升。市财政筹集资金7.8亿元，支持万官大街、泮河大街、时代发展线生态公园、雨污管线分离等重点项目建设；市财政投入6亿元、泰山投资筹集4.6亿元，用于户外广告拆除、城市绿化、道路管护、垃圾污水处理和"蓝天保卫战"等工作开展，支持国家卫生城市复审和全国文明城市创建。推进泰山区域山水林田湖草生态保护修复工程实施，年内开工项目55个，完成投资52.7亿元。

【财税改革】 ①预算改革。推进预决算公开，市、县两级分别集中公开2018年政府预算和637个部门的部门预算及"三公"经费预算，并按时公开2017年市级和6个县（市、区）财政总决算以及市级97个部门、县（市、区）530个部门的部门决算。完善综合预算体系，将国有资本经营预算调入一般公共预算的比例提高至20%；健全跨年度预算平衡机制，全市预算稳定调节基金规模扩大至6.9亿元。②绩效管理改革。市、县多次组织专题培训，并印发《制度文件汇编》，涵盖一系列政策文件、制度规定、指标体系等内容。对2017年度62个财政拨款200万元以上、总规模21.7亿元的投资发展类项目，组织开展绩效目标自评，选择10个部门、17个项目分别开展部门整体支出绩效评价试点、财政重点评价。③税制改革。推进环境保护税、水资源税改革，明确"两税"分成比例，全市累计完成水资源税7737万元、环保税3889万元。贯彻落实减并增值税税率等各项减税降费政策，全市共减免各项税费88.25亿元，降低企业负担。④国库集中支付改革。市级和宁阳县、东平县开展权责发生制政府综合财务报告编制试点工作，摸清政府财务资产状况。健全完善预算执行动态监控系统，加强对各违规支付事项的预警和处理，保障资金安全。⑤支出管理改革。强化涉农资金整合，在全省率先印发实施意见，构建权责匹配、相互

8月16日，省财政厅党组书记、厅长刘兴云（右三）到泰安调研，市委常委、副市长展宝卫（右五）陪同调研　　（高　磊　供）

协调、上下联动、步调一致的长效机制，实质性工作走在全省前列。压减财政暂付款规模，全市共压减26.7亿元，较上年下降22.8%。压缩行政运行成本，严格执行部分经费“五统一”模式，市级财政拨款安排的“三公”经费同比下降14.6%。⑥“放管服”改革。按照“贴心代办、一次办好”要求，认真梳理并按规定下放行政审批事项；印发全局公共服务事项业务手册、服务指南和“零跑腿”“只跑一次”事项清单，并集中通过网站公示，更好地服务好办事群众。同时，政府采购调整提升必须招标的工程项目标准，并对相关审核审批事项实行网上办理；投资评审积极推行“容缺办理”，方便服务对象。非税收入管理处积极完善收费目录清单“一张网”制度，细化收费目录、完善收费系统、严格以票管费，落实减费降负政策。

【财政管理】　①强化支出管理。全市通过集中支付系统支付各类财政资金652亿元，比上年增长28%。做好工资统发工作，全年市直统发工资3.9亿元、代扣代缴个人所得税1415万元；累计办理直接支付业务3.02万笔、授权支付业务9.23万笔。通过政府采购，全市完成采购额190.5亿元，节约资金10.4亿元，节约率为5.2%。通过财政投资评审，市直共出具评审项目建议书196份，评审额37.8亿元，审减额3.5亿元，综合审减率9.4%。②强化政府资产管理。全年完成房产出租收入6424.2万元，资产处置收入962.8万元　共审核审批车辆及设备报废1.88万台（件）。做好行政事业单位经管资产及自然资源国有资产报告试点工作，编制政府资产报告，摸清资产家底。③加强监督检查。市直全年参与、配合或迎接各类巡视、巡察、审计、检查工作7次，组织开展财经纪律和小金库专项整治以及违规配备使用公车、滥发津补贴、违规公款吃喝、违规收送礼品礼金等专项治理检查，维护财经纪律、规范财经秩序。④加强会计管理。组织实施第三批会计领军人才培养，举办综合素质提升班，市级会计领军人才达153人，其中省高端会计人才32人。推进行政事业单位内部控制建设，组织开展政府会计准则制度培训动员，夯实政府会计管理基础。⑤强化信息化建设。作为省财政厅确定的平台2.0升级试点，泰安市提前完成市县平台2.0升级、一体化系统提升完善和统建统管任务。依托省大数据平台，搭建泰安市财政经济运行分析系统，推进相关工作开展。推进政务信息资源整合共享，汇总整理市财政局302项政务信息资源目录，并完成网站接入、数据迁移等工作。另外，学习贯彻习近平新时代中国特色社会主义思想，开展“大学习、大调研、大改进”和党的建设规范化创建活动，倡导不贪、不懒、不偏、不虚的“四不”理念，完善工作项目化、项目目标化、目标责任化、责任绩效化的“四化”管理模式，保持并巩固“全国文明单位”创建水平，机关作风、政风行风、党风廉政等继续保持全市前列。　（高　磊）

税　务

【概况】　年内，原泰安市国家税务局、泰安市地方税务局合并成立国家税务总局泰安市税务局，内设27个科室、事业单位和派出机构，辖泰山区、岱岳区、新泰市、肥城市、宁阳县、东平县、高新区、景区8个县（市、区）税务局，59个基层分局（所）。共有干部职工3188人，其中，在职2248人，离退休940人。至年底，全市共登记纳税人12.44万户，其中企业5.96万家，个体6.48万户。被省税务局表彰为“全省税务系统绩效管理先进单位”。

2018 年全市税收收入和非税收入分项目分级次完成情况

表 11　　　　单位：万元

项　目	2018 年度累计收入			
	税　额	上年同期	比上年同期 ±%	比上年同期 ± 额
税收收入和非税收入合计	2790300	2525966	10.46	264334
税收收入合计	2705626	2455253	10.20	250373
国内税收收入	2681126	2422192	10.69	258934
其中：中央级	1090458	941203	15.86	149255
省　级	10549	12599	-16.27	-2050
市及以下级	1580119	1468390	7.61	111729
国内增值税	1257596	1049569	19.82	208027
国内消费税	50471	60747	-16.92	-10276
营业税	13252	11163	18.71	2089
企业所得税	335362	297463	12.74	37899
个人所得税	196865	159326	23.56	37539
资源税	71809	106685	-32.69	-34876
城镇土地使用税	117060	132566	-11.70	-15506
固定资产投资方向调节税	—	—	—	—
城市维护建设税	97767	77441	26.25	20326
印花税	23305	19154	21.67	4151
土地增值税	103271	97251	6.19	6020
房产税	43925	42516	3.31	1409
车船税	27729	26654	4.03	1075
车辆购置税	85226	76013	12.12	9213
烟叶税	—	—	—	—
耕地占用税	109328	165224	-33.83	-55896
契　税	144271	100420	43.67	43851
环境保护税	3889	—	—	3889
其他税收	—	—	—	—
海关代征增值税消费税	24500	33061	-25.89	-8561
其他收入合计	84674	70713	19.74	13961
教育费附加收入	43087	35014	23.06	8073
文化事业建设费收入	486	405	20.00	81
社会保险基金收入	—	—	—	—
地方教育附加	28728	22933	25.27	5795
残疾人就业保障金	2256	1745	29.28	511
其他收入	10124	11021	-8.14	-897

【税务改革】 把国税地税征管体制改革作为重大政治任务，坚持党建统领、思想引导、机制保障、典型示范，实施挂图作战、对标推进、对账销号，新税务机构挂牌、落实“三定”，两场主攻战圆满收官。7月5日，市政府常务副市长展宝卫与省税务局副局长刘崇俊为市税务局揭牌。7月20日，县级新税务机构全部顺利挂牌；9月25日、10月25日，市、县两级“三定”全部落实到位。统筹做好社保费和非税收入划转第三场战役，稳定经济发展预期。落实环境保护税改革任务，完成水资源税改革试点。探索双重领导经费保障体制，确保过渡期财务管理规范运行。市委书记崔洪刚、省税务局党委书记薛建英对改革给予满分评价。

7月18日，省税务局党委书记薛建英（前排左二）参观调研新泰市便民服务局
（曹丙珂　供）

【依法治税】 研发执法信息辅助平台，为基层规范执法提供高效可控辅助工具。开展执法督察，落实税收执法责任制。做好风险分析及应对任务统筹，对上承接及自主开展风险应对3073户次，入库税款4.27亿元。开展税收检查，稽查和评估查补入库税款2.72亿元，其中稽查入库1.34亿元。加大打虚打骗力度，开展扫黑除恶专项整治和影视行业专项治理，查处大要案件16起，涉税金额8500万元，移送公安部门11起。加强风险管理模板建设，在全省税收风险管理建模竞赛中获得二等奖。加大“七五”普法力度，《交给母法的答卷》获全市“我与宪法”微视频征集活动一等奖。

2018年全市税收收入和非税收入分县（市、区）完成情况

表12　　　　单位：万元

单位	2018年累计组织收入			
	税　额	上年同期	比上年同期 ±%	比上年同期 ± 额
全市合计	2790300	2525966	10.46	264334
直属分局	126883	116090	9.30	10793
泰山区	576643	559870	3.00	16773
岱岳区	327528	270668	21.01	56860
高新区	286884	254675	12.65	32209
泰山景区	23861	34622	-31.08	-10761
旅游开发区	18549	17877	3.76	672
新泰市	468831	453355	3.41	15476
肥城市	625542	518219	20.71	107323
宁阳县	185419	170834	8.54	14585
东平县	150160	129756	15.72	20404

11月6日上午，市税务局党委书记、局长郝玲参加“12345”政风行风热线现场接听活动 （曹丙珂 供）

【税收征管】 统一全市税收征管方式，并与市、县“三定”同时落地。组织管户调整，完成超过1.5万户纳税人的划转工作。抓好个人所得税改革，落实提高起征点、增加6项专项附加扣除政策，完成5.2万户扣缴义务人、59.6万纳税人的全覆盖培训，确保个人所得税改革过渡期政策及新税法平稳实施。做好企业所得税汇算清缴和高风险事项管理，入库企业所得税33.54亿元，其中汇算清缴入库10.39亿元，占比30.98%。强化欠税清缴，清理欠税4.09亿元。持续深化重点行业反避税工作，增加税收收入6739万元，同比增长194%。

【纳税服务】 深化“放管服”改革，对643户纳税人实施简易注销。对标“一次办好”改革，推进197项清单业务落地，创新“容缺受理、先行办理”“简事即办”，143人充实到办税服务岗位，推广应用“电子税务局”，研发“支付宝”办税系统，创新“指尖办税零距离”服务品牌，先后在全省纳税服务会议及全市机关党建观摩会议上作经验交流。

【支持地方经济发展】 研究服务民营经济发展31条意见，深化“银税互动”，协助企业融资29.94亿元。统筹推进增值税税率简并及下调工作，实施增值税发票风险快速应对。落实税收优惠政策，办理各项减免、退税88.24亿元。其中，改善民生方面减免21.87亿元，鼓励高新技术方面减免9.76亿元，促进小微企业发展方面减免4.34亿元，节能环保方面减免3.94亿元，支持“三农”发展方面减免7.91亿元，支持金融资本市场发展方面减免16.72亿元，支持其他各项事业发展方面减免9.56亿元；办理高技术制造业留抵退税1.69亿元；办理出口免、抵、退税12.4亿元。

【年度税收分析】 年内，共组织各项收入276亿元（不含海关代征增值税）。其中，国内税收收入268亿元，同比增长10.69%，增收25.89亿元；纳入一般公共预算的地方级税收收入158亿元，同比增长7.6%，增收11.17亿元，完成年初计划的100.55%，税收占财政收入的比重达到72%，比上年提高1.1个百分点。①收入规模创历史新高。税收收入总量突破268亿元，国内税收总量居全省第12位，比上年前移1个位次，增速列全省第8位，高于全省平均增速0.25个百分点，快于经济增速4.7个百分点。②税收收入协调增长。国内税收收入呈现稳定增长态势，税收增速较上年提高3.2个百分点。纳入一般公共预算的地方级税收收入比年初预算目标高出0.61个百分点。剔除地方税收中一次性不可比因素，地方可用财力实际增收25.68亿元，增长21.97%，增速高于中央级收入6.11个百分点。③支柱产业贡献突出。重点税源企业中，煤炭、钢材、水泥、焦炭等主要工业品价格分别上涨16.8%、15.8%、35.3%和21.4%。受工业品及房地产价格水平上涨拉动，工业税收、建筑业、房地产税收分别增长8.6%、39.4%和39.2%，带动全市税收整体实现较快增长。④营改增行业增幅明显。全市改征增值税实现税收56.1亿元，较上年增长36.2%，增收14.91亿元，拉动全市税收增长6.16个百分点，其中建筑业、房地产业、金融业和生活服务业四大行业改征增值税累计完成45.6亿元。 （曹丙珂）

编辑 校对 刘小笋

金　融

综　述

【概况】　2018年，全市有金融机构和金融组织176家。其中，银行业机构24家，存款余额3647.7亿元，新增322.4亿元，比年初（下同）增长9.7%；驻泰安银行业机构表内贷款余额2354.3亿元，新增246.8亿元，增长11.7%；保险业机构55家，保费收入123.4亿元，增长10.11%，累计各项赔款32.6亿元；证券机构12家，开户总数44.4万户，累计成交额2247.2亿元，实现收入1.18亿元；小额贷款公司15家；融资性担保公司9家；民间资本管理公司22家；民间融资登记服务公司1家；典当行27家；融资租赁公司11家。

【融资支持】　年末，驻泰安银行业机构存款余额3647.7亿元，比年初增加322.4亿元，增长9.7%。驻泰安银行业机构表内贷款余额2354.3亿元，比年初增加246.8亿元，突破200亿元，增长11.7%。年末，债券、股权等直接融资141.5亿元。全市工业流动资金贷款比年初新增3.5亿元、“三农”新增23.1亿元。

【政金企合作】　政金企合作签约额350亿元，资金到位率在100%以上。精心筛选项目353个，总投资1004.7亿元。5月、12月，先后举办全市新旧动能转换政金企项目实施发布会、全市农业产业化银企座谈会。开展“驻鲁省级银行行长泰安行”活动，国家行、省级行行长先后到泰安考察项目46人次，直接落实授信项目102个，现场解决76亿元融资难题。

【企业直接融资】　规模企业改制完成737家，其中新增改制企业191家，用4年的时间完成省下达的五年改制任务。实施“百家企业上市梯次培育计划”，10月，山东洁昕纸业通过并购在香港主板上市。新增2家“新三板”挂牌企业，“新三板”累计21家。新增38家区域性股权交易市场挂牌企业，累计101家。建立动态后备资源培育库，筛选培育重点企业52家，其中拟在境内外上市的有新巨丰、淘你欢2家企业；启动上市程序的有泰鹏、泰石岩棉、一滕新材料等8家；启动“新三板”挂牌程序的有10家。通过专题培训、政策解读、企业现身说法等，对300家企业进行改制、上市挂牌、融资等培训；组织130家企业到上交所、深交所、全国股转中心、区域性股交中心学习；邀请山东证监局、省金融办、上交所、港交所对35家重点企业面对面指导。

【金融招商引资】　引进威海银行、青岛银行、恒丰银行、平安银行4家异地银行；引进利安、中信保诚、复星保德信3家保险机构。泰安金融商务区建设年内投入资金6.3亿元，一期工程（市民之家、双子塔）全面建设。泰安银行、泰安金控集团等机构正式签订入驻协议。6人入选2018年度“齐鲁金融之星”，比上年增加2人；3人申报入选2018年度“山东省金融高端人才”。

【产业培育和普惠金融】　年末，全市9家融资性担保公司在保余额128.1亿元，增长19.2%，放大倍数2.3倍。新设立5亿元国有独资融资性担保公司1家；弘泽担保增资10亿元，注册资本达15亿元。全市试点合作社32家，互助人数2600人，位居全省前列。年末，全市15家小额贷款公司、22家民间资本管理公司累计投放57.9亿元，成为支持中小微企业不可缺少的重要力量。依托民间借贷登记服务公司建立“金融超市”模式，在全省推广，成为省内具有影响力的中小微企业投融资平台，为2万家中小微企业服务，累计带动民间资本40亿元。年末，驻泰安55家保险公司保费收入123.4亿元，同比增长10.11%，累计各项赔款32.6亿元。年末，全市12家

6月26日，全市金融工作座谈会议召开，市委副书记、市长李希信，市委常委、副市长展宝卫出席会议。图为会场　　　（司　刚　摄）

证券机构累计成交额2247.4亿元，实现利润3272万元。

【防范非法集资】 狠抓机制建设。按照网格化、全覆盖管理模式，建立“六个机制”（责任分工、联席会议、月通报“零”报送、督导督办、社会举报、考核评价），实现打早打小，做到防范、监管、打击“三位一体”，防范网络“到边到底”，不留空当和死角，形成“政府领导、属地管理、防范在先、齐抓共管、社会参与”工作大格局。开展“进村居进社区进家庭进机关进学校进工厂”活动。充分运用金融机构3600个代办点、支付终端，张贴宣传材料，发放防范非法集资册子；依托金融机构的300个经营网点，高密度、高频次的滚动播放公益广告和案例。连续开展防范非法集资面对面“宣传月”活动、“进大学校园”活动。在《泰安日报》开辟专栏，刊发《致全体市民公开信》；春节前后，在泰安电视台连续播放公益广告，有效提高群众对非法集资识别能力。做好监测预警。建立由市金融办、公安、工商等共同构筑的防范非法集资监测预警平台，出台《泰安市非法集资案件举报奖励办法》，鼓励市民对涉嫌非法集资的犯罪行为进行举报，对举报查实的给予奖励，最高2万元。开展“无非法集资社区、村居区域排查专项行动”。由公安派出所牵头，对辖区内P2P平台、农民专业合作社、投资理财公司等非法集资风险聚集行业，对街头门店、商务楼宇等重点出租区域逐一走访调查，全面采集信息，摸清底数、建立台账、录入系统、逐一建档、定期约谈、限期整改。开展“互联网金融发展规范整治行动”。制定《专项整治实施方案》，做到全面核实，应查尽查，建立台账，限时销号。扎实抓好金融系统扫黑除恶。把扫黑除恶与强化防范处置非法集资相结合，与开展“打逃债”活动相结合，与日常监管工作相结合，对全市银行、保险、地方金融等领域，深入排查线索，掌握隐患底数。建立完善市场准入、规范管理、重点领域防控、重点环节监督等机制，筑牢防范金融黑恶势力的制度堤坝。

（马　峰）

【金融控股集团有限公司】 围绕服务实体经济、防控金融风险、深化金融改革3项任务，全面落实深化国有企业改革的各项决策部署，坚持市场化运作，做稳做实做成，做强做优做大，服务实体经济发展。2018年，实现营业收入4.51亿元，同比增幅21.4%；利润总额8819万元，同比增幅31.05%；累计为3240家企业及个人提供担保服务123.01亿元，同比增长18.98%。将“三强”企业作为支持实体经济发展的重点任务和核心客户，累计为岱银纺织、鲁普耐特、路德工程等24家“三强”企业提供融资担保服务38.07亿元，占在保责任余额的47.6%。与22家银行建立合作，授信95.15亿元，入股莱商银行、泰安银行，为实体企业融资需求打开通道和资源汇集。2018年，获得“市级文明单位”称号。

招商引资 坚持产融结合发展战略，以融助产、以产生融，全力推进宝泰隆泰山地下大裂谷并购重组项目，以项目为主体，与泰山区政府、山东金泽霖股权投资公司、央广创业投资公司共同启动东胜文旅小镇项目，募集总规模6亿元的东胜文旅基金，专项支持项目建设。与省金管公司，各县（市、区）、高新区和4家重点企业合作搭建省、市、县三级联动的不良资产收购处置和资源整合平台泰安泰山金融资产管理公司，注册资本20.2亿元，为经济发展开辟新的金融市场服务模式和资金支持渠道。

金融风险防范化解 集中开展清欠专项活动，重点突破变现、处置和资产运营，降不良打逃废增效益。2018年风险控制率为1.96%。强化政银担企合作，以担保信用为主体，对东顺集团、瑞星集团、姜仔鸭集团、弘兴玉米等企业风险进

行协调化解，做好重点领域风险防范和处置。

业务发展与创新工作 相继增资市融资担保公司、泰山宝公司、点石投资管理公司、东胜文旅公司，注实资本金。取得市融资担保公司资本市场AA级信用等级资质，汇智民资公司省市1级评级；落实P2P平台合规检查及备案，提升子公司运营资质。加强对参控股子公司新岳海集团的管控和运作，稳定现金流，化解风险。加强业务创新开拓，创新开展消费类、经营类等业务，推广担保互助基金业务，累计为山东众志电子、山东星辰医药等11家企业提供2.055亿元的担保服务；成功发行宝石3号基金5540万元，基金管理规模1.27亿元；扩大定向私募融资业务规模，开展5期2.29亿元，融资总额位居全省首位。

党的建设 深入开展“弘扬泰山‘挑山工’精神 勇做新时代泰山挑山工”主题活动，推进过硬党支部建设，制定常态工作机制、“七彩”党建创新模式，在公司内部开展“争授‘流动红旗’争树‘泰山先锋’红旗党支部”创先争优活动，创建“石敢当”国企党建品牌、打造国有企业党建优秀联系点。 （李春霞）

银行业

·中国人民银行泰安市中心支行·

【概况】 该行以习近平新时代中国特色社会主义思想为指导，全面贯彻中共十九大以及中央经济工作会议、人民银行工作会议精神，坚持党对金融工作的领导，坚持稳中求进总基调，坚持新发展理念，坚持深化新时代履职总体要求，紧密结合泰安实际，精准贯彻传导稳健货币政策，防范化解重大金融风险，深化金融改革开放，加强预期引导，持续推进泰安经济金融协调健康发展。在济南分行目标管理综合考核中被评为先进单位，连续16年保持省级文明单位称号，连续4年被表彰为全市经济社会发展综合考核先进单位，获“振兴泰安劳动奖”“泰安市模范职工之家红旗单位”称号，被表彰为“泰安市创建全国文明城市先进单位”“泰安市禁毒工作先进集体”“泰安市安全生产先进单位”“提案承办先进单位”。

【金融运行】 年末，全市金融机构人民币各项存款余额3647.7亿元，比年初增加322.4亿元，同比多增53.4亿元。全市单位存款余额1204.8亿元 比年初增加74.3亿元，同比少增35.1亿元。个人存款余额2350.8亿元，比年初增加217.9亿元，增长10.2%，同比提高0.7个百分点。

全市人民币各项贷款余额2354.3亿元，比年初增加246.8亿元，同比多增79.9亿元，增长11.7%。短期贷款余额888.7亿元，比年初增加0.6亿元，同比少增29.8亿元。中长期贷款实现较好增长。全市中长期贷款余额1370.3亿元，比年初增加219.4亿元，同比多增45.8亿元。全市票据融资余额94.7亿元，比年初增加27.5亿元，上年同期为下降34亿元。

外币存贷款增长。全市外币存款余额35857万美元，比年初增加3197万美元，同比多增2997万美元。全市外币贷款余额5145万美元，比年初增加733万美元。

【金融调控】 年初，该行制定《关于认真贯彻稳健货币政策 打好防范化解金融风险攻坚战 改进金融服务和外汇管理 力促全市经济高质量发展的意见》，把政策传导着力点放在疏通金融支持实体经济渠道和优化资源配置上，强化融资需求对接，合理规划信贷投放节奏，大力优化信贷结构，确保贷款投向合理、节奏均衡。

引导金融机构加大信贷投放 加大货币政策工具运用，全年发放再贷款、再贴现等央行资金27.1亿元。通过“定向降准”“考核降准”等措施累计增加可贷资金28.6亿元，引导金融机构加大对民营、小微和“三农”领域的信贷投放。引导金融机构降低融资利率，2018年，全市金融机构新发放的企业贷款加权平均利率5.25%，同比下降0.1个百分点。

支持外贸经济发展 坚持服务导向，不断提升服务质效，促进贸易投资便利化，增强服务实体经济的能力。强化前置精准服务，启动“外汇服务企业行”活动，深入20家企业走访，开展集中座谈7次，覆盖4市2区118家企业。推进货物贸易外汇收支电子单证审核业务，引导银行业机构为更多民营企业开办国际汇款电子化审单业务。1月26日，《山东泰安扎实推进货物贸易外汇收支电子化审单业务》被《金融时报》报道。全年涉外收支总额29.1亿美元，同比增长6.6%。6月6日，《做涉外企业发展“坚强后盾”——外汇局泰安市中心支局支持涉外企业发展纪实》被《金融时报》报道。

【金融服务】 贯彻落实普惠金融理念，以“三农”和民营、小微企业为重点，创新基础金融服务，引

4月20日，中国人民银行泰安市中心支行召开泰安市货币政策与金融管理服务工作会议，党委书记、行长杨化军出席会议并作重要讲话

（张景浦　供）

导和督促金融机构提供更加安全便捷的金融服务。

金融支持乡村振兴　推进金融精准扶贫，实行“一户一档”动态更新制度，推广“央行资金产业扶贫贷”。年末，全市各类扶贫贷款余额25.9亿元，较年初增长27.9%，惠及贫困人口6.3万人。推动农民住房财产权抵押贷款增量扩面。年末，相关贷款余额9.8亿元，增长1.9倍。加大对农村水利、道路等基础设施建设项目的支持力度，年末，相关贷款余额87.3亿元，增长26.8%，支持美丽乡村建设。持续改善农村支付环境，完成电话POS机具等助农取款工具对全市行政村的全覆盖，实现“综合支付服务不出村”。2月13日，《立足“三早”迎新春——人行泰安市中支做好春节金融服务工作》被《金融时报》报道。

支持新旧动能转换重大工程　建立十大重点产业监测制度，将金融支持情况纳入对金融机构的综合评价体系。年末，金融机构投向十大重点产业的贷款余额108.5亿元，同比增长15.6%。以山水林田湖草生态修复试点工程为契机，加大对绿色产业的支持力度，全市绿色贷款余额达51.1亿元，同比增长25.9%。加大对“三强”企业的资金支持，年末，“三强”企业在市内银行的贷款余额240.9亿元，同比增长26%。开展“三押一推（股权质押、动产抵押、商标权质押和推荐诚信文明企业）”助企融资工作。年末，全市股权、动产、商标专用权（知识产权）抵质押贷款余额41.6亿元，同比增长14.6%。

全力服务民营和小微企业发展　开展“小微企业金融服务万户行”和“金融精准助民企千户帮”活动。组织金融机构对全市1200家民营和小微企业逐户走访对接，发放“明白纸”，解决“政策好，但企业不知道、不会用”的问题。实行企业账户在线审批和容缺办理机制，开通“小微企业开户绿色通道”，实现“一次办好”。开展应收账款融资专项行动，督促金融机构开展供应链融资业务，全年累计为企业提供应收账款质押融资75.6亿元。发展创业担保贷款业务，推动金融机构累计发放相关贷款1.2亿元，惠及567人。年末，全市民营经济人民币贷款余额696.1亿元，同比增加27.6亿元；小微企业贷款余额477.8亿元，同比增加15.1亿元。

国库业务　履行经理国库职能，加强国债宣传管理，年内，全市办理国库业务232万笔，增长28.89%；金额2175亿元，增长9.35%。

现金服务　优化现金供应服务，建立33个小面额人民币供应主办网点，促进零币自循环。开展“反假宣传月”活动，普及反假币知识。组织金融机构做好贺岁普通纪念币、人民币发行70周年纪念钞、改革开放40周年纪念币的预约兑换工作。

社会信用体系建设　加强省域征信服务平台应用，全部地方法人金融机构将省域征信服务平台查询纳入信贷审批流程，实现平台查询的制度化、规范化。年末，全市金融机构应用平台查询1.14万笔，增长91.66%。实施信贷信息“红榜”发布制度，将259户“红榜”企业上传地方征信数据库。年内，办理各类信用报告查询19.7万笔。

【金融管理】　坚持依法从严治行，推进法治央行建设，提升金融管理水平。

金融稳定　实施存款保险制度，高质量完成2018年度存款保险风险评级、差别费率管理和保费核缴等工作。发挥存款保险的稳定器作用，实行存款保险差别费率，提高法人金融机构安全稳健意识。加强风险监测与研判，建立金融机构季度风险例会制度，及时调研掌握风险信息，坚持重点企业风险跟踪监测制度，按照辖区涉及复杂担保圈、资金链条长、融资额大、对地方经济有重要影响的企业建立关注名单。

2018 年泰安市存款类金融机构信贷收支情况

表 13　　　　　　　　　　　　　　　　　　　　　　　　　　　单位：万元

栏目 项目名称	当期余额	比年初增减		栏目 项目名称	当期余额	比年初增减	
		当　年	上　年			当　年	上　年
各项存款	36476839	3224496	2690408	各项贷款	23543232	2467631	1668858
境内存款	36473094	3225483	2689887	境内贷款	23543184	2467637	1668913
住户存款	23507500	2178846	1850268	住户贷款	9357338	1783586	1709196
活期存款	5516664	424461	390085	短期贷款	1878577	249763	211875
定期及其他存款	17990836	1754385	1460182	消费贷款	952052	108186	309258
非金融企业存款	7265321	102834	745691	经营贷款	926525	141577	−97383
活期存款	3622148	−268233	959419	中长期贷款	7478761	1533823	1497321
定期及其他存款	3643174	371067	−213727	消费贷款	6761729	1464881	1415230
广义政府存款	4976419	539677	455402	经营贷款	717033	68942	82090
财政性存款	193852	−100481	107130	非金融企业及机关团体贷款	14155846	654061	−40283
机关团体存款	4782566	640158	348271	短期贷款	6978315	−273640	92212
非存款类金融机构存款	723854	404126	−361473	中长期贷款	6223867	660143	239136
境外存款	3745	−987	521	票据融资	947058	275040	−339635
金融债券	60025	25	−8	融资租赁	—	—	—
其中：境外发行	—	—	—	各项垫款	6605	−7482	−31996
卖出回购资产	10000	−1999	-82251	非存款类金融机构贷款	30000	29991	
借款及非存款类金融机构拆入	—	—	—	境外贷款	47	−6	−55
联行往来（净）	—	—	—	债券投资	3444210	−145116	−235332
应付及暂收款	859677	−17004	−9116	其中：境外债券	—	—	—
各项准备	826012	121559	−21528	股权及其他投资	1306306	198720	−494779
所有者权益	1309026	291709	−22484	买入返售资产	5840	3890	−34050
其中：实收资本	687655	6633		存放非存款类金融机构款项	7	—	—
其他	−2930084	−2123	−1238469	联行往来（净）	7774185	1077165	392465
				其中：境内存放二级准备金	491099	−76389	30541
				金银占款	—	—	—
				中央银行外汇占款	—	—	—
				应收及预付款	215911	4073	4048
				投资性房地产	308	−29	−29
				固定资产	321496	10328	15370
资金来源总计	36611495	3616663	1316550	资金运用总计	36611495	3616663	1316550

注：该表机构包括中国人民银行、银行业存款类金融机构。

开展央行金融机构评级，将评级结果与宏观审慎管理、金融机构风险评估、核定存款保险差别费率等央行职能相结合，有效强化监管。

反洗钱工作 年内，对6家机构开展反洗钱执法检查和风险评估，对存在严重违规问题的机构严格落实“双罚制”。建立健全与公检法等部门的沟通协作机制，与市公安局禁毒支队签订《关于打击涉嫌毒品、洗钱等违法犯罪工作的协作机制》，加强与公检法等部门的情报会商和案件协查，向公安机关移交20起可疑交易线索。加强与市商务局、市司法局、市住建局等行业主管部门的沟通，探索推进辖区特定非金融机构反洗钱监管。泰安市中心支行反洗钱科获“2018年度山东省打击虚开骗税工作先进单位”称号。

支付结算工作 履行支付市场监管职责，规范支付市场秩序，对2家银行金融机构开展支付结算检查。开展无证经营支付业务机构专项整治，组织辖内6家法人持证机构开展无证机构自查自纠工作。

金融消费权益保护 开展金融消费咨询投诉受理工作，年内，受理投诉46件、咨询227件，办结率100%。制作公益广告宣传片《守护》，获2018年人民银行济南分行、省新闻广电局金融专题类公益广告一等奖。全市建成农村维权联络点2774个，实现维权联络点辖区所有行政村的全覆盖。3月13日，《人行泰安中支开展金融普法宣传活动》被《金融时报》报道。（张景浦）

·中国银行保险监督管理委员会泰安监管分局·

【概况】 中国银行保险监督管理委员会泰安监管分局（简称泰安银保监分局）于2018年12月26日正式挂牌，为中国银保监会驻泰安派出机构，有在职职工61人，内设9个科室，辖新泰、肥城、宁阳、东平4个监管办事处。2018年，泰安银保监分局坚持“稳中求进”工作总基调，以学习宣传贯彻中共十九大精神为统领，以服务全市新旧动能转换重大工程为重心，全市银行业保持稳健运行的发展态势。

年末，全市银行业各项贷款余额2354.86亿元，较年初增长11.79%；各项存款余额3652.44亿元，较年初增长10.54%；不良贷款余额、不良贷款率控制在较低水平，信用风险整体可控；累计实现净利润31.43亿元，同比多盈3.74亿元。2018年，获得“省级文明单位”“银监会系统信息报送先进单位”“全市经济社会发展综合考核先进单位”、山东银保监局“优秀分局领导班子”等称号，被泰安市委、市政府授予“全市防范化解金融风险突出贡献奖”，分局记集体二等功，主要负责人记个人二等功。

【支持地方经济发展】 围绕支持新旧动能转换重大工程主线，制定《辖区银行业支持新旧动能转换的实施意见》，明确新旧动能转换重点项目、“领军企业50强、科技创新型企业50强”企业和民营企业3个重点支持领域。与高新区党委会联合召开高新技术产业推介会暨支持新旧动能转换重大工程座谈会，组织开展第四季“千家企业百日行”活动，累计为1233家企业新增授信21.87亿元，为778家企业制定综合服务方案，强化“千家企业百日行”特色品牌；组织开展“便捷获得信贷行动”专项工作，优化营商环境；推动银行业开展专项自查工作，降低企业融资成本；整体实现小微金融服务“两增两控”（总量明显增长，户数明显增加，贷款质量和综合成本得到有效控制）考核指标，提升小微金融服务水平。引导银行业对接全市乡村振兴战略规划，持续加大小额扶贫贷款投放力度，年末辖区银行业涉农贷款余额1088.09亿元，较年初增加15.43亿元。对符合条件的贫困户贷款余额4.76亿元，惠及贫困人口2.84万人。组织开展银行业服务实体经济系列宣传报道，在《泰安日报》连续刊发6期，并在《泰安新闻》栏目进行集中报道，有效树立监管部门和辖区银行业形象。

【防范化解金融风险】 建立企业资金链风险监测预警机制，定期开展信用风险排查，累计对拟新增及拟退出“四类风险企业”进行集中评估认定2次。探索应用信用风险地图系统，密切监测风险防控处置工作进展；做实债委会运行机制，推进肥城、东平等县域重点企业和担保圈风险的处置化解；扩大担保圈风险识别监测及共享平台使用范围，按季对4个重点担保圈及圈内10家重点企业进行风险识别监测。推动印发《泰安市打击逃废金融债务优化金融生态环境专项行动实施方案》，建立全市打击逃废金融债务联席会议制度。组织开展“增信贷、降不良、打逃债、树诚信”主题活动，全年处置不良贷款53.44亿元，防控金融风险，优化辖区信用环境。开展“合规管理深化年”活动，创新开展“青春感悟 合规教育主题宣讲”暨“送监管政策进基层行”活动，从分局和各银行中抽调青年员工80人，连续开展29场巡回宣讲，实现辖区银行机构合规教育全覆盖，推动合规文化长效机制建设。做好全国“两会”、上合组织青岛峰会等重要会议期间安保维稳工作，全年未发生因合规管理、安保维稳等方面引起的突发事件。制定《泰安银行业进一步贯彻落实扫黑除恶专项斗争工作方案》，配合做好扫黑除恶宣传教育。加大打击非法集资力度，配合做好全民宣传教育，督导银行业严格员工异常行为排查。配合做好 P2P 网贷风险整治、流动性风险、市场风险防控等工作，辖区风险基本趋稳。

【推进银行转型发展】 加大法人机构监管力度，推动泰安银行规范“三会一层”履职，夯实信贷资产质量。指导各农商行制定三年处置规划，完善合规评估考核机制，推动农商行依法合规经营和持续健康发展。引导各农商银行、村镇银行坚守市场定位，更好服务全市“三农”发展。针对沪农商村镇银行等机构的风险高企问题，加大监管力度，促进风险化解取得进展；督促上海农商行以真实性为基础，制定《沪农商村镇银行风险化解方案》，通过增资、结对帮扶等方式，确保辖区沪农商村镇银行 2019 年底前主要监管指标实现达标；年内引入平安银行泰安分行，辖区银行业金融体系进一步优化。

【深化监管工作成效】 开展全员依法监管培训教育，提升依法监管意识。印发《监管履职问责实施办法》，确立履职尽责、从严问责的导向。加大行政处罚力度，全年实施行政处罚 27 件，涉及 10 家机构，累计罚款 980 万元，处罚个人 14 人，增强监管威慑力。督导银行业开展违规收费检查，发现违规收费问题 9 户、金额 504.85 万元，责令银行全部退还违规收费。组织开展“EAST 应用深化年”活动，全年开展培训 19 次，组织模拟考试 4 次，累计建立模型 70 个，应用现场检查项目 5 个。年内，班子成员深入银行、企业、办事处基层联系点调研，全局完成长篇调研 60 篇，其中 2 篇重点调研课题分别获得山东银监局系统一等奖和二等奖，全年报送政务信息 360 余篇。印发《关于做好 2018 年信访消保工作的实施意见》《泰安银监分局信访投诉档案管理实施细则》，健全完善信访消保工作机制。组织“金融知识普及月金融知识进万家”暨“提升金融素养 争做金融好网民”活动，集中宣教 251 次，发放宣传资料 18.23 万份，金融知识宣传普及力度持续加大。（汪　洋）

12月26日，泰安银保监分局举行挂牌仪式。图为全体人员合影

（汪　洋　供）

【中国农业发展银行泰安市分行】 年末，辖市分行营业部和新泰市、肥城市、宁阳县、东平县支行 4 个。有职工 159 人，其中市分行机关 43 人。

全年累计发放各类贷款 32.6 亿元，各项贷款余额 76.15 亿元，贷款余额比年初增加 6.6 亿元；不良贷款继续保持零余额。重点建设基金投资 2.14 亿元。各项存款余额 23.1 亿元，各项存款日均余额 31.1 亿元。办理国际结算 8924 万美元；向地方上缴各类税金及附加 1312 万元；实现账面利润 1.05 亿元。该行被评为泰安市 2018 年度经济社会发展综合考核先进单位。

信贷业务　足额供应粮棉油收储，发放粮棉油收储资金 5.96 亿元；支持粮油增储轮换，发放贷款 4.07 亿元；审批、发放“信用保证保险贷”专项贷款 3000 万元；支持贷款企业粮食收购份额达 53.7%。推进棚改贷款营销，实施贷款营销“清单制”管理机制，全年累计评估棚改项目 8 个，金额 54.56 亿元，获批棚改项目贷款 5 个，金额 31.2 亿元；年内对 7 个棚改项目发放贷款 11.4 亿元。对接“乡村振兴”融资需求。年内获批系统内首笔“山水林田湖草”综合治理项目专项贷款 8 亿元专项用于支持东平县山水林田湖草项目（一期）工程建设；审批农村土地流转和规模经营中长期扶贫贷款 2.3 亿元，发放 1.2 亿元。做好易地扶贫搬迁资金供应与管理，支付资金 1.78 亿元。年末精准扶贫

2018年中国农业发展银行泰安市分行各支行（部）基本情况

表14　　单位：人、万元

支行（部）	职工人数	年末存款		年末贷款	
		金　额	比上年增（%）	金　额	比上年增（%）
市分行营业部	37	87573	-8.7	365701	7.3
新泰市支行	22	54446	-42.2	146045	-2.6
肥城市支行	23	22264	7.5	42812	-6.1
宁阳县支行	15	30470	177	60386	47.5
东平县支行	19	36300	-46.9	146595	24.3
合　计	116	231052	-20.4	761539	9.5

项目4个、贷款余额4.22亿元。年末，各项存款余额23.11亿元，存款日均余额31.15亿元；营销棚改债资金4.95亿元。梳理重点客户目录，努力挖掘非贷客户资源。全年实现国际结算量8923.81万美元，收益53.73万元，保持国际业务星级经办行荣誉。

管理服务　树立全面风险管理理念，加强管理，定期监测，及时跟进，对企业生产经营状况、财务状况等进行研判，处置化解1.15亿元风险及不良贷款，守住风险防控底线。开展市场乱象整治工作，强化内控合规综合治理，对发现问题积极整改；开展“信贷队伍建设年”和信贷基础管理示范行、示范岗创建活动，提升贷前、贷中、贷后三个环节规范化水平；修订财务开支管理办法，完善开支流程，明确部门职责，提升财会基础管理水平。

（张　帆）

【中国工商银行股份有限公司泰安分行】　年末，在为企业和个人减费让利的前提下，经营效益较往年稳步提升，拨备前利润、净利润实现“双升”，缴纳各项税金9821万元，较上年增长827万元，增幅9.2%。保持“省级文明单位”称号。获得“人行综合评级A级”“执行外汇管理规定A类行”“反洗钱考核评级A级”“年度全市安全生产工作先进单位”等称号。岱岳支行获得“总行级精神文明建设工作先进单位”称号，岱岳支行营业室获得银行业协会“文明规范服务千佳单位”称号。获得省行级以上荣誉称号12人次，其中1名退休干部被省文明委评为“山东好人之星”，位居榜首。

存、贷款业务　年末，存款余额407.17亿元，较年初增长63.06亿元，同比多增27.95亿元，增量、增幅全省系统内第4、第2。本外币各项贷款余额280.13亿元，较年初增长24.5亿元，同比多增4.48亿元。其中，公司贷款（不含票据）新增6.62亿元，个人贷款新增22.46亿元。新旧动能项目余额15.32亿元，较年初新增13.06亿元，累计为25户“双50强”企业提供融资支持38.45亿元，余额39.69亿元。

普惠金融　贯彻执行做小、做微的发展思路，通过加大信贷资源倾斜、降低利率水平、精简业务流程、创新金融产品等措施给予广大中小企业信贷支持。全年累计为各类中小微企业发放贷款15.92亿元。

12月6日，中国农业发展银行副行长林立（前排右二）调研天颐湖花海项目，市委常委、副市长展宝卫（前排右一）陪同调研　（张　帆　供）

11月6日，中国工商银行股份有限公司工作人员到定点扶贫包村点——新泰市放城镇东石井村走访调研　　（王　振　供）

银监普惠口径贷款余额7.14亿元，较年初增长2.01亿元；人行定向降准口径贷款余额3.21亿元，较年初增长0.67亿元。年末，银监普惠口径贷款客户总量达343户，较年初增长135户。

渠道建设与优质服务　网点装修12家，其中原址装修网点4家，迁址装修网点5家，微改造网点3家，营业网点服务环境得到改善。打造标杆网点，发挥模范引领作用，岱岳支行营业室“银协千佳”创建成功，另外又成功创建总行四星级网点1个、三星级网点4个。至年末，三星级以上的网点21个，占网点总数的45.7%。

风险管理　年内，全面做好基础管理工作，加大风险管控力度，把保持资产质量稳定作为重中之重，全力以赴防控信贷风险，把握节奏处置不良资产。全年累计处置不良贷款4.29亿元，年末，剪刀差贷款余额较年初下降4.73亿元，不良余额8.04亿元，不良率2.87%，实现“双降”工作目标。

社会责任　创新金融扶贫模式，助推贫困地区发展，增强金融扶贫的精准性和有效性。在信贷投放方向上优先向民营企业倾斜，加大对产业扶贫、电商扶贫、乡村旅游扶贫等特色产业项目的信贷支持。开展包村扶贫工作，帮助新泰市石莱镇东石井村完善基础设施，拓宽农产品销售渠道，助力贫困户实现脱贫致富。开展“金融知识普及月 金融知识进万家”宣传活动，200人参与，受众人数5000人。组织人员走进社区、走进商圈、走进企业、走进校园、走进农村开展金融知识宣传活动，微信、微博宣传800次，发放宣传折页、材料6500份。

（陈雪飞　王　振）

2018年中国工商银行泰安分行各支行（部）基本情况

表15　　单位：人、万元

单　位	职工人数	人民币存款		其中：储蓄存款		人民币贷款		税　金（含个人所得税）	
		余　额	同比增%	余　额	同比增%	余　额	同比增%	余　额	同比增%
市分行营业部	317	836497.25	38.18	342004.52	17.50	639262.13	39.61	3157	15.18
泰山支行	122	656766.36	38.17	389248.49	14.45	289389.63	13.41	869	4.57
高新支行	57	230623.44	18.10	123760.13	24.30	400189.49	70.44	804	57.03
岱岳支行	70	302614.48	13.45	174761.04	21.19	158641.90	11.40	578	15.37
新泰支行	155	814958.62	−1.14	547596.85	6.30	571262.08	1.17	1655	−24.81
肥城支行	131	730185.48	12.79	485412.28	13.18	378038.52	−8.40	1130	−15.10
东平支行	46	167804.33	8.41	130442.87	12.83	240484.80	−1.11	538	6.53
宁阳支行	68	297750.89	26.28	173555.94	14.80	109313.95	49.72	299	−19.41
合　计	966	4037200.85	18.57	2366782.12	13.47	2786582.50	9.60	9030	0.41

【中国农业银行股份有限公司泰安分行】 年末，该行辖一级支行9个、营业网点73个，在职员工1531人。全年缴纳税款8134万元。综合绩效考核居全省农行系统第3位，被省农行党委授予“创建‘四好’领导班子先进集体”称号，被省文明委评为“省级文明单位”。

主体业务 各项存款较年初增加43.43亿元，余额542.26亿元。其中，个人存款增加29.95亿元，余额341.68亿元；对公存款增加13.48亿元，余额200.58亿元。坚持“资产强行”“信贷质量立行”，各项贷款较年初增加35.03亿元，余额354.43亿元，均居大型银行首位，增量居全省农行第3位。坚持从严治贷，不良贷款余额、不良率（从低到高）分居全省农行第4、第3位。

服务实体经济 聚焦新旧动能转换重大战略，高效服务重点项目、重点企业。为基础设施、清洁能源等领域的9个新旧动能转换项目授信38.65亿元，发放贷款16亿元，新旧动能转换贷款余额50亿元。银企重点合作项目13个，贷款余额81.5亿元。开展“千家企业百日行”活动，深入了解企业金融需求，利用特色产品，重点支持小微、民营企业做大做强，被泰安银保监分局授予“千家企业百日行”活动先进单位。小微企业贷款较年初增加9亿元，达到监管要求。对接产业规划，制定信贷、互联网金融等一揽子服务方案，支持新兴产业、优势产业发展，助推传统产业加快转型。年末，对新兴产业、优势行业贷款余额50亿元。互联网金融服务平台用户1.01万户，交易额70.8亿元。

10月15日，中国农业银行泰安分行实地考察东平县泉林生态农场，并提供惠农贷款助其扩大大棚种植规模 （王璇 供）

2018年中国农业银行泰安分行各支行（部）基本情况

表16 单位：人、万元

单位	职工人数	人民币存款		其中：储蓄存款		人民币贷款		税金（含个人所得税）	
		余额	同比增%	余额	同比增%	余额	同比增%	总额	同比增%
新泰市支行	247	1162727	8.51	876330	8.57	927577	-1.74	2133	-7.45
宁阳县支行	154	439533	8.12	295119	9.12	181850	17.14	359	-14.53
肥城市支行	243	908145	7.79	644363	8.36	575908	1.51	1161	-10.72
东平县支行	141	468491	8.25	270119	9.43	290788	18.68	390	-26.71
泰山支行	226	888838	8.78	646929	10.19	478202	0.84	1197	-11.96
龙泽支行	181	693445	2.38	453776	10.52	595333	40.47	1229	10.21
市分行营业部	50	545422	13.15	97221	30.54	306180	1.08	—	—
高新区支行	21	74682	-0.59	54092	2.86	37988	37.02	105	13.42
岱岳支行	25	236521	31.25	78808	12.17	150431	179.91	312	80.43
市分行直管	243	4805	57.74	—	—	23	53.39	1248	16.41
合计	1531	5422609	8.71	3416757	9.72	3544280	10.97	8134	-2.82

2018 年中国银行泰安分行基本情况

表 17 单位：人、万元

单 位	职工人数	人民币存款		其中：储蓄存款		人民币贷款		税 金	
		余 额	较上年增 %	余 额	较上年增 %	余 额	较上年增 %	余 额	较上年增 %
市分行直管	244	649575	17.52	157310	5.89	446118	7.31	4251	1097.46
泰山支行	67	183790	1.85	110042	7.74	144233	-2.20	1343	27.03
东岳支行	63	151840	-1.18	118196	7.41	171609	51.70	938	44.12
岱岳支行	70	217258	-7.06	151505	9.04	197501	0.33	2005	13.41
肥城支行	69	330244	8.04	158659	13.56	307091	-4.97	2437	-252.12
新泰支行	80	441124	10.20	281036	10.58	386247	4.10	3702	-8.50
宁阳支行	47	179979	5.64	91381	6.39	109791	27.60	1038	241.49
东平支行	32	103191	38.02	47311	15.69	198259	-4.91	1539	-34.80
合 计	672	2257001	8.95	1115440	9.33	1960849	5.31	17254	92.99

“三农”金融服务 倾斜资源支持乡村振兴战略实施，加强农田水利、公共交通、教育卫生等民生项目信贷投放，涉农贷款余额 189 亿元，占全部贷款的 53.4%。探索产业扶贫、项目扶贫、到户精准扶贫、派驻“第一书记”扶贫等有效模式，建档立卡贫困户贷款余额 2.88 亿元，收到市扶贫开发领导小组向省农行寄送感谢信。丰富政、银、担合作新机制产品，“鲁担惠农贷”试点实现突破。推广“惠农 e 通”农户版等互联网金融产品，打通服务“三农”最后一公里，让农民群众在家门口就能享受到取款、转账、缴费等金融服务，新增“惠农 e 通”农户版用户 5.89 万户，推广进度居全省农行首位。

便民金融服务 开展便捷获得信贷专项行动，创新工作机制，优化信贷流程，缩短信贷业务办结时限，各类用信业务平均办理时间优于全省平均水平 5.76 天。围绕满足居民美好生活需求，发展个人贷款业务，余额 173.18 亿元，增长 28.91 亿元。优质文明服务年度考核居全省农行首位。 （许 兵 王 璇）

【中国银行泰安分行】 该行辖属机构 28 个，在岗职工 672 人。其中，泰安城区网点总数 16 个，即分行 1 个、管辖支行 3 个、经营性支行 12 个；各县（市）网点总数 12 个，即管辖支行 4 个、经营性支行 8 个。连续第八年通过“省级文明单位”复审，连续第九年被评为“执行外汇管理规定 A 级”机构，连续第十二年获得 “反洗钱工作 A 级”单位。

负债业务 本外币公司存款日均余额 254.92 亿元，较上年末增加 14.42 亿元。其中，公司存款日均余额 132.05 亿元，较年初增加 7.6 亿元，四大行市场份额 22.98%；个人存款日均余额 122.87 亿元，较年初增加 6.83 亿元，四大行市场份额 14.61%。

资产业务 围绕支持实体经济，助力新旧动能转换重大工程，回归银行经营本源，全行人民币贷款余额 196.08 亿元，较年初新增 9.89 亿元，列山东中行系统内第 5 位。普惠金融重点领域贷款增速高于全行各项贷款增速 5.61 个百分点；普惠金融重点领域贷款户数较年初新增 150 户；普惠金融降准口径贷款新增占比 6.35%。

国际业务 累计叙做国际结算 10.59 亿美元，市场份额 46.62%，超越标杆 6.62 个百分点，列山东中行系统第 1 位；叙做跨境人民币 7.0 亿元，市场份额 34.03%，列山东中行系统第 7 位。叙做远期结售汇 1.60 亿美元，市场份额超过 90%。泰安地区超千万美元客户 37 家，有 31 家在中国银行叙做业务，客户覆盖率 83.78%，列山东中行系统第 2 位。

党的建设 全行 28 个营业网点，实现党员全覆盖、党支部全覆盖，做到党建工作与业务发展的有机结合。与泰安海关签署“党建共建”协议，建立“党建共建”关系，党建共建单位达到 6 家。组织开展“中行好党员季度之星”评选活动，表彰先进基层党组织 6 个，优秀共产党员 30 人，优秀党务工作者 8 人。

科学管理 创新合规教育方式方法，开展合规文化建设年活动，举办“我的舞台我做主”营销能手经验报告会，继续保持“无案件、无事故”内控目标。全年绩效考核列山东中行系统第 2 位，被中国银行山东省分行授予“中银卓越集体”

称号，分行团委被共青团泰安市委评为“五四红旗团委”。

社会责任 加快存量不良处置，大力管控潜在不良，全行不良贷款余额3.64亿元，不良率1.85%，较年初下降0.06个百分点，降幅3.14%，维护地区金融稳定。在全市设立助农取款服务点89家，实现发卡2.5万张。全年缴纳税费5891万元。

（张　聪）

【中国建设银行股份有限公司泰安分行】 该行辖县（市、区）支行15个，营业网点45个；在岗人员1138人。年末，一般性存款时点余额298.01亿元，日均余额291.25亿元，余额分别比年初新增18.89亿元、10.61亿元；各项贷款余额216.13亿元，比年初新增15.36亿元；中间业务净收入1.87亿元。

综合融资 紧盯当地重点工程项目建设，加大实体经济支持力度。累计投放对公贷款56.97亿元，累计办理表外信贷业务13.7亿元。重视对民营企业的支持力度，民营企业贷款余额46.53亿元，信贷客户436户，余额占比43.35%，客户数量占比90.08%。为17家新旧动能转换项目客户提供贷款余额22.67亿元。为全市21家“三强”企业提供贷款35.27亿元，为“工业领军企业50强”客户中的15家企业提供信贷支持14.55亿元。发挥建行传统优势，发放宁阳县磁窑镇国家庄和西磁棚户区异地安置项目贷款1.38亿元。组织开展“四增”（增户、增存、增收、增效）活动，成立项目任务型团队，已营销储备11个重点项目，储备总贷款金额83.41亿元。

普惠金融 加大对小微企业及个人贷款的信贷支持。重点产品“小微快贷”比年初新增330户，余额新增1.8亿元；“抵押快贷”比年初新增65户，余额新增1.1亿元；“云税贷”比年初新增99户，余额新增0.4亿元；普惠金融（个人贷款）余额6亿元，新增9500万元，居系统第7位，完成年度新增计划的123%。对于优质的人才创业项目，开辟绿色审批通道，提高审批效率，简化审批流程，配套合适创新产品，优先支持人才创业。通过“裕农通+”模式先后与卫生系统、供销社、乡镇商超、电销平台、海尔水站等开展合作，打造10处慧农通服务站、516户裕农通金融服务点、148户诊所模式服务点，累计服务农户超过11.4万人次。在泰安首家开通直联POS和移动APP缴费服务，实现东平县、肥城市居民医保网上银行、手

2018年中国建设银行股份有限公司泰安分行各支行（部）基本情况

表18　　单位：人、万元

单　位	职工人数	人民币存款		其中：储蓄存款		人民币贷款		税　金	
		余　额	同比增%	余　额	同比增%	余　额	同比增%	余　额	同比增%
分行直属	346	469189	6.35	276122	7.86	170796	44.64	958	0.15
泰山支行	97	187358	-1.44	130795	8.36	235615	7.32	647	1.14
市中支行	98	239830	-3.88	184256	4.38	141705	26.56	387	19.90
新泰支行	99	431906	25.39	226369	8.33	213194	14.46	620	20.36
新汶支行	85	397898	-1.25	266151	1.99	259685	-14.51	811	-6.87
肥城支行	127	529130	13.08	287679	11.86	350585	-6.56	845	-11.12
宁阳支行	46	139348	10.64	69669	19.51	127155	28.01	313	22.34
东平支行	40	101710	0.38	47301	6.66	272800	10.31	648	-1.40
青年支行	48	93503	38.25	28403	12.50	103359	6.76	284	-2.34
东岳支行	39	91003	0.76	51493	2.63	104384	10.25	255	12.39
岱宗支行	30	64189	3.91	31935	-0.73	41903	2.99	128	4.53
农大支行	28	96560	-13.82	58922	7.47	24758	2.31	66	-4.25
大河支行	24	52708	-0.51	35642	-3.10	64802	26.30	160	-5.45
高新支行	15	36918	-1.77	21993	21.31	30010	37.72	—	—
东城支行	16	33740	16.73	31074	18.90	15700	48.31	—	—
合　计	1138	2964990	6.86	1747805	7.46	2156452	7.74	6124	1.24

8月9日，中国建设银行泰安分行面向社会大众举行"劳动者港湾"揭牌仪式（边晓冬 供）

机银行和柜面渠道的直联缴费服务。

渠道服务 以"服务大众、促进民生"的品牌形象，为全辖所有网点打造"劳动者港湾"，对全市环卫工人、出租车司机、交通警察、快递员、志愿者等户外工作者及其他劳动者开放共享自身资源，用金融力量解决社会痛点。推动龙易行设备推广应用工作，设备使用率位列全省第一位。网点智慧柜员机共办理业务249万笔，对公已上产品迁移率84.78%，全省排名第二位。云宠物累计用户7104户，活跃用户1048户，完成率居全省第一位。提高远程授权质效，远程授权贡献度居全省前三，单笔平均审核时长从53.73秒缩短到22.79秒，效率翻番，保持全省前列，授权审核平均通过率97%，位居全省前三。

智慧旅游 打造智慧旅游生态圈，实现泰安市主要景区业务合作全覆盖。全力打造"一部手机游泰安"旅游品牌，从智慧宣传、智慧门票、智慧服务3个层次全方位打造"智慧旅游"样板，通过聚合支付打造景区移动支付应用场景、推进智慧景区生态建设，实现聚合支付交易量27万笔，交易额3600万元。泰山国际登山节期间，与市旅发委签署全面战略合作协议，通过景区全链条、全量客户、产品组合的综合金融服务打造"建行＋全域旅游"品牌。成功上线省内首家全国性手机银行内嵌商户——泰山惠玩网，并将手机银行作为免费抢票活动的官方渠道，登山节期间有5.79万张免费门票从建行手机银行渠道抢得，约占总票量的2/3，被省建行列为"慧游泰山"创新产品向全省推广。

条线亮点 实现单位人民币结算收入1278万元，系统排名第8位；计划完成率116%，系统排名第2位。为辖内两个客户上线网络供应链业务，并投放1100万元。营销开立余额宝等3个同业账户，累计吸存非结算性同业存款295亿元。与市食药监局及辖内8个县级食药监局签订合作协议，是全省第二家实现药品追溯签约全覆盖的市。全行手机银行新开户同步率93.28%，个人网银同步率92.75%，均居系统第2位。全行悦生活场景净新增149户，系统排名第3位，计划完成率排名第1位。装修分期交易额达1.3亿元，系统排名第1，交易额占全省14.84%。

（边晓冬）

【交通银行泰安分行】 该行辖县（市、区）人工网点9个，自助网点21个（含离行单体3个），在用现金类设备60台，非现金类自助设备31台，职工213人。年末，交通银行泰安分行存款余额74.45亿元，较年初增加2.46亿元；融资余额78.32亿元，较年初增加8.75亿元。实现利润总额1.58亿元，缴纳税款2044万元。

信贷业务 年末，该行贷款余额66.562亿元，较年初增加0.952亿元。围绕新旧动能转换项目、当地"三强"企业以及纳税大户企业名单，优选优质目标储备客户，泰开集团、特变电工、新矿集团等7个项目增加授信13.6亿元，已实现提用。同时在贷款规模趋紧情况下，授信客户新矿集团、岱银集团、泰山石膏，将业务品种调整为银承或信用证，增加中间业务收入。

普惠金融 以服务地方实体经济、服务中小企业、服务社会大众为己任，打造普惠金融品牌。做好普惠金融服务工作，践行普惠金融社会责任，加强对小微企业的信贷支持，落实各项优惠政策，落实小微客户减息让利。同时，优化小微信贷服务，拓展线上创新产品。重点推广线上优贷通业务、线上税融通业务两项产品，受益更多的个体工商户、小微企业主。年末，两增口径贷款余额为57963万元，较年初新增9403万元；MPA口径贷款余额为5929万元，新增2231万元，完成率115%；线上优贷通业务实现申请户数21户，提款10户，成功

2018 年交通银行泰安分行各支行基本情况

表 19　　　　单位：人、万元

单　位	职工人数	年末人民币存款		其中人民币储蓄存款		年末贷款	
		余　额	同比增 %	余　额	同比增 %	余　额	同比增 %
分行营业部	17	254388.56	-5.81	50218.5	3.12	150993	26.03
长城路支行	13	64919.91	8.51	23103.04	26.55	40932	17.20
望山支行	8	41527.95	-6.83	19839.11	10.06	11077	-28.58
岱北西路支行	8	54752.34	-5.49	44624.7	7.04	49717	12.44
花园支行	8	31653.15	-14.53	21424.17	1.48	7257	-47.77
文化东路支行	8	58587.94	145.88	20597.68	6.62	11419	-63.32
向阳支行	10	58118.18	42.60	35143.74	18.74	24791	-17.38
新泰支行	11	152872.23	1.90	22094.44	8.49	270046	0.30
肥城支行	12	27700.32	-25.13	10431.59	53.24	99417	2.09
合　计	95	744520.58	3.42	247476.96	10.55	665649	1.45

率 47.73%，居系统内第二。

风险管控　通过清收、核销、重组手段加大风险资产化解力度，全年累计清收处置不良贷款 3.09 亿元。年末，逾期及不良贷款余额 1.07 亿元，较年初减少 2.06 亿元，其中不良贷款余额 0.69 亿元。风险资产处置效果明显，资产质量大幅提升。

金融消费者权益保护　履行社会责任，打造“好客交行”服务品牌，提升金融消费者的自我保护意识和风险意识，推进公众教育宣传工作，为所有网点设计统一的公众教育专区，落实银监局关于加强营业网点金融宣传教育的要求。开展“金融知识万里行”“金融知识进万家”“金融知识普及月”等宣传教育活动，全年组织金融宣传活动 10 次，其中校园宣传 3 次、集中设点宣传 2 次，多次走进企业、社区、商铺宣传，参加人数 240 人次，发放宣传折页 9000 份，累计投入 2 万元，网点日常宣传 30 人 / 天，合计覆盖群体 4 万人次，通过公众教育强化员工的消费者权益保护意识。

内部管理　始终把员工利益放在首位，为员工办小事、实事、具体事，提升员工的“获得感”，努力建设幸福交行。高度重视员工切身利益，坚持人文关怀，采取多种措施努力提高员工“幸福度”，增强员工归属感，为全行实现高质量发展营造和谐稳定的内部环境。元旦春节走访困难员工 17 人，发放慰问金 11.3 万元。“三八”妇女节、“八一”建军节等节日召开座谈。建立颈椎病管理中心和“微生态”管理中心，为员工提供线上一对一个性化诊疗咨询服务。开展文化体育活动，丰富员工业余生活。组织开展以“火炬交汇，梦想通达”为主题的交行创立 110 周年登泰山火炬传递活动，文化体育艺术“家”年华启动仪式、绿色骑行等一系列活动，推进幸福指数相关工作。

（刘梦冉）

【泰安银行】　年末，该行资产总额为 537.17 亿元，负债总额为 500.87 亿元。各项存款规模 432.47 亿元，较年初增加 31.33 亿元，增幅 7.81%；信贷规模 246.42 亿元，较年初增加 31.00 亿元，增幅 14.39%。实现拨备前利润 75471 万元，实现净利润 42505 万元。年末，该行共有支行 72 个、营业部 1 家，其中县域支行 36 家，济南设异地分行 1 家。

存款业务　年末，该行各项存款规模 432.47 亿元，较年初增加 31.33 亿元，增幅 7.81 %。其中储蓄存款 248.56 亿元，较年初增加 35.86 亿元，增幅 16.86%；对公存款 145.53 亿元，较年初减少 5.45 亿元，降幅 3.61%；保证金存款 38.38 亿元，较年初增加 0.93 亿元，增幅 2.48%。

贷款业务　年末，该行信贷规模 246.42 亿元，较年初增加 31.00 亿元，增幅 14.39 %。其中，贷款 238.24 亿元，较年初增加 31.41 亿元，增幅 15.19%；票据贴现 8.18 亿

8月26日，泰安银行与泰安市教育局爱心捐赠暨战略合作签约仪式举行

（陈 潇 供）

元，较年初减少 0.41 亿元，降幅 4.74%。贷款中，公司类贷款 173.63 亿元，较年初增加 16.96 亿元，增幅 10.82%；个人类贷款 64.61 亿元，较年初增加 14.45 亿元，增幅 28.81%。

其他业务 该行银行卡累计发卡量 96.43 万张，电子银行客户数累计 44.7 万户，电子渠道办理业务 720 万笔，交易金额 1827 亿元，电子银行柜面业务替代率 85.57%。

经营管理 支持地方实体经济提质增效，为泰安市新一轮新旧动能转换的 10 个行业、48 家企业提供授信支持 51.84 亿元。以重点客户名单制管理方式保障“三强”企业资金供给。推出银团贷款和股权质押、订单融资、商标权质押三项信贷产品，小微业务推出小微企业商业承兑汇票质押贷款、小微企业厂房按揭贷、畜禽供应链贷款、小微企业无还本续贷、经营性车辆贷款、板栗采购贷款等十几种业务，新产品累计投放 1 亿元，“泰山融易贷”品牌产品达 20 款。支持乡村振兴战略，县域支行累计 41 家，其中乡镇支行 29 家，实现乡镇支行覆盖率 41.4%。建设维权联络点 163 家，拓宽农村金融消费纠纷投诉调解渠道。推进零售业务大发展，推出“月月享”大额存单、“贺岁版”大额存单、幸福“1+6”特色定期储蓄存款产品和泰山薪 e 贷、个人公积金信用消费贷款产品，发行幸福儿童成长卡、幸福安康卡、单位结算卡等新卡种，将原有的 14 款消费信贷产品整合形成线上、线下两大体系。上线实物贵金属销售系统、银保通销售系统，成为全省第二家上线的城商行。综合化经营平稳发展，维持主体信用等级为 AA，评级展望为稳定。小微企业专项金融债、绿色金融债发行项目正式启动。推动与泰安市财政

2018 年泰安银行基本情况

表 20 单位：人、万元

单 位	职工人数	年末存款		其中储蓄存款		年末贷款	
		余 额	同比增 %	余 额	同比增 %	余 额	同比增 %
管辖行一部	103	514458	–11.69	377128	9.71	477687	12.64
管辖行二部	101	656487	7.60	376151	6.10	337232	–2.28
管辖行三部	105	558752	12.52	281750	12.66	278338	4.72
管辖行四部	103	555426	3.30	355287	8.17	282726	31.47
管辖行五部	100	481915	–6.64	321708	9.43	166414	55.82
管辖行六部	64	111325	96.65	106207	109.49	2010	204.67
新泰管辖行	120	416471	39.78	226262	29.19	131999	25.14
肥城管辖行	103	245020	7.77	181631	29.15	65613	–13.63
宁阳管辖行	70	212406	28.43	94679	41.25	103635	28.99
东平管辖行	89	181303	6.17	121644	32.20	444761	237.89
济南分行	48	42289	170.96	9689	35.59	19156	47.35
合计（含总部机关）	1415	4324736	7.81	2485645	16.86	2464194	14.39

2018 年泰安市农村商业银行基本情况

表 21　　单位：人、万元

单　位	在岗职工人数	年末存款		其中储蓄存款		年末贷款		税　金	
		余　额	增幅 %	余　额	增幅 %	余　额	增幅 %	总　额	同比增 %
泰山农商银行	575	1244306	15.37	833153	2.33	782185	10.47	6477	-35.33
岱岳农商银行	664	2211570	9.94	1903687	5.21	1264742	11.84	6847	-27.41
新泰农商银行	707	1828967	9.71	1586526	7.20	975264	10.10	6749	-39.17
肥城农商银行	579	1758387	6.64	1566301	5.45	1040119	16.92	5965	-47.59
宁阳农商银行	471	1074742	11.72	887137	5.67	544803	10.54	3739	-7.20
东平农商银行	475	1171022	7.52	1090497	7.45	601497	18.23	2615	-40.25
办事处	39	—	—	—	—	—	—	132	-12.96
合　计	3510	9288994	9.84	7867301	5.69	5208610	12.84	32524	-35.57

局、区县财政局的产业投资引导基金组建产业直投基金的项目，投资产业基金 2 笔，投资总金额 1.12 亿元。理财产品由封闭式向开放式转型基本完成。初步建立以综合授信为主的统一授信体系。开展整治银行业市场乱象，排查风险隐患。开展全面风险管理体系建设，非零售内评咨询项目（联合实施）获得“亚洲风险管理大奖——年度风险数据分析奖”。打造智慧银行特色，信息科技监管评级保持省内第一梯队位置，上线智慧银行 CBUS 5.0。获得国家版权示范单位（软件正版化）、山东省网络安全保护工作先进单位、山东省软件创新创业大赛二等奖等称号。电子银行社区金融平台 2.0 顺利上线，全媒体客服系统在省内城商行中首家实现与 CRM 系统空地对接。（陈　潇）

【山东省农村信用社联合社泰安办事处】 年末，辖农村商业银行 6 家、营业部 6 家、支行 124 家、分理处 120 家，在岗员工 3510 人，其中大专以上学历的员工 3243 人，拥有中级以上技术职称的 720 人。年内，实现拨备前利润 14.41 亿元，实缴税金 3.25 亿元。

存款业务　各项存款余额 928.9 亿元，较年初增加 83.18 亿元，增长 9.84%，存款市场占有率 25.47%，新增存款市场占有率 25.8%。其中，储蓄存款余额 786.73 亿元，较年初增加 42.39 亿元；单位存款余额 112.29 亿元，较年初增加 24.91 亿元。

贷款业务　各项贷款余额 520.86 亿元，较年初增加 59.27 亿元，同比多增 31.14 亿元，贷款市场占有率 22.12%，全年累计投放贷款 441.6 亿元。其中，零售贷款余额 248.15

6月11日，东平县人民政府与省农信社泰安办事处签订新旧动能转换与乡村振兴战略全面合作协议，泰安市委副书记、东平县委书记张涛（后排右四）出席签约仪式　（翟　曜　供）

亿元，较年初增加48.4亿元，增幅24.23%，涉农贷款余额360.79亿元，较年初增加13.06亿元，增幅3.76%；消费贷款余额131.46亿元，较年初增加32.77亿元；抵质押贷款新增18.32亿元，新增占比54.54%，抵质押贷款余额211.55亿元，余额占比46%，较年初提高0.67个百分点。

中间业务 实现中间业务收入3527.59万元；银行卡存量282.05万张，卡存款余额95.79亿元，较年初增长6.3亿元；银联传统POS存量4187台；聚合支付商户3.47万户；布放农金通2982台，较年初增加318台；新增自助设备20台，电子渠道替代率67.26%；发行理财产品537期，募集资金79.78亿元。期末存续190期，存续规模21.98亿元；销售贵金属5.75万克；实现代理国际业务结算量6482.12万美元。

全面服务乡村振兴 牢固坚持“面向‘三农’、面向小微企业、面向社区家庭”的市场定位，与辖内6个县（市、区）政府全面签订支持乡村振兴及新旧动能转换战略合作协议，全方位、体系化全力服务乡村振兴。年末，全市农商银行支持乡村振兴贷款55.57亿元，较年初增加7.77亿元；开展金融服务乡村振兴样板村工作，重点打造市级样板村12个，授信524户、6589万元，用信287户、4700万元；推进基础金融服务“村村通”工程，布设ATM、CRS等自助设备621台、农金通设备2982台、POS机具11938台，农村金融服务覆盖率100%；坚持精准扶贫与产业带动脱贫结合，开展“金融支持精准扶贫”，年末，发放扶贫贷款4.58亿元，带动1.6万贫困人口脱贫；开展“圆农民现代农业梦”“金融知识夜校”“流动银行服务车”等活动，提高乡村居民金融知识普及率；开展“增信贷、降不良、打逃债、树诚信”打击逃废金融债务专项行动，增强客户诚实守信和遵法守法意识。 （翟 曜）

【中国邮政储蓄银行泰安市分行】 该行辖5个一级支行和21个二级支行，内设11个管理机构。年末，全行从业人员538人。在“2018年第四届泰安金融微笑天使评选”活动中，该行获得“最佳团队奖”称号，2人获得“微笑天使”称号，1人获得“最具活力天使”称号。

负债业务 各项存款余额353.56亿元，同比增加20.73亿元，增幅6.23%，其中自营储蓄存款余额70.17亿元，同比增加2.67亿元，增幅3.97%；公司存款余额27.23亿元，全省排名第十位。

资产业务 各项贷款余额60.21亿元，同比增加1.76亿元，增幅3%。零售贷款39.28亿元，同比增加9.13亿元，增幅30.3%。其中，小额贷款余额41714万元，同比增加1.50亿元；个人商务贷款余额40113万元，同比增加17046万元；消费贷款余额31.10亿元，同比增加5.18亿元；小企业贷款余额53551.33万元，同比增加2754.72万元。公司贷款余额12.5亿元，全省排名第11位，累计完成收入1698万元，完成率204%。票据业务累计办理贴现6.94亿元，年日均票据余额4.03亿元，累计办理再贴现3.34亿元，国际业务实现收入166.43万元。

中间业务 信用卡发卡3.07万张，结存3.9万张。保险销售15.84亿元，基金销售3793万元，国债销

2018年中国邮政储蓄银行泰安市分行基本情况

表22 单位：万元

单 位	个人总资产						对公存款	信贷业务			
	时点余额净增	理财保有量净增	国债销量	基金有效销量	代理保险销量	年增合计	年 增	小额年增	消费年增	个商年增	公司授信新增
新泰支行	5502	–1811	2877	253	4140	10961	–12400	4565	8079	524	—
肥城支行	6679	–1996	2737	60	1449	8929	27300	2880	9666	1555	—
宁阳支行	854	–2422	3218	159	1844	3653	12300	2741	10371	2047	300000
东平支行	4185	–406	917	210	1277	6184	–6000	2440	5979	2001	—
郊区支行	9415	–4707	3485	333	3957	12483	–13800	1579	5894	1529	—
直属支行	157	–7125	8587	254	1695	3568	–29400	692	25305	3504	7000
合 计	26792	–18467	21821	1269	14361	45777	–22000	14897	65294	11160	307000

7月14日，中国邮政储蓄银行泰安市分行党委以“不忘初心、牢记使命、砥砺前行”为主题，组织党员干部参观学习红色教育基地——中共刘集支部旧址纪念馆 （隋晶晶 供）

售3.40亿元，理财销售62.57万元。自助设备新增20台，总量达432台。个人网银客户87.36万户，同比新增10.22万户；手机银行客户82.39万户，同比新增14.75户。托管规模达9.15亿元，全省排名第3位。销售机构理财达18亿元，位列全省第1位，全年保有量过亿，全省排名第3位。

风险管理 年末，该行不良贷款余额2833万元，不良率（零售）0.63%。不良贷款现金清收额创近年新高，累计收回2164.47万元。完成上级行全年计划的206.14%，完成率居全省第3位。全年核销后现金清收1012.41万元，完成上级行核销后清收计划的228.54%，完成率居全省第6位。 （隋晶晶）

【兴业银行泰安分行】 该公司营业机构包括营业部、肥城支行、岱岳支行以及光彩大市场、嘉德现代城、山景叠院、普照、东湖、岱东社区支行6家，设立业务营销团队3个、管理部门7个；全行员工共138人，其中编内114人、编外24人。

负债业务 该行各项负债总额84.08亿元，较年初增加16.75亿元，增幅24.88%；存款余额64.34亿元，较年初增加5.48亿元，增幅9.31%。其中，单位存款余额47.79亿元，较年初减少0.59亿元，降幅1.22%；个人存款余额16.55亿元，较年初增加6.07亿元，增幅57.94%。

资产业务 该行各项资产总额84.39亿元，较年初增加17.97亿元，增幅27.06%；各项贷款余额86.02亿元，较年初增加18.54亿元，增幅27.47%。其中个人贷款余额47.2亿元，较年初增加20.33亿元，增幅75.67%；单位贷款余额36.83亿元，较年初下降3.79亿元，降幅9.34%。

资产质量 年末，该行不良贷款余额1.75亿元，较年初下降0.63亿元，降幅26.39%，不良率2.03%，较年初下降1.48个百分点。

业务发展 服务中小微企业，创新推出“商票增信融资”“兴业易速贷”“交易贷”“连连贷”等产品，帮助中小企业拓宽融资渠道，降低融资成本。便捷获得信贷，克服泰安区域整体风险状况影响，提高信用业务审批权限，提升便捷服务客户的能力。8月，累计批复授信客户64户，批复授信额度91.08亿元，批复户数及金额较上年同期均有大幅增加，审批时效缩短。梳理零售信贷流程，提高业务效率，实现个贷业务飞速提升。拓展宣传渠道，丰富宣传手段，在公交站牌、楼宇电梯、报纸电台、外卖餐垫纸等各种渠道投放兴业银行品牌宣传广告，提升零售业务在泰安城区的品牌地位。创新产品，发展普惠金融，推出兴闪贷、人保贷、消费贷、经营贷、按揭联动贷等贷款产品，增加产品种类，提高服务水平。实行差异化风险化解政策，针对部分关停倒闭企业，争取政策和财务资源，核销不良贷款；针对部分经营困难的企业，通过无还本续贷、关联企业增信等方式，盘活不良贷款，调整化解方案，实现银行融资的平稳过渡，避免企业资金链断裂。 （王元志）

【莱商银行泰安分行】 年末，该行辖营业网点7家（分行营业部、新泰支行、岱岳支行、肥城支行、东平支行、宁阳支行、高新区支行），实现泰安各县（市、区）网点全覆盖，设企业金融部、零售金融部、业务运营部、信用风险评审部、合规风险管理部、综合部等管理型部6个，合同制在编职工109人。全行资产总额40.7亿元，增幅35.2%；存款余额38.8亿元，增幅36.9%；贷款余额33.3亿元，增幅35.4%；表内外融资余额68.1亿元，增幅1.74%；实现账面利润7433万元，增幅7.7%；缴纳税金1553.4万元，同比增长17.9%。

信贷投放 扶持新旧动能转换名单企业19家，授信总额13亿元；

12月19日，莱商银行与东平县政府签订政银战略合作协议　（韩 伟 供）

支持“三强”企业24家，授信总额17.3亿元。向总行争取授信额度，发挥决策链条短等优势，解决企业燃眉之急，新增授信104户，新增授信金额22.5亿元。12月19日，莱商银行与东平县政府签订政银战略合作协议，在东平新兴优势产业、重点领域和重大项目、具有特色发展潜力的中小企业等方面开展全方位的合作。

普惠金融　扩面增量，完成监管部门及总行小微贷款“双增”、定向降准贷款、MPA贷款、利率压降、免税小额贷款、新型农业经营主体贷款、精准扶贫等多项指标。立足“便捷获得信贷”，线上审批，精简材料，优化流程，年末，该行普惠金融信贷投放余额5.1亿元；做实减法，践行保本微利，全年普惠金融加权平均利率6.65%；与乡村振兴结合，内部联动，业务向乡镇、农村延伸，年末，涉农贷款共19.69亿元，增幅53.76%，全行贷款占比59.04%。

金融服务　加强金融产品与服务创新，优化资源配置，精准发力，融资融智，提升服务质效。推出“创业担保贷”“鲁担惠农贷”等新业务品种，满足不同行业、不同层次中小微企业的金融服务需求；拓宽融资渠道，开拓银租通和新型直销银行融资方式，通过银租通投放贷款5200万元，通过直销银行融资突破1亿元；在全市投放助农服务点12家，打造“自助机具＋人工辅导”服务模式，打通金融服务“最后一公里”。

资产质量　加大不良贷款清收力度，逐户梳理风险客户处置方案，成立不良信贷资产专职清收团队，严格考核机制，专人专岗负责，主动出击，利用法律手段维权化解风险客户。全年起诉讼10户，涉及贷款本金余额1.24亿元，累计处置非应计贷款11.2亿元。年末，该行非应计贷款余额1.6亿元，较年初减少1.7亿元。　（韩 伟）

【济宁银行泰安分行】　年末，该行辖营业部、宁阳支行、泰山支行、肥城支行营业网点4个，在岗人员82人。

负债业务　年末，各项存款余额18.43亿元，较年初增加9.42亿元，增幅104.62%。其中，单位存款余额7.77亿元，保证金存款余额6.26亿元，储蓄存款余额4.36亿元。

资产业务　年末，各项贷款余额20.54亿元，较年初增加5.13亿元，增幅为33.27%，其中公司类贷款余额19.76亿元，较年初增加5.62亿元。小微企业贷款户数342户，小微企业贷款余额11.72亿元，较年初增加1.24亿元。

业务发展　始终坚持“服务地方经济、服务中小企业、服务城市居民”的市场定位，主动作为、不断创新，积极响应国家政策，调整优化信贷结构，全力服务地方经济。以外拓营销为动力，以创新服务为抓手，针对企业逐一制定走访计划，采取多种方式主动对接，深入实地考察，通过合规方式做好金融服务，满足企业发展建设的金融需求；加大对“三强”企业的支持力度，为15家“三强”企业提供金融服务；加强与科技部门的主动对接，将信贷资金引向转型升级项目和重点战略性项目，提升金融供给质量。优化小微信贷流程，着力构建小微企业“融资绿色通道”，满足中小企业“短、频、快、急”的融资需求。

优化服务　始终秉承“客户至上”的服务理念，强化员工微笑服务、用心服务意识，持续做好优质金融服务。优化金融产品及操作流程，个人贷款业务开通线上申请，网上银行、微信银行、手机银行等产品实现再升级，化繁为简、便捷随心，使客户随时、随地享受高效便捷服务；不断更新柜面服务系统，提升柜员办理业务速度，无纸化、集中授权以及提前预约功能等为客户减少大量等待时间，提升客户满意度。

该行在2018第四届泰安金融微笑天使活动中，获得“最佳组织奖”，

12月31日，市委书记崔洪刚（左二），市委常委、副市长展宝卫（左三），市委常委、秘书长宋洪银（右一）走访慰问财税金融系统单位，向节日期间奋战在工作一线的广大干部职工致以亲切问候和良好祝愿

（王国梁　摄）

1名员工获得“最敬业天使”称号。开展形式多样的金融知识宣传活动，普及民众金融知识；开展防范电信诈骗宣传活动，维护金融消费者合法权益。该行被泰安市金融消费权益保护协会评为“2018年金融消费纠纷投诉处理工作突出单位”，宁阳支行分别获得宁阳县授予的“县级文明单位”称号和县人行授予的“2018年度金融消费者权益保护工作先进单位”称号。（张　楠）

【齐鲁银行泰安分行】　该行辖营业部、新泰、宁阳、肥城4家支行，有员工100人。年末，该行资产总额53.84亿元，各项存款50.05亿元，各项贷款44.39亿元，实现利润1.26亿元。

业务发展　3月26日，肥城支行正式开业。延伸金融服务，支持区域经济的发展，做好助农惠农服务；强化小微客群建设，响应国家普惠金融号召，践行普惠金融、服务实体小微经济；围绕政府政策，优化产品服务，为10多家劳动密集型企业提供资金支持，全行科技型企业贷款余额超10亿元。

文化建设　践行社会责任，开展“社区献爱心”“扶贫走访”“爱心图书室”“金融知识进万家”等公益性活动；组织开展以“践行十九大精神，重温革命历程”为主题的系列活动。该行在中国人民银行泰安市中心支行开展的2018年度工作考核评级中被评为“金融机构综合评价A级单位”。（孙小珺）

【天津银行泰安分行】　年末，该行有员工62人，各项存款余额31.11亿元；各项表内外贷款余额54.13亿元，较上年增加11.73亿元。为170家企业提供信贷支持，开立对公和个人结算账户1.40万户，上缴利税增幅40%。

信贷业务　加大支持实体经济力度，为20家重点项目及高新技术企业提供贷款支持，授信金额11.1亿元，较上年增加7.1亿元；与10家“三强”企业开展业务合作，授信余额5.6亿元。加大对民营及小微企业的信贷支持，为53家民营及小微企业提供贷款14.19亿元，较上年增加2.45亿元，无还本续贷余额2.93亿元，较上年增加1900万元。

提升服务　增强企业在该行获得信贷支持的便捷性及有效性，所需环节平均由6个缩减为5个，所需材料由22件减少为20件，办理时间由15天缩短为12天。

（周　言）

【中国民生银行股份有限公司泰安分行】　该行辖营业网点3家，内设10个部室，员工69人。35岁及以下员工占比80%，具有本科及以上学历员工占比97%，中共党员及预备党员占比55%。

存款业务　吸收各项存款余额40.19亿元，较年初增加11.77亿元，增幅41.4%，存款市场占有率1.2%。其中，储蓄存款余额3.54亿元，较年初增加0.75亿元；对公存款余额29.86亿元，较年初增加3.85亿元；保证金存款6.77亿元。

贷款业务　各类资产投放余额42.89亿元，较年初增加13.46亿元。其中，各项贷款余额33.43亿元，贷款市场占有率1.4%。从贷款期限来看，短期贷款余额15.68亿元，占比46.87%；中长期贷款余额15.61亿元．从贷款企业规模来看，大型企业贷款余额10.6亿元，占比31.73%；中型企业贷款余额17.17亿元，占比51.34%；小微企业贷款余额2.19亿元，占比6.55%；个人经营性贷款1.15亿元，占比3.45%。

表外业务　银行承兑汇票余额21.61亿元，较年初增加1057亿元；保函余额1.27亿元，较年初减少0.23亿元；信用证余额4.59亿元，较年初增加2.83亿元。

经营效益　全年实现净利

润6440.89万元，较上年同期增加4149.73万元。其中，利息净收入9801.09万元，较上年同期增加1561.48万元；中间业务收入1183.14万元，较上年同期增加602.41万元。

机构发展 年末，在全市设有3家物理网点，分别为营业部、丽景花园社区支行、高新社区支行。

（张嘉楠）

【上海浦东发展银行泰安分行】 该行设营业网点2处，职工44人。年末，资产规模47.39亿元，实现利润3777万元，年实缴税款1448万元。

负债业务 实现本外币一般性存款余额25.41亿元，其中对公存款22.41亿元、储蓄存款3亿元。

资产业务 各项贷款余额40.45亿元，较年初增加1.2亿元。

信贷投放 该行在深化调整客户结构、强化客户经营上下功夫，紧盯重点项目，支持基础设施建设、公共事业等资金需求，累计为“三强”企业贷款5.67亿元，支持新旧动能转换项目6.5亿元。

金融服务 该行个人手机银行业内率先推出SWIFT GPI境外汇款业务、“浦发个人贷款”小程序，为客户提供更加多样化、场景化、个性化的金融服务，构建开放共享、互惠共赢的金融生态圈；优化房屋预售资金监管、房屋E售等现金管理业务和e企付、集团资金管理、结算性融资、在线账款管理等单位金融产品和“普发宝”“同享盈”等储蓄和理财产品。

助力小微企业发展 小微业务匹配专项贷款规模，针对小微企业流动资金贷款难，加大资金投放力度，以“携手、成长、共赢”的理念服务于目标客户。通过与人民银行对接争取再贴现额度，对于符合再贴现条件的涉农、小微企业客户，切实降低企业融资成本，全年累计为小微企业节约融资成本100万元。

服务理念 始终以客户为中心，紧扣新时代使命责任，持续以金融服务为己任，为客户的美好生活创造更多价值。传播“新思维·心服务”的品牌主张，以开放、前瞻、创新的思维方式，不断提升服务品质，为客户提供诚心、专心、用心、贴心、全心的“五心”服务。 （黄 磊）

【中国光大银行泰安分行】 设营业部1处，内设5部1室，离行自助设备2台，员工54人。年末，各项零售存款规模5.1亿元，各项零售贷款余额3.3亿元。

对公业务 年末，对公累计开户606户，公司存款余额54.46亿元。全力支持实体经济发展，发挥集团联动优势，支持新旧动能转换，取得批复31户，授信金额38.88亿元，年末贷款余额17.13亿元，银行承兑汇票余额3.94亿元，信用证、保函等贸金业务余额2.94亿元，成功中标山能重装的10亿元中票和超短融的发债业务，成为唯一一家承销银行。深化转型特色探索，通过互联网金融，践行“回归本源、结算兴行”的战略转型，上线投产的银联代付业务，成为该行业务重大支撑。9月，成功上线非税云缴费，成为线上非税业务全省唯一合作银行。10月，成功中标泰安市健康大数据平台项目，成为唯一一家与该平台合作的金融机构。

零售业务 该行在“全面动员大做零售业务”的指导思想下，走社区、进商圈、访千家、走万户，举办多场养生保健、插花品茶、红酒沙龙等特色理财课堂及客户回馈活动，让光大理财品牌深入泰安城区居民心中，当年零售客户较年初新增6713人，对私存款、九项资产、个人贷款、出国金融、信用卡等业务都有全面发展。年末，对私存款余额达5.1亿元，较年初新增0.8亿元；对私存款日均较年初新增0.6亿元；九项资产余额9亿元，较年初增加1亿元；个人贷款投放1527笔、1.7亿元。

体制创新 该行按照年初制定的“健全各类业务功能，尽早完善分行经营架构”要求，有效整合优势资源，确保经营管理有序推进，形成以营业部为龙头，公司、零售直接营销的一体两翼实体模式，班子成员与公司零售两条线11个经营部门结成对子，分工帮扶交叉联动，成为该行起步阶段各项工作高效运转的基本保障。

合作双赢 泰安分行营业部深刻领会服务真谛，内化于心，外化于形，扎实作为，各项业务发展迅速。形象、品牌、口碑得到政府、社区、市民的广泛好评。累计开发零售客户3万个、对公客户600个，形成足以支撑发展需要的客户群体，良好的市场形象和广泛的客户群体，促进经营效益与日俱增。（宋礼鹏）

保险业

【概况】 年末，驻泰安保险公司57家，其中财产险公司26家、人身险公司31家。筹建中的人身险公司1家。全市县级以下分支机构292家，其中财产险公司134家、人身险公司158家。保险专业中介法人机构4家，中介分支机构167家。全市保险从业人员达5万人。

【行业发展】 2018年，全市保险业保费收入123.41亿元，增长

2018年12月泰安市财产保险业务情况

表23 单位：万元

单位	险种	承保数量/户/辆/笔		保险金额（万元）		上期保费	保费收入（万元）		同比增长%	市场份额%	赔款件数		赔款金额（万元）		赔付率%
		当期	累计	当期	累计	累计	当期	累计			当期	累计	当期	累计	
全市总计	企财险	65	1495	143601.29	6354391.05	4905.17	−57.57	4847.60	3.24		28	283	224.55	2498.71	51.55
	机动车交强险	82503	767127	1001107.60	9147366.95	55662.93	6654.42	62317.35	8.20		6049	62188	3569.88	32949.45	52.87
	机动车商业险	72913	723799	5394589.85	51658221.46	125637.91	12126.90	137764.81	−1.06		6126	70293	7300.22	60697.77	44.06
	家财险	14678	54769	279847.28	2163923.35	1627.81	54.23	1682.04	24.61		785	13162	45.82	817.65	48.61
	责任险	4868	38513	−149471.95	32661086.63	11241.16	−777.48	10463.68	25.73		221	1663	751.78	2946.71	28.16
	保证险	151	2638	−2623.61	470178.00	7479.26	450.58	7929.83	5.95		94	747	313.30	3071.30	38.73
	工程险	6	60	3373.64	125529.53	205.02	5.99	211.01	−70.61	100	2	30	0.24	331.69	157.19
	货运险	1905	25429	79614.29	1158192.92	481.58	33.54	515.12	−10.96		4	78	1.89	272.13	52.83
	意外险	47779	374505	2202500.91	18732508.66	4991.66	455.36	5447.02	11.42		196	2532	189.10	2249.15	41.29
	健康险	23280	92057	900233.47	145290534.20	18501.24	−5425.46	13075.78	−22.39		27939	116851	1865.26	14324.69	109.55
	农业险	38	168480	7603.54	460623.61	15126.41	123.35	15249.76	15.28		8349	36212	5956.67	17003.85	111.50
	其他险	238	2146	−1109.32	176823.35	753.65	12.48	766.13	613.49		—	3	0.34	26.35	3.44
	小　计	248424	2251018	9859266.99	268399379.71	246613.80	13656.34	260270.13	2.04		49793	304042	20219.05	137189.47	52.71

2018年12月泰安市人身保险业务情况

表24 单位：万元

单位	项目	保险种类	上期保费累计	保费收入（当月）			保费收入（累计）			同比增长%	市场份额%	退保支出（累计）	赔款支出（累计）				
				首期	续期	小计	首期	续期	小计				满期给付	死伤给付	医疗给付	年金支付	赔款支付
全市合计	团体业务	人寿保险	8274.50	199.51	603.95	803.46	4003.74	5060.58	9077.96	−8.34		757.18	879.86	412.78	562.97	2354.63	—
		意外保险	7569.05	317.91	1.74	319.65	7991.62	18.99	7888.70	25.31		2.08	0.00	149.04	27.70	4.79	1756.93
		健康保险	27668.86	−1572.41	113.28	−1459.13	24525.43	1763.32	26209.73	70.16		554.50	0.00	132.75	18.93	3.19	23574.73
		分红保险	4486.35	16.44	35.13	51.57	2745.28	1794.64	4537.92	64.89		170.91	1181.34	10.26	—	186.73	—
		小　计	47998.76	−1038.55	754.10	−284.45	39266.07	8637.53	47714.31	38.89		1484.67	2061.20	664.83	99.60	2549.34	25331.66
	个人业务	人寿保险	225695.17	3251.49	7867.36	11118.85	49288.09	182548.54	236814.02	53.45		6865.24	10589.09	6996.58	6513.93	18309.03	2068.39
		意外保险	8313.90	274.42	335.06	609.48	3820.05	4813.05	8923.38	23.02		151.42	298.48	221.33	272.30	171.55	677.55
		健康保险	115399.76	3255.01	4698.63	7953.64	55009.19	73138.41	123353.40	31.66	100	685.28	608.96	1589.01	3684.36	327.16	3412.76
		分红保险	232634.75	1230.78	8086.72	9317.50	49368.82	192765.35	241952.25	−4.47		8503.17	18495.07	2855.20	1432.71	10717.60	219.59
		小　计	582043.58	8011.70	20987.77	28999.47	157486.15	453265.35	611043.05	20.15		16205.11	29991.60	11662.12	11903.30	29525.34	6351.26
	银行业务	人寿保险	164965.16	4211.84	1710.24	5922.08	102352.71	68462.54	170887.24	−20.92		76871.30	6769.25	279.97	457.33	4660.60	116.69
		意外保险	1529.08	62.85	48.93	111.78	1001.60	639.27	1640.86	4.42		167.51	—	4.90	83.47	—	168.41
		健康保险	3300.44	355.31	24.78	380.09	2879.61	801.70	3680.53	−71.15		9852.26	4.75	85.48	6.82	—	227.92
		分红保险	133519.05	4069.98	1334.96	5404.94	86755.26	52342.19	138923.99	50.19		23721.63	49192.26	397.90	283.88	2693.04	4741.43
		小　计	303313.73	8699.98	3118.91	11818.89	192989.18	122245.70	315132.62	−2.41		110612.70	55966.26	768.25	831.50	7353.64	5254.45
	合　计		933356.07	15673.13	24860.78	40533.91	389741.40	584148.58	973889.98	12.48		128302.48	88019.06	13095.20	12834.40	39428.32	36937.37

10.11%。其中，财产险公司实现保费收入26.02亿元，增长2.04%；人身险公司实现保费收入97.39亿元，同比增长12.48%。全年累计各项赔款和给付支出32.6亿元，较上年基本持平。其中，财产险赔款支出13.57亿元，增长14%；人身险赔款（给付）支出19.03亿元，下降9.35%。全年上缴税款2.38亿元，代征车船使用税2.09亿元，合计4.47亿元。承办城乡居民大病保险项目服务人群218万人，实收保费1.15亿元；承办城镇职工大病保险项目服务人群23.7万人，实收保费380万元。为居民大病项目理赔5.6万人次，赔付金额5400万元；职工大病项目理赔人次19人，赔付金额45万元。城镇职工大额医疗保险服务泰安城区85万人，赔款支出5500万元。

2018年，中华联合在新泰市、肥城市、东平县、岱岳区、景区和高新区的64个乡镇收取扶贫特惠保险保费2842万元，为10万人提供500亿元的保险保障，支付理赔款1162万元。人保财险公司承办的扶贫特惠保险，为4.42万建档立卡的贫困人口提供医疗保障198.84亿元；承保民政医疗救助业务，为4.30万名低保、特困供养人员、低收入家庭中患重特大疾病人员提供医疗保障38.66亿元。中国人寿继续稳步推进“银龄安康”工程，全年老年人投保总数32万人，赔款930万元。新华保险为全市1000名环卫工人免费赠送总保额2020万元的意外和意外医疗。

2018年，人保财险积极承保牛奶价格指数保险，为全市4000万千克牛奶提供价格风险保障，保费收入399.9万元，承保金额1.5亿元，赔款支出295.2万元。由人保财险、太保财险等7家机构开展的大白菜价格指数保险，累计承保种植面积7546.67公顷（11.32万亩），保费收入713.38万元，累计赔付3496.13万元。马铃薯价格指数保险累计承保面积6913.33公顷（10.37万亩），保费收入871.35万元，累计赔付597.45万元。开展首台（套）重大技术装备综合保险，累计做成5笔，保费收入604万元，承保金额2.84亿元。人保财险为4家高新技术企业提供高新技术企业产品研发责任险和高新技术企业产品质量保证保险保障，总保额3.57亿元，实现保费收入330.5万元，根据省政府全额补贴小微企业出口信用险政策，为全市101家企业提供2.83亿元的出口信用保障。

【行业自律】 整治保险市场乱象。5月，组织55家驻泰安保险机构参加银保监会深化整治银行业和保险业市场乱象工作推进会，维护全市保险市场发展环境。传达贯彻山东银保监局相关文件精神，时刻关注产险市场动态，对发现的问题及时上报。6月，组织7家财险公司到潍坊进行交流座谈，对车险市场工作开展情况进行相互学习。结合潍坊学习经验拟定泰安市机动车辆依法合规经营倡议书。丰富检查手段，维护保险市场经营秩序。成立自律检查小组，对驻泰安各财产险保险公司进行自律检查，并针对检查中发现的问题，及时形成书面总结向山东省保险行业协会汇报，将检查结果反馈公司督促其整改落实，规范公司经营行为。根据《山东省人身保险产品说明会综合管理自律公约》文件精神和《2018年山东省人身保险产品说明会自律检查方案》的要求，对辖内4家人身险公司开展自律检查。根据《山东省人身保险新单回访自律公约》的要求，5—9月，对8家寿险公司回访情况进行自律检查。按照山东保监局统一部署，6—10月，开展打击非法商业保险活动专项行动。根据全省统一部署安排，在全市范围内开展2018年打击非法商业保险活动专项行动，安排3个工作组分别到财险、寿险和专业中介机构进行调研，督导做好风险排查工作。按照泰安市高速交警支队要求，配合做好节假日期间快速理赔工作。营造行业良好发展环境。对辖内保险公司和部分4S店电子保单开展和使用情况进行实地调研；对部分指标不理想的保险公司进行调研。调取公司相关保单催缴电话回访录音，抽检电话回访质量，重点核对回访录音中未续保原因是否与公司系统记录原因一致。

【行业宣传】 开展“双十佳”评优表彰活动。经过层层推荐、公开投票评出“十佳服务标兵”和“十佳业务明星”。2月1日，召开“双十佳”表彰大会，对获奖人员进行公开表彰并颁发奖牌和证书，调动基层工作者开展优秀服务的主动性和积极性，提升服务质量和服务效能。开展“3·15”消费者权益保护日和“7·8”全国保险公众宣传日宣传活动。3月15日，按照市消费者协会的统一部署，组织驻泰安保险公司在光彩大市场中心区域举行主题为“品质时代，诚信保险”和“品质消费，美好生活”的“3·15”大型宣传活动。7月8日，按照中国保险行业协会部署，组织55家保险公司内外勤人员代表、部分社会公众800人在徂徕山开展“7·8”保险公众宣传日暨“7·8”保险扶贫健步走活动。通过该次扶贫健步走活动，所有参赛人员捐献步数均在 7800 步以上，为山东扶贫公益捐献步数，为保险扶贫项目做出自己的贡献。加强同市企业与企业家联合会的交流沟通。6 月 29 日，与市企联联合举办保险业与企业家交流联谊会，驻泰安部分保险公司总经理、相关企业负责人等 60 人参加会议，推动保险行业与当地企业的良好融合和合作。10 月 19—20 日，组织保险业 400 人参加 2018 年泰安市第二届企业运动会。参加山东省保险学会 2018 年度主题征文活动并取得优异成绩。按照省学会统一部署，组织驻泰安保险公司参加“加强山东保险文化建设，引领行业健康持续发展”主题征文活动，并在评选活动中获得一等奖。做好《泰安保险》编印工作。《泰安保险》是协会重要的宣传平台，是会员交流的载体，全年编发 4 期，每期印刷近 2000 册。除免费向各会员公司发放外，向政府部门和各市协会以及各会员上级分公司每期邮寄 200 册，宣传行业动态。丰富行业门户网站内容。2018 年，协会门户网站推送信息 996 条，其中公司动态 556 条、行业新闻 56 条、百花园地 108 条、案例分析 99 条、其他栏目计 177 条。加强与媒体的沟通交流。与多家新闻媒体建立长期合作机制，利用多种宣传渠道，让广大消费者认知保险、正确投保。

【服务会员】 保险反欺诈。全年接受疑似保险欺诈案件 58 件，合计减损 100 万元。保险纠纷调解、诉调对接工作。与泰安市金融办和泰安仲裁委员会沟通协调申请组建“泰安仲裁委员会保险仲裁中心”，9 月 25 日，获得泰安仲裁委员会同意组建的正式批复。组织开展保险纠纷诉调对接和投调对接工作。通过诉调对接受理的案件 21 件，成功调解 6 件，成功率为 28.6%。调解成功案件诉讼金额 52 万元，协议赔偿金额 38 万元。全年受理投调对接案件 31 件，成功调解 23 件，达成书面协议 8 件，成功调解涉及金额 125 万元。维护保险消费者合法权益。全年累计处理保险投诉和保险咨询 289 件（含 12378 转办 26 件），同比下降 2.08%。其中，电话咨询 90 件，来人来访 25 人次（含重访），实际投诉总量 174 件，比上年同期下降 17.82%。通过消费者权益保护平台审核消费者投诉 32 件，通过保险离职管理平台审核处理 294 件，解决保险纠纷，净化保险业发展环境。

（赵　强）

【中国人民财产保险股份有限公司泰安市分公司】 年末，该公司全口径累计实现保费收入 10.23 万元。累计赔款 5.37 亿元。年度上缴各类税金 1.05 亿元。

承接各项惠民政策 承接党和政府的惠民惠农政策，帮助受灾农民及时恢复生产、减少损失。妥善处理各类自然灾害对农业生产的影响，全市种养殖险累计赔款 1.45 亿元。政策性农业保险放大财政效应 5 倍。

创新发展 承办居民大病和职工大病保险等民生保险险种，为全市 266.54 万居民和职工提供 9449.31 亿元的保险保障。为全市 1368 家学校、170 家企业提供校园安全、安全生产等多个险种的保险保障。参与市政府扶贫攻坚计划。为 4.42 万建档立卡贫困人口提供医疗保障 198.84 亿元，为 4.30 万名低保、特困供养人员、低收入家庭中患重特大疾病人员提供民政医疗保障 38.66 亿元。

助力新旧动能转换 为全市首台（套）技术装备研发、首批次新材料生产、首版次软件创新等企业提供保险保障。全年为 6 家企业的新材料首批次产品提供 5.6 亿元的风险保障。为全市 12 家企业的新材料首批次产品提供 9.3 亿元的风险保障。为 8 家软件企业首版次软件以及云计算提供 3.25 亿元的风险保障。支付赔款 505.76 万元。支持外经外贸发展，落实省政府全额补贴小微企业出口信用险政策，为全市 118 家企业提供 5.93 亿元的出口信用保障。

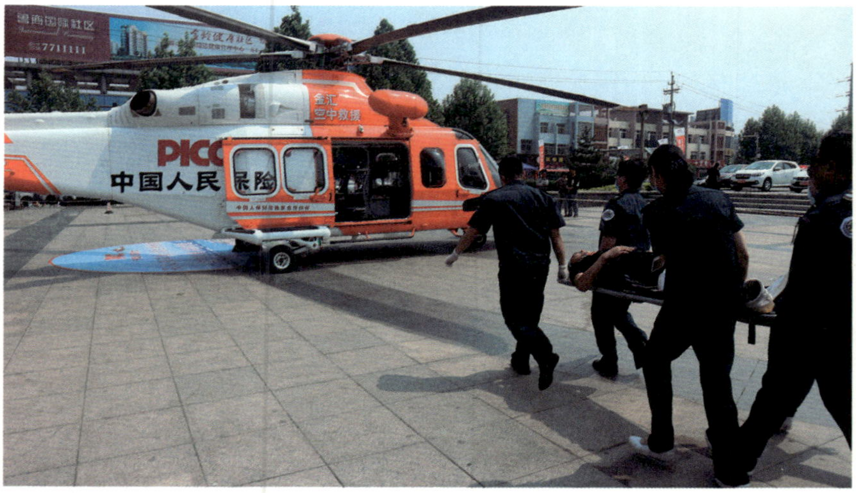

4月30日，中国人民财产保险股份有限公司泰安市分公司在新泰市进行直升机救援演练
（李　乾　供）

8月21日，中国人民财产保险股份有限公司泰安市分公司与市交警支队举行交管服务站揭牌仪式　　　（李　乾　供）

普惠金融保险　发展贷款保证保险，为民营企业提供增信功能，破解融资难、融资贵的难题，帮助中小民营企业解决资金短缺的燃眉之急。年末，帮助546名中小企业主获得贷款1.2亿元。开展支农融资业务，以保险资金为农业生产提供直接的支农融资服务，推动农业产业优化升级，扶持农村产业发展兴旺，助力全市打赢脱贫攻坚战。6月，为宁阳县正大养殖场提供80万元的融资贷款，是全市第一笔保险资金用于支农融资贷款的项目。全年累计到位资金2700万元。

优化服务体系　公司推出直升机救援、人伤法律援助、交钥匙服务等16项增值服务，启动直升机应急救援服务，推进“空地立体化救援服务”网络的形成。融入全市“放管服”改革，与市交警支队推动落地实施“警保联动”，共同成立交管业务便民服务站8处。全市联合处理报案450起，办理年检标志1701个。　　　（李　乾）

【中国人寿保险股份有限公司泰安分公司】　辖县(市、区)支公司6个，城区营业单位6个，乡镇和街道营销服务部65个，拥有覆盖全市的服务网络和专业高效的“95519”客户服务专线。2018年，泰安国寿在人民银行考评中获得AA级评价，获得“泰安影响力三十强”称号，公司财务会计部获得泰安市总工会“泰安市女职工建功立业标兵岗”称号。

经营业绩　2018年，公司实现总保费收入17.42亿元；满期给付金额4.37亿元，赔付金额3.01亿元；缴纳各类税款4300万元；解决创业就业人员8000人，服务经济社会发展和客户需求的能力明显提升。

保障民生　①城镇职工大病保险。连续承办全市城镇职工大病保险5年，累计承保320万人次，承保覆盖率100%，累计补偿大病保险赔款2.6亿元；按照社会保险结算体系网络化、窗口化的服务标准，累计投入300万元建立一支30人的健康保险管理专业团队，为全市职工提供充足有效的保险保障、及时快捷的理赔服务。②职工长期护理保险。1月，根据人社部及省人社厅长期护理保险业务试点推广工作要求，受泰山区人社局委托承办全市护理保险业务首批试点推广工作，累计赔付20万元。③教育系统学生平安保险。2018年，承保学生数40万人，累计赔付2400万元，为平安校园建设及青少年健康成长贡献企业价值。④开展老龄系统银龄安康工程。全市投保老年人总数32万人，

4月5日，“口国人寿杯”孝老文化剧场开播仪式举行　　　（张广东　供）

赔付930万元。连续多年受到省老龄办表彰。⑤计生系统计划生育保险。2018年，累计承保100万人，赔付总额370万元，理赔受益人数7000人。⑥政法系统综治险。为全市社会治安综合治理系统一线干部员工提供综治工作人员意外伤害保险业务，开展“泰山平安卫士”保障计划，累计赔付130万元。⑦妇联系统女性安康。承办泰安市“女性安康”“巾帼安康”女性特定疾病保险保障工作，累计承保9万人，累计风险保额45亿元。（颜　健）

证券业

【中泰证券泰安分公司】 年末，辖区内有营业部9家，其中市区5家、县（市、区）4家，分布在泰山区、高新区、新泰、肥城、宁阳、东平。正式在岗员工100人，全部具备证券从业资格，其中33人具备证券投资咨询从业资格。该公司获得泰安市金融消费者权益保护协会授予的“2018年金融知识普及宣传工作突出单位”称号。

经济效益 2018年，实现营业利润2531.23万元，全年缴纳增值税及附加等各项税款总额663.02万元，缴纳企业所得税税款总额199.60万元，合计缴纳税款862.62万元。

通道业务 全年分公司各营业部完成A股、基金交易总量1019.46亿元，实现佣金收入0.79亿元；各营业部客户资产总值87.26亿元，市场份额0.0507%，当地占比54.31%。全年“两融”业务净收入0.59亿元，日均“两融”余额6.05亿元，新增“两融”账户308户。

非通道业务 销售公募基金1.73亿元，私募产品760万元，产品类资产保有量7.18亿元。

【中泰证券大力推进金融科技战略】 中泰证券泰安分公司迎合市场发展需求，业务职能向多元化理财中心转移，有效借助互联网金融实现服务全面性和即时化。以客户需求为核心，以全牌照业务为基础，依托集成化、开放式的服务平台，通过综合理财服务账户体系，以高效的全业务链和便捷的客户体验为契机，实现传统和创新业务的有效集成。公司针对客户服务系统完善“中泰齐富通”APP功能，不断优化充实网上业务办理流程，丰富网上产品种类，加强智能客服建设，提升人性化服务涵盖的方方面面，持续关注客户体验度和满意度，为客户打造全新服务理念和应用工具。（孔　谦）

【海通证券泰安营业部】 年内，泰安营业部作为旗舰营业部，实现净利润1196.82万元，位居分公司第3位，缴纳各项税款总额338.26万元。

通道业务 完成A股、基金交易量419.97亿元，实现佣金及手续费收入1905万元，年末托管客户资产总值68亿元，市场份额0.01678%。

非通道业务 全年“两融”业务实现净收入425.51万元，“两融”余额1.28亿元，新增“两融”账户86户；IB业务收入23.3万元；销售各类公募基金1637万元，私募销售及引入金额1.64亿元，销售理财产品9亿元。

机构业务 加强与机构客户的拜访沟通，了解其投融资需求，在IPO上市、债券发行等方面提供一揽子服务，助力企业发展，服务实体经济。年内，通过与企业的接洽，为企业提供资产整合、平台搭建方案，协助企业完成两笔超短融债券，发债金额8.6亿元；协同海通期货对当地企业进行拜访，寻求为企业提供套期保值服务的战略合作，发挥IB业务的联动功能。（王琳琳）

编辑　校对　　周　燕

科　学

综　述

【概况】 全市规模以上高新技术产业产值增长8.51%，占规模以上工业总产值36.89%，居全省第8位。企事业单位科研成果获国家科技进步二等奖2项，省级科技奖励18项。国内有效发明专利拥有量1953件，每万人专利拥有量3.46件。2017年研究与试验发展经费89.99亿元，与GDP之比2.51%，提高0.04个百分点，连续4年超过全省平均增长水平。市科技局第16年获省级文明单位。

【区域科技创新体系】 泰山创新谷建设列入省、市新旧动能转换重点平台项目，物理空间基本建成。成立泰山创新谷运营公司，引进研发团队8个，注册成立公司16家。举办全省新旧动能转换农业专场、泰安市创新创业大赛，举办农业科技成果拍卖会。新认定市级产业技术研究院55家，总数265家。与省科技厅签署合作协议，助力新旧动能转换，推进创新型省份建设。

【科技体制改革】 市政府制定《泰安市创新型城市建设实施方案》《关于培植科技创新型企业50强的实施意见》等文件。30家小微企业获创新券政策减免56.6万元。科技成果转化贷款风险补偿备案工作，合作银行增加到9家，发放贷款金额1.36亿元。新增省知识产权质押融资系统企业19家，累计34家。完成专利权质押合同登记13项，融资金额1.21亿元，累计5.39亿元。

【科技计划与科技成果】 4个科技项目获国家重点研发计划立项支持1084万元；获省重点研发计划立项47项、2615万元，省农业良种工程（南种北繁）项目立项4项，省农业科技园区工程立项3项。争取中央引导地方科技发展专项资金1200万元，省小微企业升级高新技术企业培育补助180万元，人才建设资金216万元。获国家科技进步二等奖2项，省科技进步一等奖7项、二等奖6项、三等奖4项，省技术发明二等奖1项。4人获市青年科技创新奖，市科技进步奖项目91项，市专利奖33项。设置技术合同认定登记机构3家，完成技术合同登记2629项，成交金额44.92亿元。

【科技创新载体】 新增省级以上研发平台载体38家，其中新增国家众创空间（含星创天地）3个、省国际科技合作基地4家、省工程技术研究中心8家、省院士工作站13家、省科技企业孵化器5家、省众创空间5家。2家企业重点实验室通过验收，获优秀等级。7家示范工程技术研究中心开展绩效预评估。900家小微企业加入省仪器协作网平台，10家单位提供入网仪器设备700台（套）。

【高新技术产业】 市政府出台《关于培植科技创新型企业50强的实施意见》，培植科技创新型企业50强。净增高新技术企业57家，总数196家。新增科技型中小企业262家，总数1046家。规模以上工业企业高新技术产业产值增长8.51%，占规模以上工业总产值比重36.89%，与全省平均水平差距由上年5.2个百分点缩小到0.03个百分点。研究与试验发展经费89.99亿元，与GDP之比2.51%，提高0.04个百分点，连续4年超过全省平均增长水平。

【科技人才】 1人入选国家万人计划，2人入选2017年科技部创新人才推进计划，5人入选泰山产业领军人才。推荐泰山英才战略性新兴产业创新类人才6人、科技创业类人才3人。举办“牵手才智·助跑泰安”招才引智活动，签约高端人才合作项目30个，涵盖信息技术、新材料新能源等新旧动能转换重点产业领域，其中企业引进项目23个。

【合作交流】 举办第五届国内科技交流会，中科院、西安交通大学

2018 年泰安市获省级及以上科技奖励情况

表 25

成果名称	奖励类别	等　级	完成单位
主要蔬菜卵菌病害关键防控技术研究与应用	国家科技进步奖	二等奖	山东农业大学
高性能特种编织物编织技术与装备及其产业化	国家科技进步奖	二等奖	鲁普耐特集团有限公司
苹果重茬障碍防控关键技术创新与应用	省科技进步奖	一等奖	山东农业大学
花生抗逆高产关键技术创新与应用	省科技进步奖	一等奖	山东农业大学
新型功能性农用塑料棚膜及地膜研发与产业化应用	省科技进步奖	一等奖	山东农业大学
鸡饲料质量快速评价与营养调控关键技术研究与应用	省科技进步奖	一等奖	山东农业大学
JB/T12300-2015 和 JB/T12299-2015 数控船用卷板机及其可靠性系列标准的研制及产业化推广应用	省科技进步奖	一等奖	泰安华鲁锻压机床有限公司
煤矿深部开采冲击地压防治成套技术与装备	省科技进步奖	一等奖	山东科技大学
高通量耐磨蚀抗热震组合材料创新技术及产业化	省科技进步奖	一等奖	山东科技大学
黄淮海粮食作物轮作均衡增产增效技术体系研究与应用	省科技进步奖	二等奖	山东农业大学
山东省林木种质资源保存评价与应用	省科技进步奖	二等奖	山东农业大学
果蔬中有机磷农药残留新型检测技术研究与应用	省科技进步奖	二等奖	山东农业大学
高性能土工合成材料标准体系建立与推广应用	省科技进步奖	二等奖	泰安路德工程材料有限公司
复杂海域高精度全覆盖地形测量关键技术研发与应用	省技术发明奖	二等奖	山东科技大学
山东省土地质量地球化学调查评价关键技术研究与应用	省科技进步奖	二等奖	山东科技大学
矸石充填开采关键技术及采空区覆岩稳定性研究	省科技进步奖	二等奖	山东科技大学
沿空巷道围岩协调控制机理及其工程应用	省科技进步奖	三等奖	山东科技大学
空间并 / 混联机器人机构设计理论、方法及其工程应用	省科技进步奖	三等奖	山东科技大学
双速双电机驱动双电压工作模式低能耗纯电动汽车	省科技进步奖	三等奖	山东科技大学
大蒜新品种选育与标准化优质高效栽培关键技术	省科技进步奖	三等奖	山东农业大学

9月7日，“牵手才智·助跑泰安”科技招才引智签约仪式举行，市委常委、组织部部长高尚山（后排右六）出席仪式　（李向福　供）

等 30 家高校、科研单位发布科技成果 330 项，达成合作协议 20 项。赴北京、上海、西安等地高校开展合作交流活动，与西安交大、哈工大（威海校区）联合举办“一对一”对接专场，参加苏州跨国技术转移大会和第十三届重庆高交会暨第九届国际军博会。

【农业与社会科技】　选派 287 名科技指导员精准扶贫，237 名科技指导员备案为第十二批市级科技特派员，实现 674 个省、市级扶贫工作重点村和 122 个第一书记村科技指导员全覆盖。整合 539.8 万元支持科技项目 112 个，培植科技扶贫典型示范样板 43 个，评选优秀扶贫成果 10 项。承办全省第一期科技扶贫干部培训班，泰安农科院 1 名高级农艺师在全省农业科技暨科技扶贫座谈会上作典型发言。

【知识产权管理】　国内有效发明专利拥有量 1953 件，增长 17.7%。每万人有效发明专利拥有量 3.46 件，增加 0.5 件。查处假冒专利案件 60 件，处理专利侵权纠纷案件 49 件。4 个产业、9 家企业开展专利导航。新增国家知识产权优势企业 5 家，总数 12 家。21 家企业通过《企业知识产权管理规范》国家标准认证，2 项发明专利获中国专利奖银奖。新矿集团“充填开采国家工程实验室煤矿充填开采技术知识产权评议”项目获国家知识产权局批准，成为全市首个重大经济知识产权评议工程示范项目。

【创新创业大赛】　举办第四届创新创业大赛，评选获奖企业 31 家和获奖团队 39 个，给予创业辅导、银行授信等支持。组织 44 家企业和团队参加国家、省创新创业大赛，入选优胜企业 8 家、优胜团队 1 家，1 家获国家大赛先进制造行业总决赛优胜奖。　（李向福）

社会科学

【概况】　2018 年，泰安市社会科学联合会（简称社科联）保持省级文明单位称号，被评为全国社科组织先进单位、山东省先进社科联。2 人被评为全国大中城市社科工作先进个人，5 人被评为山东省优秀社科联工作者。组织举办山东社科论坛——改革开放 40 年中国共产党建设理论探索与发展实践研讨会，被评为山东省优秀论坛。《泰安论坛》出版 6 期，刊发优秀文章 60 篇。4 月，山东力明科技职业学院社会科学界联合会挂牌成立。

【社科普及】　①社科普及周活动。以“新时代、新生活、新泰安”为主题，组织山东省暨泰安市第十五届社会科学普及周活动。5 月 17 日，在肥城市举办启动仪式，各县（市、区）、驻泰安高校社科组织同步开展。全年举办咨询服务、宣传展览等活动 50 场次。②编纂泰山文化社科读物。编撰出版《泰山文化科普读物丛书》，11 月 30 日举行首场发放仪式，向市直中小学校、驻泰安高校等单位免费赠送。③社科普及教育基地建设。组织完成省人文社科课题“当前形势下社科普及教育基地建设管理之研究”。与市委宣传部联合命名第五批市社会科学普及教育基地 14 处，新增省级社科普及教育基地 2 处。肥城市、东平县被评为山东省社科普及示范县，新增省社科普及示范乡镇 4 个，省级示范村（社区）7 个。④东岳大讲坛。以东岳大讲坛为载体，开展社科专家基层行活动。围绕中共十九大精神、实施乡村振兴战略、泰山文化等主题，邀请社科专家在基层乡镇作专题讲座、辅导报告等 20 场。

【社科研究】　①社科课题研究。组织开展 2017 年社科课题结项工作和 2018 年社科课题立项。结项 2017 年社科课题 159 项；立项 2018 年社

泰安市第三十二次社会科学优秀成果一等奖获奖情况

表 26
（同等次排序不分先后）

类别	成果名称	申报者	成果类型	发表刊物、出版或结项单位	推荐单位
著作类	泰山石刻全解	张用衡	著作	山东友谊出版社	泰山景区管委会
	泰山国家祭祀史	刘兴顺	著作	山东人民出版社	泰山学院
	碧霞信仰与中国文化	周　郢	著作	山东人民出版社	泰山学院
	泰安市体育志	《泰安市体育志》编纂委员会	著作	方志出版社	市体育局
课题和文章类	泰安古城研究	吕桂平、韩明等	课题	泰安市社会科学界联合会	市规划局
	新泰农村电子商务模式对促进现代农业转型升级的几点启示	何传新	调研报告	市级领导批示	市委党校
	区域经济－生态环境－全域旅游耦合协调发展研究	周洋、鲁月等	课题	泰安市社会科学界联合会	山东科技大学泰安校区
	全面提升泰安品牌化旅游业发展研究	李晓、谢建立等	课题	泰安市哲学社会科学规划办公室	泰山医学院
	论民事诉讼的真实义务	周艳波	文章	《南开学报》	山东农业大学
	中国梦提出的时代背景研究——基于现代化“节点”视角	倪翠兰	课题	教育部社会科学司	泰山学院
	山东省社区居家养老服务发展问题研究	孙奎立、张秀英等	课题	山东省社会科学规划管理办公室	泰山医学院
	农业生态文明建设的理论与实践研究	苏百义、林美卿等	课题	山东省社会科学规划管理办公室	山东农业大学
	药品“零差价”政策对农村基层卫生机构的影响及对策研究	于青、马承梅等	课题	教育部社会科学司	泰山医学院
	基于供应链合作主体视角下的蔬菜质量安全：行为分析、机制构建与政策优化	郑军、骆乐等	课题	教育部社会科学司	山东农业大学
	推进农村社区建设试点工作的对策研究	刘友田	文章	《山东社会科学》	山东农业大学
	农村基础设施投资公平性的趋势及其成因	赵伟、林振德等	文章	《农业技术经济》	山东农业大学
	变形珍珠与通灵宝玉：《红楼梦》之巴洛克美学解读	朱法荣	文章	《中国比较文学》	山东农业大学
	大学生抑郁症阅读疗法中医学配伍书方研究	宫梅玲、王波等	课题	全国哲学社会科学规划办公室	泰山医学院
	情绪一致性记忆编码和提取的发展研究	李芳、张海燕等	课题	全国教育科学规划领导小组办公室	泰山学院

5月17日，山东省暨泰安市第十五届社会科学普及周启动仪式举行　　（刘　军　摄）

科课题204项，其中重大课题3项、重点课题53项、一般课题148项。编辑《社科成果要报》7期，《泰安市商事制度改革后新设小微企业生存状况调研报告》等获市领导肯定性批示。②完成泰安市第32次社科优秀成果评审。获奖120项，其中一等奖19项、二等奖36项、三等奖65项。出版《2017年度泰安市社会科学优秀成果选编》，收编社科成果39篇。③社科学术交流。承办山东社科论坛——改革开放40年中国共产党建设理论探索与发展实践研讨会。收到论文110篇，省内外100名专家学者参加会议，研讨会被评为山东省优秀论坛。④社科专家库建设。新聘社科专家28人，续聘2015年社科专家44人，累计社科理论专家174人。　（韩　超）

气　象

【概况】　年内，市气象局和4个县局(站)均保持省级文明单位称号；市局获“4·17”森林火灾扑救工作突出贡献单位、全省重大气象服务先进单位。泰安市、县两级成立突发事件预警信息发布工作机构获评全省气象部门创新工作，泰山、新泰、东平3个国家气象站获中国百年气象站认定。

【防灾减灾】　全年发布灾害性天气预警信号50期，重大天气预警信号无漏报。央视春晚泰安分会场气象保障服务历时40天，制作发布气象服务专报45期。“4·17”森林火灾扑救气象保障服务团队5天5夜现场提供实时气象服务，开展人工增雨灭火作业。准确预报台风“安比”“摩羯”“温比亚”，适时启动重大气象灾害预警防御应急响应，跟踪开展灾害现场服务。6月25—26日强降水天气过程联动服务成效显著。完成泰山国际登山节气象保障任务，派员支援上合组织青岛峰会气象保障。

【基础建设】　泰山站综合改善项目一期工程基本完成，二期工程实施中。泰山站防雷工程竣工。泰安现代农业气象试验基地水分控制试验场、试验用房建设完成，日光温室进入招标阶段。泰山新一代天气雷达升级改造项目签订升级和设备运输合同，完成机房空调、UPS等设备安装。市级标校维修室和新通信机房建成并完成业务切换。新泰局新址业务楼竣工，院内道路进入招标程序。FY-3C卫星省级利用站业务试运行。宁阳局新址占地2公顷，建成地面气象观测场。

【重要改革事项】　全市新增预警信息发布机构5个，人工影响天气工作机构2个，理顺人工影响天气机构管理关系1个。实现市县两级预警信息发布和人工影响天气工作机构全覆盖。气象社会管理持续深化，行政处罚、行政强制事项上网运行，市局及各县局行政审批事项纳入地方政务服务机构综合窗口。对全市7家具备防雷检测资质单位以及4家具备施放气球资质单位进行行政检查。

【科技创新】　①农业气象试验基地科研合作。基地列入中国气象局专项试验外场，承担冬小麦分期播种区域联合试验。建成全国首套cosmos宇宙射线快中子土壤水分监测站，与中国气象科学研究院合作高分子雷达和快中子遥感监测土壤水分研究。安装农田通量观测设施，开展冬小麦干旱胁迫试验。与山东农业大学合作夏玉米水分控制、叶面积自动测试等研究。与省果科所合作建设果树试验区，与市农业局合作开展小麦分期播种、玉米宽行播种技术推广。②气象科研。市气象局牵头研发的“风传感器智能防冻解冻仪”通过省局论证并在全省推广。中国气象局东平人工影响天气外场随机化作业试验项目结束。获批省局课题 1 项、市局自立课题 15 项、市局自立课题验收 16 项，发表科技论文 23 篇。③气象业务。实现大汶河—东平湖预警自建业务系统与省气象局Cimiss数据库对接，承担一键式发布平台试点任务，完成基层台站气象观测自动化试点业务切换。

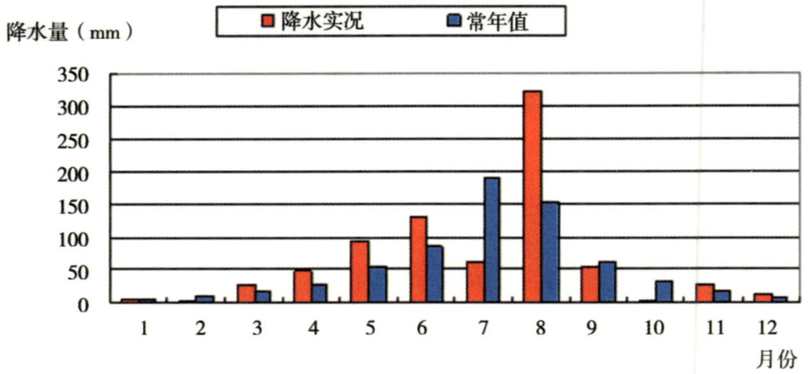

图2 2018年1—12月泰安市逐月降水量

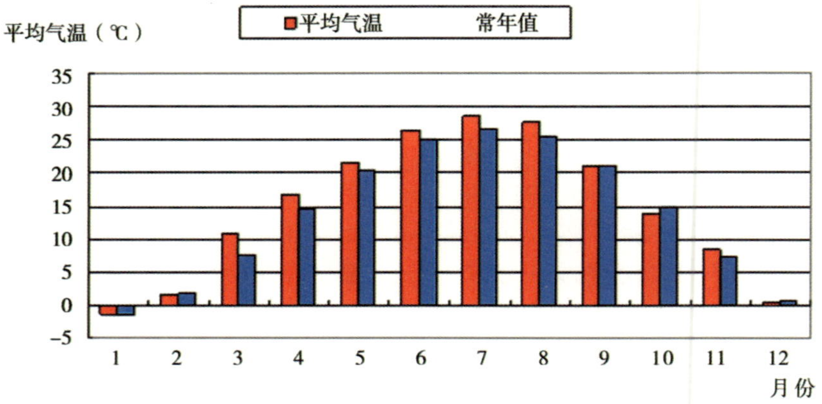

图3 2018年1—12月泰安市逐月平均气温

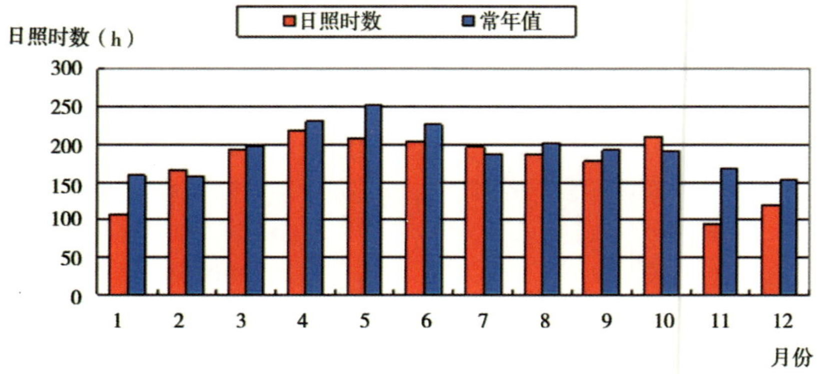

图4 2018年1—12月泰安市逐月日照时数

【气候特点】 泰安市天气气候主要特点为降水量正常略偏多，气温偏高，日照偏少。

降水量 全市平均降水量 785.6 毫米，较常年偏多 18.2%。降水量时空分布不均，3—6 月、8 月、11 月、12 月降水较常年同期偏多。泰安市区年降水量 746.7 毫米，较常年偏多 8.9%；新泰 811.1 毫米，较常年偏多 11.1%；宁阳 808.4 毫米，较常年偏多 25%；肥城 781.1 毫米，较常年偏多 21%；东平 780.8 毫米，较常年偏多 27.1%。

平均气温 全市平均气温 14.6℃，较常年偏高 1℃，属气温偏高年份。2 月、10 月、12 月平均气温较常年偏低，1 月与常年持平，其他月份均较常年偏高。年极端最高气温 38.3℃，7 月 25 日出现在泰安和宁阳，年极端最低气温 −15.6℃，1 月 29 日出现在肥城。终霜冻结束于 3 月 9 日，初霜冻开始于 10 月 30 日；终雪结束于 2 月 24 日，初雪开始于 12 月 14 日；大雾 21 天，大风 2 天，高温 25 天。

日照时数 平均日照时数 2117.7 小时，较常年偏少 195.5 小时，属日照时数偏少年份。其中，2 月、7 月、10 月日照时数较常年偏多，其他月份较常年偏少（如图）。日照时数最多的是泰安 2321.1 小时，较常年偏少 132.4 小时；最少的是宁阳 1996.1 小时，较常年偏少 276.6 小时。

【主要天气气候事件】 ① 2 个罕见台风过境。8 月 13—15 日、8 月 17—20 日，台风“摩羯”“温比亚”相继穿过泰安。其中，8 月 13—15

日有55个站出现暴雨,大暴雨站9个,最大值为东平站150毫米;8月17—20日有101个站出现暴雨,其中大暴雨98个站,最大值为高新区徂徕镇土门村站511.2毫米,暴雨引发山洪造成4人死亡,受灾人口25.59万人,农作物受灾面积19.6千公顷,直接经济损失1.9亿元。②秋冬大雾频发。全年出现大雾天气9次,主要集中在11月,出现大雾天气5次。③冬季冷空气,带来低温和大风。1月、12月冷空气影响频繁,低温天气频出。1月5—6日、1月9—13日、1月22—29日出现低温天气,其中1月29日最低气温-15.6℃,出现在肥城。④冷空气活跃,大风天气致灾。2月1日、2月11日、2月23日、2月28日出现大风天气,短时阵风7级。4月初冷空气再次活跃,4月3—7日持续出现大风天气,4月6—7日阵风达8级以上,岱岳区、肥城、新泰部分地区大棚和地膜被风刮坏。⑤6月风雹强度大,农业损失较重。6月27—28日,部分地区出现强对流天气并伴有冰雹,最大风力8级以上。新泰2个镇遭受大风冰雹袭击,最大冰雹直径4厘米,风力7—8级。受灾3.72万人,直接经济损失2420万元,其中农业经济损失1830万元。⑥春夏暴雨集中,引发洪涝灾害。受黄淮气旋影响,4月21—23日、4月30日至5月1日出现大范围降水天气,其中4月22日泰安、肥城出现暴雨,局部大暴雨,日降水量突破同期历史极值。5月平均降水量95毫米,较常年偏多75.3%。夏季降雨主要集中在6月和8月,其中6月24—26日,降雨量平均105.3毫米,最大日降水量111.1毫米,6月26日出现在新泰。8月8—9日、8月13—15日、8月17—20日均出现强降水过程,

5月23日,市人大常委会组织人大代表考察调研现代农业气象示范基地建设情况 (张 静 供)

8月平均降水量321.4毫米。⑦年平均气温创新高。平均气温14.6℃,较常年偏高1℃,与2017年并列创泰安近30年平均气温最高值纪录。⑧夏季高温天气偏多。7月中下旬出现持续性高温天气,最长连续高温9天,最高气温38.3℃,7月25日出现在宁阳和泰安;8月6—8日、8月10—12日出现持续性高温天气,最高气温37.4℃,均出现在肥城。⑨阴雨寡照。平均日照时数2117.7小时,较常年偏少195.5小时,为1951年以后第5位少值。(张 静)

水文监测

【概况】 泰安市水文局是由泰安市人民政府和山东省水利厅双重管理的公益性事业单位,负责泰安市区域内水文站网的建设和管理;负责水文水资源监测、调查评价和水土保持监测工作,按照规定权限发布雨情水情信息、情报预报和监测公报;负责水文水资源资料汇交、保管和审核工作;负责地表水、地下水和区域外调入水开发利用量以及水功能区水质的监测工作。设办公室、组织人事科、财务科、测验科、水情科、水资源科、水环境监测科、水土保持监测科职能科室8个。年末,全市水文系统从业人员400人,其中在职职工51人、离退休职工44人、购买服务人员30人;在职职工中高级以上专业技术人员14人、中级23人,本科以上学历占88%,其中硕士研究生11人。泰安市水文局连续13年保持全省水利系统文明单位,连续9年被评为全省水文系统先进单位。2018年获省级文明单位称号,全省水文系统绩效考核第一名,获评全市经济社会发展综合考核先进单位,记集体三等功。

·链接· 泰安水文监测工作始于1915年。在大汶河设立戴村坝水文观测站,是山东省最早的水文站之一。1958年泰安水文分站成立,1998年由省编委批复更名为泰安水文水资源勘测局,2008年12月实行由泰安市人民政府和省水利厅双重领导管理体制,增挂"泰安市水文局"

8月20日，市委书记崔洪刚（右二）到黄前水库水文站检查指导防汛工作　　（李明华　摄）

牌子。2011年12月经省编办批复正式更名为泰安市水文局，加挂“泰安市水土保持监测站”牌子。2017年12月，经省编办批复设立东平水文中心、肥城水文中心、城区水文中心、新泰水文中心等正科级水文中心4处。2018年4月，经泰安市委组织部批复成立中共泰安市水文局委员会，党组织关系由市直机关工委代市委管理。2018年11月、12月，肥城市、新泰市、东平县、岱岳区编委相继批复同意成立肥城、新泰、东平、城区水文中心，实行双重管理体制，分别加挂肥城市、新泰市、东平县、岱岳区水文局牌子；各县级水文中心与乡镇（街道）政府联合组建乡镇水文服务中心32处。

【站点设置】　设有东平、肥城、城区、新泰等县级水文中心（水文局）4处及戴村坝、大汶口、北望、楼德、白楼、黄前水库、东周水库、光明水库国家基本水文站8处。在全市境内建有包括水文站、水位站、雨量站、水环境监测站（点）、地下水监测站、区域用水总量监测站在内的500处水文监测站点，建有防汛抗旱预警及视频会商系统，拥有国家计量认证的水环境监测实验室，形成种类齐全、功能完备、代表性高、覆盖面广、信息及时可靠的水文监测网络系统。

【水文立法】　2月12日，泰安市人民政府印发《泰安市水文管理办法》，共六章三十条，主要规范水文管理体制、规划与建设、监测与预报、资料管理与使用以及监督与管理等内容，于2018年4月1日施行，为泰安市水文事业发展提供法制保障。

【水文测报】　完成“温比亚”台风防汛水文测报任务，测得大汶河流域10年间最大一次洪水过程。8月20日，市委书记崔洪刚到黄前水库水文站考察，对水文测报工作给予肯定。完成水生态环境、区域用水总量、水土保持等监测任务，编制区域用水总量监测报告、年度水功能区监测报告、水土保持公报、泰安水文简报等。开展泰安市第三次水资源调查评价工作，取得阶段性成果。

【工程建设】　完成中小河流水文监测系统工程建设并通过验收，完成大江大河水文监测系统工程大汶口水文站生产业务用房、戴村坝水文站水文缆道、水位计等工程建设内容，月牙河水库除险加固工程水文监测设施工程项目获批复，编印《泰安市城市水文监测系统建设规划（2018—2020年）》，明堂河和泮汶河自动水位监测站列入市城市河道综合治理规划设计。

【管理与科研】　出台水文工作综合考核办法，向社会购买服务人员监督管理办法。完成大汶口、戴村坝、白楼3处水文站规范化管理监测站建设。在全省水文系统率先引进ISO 9001质量管理体系，获得国家认监委颁发的质量管理体系认证证书，实现对水文水资源监测工作的过程全控制。联合市人社局、市总工会举办第一届水文勘测技能竞赛，一等奖获得者获泰安市技术能手和振兴泰安劳动奖章。开发的“多技术集成的大汶河流域防洪减灾应急预案与调控系统”通过省水利厅验收；获国家知识产权局实用新型专利2项。　（宋庆健）

编辑　校对　　王云勇

教　育

综　述

【概况】 市内有各级各类学校1888所，在校学生94.71万人，教职工7.53万人，其中专任教师6.58万人。年内，启动义务教育优质均衡发展县（市、区）创建工作，完成解决城镇中小学大班额问题年度目标，超额完成农村学校“全面改薄”规划任务。实施《泰安市第三期学前教育行动计划（2018—2020年）》，提高公办幼儿园普惠性学前教育服务能力。实施《泰安市第二期特殊教育提升计划（2018—2020年）》，提高残疾儿童少年义务教育普及水平。推进特色名校创建工程和职业教育内涵式发展，拓宽专业人才培养路径，完善现代职教体系。市教育局被评为全市2018年度经济社会发展综合考核先进单位、全市政风行风建设先进单位，获第25届全国爱国读书教育活动优秀组织奖，连续16年获省级文明单位称号。

【教育均衡发展县创建】 市政府印发《关于推进县域内城乡义务教育一体化改革促进优质均衡发展的实施意见》，列入市政府重点督查内容。各县（市、区）制定创建规划和实施方案，明确措施和完成时间。岱岳区（含泰安高新区、泰山景区部分乡镇）、新泰市、肥城市计划于2019年，泰山区（含泰山景区大津口乡、市直中小学校）、宁阳县、东平县计划于2020年前完成创建任务。印发《关于做好义务教育均衡差异系数监测工作促进实现优质均衡发展的通知》，加强优质均衡差异系数监控，教育事业统计显示，各县（市、区）均衡差异系数均优于上年，其中新泰市、岱岳区达到国家优质均衡标准。

【教育督导】 制定《泰安市2018年县市区教育工作综合督导评估方案》和实施办法，查看县直和56个乡镇的中小学161所、幼儿园21所、职业中专8所、乡镇成教中心15处、民办学校14所。督导中发现的主要问题向县（市、区）政府进行反馈，市督导评估通报和县（市、区）整改通知书以书面形式反馈给县（市、区）政府，评估结果予以公示，并作为市政府考核县（市、区）年度工作情况的主要依据。

【经费保障】 按照小学710元、初中910元、义务教育段寄宿制学校增加200元、特教学校6000元、高中学校不低于900元标准落实生均公用经费，对农村不足100人的学校按100人核定公用经费，超过100人不足200人的学校按200人核定公用经费。统一城乡义务教育学生“两免一补”政策，向城市学生免费提供教科书。按照1000元和1250元标准落实小学、初中学校家庭困难寄宿生生活费补助，享受补助的学生占寄宿学生的30%。建立起幼儿园生均公用经费财政拨款制度，确定财政拨款最低每生每年710元，2020年年底前落实到位。

【城镇大班额问题】 全市解决普通中小学大班额问题项目开工25所，完成新、改扩建学校16所，完成投资1.8亿元。大班额班级数占比从2016年的56.3%降到13.13%，超大班额和起始年级大班额全部消除。

【改善办学条件】 根据国家和省统一部署，调整完善“全面改薄”规划。全市累计投入资金17.48亿元，完成规划的104.1%；校园建设开工总面积168.8万平方米，完成规划的115.1%。校园建设竣工面积158.9万平方米，完成规划的108.9%。完成设备采购3.38亿元，完成规划的109.5%，完成改薄目标任务。

【学生资助】 市、县两级财政拨付、发放学生资助资金5306.4万元，受助学生3.2万人次。各级财政对中职免学费拨付7279万元，受益学生3.64万人次。完成2018年度生源地信用助学贷款，为7069名学生申请办理助学贷款，贷款金额5622.01万元。配合市委统战部“泛海助学行动”遴选建档立卡贫困家庭应届高考大学新生工作，全市资助900人，发放“泛海助学金”450万元。教育系统“爱心一日捐”募集资金811.17万元，市教育基金会接收泰安银行捐资助学1000万元，接收其他定向捐赠778万元。

【教师队伍】 开展中小学教师“县管校聘”管理改革示范区创建活动。全市招聘教师1442人，其中市直学校40人。实行县（市、区）招聘教师由市教育局统一负责笔试试题和评卷办法。县（市、区）招聘的教师大部分分配到乡镇学校任教。安排师范生实习支教1502人，为每人发放每月900元或1000元生活补助，并购买意外伤害险。安排校长交流145人、教师交流2389人、援疆支持29人、对口扶贫协作重庆市巫溪县支教10人、“三区”（边远贫困地区、边疆民族地区、革命老区）和西部隆起带人才支持计划教师支教101人、名师名校长下乡支教300人次。完成职称评聘中专2593人、乡村学校特岗教师83人。会同编制部门对全市111所公办幼儿园核定人员控制总量4871人。改革校长职级制，落实市直学校校长职级薪酬。

【校长教师培训】 建立泰安市中小学校长市级培训专家库，启动“卓越校长培养工程”。选派54名校长到上海、无锡挂职学习。完成市级以上校长培训1300人次，教师培训1.2万人次。完成全员远程培训4.98万人，推送优课1574节。组织60名中小学教师和泰山学院教师互兼互聘，承接新疆、重庆挂职培训教师61人。

【师德建设】 在全省率先建立实施有偿补课专项事务报告制度，组织教育系统全体教职工定期报告是否参与有偿补课，亲属朋友等关系密切的人是否注册教育培训机构、聘用在职教师。推广“名师义教”，全市5000位名师开展义教活动，受益学生6万人。宣传优秀教师事迹，通过网站、广播电视等累计宣传优秀教师477人次。在齐鲁最美教师评选中，泰安市2名教师获山东省教书育人楷模称号，1名教师被评为齐鲁最美教师。开展“万名教师访万家”“机关干部去家访”活动，走访家庭32.6万户。

【教育扶贫】 出台留守儿童工作专项方案，落实关爱行动。免除建档立卡贫困家庭学生学杂费1349.31万元，发放助学金853.75万元，受益学生9007人次。职业院校招收未升入普通高中的农村初中毕业生占90.2%。组织省定贫困村小学教师专题培训1400人，对800名教师进行信息化培训。组织省“第一书记”驻点村参加省级培训。推进“义务教育学校结对帮扶行动”，233所学校开展义务教育学校帮扶结对行动，安排247名学科骨干教师与53个贫困村学校的258名教师建立结对帮扶关系。开展教育精准扶贫志愿服务活动，推广使用志愿服务云平台。

【乡村教育振兴计划】 编制《泰安市乡村振兴战略规划（2018—2022年）》（教育部分），加强农村尤其是贫困村教师培训，农村学校“校校通”“班班通”全部实现，“人人通”已基本实现，“两平台”建设完成。组织开展特级教师、名师名校长、创新课优秀教师及专家志愿服务送教下乡活动，参加人员189人次，上公开研讨课48节，举办研讨活动40次，参加活动农村教师2000人。开展名师工作室与乡村贫困村学校教师结对帮扶工作，93个名师工作室结对帮扶乡村教师127人。将中小学班主任津贴提高到每月小学300元、初中400元、高中和中职500元。为所有在乡镇工作的教师按照省定标准发放乡镇工作津贴补贴。部分县（市、

9月5日，泰安市2018年教师节庆祝大会召开　（司　刚　摄）

区）和乡镇为城乡交流校长教师发放200～500元的交通补助，多数县（市、区）和乡镇采取定时班车、包车、报销车票、校车接送等方式解决教师交通问题。采取新建、改建、租赁等多种形式解决乡村教师住宿问题。年内，县（市、区）规划建设乡村教师住房119套，建筑面积4194平方米，总投资680万元，列入国家“十三五”建设规划项目2个，建筑面积3150平方米，总投资540万元。实施乡村学校特级教师岗位计划，评聘特岗教师83人，按省特级教师标准发放补贴，发挥名师带动引领作用。

【人才工作】 印发《市委办公室市政府办公室关于印发〈教育人才递进培养工程实施意见〉的通知》，评定表彰第七届教育人才递进培养工程人选1046人。完成千人计划青年英才、万人计划教学名师、齐鲁英才、金卡人才等遴选申报，开展全市重点人才工程项目——“绘制泰山学子分布地图”工作，制定全市人才“金十条”相关配套细则。

【教育科研】 制定教育规划“十三五”课题指南，系统确定“十三五”时期课题研究基本范围与方向。87项省、市级教育科学规划课题结题。深化新道德教育实验研究，课题研究成果获省二等奖。开展第六届优秀主题班会展评活动，将主题班会课建设成为贴近学生生活实际的精品德育课程。组织第十六届创新教育活动，全市中小学、幼儿园有140节课参加比赛。组织历届创新课比赛获奖优秀教师进行教育论文写作活动并结集出版，创新课发展成为集宣传发动、集中培训、课堂比赛等环节的综合性活动，成为推动教师专业发展的学习型平台。

【学校安全】 开展“学校安全主体责任落实全面提升年”活动，创建首批省“平安校园示范学校”17所、市级37所。开展交通、食品、消防等专题教育活动，制作展板3880块，发放资料740万份，学校安全教育授课率100%，学生受教育率100%。印发全市教育系统反恐怖防范工作标准、突发事件应急处置预案（试行）等，组织各类综合性、专项性安全检查9次，检查学校315所。迎接国家、省、市以及有关部门安全检查考核17次。开展扫黑除恶专项斗争，开展线索摸排，印发宣传手册3万份，专项督查5次。做好全国及全省“两会”、上合组织青岛峰会等重大敏感期间的稳定工作，与民办教师座谈4次，走访7次，开展不稳定因素排查和矛盾化解4次。开展校园周边环境专项整治4次。

【各类考试】 做好对考务人员、教师、考生的教育，签订责任书、保证书，层层压实责任，防患于未然。完成普通高考、成人高考、研究生招生考试、自学考试、教师资格考试、高中学业水平考试、初中学业水平考试等考试26次，考生45万人，150万科次。

【教师资格改革】 推进教师资格面试改革，实行“一考区六考点”（泰安考区，泰山区、岱岳区、新泰区、肥城区、宁阳区、东平县考点）模式，市统筹考务、技术、考官做法在全省推广。完成教师资格面试2.21万人。教师资格认定审核通过9400人。完成教师资格定期注册2033人。

【语言文字】 完成对泰山区、岱岳区、新泰市普通话县域验收工作。完成1万人普通话水平测试工作，举办第二十一届全国推普周活动。推进中小学语言文字工作达标建设及验收工作。加强语言文字队伍建设，组织全市书法骨干教师和经典诵读培训。

【对外交流】 市教育局印发《关于做好新时期教育对外开放的实施意见》。接待美国、芬兰、波兰、等教育访问团组11批次。组织因公出国（境）团组3个。推动3所学校参与教育部中美千校携手计划，1所学校入选中英伙伴学校计划，1所学校入选港澳姊妹学校交流计划。完成3个中外合作办学项目延期。举办2018台湾中学生“中华泰山成人礼”、海外华裔青少年“中国寻根之旅”等主题活动。完成市直中小学到境外研学旅行活动报备19批次，选派2名教师志愿者到国外任教，邀约10所国外高校到泰参加泰山教育博览会。（景 婧）

基础教育

【概况】 全市有普通中小学校716所，在校生61.6万人，教职工4.7万人，专任教师4.45万人。其中，小学520所，在校生29.8万人，教职工2万人，专任教师1.95万人；初中160所，在校生21.2万人，教职工1.79万人，专任教师1.66万人；普通高中36所，在校生10.6万人，教职工8995人，专任教师8341人。小学、初中入学率100%。特殊教育学校7所，在校生1302人，教职工323人，专任教师278人，残疾儿童少年义务教育普及率96%。

2018 年泰安市幼儿园基本情况

表 27

单 位	幼儿园（所）	在园人数		教职工（人）		办园条件			
		合 计	其中：女	合 计	专任教师	占地（万平方米）	建筑面积（万平方米）	图书（万册）	电子图书（万册）
合 计	1144	160959	74382	16182	12286	309.23	140.81	178.09	12.16
泰山区	186	28751	13316	3198	2318	35.03	21.24	26.56	6.09
岱岳区	169	17170	8224	1890	1589	4.50	19.30	21.00	0.75
新泰市	254	33546	14623	3419	2534	68.18	30.28	35.97	2.15
肥城市	137	26658	12893	2609	2156	55.89	27.50	32.87	1.27
宁阳县	95	19104	8896	2111	1466	41187	17.22	33.83	0.56
东平县	163	24546	11201	1719	1324	34.09	14.00	15.89	0.11
泰安高新区	122	9850	4581	1093	768	26.04	9.53	10.88	1.06
泰山景区	18	1334	648	143	131	3.15	1.76	1.13	0.17

2018 年泰安市小学基本情况

表 28

单 位	小学（所）	教学点（个）	毕业生（人）	招 生（人）	在校生（人）	教职工（人）		占地面积（万平方米）	建筑面积（万平方米）	图书（万册）	计算机（台）	校园网（所）	电子图书（万册）
						合计	专任教师						
合 计	520	142	49301	66076	297994	20038	19474	988.71	262.89	979.80	62381	518	21.36
泰山区	55	3	7624	10318	44404	2119	2051	59.06	24.00	120.29	7280	55	2.60
岱岳区	59	27	4121	6338	26469	2044	2030	120.76	36.67	96.34	7789	59	1.33
新泰市	133	34	14903	17220	76801	5095	4922	271.23	59.03	263.92	15669	132	4.90
肥城市	72	12	7950	10698	53576	3859	3675	163.13	45.72	172.79	11009	72	9.39
宁阳县	70	12	5032	8578	39947	3030	2927	146.37	42.75	156.35	8461	70	1.37
东平县	74	19	6361	8952	39210	2502	2483	120.29	32.09	94.37	6388	74	0.36
泰安高新区	47	21	2885	3528	15417	1151	1149	91.90	18.60	65.66	4774	46	0.61
泰山景区	10	14	425	444	2170	238	237	15.97	4.03	10.07	1011	10	0.81

2018 年泰安市普通初中基本情况

表 29

单 位	学校（所）	毕业生（人）	招 生（人）	在校生（人）	教职工（人）		占地面积（万平方米）	建筑面积（万平方米）	图 书（万册）	计算机（台）	校园网（所）	电子图书（册）
					合 计	专任教师						
合 计	160	58921	48985	212002	17943	16639	780.99	294.04	981.14	44519	158	452056
泰山区	24	9214	7921	34647	2687	2479	98.31	32.76	167.90	7486	24	121771
岱岳区	23	7052	4773	23456	1955	1889	112.12	47.36	120.28	6210	23	44610
新泰市	29	12954	14599	55979	4378	4261	152.23	60.48	251.71	9837	28	18121
肥城市	29	10800	7840	28666	2969	2605	136.70	49.75	171.08	8561	29	232003
宁阳县	17	7649	4902	26826	2300	2140	94.10	41.69	113.54	4475	17	27934
东平县	24	7393	6195	27686	2293	2163	108.23	40.74	88.17	4706	24	271
泰安高新区	11	3215	2399	12343	1124	1102	69.12	16.68	58.19	2687	10	2326
泰山景区	3	644	356	2399	237	235	10.16	4.58	10.26	557	3	5020

2018 年泰安市普通高中基本情况

表 30

单 位	学校（所）	毕业生（人）	招 生（人）	在校生（人）	教职工（人）		占地面积（万平方米）	建筑面积（万平方米）	图 书（册）	计算机（台）	校园网（所）	电子图书（册）
					合 计	专任教师						
合 计	36	34717	34945	106420	8995	8341	350.63	199.08	476.09	19284	36	118930
泰山区	6	6286	6280	19199	1765	1681	62.73	38.91	69.26	3401	6	45429
岱岳区	4	4658	4246	13458	1023	989	39.14	30.72	69.81	2496	4	4150
新泰市	7	8019	7683	23842	1941	1876	81.26	41.85	115.79	4433	7	7206
肥城市	8	6595	6626	19983	1729	1474	61.70	28.97	111.13	4166	8	42031
宁阳县	5	4226	4898	13955	1221	1091	58.11	37.14	74.00	2197	5	11985
东平县	4	4606	4478	14234	1172	1105	37.79	16.41	21.51	2281	4	6529
泰安高新区	2	327	734	1749	144	125	9.90	5.08	14.58	310	2	1600

【学前教育计划】 印发《泰安市第三期学前教育三年行动计划（2018—2020年）》，计划到2020年，全市学前三年毛入园率保持在95%以上，普惠性幼儿园覆盖率80%，计划每年新建、改扩建幼儿园80所以上，新增幼儿学位1.5万个以上。2018年，新、改扩建幼儿园104所，增加学位1.92万个，学前三年毛入园率100.3%，普惠性幼儿园覆盖率92.14%。

【中小学布局规划】 启动《泰安市城区中小学布局规划（2021—2035年）》，修编范围包括泰山区、岱岳区、高新区、泰山景区、高铁新区（旅游经济开发区），对城区教育资源进行全面调查摸底，摸清编制基础数据。

【泰安实验中学首次招生】 泰安实验中学由泰安高铁新区发展中心承建，2017年5月开工建设，2018年完工，秋季开学正式启用，是市属公办高中。总投资3.2亿元，占地10.5公顷，总建筑面积9.9万平方米，可容纳60个教学班。2018年首届招生600人,其中实验班100人。学校有教职工57人，其中面向全国“双一流”大学招聘的毕业生26人、从市直高中抽调16人、遴选教师11人。

【望岳中学办学】 泰安望岳中学原为泰安铁路职工子弟中学，2002年移交地方，2004年并入泰安市实验学校，为市实验学校西校区。根据泰安城区学校布局和教育发展需要，2018年2月26日，市编委印发《关于市实验学校西校区独立设置为初级中学的批复》，将泰安市实验学校西校区独立设置为市直初中学校，命名为泰安望岳中学。暂核定编制110人（从市实验学校编制内划转），配备校长1人、副校长3人。学校占地面积4.11公顷，有教职工109人，在校生864人。

【招生考试改革】 印发《2018年初中学业水平考试和高中段学校招生录取工作意见》，完善中考招生录取平台，实行“先出成绩、后报志愿”，职普同台同步录取。调整总分降为750分，全市初中毕业生5.91万人，高中段学校计划招生6.09万人，其中普通高中3.54万人，职业院校2.55万人。开展推荐生招生试点，组织泰安一中新校区、泰安二中、泰山中学完成推荐生录取150人，鼓励高中特色办学，开展自主招生、艺体特长招生、中外合作办学和高中与高校合作办学等。统一职业类院校录取网络平台，高职院校招生实现平行志愿。

【德育改革】 推进德育课程一体化实施，实施社会主义核心价值观和“四德工程”进校园，推进文明礼仪、文明出行行动计划，组织开展“我们的节日”“扣好人生第一粒扣子”“爱我家乡、爱我泰山”等系列主题教育实践活动。举办首届高中生辩论赛、泰山国学小名士经典诵读电视大赛、“时刻听党话 永远跟党走”演讲比赛等活动。在第二十五届全国读书征文活动中，获省中学组一等奖6人，占一等奖总数2/3。在全省国土资源征文比赛中，获高中组一等奖4人，占一等奖总数1/5。加强中小学研学旅行工作指导，加快研学旅行基地建设。

【教育提升】 落实国家课程方案，强化课程规范管理，深化课堂教学改革，促进学科队伍建设，全市夏季高考本科上线率59.56%，本科上线率高于全省7.01个百分点。全市32名学生达到报考北大、清华资格线，录取14人。获数学、物理、化学、生物和信息学奥赛一等奖33人、二等奖156人、三等奖330人。

【艺术教育】 全面实施中小学生艺术素质测评，出台初中、高中学

11月20—21日，泰山风景名胜管理委员会、市教育局等联合举办第二届中华泰山诗文大会
（赵文文 摄）

生艺术学业水平考试办法，将学生艺术学业水平考试结果作为学生艺术素养和学校艺术教育质量的评定依据。在校级举办艺术节和县级展演基础上，举办第二届“中国梦·泰山情”中小学生艺术展演暨纪念改革开放40周年中小学生文艺汇演。在全省第六届中小学生艺术展演活动中，泰安市中学器乐节目、合唱节目、原创舞蹈获较好成绩。泰山区、新泰市、肥城市教育局获全省优秀组织奖。组织学生参加全国青少年书法比赛，23 名学生进入全国 500 强，市教育局获全国优秀组织奖。

【体育教育】 组织全市中学生七项体育联赛和十项中小学生运动会比赛，421 支代表队 3932 名运动员参赛。开展“新华书店杯”学校少年宫成果展示活动，举办中国网球协会耐克青少年网球泰安站比赛。推进校园足球，16 所学校被评为全国青少年校园足球特色学校，选派 9 名教师参加国家和省级培训，4 名教师参加“学转英超”校园足球教练员培训班，73 名学生参加省级校园足球冬、夏训练营。组织参加山东省“全国青少年校园足球特色学校”足球联赛，14 人获二级运动员资格。完成 49 所中小学校 5500 名学生体质监测。

【卫生教育】 开展中小学“爱耳日”“爱眼日”“禁毒日”、第 30 个爱国卫生月、女生青春期健康教育等活动。组织全市中小学生参加全国青少年禁毒知识竞赛网上答题活动。开展全市学校卫生工作联合督导检查，落实学校疾病防控工作，学校卫生工作水平不断提高，无公共卫生事件发生。

【共青团和少先队】 开展“扣好人生第一粒扣子”“争做新时代好队员”“你好，新时代”主题队日等主题教育实践活动。年内，新发展团员 1625 人。推进中学共青团和学联学生会组织、少先队改革，成立名团干工作室 9 个、少先队辅导员工作室 6 个。举办泰安市首届少先队总辅导员论坛、首届少先队辅导员技能大赛等。开展齐鲁学子青春国学荟、全市少先队员融合之旅等主题活动，1300 人参与。打造“团团小导游”等志愿服务品牌，开展“红领巾·绿丝带，小手拉大手创城迎审在行动”，发放公益护照 2600 本，开展志愿服务星级认证 700 人次；开展“泰山公益大讲堂”“心愿直通车”活动 20 次。推动泰安市少年科学院、泰安市小记者团等大型社团健康发展，6000 名中小学生参加争当小实验家活动、1 万名小记者参与各类采风活动。

【特殊教育】 制定《泰安市第二期特殊教育提升计划（2018—2020 年）》，到 2020 年，普及十五年特殊教育，残疾儿童少年义务教育入学率 96% 以上，学前三年入园和接受康复教育训练率 90% 以上。推进普通学校资源教室建设，为随班就读学生创设良好条件。市特殊教育中心原三处学校完成搬迁整合，具备招收所有障碍类型残疾学生的能力。

【家庭教育】 制定《泰安市家长课程标准》，按年龄分年级创编家长课程，指导县（市、区）、学校做好家长培训，实施好家长学校课程。加强教师培训工作，培育家庭教育指导教师 29 人，种子教师 598 人。推进“警校合作”，聘请中国科学院心理研究所张梅玲教授为公安干警和家属作心理健康教育专家报告。

【高校招生咨询会】 6 月 26—27 日，全国普通高校招生咨询会暨第二届泰山教育博览会在泰山国际会展中心举行。该届展览会由山东省教育学会主办，市教育局、市经合局、泰安传媒集团承办。展会分高校招生咨询展区、泰安教育成果展示区、配套展览区、配套活动区四大展区。复旦大学、浙江大学、南开大学、同济大学、韩国世明大学、印度尼西亚总统大学等 200 所国内外名校及 80 家留学、培训机构到场参展，为全市 5.5 万名考生和家长提供一站式咨询服务，当场达成志愿填报和留学培训意向 1 万组。 （景 婧）

中等职业教育与成人教育

【概况】 年内，全市有中等职业学校 14 所（不含技工学校），其中，4 所中职学校创建为国家中等职业教育改革与发展示范学校，5 所学校列入省示范性中职学校建设工程，6 所学校建设为省规范化中职学校，2 所学校被命名为省校企一体化合作办学示范院校。

【特色名校建设】 新泰市职业中专和宁阳县职业中专首批省示范性中职学校建设工程项目顺利推进，对岱岳区职业中专、肥城市职业中专和东平县职业中专 3 所第二批省级示范性中职学校进行市级中期评估。泰安市工商职业中专申报第三批省级示范性中职学校建设项目，岱岳区职业中专和肥城市职业中专申报省校企一体化示范院校。

2018 年泰安市中等职业学校基本情况

表 31

单　位	学校（所）	毕　业生（人）	招生数（人）	在　校生（人）	教职工（人）		占　地（万平方米）	建筑面积（万平方米）	图　书（万册）	计算机（台）	电子图书（册）
					合计	专任教师					
合　计	14	13017	12294	38752	2693	2196	148.31	76.85	104.43	9606	9735
泰山区	6	3569	2476	9055	721	591	32.20	23.77	23.11	2695	2488
岱岳区	1	2129	1557	5635	361	312	23.90	11.84	13.60	1561	2
新泰市	2	1469	1909	6234	454	335	18.67	9.88	28.39	1633	1232
肥城市	1	2145	2271	5532	423	371	9.07	10.41	19.11	978	13
宁阳县	1	1706	1362	4417	351	285	37.73	6.46	4.10	1190	100
东平县	2	1216	1232	3428	223	202	13.33	7.19	8.62	949	5500
泰安高新区	1	783	1487	4451	160	100	13.40	7.30	7.50	600	400

【职业教育内涵发展】 年内，泰山职业技术学院和肥城市职业中专被确定为省现代学徒制试点单位，全市新增省中职品牌专业建设项目3个，省职业教育特聘技能名师岗位4个，获省职业教育教学成果奖16项。推荐申报省职业院校教学团队5个，省职业院校青年技能名师5名，省职业教育精品资源共享课20门。

【专业人才培养】 新增“三二连读”专业点36个，“五年一贯制”专业点4个。“三二连读”“五年一贯制”、中职与本科院校“3+4”试点招生学校14个，招生专业78个，实现招生4584人。加大中职招生力度，对农村未升入高中的初中应届毕业生做到应招尽招，全市职业院校实现中职招生1.9万人，其中农村户籍学生占中职招生总量的85.2%。

【职业教育教学质量】 对第三批“校企一体化育人”示范专业、市级精品资源共享课程、市级名师工作室、学科微课联盟进行终期验收工作，完成示范专业16个、课程40门、名师工作室39个的公示工作。在2018年国赛中，获金牌1枚、铜牌4枚。在省赛中，获金牌4枚、银牌7枚、铜牌23枚。举办全市技能大赛，主赛场设在肥城市职业中专，分赛场5个，设项目42个。

（景　婧）

6月5日，2018年全国职业院校技能大赛中职组“星科杯”制冷与空调设备组装与调试赛项开赛，泰安市岱岳区职教中心2016级机电技术应用三班的刘梦奇代表山东省参加比赛，获得金奖　（李云涛　摄）

民办教育

【概况】 年内，全市有各级各类民办学历学校43所，在校生3.43万人，教职工3764人，专职教师3125人。其中，义务教育阶段学校32所，在校生2.16万人；普通高中8所，在校生0.26万人；职业中专2所，在校生0.31万人；民办高校1所，在校生0.7万人。全市有民办幼儿园352所，在园幼儿4.9万人，教职工5322人，专职教师4026人。各级各类民办学校总占地面积317.47公顷，建筑面积146万平方米，固定资产12.36亿元。市政府先后印发《泰安市人民政府关于加快发展民办教育的意见》《泰安市人民政府办公室关于进一步加快发展民办教育的通知》《泰安市民办教育三年行动计划（2018—2020年）》等政策文件，全市初步形成从学前教育到高等教育，覆盖普通教育和职业教育办学体系完整的办学格局。

【民办教育三年行动计划】 印发《泰安市民办教育三年行动计划（2018—2020年）》，明确到2020年，全市新增民办中小学校（含中等职业学校）不低于30所，民办中小学校总数不低于60所，在校生数占比不低于8%的目标。全市民办教育发展规模、教育质量、队伍素质、办学水平和效益等方面实现大幅提升，构建起满足人民群众多样化、多层次、选择性教育需求的民办教育体系。

【扩大民办教育】 全市新增民办中小学14所，其中高中4所、二年一贯制学校1所、九年一贯制学校3所、初中2所、小学4所。项目总投资16.8亿元，设计新增教学班515个，学位2.28万个，首届招生人数4125人。（景 婧）

高等教育

【概况】 市内有山东农业大学、山东科技大学泰安校区、山东第一医科大学泰安校区、泰山学院、山东财经大学东方学院、泰山职业技术学院、山东服装学院、泰山护理职业学院、山东力明科技职业学院9所普通高等学校，与上年持平。其中本科院校5所，专科（高职）院校4所。招生3.82万人，比上年减少1635人；毕业学生3.48万人，比上年减少7801人；在校生12.96万人，比上年增加2602人。教职工9204人，其中专任教师6688人。

（景 婧）

【山东农业大学】 学校占地面积343公顷，建筑面积104万平方米，教学仪器设备总值7.62亿元，图书馆藏书271万册，电子图书161万册。在职教职工2583人，其中有教授、副教授1016人，中国科学院院士2人，中国工程院院士3人，入选国家“百千万人才工程”专家10人，国家有突出贡献的中青年专家6人，‘长江学者奖励计划”特聘教授1人，国家千人计划1人，国家青年千人计划2人，国家万人计划3人，国家杰出青年科学基金获得者6人，国家级教学名师4人。在校学生3.46万人，其中本科生3.07万人，博士、硕士研究生3889人。学校设有农学院等学院21个。有博士后科研流动站12个，一级学科博士点12个，一级学科硕士点25个，本科专业89个。学校有5门国家级精品课程，2门国家级双语示范课程，5门国家级精品资源共享课，9个国家级特色专业。获评第一届“全国文明校园”称号。

人才培养 通过省一流学科绩效考评，在32个参评学科排名中包揽前2名。2个学科进入ESI世界排名前1%，化学学科0.987%，农林学科再次入选QS世界大学学科排名200强。增设本科专业1个，停招本科专业6个。组建艺术学院和商学院，调整体育学院、水土学院和林学院专业结构，文法学院更名为公共管理学院。整合一级学科博士点1个、一级硕士点3个，撤销硕士点2个。完成应用型专业立项建设9个，测绘工程专业通过工程教育专业认证。3个专业群获批省专业对接产业项目，获批经费3600万元。新建教学科研基地43个。获山东省高等教育教学成果特等奖1项、一等奖4项。首次招收公费农科生，招收本科生7750人。7626名毕业生考研率37.99%，获全国“互联网+”“创青春”创业大赛金奖等奖励100项。

师资队伍 引进国家杰出青年1人，2人通过省高层次紧缺人才特聘入职，引进四层次以上人才6人。聘请兼职教授18人，讲座教授6人。招聘优秀人才107人。聘任专业技术职务1691人、遴选“1512工程”562人。选派26名青年教师到国内外高校、科研院所进修，选派64名青年教师到一线挂职锻炼。4人入选省教育厅国际合作培养计划。招聘师资博士后5人，招收博士后35人，获国家博士后基金资助10人。新增泰山学者系列专家6人，国务院特殊津贴专家2人，省突出贡献专家2人。1个团队获“全国黄大年式”团队称号，1个团队被授予省“干事创业好团队”称号。1人入选“改革开放40周年感动山东人物”，1人获评“齐鲁最美教师”，1人被授予“山东青年五四奖章”。

科研服务 新上科技项目570项，立项经费3.1亿元。其中，新上国家自然科学基金项目86项，国家重点研发项目1项，经费4610万元；国家重点研发课题11项，经费3400万元。获各类研究成果奖励48项，其中国家科技进步二等奖1项、省科技进步一等奖3项。在《植物科学趋势》等国际著名期刊发表论文10篇。授权专利475项，获国家专利奖银奖1项；获植物新品种权27项，审定新品种32个。国家农产品加工技术中心等3个省部级平台获批建设，作物生物学国家重点实验室等5个平台获专项资助，资

9月6日，“2018齐鲁最美教师”颁奖典礼在山东教育电视台演播大厅举行，山东农业大学园艺学院教授、中国工程院院士束怀瑞获此殊荣。图为颁奖现场　　（黄　伟　供）

助经费5200万元。出台服务新旧动能转换重大工程实施方案，成立乡村振兴研究院，组建国家农业科技园区创新能力评价研究中心。深化校地合作，推进国际现代农业科教基地建设。与青岛西海岸新区共建未来农业研究院，与肥城市共建汶阳田现代农业产业园。组织专家为泰安市、菏泽市编制乡村振兴战略规划，组建乡村振兴专家服务团。推进科技成果转移转化，签订技术合同1900项，金额8000万元。

合作交流　与美国加州大学戴维斯分校签署合作框架协议，与加拿大渥太华大学签署“3+2”合作项目协议，与澳大利亚弗林德斯大学、美国肯塔基大学、爱达荷大学签署“2+2”合作项目协议，加入“一带一路南南合作农业教育科技创新联盟”。首次招收外籍博士研究生，接收国际博士后、国际交流生21人，10所国（境）外高校代表团到校访问。25人获国家留学基金委和省政府公派出国留学项目资助。聘请中长期外专、外教60人，86人次到校讲学、科研合作，95人出国（境）开展合作交流、招才引智。

（张焕远　黄　伟）

【山东科技大学泰安校区】　山东科技大学在青岛、泰安、济南三地办学，总占地面积253公顷，建筑面积146万平方米，固定资产总值28.39亿元，教学科研仪器设备总值7.38亿元。设有二级教学科研单位32个、独立学院1个。泰安校区设资源与土木工程系、机电工程系、信息工程系、经济管理系、文法系、基础课部6个系（部）和继续教育学院、泰山科技学院（独立学院）、采矿工程研究院。学校科技园是科技部、教育部共同认定的“国家大学科技园”“高校学生科技创业实习基地”。

学生情况　年内，在全国31个省市录取普通本科生9084人（含“3+2”转段163人），其中泰安校区录取1591人；录取硕士研究生2420人、博士研究生106人（硕博连读研究生20人），招收留学生224人；泰山科技学院录取本科生760人、专升本本科学生501人。应届本科毕业生1.04万人、硕士研究生1671人、博士研究生53人。至年底，学校有全日制在校生4.24万人，其中研究生5800人、留学生500人。学生获省级及以上科技创新竞赛奖励4986项，获授权专利886件，本科生发表论文403篇。研究生以第一作者发表高水平论文500余篇，其中SCI、CSSCI论文306篇。

师资情况　有教职工3000人，其中教授298人。有中国科学院院士1人，日本工程院外籍院士1人，住鲁两院院士3人，双聘院士7人，国家高层次人才特殊支持计划人选1人，国家“千人计划”人选5人，国家杰出青年基金获得者3人，长江学者特聘教授1人，“百千万人才工程”国家级人选6人，国家有突出贡献的中青年专家7人，享受国务院政府特殊津贴人员56人，“泰山学者优势特色学科人才团队领军人才”2人，泰山学者攀登计划专家、特聘专家及青年专家23人。引进国家和省部级人才（团队）4个，培育国家和省部级人才11人，柔性引进国家和省部级人才7人。招聘高级专业技术职务或博士学位人员179人，聘任产业教授96人。获国家教学成果二等奖1项、第四届全国高校青年教师教学竞赛一等奖1项。3名学者入选爱思唯尔（Elsevier）中国高被引学者榜单。

学科专业　学校新增博士学位授权一级学科2个、硕士学位授权一级学科2个、专业学位类别1个。获批计算机科学与技术、工程学等山东省一流学科2个，数学学科进入ESI全球排名前1%。新增本科专业及方向3个，5个专业群获批山东省教育服务新旧动能转换专业对接产业项目。4个专业通过工程教育专业认证。获首批国家级虚拟仿真实验教学项目1项、省级新旧动能转换行业（专项）公共实训基地1个，新增实践教学基地150个。获批教育部产学合作协同育人项目93项、“新工科”研究与实践项目1项。

科研成果 科研立项899项，立项经费2.1亿元，其中纵向项目立项444项、国家级项目立项89项，经费0.86亿元。发表SCI、SSCI论文1658篇、CSSCI论文118篇，其中高被引论文161篇、热点论文41篇。出版专著83部，获授权国内发明专利330件、国际发明专利4件。煤矿充填开采国家工程实验室通过验收，获泰安市政府扶持资金100万元。获批山东省文化科技重点实验室1个，山东省智能光电感知与信息处理工程技术研究中心1个。“山东省工业测控工程技术研究中心”获泰安市政府扶持资金100万元，“泰安市岩土工程研究院”被认定为泰安市产业技术研究院。获国家自然科学基金优秀青年科学基金1人，获中国青年科技奖1人。获“泰安市十大最美科技工作者”称号1人。对外推广科技成果75项，认定登记技术合同332份，合同总额6.04亿元。

交流与合作 学校先后与23个国家和地区的120所高校和研究院所建立交流与合作关系。年内，与美国、英国、德国等国高校签署校际合作协议11项，与澳大利亚斯威本科技大学合作成立山东科技大学斯威本学院，与德国安斯巴赫应用技术大学、中德生态园探索联合举办国际合作实训基地，在蒙古科技大学设立首个海外研究院——中蒙矿产绿色智能开发国际研究中心。获国家外专局批准设立“111计划学科创新引智基地（培育）”。获批国际杰出青年1人，聘请外籍教师33人。与台湾海洋大学、中国文化大学、中兴大学和澳门科技大学签署交流合作协议。举办2018海峡两岸法学院长教育论坛，举办国际学术会议6次。制定《服务煤炭行业行动计划（2018—2028）》，立足服务新旧动能转换，成立新旧动能转换研究中心，制定《服务新旧动能转换重大工程行动方案》。

（齐敏华）

【山东第一医科大学泰安校区】 学校占地面积200公顷，校舍建筑面积73.7万平方米。固定资产19.05亿元，馆藏纸质图书243万册。有全日制本专科在校生2.18万人，研究生1027人；留学生839人。校本部教职工1500人，其中专任教师1100人，享受国务院政府特殊津贴专家17人，山东省有突出贡献的中青年专家7人，全国优秀教师8人。有本科专业44个，其中国家级特色专业4个、省级特色专业8个。有省级精品课程43门、省级双语教学示范课程2门、省级实验教学示范中心2个。省级重点学科7个、重点实验室5个。一级学科硕士授权点5个，学术型硕士学位授权点38个，专业型硕士学位授权点23个。有直属附属医院1所，非直属附属医院18所，其他教学基地250家。3月31日至4月1日，教育部全国高等学校设置评议委员会专家组到校对组建医科大学实地考察。11月30日，教育部印发《关于同意整合泰山医学院、山东省医学科学院等资源组建山东第一医科大学的函》，山东第一医科大学组建获教育部批准。连续14年获省级文明单位称号。

人才培养与教育教学 获批省教育服务新旧动能转换专业对接产业项目1个，获批本科高校教学改革研究项目9个，获全国教育科学“十三五”规划课题立项1个。6篇论文在山东省医教中心优秀论文评选和论文征集中获奖。新增助产学本科招生专业。本专科招生5965人，招收全日制普通研究生430人。获山东省优秀硕士学位论文1篇，研究生优秀科技创新成果奖2项，获山东省研究生导师提升能力计划项目5项。获批山东省研究生教育优质课程2门、山东省专业学位案例库2个、山东省研究生教育联合培养基地1个。在第九届全国高等医学院校大学生临床技能竞赛华东分区赛中获团体特等奖，在全国总决赛获一等奖。获教育部第二批产学合作协同育人项目立项8个。

师资队伍 1人入选泰安市改革开放40周年感动泰安人物，新增“山东省有突出贡献的中青年专家”1人，1名教师续聘泰山学者特聘专家。病原生物学研究团队被省委组织部表彰为“干事创业好团队”。11名教师攻读博士学位。资助33名教师参加国内外访学进修，其中国际访问学者24人、国内访问学者9人。

学科建设与科学研究 临床医学在ESI全球排名前1%。新增硕士学位一级授权学科1个、硕士专业学位授权类别1个。流行病学、免疫学省医药卫生重点实验室通过国家卫健委评估。承办泰山学术论坛神经精神科学学术峰会、泰山学术论坛病毒性传染病专题，主办2018泰山国际神经疾病学术会议。获课题立项241项，立项资金2869万元。年度发表SCI、CSSCI和EI收录的论文125篇。鉴定技术成果11项，其中3项达到国际领先水平、5项达到国际先进水平。获上级科研奖励49项。获国家授权发明专利47项，实用新型专利73项，获软件著作权272项。

对外合作交流 加拿大、澳大利亚等国家和地区的高校与研究机构到校学术交流，组团到韩国、俄罗斯等访问学习。与日本名寄市立大学、俄罗斯赫尔岑国立师范大学等4所国外高校签订校际合作备忘录，在师生交流、派遣访问学者等方面进行合作交流。42名学生到国外高校交流学习，中外合作办学（全北大学）学生毕业返校。接收韩国全北大学8名学生到校短期交流学习。年度毕业留学生240人，招收新生52人。

社会服务 直属附院通过三甲复审。胸痛中心获批省级胸痛中心。开展医院信息化流程再造，实现预约挂号、检验检查报告查询等服务智能化和自助化。继续推进医联体建设，签署医联体合作单位18家。组建泰安市急诊医学、医学影像及神经内科专科联盟，建成区域心电、医学影像远程会诊中心等平台次。全年诊疗病人67.07万人次、出院病人5.65万人次、手术1.9万台次，增长6.05%、6.49%、4.28%。继续教育学院参与服务地方经济社会发展，中标泰安市“加强就业培训提高就业与创业能力培训项目”定点培训机构，承办“基层医院院长培训班”。 （刘 伟）

【泰山学院】 学校建有2个校区，占地面积96公顷，建筑面积52万平方米。教学科研仪器设备总值1.82亿元，图书馆藏书165万册，电子图书116万册。有教职工1322人，其中专任教师949人，具有博士、硕士学位的人员827人，教授、副教授367人；新世纪百千万人才工程国家级人选、教育部高等学校教学指导委员会委员、政府特殊津贴专家等省级以上各类专业技术拔尖人才35人。设有二级学院15个，本科专业64个，涵盖九大学科门类，全日制普通在校生2.04万人。学校有省级优秀教学团队5个，省高校“黄大年式”教师团队1个；省高水平应用型专业群4个，省部级特色专业7个；省卓越工程师培养计划项目3个，省级精品课程39门，省级重点学科平台7个； 省级双语教学示范课程3门，省级实验教学示范中心1个；国家级大学生校外实践教育基地1个，教育部综合改革试点专业1个，省级创新试验区1个。办有《泰山学院学报》，与加拿大等9个国家的多所大学建立交流与合作关系。

教育教学 实施本科生学分制改革，完成二级学院教学工作评价，2名教师获第五届山东省高校青年教师教学比赛一等奖。推进德育系统工程，开展第四次二级学院德育工作考核评估，获批山东省心理健康教育示范中心。组织青年马克思主义者培训班及“十佳教师”评选等活动，推进“一心双环建设”。组织学生参加省级及以上大学生科技创新和各类学科竞赛30场次，获三等奖以上奖励200项，获批全国优秀社团1个，获批国家级大学生创新创业训练计划项目立项71项。举办各类招聘会300场次，承办泰安市创业大赛。

学科建设 新增泰山文化研究团队、中国文学研究团队等9个泰山学院优秀科研创新团队，新增山东省“十三五”文化艺术重点学科2个，获省部级以上科研立项31项，市厅级科研立项164项，横向项目320项，资助经费总额2200万元。获市厅级以上科研奖励32项，新增授权专利11项。举办第四届全国区域文化研究会年会暨泰山文化学术研讨会等大型学术交流活动。邀请国内外知名专家作学术报告90场次，组织博士沙龙活动10期。

师资建设 以打造“四有”好老师队伍为目标导向，深化教师分型管理、破格评审、柔性引智3项人事制度改革。创新性推出“借才借智”的柔性引智思路，通过校外特聘教授组建教科研团队7个。印发《泰山学院高层次人才“一人一议、一事一议”实施办法》，加大高层次人才引进力度。1名教授被评为山东省泰山学者青年专家，1名教授被选为教育部高校教学指导委员会委员。

社会服务 以新旧动能转换重大工程为契机，利用自身的研究优势和办学特色，在泰山文化研究、文物普查、旅游规划、教师培训（含旅游管理人才等培训）、中小学顶岗实习等方面与地方、行业企业进行合作。全面施行《泰山学院服务泰安行动计划》，与宁阳县人民政府签订全面战略合作协议，成立“泰山学院—宁阳大数据协同创新中心”等4个科研机构。完成甘肃临夏与甘南两个自治州的国家旅游规划精准扶贫项目。 （王成磊）

【泰山职业技术学院】 该院占地63公顷，建筑面积25.8万平方米，教学仪器设备总值8717万元。馆藏图书77万册，固定资产4.5亿元。建有泰安创业大学、泰安市第一公共实训中心等机构。有国家实训基地3个、省“十三五”高等学校科研创新平台1个、省职业教育技艺技能传承创新平台2个。专业41个，其中国控专业、教育部财政部重点支持建设等专业 20 个。省级精品课程、资源共享课 35 门。有国家专利发明 68 项。教职工 486 人，专任教师 359 人，其中副高以上职称 109 人。全日制在校学生 1.3 万人。学院获世界职业院校与技术大学联盟（WFCP）创业卓越奖、省级文明单位等荣誉。

教学工作 ①优质校创建和教学诊断与改进试点。作为泰安市唯一高校，学院入选省优质高职院校立项建设单位。全国教学诊断与改进试点工作全面启动，以人才培养工作状态数据管理系统为基础，完成质量管理与监控平台二次开发、调试和数据初始化，形成动态数据采集机制。②专业建设和改革。3 个新上专业开始招生。1 个专业入选教育部现代学徒制试点项目。新增省现代学徒制试点专业 1 个、省级品牌专业群 1 个、省职业教育技艺技能传承创新平台 2 个。10 门省级精品资源共享课立项。③技能大赛。获全国职业院校技能大赛二等奖 1 项，全国性协会学会大赛一等奖 3 项、二等奖 3 项、三等奖 11 项，省职业院校技能大赛二等奖 1 项，省厅部门举办职业技能大赛一等奖 13 项。④师资建设。新聘教师 27 人。新增全国农业职业教育教学名师 1 人、省职业教学名师 1 人、省职业教育青年技能名师 1 人、省高端会计人才 1 人。

科研和服务 ①科研工作。立项各类课题 97 项，结题市级以上科研项目 32 项。获省职业教育教学成果奖一等奖 2 项、二等奖 3 项；获省市科研成果奖 16 项。授权专利 6 项；发表论文 78 篇。②社会服务。承担省春季高考技能主考工作，承办全省高职院校教学诊改培训、省职业院校教师培训等活动。承接企业职工培训、师资培训等技能培训。联办函授毕业学生 170 人，函授专科毕业学生 262 人，培训退役士兵 278 人。科技扶贫岱岳区房村镇，与 16 所中职校开展五年制高职教育“3+2”合作专业共建。

学生工作 ①招生工作。录取新生 3800 人，高出本科线 16 人，报到 3498 人，报到率为 92.05%。五年制高职转段 550 人，“三二连读”转段 148 人。士官招生专业扩展为 4 个，军种扩展为战略支援部队和海军 2 个。②学生管理。开展教育活动 136 项、志愿服务项目 37 项，志愿服务576次，获省大中专学生暑期“三下乡”社会实践活动优秀组织奖，9 支志愿服务队和 23 名师生获省、市“三下乡”表彰。获省高校心理健康节优秀组织奖、朋辈心理辅导技能大赛二等奖。为 211 名贫困家庭学生建立档案，发放奖（助）学金及补贴 915.8 万元。1 人获全国大学生射箭（射艺）锦标赛冠军并打破赛会纪录。获团中央“飞 young 创业英雄汇”大学生双创先锋等荣誉。③就业。举办省内外 762 家企业就业“双选会”，毕业学生 4875 人，4508 人签订劳动合同，62 名毕业生参军，107 名毕业生升学，就业率 98.83%。获新华网创客大学项目挑战赛、中华职业教育创新创业全国大赛金奖等全国性奖项 7 个，省黄炎培职业教育奖创新创业大赛一等奖等 5 个。

合作交流 ①校企合作。与北京金色摇篮、山东港航局船员培训中心等 5 家企业联合办学。与山东科赛基农控股有限公司、山东阳光材料公司、江苏国泰新点网络有限公司签署合作办学协议。②国际化合作。与圣劳伦斯国际教育共建语言培训中心。参加世界职业院校与技术大学联盟世界大会获卓越奖并发言。中澳办学项目新增班级 1 个。继续与启思蒙学院开展合作办学，新增注册澳方学籍学生 70 人，8 名外教到校承担教学任务，8 名师生到国（境）外考察学习。韩国、俄罗斯等境外教育机构、代表团到校访问交流。③业内交流。承办中国高等教育学会大学素质教育研究分会学习研讨会。当选中国职教学会高职分会理事单位、中国高教学会会员单位、全国高等学校国防教育联盟理事单位、中国墨子学会职业教育研究会副会长单位。

（马久虎　杨　春）

12月26日，泰山职业技术学院欢送首批海军士官学生入伍　（杨　春　供）

【山东服装职业学院】 学院占地面积40公顷，建筑面积23万平方米，在校生1.02万人。年内，学院加强基础设施建设，数字化校园工程建成并投入使用，学生公寓安装空调系统，改造更换宿舍设施设备，新建视频监控平台，旅游实训中心建成并投入使用，新建校内实训基地和实习工厂，对校区集中整治，绿化美化校园环境。学院被授予省级文明单位、市级文明校园、山东省艺术职业教育工作先进单位、山东最具行业影响力高职院校等称号。

教学科研 有普通高职、对口高职、五年制大专、本科"3+2"对口贯通培养及成人本科、试点本科、网络本科等办学层次。设有服装工程与管理系、服装设计与表演系、艺术与设计系等系、部8个。对接十强产业，优化专业结构，助推新旧动能转换工程，新上动漫设计和物联网应用技术专业2个，新增计算机应用技术和市场营销五年制大专专业2个，开设专业37个。获批省品牌专业群、省级教学团队、教学名师等省级质量项目16项。师生在各级各类比赛中获奖30项。获市级优秀科研成果奖6项，学院社科联被评为山东省先进社科联，服饰博物馆被命名为泰安市关心下一代教育基地。学院被列为山东省艺术类专业齐鲁工匠后备人才培育工程标准制定单位，2个专业获批教学指导方案牵头单位。

教师队伍 有教职工413人，其中专任教师360人，双师型教师180人，教授10人、副教授94人，硕士研究生225人。聘请中国工程院院士俞建勇担任名誉教授。引进高学历人才20人。在国家和省级教学比赛中获奖5项。5人入选第五批泰安市社科理论专家。

6月20日，市政府副市长成丽（左）为中国工程院院士俞建勇（右）颁发聘书（刘田田 供）

招生就业 招生3425人，在校生1.02万人。毕业生初次就业率97%，拓宽就业创业渠道，继续保持较高的就业率和就业质量。

合作办学 与全国100家知名企业合作，与"中兴""中纺标""世纪鼎利""联荷电商"等多家知名企业举办校企班，与山东岱银纺织服装集团成立山东时尚研究中心，与泰盈科技合作打造现代商务职场体验中心。开展国际办学，与意大利米兰ACME美术学院合作取得进展，实施中意"2+2"本科办学模式。

社会服务 6名教职工参加对口援疆、第一书记抓党建促脱贫、扶贫工作队。200名教职工志愿者参加文明交通志愿服务活动。50名学生在2018年央视春晚泰安分会场完成演出任务，56个民族服饰展演在泰山国际登山节推出。42名学生应征入伍。实训中心建成并投入使用，为社会提供培训及接待服务。

（刘田田）

【山东财经大学东方学院】 学院占地面积35.46公顷，学校（非产权）校舍面积15.54万平方米。全年教育经费投入4853.48万元。固定资产总值9571万元，其中教学科研仪器设备总值2500万元。图书馆建筑面积1.14万平方米，藏书45万册。设置二级学院8个、特色学院4个。开设34个本专科专业、覆盖学科5个，具有一级学科8个，专业学位授权点17个。教职工400人，其中专任教师299人，包括教授47人、副教授79人。本科毕业生一次就业率94.4%。招生2589人；在校生7673人，其中本科生5761人、专科生1912人。

基础建设 对22个多媒体教室升级改造，6号楼交接，中启创优校企合作实验室入场施工。南校区附属用房前期手续办理完成，进入招标控制价编制阶段，南校区2幢公寓楼施工图审查完成。新食堂主体部分完成，土建部分进入抹灰装修阶段。图书信息楼12月投入使用，新学生餐厅主体施工基本完成。连接南北校区的涵洞、北校区西大门及东西干道铺修完成。北校区配电及局部绿化工程有序推进。

教学改革 大数据应用创新中心建设审核通过，联合培养金融大数据方向人才。新增数字媒体艺术专业。全面实行学分制教学管理。

与泰安市商务局、泰安双创大厦、荣成市政府等建立战略合作关系。学校入选“数据中国‘百校工程’”建设项目，与世博动漫共同筹建东方世博数字创意学院。泛雅教学平台、在线课程录制系统等信息化教学软件陆续上线运行。研究规划大数据中心、“财务云”共享中心等智慧教室建设方案，推进智慧校园总体规划。

创新创业 在全省率先启动“青年红色筑梦之旅”活动。建立涵盖130名专业教师、企业家、专家学者的双创教育导师库。获批国家级大学生创新创业训练计划项目4项、泰安市科技创新行动计划项目4项。10月，引进斯坦福创新创业导师课程，成为首批斯坦福创新创业课程实验中心。举办第三届校级“互联网+”创新创业大赛。参加第四届山东省“互联网+”创新创业大赛，获铜奖1项。参加泰安市大学生创新创业大赛，获三等奖2项、优秀奖1项。参加山东省高校学创杯大学生创新创业综合模拟大赛，获二等奖2项。

科研工作 4月，成立学校科协。省社科规划项目立项2项，省人文社科课题立项1项，省艺术重点课题立项2项，省艺术专项课题立项2项。泰安市哲学社会科学课题立项5项，其中重点课题1项、一般课题4项。泰安市社科课题立项8项，其中重点课题3项、一般课题5项。组织课题结项33项，其中厅局级课题14项、校级课题14项、大学生科技创新计划项目5项。组织学术讲座21场。

社会实践 组织社会实践校级重点团队11支、省外服务队2支、省内服务队9支、带队教师11人、志愿者76人次。追锋支教团队连续6年获省级重点团队，5支团队获批山东省对口帮扶千村行动专项行动。暑期建立教育帮扶基地5个、社会实践基地5个、志愿服务时数8000小时。参与校级社会实践人数76人次，在校生参与社会实践人数100%。4名教师获省级社会实践优秀指导教师称号，2人获市级社会实践优秀指导教师称号。4支服务队获省级优秀团队称号，1支团队获市级重点优秀团队称号。13名学生获省级暑期“三下乡”社会实践先进个人称号。2名学生获市级暑期“三下乡”社会实践先进个人称号。

（侣　亚）

【泰山护理职业学院】 学院占地面积35.33公顷，分新校、老校2个校区，举办高职（高中起点普通高职、中职起点对口高职和初中起点五年制高职）医护类教育，设有护理、助产、医学影像技术、康复治疗技术、卫生信息管理、老年服务与管理、药学专业7个。学院有高级职称61人，中级职称63人；博士研究生3人，硕士研究生100人；馆藏图书31.39万册，教学科研仪器设备总值3039.12万元。为适应护理人才培养需求，分设涉外护理、中医护理、老年护理、社区护理、口腔护理专业5个。连续18年获省级文明单位称号。在全国职业院校师生礼仪大赛中获团体总分三等奖、团体操二等奖，高职组比赛获个人一等奖、团体三等奖。在首届山东省职业院校康复技能大赛中，获团体二等奖，总成绩第4名。在第三届全国康复治疗专业学生技能大赛中获团体二等奖，在山东省参赛学校中居第2名。

教育教学 学院以教学诊改为抓手，提出转变发展模式、深化教育教学改革和拓展丰富教育资源三个重点工程，结合护理为主的专业特色，通过设立专家工作站、名师工作室，把医德教育融入教育教学中。面向社会公开招聘11名专任教师，聘用1名山东中医药大学毕业生。组织52名教师参加骨干教师省级、国家级培训班，制定学院《“双师型”教师培养与认定办法》，学院双师素质教师104人，占专业教师总数的63.03%。邀请山东省千佛山医院院长孙洪军和护理部主任李云峰分别作“以人文护理团队为统领，推进护理精细化管理”和“人文关怀在护理工作中实践”讲座，邀请省、市专家作讲座，累计授课800学时，集中教学研讨20次，形成录像资料及课件300件，临床一线见习1400人次。

招生就业 录取新生3850人，其中普通专科（高职）报到率99.03%，五年一贯制高职录取率100%。学院7个实训基地下属的各实验实训室开设实验实训课程20门，安排3501名学生到解放军总医院、上海长海医院、南京军区总医院等58家二级甲等以上综合医院实习，举行多场专业介绍会、毕业生校园招聘会。大专毕业生人数3241人，初次就业率89.36%，专业对口率70.75%。

学术科研 学院有12门课程立项为山东省精品资源共享课，16门课程立项为泰安市精品资源共享课，18门课程立项为学院精品资源共享课。8项课题获得立项，其中2项为山东省高等学校研究计划项目，6项为泰安市社会科学规划课题。有4项省教学改革项目、1项山东省教育科学研究院规划课题顺利结题。获4项山东省省级教学成果奖，其中3项为第一完成单位。

获泰安市社会科学优秀成果奖5项，其中二等奖1项、三等奖4项。学生申报泰安市大学生科技创新行动计划项目立项8个。

交流合作 拓展国内外合作资源途径与模式，提升国际化水平。菲律宾、日本、韩国等国家和地区的8批次访问团组到校访问交流，与菲律宾远东大学、韩国信韩大学和中国台湾辅英科技大学等建立友好合作关系。学院与台湾义守大学合作交流，组织2批次8名教师和8名学生交流研修。向菲律宾远东大学输送24名学生攻读护理学硕士学位，第一、二批毕业学生10人，取得菲律宾远东大学护理学硕士学位并通过教育部学位认证。

（张宗起　王　征）

【泰安技师学院】 学院占地11.6公顷，建筑面积7万平方米，学校资产1.76亿元，实训设备总值2900万元。办学层次以中级班、高级班、技师班三位一体。在校生9000人。设有数控加工、汽车工程、机械工程等26个专业（工种）。其中，焊接加工是省级重点名牌专业，电气自动化设备安装与维修是省级重点名牌专业、省技工院校百强专业、省级示范专业群建设项目。学院先后获全国职业教育先进单位、全国职工教育培训示范点、山东省职业教育先进单位、山东省技工学校教学质量优秀单位等称号，是国家高技能人才培训基地、山东省首批高技能人才培养基地、山东省首批技师培训基地、泰安市首席技师工作站。

教育教学 围绕新旧动能转换重大工程实施规划改造提升优势产业，实施改造传统专业、升级优势专业、培育新兴专业的专业建设思路。结合全市国际旅游目的地建设，坚持对烹饪专业提升，撤改服装专业和拓展饭店服务专业的路子。培育开发现代物流、智能仪表与光学电子、工业机器人、新能源汽车等新兴专业。建立省内先进、市内领先的电气实训中心、数控加工中心、焊接实训中心等。开展教学及组织管理工作，推进课程建设，专业建设教学团队建设，推进一体化课程教学改革，以精品资源共享课程为突破口，专业建设和课程建设迈上新台阶，第三批市级精品资源共享课5个，第二、三批市级微课联盟5个。第三批名师工作室5个。新增齐鲁首席技师1人，市首席技师1人，入围国家高技能人才培训基地建设项目。

招生就业 年内，招生2600人，毕业2660人，就业2640人，就业率99.2%。与新疆自治区岳普湖县中等职业技术学校签署结对交流协议。开展8家“三强”企业和14家新入户企业专访调研，形成推进新旧动能转换调研报告。电子商务专业实现引企入校，协助海尔实现销售额超过4300万元。举办“泰安技师学院2018年服务‘三强’企业专场招聘会”“泰安技师学院2018年就业双选会”，开拓校企交流互动平台，促成招商引资项目。开展生产性教学实习实践活动，组织1712名学生到御座宾馆、神憩宾馆、讯精密工业（滁州）有限公司、喜星电子（烟台）有限公司等单位开展校外实践教学活动，稳定校企合作形式，扩大产教融合领域和范围。

人才培养 制定《关于加强学生思想道德建设工作的意见》，成立马克思主义宣讲团，初步形成“两学一做”学习教育、思想政治理论课、心理健康教育、马克思主义宣讲、法制教育“五位一体”的思想政治教育格局，获全市关心下一代先进集体称号。学院构建院系互动的创新创业教育生态系统，优化创新创业教育体系，开展创新创业活动，拓展创新创业基地建设，以参加创新创业大赛为平台，深化创新创业能力。年内，“自动化防盗+GPS预警系统”获省黄炎培职业教育创新创业大赛二等奖，1名学生在首届山东新动能软件创新创业大赛上获三等奖。在第四十五届世界技能大赛山东选拔赛中获二等奖2个、三等奖2个，并获全市唯一“技能雏鹰奖”奖学金名额。

科研服务 完成省、市科研课题4项，新立项10项。论文发表42篇，教研成果获奖88件，申报专利2项，出版教材2本。推荐职业能力大赛专家16人，省职业院校技能大赛专家6人，省信息化教学大赛专家5人。承办社会考试7次，完成技能鉴定813人次。拓展退役士兵、企业职工、“金蓝领”等培训服务项目，短期培训1939人次。（张培明　刘　倩）

编辑　校对　　王云勇

卫生·体育

卫生综述

【概况】 2018年年底，全市有医疗卫生机构4423家，拥有病床3.26万张，卫生人员3.87万人。其中，综合医院72家、中医医院9家、专科医院21家、护理院3家，基层医疗卫生机构4242家，专业公共卫生机构67家，其他卫生机构9家。人均期望寿命79.17岁，婴儿死亡率和5岁以下儿童死亡率分别降至2.72‰、3.44‰，均优于全省平均水平。通过国家卫生城市和全国基层中医药工作先进单位复审，在全省基本公共卫生服务项目绩效考核中取得第一名，在中央经费中医馆绩效考核中列全省第一名。被市委、市政府表彰为经济社会发展综合考核先进单位、信访工作先进单位、安全生产工作先进集体，连续16年被评为省级文明单位。

【基层卫生】 组织专家对16家单位进行等级评价，评出甲等乡镇卫生院12家。6月，北京、天津、广东、江苏、山东互联互访暨两市三省基层医疗卫生机构建设与管理经验交流会在泰安市召开，泰安市作典型经验介绍，与会人员现场观摩岱岳区粥店社区卫生服务中心和肥城市新城社区卫生服务中心。11月12—14日，山东省“优质服务基层行”活动启动会暨全省乡镇卫生院评价省级专家库培训班召开。泰安市就“强化内涵建设、持续整改提高、探索实施基层医疗卫生机构等级评价工作”作经验介绍。11—12月，国家卫生健康委基层卫生健康司先后举办“优质服务基层行”地市级专题政策与管理培训班3期，泰安市作经验介绍。

【家庭医生】 5月15日，举办全市家庭医生签约服务政策规范培训班。5月19日，举办泰安市暨东平县“世界家庭医生日”宣传活动，各县（市、区）卫生部门、单位开展宣传活动。5月24日，在泰山区召开全市全民健康基层信息化工作推进现场会。7月23日，肥城市新城街道社区卫生服务中心、宁阳县伏山镇卫生院代表泰安市在全省家庭医生签约服务培训班上作典型经验介绍。7月底，联合市人社局印发《关于家庭医生签约服务慢病患者试行长处方管理的通知》。参与家庭医生签约的高血压、二型糖尿病稳定期的患者享受门诊处方。8月，联合市财政局、市人社局、市物价局印发《关于落实家庭医生签约服务有关政策的通知》。

【健康扶贫】 年内，识别未脱贫患病贫困人口2455人，逐人落实健康扶贫工程，为贫困患者提供医疗和健康管理服务。按照《“三个一批”

6月30日，市委书记崔洪刚到泰山区财源街道王庄社区参加“创城迎审”义务劳动 （司 刚 摄）

2018 年泰安市医疗卫生机构、人员和床位情况

表 32

机构分类	机构（家）	实有床位数（张）	在岗职工（人）												
			合计	卫生技术人员									其他技术人员	管理人员	工勤技能人员
				小计	执业（助理）医师		注册护士	药师（士）	技师（士）		其他				
						执业医师				检验师		见习医师			
总计	4423	32557	52463	38675	14582	12166	17353	1880	1771	1128	3089	828	2650	1577	2340
医院	105	25251	28414	24704	8218	7614	12808	1204	1133	707	1341	599	1290	880	1540
综合医院	72	18354	21222	18589	6162	5712	9704	869	845	545	1009	468	920	599	1114
中医医院	9	3758	4775	4199	1453	1361	2085	254	190	109	217	93	222	149	205
专科医院	21	2839	2314	1864	586	527	990	77	98	53	113	37	146	124	180
护理院	3	300	103	52	17	14	29	4	0	0	2	1	2	8	41
基层医疗卫生机构	4242	5262	19052	10617	5164	3507	3251	565	378	212	1259	198	420	326	468
社区卫生服务中心（站）	200	771	2499	2170	866	586	806	118	65	35	315	45	129	80	120
卫生院	69	4472	6021	5260	2195	1479	1577	386	293	166	809	129	265	212	284
村卫生室	2955	0	7862	641	553	92	88	0	0	0	0	0	0	0	0
门诊部	57	19	402	346	155	135	153	11	13	7	14	2	8	24	24
诊所、卫生所、医务室	961	0	2268	2200	1395	1215	627	50	7	4	121	22	18	10	40
专业公共卫生机构	67	1092	3963	2571	984	835	883	85	231	189	388	22	855	305	232
疾病预防控制中心	8	0	635	475	246	225	53	13	99	85	64	1	59	36	65
专科疾病防治院（所、站）	9	11	169	138	53	44	42	14	14	13	15	0	8	19	4
健康教育所（站、中心）	—	—	—	—	—	—	—	—	—	—	—	—	—	—	—
妇幼保健院（所、站）	7	1081	1785	1482	526	477	709	46	85	64	116	19	123	75	105
采供血机构	2	0	99	63	15	12	29	2	17	16	0	0	13	9	14
卫生监督所（中心）	4	0	78	60	0	0	0	0	0	0	60	0	7	8	3
计划生育技术服务机构	37	0	1197	353	144	77	50	10	16	11	133	2	645	158	41
其他卫生机构	9	952	1034	783	216	210	411	26	29	20	101	9	85	66	100
疗养院	2	952	948	738	215	209	398	24	29	20	72	9	73	50	87
医学科学研究机构	1	0	0	0	0	0	0	0	0	0	0	0	0	0	0
其他	6	0	86	45	1	1	13	2	0	0	29	0	12	16	13

注：本表人员合计中包括乡村医生 6795 人和卫生员 426 人；不含乡镇卫生院在村卫生室工作的执业（助理）医师、注册护士数。

行动计划》（大病救治一批、慢病签约一批、重病兜底保障一批），对未脱贫患病贫困人口实施分类救治。开展“童心圆梦”“扶贫光明行”等活动，对贫困先心病儿童、白内障患者免费救治。全市公立医疗机构均落实“先诊疗后结算”“两免两减半”（对建档立卡的贫困群众免收普通门诊挂号费、诊查费，减半收取专家门诊诊查费及大型设备检查费）、医疗机构减免（减免比例为贫困患者住院治疗产生的基本医保目录内医疗总费用的5%）等便民惠民政策，基本医保、大病保险、医疗机构减免、医疗救助、医疗商业补充保险“一站式”即时结算系统全部上线运行，贫困患者住院目录内个人自付费用控制在10%以内。全市合计减免医疗费用1592.3万元，惠及贫困人口3.91万人次。组织“健康助力幸福泰安”公益活动，全系统投入资金物资4598万元，惠及贫困人口5.7万人次。

（郭志刚　李先虎）

医药卫生体制改革

【公共卫生服务】 全市基本公共卫生经费标准提高到人均55元，规范14类基本公共卫生服务项目。全市累计建立电子健康档案466.71万人，建档率81.72%，动态使用率66.68%。国家免疫规划疫苗接种率95%以上，孕产妇早孕建册率73.76%，新生儿访视率79.62%，老年人健康管理率68.73%，高血压患者规范管理率67.67%，糖尿病患者规范管理率67.76%，严重精神障碍患者规范管理率86.40%，肺结核患者管理率99.91%。4月，全省2017年度基本公共卫生服务项目绩效考核中，新泰市和肥城市代表泰安市迎接省级考核，获全省第1名。

【公立医院改革】 2018年，全市有34家公立医院参与改革，区域、机构、政策全覆盖。参加全省公立医院改革效果评价考核，在国家2017年度公立医院综合改革效果评价考核中位列全省第4名，2018年8月获得奖励资金219万元。加强医疗费用综合控制力度，建立完善公立医院自主控费机制，确保公立医院综合改革取得预期效果，2018年全市区域医疗费用增长幅度为8.04%。落实现代医院管理制度，与市编办等部门联合印发《泰安市市属实行法人治理结构公立医院和科研院所保障监事会（监事）履行职责工作规定（试行）》等文件，督促保障市属法人治理结构公立医院监事会发挥监督作用。做好医改监测工作，对43项公立医院综合改革指标和20项医院运行指标进行监测，全面掌握全市公立医院综合改革工作的进展，为领导决策提供支撑。迎接国家、省医改专项调研，6月13—14日，国家卫健委体改司处长周小园一行到泰安市调研基层医改工作，认为泰安医改亮点纷呈、特色突出，值得借鉴和推广；11月6—7日，省医改办调研组到泰安市调研深化医改有关工作，给予高度肯定。

【完善基本药物制度】 全市26家公立医院、87家政府办基层医疗卫生机构和2941个实行一体化管理的村卫生室全部配备使用基本药物并实行“零差率”销售，制度覆盖率100%。规范基本药物网上采购行为，强化基本药物主导地位，全市政府办基层医疗卫生机构药品集中采购订单金额3.3亿元，到货总金额2.67亿元，总到货率和3日到货率分别为94.47%和77.05%，其中基本药物到货金额1.97亿元，占比73.95%。全市公立医院药品集中采购订单金额18.26亿元，到货总金额15.1亿元，总到货率84.56%，其中基本药物和常用药品订单总金额13.78亿元，占比67.12%。（郭志刚　李先虎）

预防保健

【重点传染病防控】 累计报告法定传染病22种、2.66万例，死亡16例，报告发病率470.74/10万，

4月25日，山东省暨泰安市第32个“全国儿童预防接种日”现场活动在南湖公园举办　（李先虎　供）

比上年报告病例数提高6.84%，死亡率0.28/10万。强化艾滋病防控，加大自愿咨询检测、高危人群干预等措施落实力度，加强艾滋病实验室能力建设，规范艾滋病抗病毒治疗管理，艾滋病抗病毒治疗和随访工作全部移交到各定点医疗机构。市卫计委、市总工会联合举办县、市级传染病防治工作岗位技能竞赛和艾滋病防治工作岗位技能竞赛。参加全省传染病防治工作岗位技能竞赛，获团体二等奖和个人二等奖、三等奖。发现活动性肺结核患者1451例，成功治疗率93.80%，非定点医疗机构报告肺结核及疑似患者总体到位率98.77%。各县（市、区）完成结核病防治“三位一体”（疾控中心、医疗机构、社区卫生服务机构）综合模式转型工作。

【免疫规划管理】 围绕国家免疫规划规范年活动，建立预防接种统一管理制度，提升预防接种质量。推进预防接种门诊标准化建设，全市建成数字化门诊88处，建成率83.02%。举办山东省暨泰安市国家免疫规划实施40周年系列宣传活动。做好百白破、狂犬病疫苗续种、补种及后续处置工作，两类疫苗均无严重异常反应。

【非传染性疾病防控】 宁阳县通过国家级慢性病综合防控示范区复审，泰山区通过省级慢性病综合防控示范区复审。依托市肿瘤防治院成立市级癌症中心，泰山区、新泰市成立县级癌症中心。设置微信、微博和网站等媒体宣传专栏76个，1562人参加职业人群健步走和减重激励大赛，健康生活方式“五进”活动走进1294个社区和单位，健骨操在1256个社区和单位推广，6000人参加“一二三四奔健康”网络知识竞赛。获全省“我的健康食谱”评选活动个人一等奖。完成碘缺乏病监测及碘营养调查任务，开展沿黄地区水碘监测。会同水利部门完成饮用水水氟超标工程调查核实，完成地方病现症病例搜索。完成“两会”和上合组织青岛峰会期间严重精神障碍患者救治安保维稳任务。组织心理健康服务体系调研，推动心理健康服务向基层延伸。配合做好省人大《山东省精神卫生条例（草案）》实地调研。社会心理服务体系建设工作获全省政法综治（平安建设）考核第一名。泰安市获国家疾控中心辐射防护与核安全医学所颁发的“个人剂量监测能力考核”优秀等次，是山东省唯一的地市。

【妇幼保健】 依托泰安市妇幼健康服务联合体，成立市胎儿新生儿专科联盟、市妇幼健康护理联盟、市产前诊断超声会诊中心、市妇女乳腺保健中心、市新生儿先心病诊断治疗中心。泰安市妇幼保健院通过原省卫计委组织的三级甲等妇幼保健机构等级评审，岱岳区妇幼保健院通过市级组织的二级甲等妇幼保健机构等级评审。妇幼健康信息平台建成并试运行。制定《关于进一步加强孕产妇妊娠风险评估与管理工作的通知》《泰安市母婴安全行动计划（2018—2020年）实施方案》《进一步落实母婴安全五项制度的通知》等文件。发放《母子健康手册》5.54万册。制定《泰安市高危儿管理方案（试行）》，对高危儿实行分级管理。印发《泰安市新生儿先天性心脏病筛查项目工作实施方案》。岱岳区妇幼保健院被评为山东省早期儿童发展示范基地。制定《2018年泰安市妇幼健康服务质量管理和持续改进工作方案》，促进妇幼工作标准化、规范化。免费孕前优生健康检查率99.6%，产前筛查率89.15%，新生儿“四病”（苯丙酮尿症、先天性甲状腺功能减低症、先天性肾上腺皮质增生症、葡萄糖-6-磷酸脱氢酶缺乏症）筛

2018年泰安市妇幼卫生保健情况

表33

项　目	指　标	项　目	指标（%）
孕产妇死亡率	12.68/10万	7岁以下儿童健康管理率	90.64
孕产妇系统管理率	89.78%	3岁以下儿童健康管理率	90.55
产后访视率	90.06%	6个月母乳喂养率	93.22
新生儿死亡率	1.65‰	6个月纯母乳喂养率	81.33
婴儿死亡率	2.72‰	产前筛查率	89.15
5岁以下儿童死亡率	3.44‰	新生儿四项遗传代谢病筛查率	99.90
5岁以下儿童中重度贫血患病率	1.59%	新生儿听力筛查率	99.28

8月16日，泰安市庆祝首个"中国医师节"暨优秀微电影颁奖典礼举行

（李先虎　供）

查率 99.9%，听力筛查 99.3%。举办妇女儿童健康专业技术人员培训 13 期，培训学员 3000 人次。4 月，中国妇幼保健协会助产士分会主办的全国助产士大会在泰安举行。

（郭志刚　李先虎）

服务监管

【分级诊疗与医联体建设】 制定《泰安市医疗联合体建设规划方案》，对医联体建设的功能、目标、组建方式等进行规划。印发《关于推进县域医疗共同体建设的意见》，推进县域医共体建设。新泰市、肥城市、宁阳县、东平县 4 个县（市）成立医共体 14 家，初步实现医共体内分级诊疗、双向转诊，上级医疗机构对转诊的患者提供优先接诊、优先检查、优先住院等服务。建成城市医联体 2 家，专科联盟 14 家，远程协作网 4 家。新泰市、肥城市、东平县的 3 家县级医院达到县级医院医疗服务能力建设国家推荐标准，其余县级医院达到基本标准。县域内就诊率提高到 92.02%。

【医疗质量管理】 制定《2018 年市级质控中心质控计划》《2018 年市级质控中心质控单位名单》，成立全省首家市级内科护理质控中心，印发《关于公布二级以上医疗机构部分质控指标数据的通知》。各市级质控中心督导质控单位 42 次，派出专家 399 人次；组织业务培训和会议 33 次，培训 2207 人。对 13 家申请预复审的二级综合医院进行评价，经过预评审，达到二级甲等综合医院标准 6 家，达到二级乙等综合医院标准 1 家。推动 130 家持有"麻醉药品、第一类精神药品购用印鉴卡"的医疗机构实施电子化购用麻醉药品。发布《泰安市公立医院重点监控药品目录（2018）》，对医疗机构使用辅助药品情况进行监控。医疗机构参加市禁毒委组织的"6·26"国际禁毒日太极展演暨禁毒集中宣传活动，严格毒麻药品的管理，杜绝毒、麻醉药品外流。三级综合医院和肿瘤专科医院配备 17 种国家医保谈判抗癌药物，采购使用量逐渐增加。开展基层医疗卫生机构医院感染管理、血液透析室管理、院内医疗废物处置等专项监督检查工作。

【医疗服务】 设置审批医学检验实验室 1 家，备案医疗机构 3 家。将 7 项审批职能划转至市行政审批服务局，制定审批服务流程指南及手册 100 项。完成医护执业资格考试，其中医师技能考试 4006 人，笔试 3032 人，护士考试 4898 人。泰安市代表山东考区迎接国家督导组检查，并在护士资格考试山东考区考务工作会议上作交流发言。转发《山东省卫生计生委关于印发山东省医疗机构不良执业行为记分管理办法的通知》，在全市推行医疗机构执业不良行为记录制度。印发《泰安市进一步改善医疗服务行动计划（2018—2020）工作方案》，推进医疗机构健全工作制度 6 项，重点推动 11 个方面创新医疗服务。推动实施全面预约诊疗工作，三级医疗机构增加预约诊疗服务比例，推行分时段预约诊疗和集中预约检查检验。预约时段精确到 10 分钟至 1 小时，三级医院平均预约诊疗率 53.9%，其中市中心医院实现全部预约诊疗。推行日间手术，日间手术量 5724 例。制定《关于大力推动"六大中心"建设完善重点疾病防治康复体系的实施意见（2018—2020 年）》。委托市医学会心血管专业委员会、市脑卒中质控中心、市医学会创伤外科专业委员会承担基层胸痛中心、卒中防治中心及市、县级创伤中心建设的创建评审工作，规范中心建设，提升重点疾病的救治能力。建立二级医院胸痛中心 4 家，卒中防治中心 4 家，市级创伤中心 2 家，县级创伤中心 3 家。与市总工会联合开展优质护理服务技能竞赛活动。评出团体一等奖 1 个、二等奖 2 个、三等奖 3 个，优秀组织奖 3 个，授予 1 人振兴泰安劳动奖章，授予 3 人

6月8日，北京市、天津市、江苏省、广东省、山东省互联互访暨基层医疗卫生机构建设与管理经验交流会在泰安举办　　（李先虎　供）

泰安市建功立业标兵，授予15人卫生计生系统护理岗位技术能手。开展百白破、狂犬病问题疫苗事件汇总报告及处置工作，开展咨询和损害认定受理工作。完成泰山国际登山节、泰山国际马拉松等赛事活动医疗救护28次，出动救护车41辆次、医务人员190人次。组织夏季征兵体检，体检合格率39%。

【平安医院建设】　全市451家医疗机构加入医疗责任险，二级以上公立医院均投保医疗责任险，部分乡镇卫生院、社区卫生服务机构也加入医疗责任险。建立医疗卫生行业和保险业信息通报制度和定期联系制度。医疗机构内部受理投诉406起，卫生行政部门处理28起，法院受理医疗损害案件32起，各级医调委调解受理108起。其中，市医调委调解成功并签订调解协议书73起，协议履行率100%。严重扰乱医疗秩序案件39件，伤害医务人员案件3件，涉及3人，公安部门制止医闹事件5起。医疗机构医疗责任险保费缴费总额1260.55万元。全市医疗纠纷报案119起，结案108起，赔付金额684.56万元。

【血液管理】　全市临床用血100%为公民自愿无偿献血，无偿捐献机采血小板100%，千人口献血率16.07‰。全年采集血液5.12万人次，采集血液总量1820.63万毫升，采集血小板3391人次、6294个治疗量。为做好重大活动期间血液保障工作，成立市重大活动期间血液保障工作领导小组。全年核酸检测标本5.12万人次，阳性检出率5.1‰。开展血液安全专项督导检查，对43家医疗机构临床输血工作情况进行督导。泰安市第12次被国家卫健委、中国红十字总会、中央军委后勤保障部卫生局授予全国无偿献血先进城市。市中心血站血源科外采组被授予全国表现突出采血班组称号。

【惠民医疗服务】　按照《泰安市城乡医院对口支援工作实施方案（2016—2018年）》要求，28家支援单位对口帮扶受援单位90家，向县级及以下医疗机构派驻医务人员227人，支援周期为3个月至1年。医疗机构申报救助基金20家，救助病人42人，财政拨付资金83.78万元。医疗机构全部登录全国应急疾病救助信息平台，实现管理信息化、网上审核监督功能。组织高新区天宝镇灾区义诊、服务百姓健康行动、政协委员医疗保健团下乡等义诊活动，有100家医疗机构，1000名医务人员参与义诊，义诊病患1.9万人次。举办健康大讲堂，听课群众7940人次，发放宣传材料4.4万份。

（郭志刚　李先虎）

中医·中药

【概况】　泰安市通过全国基层中医药工作先进单位（地市级）复审。加强基层医疗机构中医药综合服务区（中医馆、国医堂）建设，确定建设项目单位14家。联合市财政局印发《泰安市基层医疗卫生机构中医特色技术挖掘提升项目实施方案》，确定2018—2020年中医特色技术挖掘提升项目建设单位23家，在中央经费中医馆绩效考核中，获全省第一名。举办全市中医药重点项目培训班，培训基层中医药服务人员200人。市中医医院、新泰市中医院、肥城市中医院3家三甲医院通过专家组评审。新增第六批全国老中医药专家学术经验继承工作指导老师1人，全省名老中医药专家传承工作室2个，国家中医药外向型优秀骨干人才1人。

【重点专科建设】　加大中医药重点专科建设力度，申报各类重点专科。全市有全国临床重点专科3个，国家中医药管理局重点专科8个，全国农村医疗机构中医特色优势专科2个，省级中医重点专科和特色专科32个，首批省中医药重点学科2个，重点专科和学科遍布中医医院、综合医院及基层医疗机构，规模和数量处于全省领先地位。

【中医药改革】 持续推进中医优势病种收费方式改革，使群众受益。引导公立中医医院参与分级诊疗。推动公立中医医院以资源共享和人才下沉为导向，建立医疗资源纵向联合体，提升基层服务能力。探索符合中医特点的分级诊疗模式，做好中医诊所备案工作。

（郭志刚　李先虎）

卫生法制与监督

【政策法规】 制定《全市卫生计生行政执法公示制度》《泰安市卫生计生行政执法全过程记录制度》等。推进市、县两级综合监督机构队伍建设。市、县（市区）均明确监督执法机构，乡镇明确监督协管员，村级设立监督巡查信息员，完善市、县、乡、村“三级四层”执法体系。开展规范性文件清理及备案审查工作，保留卫生健康方面规范性文件9件、废止1件。加强执法人员资格管理，实行行政执法人员持证上岗，对不在执法岗位人员的执法证进行清理、注销。落实法律顾问聘用制度，聘请泰山蓝天律师事务所2名律师为法律顾问。组织科以上领导干部普法教育测试，委属医疗机构单位测试成绩优秀率在90%以上，委机关优秀率95%以上。优化营商环境，做好行政审批管理和划转，对14项行政审批事项、212项行政权力事项和47项公共服务事项梳理清理，对法律法规没有明确规定的审批事项和国家、省、市明确规定取消的事项，坚决取消。按照“属地管理、就近原则”要求，将行政处罚事项163项、行政强制事项7项、行政监督事项30项全部下放至县（市、区）卫生计生部门。按照市委要求，所有行政审批事项全部划转至市行政审批服务局，集中办理。14项行政审批事项全部划转。窗口累计完成护士首次注册1179人，延续注册9458人，注销注册265人　护士变更注册685人；医师首次注册134人，医师变更117人，医师注销61人；麻醉药品印鉴卡到期换卡130家，麻醉药品和第一类精神药品印鉴卡首次审批4家。

【卫生监督】 年内，双随机抽检任务1329家，完结1329家，完结率100%。至年底，应监督单位数1.45万个，实际监督1.44万个，监督覆盖率99.91%。报告处罚案件466件，罚款92.69万元，办案总数在全省17市中排名第13位；人均办案4.09件，在全省排名第11位。其中，市监督执法局办案188件，在全省17市中排名第2位。各县（市、区）监督机构办案数、人均办案数分别为肥城市53件、人均6.63件，岱岳区48件、人均5.33件，宁阳县30件、人均4.87件，新泰市51件、人均4.55件，泰山区48件、人均4件，东平县39件、人均3.25件，高新区9件、人均3件，景区0件。开展医疗市场监管工作，巡查医疗卫生单位30家，提出整改意见240条（次）。抽查暗访医疗机构或涉医场所116家。审批发放《医疗广告审查证明》28件。传染病防治分类监督综合评价医疗机构1146家，其中优秀单位232家、合格单位751家、重点监督单位163家。开展综合监督宣传工作，举办综合监督执法宣传周、开展“春蕾行动”、学校结核病防治等宣传活动，发放宣传单4万份，制作宣传展板30块，答复咨询2000人次。

【食品监测与企业备案】 开展食品安全风险监测工作，监测食品样品815份，其中食源性致病菌监测样品300份、化学污染物及有害因

2月10日，泰安市组织医护人员开展送健康下乡活动。图为在肥城市边院镇开展诊疗活动　（李先虎　供）

素监测样品 495 份、省级专项监测样品 20 份，监测指标 148 项，获得有效数据 9901 条。市级专项监测食品样品 420 份，其中化学污染物及有害因素专项监测样品 330 份、微生物及其致病因子专项监测样品 90 份，监测 45 个指标，获得有效数据 2160 条。食源性疾病监测二级及以上哨点医院数量由 22 家增至 29 家，83 个乡镇卫生院（社区卫生服务中心）开展食源性疾病监测。东平县承担食源性疾病监测县乡村一体化试点任务，试点由上年的 3 个乡镇 80 个村卫生室增至年内 5 个乡镇 143 个卫生室。全市 29 家二级及以上哨点医院中，市中医医院、市妇幼保健院、岱岳区妇幼保健院、新泰市第二人民医院在 HIS 系统中植入食源性疾病报告模块，完成与国家报告平台的信息对接。上报食源性疾病 3.84 万例，其中东平县 143 家村卫生室报告病例 1.49 万例。新备案食品安全企业标准 108 件，修订标准 70 件，变更标准 29 件，注销标准 2 件。

（郭志刚　李先虎）

卫生应急

【概况】 2018 年，全市卫生计生系统加强卫生应急体系建设，抓好突发急性传染病防控措施落实，完成各类突发事件紧急医学救援任务，卫生应急能力不断提升。1 人被省委、省政府表彰为抗灾救灾先进个人，1 人给予嘉奖，1 人被评为突出贡献个人。市卫生计生委被市政府评为森林火灾扑救工作突出贡献单位。

【医疗应急救援】 4 月 17 日，济南、泰安交界处发生森林火灾，组织调派市中医医院、解放军八十八医院医疗救援队赶赴现场开展医疗救援保障工作。随后派遣市中心医院、泰山医学院附属医院、市第一人民医院医疗救援队轮流赴现场支援，派出急救车辆 10 部、急救人员 30 人次、处置轻微伤病员 10 人。8 月 19 日，泰安高新区天宝镇年家峪村突发山洪自然灾害后，派出医疗救援队紧急医疗救援，救治重伤员 1 人，开展医疗救护 100 次，协助转移受灾群众 1870 人，救治轻伤村民 21 人。派出市级卫生防疫队伍 2 批指导灾区卫生消杀处置、病媒生物防治、环境卫生等疾病防控，确保大灾之后无大疫。

【卫生应急宣传】 组织人员到泰安万达广场、蒙牛乳业、利民社区、金山社区、山东农业大学、泰安二中等人群聚集地宣传讲解防灾避难、自救互救等卫生应急相关知识。全市举办培训、知识讲座、健康义诊活动 180 场次，发放“明白纸”、手册等宣传材料 20 万份，出动医疗专家和人员 820 人次，宣传覆盖群众 10 万人次。（郭志刚　李先虎）

科技教育宣传

【概况】 年内，卫生计生系统贯彻上级决策部署，做好科技教育宣传，获市级科技进步奖 33 项，在各级媒体发稿 1.37 万篇。开展省级健康促进县（市、区）创建工作，新泰市被命名为省级健康促进县，岱岳区、肥城市、宁阳县被批准创建省级健康促进县。

【科技教育与合作交流】 抓好科技奖励申报，获市科技进步奖 33 项（二等奖 8 项）。申报山东中医药科学技术奖 8 项。加强病原微生物实验室生物安全管理工作，调整病原微生物实验室生物安全管理工作领导小组和专家委员会成员。审核病原微生物实验室备案 266 个，合格 188 个；市中医医院与尼泊尔中华医院在尼泊尔加德满都筹建“中国—尼泊尔中医药中心”项目，完成义诊 12 次，服务 1126 人次。承办中医药特色技术推广培训班 10 期，培训 578 人次。与 3 家医疗机构开展中医药特色技术合作，举办患者体验中医药特色技术现场活动，受众 120 人次。市中心医

5月24日，“不忘初心勇担当　精准扶贫守健康”——泰安市市县公立医疗机构农村患病贫困人口救治工作启动仪式在泰安市中心医院举行　（吴　伟　摄）

院与美国桥点医疗教育集团签订医疗教育合作项目。

【健康促进和健康科普】 全面开展省级健康促进县创建工作，新泰市作为第二批省级健康促进县通过省级验收评估，岱岳区、肥城市、宁阳县申报创建第三批省级健康促进县。与泰安电视台、泰安健康网开展健康科普知识系列宣传。举办“倡导健康生活，争当健康卫士”健康科普演讲比赛。做好控烟履约，组织“第31个世界无烟日”系列宣传活动，联合市文明办开展“无烟单位”创建活动，有185个单位被评为泰安市无烟单位。

【宣传工作】 开展系统优秀微电影展播评选活动，评出一等奖3个、二等奖5个、三等奖12个、优秀作品奖4个，其中市妇幼保健院微电影《后来》获全国首届“妇幼健康中国行”微电影微视频征集活动优秀作品奖。 （郭志刚 李先虎）

泰安市红十字会

【概况】 泰安市红十字会开展“博爱泰山送温暖”活动，推进“三救三献”（应急救援、应急救护、人道救助，捐献血液、捐献造血干细胞、捐献遗体及人体器官组织）业务工作，树立“博爱泰山”红十字品牌，提高红十字会社会影响力。全年接受遗体捐献11例，角膜捐献5例，器官捐献40例。为22名白血病患儿申请小天使基金68万元，为3名先天性心脏病患儿申请天使阳光基金9万元。市红十字会获全省红十字应急救护比赛三等奖、全省红十字系统抗灾救灾先进集体。

5月3日，泰安市迎接国家卫生城市复审暨健康城市建设动员会议召开
（司 刚 摄）

【灾害救助】 8月17日，受第18号台风“温比亚”影响，部分县（市、区）不同程度受灾，造成房屋倒塌及人员伤亡，市红十字会开展专项募捐，向灾区发放赈灾物资20万元。

【造血干细胞捐献】 采集造血干细胞血样650份，成功捐献4例。其中，2月1日，完成1例韩国白血病患者捐献，是泰安市首例涉外造血干细胞捐献。

【世界红十字日纪念】 为纪念第71个“世界红十字日”，在“5·8”世界红十字日期间组织开展“红十字博爱周”活动，分别在新泰市电视塔广场、山东科技大学组织开展无偿献血、造血干细胞捐献和遗体（角膜）器官捐献宣传、应急救援技能培训、志愿服务等系列公益宣传活动。 （郭志刚 李先虎）

爱国卫生

【国家卫生城市复审】 2018年是国家卫生城市复审年，市委、市政府多次召开会议进行专题研究，成立由市长任组长、政法委书记任常务副组长、10名市级领导任副组长的复审工作领导小组。实行市级领导包保网格制度，形成包保领导及时调度、包保部门靠上督导、基层网格全力推进的局面。开展农贸市场整治、“八小”行业整治、城市基础设施整治、市容环境整治、城市秩序整治、重点场所环境整治、社区（城中村）和城乡结合部环境整治、城区河道污水整治、健康教育和病媒生物防治等十大迎审工作战役。最终，泰安市以819.8分、全省第三名的成绩通过国家卫生城市暗访。

【健康城市建设】 泰安市、新泰市、肥城市被省爱卫会列为省级健康城市建设试点。制定健康社区、健康村居、健康机关、健康学校等健康细胞的创建标准，开展健康“细胞”工程建设，营造健康环境、构建健康社会、优化健康服务、培育健康人群、倡导健康文化，推进健康泰安建设。

【卫生创建】 组织开展省级卫生先进单位、省级卫生乡镇、省级卫生村创建工作，年内创建省级卫生先进单位30个、省级卫生乡镇4个、省级卫生村329个。12个乡镇通过国家级卫生乡镇的技术评估。

（郭志刚 李先虎）

人口和计划生育

【概况】 2018年，全市出生5.99万人，出生率为10.39‰，自然增长率为5.18‰，出生人口性别比为105.4。

【政策体系建设】 落实奖励扶助政策，家庭发展支持政策体系日趋完善，享受农村部分计划生育家庭奖励扶助人数9.43万人，享受计划生育家庭特别扶助政策人数4716人，建成母婴设施192处。落实解决破产改制企业退休职工独生子女父母养老补助发放问题。推进城镇其他居民独生子女奖励扶助政策，县（市、区）分别制定相应措施。

【协会帮扶】 春节期间，走访慰问困难计生家庭1.7万户，发放救助金723.68万元。“5·29”活动期间，救助困难家庭8983户，发放救助金263.95万元。8月开展金秋助学活动，走访慰问计生贫困大中专学生348人，发放慰问金45.6万元。全市累计办理失独家庭住院护理保险59.48万元，参保人数3757人。办理意外伤害保险21.66万元，参保人数650人。办理母婴安康保险28.67万元，参保人数5735人。市计生协会投入资金27万元用于7个市级幸福家庭创建项目点创建，累计开展幸福家庭创建项目点59个，资金总投入227万元。6月，泰安市被中国计生协会确定为计生特殊家庭帮扶项目点。市计生协会联合市健康公益事业发展协会，在各县（市、区）开展计生特殊家庭帮扶志愿服务活动9次，发放慰问物资11万元，受益群众580人次。各级计生协会开展志愿服务活动、“爱在中秋”慰问活动等系列活动，投入资金42.47万元，覆盖计生特殊家庭800户，受益1200人。

【基层基础工作】 流动人口基本公共卫生计生均等服务全面推进，打造“情暖泰山”关怀关爱品牌，组织开展流动人口“把健康带回家”系列活动。流动人口信息管理数据管理质量位居全省前列，重点服务对象信息反馈、生育服务登记信息接收等8项监控考核指标5项100%，3项99%以上，分别高于国家标准15～20个百分点。流动人口动态监测抽样调查工作以数据“0”误差的成绩，得到国家和省卫健委表扬，泰山区卫计委被国家卫健委评为全国流动人口动态监测调查优秀单位，2名调查员被授予全国流动人口动态监测调查优秀个人。

老龄工作与医养健康

【概况】 2018年，全市各级重视发展老龄事业，落实优待老年人规定和政策，维护老年人合法权益，加快构建社会化养老服务体系，推进老年文化建设，营造养老孝老敬老社会环境。年末，市老龄工作委员会办公室继续保持省级文明单位称号。

【落实老年人优待政策】 做好高龄老年人生活补贴管理发放工作，全市为90～99周岁老年人发放高龄补贴841万元，为百岁及以上老年人发放长寿津贴93万元。落实各项优待老年人政策，实行65周岁以上老年人免费、60～64周岁老年人半价乘坐市内公交车；泰山、岱庙等景区对老年人实行全面免票开放；群众艺术馆、图书馆、科技馆等公共文化娱乐和体育健身场所，对老年人优惠开放。维护老年人合法权益，组织人员到灵山社区、东湖社区等开展涉老法律法规宣传活动5次，为老年人包括空巢老

7月14日，国家卫健委能力建设中心和中华医学会老年分会举办的老年全科医生能力建设培训班——泰安站开班 （李先虎 供）

人发放《中华人民共和国老年人权益保障法》《山东省老年人权益保障条例》及老年人防范电信网络诈骗、老年人防范非法集资等宣传手册，组织岱松律师事务所律师接待老年人咨询，提高老年人法律意识和防范诈骗意识。

【养老服务体系建设】 落实省、市级财政资金扶持养老机构政策。2018年，省级财政以奖代补扶持新泰市老年公寓等养老机构2家，到位资金36万元；市级财政扶持泰山区花园社区居家养老日间照料中心等养老机构5家，拨付奖补资金50万元，推动养老服务方式由传统的偏重物质保障向物质保障与精神满足并重方式转变。实施“银龄安康工程”和“老年人出行关爱工程”。贯彻《山东省新旧动能转换重大工程实施规划》中提出的“做优金融支柱产业，积极开拓商业健康养老保险”精神，发动老年人自愿购买意外伤害组合险，减轻老年人家庭负担和社会保障负担，全市参加银龄安康保险老年人数55万人，参加老年人出行关爱保险8000人，减轻老年人家庭负担。协调社会力量提供老年健康服务。联合泰安长城老年护理院开展“老年人白内障义务诊疗公益行动”，为全市3017名老年人进行眼部健康义诊，其中1063名老年人进行白内障手术，免除费用192万元。

【养老环境】 开辟泰安孝老文化剧场，播出越剧《五女拜寿》、豫剧《丁兰刻母》等传统经典剧目17期，传承孝老文化。泰山区双龙社区利用双休日、暑寒假，安排专职教育辅导员为社区青少年开设《弟子规》等孝文化课程；肥城市王庄镇花园村依托杨氏先祠开展孝老主题活动，组织村民入祠查族谱、族训，开展族训、家训、乡风民规讨论，教育子女孝敬长辈，被命名为“山东省敬老文化教育示范点”。参加第十三届“山东省十大孝星”评选活动，2人被评为“山东省十大孝星”。举办“2018泰安市十大孝子”评选活动，制作事迹专题片在泰安电视台教科频道展播。开展敬老爱老助老系列活动，“敬老月”期间，全市组织开展走访慰问200名城乡困难、空巢、失独等老年人，拨付市级慈善资金走访50名贫困老人和百岁老人；市老龄办走访泰山景区大地村、东平县东李庄村4名贫困老人，送去慰问金4000元；泰前街道社区卫生服务中心每年为辖区老年人进行一次健康查体；肥城市法律援助中心依托各乡镇（街道）司法所设立14个老年法律援助工作站，构筑“半小时法律援助服务圈”；岱岳区满庄镇敬老院、新泰市公安局放城派出所等7家单位获评山东省敬老文明号。

【老年文化建设】 联合泰安日报社、中国人寿泰安分公司举办“泰山老年人”书画摄影大赛，收到参赛作品800幅。举办“2019中老年电视春节联欢晚会”，全市1000名老年人、50个节目参与选拔，涵盖声乐类、舞蹈类、风采展示、曲艺类等多个类别。推动基层老年文体组织开展适合老年人特点的活动。其中，东平县老干部活动中心等8家单位获评“山东省银龄之家”，泰山区双龙练梦艺术团等3家单位获评“山东省优秀老年艺术团体”。参选山东省老年书法美术大赛，报送作品55幅，4幅作品获奖。参加省中老年朗诵艺术大赛，2人获奖。参加省老年健康与长寿论文征集活动，6篇论文获奖。开展山东省敬老养老助老主题公益广告作品征集活动，3部作品获奖。参加省“读敬老书 做敬老事 写敬老文”主题征文活动，《践行四德 孝亲敬老》等30篇作品获奖。 （张广东）

【医养健康】 指导医疗机构开设老年人挂号就医绿色通道，全市173家医疗机构全部开通绿色通道。全市113家养老机构，以不同形式提供医疗服务106家。开展医养结合示范创建工作，在泰山区、岱岳区、新泰市、宁阳县创建全省医养结合示范县（市、区）基础上，力争达到全覆盖。在宁阳八仙桥社区卫生服务中心、泰安长城老年护理院创建为省级医养结合示范机构基础上，加大创建力度。落实医养结合机构内部医疗卫生管理工作，做好养老机构内设医疗卫生机构执业活动的日常监管和医务人员培训，提高医务人员诊疗能力。市县乡村均建设一定规模和服务能力的医养结合型养老机构。推进旅游养老和医疗保健养生服务结合，推动生态养老、休闲度假、养生旅游等精品旅游线路的集中居住点与三级以上医院联合机制，打造“养老泰安·养生泰山”品牌。

（郭志刚　李先虎）

医疗保障

【医疗保障体系】 提高基本医疗保险覆盖面，至年底，全市基本医疗保险参保人数534.2万人。基本医疗保险基金收支平衡，保障能力和支付水平不断提高。居民医保人均个人缴费标准由170元提高到190元，财政补助标准由人均450元提高到490元。提高大病保险待遇，居民大病保险筹资标准提高到66元，最高报销比例提高到75%，封顶线提高到40万元。贫困人口居民大病保险最高报销比例由70%提高到80%，封顶线50万元。开展职工长期护理保险试点工作，为在全市全面推开奠定基础。深化医疗服务价格改革，对33项医疗服务项目价格进行修订；将市场竞争充分和个性化需求较强的30项特需医疗服务项目服务价格放开，由医疗机构自主定价；将县属公立医疗机构医疗服务价格管理权限重新进行界定。

【医保基金管理】 完善定点医疗机构协议管理办法，出台医保医师信用管理办法、失信人员管理办法、违规行为即时处理办法等制度措施，建立起对基本医疗保险参保人员、医保医师、定点医疗机构“三位一体”监管体系。年内，对306名违规医保医师进行扣分处理，累计备案6名失信人员违规信息。推行智能审核，开展全方位稽查稽核。2018年，通过智能监控系统累计查实违规金额269.6万元，按协议约定扣款809.5万元。稽查稽核扣款总额450.1万元，暂停整改定点机构11家、药店74家，取消定点医疗机构2家、药店7家。

【支付方式改革】 完善医保付费总额控制办法。围绕医药卫生体制改革，总额分配向基层医疗机构、重点单位倾斜；实行“结余奖励、合理超支分担”的办法，激励定点医疗机构主动控制医疗费用；提高次均费用、人次人头比、个人自费率等绩效指标权重占比，增加个人负担率占比权重反向指标。推行单病种收付费，按病种付费的病种数150个。试行日间手术按病种结算，首批确定翼状胬肉等27个病种作为日间手术病种。在公立医院开展门诊慢性大病便民药房试点，并逐步扩大试点范围。

【惠民政策】 做好跨省异地就医直接结算工作，34家定点医疗机构接入跨省异地就医结算平台。2018年，结算外省到泰安市就医参保患者804人次，泰安市参保人员在省外联网结算4492人次。落实医保精准扶贫要求，对建档立卡贫困人员补贴个人缴费部分、降低住院起付线、提高报销比例、提高支付限额。2018年，累计补偿54.7万人次、补偿资金2.1亿元。完善困难群众医疗救助制度，9月1日，全市医疗救助“一站式”即时结算系统正式启用。加大医疗救助力度，发挥医疗救助托底作用。

【医保服务】 落实全省医保便民惠民“十条措施”（降低抗癌药物价格、缩短医疗保险关系转移接续办理时限、即时办结医疗保险个人账户资金支取手续、简化异地就医手续、全面推行“一站式”结算、缩减门诊特定病种审核办理时限、简化生育保险待遇支付证明材料、开放医院药品采购价格查询系统、降低医药机构质量保证金比例、加大对医养健康产业发展医保政策支持），简化规范医疗生育保险经办流程。将多项业务由单一现场办理调整为通过手机APP、微信、传真、网络等多渠道“不见面”办理；取消市内转院备案、门诊慢性大病查体鉴定等8项手续；将门诊大病长处方备案、意外伤害住院备案等8项工作权限下放到定点医院；规范简化异地就医零星报销、生育保险待遇领取申报材料等10项具体工作流程。全面推行“综合柜员制”服务，实行前台受理、后台经办模式，最大限度精简程序、缩短时限、提升效能。推进标准化建设，市医疗保险服务综合标准化试点项目通过国家级终期验收。（赵　峰）

体　育

【概况】 全市体育工作以“推动全民健身科学化、提高竞技体育综合实力、推进体育产业转型升级、提升体彩销量、打造忠诚干净担当干事的干部队伍”为重点，构建大群体、发展大体育、形成大产业，体育事业取得新成效。全市213个省级贫困村、251个市级贫困村全部配备健身设施，提前2年完成市委、市政府扶贫任务。派出626名运动员参加山东省第二十四届运动会决赛，取得金牌41枚、银牌29枚、铜牌41枚，团体总分2196.5分，列全省金牌榜第7位。举办世界杯攀岩赛、泰山国际马拉松赛、泰山国际登山节登山比赛、泰山100公里国际越野赛等多项赛事活动。市体育局因第十三届全国运动会做出突出贡献被山东省人民政府通报表扬，连续第8年被省文明办授予省级文明单位称号。

【全民健身】 ①社团组织体系建设。新成立市级协会6个、俱乐部4个，市级协会俱乐部163个，市级老年体协单项工委19个；新成立县级体育总会6个、乡镇（街道）体育总会88个、村级体育总会1026个，乡镇体育总会实现全覆盖。根据“两新”组织党建工作要求，新成立体育社会组织支部80个、联合支部6个，

2018 年泰安市承办省级以上比赛情况

表 34

序号	比赛名称	时　间	地　点	人　数
1	山东省越野跑锦标赛	4 月 2—3 日	泰山天颐湖省级旅游度假区	385 人
2	24 届省运会竞走预赛	4 月 19—20 日	岱岳区新城实验中学	170 人
3	24 届省运会篮球预赛山东省篮球锦标赛（甲组）	5 月 9—15 日	泰安二中	160 人
4	国际攀岩世界杯攀岩赛泰安站	5 月 12—13 日	泰安市体育中心	238 人
5	24 届省运会武术散打预赛山东省武术散打锦标赛（乙组）	5 月 14—18 日	岱岳区新城实验中学	238 人
6	省 24 届运动会田径预赛暨山东省田径锦标赛（甲组）	8 月 29—31 日	泰安市体育中心	732 人
7	全国第 18 届老将田径锦标赛	9 月 25—28 日	泰安市体育中心	779 人
8	全国跳高精英赛	9 月 8 日	泰安万达广场	10 人

2018 年泰安籍运动员在全国级比赛中获奖牌情况

表 35

序号	姓　名	性　别	运动会名称	项　目	名　次	时　间	地　点
1	李洪凤	女	全国山地自行车冠军赛	自行车	第一名	3 月 10 日	云南大理
2	李洪凤	女	亚洲山地自行车锦标赛	女子山地越野赛	第一名	5 月 4 日	菲律宾宿务
3	李洪凤	女	亚洲山地自行车锦标赛	团体接力赛	第一名	5 月 4 日	菲律宾宿务
4	李洪凤	女	全国山地自行车锦标赛	女子山地越野赛	第一名	7 月 7 日	浙江德清
5	马新洋	男	2018 全国青年公路自行车锦标赛	青年男子个人赛	第一名	7 月 12 日	浙江温州
6	范衍峰	男	全国少年田径锦标赛	男子链球	第一名	7 月 19 日	江西九江
7	范衍峰	男	全国田径投掷项群赛	男子基地组链球	第一名	8 月 28 日	江西如皋
8	马艳茹	女	全国田径投掷项群赛	女子基地组链球	第一名	8 月 28 日	江西如皋
9	姜子佩	女	全国室内田径锦标赛第一站	800 米	第二名	3 月 7 日	江苏仙林
10	刘友宁	男	全国竞走大奖赛（2）暨第三届青奥会国内选拔赛	男子青年组 10 公里竞走团体	第二名	4 月 14 日	江西上饶
11	徐统岩	男	全国皮划艇激流回旋夏季冠军赛暨首届中国皮划艇激流回旋公开赛	冠军赛公开组男子双人划艇	第二名	9 月 6 日	河南宜阳
12	程　凯	男	全国跆拳道青年锦标系列赛（第二站）	48 公斤级	第二名	5 月 30 日	山西运城
13	吴　娇	女	U18 全国重点体校锦标赛	射箭 50 米单轮排名赛	第二名	6 月 23 日	浙江德清
14	鲁　贤 宗　鹏	男	全国赛艇锦标赛	八人单桨	第二名	9 月 25 日	山东日照
15	鲁　贤	男	全国赛艇锦标赛	双人单桨	第二名	9 月 25 日	山东日照
16	董　艺	女	全国武术套路冠军赛（传统项目赛区）	劈挂拳	第三名	4 月 10 日	四川成都

续表 1

序号	姓 名	性 别	运动会名称	项 目	名 次	时 间	地 点
17	李 巧	女	全国武术套路冠军赛（传统项目赛区）	螳螂拳	第三名	4月10日	四川成都
18	徐统岩	男	全国冠军赛（皮划艇激流回旋）	单人划艇团体	第三名	4月4日	四川米易
19	韩炳琦	女	全国跆拳道青年系列赛	46公斤级	第三名	4月23日	河北迁安
20	韩炳琦	女	全国跆拳道青年锦标赛总决赛	46公斤级	第三名	10月20日	四川江安
21	李亚一	男	全国跆拳道锦标系列赛	54公斤级	第三名	5月12日	江苏无锡
22	贾 宇	男	全国跆拳道青年锦标系列赛（第二站）	+78公斤级	第三名	6月1日	山西运城
23	郭 欣	女	全国跆拳道锦标赛系列赛（第四站）	–49公斤级	第三名	9月12日	江苏无锡
24	吴 娇	女	U18全国重点体校锦标赛	射箭双轮排名	第三名	6月23日	浙江德清
25	鹿智文 冀 翔	男	全国赛艇锦标赛	四人双桨	第三名	9月25日	山东日照
26	王 凯	女	全国皮划艇锦标赛	跨项	第三名	9月15日	山东临沂
27	王子怡	女	全国田径投掷项群赛	女子基地组链球	第三名	8月28日	江西如皋
28	郭王雅楠	女	全国体校u系列田径锦标赛（13–14）组	女子链球13/14组	第三名	11月17日	江西九江
29	姜子佩	女	全国室内田径锦标赛第三站	800米	第四名	3月11日	江苏仙林
30	吴 娇	女	U18全国重点体校锦标赛	射箭个人淘汰赛	第四名	6月23日	浙江德清
31	孙鸿鑫	男	U18全国重点体校锦标赛	射箭团体	第四名	6月23日	浙江德清
32	孙昌悦	女	全国武术套路冠军赛	女子刀术	第四名	10月19—22日	山东曲阜
33	李星雨	女	全国田径投掷项群赛	女子基地组链球	第四名	8月28日	江西如皋
34	李亚一	男	全国跆拳道锦标赛系列赛第一站	54公斤级	第五名	4月1日	中国无锡
35	程 凯	男	世界青年跆拳道锦标赛	45公斤级	第五名	4月9日	突尼斯
36	程 凯	男	全国跆拳道青年锦标赛总决赛	45公斤级	第五名	10月20日	四川江安
37	苏宪丽	女	全国女子摔跤锦标赛	65公斤级	第五名	4月13日	内蒙古包头
38	郭 欣	女	全国跆拳道锦标系列赛	49公斤级	第五名	5月9日	江苏无锡
39	张文慧	女	全国少年田径锦标赛	女子链球	第五名	7月22日	江西九江
40	袁华敏	女	全国田径省市区分区邀请赛（山东站）	女子链球	第五名	7月8日	山东枣庄
41	赵 艳	女	全国武术套路冠军赛（传统项目赛区）	孙式太极拳	第六名	4月10日	四川成都
42	王 凯	女	全国皮划艇锦标赛	四人艇500米	第六名	9月15日	山东临沂
43	徐统岩	男	皮划艇激流回旋锦标赛	男子双人划艇	第六名	10月17—20日	贵州下司
44	徐统岩	男	皮划艇激流回旋锦标赛	男子单人划艇团体	第六名	10月17—20日	贵州下司

续表 2

序号	姓　名	性　别	运动会名称	项　目	名　次	时　间	地　点
45	李星雨	女	全国少年田径锦标赛	女子链球	第六名	7 月 22 日	江西九江
46	赵　丰	男	全国射箭冠军赛	个人 70 米第二轮赛	第七名	3 月 20 日	江苏南京
47	赵　丰	男	全国射箭冠军赛	团体淘汰赛	第七名	3 月 20 日	江苏南京
48	郭雨菲	女	全国青年公路自行车锦标赛	青年女子个人赛	第七名	7 月 12 日	浙江温州
49	赵　丰	男	全国射箭冠军赛	团体 70 米第二轮赛	第八名	3 月 20 日	江苏南京
50	吴　娇	女	U18 全国重点体校锦标赛	射箭混双淘汰赛	第八名	6 月 23 日	浙江德清
51	王　凯	女	全国皮划艇锦标赛	双人艇 500 米	第八名	9 月 15 日	山东临沂
52	董　艺	女	全国武术套路冠军赛（传统项目赛区）	双勾	第九名	4 月 10 日	四川成都
53	王　凯	女	全国皮划艇锦标赛	双人艇 200 米	第九名	9 月 15 日	山东临沂
54	赵　艳	女	全国武术套路冠军赛（传统项目赛区）	太极混双	第十名	4 月 10 日	四川成都
55	闫玉汶	男	全国武术套路冠军赛（传统项目赛区）	陈式太极	第十一名	4 月 10 日	四川成都
56	孙昌悦	女	全国武术套路冠军赛（传统项目赛区）	双刀	第十二名	4 月 10 日	四川成都
57	吕政坤	男	全国青年公路自行车锦标赛	青年男子个人赛	第十二名	7 月 12 日	浙江温州
58	王　华 吴奕璇	女	全国青年体操锦标赛暨全国青年体操 U 系列锦标赛	女子团体	第三名	6 月 4 日	山西太原
59	王　华	女	全国体操冠军赛暨全国青年体操 U 系列冠军赛	体操个人全能	第二名	9 月	河南许昌
60	王　华	女	全国体操冠军赛暨全国青年体操 U 系列冠军赛	平衡木	第二名	9 月	河南许昌
61	王　华	女	全国体操冠军赛暨全国青年体操 U 系列冠军赛	自由体操	第二名	9 月	河南许昌
62	吴奕璇	女	全国体操冠军赛暨全国青年体操 U 系列冠军赛	自由体操	第三名	9 月	河南许昌
63	宋昊阳	男	全国少年（U18）田径锦标赛	撑杆跳	第二名	5 月	辽宁锦州
64	孙骏耀	男	全国 U 系列青少年蹦床锦标赛	U15-16 单跳团体	第二名	6 月	江苏徐州
65	赵庚萱	女	全国蹦床锦标赛	蹦床团体	第五名	5 月	天　津
66	赵庚萱	女	全国蹦床冠军赛	蹦床团体	第八名	9 月	安徽合肥
67	张　暖	男	全国蹦床锦标赛	蹦床团体	第五名	5 月	天　津
68	张　暖	男	全国蹦床冠军赛	蹦床团体	第五名	9 月	安徽合肥
69	董传伦	男	全国青年跳水锦标赛	男女混合全能	第三名	7 月	深　圳
70	董传伦 陈乃坤	男	全国青年跳水锦标赛	男女混合双人 10 米台	第三名	7 月	深　圳
71	董传伦	男	全国跳水锦标赛	男女混合全能	第五名	9 月	重　庆

2018 年第三十二届泰山国际登山节比赛个人成绩前三名

表 36

组　别	名　次	姓　名	参赛单位	成　绩
国际组（男子）	1	阿列木　霍涅　诺梅芬	埃塞俄比亚	57 分 47 秒
	2	穆卢内　海马诺特　马塔	埃塞俄比亚	58 分 07 秒
	3	以西结　切罗普	肯尼亚	58 分 21 秒
国际组（女子）	1	萨拉　吉梅	埃塞俄比亚	1 小时 12 分 16 秒
	2	穆里萨　阿贝鲁　亚纳	埃塞俄比亚	1 小时 12 分 18 秒
	3	麦亚　姆吉　洛博伊塞特	法　国	1 小时 12 分 26 秒
南天门健身组（男子）	1	石繁荣	山东省	1 小时 1 分 09 秒
	2	臧云海	山东省	1 小时 2 分 07 秒
	3	王建东	河北省	1 小时 2 分 19 秒
南天门健身组（女子）	1	江细兰	湖南省	1 小时 16 分 17 秒
	2	王　欢	河北省	1 小时 19 分 33 秒
	3	吴秀娟	河南省	1 小时 19 分 54 秒
中天门健身组（男子）	1	孙延实	安徽省	35 分 31 秒
	2	曹金元	重庆市	36 分 23 秒
	3	张　琼	山东省	37 分 23 秒
中天门健身组（女子）	1	张辉骥	重庆市	40 分 27 秒
	2	张　谦	辽宁省	44 分 43 秒
	3	邢如伶	北京市	44 分 53 秒

泰安市参加第二十四届省运会获金牌情况（团体）

表 37

项　目	组　别	金　牌
篮球	男子甲组	1
	男子乙组	1
	女子乙组	1
手球	女子甲组	1.5
排球	女子甲组	0.5
足球	男子甲组	2
	男子乙组	2
	女子甲组	1
	女子乙组	5
男六人操	体操选材组（7 岁以下）	1
两项全能 A（自双）	男乙 B（8 岁以下）	1

泰安市参加第二十四届省运会获金牌情况（个人）

表 38

姓　名	项　目	组　别
王　颖	举　重	女乙 44 公斤
蒋鹏宇	举　重	男乙 56 公斤
周炜程	举　重	男乙 85 公斤
董昊峰	古典摔跤	男乙 66 公斤
贾梦歌	柔　道	女乙 52 公斤
卫一磐	柔　道	男乙 66 公斤
尹贻征	柔　道	男乙 73 公斤
米世玉	柔　道	男甲 100 公斤
刘甲孝	武术套路长拳刀术棍术全能	男　甲
刘丙将	拳　击	男甲 49 公斤
王少凤	拳　击	女甲 54 公斤
贾浩然	拳　击	男乙 +80 公斤
程　凯	跆拳道	男乙 48 公斤
刘友宁	10000 米竞走	男　甲
王教辉	20000 米竞走	男　甲
刘　佳	800 米	女　乙
宋昊阳	撑杆跳	男　乙
马新洋	公路自行车个人赛	男　乙
徐兴达	赛艇公开级 1000 米单人双桨	男　乙
王　凯	单人皮艇 500 米	女　甲
李俊杰	体操三项全能 A（自鞍吊）	男乙 A（9 ~ 10）岁
王　华	体操个人全能	女甲 B（12 岁）
王艺凡	跳水个人全能	女乙 D（9 岁以下）
王　栋	蹦床网上个人	男乙 A（10 ~ 12 岁）

市级体育社会组织实现党建全覆盖。②运动场馆建设。建设县级移动式全民健身馆 1 处、镇级全民健身工程 1 处、农村新型社区全民健身工程 5 处、笼式足球场 2 个、拼装式游泳池 4 个、社区多功能运动场 2 个。市生态绿地健身公园建成并投入使用，市体育中心免费接待健身群众 110 万人次。配建公园、绿地健身设施 35 处，配置健身器材 350 件。③赛事活动。举办运动会赛事 841 项、日常活动 2361 项，均列全省第一位，市体育局被评为全省第八届全民健身运动会优秀组织奖。④体育培训。组织市级贫困村社会体育指导员培训 3 期，培训二级社会体育指导员 200 人。选派参加国家、省级培训 3 期，获批国家级 16 人，一级 47 人。社会体育指导员数量 1.4 万人，占全市总人口 2.3‰。开展免费国民体质监测活动，全年监测单位 111 个、1.03 万人。

【竞技体育】 ①县（市、区）体校建设。县（市、区）建立教体结合类体校 4 所，三集中类体校 2 所，多校联办体校 1 所，新型县级体校改革任务基本完成。②体教融合。完成省、市、县三级中小学生体育联赛的组织和参赛工作，全市有

10月24日，市委书记崔洪刚，市委常委、副市长展宝卫，市委常委、秘书长宋洪银，副市长成丽等与载誉归来的山东省第二十四届运动会泰安代表团冠军运动员、教练员代表合影　　（王国梁　摄）

1000校次、2万人参赛。为40个市级单项体育后备人才训练基地拨付扶持资金150万元，为30所重点体育项目学校、17所传统项目学校配备110万元的体育器材，中小学向市体校输送后备人才338人。组织中小学生普及游泳、“健康夏令营”和体质抽测活动，全市有9所中小学、2225名学生参加普及游泳培训，通过率95%以上。第8次中小学生体质抽测测试49所学校、学生5400人。派出100人参加省以上教练员、裁判员培训，推荐7个项目30人晋升一级裁判。③赛事组织。举办“泰山冠军”登山大奖赛、“泰山文明之光”全国长跑比赛等各类赛事37项次，组织市青少年锦标赛18个单项比赛，参赛人数1.5万人次。

【体育产业】 ①项目支持。协助5个项目获省级产业引导资金295万元，列支市级体育产业发展引导资金350万元，对16家公司企业进行资金扶持。②重点项目签约。组织体育产业重点项目集中签约仪式，签约大项63个、小项314个。指导体育社会组织成立泰安市体育产业发展联合会。③培育赛事品牌。泰山国际登山节登山比赛吸引3516名运动员参赛，配套举办万人徒步行、“健康中国、相约泰山”倡议活动、泰山体育旅游发展论坛、山东省百万老年人打太极启动仪式等9项体育赛事活动。第五届泰山国际马拉松参赛2.34万人，跻身全国最具赞助价值体育赛事第59位，中国田径协会授予泰山国际马拉松田径协会银牌赛事称号，配套举办的马拉松博览会现场参与20万人。

【体育彩票】 抓好增机扩容，提升网点建设水平，塑造公益体彩品牌魅力，体彩销量再创历史新高。11月3日，中出超级大乐透1148万元巨奖一注，刷新中奖纪录。全年组织网点培训36场，覆盖率100%。开展爱心帮扶9次，救助困难群众52人次，发放救助金13.5万元。全市体彩总销量11.1亿元，增幅48%。　　（张梦瑾）

编辑　校对　　王云勇

社会管理·居民生活

人力资源社会保障

【概况】 2018年，市人力资源和社会保障局设办公室、人事科、调研信息科（挂政策法规科、行政许可科牌子）、规划综合科、专业技术人员管理处、工资福利处、劳动监察处、公务员管理办公室、外国专家管理办公室、就业促进科（挂高校毕业生就业科牌子）、事业单位人事管理科、市军官转业安置办公室、职业能力建设科、劳动关系科、养老保险科、医疗工伤保险科、失业保险科、财务基金监督科、离退休干部科等科室和机关党委，编制52人。辖市劳动人事争议调解仲裁管理处、市劳动保障监察大队、市劳动就业办公室、市转业军官培训中心、市自主择业军队转业干部管理服务中心、市人才交流服务中心、市社会劳动保险事业处、市机关事业单位社会保险事业处、市医疗保险事业处、市城乡居民社会养老保险事业处、市人力资源和社会保障信息中心、市人事考试中心、市劳动能力鉴定管理办公室、市继续教育中心、市职业技术培训教研室、市职业技能鉴定中心等单位。年内，全市人力资源和社会保障系统坚持“优质、高效、安全、满意”的目标定位，打造提升“真情人社”“阳光人社”“和谐人社”“幸福人社”服务品牌，各项人社工作实现新发展。全市新增就业5.25万人，期末城镇登记失业率2.21%，收缴各项社会保险费193.44亿元，发放各项社会保险金180.74亿元。市人力资源和社会保障局继续保持“全国文明单位”称号，被省政府表扬为“全省就业工作先进集体”，被市委、市政府表扬为“经济社会发展综合考核先进单位”，被市政府表扬为“政风行风建设先进单位”。

【创业带动就业】 年内，联合市人才办印发《泰安市创业孵化平台评估认定扶持实施细则（试行）》，加强对创业孵化平台的管理和扶持。新认定市级创业示范平台8家、创业型街道12个、创业型社区30个，总数分别达35家、48个、120个。有省级创业示范平台5家。泰山创业工场被评为2018年度省级创业孵化示范基地，获省级奖补资金550万元。搭建创业交流平台，5月28日，举办全市创业培训师资提升培训班暨山东省第四届创业大赛创业好导师选拔赛，推选2名选手参加省决赛。5—8月，举办“泰安市第六届创业大赛”，推荐6个项目参加省赛，其中泰安聚艺堂工艺品获三等奖。9月、10月，举办“泰山创客训练营”3期，培训学员248人。加大就业创业培训力度，通过统一招标确定2018年定点培训机构39家。健全完善创业担保贷款政策，发放贷款2.75亿元，扶持创业4009人。

【就业公共服务】 开展“就业直通车”下基层活动，为各类人群提供创业就业精细化服务，提升创业就业服务能力。组织开展以“促进转移就业，支持返乡创业，助力增收脱贫”为主题的“春风行动”，活动期间，组织大型专场招聘活动51场，提供公共就业创业服务3.6万人。组织民营企业招聘周、“三八”妇女就业专场招聘会、政协委员招聘会、交通招聘会等各类专场招聘会。升级改造市人力资源市场，打造“互联网＋求职招聘”新模式。全市组织用工洽谈会328场次，提供岗位9.38万个次，9.36万人次进场招聘，推荐介绍就业服务5.31万人次。

【大学生就业创业】 发动做好“泛海扬帆山东大学生创业行动”项目推荐工作，8名大学生创业者获“泛海扬帆山东大学生创业行动”资助，其中1人获二等奖。1名创业大学生获第四届“山东优秀大学生创业者”称号。组织举办主题为“青春创梦想 泰山谱华章”的首届“泰安市大学生创业大赛”，提高大学生创新精神。组织3600家企事业单位参加驻泰安高校集中招聘活动，提供就业岗位8.2万个，2万名大学生参加招聘会，达成就业意向9600个。组织重点企业参加7个城市8场次“山东—名校人才直通车”活动，达成就业意向156人。组织开展2018年高校毕业生“三支一扶”计划招募工作，招募高校毕业生96人。组织“三支一扶”人员参加省、市业务能力培训。推行省外院校毕业生账号激活网上材料审核，完成高校毕业生网上就业签约1088人，2018年省外院校毕业生账号审核385人，办理改派、调整、落户等手续2557人。加强毕业生就业见习管理，对见习基地实行动态管理。发展市级就业见习基地36家，提供就业见习岗位198个，需求见习人员1238人，组织382名高校毕业生参加就业见习。为2017年度225名见习人员申请拨付补助经费75.15万元。

【困难群体就业】 实施转移就业扶贫行动，组织开展“就业援助月”活动，走访就业困难人员和零就业家庭户数499户，帮助就业434人，认定零就业家庭25户，帮扶实现就业25人，动态消除零就业家庭。调查核实有转移就业意愿人员2549名，全部帮扶实现转移就业，清楼空置“就业扶贫车间”，打造“就业扶贫车间”升级版。实施精准培训扶贫行动，开展“农家乐”“渔家乐”“藤编”“柳编”等特色产业培训和“大嫂”“大姐”等家政品牌培训，提升农村贫困人口特别是农村妇女致富技能，有培训意愿的97人全部接受培训。助推创业扶贫，推广“创业扶贫工坊”，引导鼓励贫困户和贫困人员居家就业创业脱贫。认定市级创业扶贫工坊75家，发放扶贫贷款900万元，有创业意愿的4人全部实现创业脱贫。开展东西扶贫协作和对口支援工作，鲁渝劳务扶贫协作取得新成效，建档立卡贫困人员到泰安就业101人，巫溪就地就近就业358人。9月30日，全省鲁渝劳务扶贫协作对接交流会议在泰安召开，推广泰安市经验做法。

【社会保险概况】 2018年，全民参保登记入户率、入库率达100%，被确定为全民参保动态管理试点城市。全市征缴各项社会保险费193.44亿元，增长13.5%。全市参加城镇职工养老保险138.55万人，收缴保险费91.03亿元；参加居民基本养老保险278.51万人，收缴保险费26.48亿元；参加医疗保险534.24万人，收缴保险费56.13亿元；参加失业保险63.41万人，收缴保险费2.52亿元；参加工伤保险89.52万人，收缴保险费4.4亿元；参加生育保险79.09万人，收缴保险费2.88亿元。全市发放各项社会保险待遇180.74亿元，增长10.1%。发放机关企事业单位离退休人员养老金99.04亿元；为91.17万名居民发放养老金16.12亿元；支付职工医疗保险基金31.08亿元、居民医疗保险基金25.99亿元、失业保险金1.28亿元、工伤保险基金4.28亿元、生育保险基金2.95亿元。

【养老保险】 完善养老保险统筹制度，推进市级统收统支工作，做好首次中央调剂金上解工作，上解预缴金额2.41亿元，开展养老保险基金调剂工作。调整提高养老保险待遇，同步调整企业和机关事业单位退休人员养老金，惠及27万名退休人员。上调居民基本养老保险基础养老金最低标准，惠及近90万名待遇领取居民。建立居民基本养老保险待遇确定和基础养老金正常调整机制，惠及参保居民278万人。全面建立以数据共享比对静默认证为主、人脸识别漫游认证为辅、多渠道认证并行的新型资格认证机制，实现居民养老保险资格认证“不用跑”。做好社会保险缴费申报工作，实行“六申报”“大稽查”办法，全市企业累计申报6405户，职工34.52万人，新增参保人数4282人，人均缴费基数3847元，增幅10.6%；全市机关事业单位累计申报单位1722个，职工13.34万人，人均缴费基数5950元，增幅7.1%。

【失业保险】 继续执行阶段性降低失业保险费率政策，失业保险费率由1.5%降至1%，其中单位费率由1%降至0.7%，个人费率由0.5%降至0.3%。全年单位缴纳部分减少7545万元，个人缴纳部分减少5030万元，共计减少1.26亿万元。开展援企稳岗“护航行动”，加大稳岗补贴力度，为全市1065家企业拨付稳岗补贴3775万元。支持企业在职职工提升职业技能，为1163名取得职业资格证书人员拨付技能提升补贴资金210万元。取消用人单位失业登记备案程序，方便失业人员办理失业登记。年内领取失业保险金人数1.60万人。调整失业保险金标准，自11月起分别提高为每人每月1211元和1085元。

【医疗保险】 印发《泰安市居民基本医疗保险实施细则》，调整完善居民医疗保险相关政策，明确2019年度居民医保缴费标准并适当放宽参保条件和补缴限制，实施新版医疗保险药品目录，调整药品范围和支付政策，将17种抗癌药纳入

3月15日，山东省第三代社会保障卡首发新闻发布会举行，山东省本级和泰安市率先领到第三代社保卡　（沈红叶　供）

基本医疗保险工伤保险和生育保险药品目录范围。完善居民大病保险制度，提高筹资标准和报销比例，对建档立卡贫困人口，落实医保待遇倾斜政策。深化医保支付方式改革，提高医保基金支付效益。开展职工长期护理保险试点工作，解决“一人失能、全家失衡”问题。在泰山区先行试点基础上，在全市范围内试行职工长期护理保险制度。推进在公立医院开设门诊慢性大病便民药房试点工作，减轻参保人员负担。开展跨省异地就医直接结算工作，减轻参保人员“垫支、跑腿”负担。

【工伤保险】　推进工程建设项目参加工伤保险工作，全市982个新建、在建项目全部参加工伤保险，实现100%参保目标。规范工伤认定程序，全市工伤认定2953件，其中市直处理工伤认定案件820件。建立县（市、区）重大工伤案件备案制度和市、县两级审核制度。加大对县（市、区）工伤认定工作指导和监管。全年妥善应对工伤行政复议11起、行政诉讼案件33起，依法维护企业和职工正当权益。

【生育保险】　参照全市生育保险基金收支和累计结余情况，按照“以支定收、收支平衡”原则，生育保险费率继续执行为用人单位职工工资总额的1%，明确享受生育津贴产假天数，女职工正常生育津贴天数改为98天，难产增加15天，多胞胎生育每多生一个婴儿增加15天，晚育增加60天。

【劳动能力鉴定】　全面落实“两随机、两公开”“管办分离”工作机制，随机抽取专家等工作人员、随机选择工作场所，工作过程公开、结果公开。建立异地聘请专家工作机制，随机抽取专家432人。随机抽取定点医疗机构和随机抽调工作人员，局纪委全程监督，规范与监督并行以推进劳动能力鉴定结论公平、公正、劳动能力鉴定工作程序公开透明。全年组织劳动能力鉴定9批次3138人，其中工伤鉴定7批2225人、病退鉴定2批913人。

【社保基金监管】　强化基金监督制度机制建设，完善社保欺诈联席会议制度，健全行政执法和刑事司法衔接机制，加强对骗取社会保险待遇行为打击力度。规范基金管理制度规定，对乡镇基层人社所征缴业务中存在问题督查整改。建立监督检查情况报送制度，规范监督检查流程，严格责任追究。继续深化落实养老保险4项指标核查，核查确认重复领取社保待遇3987人，死亡后继续冒领社保待遇3302人，追回基金382.46万元。采取“双随机、两公开”方式随机抽查全市80家用人单位社会保险缴纳情况。做好社保征缴职责划转工作，按照“分批确认、成熟一批、确认一批、移交一批”原则，2045万条数据顺利移交税务部门。

【人才引进】　全年引进外国专家（海外人才）310人次，办理外国人来华工作许可证59项。推荐上报各类引智项目计划申报材料23项，宝来利来、汶农种业获批省引智示范基地，4个项目获批省引智示范和高端重点项目；泰安迈科珍生物科技有限公司刘雪梅获省泰山产业领军人才工程（科技创业类）项目资助，派宁环保公司博士杨国英获市泰山英才领军人才项目资助；泰山啤酒德国专家卢特·哈德获中国政府“友谊奖”，碧蓝生物自俄罗斯专家艾米莉亚获省政府“齐鲁友谊奖”。9月7日，举办第三届“外国专家泰安行”活动，邀请美国、加拿大、英国等21个国家60名外国专家到泰安参加活动，16个国家29名专家与37家企业签订合作项目47项。该项活动落地实施项目新增销售收入30多亿元，新增税金3.1亿元。

9月7日，第三届“外国专家泰安行”活动启动。图为市委书记崔洪刚出席启动仪式并致辞（沈红叶 供）

【专业技术人才队伍建设】 年内，新增享受国务院政府特殊津贴专家4人、省有突出贡献的中青年专家4人、博士后创新实践基地1家、省级乡村振兴专家服务基地2家。组织开展全市企业高级经营管理人才、企业高端科技人才、企业高层次创新创业人才专题调研，研究梳理人才支撑新旧动能转换、助推新泰安建设思路措施。落实人才新政“金十条”，牵头制定印发《泰安市高层次人才服务绿色通道实施办法（试行）》等配套细则19个，为高层次人才提供政策咨询、待遇落实、人文关怀、创新创业等“保姆式”“一对一”服务。牵头编制《泰安市推动乡村人才振兴工作方案》。设置“定向评价、定向使用”乡镇卫生高级专业技术岗位424个（正高级岗位123个、副高级岗位301个）和统计专业技术定向岗位75个（高级岗位15个、中级岗位60个）。深化职称制度改革，下放职称评审权限，将全部23个系列（专业）中级职称评审权限下放至县（市、区）。市组建中小学教师职称高级评审委员会、卫生技术职务资格高级评审委员会、基层卫生技术职务资格高级评审委员会、工程技术职务资格高级评审委员会、经济专业职务资格高级评审委员会5个高评委，评审通过高级职称970人、中级职称1935人。落实事业单位岗位设置管理政策规定，对市体育运动学校、市财政资产管理中心等11个事业单位岗位设置方案，按照岗位结构比例标准予以核准。开展专业技术人员继续教育培训，全年培训12.56万人。

【高技能人才队伍建设】 完善高技能人才政策，印发《泰安市企业职工技师、高级技师职业资格培训补助发放实施细则（试行）》等配套文件6个，印发《泰安市开展企业新型学徒制试点工作方案》《泰安市技工院校名优专业建设实施方案》，修订《泰安市首席技师选拔管理办法》。推进高技能人才队伍建设，全市新增高技能人才7900人，评选2018年度市首席技师20人、全市有突出贡献技师40人，新增齐鲁首席技师11人、泰山产业领军人才（产业技能类）1人，2名选手入选第四十五届世界技能大赛国家集训队。举办2018年“农行杯”全市技能人才职业技能大赛，设置18个赛场、29个职业工种，1300名职工报名参赛。联合市水文局、畜牧局等单位共同举办市级二类大赛6场次、56个项目，参赛人员1000人。组织市内企事业单位职工参加省级、国家级职业技能大赛12场次，指导县（市、区）、行业协会、企业开展各类职业技能大赛和技术比武活动21场次。高技能人才培养平台建设实现新突破，新增市技师工作站建设单位10家，齐鲁技能大师特色工作站建设单位2家，国家高技能人才培训基地1家，第四十五届世界技能大赛国家集训基地2家。市首席技师津贴标准由500元/月增长为1000元/月。开展职业技能鉴定，全年组织职业技能鉴定105个批次25个工种1.5万人。创新开展专项职业能力考核工作，考核鉴定4048人。

【人事代理】 2018年，代理人员新增1295人，总数达2.19万人；代理单位新增17家，总数达777家。为56人办理退休手续，出具各类证明材料6839份，为410人确认评审并申报职称，为事改企单位调整工资1960人次。加强流动人才党员管理，流动党员总数492人，成立人才中心流动人才委员会，设流动人员党支部6个。建立联络工作机制，实行联系承包制度，及时掌握和了解党员思想和工作状态。

【公务员管理】 年内，为全市各级党政机关（参照公务员法管理单位）考录公务员（参照公务员法管理单位工作人员）226人，其中“面向服务基层项目人员”考录14人、“面向优秀村党组织书记”考录5人、“面向优秀城市社区党组织书记”考录2人、“面向长期在乡镇（街道）工作人员”考录9人、“面向退役大学生士兵”考录5人。公务员培训计划落实到位，举办各类培训班4期，培训333人次。规范公务员日常管理，坚持分档核定优秀等次比例，审核批复2017年度市直行政机关公务员年度考核4007人，其中优秀等次790人、称职等次3127人、不确定等次74人、不进行考核14人、不称职等次2人。严格落实奖励审批制度，推荐拟受省以上奖励表彰候选集体11个、候选个人20人。对在“4·17”森林火灾扑救、全市抗灾救灾等工作中作出突出贡献的46人给予记二等功、三等功或嘉奖奖励，并按规定颁发一次奖金。依法审核登记公务员（参公）434人。严密做好机构改革体制调整划转人员公务员（参公）登记工作，会同市委组织部，审核确定12个单位111人符合公务员（参公）过渡登记条件，并按规定程序办理公务员（参公）登记手续。为3人办理公务员辞职手续，1人办理取消录用手续。

【事业单位人事管理】 坚持“公平公正，公开透明”，严格按照网上报名、笔试、资格审查、面试、考察、体检、公示、聘用工作程序，为全市招聘事业单位工作人员2280人（中小学教师1429人）。为泰山林业科学院招聘急需高层次、短缺人才博士研究生1人；面向“双一流”大学，为市直高中学校招聘教师33人。为市纪委监委、市委办公室从2018年度市（区）计划安置军转干部中公开选调工作人员8人。指导、监督各县（市、区）、泰安高新区开展事业单位公开招聘工作，对县（市、区）招聘方案进行严格审核备案。指导、监督实行人员控制总量单位公开招聘工作，市中心医院等8所公立医院公开招聘工作人员49人，泰山职业技术学院等3所高等院校公开招聘工作人员57人。加强事业单位工作人员年度考核，规范考核等次比例和结果使用，考核事业单位工作人员和机关工勤人员1.55万人，其中2725人考核结果被确定为优秀等次。坚持“凡提必审、凡转必审、凡进必审”，对市直干部5100多卷人事档案不断分类和入档；帮助市直各部门、单位查阅干部人事档案400次，转递干部档案及审核调动人员档案300次。为事业单位52人办理辞职备案手续。

【军队转业干部安置】 坚持公开透明，接收转业干部200人（计划安置113人、自主择业87人）、随调配偶6人。3月19日，举办全市2017年度军转干部教育培训班，培训军转干部78名。加强企业军转干部解困稳定工作，做好50名公益性岗位企业军转干部生活补助核发工作，为市直企业军转干部发放冬季生活补助、春节困难补助、“八一”困难补助、健康查体费等多项补助591万元。

【人事考试】 全年完成各类人事考试报名26项，报名人数4.22万人；上报省考试中心报名、审核数据24项；组织实施人事考试16项，参考人员5万人，累计动用考点50个，考场1500个，试卷保密封闭60人次58天。健全人事考试制度，规范考试流程，加大责任追究，重点加强对试卷押送、保管、交接、分发和回收等重要环节监督检查，确保试卷安全保密。完善部门联动长效机制，加强考点、考场一线监管，加强考生入场环节安全检查，实行“2+1”（“2”是指两名监考老师，“1”是指一名人社系统巡考人员）巡视制度，加大反作弊技能培训，提高反作弊水平。开展人事考试环境综合治理专项行动，加强与市经济和信息化委员会、市公安局、市城市管理局3部门的协调配合，共同开展严厉打击利用无线电设备及互联网在人事考试中进行作弊活动。通过“两微一端”新媒体发布考试公告，公布考试最新动态。

【机关事业单位工资管理】 推进公立医院薪酬制度改革试点工作，确定市妇幼保健院为公立医院薪酬制度改革试点医院，印发《泰安市公立医院薪酬制度改革试点实施方案》，综合考虑经济发展、医疗行业特点、公益目标完成情况等因素，合理确定试点医院薪酬总量以及公立医院主要负责人薪酬水平。做好全市机关事业单位防治“吃空饷”工作，推进防治工作常态化、制度化，推动建立健全长效机制。开展保障和落实基层工作人员正常待遇自查，严格落实中央严肃工资津贴补贴发放纪律要求。推进事业单位绩效工资实施工作，对有经营收入、效益好的自收自支事业单位，按不超过全额事业单位50%上浮比例核定其绩效工资总量。研究制定高级技师和技师津贴补贴标准，会同财政印发与高级技师和技师岗位相对应的津贴补贴标准，实现工勤人员技术等级考核与岗位聘用有机衔接。稳慎推进县以下机关公务员职务与职级并行制度，审批符合条件人员176人。做好工资审批工作，审批市直机关事业单位工作人员（科级以下）2.1 万人次，审批市直机关单位享受年终一次性奖金 6100 人。做好退休审批及服务工作，办理市直机关事业单位退休审批手续607 人，其中机关 126 人、事业单位 481 人。

【企业工资宏观管理】 及时调整公布全市最低工资标准。自 2018 年 6 月 1 日起，按地区分档调整最低工资标准。泰山区、新泰市、肥城市月最低工资标准由 1640 元调整为 1730 元、小时最低工资标准由 16.4 元调整为 17.3 元，岱岳区、宁阳县、东平县月最低工资标准由 1470 元调整为 1550 元、小时最低工资标准由 14.7 元调整为 15.5 元，平均增幅为 5.5%。发布全市企业工资指导线。2018 年泰安市企业工资指导线以 2017 年全市企业在岗职工平均工资 54110 元为基数，基准线为 7%，上线为 11%，下线为 3%。建立企业薪酬调查和信息发布制度，公布全市 252 个职位（工种）工资指导价位，为企业合理确定职工工资水平提供参考依据。落实农民工工资支付保障制度。审核 26 户建设单位农民工工资保障金返回申请，返还农民工工资保证金 4001.89 万元。

【劳动合同管理】 全面启用省厅劳动关系管理系统，实现新签、续签网上备案。全市网上开户企业 4707 户，涉及劳动用工备案人员 34.2 万人，实现劳动用工备案率 100%。推行集体协商和集体合同制度，以非公有制企业和劳动密集型企业为重点，推行区域性、行业性工资集体协商，扩大集体合同覆盖范围，提高集体协商质量和集体合同时效性。集体合同签订率达 93% 以上。加强对企业实施劳动合同制度的指导和管理。针对用人单位对签订劳动合同主动性不高、职工流动性大的特点，制定劳动合同示范文本，指导用人单位与劳动者依法签订规范的劳动合同，并指导企业建立健全劳动用工管理规章制度，规范劳动合同签订、续订、变更、履行、解除、终止等管理，建立劳动合同管理台账，提高劳动合同管理的制度化、规范化水平。

【劳动人事争议调解仲裁】 建立法律援助制度，全市设立劳动人事争议法律援助工作站 7 家，接待来电来访 300 人次，为 150 人办理法律援助手续。建立裁审衔接制度，发挥仲裁、诉讼两种制度优势，形成解决争议合力，增强仲裁、诉讼公信力。推进调解示范工作，全市乡镇（街道）调解组织基本实现“六规范、五上墙”（“标识、名称、程序、职责、行为和证书管理”六规范；除证书外，其他都上墙），泰山区、岱岳区、新泰市、肥城市各有 1 家乡镇（街道）劳动人事争议调解中心获评全省乡镇（街道）劳动争议调解综合示范单位。泰安交运集团等 7 家单位被省人力资源和社会保障厅、工商联评为预防调解示范单位。严格落实办案系统应用，加大终局裁决力度，提升办案效能，全市各级劳动人事争议调解仲裁机构处理各类劳动人事争议案件 1526 件（含仲裁机构上期转结争议 5 件）。其中，立案受理案件 802 件，按期结案率 100%，当期结案 777 件（含上年未结 5 件），涉及劳动者 1141 人，结案案件涉案金额 3208.71 万元。仲裁机构案外调解处理 68 件，各类基层调解组织受理劳动人事争议案件 313 件。

【劳动监察】 加强“两网化”（网络化、网格化）建设，全市用人单位信息采集入库率达 96% 以上。完善劳动监察案件处理信息系统，实行监察案件受理、立案、调查、处理、结案等全程计算机管理。做好保障农民工工资支付工作，以市政府名义印发保障农民工工资支付工作考核办法，制定考核实施细则。加大举报专查和专项检查工作力度，开展农民工工资专项检查行动，检查用人单位 717 家，涉及职工人数 7.75 万人，其中农民工人数 4.25 万人，为 166 名农民工补发工资 328.06 万元。加大劳动监察执法力度，全市受理举报投诉 155 起，立案 155 起，结案 155 起，按期结案率 100%；全市下达责令改正“指令书”109 份，行政处理 16 件，行政处罚 6 件，追回拖欠工资 2656.34 万元。

【人社党建】 强化党建引领，成立全面从严治党主体责任领导小组及办公室，组建局巡察办。组织开展“党的建设规范化创建”活动，推进“大学习、大调研、大改进”，开设“作风建设巩固年”满意服务大讲堂，在泰安人社微信公众号开设“致初心”“致青春”“致梦想”系列经典诵读活动，贯彻落实意识形态工作责任制。

【“放管服”改革】 贯彻落实“放管服”“贴心代办、一次办好”改革要求，改进提升人社公共服务。下放行政权力事项 96 项，取消行政权力事项 9 项。对 30 项人社服务事项实行全程网上办理、“不见面”服务，公布“一次办好”行政权力事项 158 项，“一次办好”公共服务事项 102 项。在全市率先推行分

5月31日，市委书记崔洪刚（前排中）走访慰问驻泰安部队　（王国梁　摄）

类“综合柜员制”政务服务，将19项行政科室职能嵌入大厅窗口，建立市直人社服务窗口“局领导巡视检查”“人社服务首席专员”“人社服务志愿队员”制度。

【人社信息化服务】　提升人社信息化建设水平，依托市人力资源和社会保障局官方网站单位办事大厅、个人办事大厅，泰安人社手机APP，推动人社服务事项网上办理。推进多渠道社保缴费服务，人社柜员直连POS缴费1.5万笔、泰安人社手机APP和微信公众号缴费17.6万笔、基层银行网点代收270万笔。完成人力资源和社会保障部第三代社会保障卡技术验证试点工作任务和电子社保卡试点建设任务，实现协议药店电子社保卡扫码购药，全市3.8万人申领电子社保卡。做好政务资源共享应用，变“群众跑腿”为“数据跑路”，累计办理减免群众提交证明材料业务4600项。完成各类咨询服务事项2.68万件，所有咨询服务事项准确率、办结率、回复率、满意率均为100%，市人力资源和社会保障局被市政府办公室表扬为“泰安市便民服务电话办理工作先进单位”。　（沈红叶）

退役军人事务

【概况】　根据《中共泰安市委　泰安市人民政府关于组建市退役军人事务局的通知》，整合市民政局的退役军人优抚安置、市拥军优属拥政爱民工作领导小组办公室职责及市人力资源社会保障局的军队转业干部安置等有关职责，于2018年11月24日组建市退役军人事务局，12月28日挂牌运行。办公地点位于迎宾大道552—2号。主要负责全市军队转业干部、复员干部、退休干部、退役士兵的移交安置和自主择业退役军人服务管理、待遇保障工作，组织开展退役军人教育培训、优待抚恤等，组织指导全市拥军优属工作，负责烈士及退役军人荣誉奖励、军人公墓管理维护以及纪念活动等。局机关有双拥、优抚、安置、军转、信访、机关党委、综合7个工作组，工作人员23人。市军休所、军休二所、军休中心、自主择业转业干部服务管理中心、复员退伍军人优抚医院（原复员退伍军人精神病院）、革命烈士陵园管理处、转业军官培训中心、军用饮食供应站等事业单位整建制划转市退役军人事务局，划转人员225人，离退休人员187人。年内，县（市、区）退役军人事务局已全部挂牌运行。

【优待抚恤】　开展退役军人信息采集工作，完成采集信息19.36万人。春节前开展“三送一挂”（送春联、送慰问信、送灯笼和挂光荣牌）活动，先期为2.5万户优抚对象家庭悬挂光荣牌，为1500户重度残疾在乡复员军人和烈属发放补助金。

【阳光安置】　坚持阳光透明安置，实行公开安置政策、公开安置计划、公开考试考核成绩、公开选岗，自觉接受社会监督。2018年，接收退役士兵2202人，符合政府安排的187人，自主就业2015人；军转干部200人，安置到行政事业单位113人，自主择业37人。加强宣传教育，在泰安电视台、《泰安日报》开设“退役军人风采”专栏，宣传报道退役军人先进典型事迹及政策法规，教育引导退役军人“退役不退志，退伍不褪色”。

【拥军优属】　顺利迎接省双拥模范城考评组对岱岳区、宁阳县、东平县的年度考评工作。为全市500名立一等、二等、三等功现役家庭发放慰问金。建立随军家属公益岗位工资增长机制，为186名城市社区公益性岗位和未就业随军家属发放岗位工资和生活补贴。组织开展“固我长城关爱功臣”和双拥政策法规宣传月活动。办理拥军公交卡，

10月20日，市委书记崔洪刚（前排右三）到山东泰山社会福利中心调研，市委常委、秘书长宋洪银（前排右四）陪同活动　　（王国梁　摄）

为驻泰安某部队开通拥军公交专线。

【权益维护】　利用好退役军人沟通交流平台。纵向有市级、市直部门和县（市、区）三级平台，横向有企业军转干部、自主择业军转干部、退役士兵3个平台，先后召开横向平台座谈会3次，与退役军人代表坐到一条板凳上面对面交流，问需求、解诉求、送温暖。（丁兆秀）

民政事务

【概况】　2018年，市民政局机关有编制68人（行政35人、事业33人），在岗63人。设科室17个，其中行政科室10个，分别是办公室、人事科、计划财务科、优抚科、市退伍军人和军队离退休干部安置办公室、救灾科、社会事务科、基层政权和社区建设科、社会福利和慈善事业促进科、双拥办；局机关管理的事业单位（科室）7个，分别是市社会组织指导中心、市地名委员会办公室、市城市居民最低生活保障领导小组办公室、市社会捐助工作站（市慈善总会办公室）、市移民安置管理办公室、市居民经济状况核对中心、市社会组织服务中心。局直属事业单位11个，主要包括市军队离休退休干部休养所、市第二军队离退休干部休养所2个正县级事业单位，市军队离退休干部服务管理中心、市社会福利院（市儿童福利院）2个副县级事业单位，以及市复员退伍军人精神病院、泰安军用饮食供应站、泰安革命烈士陵园管理处、市福利彩票销售管理中心、市救助管理站（市未成年人保护中心）、市救灾慈善物资储备中心、山东泰山社会福利中心7个正科级事业单位；共有编制357人，在岗283人。年内，全市民政系统围绕建设“现代大爱民政”总体要求，强化“民政为民、民政爱民”工作理念，以党建统领全局，以改革激发活力，以创新打造品牌，以服务塑造形象，突出重点、聚焦短板，补齐缺项、提升弱项，民政各项事业取得新进展、新成绩。全国新时代社区治理高峰论坛暨社区建设观摩会在泰安召开，泰山区智慧社区建设经验被纳入《中国社区治理报告2018》蓝皮书；泰安市被省文明委表彰为移风易俗工作先进市；城乡低保标准首次实现全市统一，医疗救助“一站式”即时结算系统建成使用；完善养老服务体系，新建城市社区老年人日间照料中心10处、农村幸福院37处，新增养老床位2260张；农村社区服务中心建设“三年行动计划”全面完成，累计建成农村社区服务中心448个；社会组织达2981个；惠民殡葬政策全面落实，累计为群众减免基本殡葬服务费3000万元。市民政局继续保持“省级文明单位”称号，被市委、市政府表彰为“泰安市迎接国家卫生城市复审工作先进集体”“2018年度全国文明城市创建工作先进集体”。

【社会救助】　①城乡低保、农村“五保”供养。加强农村低保制度与扶贫开发政策有效衔接，发挥社会救助兜底作用。低保标准实现全市统一，城市低保提高至每人每月550元，增长10%；农村低保提高至每人每月390元，增长25%；农村特困供养基本生活标准提高至每人每年6084元，照料护理标准按生活自理能力和服务需求，分别达每人每月360元、180元和100元。②农村低保整治。在全市民政系统集中开展农村低保专项治理，印发《全市农村低保专项治理实施方案》，农村低保腐败和作风问题得到有效整治。③敬老院改造。推动做好乡镇敬老院升级改造工作，完成61处（全市共81处），占总任务的75%。④医疗救助、临时救助。医疗救助“一站式”即时结算系统全面建成并投入使用。落实临时救助制度，将遭遇突发性、紧迫性、临时性生活困难的农村困难群众全部纳入救助范围，对因遭遇突发事件、意外伤害、重特大疾病或其他特殊原因导致暂时陷入贫困的家庭，及时给予有针对性的临时救助或急难救助，确保困难群众急有所助、困有所救。全年发放救助资金4151.7万元，救助困难群众1.97万人。⑤减灾救灾工作。做好冬春困难群众生活救助工作，发放自然灾害生活救助资金630万元，救助受灾困难群众5.86万人。高效应对“温比亚”台风灾害，累计拨发救灾资金2292万元，救助受灾群众2.61万人。

【福利慈善事业】 ①养老服务体系建设。新建城市社区老年人日间照料中心10处、农村幸福院37处，新增养老床位2260张，总量达4.3万张。山东泰山社会福利中心一期工程春节前投入运营。②养老服务机构管理。继续开展养老院服务质量建设专项行动，98处养老机构整治达标。③养老设施发展转型。依托乡镇敬老院建设区域性养老服务中心，全市规划区域性养老服务中心61处。探索由专业机构运营日间照料中心和农村幸福院新模式，全市60%以上的养老设施达到规范运营。推进社区居家养老，规划建设示范性社区养老服务中心16处。做好康复辅具产业综合创新试点工作，创新试点影响力不断扩大。④福利保障。严格落实困难残疾人生活补贴、重度残疾人护理补贴、低保高龄老年人高龄津贴和困难老年人护理补贴。⑤慈善事业。年内，全市累计募集善款1.36亿元，救助困难群众8.3万人次。⑥福利彩票销售。全市销售福利彩票6.67亿元，连续10年保持正增长。

【社会组织管理】 ①政策环境。印发《关于大力培育发展社区社会组织的实施意见》，培育发展社区社会组织，打造共建共治共享的社会治理格局。将社会组织登记等相关业务纳入审批大厅办理，实现办理事项一次性跑腿。开展社会组织公益性捐赠税前扣除资格确认工作，确认符合条件社会组织16家。②社会组织孵化平台建设。推进乡镇（街道）社会组织孵化平台建设，市、县建成社会组织孵化平台，市社会组织党建孵化中心完成改造。③监督管理。在全市社会组织中开展集中排查整治专项行动和打击整治非法社会组织专项行动，给予89家社会组织警告处罚，56家社会组织撤销处罚，并同步列入异常名录和严重违法失信名单。开展第四批社会组织评估工作，确定AAA级社会组织6家、AAAA级社会组织6家、AAAAA级社会组织2家。④党建工作。理顺社会组织党建工作领导体制，依托社会组织党建“六同步”（社会组织党建与注册登记同步展开，与年检同步审查，与换届同步调整，与评估认定同步评定，与政府购买社会组织服务同步考察，与评先树优同步）机制，推动党组织从有形覆盖向有效覆盖转变。

【基层社会治理】 ①村（居）委会换届工作。全市3573个村委会、169个居委会全部完成换届任务，分层分类培训“两委”干部1.61万人。②城市社区治理。全市城市社区综合服务设施平均面积达1035平方米，所有县（市、区）均出台社区协商事项目录，形成信息联通、会议联席、事情联办、服务联动工作机制。泰山区通过全国社区治理实验区结项验收。举办全国新时代社区治理高峰论坛暨社区建设观摩会，智慧社区建设经验被纳入《中国社区治理报告2018》蓝皮书。③农村社区治理。完成农村社区服务中心建设“三年行动计划”，累计建成农村社区服务中心448个，2018年度建成132个。推进农村社区治理体制机制改革，设立村民委员会的农村社区达126个。稳妥推进“村改居”工作，全市11个村依法改为城市居委会。④社会工作、志愿服务。做好第三届“齐鲁和谐使者”、第二届“泰山和谐使者”推荐评选工作，5人被评选为第二届“齐鲁和谐使者”。全市注册登记志愿者提高到39.7万人，注册志愿服务组织达1.10万个。

【专项社会事务管理】 ①区划地名。做好第二次全国地名普查工作，市级及6个县（市、区）地名志、地名图集初稿全部完成。完成7条县级界线联检，开展“山东省行政区域界线界桩管理平台”核对工作，率先完成平台所载界线、界桩的维护、上报工作。②流浪乞讨救助。健全市、县、乡、村“四级”救助网络，提高救助管理工作规范化、精准化、信息化、社会化水平。2018年救助流浪乞讨人员2386人次。③农村留守儿童、困境儿童关爱保护。部署开展孤弃儿童养育情况大排查，做好困境儿童信息采集和帮扶工作。基层儿童工作阵地和队伍建设进一步加强，建成未成年人救助保护中心4处，村（居）和学校“儿童之家”“漂流书屋”等关爱活动场所3000处，乡镇（街道）保护专干、村（居）关爱联络员实现全覆盖。儿童福利保障政策全面落实。④婚姻登记、收养登记管理。加强婚姻收养登记规范化标准化建设，婚姻登记和收养登记合格率达 100%，全市婚姻登记处均被评为“全国婚姻登记规范化单位”。⑤殡葬改革。开展殡葬领域突出问题专项整治，解决群众反映强烈的突出问题。全面落实惠民殡葬政策，累计为群众减免基本殡葬服务费 3000 万元。公益性骨灰安葬设施覆盖 40% 以上的乡镇（街道），采取树葬、花葬、草坪葬、深埋不留坟头等生态葬法比例提高。做好殡葬综合改革试点相关工作。泰安市被省文明委表彰为移风易俗工作先进市。（王先琪）

残疾人事业

【概况】 2018 年，市残疾人联合会（以下简称市残联）机关内设办公室、组织联络维权部（挂宣传文体部牌子）、康复部、教育就业部等“三部一室”，编制 12 人。下属市残疾人培训服务中心（正科级全额拨款事业单位），编制 9 人；市残疾人康复中心（副县级全额拨款事业单位），编制 26 人，政府购买服务 8 人。年末，全市有残疾人 34.02 万人，占全市总人口的 6.16%。其中，视力残疾 5.06 万人，占 14.86%；听力残疾 8.22 万人，占 24.16%；言语残疾 5205 人，占 1.53%；肢体残疾 9.89 万人，占 29.07%；智力残疾 2.27 万人，占 6.68%；精神残疾 2.52 万人，占 7.40%；多重残疾 5.55 万人，占 16.30%。市、县两级建有残疾人培训服务中心 6 处，残疾人康复中心、托养中心 6 处，专业技术人员 200 名，全年服务残疾人 2 万名。市残联继续保持省级文明单位称号。市残疾人培训服务中心申报为“国家级残疾人职业培训基地”。

【残疾人社会保障】 按照基准档对参加基本居民医疗和养老保险的二级以上重度残疾人给予政府补贴，并为重度残疾人提前 5 年领取居民基本养老保险金做好服务。泰山区、岱岳区、新泰市、肥城市为 1.9 万名重度残疾人购买意外伤害保险。配合民政部门核准残疾人数，发放生活补贴和护理补贴。实施“阳光家园”计划，落实资金 443.1 万元，完成残疾人托养 1477 人次。落实资金 94 万元，为 200 户贫困残疾人家庭进行无障碍改造。落实资金 41.86 万元，为 1610 名残疾人发放燃油补贴。按照每人 1000 ~ 1500 元的标准，对拿到驾照的残疾人给予补助。

【残疾人扶贫】 年内，扶持 294 户贫困残疾人发展加工业、养殖业、家电维修和服务业等项目，取得良好增收效果。其中，第一书记帮包村“助残致富奔小康”项目，投入 10 万元，按照每户残疾人家庭 2000 元的标准扶持贫困残疾人 50 户；省“第一书记”帮包村项目，投入 48.8 万元，按照每户残疾人家庭 2000 元的标准，扶持残疾人 244 户。

【残疾人就业培训】 完成泰安市第四届残疾人职业技能竞赛，全市 7 支代表队 78 名选手参加竞赛项目 10 个、展示项目 5 个，选拔 28 名选手参加省技能竞赛。承办山东省第四届“技能兴鲁”职业技能大赛——省第六届残疾人职业技能竞赛，泰安市获特殊贡献奖。联合企业举办残疾人专场招聘会，25 名残疾人实现就业。开展“2018 年度就业援助月”活动，发布就业信息 6000 条，走访残疾登记失业家庭 380 户，登记失业残疾人员 1687 人，帮助残疾登记失业人员实现就业 138 人，实名纳入年度培训计划残疾人 1524 人。探讨开展残疾人辅助性就业机构建设，制定残疾人辅助性就业机构扶持办法，对符合条件的残疾人辅助性就业机构按 8 万元给予一次性补贴。

【残疾人教育】 落实《泰安市义务教育阶段重度残疾儿童少年送教上门服务工作实施方案》，对符合条件的 128 名残疾儿童实施送教上门服务。开展未入学适龄残疾儿童少年实名调查统计工作，摸底 651 人，适龄残疾儿童少年接受义务教育比例达 95% 以上。落实残疾大学生励志助学奖学金项目，为 34 名残疾大学生发放助学金 19 万元。实施彩票公益金学前残疾儿童教育助学项目，为 73 名学前儿童发放救助金 21.9 万元。

【残疾人康复救助】 以残疾儿童和建档立卡残疾人为重点，开展精准康复服务行动。为 1050 名 0 ~ 9 岁残疾儿童实施康复救助训练，为 29 名听障儿童免费植入人工耳蜗，7368 名建档立卡和 7496 名因病致（返）贫残疾人全部得到基本康复服务，发放辅助器具 1 万件。全市共为 4.1 万名有康复需求的残疾人提供基本康复服务。对上争取康复救助项目，争取省残联和省残疾人福利基金会普通儿童轮椅 53 辆，脑瘫儿童轮椅 80 辆，假肢项目 19 例，经颅磁脑瘫儿童治疗仪 200 台，按照每人 3000 元标准救助 16 名听障儿童贫困家庭。

【残疾人维权】 全市 7 所法律援助中心与 300 多名残疾人签定法律援助合同，协调处理侵犯残疾人合法权益的案件 10 件。健全残疾人信访工作制度，各级残联每年受理来信来电来访 1200 人次以上，处结率达 99.8%，未发生集体上访、越级上访事件。落实听力残疾人减半交纳移动通讯工具信息费，残疾人免费乘坐市内公交车，视力、听力、言语残疾人家庭免收电视初装费、减半交纳基本收视维护费，免费进入旅游景点等优惠政策。市、县图书馆、乡镇文化站设立盲文读物、盲人有声读物图书室和电子阅览室，向残疾人免费开放。以“贴心代办、一次办好”为目标，公开一次办好事项 8 条，发布政务信息共享资源 24 条，清理证明事项 5 项。落实免费残疾鉴定、办证、重度残疾人上门办理残疾人证等政策，为 11 万人办理残疾人证。

【残疾人组织建设】 在全省率先完成各级残联第七次代表大会换届任务。协助地方党委组织部，做好理事会班子配备和协管工作，并对新一届残联执行理事会成员全部登记在册。市、县两级残联均达到规范化要求。全市 88 个乡镇、街道均建立残疾人组织，配备专职或兼职残联理事长和残疾人专职干事，选聘率达 100%。举办全市基层残联干部培训班、专职干事培训班，培训基层残联干部 151 名、专职干事 88 名。市、县（市、区）残联均成立残疾人专门协会。开展“志愿助残阳光服务”，完善助残志愿者联络站，推进“文化助残”“法律助残”等服务活动，全年助残志愿者扶助残疾人 2.89 万人次。

【残疾人宣传文体】 在市电视台《新闻零距离》开播手语栏目，在市广播电台交通台开播“共享阳光　幸福泰安”残疾人专题节目。承办山东省残疾人文化周活动启动

9月6日上午，2018第三届泰山国际福祉暨康复设备博览会开幕。图为市委书记崔洪刚（前排中）参观博览会现场　（曹桂玲　供）

仪式和干部培训班、山东省残疾人专职干事（委员）知识竞赛。组织参加山东省第十届残疾人运动会，取得金牌 7 枚、银牌 7 枚、铜牌 19 枚的成绩，并获体育道德风尚奖。健全残疾人运动员培训机制，摸底调查有体育特长的残疾人。泰山雏鹰乒乓球俱乐部被评为“2018 年度山东省青少年残疾人运动员培养基地”。

【扶残助残活动】 春节前夕，发动社会各界开展贫困残疾人走访慰问和结对帮扶活动，全市走访慰问贫困残疾人 3361 户，落实慰问经费 155 万元。“全国爱耳日”“全国助残日”“全国技残人活动日”期间，举办残疾人趣味运动会、盲人读书沙龙活动、为重度残疾人送书上门等文体活动，营造扶残助残的良好氛围。

【泰山“一会一园一论坛”项目】 举办 2018 第三届泰山国际福祉暨康复设备博览会和泰山国际残疾人论坛·首届泰山国际健康论坛暨复旦大学中国残疾问题研究中心 2018 阳光论坛。其中，泰山国际福祉暨康复设备博览会有德国奥托博克、冰岛奥索国际、日本阿美达亚、韩国等 150 家企业参展，展示各类康复辅助器具 3000 种，观展人员 1 万人次。泰山国际残疾人论坛（首届泰山国际健康论坛）邀请美国圣地亚哥州立大学教授张楠、日本经济评论家莫邦富、国家卫健委卫生发展研究中心主任郝晓宁等 25 名国内外专家教授作专题发言，为推进全市康复辅助器具产业发展提供理论支撑。泰山康复辅助器具产业园在泰安高新区规划建设，4 月举办产业园揭牌仪式。

【国家康复辅助器具产业综合创新试点工作】 年内，成立由市长任组长，市民政局、发展改革委、市残联等 21 个部门主要负责人为成员的泰山康复辅助器具产业园建设领导小组，统筹推进试点工作开展。领导小组办公室设在市残联。召开泰安市国家康复辅助器具产业综合创新试点工作动员部署会议。将试点工作列入泰安市新旧动能转换重点试点示范。印发《关于加快推进泰山康复辅助器具产业园建设的意见》《泰安市直有关部门对国家康

复辅助器具产业综合创新试点地区的支持政策措施清单》，从政策、资金等方面对康复辅具产业发展给予重点扶持。至年底，该试点工作成效显著，8家公司落地泰安，总投资2.8亿元，实现全市康复辅助器具产业从无到有的转变。20家意向企业洽谈落地事宜。

【市残疾人培训服务中心】 年内，该中心语训部收训听障儿童24人，其中8名听障儿童完成康复训练，进入普通幼儿园；培训听障儿童家长32人。举办残疾人电子商务、面点、盲人按摩等职业技能培训7期，培训162人。举办残疾人农村实用技术1期，培训52人。开展残疾人辅助器具适配业务，培训全市残疾人辅助器具服务工作人员230人，开展“辅具流动服务车进村入户”活动，全市适配各种辅具1.23万件。

【市残疾人康复中心】 2月26日，市编办印发《关于设立泰安市残疾人托养中心的批复》，设立泰安市残疾人托养中心，增加事业编制6名。市残联以政府购买服务的方式招聘康复、托养专业技术人员8人。全年市残疾人康复中心为660名成人残疾人及残疾儿童提供康复服务，为14名残疾人提供托养服务，为残疾人提供760具假肢、矫形器适配服务。（董　卫　曹梅玲）

人民生活

【居民收入】 2018年，泰安居民人均可支配收入27389元，增长8.8%，增速比上年同期下降0.3个百分点。按常住地分，城镇居民人均可支配收入35196元，增长7.5%，增速比上年同期下降0.6个百分点；农村居民人均可支配收入16959元，增长8.2%，增速比上年同期下降0.4个百分点。

工资性收入 全市居民人均可支配收入中，人均工资性收入17458元，增长7.9%，占人均可支配收入的比重为63.7%，拉动收入增长5.1个百分点，仍是居民收入的主要来源。

经营性收入 全市居民人均经营净收入5193元，增长9.1%，占人均可支配收入的比重为19.0%。

财产净收入 全市居民人均财产净收入1667元，增长8.9%，占人均可支配收入的比重为6.1%。

【居民消费支出】 2018年，泰安居民人均消费支出16616元，增长8.6%，扣除价格因素，实际增长5.5%。其中，城镇居民人均消费支出20862元，增长7.7%，扣除价格因素，实际增长4.7%；农村居民人均消费支出10942元，增长8.3%，扣除价格因素，实际增长5.2%。恩格尔系数达26.9%，比上年下降0.5个百分点。

食品消费支出 全市居民人均食品烟酒支出4468元，增长6.6%，占消费支出的比重为26.9%，在八大类消费中比重最高，恩格尔系数下降0.5%。分城乡看，城镇居民人均食品烟酒支出5300元，增长7.4%，占消费支出的比重为25.4%，恩格尔系数下降0.1%；农村居民人均食品烟酒支出3356元，增长3.4%，占消费支出的比重为30.7%，恩格尔系数下降1.4%。

医疗保健消费支出 全市居民人均医疗保健支出1685元，增长4.7%，在八大类消费中增速最低。分城乡看，城镇居民人均医疗保健支出1971元，增长7.3%；农村居民人均医疗保健支出1137元，增长3.9%。

教育文化娱乐支出 全市居民人均教育文化娱乐支出2045元，增长9.2%。分城乡看，城镇居民人均教育文化娱乐支出2586元，增长8.5%；农村居民人均教育文化娱乐支出1220元，增长11.7%。

交通通信消费支出 全市居民人均交通通信支出2146元，增长9.9%，在八大类消费中增速居第三位。分城乡看，城镇居民人均交通通信支出2702元，增长5.5%；农村居民人均交通通信支出1302元，增长13.2%。

衣着、居住、生活用品及服务支出 全市居民人均衣着支出1273元，增长7.6%；居民人均居住支出3474元，增长11.9%；居民人均生活用品及服务支出1197元，增长9.4%。（刘　钊　金延臻）

编辑　校对　　戚淑娟

泰山景区

综　述

【概况】　泰山，古称东岳，又名岱山、岱岳、岱宗、泰岳，为五岳之首，位于山东省中部，绵亘于泰安、济南、淄博3市之间，东西长约200千米，南北宽约50千米。主峰玉皇顶海拔1545米，位于泰安市境内，北纬36° 16′，东经117° 6′。

泰山的形成经历过一个漫长而复杂的演化过程，经受泰山运动、加里东运动、华里西运动、燕山运动和喜马拉雅运动5次地壳运动的强烈变革，经历太古代、元古代、古生代、中生代和新生代5个主要地质历史阶段的改造，保留下丰富而典型的地质遗迹。泰山岩群其原岩为超基性、基性火山岩和火山质凝灰岩组成的科马提质绿岩构造，是华北地区最古老的地层，记录着自太古代以后近30亿年漫长而复杂的演化历史，是中国早前寒武纪地质研究的经典地区，泰山北侧区域被确定为华北寒武系标准剖面，在地质学史上占有重要地位。在新构造运动的影响下，泰山不仅有雄伟厚重的轮廓，而且保留有典型的断裂、褶皱、韧性剪切带、重力滑动构造以及“桶状构造”等复杂的构造遗迹。泰山以典型、完整、系统、稀有、科学的内涵，记录地球的地质历史、地质事件和形成过程，向世人展示博大精深的自然魅力，是一部地质科学的万卷丛书。泰山与西岳华山、中岳嵩山、北岳恒山、南岳衡山合称“五岳”，而泰山以“五岳之首”“五岳独尊”称誉古今。泰山积淀中华民族5000年的历史文明，是华夏历史文化的缩影，是中华民族的象征，是文化与自然遗产融为一体的典范。

泰山是一座文化名山。泰山地区是中国古代文化重要发源地之一，在5万年前的旧石器时代，泰山周围已经有人类活动的踪迹，在母系氏族社会阶段就显露出文明的曙光。在5000年前的新石器时代，泰山南麓的大汶口文化、北麓的龙山文化，不仅影响到山东，而且影响到黄河中下游的广大地区。泰山吸引众多的文化名人、历代诗人墨客纷至沓来，朝山览胜、赋诗撰文，留下丰富的文化精品。孔子、管仲、司马迁、张衡、诸葛亮、曹植、李白、杜甫、刘禹锡、苏东坡、欧阳修、范仲淹、王世贞、姚鼐、郭沫若等都挥笔疾书，留下浩如烟海的颂岱诗文，孔子《丘陵歌》、曹植《飞龙篇》、李白《登岱六首》、杜甫《望岳》、苏辙《灵岩寺》、姚鼐《登泰山记》等都是不朽的名篇佳作，把游人从山神崇拜中引向游览观赏、求知审美的方向。泰山总面积425平方千米，规划面积171平方千米。泰山风景名胜主要分布在南起泰安古城南门（包括蒿里山、灵应宫），东南、西南以环山路为界，北到灵岩寺。根据景点分布区域，主景区又分为登天、天烛峰、桃花峪、樱桃园、玉泉寺、灵岩寺6个景区。景区内有山峰156座、崖岭138座、溪谷130余条、潭池瀑布64处，此外还有旭日东升、晚霞夕照、黄河金带、云海玉盘、雾凇雨凇、碧霞佛光等自然奇观。泰山自然风光优美、壮观，其景观特点以雄为主，“雄、奇、险、秀、幽、奥、妙”兼有。

泰山属暖温带季风性气候，四季变化明显，山顶夏季平均气温17℃，最高气温29℃，年平均降水量1042.8毫米。泰山树草葱茏，鸟语花香，有植物1136种，中草药资源丰富。山上山下古树名木繁多，百年以上的古树名木有2万株，其中有6株2100年前的汉柏、1300年前的唐槐、被誉为国宝的600年前的盆景松树“小六朝松”、500年前的望人松。山上有野生动物200种。螭霖鱼、鹿角菜、何首乌、苹果、板栗、核桃、山楂等土特产誉满中外。泰山被誉为“活着的世界自然遗产”。

【泰山荣誉】　1982年，泰山被国务院公布为第一批国家重点风景名胜区。1987年12月，被联合国教科文组织列入中国首例、世界首批文

5月22日，市委书记崔洪刚（前排中）到泰山景区调研泰山保护工作
（王国梁　摄）

化与自然双遗产名录。2005年9月，被国务院批准为国家地质公园。2006年1月，被中央文明办、建设部、国家旅游局评为全国文明风景旅游区；9月，在北爱尔兰举行的第二届世界地质公园大会上，获世界地质公园称号；11月，泰山景区“爱护遗产、享受遗产、传承遗产”的宗旨成功入选山东省服务名牌。2007年，泰山成功入选首批国家AAAAA级旅游景区，被中国书法协会命名为首座中国书法名山。2008年，泰山被山东省文化厅命名为首批山东省文化产业示范基地，顺利通过全国文明风景旅游区全面复核。2009年，泰山AAAAA级旅游景区通过省级复核并列入国家免检单位；“爱护遗产、享受遗产、传承遗产”的宗旨蝉联山东省服务名牌；泰山景区被评为第十一届全运会的文明服务窗口先进单位。2010年，泰山景区被中华环保联合会、中国旅游协会景区分会授予全国低碳旅游实验区称号，泰山景区系统连续4年获全市十大文明行业称号。2011年，泰山景区通过“全国文明风景旅游区”复审，被中央文明办授予全国文明单位称号，被国家标准化管理委员会授予首批国家级服务标准化示范单位，《泰山传说》入选第三批国家级非物质文化遗产。2012年，泰山景区被国家旅游局等六部门列入全国文明燃香试点单位，被国家体育总局命名为国家级全民健身登山基地，被授予国家级风景名胜区保护管理执法工作优秀单位称号并入选山东十佳文化旅游品牌。2013年，被国家质检总局、国家旅游局联合授予全国旅游服务质量标杆单位称号，获中国最美地质公园、中国最令人向往的地方、首批“中国楹联名山”、好客山东贺年会年味最浓景区、山东省服务名牌等称号，被中央台办、国务院台办列为国家级海峡两岸交流基地，并列入联合国教科文组织“国际绿色名录”试点景区。2015年，泰山入围首批“中国森林氧吧”榜单。2016年，获全国“旅游服务最佳景区”称号，列“中国旅游景区数字资产榜”第二名。2017年，泰山被国际摄影联合会授牌为首例“世界摄影基地”，被国家旅游局授予全国首批“港澳青少年游学基地”“十大游学景区”称号，再次被列入“中国旅游景区数字资产榜”TOP10。2018年，泰山第三次入选“中国旅游景区数字资产榜”TOP10；泰山景区获全国住房城乡建设系统先进集体称号，被命名为山东省摄影家协会泰山景区创作基地；泰山林场被命名为“山东省林业科技创新工程”科研试验示范基地；泰山景区官方微博获山东最具影响力景区官方微博。

【《中华泰山文库》】 推进《中华泰山文库》文化建设工程，该文库分古籍、著述、口述影像和外文四大书系，9个类编，120卷，5000万字，囊括古今中外，集泰山文献之大成。完成明《泰山志》、清《泰山志》《泰山图志》《灵岩志》的点校工作。年内，出版《泰山挑山工》《四库全书经部集成》《泰山佛教史》《泰山地质综合研究》等图书8本，完成《泰山故事》通俗篇样册、路线篇定稿。　（吴克欣）

泰山景区保护与管理

【概况】 泰山景区党工委、管委会代表市委、市政府对景区范围内的经济、行政和社会事务实行统一领导和管理。景区管委会机关设局室15个，管理正县级单位4个（泰山景区综合行政执法局、泰山林场、泰山景区教育中心、泰山票务交通管理处），辖红门、中天门、南天门、竹林寺、樱桃园、桃花峪、桃花源、天烛峰、玉泉寺、灵岩、巴山、虎山等管理区13个和博物馆、文物店等基层单位，管辖1个乡（大津口乡）、2个镇（黄前镇、下港镇）、1个村街管理中心及76个行政村（居），管辖面积452平方千米，乡村人口近10万人。景区内设有泰山景区公安分局、工商分局、税务局和1家集团公司——东岳泰山旅游集团有限公司。2018年，接待进山进景点游客562.1万人，其中进山游客412.31万人；实现门票、客运、索道等收入11.1亿元。

【市场营销】 央视春晚在泰安设分会场，央视《日出东方》直播泰山新年日出，《新闻联播》4次报道《泰山庙会迎新春、过大年》，《百家讲坛》《世界遗产日》特别节目《中华名山》播出泰山专辑，法语频道、人民日报社对挑山工进行采访，新华社《要情动态》报道景区安全工作；联合山东广播电视台拍摄“山东改革发展大事记录工程”纪录片《飞阅齐鲁——泰山》，联合中国山东网编纂《泰安城市特色文化丛书》。举办“敬天祈福”“泰山文化·全民冲顶”“爱的跑跑”“发呆大赛”“泰山诗词歌曲征集大赛”“VI视觉识别系统有奖征集”等活动，在泰安广播电台、泰安电视台、《泰安日报》开设《讲泰山故事》《唱泰山歌曲》《谈泰山精神》等专栏，提升中华国山的品牌传播度、美誉度和忠诚度。参加“青岛人游齐鲁”活动，上合峰会期间免费接待青岛市民6.5万人。与泰山玉研发有限公司合作开发“碧霞元君标准像”等系列旅游商品500个，首批“敢当”系列文创产品在旅游商品旗舰店和泰山403文化产业发展有限公司自营店同步上线。以“平安文化”为主题，巩固拓展香客区域市场，全年接待国内祈福游团队15万人。新建国内营销中心3个，举行台湾泰山营销中心揭牌仪式，筹建东南亚营销中心。与韩国首尔市政府签订战略合作协议，强化北美、韩国、中国台湾、中国香港、西北等境内外营销中心建设，境外中高端客源市场实现新突破。

【文化产业】 4月29日，2018东岳庙会在岱庙举办。该届庙会以“逛东岳庙会 祈平安福贵”为主题，在挖掘提升往届特色项目的基础上，组织开展竹刻艺术展、传统手工艺、汉服文化节、泰山腕力王、传统戏曲、特色商品展销等特色旅游、文化、民俗、经贸活动25项，策划推出泰山记忆·活态传承非物质文化遗产手工作品展，展出泰山皮影、剪纸、木刻、面塑、绳艺等各类非物质文化遗产手工作品50件，为东岳庙会注入新的元素与活力。庙会实现市场化独立运营，效益增长40%。全年举办来自港澳、北京、长春、吉林等地“中华泰山成人礼”47场，台湾学生“中华泰山成人礼”体验活动9场，2万名学子参加。举办山东金德化学建材有限公司、太平洋保险、山西步长集团等“泰山冠军”企业专场活动，万余人参加；举办“2018山东省暨泰安市全民健身月启动仪式（山东省第八届全民健身运动万人健步走泰安站）”活动和2018“泰山冠军”中国泰山登山系列大奖赛揭幕赛；协办“中国坐标·泰安城市定向户外挑战赛”和“健康中国·相约泰山”倡议活动、安诺优达·2018穿越泰山国际户外挑战赛、泰山体育旅游发展论坛等配套体育活动。组织承办“泰山100国际越野赛”，赛事吸引美国、德国、加拿大等国家和中国香港、台湾、北京、上海、广州、深圳等国内跑步人群最为聚集的专业人员报名，并获得包括中央电视台综合频道（CCTV-1）、体育频道（CCTV-5）、新闻频道（CCTV-13）、国家体育总局、《中国体育报》、山东卫视、人民网、新华网等近百家媒体超过400篇次的报道，广受跑者和媒体好评。

【旅游环境与服务】 推进“三城”联创工作，清理各类垃圾6000吨，实施箭杆峪、梳洗河等6处污水直排治理工程，改造旱厕889处，整治提升“八小行业”（小娱乐、小食品、小美发、小美容、小旅馆、小沐浴、小网吧、小诊所）500家；拆除不合格、污损公益广告327处，维修179处，新建260处；规范在建工地落实防尘覆盖，实施绿植草坪围挡8000平方米，设置宣传版面300幅；全面整修环山路沿线16千米、泰明路沿线8千米绿化带及天外村游人中心、龙潭公园、工地周边绿化苗木。投资3000万元，实施玉泉寺、彩石溪景观、登山盘道提升工程，推进中天门游人中心附属工程、万仙楼检票口改造、主景区危石治理、基层工队维修改造等基础工程，主景区景观质量提升、配套实施完善取得成效。建成岱顶污水处理站5处，主景区、大津口乡、村街管理中心实现环卫服务项目市场化运营。完成景区呼叫服务中心建设，启用“96008388”统一对外呼叫服务热线，实现咨询、投诉、转办、督办、回复情况的全程跟踪、记录、大数据分析及智能化管理，“十一”假日正式投入使用，受理咨询1.6万次，投诉受理63起，救援20起。投诉案件受理率、办结率、满意率、反馈率、回访率均达100%。在市政府东侧建成泰山旅游

7月13日，中华泰山成人礼活动在泰山举行　　（吴克欣　供）

换乘中心，为游客提供免费停车、购票、候车、咨询服务、救护、公厕等“一条龙”服务，代售市内各景区景点门票，实现“零换乘”进山，缓解环山路交通压力。完成旅游公厕改造18处，增配第三卫生间、残疾人无障碍设施以及智能马桶盖、母婴照料台、婴儿护理台等人性化设施。开展市场价格行为整治和文明诚信经营星级评选活动，打造“放心消费在泰山”“诚信泰山、文明泰山”服务品牌。游览证办理业务进驻市行政审批服务中心，调整老人、儿童免费进山优惠政策，改造售检票系统，增设安监系统，实现由身份证代替游览证验证进山。推进“标志、标识、标牌、服装统一”CIS形象规范提升工程，《旅游景区（点）公共信息发布服务规范》以地方标准发布。公开承诺“决不让游客在泰山受委屈”，引领干部职工视游客为“走亲戚的亲人”，在天外村广场安装膜结构喷雾遮阳棚，在主景区增加医疗救助点、免费饮水点、志愿服务岗等公益服务岗位，建设“爱心驿站”67处、“妈妈小屋”2处，为游客提供人性化、细微化服务，游客满意度持续提升。景区管委会消防队获全国“工人先锋号”；岱顶派出所党支部被市委授予“泰山先锋”红旗党支部称号；天外村游人服务中心获全国巾帼文明岗称号；红门票务管理站团支部获全国五四红旗团支部称号；泰山VIP接待服务中心被评为山东省三八红旗集体；泰山春雨志愿服务队被评为全市最佳服务组织。（吴克欣）

·文物保护·

【概况】　泰山有保存较好的古建筑群26处、寺庙58座、古遗址128处、碑碣1239块、摩崖刻石1800处。泰山古建筑群整体呈现古代自然崇拜的信仰形式，涉及儒家文化建筑形式、皇家祠庙建筑形式、道家文化建筑形式、道家延伸的民间民俗信仰及地狱神魔文化建筑，是中国山岳信仰建筑的最早起源及最具代表性的名山范例。泰山碑刻时代之连续性、艺术之精湛、构景之巧妙都堪称一绝，著名的有秦《泰山刻石》、汉《衡方碑》《张迁碑》、晋《孙夫人碑》、南北朝《经石峪金刚经》、唐《纪泰山铭》、宋《青帝碑》、元《天门铭》、明《洪武碑》、清《摩崖碑》等。2018年，本着“抢救为主、保护第一、合理利用、加强管理”的方针和“修旧如旧”原则，实施王母池、斗母宫修缮等文物项目6个，古建筑重大风险得到全面消除。泰山文化遗产保护传承工程、泰山文物“天网工程”被国家文物局、省政府纳入规划重点推进，《泰山世界文化遗产保护规划》进入送审阶段。开展泰山石刻（宋至清）申报第八批国宝、第六批省保工作，下港镇“黄巢坟遗址”申报第六批省保工作；开展泰山盘路古建筑群消防设计方案的论证与评审、冯玉祥纪念馆提升改造方案专家评审；完成景区革命文物名录统计、泰安市石刻资源保护与利用调查、非国有博物馆藏品登记工作。

【王母池古建修缮工程】　王母池是第六批全国重点文物保护单位——泰山古建筑群的重要组成部分，由于年久失修以及历史、自然等原因，出现一定程度的损坏，2018年5月4日，开始实施全封闭施工。历时8个多月，对王母池建筑群内包括北斗殿、观澜亭、药王殿、王母殿、王母殿东西耳房、七真殿、蓬莱阁、王母池及院落等10处单体建筑，近3000平方米方砖地面和明暗排水，近1000平方米的院墙等进行修缮。经国家文物局批准，工程投入专项补助资金723万元，是新中国成立后国家对王母池投入专项资金最多的一次，也是修缮内容较为全面的一次。

【斗母宫古建修缮工程】　斗母宫是第六批全国重点文物保护单位——泰山古建筑群的重要组成部

分。由于年久失修以及历史、自然等原因，出现一定程度的损坏，2018年5月4日，开始实施全封闭施工，2019年1月16日竣工。对斗母宫建筑群内碧霞元君殿、斗母殿、白衣殿、西配殿、听泉山房、龙泉亭、寄云楼、后禅房、穿堂及配殿、垂花门等10处单体建筑进行重修；整修院落地面1147平方米，清除土方74平方米，重铺方砖120平方米，整修管沟129米，内外院墙墙面维修266.76平方米、木作油漆661.42平方米。经国家文物局批准，工程投入专项补助资金581万元，是新中国成立后国家对斗母宫投入专项资金最多的一次，也是修缮内容较为全面的一次。

【岱庙天贶殿及炳灵门古建筑彩画保护维修工程】 天贶殿位于岱庙中轴线中后部，是整组建筑群的主体建筑，炳灵门为岱庙东路汉柏院山门。岱庙天贶殿及炳灵门古建筑彩画保护维修工程于2017年9月13日开工，2018年7月29日竣工，总投资655万元，完成天贶殿外檐、廊步和殿内彩画面修复和门窗、柱子油漆和炳灵门的油漆彩画修复，并提交三维扫描测量成果1套。该工程有效解决天贶殿彩画的起甲、剥落等病害，在恢复其历史风貌的同时，提高彩画的安全稳定性。（吴克欣）

·林木管理·

【概况】 泰山林场于1948年正式建场，总面积1.2万公顷（18万亩），地跨济南、泰安两市，与4个区、6个乡镇（街道）、68个行政村接壤，森林覆盖率达82.6%，植被覆盖率达94.6%。有古树名木1.81万株，隶属27科45种，其中一级古树名木1821株，列入遗产名录的有23株 已经命名的古树（或古树群）有60株（处）。1992年，泰山林场被原林业部批准为国家森林公园；1999年，山东省人民政府确定泰山林场为生态公益型林场。泰山林场行政与泰山景区管委会合署办公，业务主管为泰安市林业局，泰山风景名胜区的主体部分隶属于泰山林场。2018年，展开实施岱顶区域、红门登山盘道、天外村旅游公路、桃花峪旅游公路等七大片区绿化美化工作，成功申报“山东省林业科技创新工程”科研试验示范基地3个；完成泰山世界地质公园第三次再评估迎检工作，《泰山省级自然保护区总体规划》《泰山国家森林公园总体规划》通过专家评审，自然保护区总体规划获省林业厅批复；完成国家级、省级公益林区划界定，顺利通过国家林草局森林资源督查。

【森林防火】 投资8700万元推进引水上山二期工程，投资880万元，强化森林防火基础设施建设，加大黄前镇、下港镇、谷山林场森林防火综合整治力度，推进泰山林场森林重点火险区综合治理工程；开展“奋战100天，确保森林防火安全”专项行动和“无烟山”创建活动，宣传《泰山风景名胜区生态保护条例》，推进网上巡查执法工作，实现主景区连续4年森林火灾“零”发生。

【森林健康】 完成3733.33公顷（5.6万亩）常规森林病虫害综合防控、113株古树保护复壮，无公害防治率达100%。开展松材线虫病普查松林面积14.66万亩，发现疫情324份。拔除美国白蛾疫点14处，实现“连续10年将美国白蛾挡在景区之外”的目标。对南天门古树生长衰弱现象进行会诊，防治后石坞、对松山古松区域的松干蚧73.33公顷（1100亩），监测覆盖率达100%。

（吴克欣）

·行政执法·

【概况】 2004年，泰山景区在全国风景名胜区中率先实行相对集中行政处罚权，成立泰山管理行政执法局，依法行使包括规划建设、风景名胜、卫生环保等十四大类538项行政执法权。该局采取“条块结合、以块为主、责任主体唯一”的管理执法模式，实现行政执法全覆盖、无空档。2018年，根据《关于调整泰山风景名胜区综合行政执法机构相对集中处罚权范围的通知》，泰安市泰山管理行政执法局更名为泰安市泰山景区综合行政执法局，在泰山景区管辖范围内统一集中行使风景名胜区管理、林业管理、旅游管理、住房和城乡规划建设领域管理、国土资源管理、农业（含农机、畜牧兽医）管理、水利渔业管理、安全生产监督管理、物价管理、交通运输管理、工商行政管理、质量技术监督管理、食品药品监督管理、粮食流通管理、民政管理、文化广电新闻出版（含文物）管理、体育管理、教育管理、民族宗教管理、卫生计生管理、环境保护管理、生态保护管理等22个方面法律、法规、规章规定的行政处罚权及相应的行政强制措施权、执法监督检查权。2018年1月23日，《泰山风景名胜区生态保护条例》经山东省第十二届人民代表大会常务委员会第三十五次会议批准，自2018年5月1日起施行。

【专项整治】 深化综合执法体制改革，执法局集中实施教育、民政等22类行政处罚权、强制措施权和执法监督权。对接3104项市级行政权力事项，稳妥推进景区机构改革。开展户外广告整治、经营秩序整治、强化“网格+”管理整治、背街小巷整治提升、全面推进环境卫生整治等专项行动。实施红门片区环境提升，拆除有碍观瞻的破旧房顶、蓝顶棚厦4050平方米；清理拆除违规灯箱牌匾260块、大型广告17处、条幅100幅；取缔无证摊点、尾随兜售210起；清理小广告6000处，制止乱搭帐篷60起。巩固泰山石、山泉水整治成果，景区范围内杜绝私采滥售泰山石现象，全部取缔奇石市场；查处私售山泉水案16起，罚没款1.87万元，填封水井14口，拆除售水简易棚2处。推进治理违法建设行动，治理拆除违法建设1316处24万平方米。开展旅游秩序整治，严厉打击红门、天外村、桃花峪等区域的黑车野导、拦车拉客等违法违规行为，查处涉旅游案件26起、违规进山车辆11辆次，查堵违规进山游客万余人和香客、驴友2600人。加强黄前水库水源地保护，关停栗杭水库大型农家乐，消除废水直排和人工鱼池垂钓问题；关停药乡林场内13家环境污染餐饮店并拆除违章棚厦；督办黄前、下港镇侵占河道建设案4起，投入4200万元完成金飞虹、泰银制丝、金港机械等涉污企业关闭搬迁转型，关停黄前水源地周围饭店15家，完成中央、省环保督察转办问题以及水源地专项督察和“回头看”交办问题整改“销号”。中央、省环保督察转办问题及水源地专项督察和“回头看”交办问题全部整改销号。 （吴克欣）

·社会事务·

【概况】 坚持“景乡一体、共建共享”原则，立足旅游精准扶贫、精准脱贫，实施景区乡村一体化发展的规划引领工程，突出产业特色、品牌创建和新型农业经营主体培育，依托休闲农业、光伏产业、生态旅游三大产业，建成万尾泰山螭霖鱼养殖基地、万亩泰山茶基地、万亩苗木花卉基地、千亩四大名药基地等项目，发展省、市级农业龙头企业15家，落实省、市配套资金1230万元，展开8个省级、8个市级美丽乡村规划和建设，探索建立景区乡村一体化发展的新路径，形成社会稳定、经济发展、和谐文明的经济社会发展新气象。

【景区新农村建设】 推进大津口乡、下港镇总体规划及曹家庄、南马套旧村改造规划编制报批，农村地区污水管网规划进入招标程序。黄前镇驻地棚户区改造项目纳入市2019—2020年棚户区改造建设计划。投资120万元，完成曹家庄村、大地村、水泉峪村美丽乡村建设。投资190万元，实施16个村农村饮水工程，解决2.2万人饮水安全问题。实施特色农业提升工程，完成下港镇水泉峪13.33公顷（200亩）猕猴桃种植基地建设，泰山板栗被评为山东省农产品区域公用品牌，泰顶青女儿茶、九曲白茶被评为首批市级知名农产品企业产品品牌，农产品加工企业参加第十五届中国林产品交易会获金奖1个、银奖2个。加强农村集体“三资”管理，建立景区、乡镇、村三级管理平台，完成74个村农村集体产权制度改革，促进村集体经济发展。完成“四好”农村路年度建设任务70%。落实农机补贴资金30万元，补贴机具361台；强化畜牧养殖、畜禽屠宰等环节监管，对应免畜禽全部实行集中强制免疫；加强农药经营管理，引导农民规范使用农药等投入品，确保农产品质量安全。做好教育、医疗、优抚、救助等工作，投资3000万元完成全部“大班额”校舍改造和“班班通”工程建设；启动公立医院综合改革，全面实施家庭医生签约式服务，实现药品零差率销售。落实自主就业退役士兵一次性经济补助和义务兵家庭优待金，完成乡镇敬老院升级改造，为4651名各类困难群体发放保障金1136万元。沙岭村党总支获全省干事创业好班子称号；曹家庄村党支部被市委授予“泰山先锋”红旗党支部称号；黄前镇大北岭、村街中心曹家庄、下港镇彭家庄被评为省、市级森林村居。

【脱贫攻坚】 投入资金815万元，完成33个扶贫产业项目，带动589户、1061户贫困户增加收入；完成扶贫信贷1733万元，使601名贫困人口人均贴息分红600元以上；45名大中专在校生获国家“雨露计划”扶持，每人每年发放救助金3000元；投入158万元，为2694户、5694名贫困人口办理扶贫特惠保险，将30种慢性病全部纳入保险范围，建立基本医疗、大病医疗、民政救助、商业保险“一站式”结算体系，防止因病、因灾致贫、返贫。加强对乡镇、村扶贫工作的监督指导，严格程序和标准，抓好贫困户动态调整，确保贫困户识别、退出程序规范、群众认可，保障各项扶贫措施落实到位。2018年，173户355人、7个省市级贫困村全部“摘帽”，基本完成脱贫攻坚任务。 （吴克欣）

泰山景区建设

【概况】 恪守绿色发展理念，在《泰山总体规划》统驭下，紧紧抓住严格规划、综合整治、设施改善、绿化美化、精细管理等关键环节，按照“中路持续改造提升，东西两翼打造‘慢生活’休闲区”的思路，加大旅游项目建设力度。2018 年，完成各审批事项 28 项， 确定并实施抢险性应急工程 36 项，依托重点项目对上争取资金 1.6 亿元、招商引入资金 8 亿元、落户企业 40 家，超额完成“三年内引入 100 家创税企业”的任务。

【重点项目建设】 组织编制红门片区游人中心规划方案。累计投资 2.44 亿元推进山水林田湖草生态保护修复工程，完成泰山世界地质公园地质遗迹保护工程规划设计，关停饮用水水源地二级保护区内饭店 84 家，拆除畜禽养殖场等污染源 246 处，完成 3 家企业拆迁安置；泰山分散式污水处理一期工程试运行，引水上山一期二期工程投入使用，完成低效林改造方案设计。与海康威视联合建立智慧旅游研究院，完成智慧泰山大数据平台一期工程、32 路人脸识别系统、环山路 132 个监控点、景区旅游公路 22 个测速卡口、26 部智能北斗通信终端和黄前水库监控系统建设；有序推进全网售票工作，全年网络售票 120 万张，占总售票量 30.7%。泰山森林防火指挥平台、客流密度监测预警平台获国家软件著作权。与国奥中建合作开展 403 泰山青年艺术中心、泰山青少年先锋营项目建设，完成投资主体工商注册、营业执照办理。注册成立华夏微影(泰山)微电影小镇、山东螭龙影视文化传媒有限公司，分别被列为山东省新闻出版广播影视产业重点基地和项目。

【引水上山工程】 泰山景区引水上山工程于 2016 年 3 月开工，通过逐级提水、引水上山、布设管网、分区设防，逐步实现对重点区域的全覆盖，彻底解决泰山景区森林防火、古建筑防火、生产生活、旅游服务用水问题。工程计划总投资 2.8 亿元，截至 2018 年 10 月，完成一期环山路重点防火林区桃花峪至樱桃园区域和二期岱顶区域以水防灭火工程。三期工程计划至 2020 年完工，规划建设“一心四射一横”（“一心四射”即以岱顶为中心，将水网分别向南由南天门至中天门红门区域、向东至天烛峰区域、向西至桃花源区域、向北至卖饭棚区域辐射；“一横”即以泰山南麓龙潭水库为水源地，向西经西科学山、教育沟、白水沟、转山子至涝岭，向东经双柏树、三阳观至红门西山）防灭火输水管网，实现泰山消防管网全域敷设。

【“泰山康养·高速大成”项目】 该项目位于泰山景区所属黄前镇刘家峪、窝角村和孟家庄片区，总面积约 12 平方千米。由山东高速集团负责开发建设，项目总规划面积约 1200 公顷（1.8 万亩），总投资 300 亿元，列入市级重点项目。项目规划生态文化轴、休闲活力、康养产业圈三大脉络，包括湖心景观区、健康养生区、田园文化体验区、自然村居区、行政功能及居民安置区五大分区。涵盖旅游、健康、休闲度假、文化教育等产业开发，建设特色度假酒店、产权度假酒店，开发精品民宿等。该项目在挖掘泰山水、石、林、峰等自然禀赋的基础上，丰富泰山自然资源旅游功能，集旅游观光康养度假研学为一体，是泰山东麓新的旅游增长极。年内，投资 1.8 亿元完成项目一期，涉及农用地地面附着清点丈量和补偿，拆迁工作进入招投标程序，黄前镇总体规划获市政府批复，研学基地、回迁区及窝角河以南控制性详细规划同步进行；济泰高速项目完成征地清理移交。

【泰山景区山水林田湖草生态保护修复工程】 2017 年 11 月，该工程被纳入国家“第二批山水林田湖草生态保护修复工程试点”，确立 4 项工程内容，19 个子项目，计划投资 11.71 亿元。年内，完成投资 2.44 亿元。其中，泰山世界地质公园地质遗迹保护工程完成规划设计和可行性研究报告制定。黄前水库饮用水水源地保护工程完成关停二级保护区内饭店 84 家，拆除畜禽养殖场等污染源 246 处，完成保护区内 3 家企业的污染治理，制定麻塔河综合整治的规划设计、可行性研究报告和石汶河黄前流域、下港流域河道整治的目标要求。泰山分散式污水处理一期工程调试完成并试运行。泰山低效林改造工程完成方案设计。

（吴克欣）

泰山索道运营中心

【概况】 泰山索道运营中心（以下简称中心）是 2003 年年底由原泰山索道公司改制而成，主要负责泰山中天门、桃花源、后石坞 3 条客运索道的安全运营、维护和管理等工作。2018 年，中心所属中天门、桃花源、后石坞 3 条索道接待游客 378 万人次，实现运营收入 3.78 亿元。

中心通过“省级文明单位”复核。中天门索道管理站党支部被泰安市委授予“泰山先锋红旗党支部”；中天门索道管理站被授予“‘安如泰山、科学预防’示范单位”。

【安全生产】 年内，中心未发生安全生产责任事故。①维护稳定。加强领导力量、游客安检和应急准备，完成上合组织青岛峰会期间的安全维稳任务。②推进安全管理质量再提升和安全生产双重预防体系建设。以安全生产标准化体系为基础，构建完善安全管理目标体系、责任体系和保证体系。参与编制由山东省质监局牵头组织的《客运索道风险分级管控和隐患排查治理体系实施指南》。③索道设备运行安全。中天门索道站探索出以机电工作月例会为设备管理平台的新经验。自主研发建设应急广播系统和支架绳位检测系统。解决控制系统多支路共节点接地故障排查难题和线路、支架附近夜间照明难题。④落实安全生产责任制。层层签订安全生产目标责任书和消防安全责任书。定期开展安全生产综合大检查、重大节假日专项检查，针对不同季节的安全生产重点开展有针对性的安全检查。组织开展反恐演习、设备故障排查演习、防火演习、应急救援演习等各类应急预案演习培训。

【运营管理】 年内，中心所属中天门、桃花源、后石坞3条索道接待游客378万人次，实现运营收入3.78亿元，比上年增收1300万元、增长3.56%。①中天门索道发挥创收增收核心作用。中天门索道站科学实施弹性运营时间、高效执行满厢定员制度，精准安排早开车、晚停车时间，最大限度保障有效运营时间、最大限度提高索道运营效率，全年运行3800小时、平均每天运行11.5小时；运送游客340万人次，平均每天9300人次。②统筹安排桃花源索道改造施工与运营。国庆节前如期完成桃花源索道改造工作，国庆节期间至年底实现运营收入1500万元，为完成全年运营收入目标起到重要补充作用。③假期、暑期运营服务。年内，各类假日和暑期7月、8月两个月，组织员工科学调度，满厢载客，快速进出，安全运行。运营收入合计1.7亿元，占全年总收入的46%。④实施微笑服务。开展向一线优秀员工宋明法学习活动，提升服务质量。在全市创建国家级旅游服务综合标准化示范市评估验收中，中心作为旅游六大要素中“行”的代表，受到国家标准化管理委员会评审专家高度评价。

改造完成后的桃花源索道　（瞿祥耀　供）

【桃花源索道维修改造工程】 该工程于2016年年底立项审批，2017年6月19日正式施工，2018年完成维修改造，总用时330天。项目总投资1.3亿元，完成索道设备安装528.72吨，混凝土浇筑1000立方米，站房及辅助设施改造3000平方米。工程分两期进行，2017年完成第一期支架基础施工，2018年完成第二期站内设备基础浇筑、旧索道拆除及新设备安装调试和验收。改造后的桃花源新索道为单线循环脱挂8人吊厢客运索道，最高运行速度6米／秒，游客运送量2400人次／小时。整套机电设备由奥地利多贝玛亚公司引进，采用世界先进的DDD直驱索道新技术，无减速机，索道运行噪音低，自动化程度高，人机对话方便，并在上下站各设1套紧急驱动系统。配套的售票大厅宽敞明亮、候车长廊古朴雅致，卫生间五星级水准，无障碍电梯通道安全便捷。桃花源索道改造工程彻底解决旧索道设备老化和技术落后问题，消除设备安全隐患，提高索道运行的安全性、可靠性、舒适性以及岱顶客流高峰应急疏散能力。

（瞿祥耀）

编辑　校对　戚淑娟

开　发　区

泰安高新技术产业开发区

【概况】　泰安高新技术产业开发区（以下简称泰安高新区）1992年4月开始筹建，1994年4月正式成立，1995年8月经省政府批准为省级高新区，2012年8月经国务院批准升级为国家高新技术产业开发区。辖区总面积748平方千米，总人口48.2万人，辖北集坡、徂徕、良庄、房村、天宝、化马湾6个乡镇（街道）和徂徕山景区（含徂徕山林场），规划定位是泰安城市的副中心和绿色生态新城、产业科技新区，是市委、市政府着力打造的改革创新示范区、新旧动能转换引领区、对外开放先行区、产城融合标志区和高新技术产业发展隆起带。2018年，泰安高新区生产总值（GDP）增长9%；规模工业企业产值增长12.2%；规模以上工业主营业务收入增长9.1%；固定资产投资增长9.4%；完成地方一般公共预算收入20.68亿元，其中地方税收收入18.32亿元，增长9.44%；境内工商税收21.9亿元，增长18.57%；实际利用外资6.37亿元，增长10.55%。三次产业结构比为8.72∶69.80∶21.47，其中第三产业占比比上年提高1个百分点。第二产业中，输变电设备、矿山装备、汽车及零部件三大传统产业实现产值增长9.7%，占全部规模以上工业总产值的51.9%，下降1.2个百分点；新材料产业、新一代信息技术产业、生物医药产业三大新兴产业实现产值增长20.3%，占全部规模以上工业总产值的21.6%，提高1.3个百分点。年内，高新区管委会继续保持“省级文明单位”称号，被评为“泰安市迎接国家卫生城市复审工作先进集体”“泰安市全国文明城市创建工作先进集体”。在全国国家级高新区排序中，泰安高新区保持位次持续前移，从2016年全国116个国家高新区中的第95位，上升至2018年156个国家高新区中的第81位，3年前移14个位次。

【深化改革】　深化“放管服”改革，在“五十证合一”基础上，实行“六十二证合一、一照一码”，完成“证照分离”改革试点。推进行政审批制度改革，高标准建设启用政务服务大厅，集中35个部门（单位）的566项行政审批和公共服务事项，填补高新区没有行政审批服务集中办理场所的空白，完善配套服务功能，弥补便民工作短板。全年新登记企业1476户，增长66.78%；新增注册资本1[illegible]7亿元，增长68.16%；新登记个体

8月7日，市委书记崔洪刚（右二）到泰安高新区调研省重点扶持乡镇脱贫攻坚工作。市委常委、秘书长宋洪银参加调研　　（王国梁　摄）

工商户2558户，增长106%。完成综合行政执法体制改革，在全市率先组建综合行政执法局，集中行使24个领域的2005项执法事项，实现由“九龙治水”向“一条龙监管”的转变。启动管委会体制机制改革，引进专业管理咨询机构，编制完成总体改革方案和4个专项配套方案。

【泰安高新区政务服务中心建成启用】 2018年10月17日，高新区政务服务中心建成启用，实用面积约3000平方米，设置A、B、C、D四大服务区域、124个工位，启用窗口79个。进驻部门35个，进驻人员118人，集中566项行政审批和公共服务事项，其中行政许可238项、公共服务139项、其他事项189项。高新区政务服务大厅坚持高起点、高标准，探索形成“前置咨询预审、自助终端服务、人文环境营造、证照免费邮寄、重点项目代办、温情服务五步法”六大特色，运行首月办理业务6638件，截至年底完成办件1.95万件，评价满意率99.64%。

【双招双引】 聚焦高质量发展新要求，完善招商思路，调整招商机构，成立驻上海招商工作组、深圳招商工作组，设立驻德国招商代表。立足高新区定位，坚持把“高、新”作为招商方向，泰山国心计算机自主可控操作系统、万吨级芳纶新材料应用产业园、东方润谷与航天特车合作建设氢能源基地等重大项目先后签约。全年新签约项目62个，合同引资额361.76亿元。实施人才强区战略，修订完善人才政策，建成启用专家免租公寓，兑现落实人才补助资金，在区内创新创业的省级以上高层次人才181人中，“两院”院士13人，千人计划、长江学者21人，泰山系列人才25人。

【项目建设】 全年竣工或投产32个项目，新开工建设42个项目，在建项目达68个，计划总投资591亿元，其中投资10亿元以上项目17个。全市2018年春季重点项目建设集中开工仪式在高新区设主会场，16个重点建设项目集中开工。20个项目列入省、市级重点项目，其中省级重点项目3个、市级17个。筛选77个符合发展方向、产业带动力强的项目纳入区级新旧动能转换入库项目，其中8个项目纳入省新旧动能转换重大工程项目库、37个项目纳入市新旧动能转换重大工程项目库。泰山新闻出版小镇被纳入国家发展改革委“千企千镇项目库”，被核准进入国家新闻出版总局“2018年度总局改革发展项目库”，被列为山东省新旧动能转换重大工程文化创意产业重点项目。

10月17日，泰安高新区政务服务中心建成启用　　（陈丽君　供）

【泰山新闻出版小镇项目开工建设】 该项目由泰安市文化广电新闻出版局牵头推进，山东华岳文化出版科技产业园有限公司联合中国印刷博物馆、中国新闻出版传媒集团等10家知名出版商投资建设，为综合性、多功能产业园区，是山东省新闻出版广播影视产业重点项目。6月开工建设，计划总投资约150亿元，规划占地面积约226.67公顷（3400亩）。功能分区有新闻出版博物馆、新闻出版职业技术学院、高等院校新闻出版专业实习基地、创业孵化基地、印刷基地、物流仓储区、出版发行区、专家工作区、商业服务区等。按照产业、文化、旅游、社区配套等特色小镇“四位一体”的要求，突出主导产业，打造生产、生活、生态协调统一的特色文化小镇，建设国家级“数字出版印刷技术创新，文化创意设计，文化艺术交流，旅游体验和休闲度假”的发展空间平台，成为文化产业的样板田、文旅创新的先导区、文化创意的实践地、旅游体验的目的地和艺术与经济的新蓝海。

【泰山神农智谷大数据产业园项目开工建设】 该项目是山东省2018年重点建设项目和山东省新旧动能转换重大工程实施项目，是全国首

2月27日，泰安市2018年春季重点项目建设集中开工仪式举行。图为高新区主会场开工仪式　（陈丽君　供）

个以农业大数据为主导的产业园区。9月开工建设，总投资35亿元，园区占地面积14公顷（210亩），总建筑面积43.26万平方米，其中地上建筑面积31.4万平方米、地下建筑面积11.86万平方米。主要建设研发办公、数据中心、金融中心、会展中心、大数据学院、创客空间、专家公寓、商务酒店、商务洽谈区、人才公寓等服务设施。园区采取“政、产、学、研、用”混有制合作模式，坚持“基金＋基地＋人才＋项目”的商业模式，个性定制、多元投资、联合运营、主体可控的运营模式，以建设国家级农业大数据资源分中心、全国大数据产业聚集区、国家级农业大数据为依托，以云计算、物联网、大数据、智慧农业、智能制造为产业主体，建立人才、技术、产品、金融“四位一体”的支撑体系，将园区建设成为产业聚集、人才培养、企业孵化、产品研发和成果转化的协同创新高地、大数据人工智能新地标，创建工业互联网、人工智能、智慧城市大数据示范区，打造“互联网＋大数据＋农业”的全产业链聚集区，形成国内外知名的大数据产业集群。

【中国物流泰安国际物流产业园现代综合物流二期项目开工建设】 该项目由中国物流泰安有限公司投资建设，1月开工建设，计划总投资6.1亿元，二期建筑面积约5.3万平方米，主要建设5个快速中转库、1幢海关监管中心、1幢保税监管仓库、1幢车辆维护中心等8个单体工程。

【泰开工业机器人暨智能自动化系统项目竣工投产】 该项目由泰开集团有限公司投资建设，项目总投资5亿元，占地5.53公顷（83亩），新建研发办公楼、机器人车间、智能车库车间、餐厅、配套设施等，建筑面积3万平方米，工程机器人车间、智能车车车间于2018年6月建成投用，后续研发办公楼及配套设施主体完成。项目主要研发生产焊接集成、搬运集成和自动化生产线集成等机器人系统集成，AGV、光伏清扫机器人、电力巡检机器人等工业机器人本体以及AGV智能停车库、垂直循环类停车库等智能车库产品，产品具有精度高、易操作、可靠性强等优势。项目建成达产后，年可生产工业机器人1000台，系统集成项目400套。

【隆基科技城项目竣工投产】 该项目由高新区国有企业泰安泰山基业开发建设有限公司投资建设，5月竣工投产，计划总投资10亿元，占地14公顷（210亩），总建筑面积20万平方米。分为生产区和综合办公区，生产区包括机加工车间、机械电子加工车间、副食品加工区；综合办公区包括综合办公楼、地下停车场等，可为高科技高成长型企业提供高标准的研发、生产、经营场所，通过“筑巢引凤”，满足客商“拎包入住”需求，快速产生规模效益。项目全部建成后，可同时入驻超过100家创新创业、高成长性的科技型中小企业。

【安谱检验检测项目竣工投产】 该项目由山东安谱检测科技有限公司投资建设，3月竣工投产，计划总投资2亿元，主要建设国际标准检测实验室、体系认证和评价服务平台以及涵盖食品、农产品、环境、保健品、药品、功能性评价、机电产品、建筑材料、玩具、化工产品、职业健康、无损检测等综合业务的高科技检测服务第三方检测平台。配有三重四极杆液质联用仪、三重四极杆气质联用仪、高效液相色谱仪等先进检测设备300台（套）。同时引进相关专业高层次人才150人担任专业检测技术人员，通过现代化的保密管理系统，确保检测数据的准确性和公平公正。

【企业培育】 年内，泰安高新区向41家重点企业兑现技术改造、智能制造、技术创新、上市融资、人才引进、对外合作6类专项资金1234.94万元；新认定重点企业11家，全区62家重点企业实现主营业务收入275.7亿元，增长12.6%。落实重点企业扶持资金1.04亿元；举办金融支持新旧动能转换、金融支持民营经济发展座谈会，协助区内企业达成合作意向12.6亿元，资金到位6.8亿元。与泰安市金融控股集团达成合作，降低担保费率，开展互助服务基金担保业务，为11家区内企业提供担保金额1.78亿元。协调市融资担保、弘泽融资担保公司为区内在保企业提供担保融资服务，累计为区内企业提供担保及融资22亿元；建立企业服务信息平台，收录区内注册企业信息1900条。年内，新增“四上”企业(规模以上工业企业，资质内建筑业、房地产开发经营企业，限额以上批发零售住宿餐饮企业，规模以上服务业企业)42家，净增22家，总数达202家；其中净增规模以上工业企业14家，规模工业企业总数达108家。山东能源重装集团业务收入首次过100亿元，航天特车公司业务收入首次突破20亿元。

【科技创新】 推荐36家企业申报高新技术企业，其中33家通过科技评审，30家通过税务核查。国家级高新技术企业净增12家，总数达61家。新备案省院士工作站1个，新认定市级产业技术研究院15家，推荐省重点实验室1个、省工程技术研究中心3个。市级以上创新平台达171个，其中国家级7个、省级48个。完善创新孵化体系建设，13.3万平方米的泰山创新谷和国家级高创中心孵化器建成投入使用，全区新增孵化面积16.5万平方米，新增孵化企业253家。24个项目列入省、市级科技计划，获1495万元的资金支持，其中省重点研发计划等省级项目18项，累计对上争取资金1580万元。矿山装备产业集群及4个重大专项通过专家验收，山能重装“煤矿综采成套装备绿色再制造关键技术及产业化”项目获评2017年度山东省科学技术进步二等奖。5人入选泰山产业领军人才。3人获省高层次人才创新创业大赛优胜奖。路德公司董事长梁训美入选科技部创新人才推进计划科技创新创业人才。全年发明专利申请、授权分别为241件和71件，增幅分别达33.9%和22.4%，拥有有效发明专利329件，增长31.1%。

【泰安高新区国家级高创中心孵化器投入使用】 泰安高新区国家级高创中心孵化器位于长城路以东、正阳门大街以南、五矿万境水岸以北，总投资7亿元，占地3.33公顷（50亩），建筑面积13.3万平方米，2018年9月20日正式投入使用。中研复合材料产业研究院、济南瑞麟国家级吸入类新药研发平台、泰山创新谷、岱佑干粉复合吸入装置中心实验室以及东艺数字科技公司泰山视觉工业产业基地等43个项目、平台签约入驻。2018年10月被科技部认定为国家级“科技领军人才创新驱动中心”。可容纳200～300家企业入驻，聚集高端创新创业人才500名以上，培育省级以上各类创新创业平台30个以上，每年转化科技成果200项以上。

【华鲁锻压获2018年中国专利优秀奖】 11月23日，泰安华鲁锻压机床有限公司的“一种船用卷板机挠度的自动补偿装置”项目获“第二十届中国专利优秀奖”。该发明专利是公司承担完成的国家“高档数控机床与基础制造装备”科技重大专项“WEF11K—40×23000超大型数控船用卷板机（项目编号：2010ZX04004—122）”最核心的技术之一，实现全国船用卷板高档数控机床装备的重大革新和升级换代。

【华鲁锻压获2018年省科技进步一等奖】 11月1日，泰安华鲁锻压机床有限公司的“JB/T12300—2015和JB/T12299—2015数控船用卷板机及其可靠性系列标准的研制及产业化推广应用”项目被评为2018年度山东省科技进步一等奖。这是山东省科技进步奖类别中首次设立的“标准创新奖”中唯一的1项一等奖。该系列标准是针对国家战略急需的航母、核潜艇、驱逐舰等高端船舶关键加工母机——数控船用卷板机行业技术标准缺失的瓶颈问题而制定，解决多年间全国因缺乏该标准在设计、生产、贸易及质量检验等方面无据可依的瓶颈问题。

【山东万路达毛梾文化产业发展有限公司被评为“国家林业重点龙头企业”】 1月，山东万路达毛梾文化产业发展有限公司被国家林业局评为“国家林业重点龙头企业”。是泰安唯一一家国家林业重点龙头企业、国内第一家全方位研发毛梾的新型油料创新企业。公司主要从事毛梾新品种良种选育繁殖、育苗技术创新、种质资源收集保存评价、毛梾油提取及ω-7的提纯、木材研发等全产业链为一体的研发等。公司培育毛梾300多万株，建成一、二、三产业高度融合的毛梾文化产业园200公顷（3000亩），有国家发明专利2项、实用新型专利3项、植物新品种权3项、计算机软件著作权3项，省级科技成果鉴定1项，申报发明专利7项（其中2项已实审通过）、实用新型专利10项，植物新品种10种。

【泰安（化马湾）获批省级农业科技园】 12月25日，“泰安（化马湾）省级农业科技园”获省科技厅批准，为高新区“三农”工作搭建起省级平台。科技园位于高新区东北部，总面积962.2公顷（14433亩），立足高新区产业发展基础及社会需求，依托国内外高校科研院所的优势资源，重点发展市场前景良好、产业优势突出的马铃薯、中药材优良种苗繁育及推广等特色产业。引进高、精、尖、名、优、特涉农项目，采用“龙头企业+科技+合作社+基地+农户”的农业产业化经营模式，完善农业产业化体系，提升现有农业龙头企业，形成科技创新、成果转化和农业产业发展的完整链条。通过科技成果转化、农产品增收、产品深加工增值、农业观光旅游等实现一、二、三产业融合发展。

【社会民生概况】 一天门大街大修改造、正阳门大街下穿京沪铁路立交桥工程主体基本完工，具备通车条件。对凤翔路、南天门大街等具备改造条件的既有道路实施改造；实施城乡环卫一体化，不再向村民以任何形式收取保洁费用；完成文明城市创建、卫生城市复审工作任务；全区美丽乡村覆盖率达65%以上，山东卫视对泰安高新区“新六产”和乡村旅游进行专题报道。推进脱贫攻坚，实施产业扶贫项目47个，全区666户、1435名建档立卡贫困人口全部脱贫，完成年度脱贫攻坚任务；加快推进棚户区改造，完成建设90万平方米，新开工105.9万平方米。全年危房改造任务215户全部完成，完成农村改厕3.52万户，新建农村幸福院14所，为3370户低保家庭和“五保”对象发放救助资金1200万元；统一全区教师工资和各项津贴补贴标准。全面提高村“两委”干部补贴报酬；开展文化展演活动52场，送电影下乡190场，送戏下乡376场。

【社会管理】 做好全国“两会”、上合组织青岛峰会期间的安保维稳工作。扫黑除恶专项斗争取得阶段性成果，累计收集各类线索270条（含重复），打掉涉恶类团伙8个，破获涉恶类刑事案件21起、治安案件28起，刑事处理65人，批准逮捕11人，治安处罚52人。办理上级交办信访案件533件。推进“放

泰安高新区夜景 （陈丽君 供）

心消费在泰安”创建工作，开展农贸市场、成品油、散煤、农资专项整治。开展安全生产专项整治，打好重大风险防控攻坚战，维护社会和谐稳定。

【生态环境保护】 推进山水林田湖草生态保护修复工程，共规划建设地质环境治理、土地整治、水环境提升三大类、5个项目，计划总投资8.9亿元。中央环保督察组反馈意见涉及全区的14个省级层面共性问题，10个已整改完成，4个达到序时进度，交办的9件案件全部办结；中央环保督察“回头看”期间交办案件9件，办结6件。省环保督察组反馈意见中涉及全区的13个问题全部整改完成，督察期间及“回头看”期间交办的43件案件均全部办结。市环保督察组反馈全区25项需整改问题，整改完成24项，阶段性完成1项。整治取缔“散乱污”企业621家，淘汰燃煤小锅炉205台，关闭搬迁禁养区畜禽养殖场（户）322家。开展防尘治理，加强涉气企业监管、严格秸秆禁烧，开展散煤清洁化治理，做好大气污染防治工作。

【天宝镇年家峪村“8·19”山洪自然灾害事件】 8月19日16时50分，天宝镇年家峪村东一自然村，因强降雨引发山洪自然灾害，冲毁民房4座13间。灾情险情发生后，高新区第一时间向市委、市政府和市防汛指挥部报告，迅速启动应急预案，立即组织开展搜救救灾和险情处置工作，省、市、区各级领导迅速赶赴现场，各方救援力量快速集结到位，紧急展开灾情险情应对处置工作。综合施策，妥善安置受灾群众，帮助群众开展自救、恢复生产，做好水毁基础设施修复和农村危房改造工作。灾后，认真总结该次抗洪救灾工作，吸取经验教训，修改完善全区突发事件应急工作预案，完善水库塘坝管理体制机制和地质灾害预防机制，完善区、镇、村、组四级群测群防网络体系，严格落实地质灾害隐患点防灾预案，提升全区防汛抢险工作水平。（陈丽君）

泰安旅游经济开发区

【概况】 2018年，旅游经济开发区完成地方财政收入5.04亿元，完成全年预算任务的143.72%，增长90.96%。高铁新区所属企业上缴税款2.08亿元。出让土地59.47公顷（892亩），实现土地出让收入42.5亿元，争取到位土地成本返还39.2亿元。全年对上争取到位资金8.13亿元，其中争取保障性安居工程配套基础设施建设专项资金3.13亿元、山水林田湖草专项资金5亿元。发行棚改专项债券资金4亿元。全年落实到位银行资金62.04亿元。该区继续保持“全国文明单位”称号，获全省信访工作先进集体等称号。在2018年4月13日召开的全市经济社会发展综合考核奖励大会上，获市委、市政府“棚户区改造突出贡献奖”。2018年12月23日，根据《中共泰安市委 泰安市人民政府关于泰安市市级机构改革的实施意见》，市高铁新区建设发展中心（市保障性安居工程投融资管理中心）作为市政府正县级事业单位，由泰安旅游经济开发区管委会代管。

【项目建设】 年内，23个重点项目完成投资190亿元。投资81亿元建设210万平方米的6个回迁社区。投资46亿元建设占地67.33公顷（1010亩）的新体育中心和新体校，包括3万座的体育场、6000座的综合体育馆、2000座的游泳跳水馆和全民健身馆各1座。投资25亿元建设泰安市立医院项目，打造医养结合、康护一体的全省医养新高地，一期主体已完成。投资12亿元建设石蜡河水系综合治理项目，提升区内生态环境。商业开发项目进展顺利，开元盛世系列新开各类楼盘计220万平方米。

【民生保障】 严格把关平价房分配政策，顺利完成上旺、曹家村、六郎坟、小堰堤、堰北、堰西、南

12月，桃花源路完工 （陈阳 摄）

黄等10个村2844套平价房的分配工作。2018年，区内棚户区改造项目回迁安置14个村、8000户居民，全部纳入省棚改计划，翡翠金龙湾社区和大观园社区基本完工，其他4个社区主体完成。推进优质教育资源均衡发展，高铁新区8所新建学校、15所幼儿园全部实现招生，旅游经济开发区4所学校加快推进。泰安市立医院一期工程开始进行室内装修，高铁社区卫生服务中心增加中医科、妇产科等科室，完善优化科室布局，提高医疗水平。

5月15日，市委书记崔洪刚（右三）到高铁新区调研新城区建设工作

（王国梁 摄）

【产业发展】 把科技创新作为引领经济高质量发展的第一动力，通过“泰山云安智能小镇”“泰山慧谷现代服务业示范园”“泰山互联网创新服务聚集区”等现代科技创新项目，打造一批层次高、集聚能力强的创新创业平台，最大程度发挥“产学研用”联动效应，北航科创园、北邮泰山信息产业研究院等项目进入详细施工方案设计阶段。构建以文旅、休闲为主的核心产业体系，逐步实现以旅游业为引领的会议会展、滨湖度假、人才创新、健康养生等城市功能结构和产业空间布局，注重以休闲经济打造产业的外向发展。突出现代服务业等新型业态支撑，推进爱琴海购物公园等高端服务业项目建设，年内该项目完成土地招拍挂和规划设计，开始基础施工。依托华润凤凰医疗集团，以医养结合、康护一体为方向，发展全产业链健康服务业，支撑新区长远发展，建设高品质、可持续的活力新城。

【双招双引】 强化跟踪招商，吸引100家企业到泰安投资考察，上海众创资产管理有限公司、国网山东综合能源公司、天合光能集团等国内外知名龙头企业均签订合作协议。加大项目推介力度，分别到北京、上海、深圳、厦门、福建、常州等地考察招商，参与泰山国际登山节投资合作洽谈会，深圳、上海经济合作洽谈会，泰山装备博览会等展会，在泰山国际登山节期间集中签约星银海城市会客厅、广州富力中以科技小镇等项目6个，意向投资额超105亿元。区内商业街年内累计招商268家，到位投资突破2亿元。成立人才工作目标责任制及招才引智项目领导小组，安排人员到区内企业和单位进行人才新政和人才引进工作宣传座谈，并做好详细摸排工作。年内，新引进科技型企业8家，其中山东云天安全大数据技术有限公司通过项目合作，引进中国工程院院士沈昌祥，共同建立“可信计算院士工作站”，并于12月16日揭牌。

【规划建设】 与北京土人对接编制《泰安旅游经济开发区核心区策划与概念规划》，形成阶段性成果。与道和（深圳）文化科技发展有限公司对接完成《泰安旅游经济开发区天平湖环湖项目战略规划及设计》。天平湖生态旅游休闲区规划结构包括“一心双环四板块”，“一心”即大泰山旅游集散服务中心，“双环”即滨湖休闲环和环湖观景环，“四板块”即西部慢谷板块、国际会议板块、生态康养板块、科技产业板块。新区未来的规划建设以天平湖文化旅游发展为依托，借助高铁、高速、空港便捷交通以及网络信息与科技时代的发展，通过西部慢谷、北方最大汽车营地、七彩花谷、旅游综合体、国宾会议中心、泰山书院等项目，构建大泰山旅游度假综合集散服务中心，打造彰显泰山魅力的泰安城市国际化生态文化商务休闲客厅。

【生态建设】 以“生态空间”支撑“发展空间”、优化“生活空间”，加强生态文明建设，促进生态格局与新区构架的融合。学习借鉴外地景区与城区融合的建设理念，挖掘天平湖水域周边生态优势，做活山

5月9日，泰安旅游经济开发区管委会、泰安市财政局与北京邮电大学国家大学科技园合作协议签约仪式举行，市领导李希信、展宝卫、高尚山等出席签约仪式　　（司　刚　摄）

水文章、文化文章，严控“山体线”“水岸线”“天际线”，打造生态亲水岸线，突出历史文化元素，围绕自然生态优势，营造舒缓宁静的环境，争创国家级旅游度假区。投资20亿元，统筹推进“王家院水库—天平湖引水补源”“天平湖增容”“石腊河水系综合治理”工程，其中天平湖增容工程完成50%、石腊河水系综合治理工程累计完成62%。

【安全生产】 强化安全生产工作组织领导，制定印发《实行领导干部安全生产包保责任制的通知》《关于成立安全生产委员会及安全生产专业工作组组成人员的通知》等文件，与各处室、各公司签订安全生产责任书，明确安全生产责任。党工委委员每月至少对包保职责范围内的安全生产工作现场监督检查1次，每月进行情况汇总。针对暑期汛期、中秋国庆等重要时间节点，下发安全生产通知。入冬后，开展以“攻坚四季度、决战一百天”行动，各处室、责任单位就各自管理范围全面排查落实管理措施。截至12月底，全区未发生各类安全生产事故。

【遗留问题处理】 加大军地协调力度，与驻泰安某部队顺利达成土地置换协议，有效整合土地资源，既方便部队进行高水平训练，又利于城区规划建设，妥善解决多年来制约发展的难题。梳理原旅游经济开发区招商引资项目遗留问题，按照一事一策的原则，从根源上解决涉及民生、制约发展、影响环境、违反规划的遗留问题，收回建设用地308.14公顷（4622.12亩），土地权益价值达200亿元。解决拆迁后续问题和部分重点项目涉及土地征收难题，顺利完成粥店村、大佛寺村、杜家庄村、司家庄村、小官庄、大辛庄村等6个村的迁坟任务，上旺村的迁坟工作基本完成。先后完成道朗靶场、东平县接山镇石料厂、上旺村前期未丈量土地、粥店村园林和涉及污水管网等处的地上附着物清表工作，拆除曹家村老社区、下水泉村、上旺村、粥店村食品加工厂、石蜡村商混站、鲁中集团、北黄村精神病院等建筑，彻底腾空土地，保障项目需要。

【城市管理】 以国家卫生城市复审、全国文明城市创建、环保督察等活动为契机，提升城市管理水平。中央环保督察“回头看”，全区收到信访案件3件，均整改完成；省环保督察“回头看”，收到信访案件5件，均第一时间整改、办结。国家卫生城市复审期间，裸露空地、施工场地覆盖近100万平方米，整理、砌底围挡6万米，修补硬化道路30万平方米，清理生活垃圾56吨、建筑拆迁垃圾37.4万吨。日常管理中，坚持用“绣花”功夫，大投入、高标准搞好城市管理。以补植、栽植城市道路行道树为重点，开展冬季集中植绿补绿专项行动，完成植绿补绿苗木1.1万株。投资1900万元栽植高大乔木，投资1000万元购置环卫用车，实行区域保洁包保作业。严格各类施工现场扬尘防治落实，加强工地扬尘污染管理，推行绿色环保施工，发展装配式建筑，提升绿色建造能力。推进“智慧环卫系统”建设，强化道路深度保洁，有效避免车速过快、清扫保洁不到位、随意更改运行路线等问题。（李德龙）

编辑　校对　戚淑娟

县 市 区

泰山区

【概况】 泰山区因境内泰山而得名。泰山区为泰安市辖区，位于泰安市中部，东、西、南三面与泰安市岱岳区搭界，北部与济南市历城区、长清区毗连。地理坐标为北纬36°05′～36°20′，东经117°03′～117°13′。全区行政区域面积337平方千米，实际管理面积273平方千米（不含大津口乡），辖7个镇（街道）、206个村（社区）。年末常住总人口74.34万人。人口自然增长率6.81‰。

全年实现生产总值550.53亿元，增长5.49%。其中，第一产业增加值7.58亿元，增长1.06%；第二产业增加值184.34亿元，增长4.39%；第三产业增加值358.61亿元，增长6.15%，三次产业比重为1.38∶33.48∶65.14。公共财政预算收入32.75亿元，增长6.1%；公共财政预算支出21.76亿元，下降7.4%。社会消费品零售总额376.29亿元，增长8.5%。进出口总额49.02亿元，增长2.8%。其中，出口38.85亿元，增长3.9%；进口10.17亿元，下降1.1%。外商直接投资中，合同利用外资11.15亿元，实际利用外资8.12亿元。年末，金融机构各项存款余额528.05亿元，增长17.6%，其中城乡居民储蓄余额264.32亿元，增长15.4%；各项贷款余额400.79亿元，增长17.2%。

全年实现农林牧渔业增加值9.46亿元，其中种植业实现增加值5.81亿元、林业0.29亿元、牧业1.38亿元、渔业0.1亿元、农林牧渔服务业1.88亿元。粮食播种面积1620公顷（2.43万亩），总产2.42万吨。蔬菜播种面积380公顷（5700亩），总产1.23万吨。园林水果产量4880吨。肉类总产量2504吨，禽蛋产量832吨。水产品产量983吨。全区市级以上农业龙头企业64家，农业新型经营主体300家，新增全国“一村一品”示范村1个、山东省知名农产品企业产品品牌1个。拥有农业机械总动力17.67万千瓦，增长5.34%，农作物耕、播、收综合机械化水平达92.72%，机具配套比1∶3，均居全市前列。工业经济实现增加值144.87亿元，增长6.11%。全区规模以上工业（全年主营业务收入2000万元以上的工业企业）增加值增长3.9%。规模以上工业企业实现销售收入244.1亿元，增长5.3%；利润10.3亿元，下降24.4%；工业产品销售率达97.4%，产销衔接良好。实现销售收入过亿元的企业40家、利税过千万元的企业24家。新增省级企业技术中心和工业设计中心4家，省级物联网应用示范基地3家。公路运输全年客运量1066.7万人，下降2.29%；旅客周转量102311万人千米，下降7.4%。货运量2693.6万吨，增长88.87%；货物周转量194707万吨千米，增长67.53%。服务业增加值占全区GDP的比重达65.14%，比上年提高0.25个百分点，对经济增长的贡献率为73.17%，拉动经济增长4.02个百分点，服务业税收占税收收入的比重达69.7%。全区接待游客突破2100万人次，实现消费141.7亿元。

全区申报市级以上各类科技计划项目58项，立项47项（省级35项、市级12项），争取无偿资金1956万元。全年发明专利申请量877件，其中发明专利授权量266件。6所中等职业学校在校生9055人，专任教师591人；6所高中在校生1.92万人，专任教师1681人；24所普通初中在校生3.46万人，专任教师2479人；55所小学在校学生4.44万人，专任教师2051人；幼儿园186所，在园儿童2.88万人，专任教师2318人；特殊教育学校2所，在校生183人，专任教师87人。拥有卫生机构532个（不含计生机构和村卫生室，下同），各类卫生机构拥有床位1.18万张，卫生技术人员1.38万人，其中执业（助理）医师5169人、注册护士6836人。拥有公共图书馆1座，群众文化馆1座，文物

2018 年泰山区、泰山景区乡镇（街道）基本情况

表 39

乡镇（街道）名称		财　源	岱　庙	泰　前	徐家楼	上　高	省　庄	邱家店	大津口	下　港	黄　前
党委书记		周团结	马云峰	侯世民	玄冬梅	倪海亮	孙清华	杨　波	宋洪兵	齐洪淼	刘灿军
乡镇长（主任）		谢慧清	黄　鑫	武永明	周　涛	李　进	张明强	方增勇	张继亮	边立峰	李德胜
面积（平方千米）		9.87	9.01	70.21	18.78	30.18	63.47	55	64	155	104.4
实有耕地面积（公顷）		—	—	102	355.3	553.9	840	2940.7	287	2266.7	1369.5
村（居）民委员会（个）		29	20	24	16	25	37	36	9	34	29
人口（万人）		20	16.7	14.7	4.2	12.1	6.2	5.6	1.6	4.2	3.4
地方财政收入（万元）		89000	59000	63232	28894	32338	8643	5019	2590	488	986
农业机械总动力（千瓦）		—	—	—	2510	560	20000	626.4	30000	3619	13730.8
农村用电量（万千瓦小时）		—	—	—	8033.1	2358.7	5963	1643.2	1017	1200	2000
农产品总量（吨）	粮食	—	—	—	1665.0	348	4500	11880	—	720	240
	棉花	—	—	—	—	—	0.18	—	—	21	—
	肉类	—	—	—	—	375.75	1457.78	670.83	40	—	—
	牛奶	—	—	—	—	—	2945	3713.4	—	—	—
普通初中	学校数（所）	—	—	1	1	2	2	2	1	1	1
	在校生数（人）	—	—	630	744	1791	2275	2113	477	1118	804
	专任教师（人）	—	—	47	69	116	189	162	41	99	65
小学	学校数（所）	8	5	6	5	7	7	12	3	4	3
	在校生数（人）	5284	3650	5845	2347	4035	2849	2032	415	958	778
	专任教师（人）	227	184	202	115	157	178	126	44	101	78
乡镇卫生院	床位（张）	19	—	20	20	10	99	50	23	70	55
	专业技术人员（人）	64	44	64	48	67	101	90	34	72	52
村级卫生室（社区门诊）	数量（所）	26	19	9	10	21	32	37	8	32	26
	乡村医生（人）	111	3	18	26	63	78	68	48	56	53
居民人均可支配收入（元）		—	—	—	—	—	—	—	18958	—	—
居民人均生活消费支出（元）		—	—	—	—	—	—	—	15174	—	—
享受最低生活保障金人数（人）		981	1425	364	411	621	733	807	200	389	337
入住敬老院人数（人）		—	—	33	—	—	14	21	12	16	21
敬老院数（所）		—	—	1	—	—	1	1	1	1	1

保护管理所1个。拥有艺术表演场馆1个，街道镇综合文化站7处，社区村综合文化服务中心187处，农家书屋115家。国家二级综合档案馆1个，馆藏档案总量16.60万卷（件），当年利用档案2022卷、781件、1853人次。全年完成体育彩票销售额9449万元，创体彩公益金370.12万元。广播人口综合覆盖率100%，数字电视用户16万户。广播电视通村率100%，有线电视入户率68%以上。

全区居民人均可支配收入38235元，增长8.0%。其中，城镇居民人均可支配收入40695元，增长7.2%；农村居民人均可支配收入18070元，增长8.2%。全区实现新增就业7682人，完成年计划的125.9%。城镇参加养老保险的新增就业人数7288人，完成年计划的128%。全区各种社会福利收养性单位增加到8个，拥有床位1240张，年末收养人数428人。收缴各项保险费20.01亿元，增长19.82%。城镇职工养老、失业、医疗、工伤和生育保险参保人数分别达10.5万人、4.6万人、9.5万人、8.6万人和10.2万人，收缴保险费分别为7.06亿元、0.16亿元、2.79亿元、0.23亿元和0.39亿元，五大险种的社会保险费收缴率100%。发放各项社会保险金17.81亿元，增长21.16%，企业离退休人员养老金社会化发放率保持100%。城乡居民养老保险参保人数9.07万人，当年收缴保费1767万元，发放7321万元。城乡居民医疗参保人数38.31万人，收缴保费1.68亿元。全区发放低保金1959.9万元。其中，城镇低保1819户、3141人，发放低保金1348.9万元；农村低保1396户、2364人，发放低保金611万元。

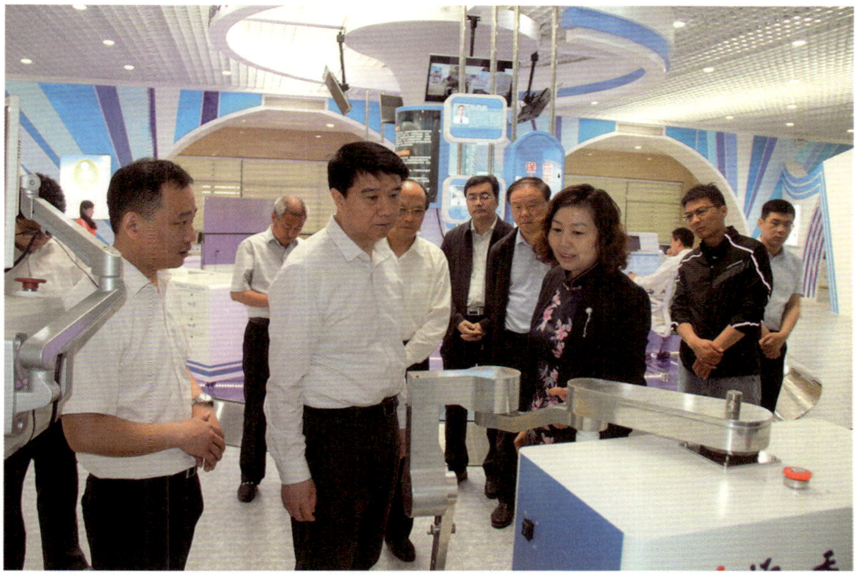

5月25日，市委书记崔洪刚（前排中）到泰山区调研经济社会发展情况

（王国梁　摄）

年内，泰山区再次获全国投资潜力百强区称号；成功创建省级食品安全示范区；获2018央视春晚泰安分会场工作先进单位、全省公安机关基层基础建设示范点、全省第三次农业普查先进集体、全省2018年“全国科普日活动”优秀组织单位等称号。康平纳集团“筒子纱智能染色工业示范项目”获第五届中国工业大奖。

【完善社会保障关爱救助体系】 建立社会救助大数据库，为城乡低保对象发放低保金2387万元。打赢打好精准脱贫攻坚战，截至2018年，既有贫困人口基本脱贫，省定贫困村全部脱贫出列，投入770万元建成集精准扶贫、医疗扶贫、就业服务于一体的“互联网+”信息化扶贫平台，在全省率先实施医疗“三次报销”。启动棚户区改造项目15个，受益群众1.3万人。改造完成17个村居的城中村改造，回迁安置1.2万户3.4万居民。推进养老服务，构建“以居家养老为基础、社区服务为依托、机构养老为补充、社会各界广泛参与”的养老服务新体系。投入资金4200多万元，完成两家社区居家养老服务中心建设，为社区老年人提供养老托管等服务。

【加大少数民族帮扶力度】 泰山区区委、区政府连续七年将少数民族帮扶工程列入全区“为民要办十件实事”项目，确定实施帮扶项目6个，总投资270万元，各级财政投入资金197万元，其中争取中央、省、市少数民族无偿帮扶资金100万元。2018年，投入资金帮助5个民族村硬化路面、修建排水渠、完善配套设施，解决群众实际问题，提升村庄环境。省庄镇岗上村投入97万元改造中心大街，该街全长450米，宽11米～16米，硬化面积7000平方米，7月中旬投入使用，方便全村及周边村群众出行。

【“乡村振兴齐鲁样板泰山人家”项目签约落户泰山区】 9月30日，泰安市泰山区人民政府与山东省商业集团乡村振兴有限公司、亚特尔控股集团、袁家村文化产业公司在济南举行签约仪式，联手在全省打造齐鲁乡村发展样板、全国乡村旅游建设发展的典范。鲁商集团在泰山区重点支持位于省庄镇北部山区乡村振兴项目的开发建设，推进一、二、三产业相互支撑、高度融合。泰山区和鲁商集团双方约定，本着“长期合作、共谋发展”的原则，建立长期战略合作关系，坚持高起点规划、高标准定位、高质量建设，将项目打造成山东乃至全国独树一帜的“乡村振兴、齐鲁样板”示范工程，打造“泰山人家”独具泰山地方特色的泰山乡村振兴样板。

（栗长峥　杨　扬）

岱岳区

【概况】　该区因位于泰山脚下，泰山古时亦称岱岳而得名。全区行政区域面积1750平方千米，实际管理面积917平方千米（不含北集坡、徂徕、化马湾、良庄、房村、黄前、下港7乡镇街道，下同），辖11个镇、街道，471个村（居）委员会，年末常住总人口61.0万人。

全年实现生产总值354.7亿元，增长7.0%。其中，第一产业增加值38.8亿元，增长3.0%；第二产业增加值148.4亿元，增长7.5%；第三产业增加值167.5亿元，增长7.5%。三次产业结构比重为10.9∶41.9∶47.2。公共预算收入23.3亿元，增长23.0%；公共预算支出36.7亿元，增长10.4%。社会消费品零售总额188.4亿元，增长9.0%。全年固定资产投资增长9.1%。新批利用外资项目9个，实际利用外资6.2亿元，增长8.8%。外贸进出口总额达28.8亿元，增长5.8%，其中出口24.9亿元，增长10.3%。年末，金融机构各项存款余额652.4亿元，增长12.0%，其中城乡居民储蓄余额410.5亿元，增长9.0%；各项贷款余额452.4亿元，增长15.0%。

实现农业增加值30.6亿元，增长3.1%；林业增加值0.2亿元，增长1.5%；畜牧业增加值7.6亿元，增长3.1%；渔业增加值0.4亿元，增长11.8%。粮食总产42.11万吨。蔬菜总产106.22万吨。园林水果产量6.35万吨。肉类总产量4.67万吨。水产品产量1670吨。新增市级农业龙头企业9家、农民专业合作社49家、家庭农场112家。新增无公害、绿色、有机农产品生产基地333.33公顷（5000亩）、666.67公顷（1万亩）和133.33公顷（2000亩）。农机化水平达86.4%，被评为全国农作物生产全程机械化示范县、全省农产品质量安全县、全省小型水库管理标准化县。全区造林合格面积达359.73公顷（5396亩）。全区森林覆盖率达20.1%。规模以上工业增加值增长9.0%。工业产销率为97.7%。高新技术产业产值增长16.0%，高新技术产业产值占规模以上工业产值的比重达43.0%。规模以上工业企业主营业务收入增长8.4%，利润总额增长44.4%，流动资产合计增长3.8%。主营业务收入5亿元以上企业增加到7家，较上年增加1家。全区资质以上建筑企业40家，完成总产值107亿元，下降2.0%，其中建筑工程产值完成104.9亿元、安装工程建筑产值完成2.1亿元。建筑业从业人员2.2万人，其中工程技术人员4494人。服务业增加值占全区生产总值比重为47.2%，比上年提高0.7个百分点，对经济增长的贡献率为49.9%。全年接待游客1325.5万人次，实现旅游收入30.8亿元，分别增长10.2%和15.2%。全区国省道总里程336.3千米，其中国道143.1千米、省道193.2千米。全年完成公路货运量1974万吨，货物周转量14.3亿吨千米，分别增长1.1%和19.2%。

有各级各类学校（幼儿园）267所，其中幼儿园169所、小学59所、初中23所、高中4所、成教学校11所、职业学校1所。在校生8.62万人，其中幼儿园1.72万人、小学2.65

9月9日，市委书记崔洪刚（前排左二）调研岱岳区扫黑除恶专项斗争工作

（王国梁　摄）

万人、初中 2.35 万人、高中 1.35 万人、职业学校 5635 人。高考本科上线率等 6 项指标全市第一，教育工作综合督导评估全市第一。发明专利申请 320 件，有效发明专利 206 件，万人拥有有效发明专利量 3.32 件。有医院 1 所、乡镇卫生院 9 所、社区卫生服务中心 2 个、妇幼保健院 1 所、疾病预防控制机构 1 个、其他卫生事业机构 2 个；各级各类医疗卫生机构实有床位 2100 张；拥有卫生技术人员 2251 人，其中执业医师、执业助理医师 874 人，注册护士 905 人。输送的运动员李洪凤获第十八届亚洲运动会女子山地自行车越野赛亚军，成为全区首次在亚运会上夺得奖牌的运动员。在全国中国式摔跤青年锦标赛上，岱岳区运动员获得金牌 1 枚、银牌 1 枚。

全区居民人均可支配收入 26768 元，增长 8.4%。其中，城镇居民人均可支配收入 34757 元，增长 7.5%；农村居民人均可支配收入 16221 元，增长 8.1%。全区一般公共预算中用于民生方面的支出达 31.3 亿元。全区 17 个省级贫困村、36 个市级贫困村，7091 户、1.26 万名贫困群众实现“摘帽”脱贫。新增就业再就业 1.5 万人。居民基本医疗保险财政补助标准由 450 元提高至 490 元，居民基础养老金标准由每人每月 100 元提高至 118 元，实现 6 连涨。企业退休人员养老金实现 14 连涨。城乡低保标准分别达 6600 元 / 年、4680 元 / 年。新建社区日间照料中心 1 处、农村幸福院 3 处。体育健身工程实现行政村 100% 全覆盖。

年内，岱岳区被评为全国农作物生产全程机械化示范县、全省农产品质量安全县、全省小型水库管理标准化县，入选全国新型城镇化质量百强区；满庄镇入选第二批全国特色小镇，大汶口镇被评为中国历史文化名镇、省级绿色生态示范城镇。顺利通过国家卫生城市复审及全国文明城市首轮迎检测评。满庄镇通过国家级卫生镇验收，天平街道池子崖社区被确定为首批省级健康村镇试点。被评为全国妇幼健康优质服务示范区、全省卫生计生综合监督示范区。

5月23日，市委书记崔洪刚（右二）到岱岳区调研经济社会发展情况
（王国梁 摄）

【岱岳区项目建设成效显著】 2018 年，全区新签约重点产业项目 105 个，其中过 30 亿元项目 8 个、过 10 亿元项目 19 个；新签约世界 500 强、中国 500 强投资项目 11 个。新开工重点产业项目实际到位资金 51 亿元。华能国泰民安医养旅复合型特色小镇和铁路物流园、斯莱克智能制造等一批大项目签约落地。新引进培养省级以上高层次人才 5 人。实施重点建设项目 70 个，完成投资 243.3 亿元。玻纤六线、120 万吨制盐等 43 个项目投产运营或部分竣工投产，泰山石膏 40 万吨护面纸、桃李面包山东基地等 27 个项目加快推进。全年对上争取各类项目 350 个，到位资金 9.65 亿元、增长 16.3%。

【生态循环农业发展成效显著】 岱岳区建成高产创建示范方 1.47 万公顷（22 万亩），被省农业厅认定为山东省生态循环农业示范县。全区测土配方施肥示范面积 8 万公顷（120 万亩），通过测土配方施肥直接减少化肥使用量（折纯）25.65 吨；“农药减量控害增效工程”面积 2666.67 公顷（4 万亩），统防统治面积 2666.67 公顷（4 万亩）。打造农作物秸秆利用与沼液沼渣的综合利用等生态循环农业模式，连续五年承担实施国家和省户用沼气项目，全区户用沼气达 2.8 万户、大型沼气工程 9 处，池容量 23 万立方米，年处理畜禽粪便和农业废弃物总量 240 多万吨。全区无公害农产品面积达 2 万公顷（30 万亩），绿色食品面积 8000 公顷（12 万亩），有机食品 1666.67 公顷（2.5 万亩）。“三品一标”有效期内认证 63 个。

2018年岱岳区、泰安高新区乡镇（街道）基本情况

表40

乡镇（街道）名称			粥 店	天 平	山 口	大汶口	祝 阳	范 镇	角 峪	马 庄
党委书记			李成勇	张 强	赵传星	赵永东	王 翠	燕 光	王宝元	秦 晓
乡镇长（主任）			白 雪	朱 涛	王建斌	裴敦友	朱荣斌	刘明坤	马 林	李 东
面积（平方千米）			94.3	64.4	56	90.7	88.8	68.7	63.7	57.2
实有耕地面积（公顷）			100	80	2850.68	6059	4373.3	4300	4385	306
村（居）民委员会（个）			36	37	43	46	57	40	29	36
人口（万人）			6.5	3.4	5.3	7.2	5.7	6.1	3.4	5
地方财政收入（万元）			105000	32400	4520	6205	1599	3595	736.7	3079
农业机械总动力（千瓦）			291	743	35556	71000	18200	20000	25242	300000
农村用电量（万千瓦小时）			6000	1249.1	6123.9	8500	5321.2	3280	3192	4878
农产品总量		粮食	1	840	15082.3	77170	14500	48000	22652.65	48000
		棉花	—	—	—	—	58.3	—	54.8	—
		肉类	—	—	1787.9	1302	9790	7000	1256.23	2682
		牛奶	—	—	4243.2	5052	2700	1500	—	4692
教育事业	普通初中	学校数（所）	1	—	2	2	2	2	1	2
		在校生数（人）	2602	—	1794	1762	1460	1621	825	1627
		专任教师（人）	138	—	147	162	126	149	92	133
	小学	学校数（所）	7	7	5	5	4	5	3	5
		在校生数（人）	3943	1258	2286	1884	1430	1527	620	1277
		专任教师（人）	180	115	115	149	132	114	78	87
卫生事业	乡镇卫生院	床位（张）	50	38	120	99	99	70	50	99
		专业技术人员（人）	119	43	95	63	82	74	45	62
	村级卫生室（社区门诊）	数量（所）	40	21	34	45	47	39	25	34
		乡村医生（人）	158	50	60	78	88	106	67	98
生活保障	居民人均可支配收入（元）		28300	14000	16032	18376	15300	15331	13135	16221
	居民人均生活消费支出（元）		15000	10120	11170	12128	10404	9855	5700	8412
	享受最低生活保障金人数（人）		450	183	344	684	605	304	287	355
	入住敬老院人数（人）		5	6	21	4	13	20	40	4
	敬老院数（所）		1	1	1	1	1	1	7	1

续表

乡镇（街道）名称			满　庄	夏　张	道　朗	北集坡	徂　徕	良　庄	房　村	化马湾	天　宝
党委书记			朱英文	张和江	刘　峰	王　卫	杨中军	李新卫	公维刚	张延龙	郭吉永
乡镇长（主任）			杜传军	张清华	李安军	王　勇	孔祥国	王文强	彭　彬	刘　森	陈爱鹏
面积（平方千米）			112.9	122	105	133.53	133.15	136.81	94.73	99.82	147.42
实有耕地面积（公顷）			4600	6024.29	3700	4176.78	3666	7579.9	4587	2174	6315.5
村（居）民委员会（个）			42	72	43	36	35	41	31	31	50
人口（万人）			7.4	6.3	3.4	6.2	5.8	7.538	5.8	3.8	8.2
地方财政收入（万元）			46900	3010	5359	5775	3542	689	2150	841	3690
农业机械总动力（千瓦）			186000	87181	29700	951	7500	28321	47769	—	58000
农村用电量（万千瓦小时）			13600	79585	41379	208.6	3066.2	3600	4000	—	3746.6
农产品总量		粮食	52760	17640	25800	29805	10560	19765.18	30000	18655.9	34000
		棉花	173	251	35	1.2	—	—	—	—	—
		肉类	5130	4659	605	1932.23	1560	5958	4000	722.6	7090
		牛奶	28400	6722	254	1973.55	4800	3264	5475	366	—
教育事业	普通初中	学校数（所）	2	1	2	—	2	2	1	1	2
		在校生数(人)	3670	1767	998	—	1412	2100	1500	1012	2800
		专任教师(人)	210	132	107	—	143	160	108	91	178
	小学	学校数（所）	9	6	2	11	5	8	8	6	12
		在校生数(人)	3578	1700	934	1997	1279	2048	1900	892	2763
		专任教师(人)	142	132	99	143	116	192	168	100	189
卫生事业	乡镇卫生院	床位（张）	280	45	60	40	90	50	50	90	40
		专业技术人员（人）	96	135	56	53	87	70	54	48	62
	村级卫生室（社区门诊）	数量（所）	58	69	38	58	36	35	26	32	47
		乡村医生(人)	136	102	73	109	85	120	65	80	142
生活保障	居民人均可支配收入（元）		17600	13577	14200	—	—	—	—	14326	—
	居民人均生活消费支出（元）		9600	8862	7871	—	—	—	—	9652	—
	享受最低生活保障金人数(人)		489	370	12	870	639	559	728	355	546
	入住敬老院人数（人）		28	26	13	14	28	24	28	16	15
	敬老院数（所）		1	1	1	1	1	1	1	1	1

抓好生产基地的建设，实施标准化生产、规范化检测、品牌化认证、准入化上市、系列化服务“五化”措施，有效遏止高毒、高残留农业投入品使用。

【岱岳区九女峰片区乡村振兴齐鲁样板项目】 岱岳区九女峰片区项目是省政府确定的乡村旅游提档升级的重点集群片区，也是山东省商业集团深度参与全省乡村振兴战略的第一个项目。2018年9月20日，岱岳区人民政府与山东省商业集团乡村振兴有限公司在济南举行签约仪式，联合打造岱岳区九女峰片区乡村振兴齐鲁样板项目。该片区位于岱岳区道朗镇北部山区，总面积50平方千米，辐射19个行政村，是泰安市首个乡村旅游聚集区。片区围绕“休闲旅游、观光农业、高端民宿、康养颐居”四大产业，打造绿色全域化乡村旅游，先后建设泰山白马禅寺文化产业园项目、泰山茶溪谷项目、泰山能量黄精深加工项目、里峪乡村旅游、乐惠田园综合体项目等。（程建民）

新泰市

【概况】 新泰取境内新甫山及泰山首字而得名，地处山东省中部。全市行政区域面积1933平方千米，实际管理面积1775平方千米（不含天宝镇）。辖20个乡（镇、街道）。年末常住总人口127.31万人。

全年实现生产总值843.4亿元，增长5.9%。其中，第一产业增加值57.5亿元，增长1.0%；第二产业增加值391.6亿元，增长6.2%；第三产业增加值394.4亿元，增长6.3%。完成公共预算财政收入40.68亿元，增长0.1%；公共预算财政支出62.8亿元，下降2.9%。社会消费品零售总额333.8亿元，增长7.7%。固定资产投资增长2.0%。年末，金融机构各项存贷款余额分别为687.8亿元、410.1亿元，增长8.2%、3.8%。完成进出口总值22.02亿元，实际利用外资1.6亿美元，分别增长18.7%、5.9%。

粮食总产36.11万吨。蔬菜产量114.61万吨。园林水果产量13.09万吨。肉类总产量10.07万吨。水产品产量2010吨。新建续建新农创柴汶河生态农业综合体等重大项目52个，新增省级重点农业龙头企业2家，发展合作社93家，带动家庭农场2400家，新增有机认证34个，“齐鲁放心果品”4个，地理标志证明商标3件。新增高效节水灌溉1473.33公顷（2.21万亩）、高标准农田1920公顷（2.88万亩），深松土地4666.67公顷（7万亩）。规模以上工业增加值增长8.4%，主营业务收入增长9.4%，利润总额增长5.9%。规模以上高端装备制造、战略性新兴产业产值分别增长9.9%、6.4%；创新“135”智能制造“金字塔”模式，在全国产业互联网与数字经济大会上发布新泰工业APP；6家企业获省“隐形冠军”；31家企业在区域股权市场挂牌；纳税过亿元、五千万元、两千万元和千万元企业分别达5家、7家、11家和32家。策划储备新动能项目203个，13个项目纳入省新旧动能转换规划盘子，8个项目入选省第一批优选项目。争取国家重点采煤沉陷区综合治理试点县等重大政策3项、保障性安居工程等重大项目473个，获批无偿资金38.3亿元。推行“一枚印章管审批”，康平纳项目创出从签订用地协议到取得施工许可仅用时19天的全国行政审批“新泰速度”，行政许可及公共服务事项实现100%集中办理。统筹推进六大领域190项改革任务，新争取国家级7项、省级11项改革试点。引进培育各类高层次人才23人；制、修订省级以上标准7项，新增中国驰名商标2件、马德里国际注册商标3件、山东名牌6个，新泰市在全国科技创新百强县中居第34位。新增进出口获权企业40家。编制乡村振兴战略规划及配套方案，开展“百村示范、百村创建”行动，2个镇获评全省美丽宜居小镇，12个村入选“十百千”工程示范村，5个村获评全省美丽宜居村庄和传统村落。实施山水林田湖草生态保护修复工程56项，超出年度投资计划50%，全面落实河长制、湖长制；治理违建164.3万平方米，整合山石矿山企业17家，造林2066.67公顷（3.1万亩）。

全市居民人均可支配收入27947元，增长8.4%。其中，城镇居民人均可支配收入36320元，增长7.7%；农村居民人均可支配收入16957元，增长8.1%。全年民生投入49.8亿元，占财政总支出的79.2%。2.4万建档立卡贫困人口稳定脱贫，87个省、泰安市级贫困村全部退出；新增就业再就业1.27万人，城镇登记失业率2.18%；城乡低保标准分别达月人均550元、年人均4680元。启动创建全国义务教育优质发展均衡市。组建医共体，高分通过首批省级医养结合示范先行区验收；举办首届新泰国际马拉松、亚洲国际跳棋锦标赛，代表中国国际跳棋队获得7项世界冠军，赢得国际跳棋公开赛永久举办地，在省第二十四届全运会上获得15金、14银、4铜；9人入选“山东好人榜”，1人入选“中国好人榜”。

5月14日，市委书记崔洪刚（前排右二）到新泰市调研经济社会发展情况（王国梁　摄）

年内，新泰市先后被评为国家重点采煤沉陷区综合治理试点县、全国农村创业创新典型县、中国乡村振兴示范县、农村一二三产业融合发展先导区、全国十佳生态文明城市、全国十佳“最美收获地”、国家高效节水灌溉示范县、全国农村合作社质量提升试点县、全国畜禽粪污资源化利用项目示范县、全国投资潜力百强县、全国新型城镇化质量百强县、山东省森林城市、全省脱贫攻坚先进集体、全省首批综合减灾示范市、省级健康促进示范市、全省农产品加工示范县、全省优质电线电缆基地、2018福布斯·中国大陆最佳县级城市称号，在全国县域经济百强中居第34位，在全国综合实力百强县市中居第39位，在泰安市招商引资和项目建设检查考核中蝉联第1名、实现“十四连冠”。

【新泰市“标准化＋政务服务”模式被评为“全国政务大厅十佳典型案例”】　2018年，新泰在全国率先将标准化理念引入政务服务领域，探索建立“标准化＋政务服务”模式，倡导的“一切工作有标准，一切标准有程序，一切程序有监督，一切监督有公开”得到全国同行认可，是全国首批4家政务服务标准化示范单位之一，承担着全国政务大厅服务标准化工作组秘书处工作。9月17—20日，与南通市行政审批局联合举办全国推进政务服务标准化优化营商环境国家标准宣传贯彻培训会。国家发布的14项政务服务国家标准，新泰市主持参与制定13项，实现从国家标准起草者到审查者的跨越。山东省人民政府和泰安市人民政府分别发文，要求总结推广新泰政务服务标准化建设经验，“新泰标准”成为全国4万多家政务大厅规范运行和标准化建设的“蓝本”。

【新泰市被确定为全国农村合作社质量提升试点县】　2018年9月，新泰市被农业农村部确定为全国农民专业合作社质量提升整县推进试点。试点工作围绕实施乡村振兴战略，以贯彻落实《中华人民共和国农民专业合作社法》为主线，完善合作社经营模式、运行机制和监管方式，推进合作社组织创新与制度创新，强化指导扶持服务，以优示范，由点到面，探索提升合作社发展质量的路径方式，增强合作社的经济实力、发展活力和带动能力，发挥合作社帮助农民、提高农民、富裕农民的功能作用，树立合作社高质量发展的县域样板。截至年末，全市累计发展农民专业合作社2019

10月28日，“泽华杯”2018新泰国际马拉松赛举行。图为运动员起跑（赵文文　摄）

2018年新泰市乡镇（街道）基本情况

表41

乡镇（街道）名称		青　云	新　汶	新　甫	翟　镇	泉　沟	羊　流	果　都	西张庄	楼　德	禹　村
党工委书记		史新国	李　彬	刘祥军	刘焕校	陈　凯	李兴胜	郭仕峰	泥德润	何　涛	李希刚
乡镇长（主任）			李建军	葛翔千	耿　燕	陈　涛	白宗成	徐继刚	孙法伟	王道梅	张　鲁
面积（平方千米）		145	35.8	64	70.5	91.8	180	48.3	47	96	89.2
实有耕地面积（公顷）		3636.6	522.4	833.3	2310	3036.5	7333	2448	2426	4000	3115.24
村（居）民委员会（个）		77	18	37	46	33	90	34	28	36	40
人口（万人，户籍）		20.16	10.32	4.4	7.5	4.9	11.4	4.1	4.5	10.8	5.8
地方财政收入（万元）		34588	38057	6424	17235	5351	10028	3317	31221	23000	1266
农业机械总动力（千瓦）		334026	656	12686	31000	50000	19300	61259	9650	235000	44700
农村用电量（万千瓦小时）		3126	4116357	11.49	2600	5.1	3968	1857	402	2557	2038
农产品总量（吨）	粮食	6652	3063	4780	9186	19197	45000	3414	14921	45000	25372.4
	棉花	54	—	—	—	53.8	—	—	—	—	27.1
	油料	2824	—	1530	576	1889	6000	117.5	518	2100	3965.3
	水果	46179	1425	200	2288	3679	1000	21.6	6080	6000	1874.8
教育事业 普通初中	学校数（所）	—	1	—	1	1	2	1	1	1	1
	在校生数（人）	—	1535	—	2960	2128	4000	1370	1480	2760	2022
	专任教师（人）	—	119	—	160	159	150	92	105	197	136
教育事业 小学	学校数（所）	12	7	3	6	6	10	6	3	9	6
	在校生数（人）	18945	4799	1762	3933	3026	6761	1904	2730	3849	2776
	专任教师（人）	1207	444	129	237	165	365	123	156	226	165
卫生事业 乡镇卫生院	床位数（张）	80	136	—	60	180	40	30	30	—	—
	专业技术人员（人）	156	69	—	107	63	154	49	40	—	24
卫生事业 村级卫生室	数量（所）	58	18	34	42	28	64	30	24	37	35
	乡村医生（人）	120	26	77	113	77	166	66	76	113	88
生活保障	居民人均可支配收入（元）	27947	27947	27947	—	16303	16000	12715	16999	16686	16000
	居民人均生活消费支出（元）	21239	21077	17228	—	9515	9680	3600	10752	4700	9100
	享受最低生活保障金人数（人）	1388	376	608	699	307	801	424	809	748	583
	入住敬老院人数（人）	543	356	15	22	19	30	95	17	36	22
	敬老院数（所）	2	3	1	1	1	1	1	1	1	1
	社会福利企业数（家）	11	1	—	—	—	—	—	—	6	—
	福利企业残疾员工数（人）	242	6	—	—	—	—	—	—	92	—

续表

乡镇（街道）名称			宫里	谷里	石莱	放城	刘杜	岳家庄	小协	东都	汶南	龙廷
党工委书记			范育民	李绪涛	李怀爱	高飞	肖娟	刘西涛	张新	王茂宁	潘吉民	朱峰
乡镇长（主任）			张永珍		马强	朱德学	马桂前	李怀坤	孔雨	张鑫	井梓童	张仕峰
面积（平方千米）			79	94.8	166	70	50	70.7	39	63.4	189	158
实有耕地面积（公顷）			4267	3701	6467	1740	1648.8	2700	1226.54	1866.67	5827	3708
村（居）民委员会（个）			43	51	69	23	28	25	18	33	85	53
人口（万人，户籍）			6.3	5.8	6.8	3.4	3.28	3.8	5.1	7.3	10.9	6.4
地方财政收入（万元）			4982	6291	4916	479	3100.3	2122	6320	8496	12069	1898
农业机械总动力（千瓦）			12000	35573	78000	32000	37800	2250	12610	—	36979	15900
农村用电量（万千瓦小时）			126	498	2250	1326	393	540	409	1372.2	16200	170
农产品总量（吨）		粮食	30000	23600	7794.14	15176	2906.7	500	5801	3500	66496	5646
		棉花	—	—	—	—	9.8	6	8.4	—	23	1470
		油料	3000	5000	7790.4	3564	3001	4500	896	1000	6843	9849
		水果	5000	425	93.48	1822	3143	12000	17	5928.3	25954	4864
教育事业	普通初中	学校数（所）	1	1	1	1	1	1	1	1	2	2
		在校生数（人）	1885	2187	3053	1138	916	1500	820	1559	4282	2573
		专任教师（人）	106	121	115	97	46	101	120	105	262	201
	小学	学校数（所）	8	7	10	4	5	4	4	6	11	6
		在校生数（人）	2723	2890	3650	1813	1332	2243	1633	2187	5546	2299
		专任教师（人）	162	174	215	125	103	122	145	177	323	159
卫生事业	乡镇卫生院	床位数（张）	30	40	50	20	70	20	315	10	60	136
		专业技术人员（人）	25	72	56	42	53	35	117	34	59	28
	村级卫生室	数量（所）	45	35	61	22	27	21	18	28	75	53
		乡村医生（人）	47	90	131	59	58	59	45	83	193	53
生活保障	居民人均可支配收入（元）		23000	16957	13850	13500	11958	12185	15100	19784	19583	14067
	居民人均生活消费支出（元）		15000	9680	10860	7900	—	8560	9900	—	14687	15755
	享受最低生活保障金人数（人）		646	565	659	587	384	825	380	926	2235	1129
	入住敬老院人数（人）		25	43	56	28	7	17	19	23	55	33
	敬老院数（所）		1	1	1	1	1	1	1	1	1	1
	社会福利企业数（家）		—	1	—	1	—	—	2	5	1	1
	福利企业残疾员工数（人）		—	10	—	2	—	—	36	23	14	136

家，其中培育出农民专业合作社示范社国家级 7 家、省级 35 家、泰安市级 118 家，入社成员 9.2 万户，带动农户 23 万户，合作社成员人均收入高出非成员收入 15% 以上。

【新泰入选全国农村一二三产业融合发展先导区】 10 月，新泰市被农业农村部确定为全国农村一二三产业融合发展先导区创建单位，是全省 11 个入选地之一，也是泰安市唯一入选的县级市。新泰市自 2012 年开始实施“一产四化”（一产特色化、一产二产化、一产三产化、一产信息化）行动，推进“三产融合”发展。在推进乡村振兴战略实施的过程中，确立“三区互动、全域三化”发展理念，“三区互动”即推进镇（城）区、园区、农区协同一致，“全域三化”即在全国率先打造全市域农旅融合一体化、全封闭农牧循环无害化、全链条涉农产业集群化的农村一二三产融合先导区。按照该发展理念，立足优质粮油、绿色蔬菜、特色林果和生态畜牧等优势特色产业，打造相对成型、成熟的融合发展模式和全产业链条，构筑具有区域领先优势的现代农业产业大集群。全市规模以上农业龙头企业 212 家，农民专业合作社 2019 家，家庭农场 2010 家，带动 22.5 万个农户。引进工商资本 87 亿元，建成泰茶“良心谷”产业示范园、惠美循环经济产业园、长兴现代农业创新园等三产融合发展示范园 124 个。

（柏钦战　刘　晓）

肥城市

5月17日，市委书记崔洪刚（左五）到肥城市调研经济社会发展情况
（王国梁　摄）

【概况】 肥城因西周时期称肥子国而得名，地处山东省中部、泰山西麓，为“中国佛桃之乡”。全市行政区域面积 1277 平方千米，辖 14 个镇（街道）。年末常住总人口 96.81 万人。

全年实现生产总值 823.54 亿元，增长 6.88%。其中，第一产业增加值 54.38 亿元，增长 2.8%；第二产业增加值 388.27 亿元，增长 8.4%；第三产业增加值 380.89 亿元，增长 5.8%。公共财政预算收入 40.4 亿元，增长 0.1%；公共财政预算支出 59.4 亿元，增长 4.8%。社会消费品零售总额 320.5 亿元。固定资产投资增长 8.2%。进出口总额 34.5 亿元。年末，金融机构各项存款余额 567.7 亿元，其中城乡居民储蓄存款余额 402.2 亿元；各项贷款余额 316.9 亿元。

粮食播种面积 7.33 万公顷，粮食总产 49.18 万吨，棉花总产 1057 吨，油料总产 0.89 万吨，蔬菜总产 130.02 万吨，水果总产 8.61 万吨，水产品总产 5000 吨，肉、蛋、奶总产 15.57 万吨。全年新增造林面积 0.17 万公顷。全市拥有农业机械总动力 104.29 万千瓦。规模以上工业企业 265 家，实现增加值 283.08 亿元，比上年增长 6.2%，实现主营业务收入 483.3 亿元，实现利润 60.24 亿元。资质三级及以上建筑企业 83 家，实现建筑业增加值 119.13 亿元，比上年增长 10.53%。

公路通车里程 2722.19 千米。邮政业务总量 1.02 亿元。城镇化率 62.72%。开工保障性安居工程 1.50 万套，竣工 5442 套。城市空气质量良好率 80.5%。污水集中处理率 97.1%，垃圾无害化处理率 100%。国家 A 级及以上旅游景区 22 家，全年接待旅游人数 246 万人次，实现旅游总收入 28.1 亿元。

有中等职业学校 1 所，在校生 5350 人。普通高中 9 所，在校生 2.0 万人。普通初中 30 所，在校生 2.88 万人。小学 99 所，在校生 5.36 万人。幼儿园 138 所，在园幼儿 2.67 万人。取得重要科技成果 24 项，获得市级及以上科学技术奖 8 项，专利申请量 836 件，授权专利 413 件。有档案馆 1 座，公共图书馆 1 座，文化馆 1 座，农村文化大院全覆盖。广播、

2018年肥城市乡镇（街道）基本情况

表42

乡镇（街道）名称			新城	老城	潮泉	王瓜店	湖屯	石横	桃园	王庄	仪阳	安临站	孙伯	安驾庄	边院	汶阳
党委书记			崔绪昌	孙栋	于芳	肖海霞	于辉	孙衍辉	王涛	李军	韩宁	王开军	—	荆文忠	韩鹏	宋玉革
乡镇长（主任）			孟宪栋	冉祥银	朱建国	杜辉	欧阳光兵	李开磊	赵健	李晓磊	王继荣	梁乙胜	董振	刘文涛	许兴斌	姬建芳
面积（平方千米）			55.4	78.7	52.9	91.8	85.3	94.4	100.8	93.7	97.4	130.9	70.9	134.2	111.2	79.5
实有耕地面积（公顷）			1156	3548	2467	3938	4527	3623	4690	5260	3429	5883	3225	7095	6794	4361
村（居）民委员会（个）			38	33	11	37	48	43	40	53	49	48	17	71	81	53
常住人口（万人）			14.1	8.1	2.3	8.1	8.4	8.5	4.2	5.5	4.6	5.9	3	8.7	7	7.2
地方财政收入（万元）			9742	8759	956	15600	1084	17559	804	307	16112	3478	1399	2157	19422	5744
农业机械总动力（千瓦）			88982	11000	24000	101000	112000	119826	137900	159400	51600	7060	29052	95806	77300	55229
农村用电量（万千瓦小时）			298	8000	1700	3250	2116	116807	2873	6274	2400	5379	1419	2842	6700	1817
农产品总量（吨）		粮食	5836	18674	8235	57000	32450	30500	52300	47200	26969	8500	26548	91127	75000	40493
		棉花	19.7	8.1	19.6	—	4.6	2.6	69.5	401	96.3	490	125	135	67	3
		肉类	21.9	4769	856	11850	4540	2627	16300	870	777.3	9880	605	6132	3209	1024
		牛奶	—	104653	123	2280	—	4.8	—	—	—	—	15	1493	33452	2975
教育事业	普通初中	学校数（所）	—	1	1	1	1	1	1	2	—	1	1	2	2	1
		在校生数（人）	—	2655	389	1914	909	1434	1014	1250	—	919	643	1376	2921	1897
		专任教师（人）	—	418	47	184	116	126	110	126	—	137	56	190	191	138
	小学	学校数（所）	—	3	1	9	5	6	7	7	4	9	1	9	11	3
		在校生数（人）	—	1653	719	4068	1787	2708	1622	2134	1657	1904	1224	2572	3137	2703
		专任教师（人）	—	418	57	242	187	173	175	180	196	199	100	285	219	195
卫生事业	乡镇卫生院	床位（张）	120	70	20	89	42	120	80	60	180	60	40	90	300	100
		专业技术人员(人)	70	85	29	102	39	76	63	82	69	69	30	93	150	38
	村级卫生室（社区门诊）	数量（所）	23	28	9	27	38	37	29	28	26	27	17	47	54	37
		乡村医生（人）	63	71	9	72	60	105	54	62	73	65	43	83	116	128
生活保障	居民人均可支配收入（元）		—	17143	17297	—	—	19760	15232	17811	17647	16674	15703	17290	18831	18138
	居民人均生活消费支出（元）		—	16483	16416	—	—	16380	9709	16186	9219	11488	10000	14216	—	10883
	享受最低生活保障金人数（人）		357	1183	384	404	390	720	515	853	699	1160	502	2182	1890	1520
	入住敬老院人数（人）		73	29	20	53	40	140	29	52	198	58	26	46	45	51
	敬老院数（所）		2	1	1	2	1	1	1	1	1	1	1	1	1	1

注：新城街道38个村（居）民委员会中含12个城市社区。

8月12日，《魅力中国城》肥城竞演现场 （郝 航 供）

电视人口综合覆盖率均达100%。医疗卫生机构600所，其中医院（卫生院）32所、社区卫生服务中心1个。各类卫生机构有床位4944张，卫生技术人员5600人。体育馆2座，新建公共健身工程80个。全年参加市级及以上体育比赛获奖牌60枚。

城镇居民人均可支配收入36999元。农村居民人均可支配收入17811元。居民基本养老保险参保人数51.7万人，居民基本医疗保险参保人数74.96万人。城镇最低生活保障人数1552人，农村最低生活保障人数1.29万人。

年内，肥城市在全国中小城市综合实力百强、绿色发展百强、投资潜力百强、科技创新百强中分列第44、第39、第14、第46位，全省分列第8、第7、第1、第10位。肥城作为泰安唯一的县市，入选“全国小康城市百强”。入选国家小麦全成本保险试点县，先后被评为全省农业“新六产”示范县、生态循环农业示范县、文化强省建设先进县、社科普及示范市、全民健身运动先进单位。

【肥城被列入全国新时代文明实践中心试点】 年内，肥城市被确定为泰安市唯一的全国50个县级新时代文明实践中心建设试点，试点工作从9月开始，为期1年。试点以全县域为整体，以市、镇、村三级为单元，以志愿服务为基本形式，发挥党员先锋模范作用，整合社会各方面力量，建设一支群众身边的志愿者队伍，因地制宜地开展经常性、面对面、群众喜闻乐见的学理论、解政策、讲道德、兴文化、树新风等文明实践活动。10月26日，肥城市新时代文明实践中心揭牌成立，并召开动员会议，部署启动全市新时代文明实践中心建设工作。截至月底，肥城市新时代文明实践中心、分中心、站三级体系全部搭建完成，并在全市范围内组建完成3个层面的志愿服务队伍。

【肥城市605个村均成立股份经济合作社】 自2012年起，肥城市在实施农村土地承包经营权、农村集体建设用地和宅基地、农村房屋确权颁证的基础上，探索实施农村集体产权制度改革，构建农村产权交易融资平台，开启农村综合改革序幕。2017年，肥城作为山东省唯一代表，在全国农村集体产权制度改革试点工作会议上作典型发言。至2018年年末，肥城市605个村全部开展农村集体产权制度改革，成立村级股份经济合作社，共量化资产30.9亿元，量化资源1.01万公顷（15.1万亩），确认成员72.67万人，设置总股数259万股，其中集体股104.4万股、成员股154.6万股。

【参加央视《魅力中国城》节目竞演】 2018年8月9—14日，组织参加央视财经频道大型文旅综艺节目《魅力中国城》肥城竞演活动，200人赴京录制演出。演出分3个篇章，集中展示肥城“正气浩然的君子文化、吉祥如意的桃文化、厚德载物的汶阳田文化”3张名片。9月2日，节目在央视财经频道播出，并通过央视多家新媒体进行全面推介。

（庄惠丽 郝 航）

宁阳县

【概况】 西汉，汉高祖于泰山之南置县，因山南为阳，更取“安宁祥和”之意，故名宁阳。位于泰安市西南部。全县行政区域面积1125平方千米。辖13个乡（镇、街道）、562个村（居）。年末常住总人口77.38万人。

全年实现生产总值443.6亿元，增长5.7%。其中，第一产业增加值52.5亿元，增长3.8%；第二产业增加值189.2亿元，增长5.7%；第三产业增加值201.9亿元，增长6.3%。三次产业比重调整为11.8∶42.7∶45.5。固定资产投资增长9.8%。实现地方财政收入12.24亿元，增长6.5%；地方财政支出

2018 年宁阳县乡镇（街道）基本情况

表 43

乡镇（街道）名称			文　庙	八仙桥	泗　店	东　疏	鹤　山	伏　山	堽　城	蒋　集	磁　窑	华　丰	东　庄	葛　石	乡　饮
党委书记			孙　浩	鲍怀东	杜焕军	范长征	孟令民	马祥波	齐华东	贾德果	张　玮	乔田海	刘玉华	刘志强	郭怀锋
乡镇长（主任）			赵丽娜	张　辉	徐　锋	刘　站	赵世民	高卫东	颜承根	王艳苹	侯妍妍	潘洪勇	褚　峰	宁　鹏	刘恒桥
面积（平方千米）			28.20	23.12	56.06	83.93	98.11	84.32	118.30	65.00	158.72	108.09	99.65	132.25	67.87
村（居）民委员会（个）			16	24	36	49	46	59	62	32	92	59	45	27	15
地方财政收入（万元）			10730	4372	6105.6	1358.3	6372.6	8875.4	9892.6	908.3	29365.7	9120.7	648.7	7871.9	1202.1
农业机械总动力（万千瓦）			5.02	5.72	7.21	8.03	7.67	8.66	9.01	8.75	10.03	9.97	7.96	10.08	7.20
农村用电量（万千瓦小时）			460.8	428.9	1611.7	1490.1	1076.1	1288.3	1976.2	864.4	1977.9	1571.7	1127	1661.3	697.2
农产品总产（吨）	粮食总产量（吨）		—	—	—	—	—	—	—	—	—	—	—	—	—
	棉花总产量（吨）		—	—	—	4.6	4	10.1	6.3	—	0.2	11.9	10.7	36	15.9
	肉类总产量（吨）		13.5	1636.6	3361.7	3690.2	5097.2	7888.2	15268.4	16266.8	9533.7	10634.8	12944	8295.6	6004.8
	牛奶总产量（吨）		—	307.5	2298.7	24950	—	9403.3	595.8	1520	8398.9	2089.6	245	2125.8	7625
教育	普通初中	学校数（所）	原学校改为县属		1	1	1	1	1	1	2	1	1	1	1
		毕业生数（人）			296	459	388	585	443	306	848	472	281	291	217
		在校生数（人）			968	1381	1539	1859	1429	1067	3124	1804	1414	1095	868
		专任教师（人）			86	148	119	135	124	94	201	137	104	87	78
	小学	学校数（所）	3	2	5	5	6	5	7	5	6	8	5	6	2
		毕业生数（人）	195	314	161	273	326	345	362	236	656	374	335	272	184
		在校生数（人）	2290	2832	1229	1668	2030	2469	2475	1927	5419	2314	2260	2032	1401
		专任教师（人）	154	159	142	172	178	188	216	132	300	222	145	205	110
卫生	乡镇卫生院	床位数（张）	60	25	90	95	90	90	126	60	515	408	70	100	116
		专业技术人员（人）	57	64	46	110	82	92	153	75	542	121	110	76	59
	村级卫生室（所）		21	23	29	42	41	48	58	32	53	56	35	44	28
居民人均可支配收入（元）			28039	27526	24557	23870	22532	24230	24082	22894	25787	26001	23066	23618	22148
享受最低生活保障人数(人)			321	407	506	1476	1392	1916	1789	1073	1695	999	870	1034	970
入住敬老院人数（人）			10	35	75	90	35	48	44	39	48	37	61	51	27
敬老院数（所）			—	1	1	1	1	1	1	1	1	1	1	1	1

5月21日，市委书记崔洪刚（左二）到宁阳县调研乡村振兴战略实施情况
（王国梁　摄）

37.0亿元，增长1.6%。社会消费品零售总额178.5亿元，增长9.3%。实际到账外资8117万美元，增长21.8%；外贸进出口总额1.4亿美元，增长15.0%；完成进出口总额9.2亿元，增长11.16%。年末，金融机构各项存贷款余额达305.6亿元、140.6亿元，分别增长15.27%、25.19%。

农林牧渔业总产值103.1亿元，比上年增加4.7亿元；实现增加值56.6亿元，比上年增加2.7亿元。全县粮食播种面积8.35万公顷（125.2万亩），增长0.8%；粮食总产55.69万吨，下降3.3%，单产444.9千克，下降4.0%。新增造林面积1533.33公顷（2.3万亩），其中人工造林面积1200公顷（1.8万亩）、森林抚育面积4133.33公顷（6.2万亩），商品材产量6.0万立方米。蔬菜总产96.22万吨，园林水果总产10.59万吨，水产品总产1800吨，养殖总面积80公顷（1200亩）。现代高效农业完成产值14.3亿元，实现现代高效农业增加值7.8亿元，占全年增加值的13.9%。设施农业实现增加值3.1亿元，占种植业增加值的8.5%。全年全县新增土地流转面积2800公顷（4.2万亩）。启动6666.67公顷（10万亩）经济林基地建设，温氏养殖、中国供销（宁阳）农副产品物流园、粮食现代物流园、彩山田园综合体等项目进展顺利，农业龙头企业达145家。新建完善绿色通道196千米，完成成片造林1913.33公顷（2.87万亩）。税收过亿元、过千万元企业分别达2家、31家。纳入全市领军企业“50强”计划的企业6家。全县在建重点项目98个，其中过亿元项目47个，5个项目纳入省新旧动能转换项目储备库。化工园区被省政府认定为首批31家化工园区之一。县文化艺术中心、文庙历史文化街区、洸河生态湿地公园等工程顺利实施。数字化城市管理平台通过省级验收。推进中央和省市环保督察“回头看”问题整改，二氧化硫、二氧化氮、PM_{10}、$PM_{2.5}$改善率分别达27.6%、17.9%、10.2%和13.8%。以环城科技产业园为试点，在全市率先实施公司化运营改革。全市农村集体产权制度改革工作现场会在宁阳县召开。市级以上创新平台157家，高新技术企业14家，省市级“瞪羚”企业18家，科技型中小企业128家，高新技术产业产值占工业总产值比重达29.52%，比上年提高3.63个百分点。民营经济加快发展，新增市场主体6474户，总数达3.85万户，万人市场主体达464户。完成电子商务交易额161.3亿元，增长28%。

城镇居民人均可支配收入、农村居民人均可支配收入分别达34707元、16086元，增长7.6%、8.3%。脱贫攻坚任务基本完成，1.24万户2.65万人实现脱贫，91个省、市级贫困村“摘帽”退出。就业形势保持稳定，低保、“五保”、残疾人等救助水平提高。“大班额”项目基本竣工，城区义务教育划片招生顺利实施。开展城乡居民免费健康查体。创建乡村文明示范片区70个。群众性文化体育活动蓬勃发展，成立全市首家县级木偶艺剧团，举办旅游商品展评暨创新设计大赛、首届宁阳蟋蟀世界杯，基层综合性文化服务中心实现达标全覆盖。

年内，宁阳县被评为全国法治县（市、区）创建活动先进单位、全国检察宣传先进单位、国家慢性病综合防控示范区，被省爱卫会推荐为国家卫生县城，获全省群众体育先进单位称号。顺利通过国家园林县城复审、全国绿化模范县评审、省节水型社会验收、省级双拥模范县年度检查考评。被列为第三批省级新型城镇化试点县、全省畜牧业绿色发展示范县、全省唯一农村社会经济基本情况统计国家级试点县。海斯摩尔获中国专利银奖。蒋集镇被确定为山东省乡村振兴“十百千”示范创建镇。纺织服装文化创意园被工信部确定为国家纺织服装创意设计试点园区。刘奉阁入选中国好人，“信义兄弟”获全国首届十大“诚信之星”称号。

【宁阳县通过国家园林县城复审】 12月，宁阳县顺利通过国家园林县城复审。年内，宁阳县完成绿化建设面积25.2万平方米。完成宁阳大道绿化工程建设，打造宁阳标志性景观道路，栽植景松、楸树、红叶石楠等十几种苗木品种，计6.3万株，点植景石28吨；完成兴隆街西延绿化建设，栽植美国红枫、樱花等7.1万株；完成党章文化主题公园建设，栽植柿树、黄金槐等20种约18万株，点植景石500吨，铺设草坪约1万平方米；完成体育公园，栽植雪松、红叶石楠等30种；完成七贤路南延景观提升改造建设工程，栽植雪松、栾树约19万株，铺设草坪3500平方米。强化公园管理服务，清洗公园水池路面，全面防虫打药防治病虫害。县园林环卫局配合县委宣传部、体育局等单位开展公益活动30次，承办合唱节、蟋蟀文化节开幕式等多种活动。

【宁阳县被评为全国法治县创建活动先进单位】 6月，宁阳县被全国普法办公室表彰为第四批全国法治县（市、区）创建活动先进单位。年内，宁阳县深入开展法治宣传教育和依法治理，落实“谁执法谁普法”普法责任制，组建47人的法律宣讲团开展法治宣传教育。县法治教育（社区矫正）警示基地每年接待受教育群体6万人次，在各乡镇实施法治文化“一乡一品”主题活动，借助法治文化广场、法治宣传一条街、法治宣传栏等阵地开展系列普法。推进“一村（社区）一法律顾问”工作全覆盖，通过推广运用“1471”法律顾问工作模式，使公共法律服务体系建设成果向基层延伸。开展首轮“民主法治示范村（居）”创建活动，全县有2个行政村被评为“全国民主法治示范村”，8个行政村被评为“省级民主法治示范村”，90个行政村被评为“市级民主法治示范村”。推进公共法律服务体系建设，实现公共法律服务“一站通”“一线通”“一网通”，县公共法律服务中心被省司法厅命名为首批全省公共法律服务示范中心。

品牌服装智能化生产项目 （侯胜男 供）

【宁阳县东疏镇获评山东省森林乡镇】 11月23日，东疏镇被山东省自然资源厅授予山东省森林乡镇称号。东疏镇总面积84平方千米，辖49个行政村，6.2万人。年内，该镇以创建省级森林城镇为目标，全面贯彻“生态立镇”战略，抓住去冬今春有利时机，实施植树造林工程，狠抓农田林网建设，带动苗木产业提质增效。把创建森林乡镇工作纳入城乡一体化规划，提出以森林生态示范村为重点，以“三网”（道路林网、水系林网、农田防护林网）为基本面，以森林进镇、森林围镇为主体的森林乡镇创建战略布局，坚持点、线、面整体推进。2018年，该镇新增林网面积1333.33公顷，有林地总面积达4200公顷，栽植各类苗木50棵。其中，经济林面积333.33公顷，水系绿化866.67公顷，绿色通道及农田林网46千米，林木绿化覆盖率35.6%，森林植被达95%。年底，全镇造林存活率达97%。 （赵先法 侯胜男）

东平县

【概况】 东平因《尚书·禹贡》中“大野既潴，东原底平”之说而得名。位于泰安市西南部。全县行政区域面积1340平方千米，辖14个乡（镇、街道）。年末常住总人口76.26万人。

全年实现生产总值405.99亿元，比上年增长5.5%。其中，第一产业增加值48.23亿元，第二产业增加值183.11亿元，第三产业增加值174.65亿元。固定资产投资比上年增长8.3%。公共财政预算收入11.76亿元，公共财政预算支出42.43亿元。社会消费品零售总额168.0亿元，

2018年东平县乡镇（街道）基本情况

表 44

乡镇（街道）名称		东　平	彭　集	沙河站	州　城	新　湖	商老庄	戴　庙	银　山	斑鸠店	旧　县	老　湖	梯　门	大　羊	接　山
党委书记		许洪顺	王　乾	李便宁	仲光亮	郭　东	李振兴	王建军	李振福	范思安	郑兴利	史金龙	牛　东	张格柱	齐宝鹏
乡镇长（主任）		宋衍东	屈克志	李　杰	杨爱华	桑　鹏	潘　军	米厚章	姚来涛	李传科	乔曙光	吴衍涛	常传奎	吴晓剑	
面积（平方千米）		160.9	75	66.2	66	104.8	92.9	86.88	104.5	76	70.9	112.9	89.9	82.9	149.4
实有耕地面积（公顷）		4462	4828	4909	3685.77	6634.1	3460.6	3993	3940	4223.9	2534	4270	5202.7	5348	9475
村（居）民委员会（个）		74	53	65	71	54	35	48	44	40	30	71	42	37	52
人口（万人）		15365	6.23	5.79	6.2	5.5	3.54	4.04	5.96	4.99	2.72	7.1	3.7	3.36	6.13
地方财政收入（万元）		17795	4535.62	1881	1906	1490.6	1468	1365	2128	1457	2123	3712.3	2370	1668	2636.7
农村机械总动力（千瓦）		21000	35800	10640	25000	68000	3130	6000	23000	2500	58000	85000	22600	150000	118000
农村用电量（万千瓦小时）		8800	1403	434	2200	2470	2131	2873	1409	3200	2100	1800	562	17406	150
农产品总量（吨）	粮食	50000	40618	58413	60000	6597.706	36960	500000	1865.24	28890	11780	25095	58000	66640	133609
	棉花	420	2	47	1.5	5.93	0.5	40	141.254	3720	930	452	669	209.8	543
	肉类	3174	3301	3843	4000	5944.5	4319.7	4850	3479.265	3699.66	841	5327	1600	4270	2757
	牛奶	10	32	2127	—	13	150	1680	1727.97	—	850	785	—	—	151
普通初中	学校数（所）	1	1	1	2	1	1	1	2	1	1	1	1	1	1
	在校生数(人)	1071	1450	930	1700	118	377	637	2125	1173	396	525	1300	645	1600
	专任教师(人)	137	134	104	165	75	41	59	136	87	45	83	70	65	125
小学	学校数（所）	13	10	8	6	7	4	6	7	5	2	8	5	6	10
	在校生数(人)	18672	2042	1854	1645	1531	2040	1925	2820	2140	557	2309	1399	707	2359
	专任教师(人)	838	187	140	104	108	108	87	220	104	86	165	130	77	128
乡镇卫生院	床位（张）	50	65	50	50	40	30	250	65	60	38	265	30	30	50
	专业技术人员（人）	130	66	75	74	37	36	152	75	67	26	46	44	42	125
村级卫生室（社区门诊）	数量（所）	46	37	37	29	37	23	23	43	38	14	40	25	19	38
	乡村医生(人)	91	74	83	86	73	65	85	130	50	61	76	50	45	179
居民人均可支配收入（元）		16829	16222	15517	16523	14390	13617	13085	13157	16406	15416	13134	12345	12843	16079.4
居民人均生活消费支出(元)		9325	9429	9395	11566	9135	10326	10460	9000	10145	7856	9635	10099	7705.8	12059
享受最低生活保障金人数（人）		1560	1628	1192	1564	1336	532	679	729	542	432	2593	1033	1356	2479
入住敬老院人数（人）		130	72	72	85	45	28	81	56	52	52	110	80	61	146
敬老院数（所）		1	1	1	1	1	1	1	1	1	1	1	1	1	1

进出口总额34843万元。年末，金融机构各项存款余额290.31亿元，其中住户存款余额228.44亿元。

粮食播种面积9.48万公顷，粮食总产61.3万吨，棉花总产2440吨，油料总产1.8万吨，蔬菜总产66.4万吨，水果总产1.1万吨，水产品总产7.1万吨，肉、蛋、奶总产8.2万吨。全年完成成片造林943.27公顷（1.41万亩），新增造林500.2公顷（7503亩），更新造林443.07公顷（6646亩），新建完善农田林网1333.33公顷（2万亩），“三边”绿化60千米。全县拥有农业机械总动力83.56万千瓦。规模以上工业企业229家，实现增加值比上年增长3.6%，实现主营业务收入140.7亿元，增长1.9%。资质三级及以上建筑企业31家，实现建筑业总产值42.8亿元。

8月6日，市委书记崔洪刚（右三）到东平县调研省重点扶持乡镇脱贫攻坚工作，市委副书记、东平县委书记张涛（右五）陪同活动（王国梁　摄）

公路通车里程2768千米，其中高速公路通车里程34.36千米。公路水路完成客运量239.64万人次，水路货运量6.79万吨。完成电信业务总量4100万元，移动业务收入2.04亿元，联通业务收入5754万元，邮政业务总量9244.35万元。城镇化率44.48%。开工保障性安居工程7042套，主体完成5391套，城市基础设施建设完成投资1.5亿元，村镇建设完成投资16.39亿元。城市空气质量良好率64.2%。城区污水集中处理率97%，垃圾无害化处理率100%。国家A级及以上旅游景区15家，全年接待旅游人数743.7万人次，实现旅游综合收入45.68亿元，分别增长11%、14.2%。

12月17日，《东平改革开放实录》首发式暨纪念改革开放40周年座谈会举行。图为座谈会现场（张作彬　摄）

有中等职业学校2所，在校生3428人。普通高中4所，在校生1.44万人。九年一贯制学校6所，在校生6595人。普通初中15所，在校生2.44万人。小学71所（不含19处教学点），在校生3.92万人。幼儿园174所，在园幼儿2.02万人。获得市级及以上科学技术奖2项，国内发明专利申请量131件，授权专利33件。有博物馆1座、档案馆1座、公共图书馆1座、文化馆1座、农村文化大院716座、国家级文化产业示范基地1座、全国重点文物保护单位4处、省级文物保护单位13处。广播、电视人口综合覆盖率均达100%。医疗卫生机构587个，其中医院（卫生院）19所、社区卫生服务中心13个。各类卫生机构有床位2901张，卫生技术人员3684人。体育馆1座，新建公共健身工程57个。全年参加市级及以上体育比赛获金牌68枚。

城镇居民人均可支配收入30490元。农村居民人均可支配入15517元。居民基本养老保险参保

12月10—12日，全国水库移民工作会议在东平召开（司 刚 摄）

人数46.89万人，基本医疗保险参保人数71.66万人。城市最低生活保障人数916人，农村最低生活保障人数1.74万人。福利中心1处，床位200张。

年内，东平县移民避险解困试点工程成为全国样板。小农水重点县项目连续九年获省"优秀"等次。东平县被评为省级农产品质量安全县。东顺集团入选国家绿色工厂，被列入国家绿色制造体系建设名录。"土安西瓜"被认定为国家地理标志证明商标；东平县第二苗圃选送的元丰核桃、清香核桃、金帅苹果在第十五届中国林产品交易会上获"金奖"，东平县瑞青玫瑰开发有限公司选送的玫瑰、大羊南留屯村选送的强特核桃获"银奖"。南堂子村被评为"中国美丽休闲乡村"。

【全国水库移民工作会议在东平召开】 12月11—12日，全国水库移民工作会议在东平召开。会议总结水库移民工作取得的成绩，分析水库移民工作面临的新形势、新任务，研究部署下一步移民工作的方向和任务。国家有关部委代表、水利部有关司局、事业单位、流域机构，各省、自治区、直辖市水利水电工程移民行政管理机构，有关重大水利工程项目法人，有关规划设计、科研单位等140余人参加会议。水利部副部长魏山忠出席会议并讲话，水利部移民司司长唐传利作题为"凝心聚力 团结奋进 开启水库移民工作新征程"的工作报告。山东、浙江、福建、湖北、湖南、贵州、泰安等7个省、市，大藤峡水利枢纽开发有限责任公司、峡江水利枢纽工程2个项目法人单位作典型发言。其间，与会代表到东平县州城街道湖韵苑社区、凤凰社区党群服务中心、水利移民扶贫产业园、东平街道史楼村、戴村坝博物馆等地，参观东平县水库移民避险解困工程、美丽家园建设以及移民产业发展成果。

【东平县易地扶贫搬迁工程完成】 东平县易地扶贫搬迁工程涉及全县5个乡镇（街道）、16个村、1.58万人，其中建档立卡贫困人口3274人，同步搬迁人口1.25万人，总搬迁规模占全省任务总量的36%。2018年，易地扶贫搬迁工作进展顺利，截至年底全面完成搬迁入住任务，群众全部搬进配套设施完善、环境优美的新社区。从滩涂地的穷窝窝到新社区的新家园，易地扶贫搬迁，见证东平人居环境的新变化，提升百姓的幸福感和获得感。

【白佛山文化产业园开园】 5月22日，白佛山文化产业园开园。该园是省、市新旧动能转换重大文化旅游项目，是东平"一山一水"旅游框架关键一环。由普世南山集团投资50亿元兴建，规划面积10平方千米，核心区6平方千米，在空间上形成"7"字架构，即"两条轴线"与"五个服务区"，规划建设重点文化产业项目20个。开园后，产业园与东平湖景区形成"山水两日游"精品路线，打造"禅山义水"旅游特色，成为全省"文化圣地、度假天堂"高品质旅游目的地。

（李姗姗 杜 梅）

编辑 校对 戚淑娟

人　物

市级领导人

崔洪刚　男，汉族，1961年5月出生，山东淄博人。1982年11月加入中国共产党，1978年10月参加工作。中央党校研究生学历。

1978年10月至1979年9月，淄博市淄川区洪山公社十里村下乡知青；1979年9月至1981年7月，淄博师范专科学校中文系中文专业学习。曾任张店区石桥公社干部、淄博市委老干部局办公室副主任、淄博市委办公室副科级秘书、共青团淄博市委副书记。1989年11月至1996年12月，淄博市周村区委副书记，区委副书记、区长；1996年12月至1999年2月，淄博市委副秘书长（正县级）；1999年2月至2001年2月，淄博市博山区委书记；2001年2月至2004年6月，淄博市副市长兼淄博高新技术产业开发区工委书记、管委会主任；2004年6月至2006年12月，淄博市委常委兼淄博高新技术产业开发区工委书记、管委会主任［2004年3月至2006年1月，在中央党校在职研究生班（导师制）社会学专业学习］；2006年12月至2012年2月，济宁市委常委、副市长；2012年2月至2013年2月，济宁市委副书记；2013年2—3月，滨州市委副书记；2013年3月至2018年4月，滨州市委副书记、市长；2018年4月以后，泰安市委书记兼市委党校校长。

张　涛　男，汉族，1972年1月出生，山东临清人。1993年1月加入中国共产党，1993年7月参加工作。研究生学历，公共管理硕士。

1993年7月毕业于山东大学管理科学系管理科学专业。曾任山东工艺品进出口集团股份有限公司科员、发制品厂副厂长、办公室副主任、办公室主任、总裁助理兼办公室主任，新华锦集团有限公司人力资源部总经理，共青团山东省委企业工委副书记等职。2004年9月至2011年1月，团省委副书记、党组成员；2011年1—4月，团省委副书记、党组成员，省青联主席；2011年4月至2013年2月，团省委副书记、党组成员兼山东青年政治学院党委书记，省青联主席；2013年2—6月，团省委书记、党组书记兼山东青年政治学院党委书记，省青联主席；2013年6月至2016年11月，团省委书记、党组书记兼山东青年政治学院党委书记；2016年11月至2018年4月，泰安市委副书记（正厅级）；2018年4月至2019年6月，泰安市委副书记（正厅级）、东平县委书记；2019年6月以后，泰安市委副书记，市人民政府党组书记、市长。

曲　锋　男，汉族，1964年4月出生，山东夏津人。1987年12月加入中国共产党。1983年7月参加工作。省委党校研究生学历。

1983年7月毕业于德州师专中文专业；曾任中学教师，德州市（县级）委党史办助理编辑，德州市（县级）委办公室督查科科长、机要局局长，德城区财政局副局长、党组副书记，德城区黄河涯镇党委书记、天衢街道党委书记等职。2001年2月任德城区副区长，天衢街道党委书记、天衢工业园管委会党工委书记、主任。2005年2月任德城区委副书记，天衢工业园党工委书记、管委会主任，天衢街道党委书记。2008年12月任德城区委常委、副区长。2012年1月任陵县县委副书记、县长。2014年2月任乐陵市委副书记、市长。2016年2月任乐陵市委书记。2016年11月至2019年7月任齐河县委书记。2019年7—8月，泰安市委副书记，东平县委书记。2019年8月以后，泰安市委副书记，东平县委书记、党校校长。

郭德文　男，汉族，1964年5月出生，山东烟台牟平人。1986年6月加入中国共产党，1987年7月参加工作。研究生学历，工程硕士。

1987年7月毕业于山东师范大学中文系。曾任山东师范大学外办干部、省政府外事办公室宣传处干部、省政府外事办公室机关党委主任科员、省政府外事办公室秘书处副处长，省政府外事办公室秘书处副处长，挂职新泰市委副书记，省政府外事办公室机关服务中心主任，挂职新泰市委副书记，新泰市委副书记（正县级），东平县委副书记、县政府县长、党组书记，新泰市委副书记，新泰市委副书记、市政府市长，新泰市委书记，新泰市委书记、党校校长、市人大常委会主任等职。2012 年 1—2 月，泰安市委常委候选人；2012 年 2 月以后，泰安市委常委、政法委书记。

展宝卫 男，汉族，1962 年 12 月出生，山东东平人。1982 年 7 月参加工作，1983 年 12 月加入中国共产党。研究生学历，管理学博士。

1982 年 7 月毕业于泰安师专中文系汉语言文学专业。曾任东平三中教师，东平县委党校教师，东平县委组织部干事、秘书、组织员办公室副主任，泰安市委组织部副科长，泰安市委办公室副科级秘书、正科级秘书、副县级秘书，泰安市委政策研究室研究员（副县级）、副主任，泰山区委常委、区政府副区长，泰山区委副书记，泰安经济开发区、泰安高新技术产业开发区管委会主任、党工委副书记，泰安经济开发区、泰安高新技术产业开发区党工委书记、管委会主任，宁阳县委书记，宁阳县委书记、党校校长，宁阳县委书记、党校校长，县人大常委会主任等职。2011 年 12 月至 2012 年 1 月，泰安市政府党组成员，宁阳县委书记、党校校长，县人大常委会主任；2012 年 1—2 月，泰安市政府党组成员，宁阳县委书记、党校校长；2012 年 2—12 月，泰安市政府副市长、党组成员，宁阳县委书记、党校校长；2012 年 12 月至 2013 年 12 月，泰安市政府副市长、党组成员；2013 年 12 月至 2017 年 2 月，泰安市政府副市长、党组成员，市国资委党委书记；2017 年 2—3 月，泰安市委常委，市政府副市长、党组成员，市国资委党委书记；2017 年 3—4 月，泰安市委常委，市政府常务副市长、党组副书记，市国资委党委书记；2017 年 4 月至 2019 年 8 月，泰安市委常委，市政府常务副市长、党组副书记；2019 年 8—10 月，泰安市人民政府副市长。

李灿玉 男，汉族，1961 年 9 月出生，山东莱芜人。1986 年 10 月加入中国共产党，1982 年 7 月参加工作。大学学历。

1982 年 7 月毕业于山东农学院林学专业。曾任齐河县农业引用外资项目办公室干部，莱芜市科协干部，莱芜市委研究室秘书、副主任、主任，泰安市政府办公室正科级秘书，莱芜市委办公室副主任，莱芜市委副秘书长、办公室副主任，莱芜市委副秘书长、办公室副主任、市档案馆（局）馆（局）长，莱芜市委副秘书长、市档案馆（局）馆（局）长，莱芜市教育局局长、党委书记，莱芜市钢城区委副书记、区长，高青县委书记、县人大常委会主任兼县委党校校长。2012 年 3 月至 2016 年 12 月，淄博市副市长；2016 年 12 月至 2017 年 1 月，泰安市委常委；2017 年 1 月以后，泰安市委常委、统战部部长。

郝　红 女，汉族，1966 年 10 月出生，山东寿光人。1985 年 1 月加入中国共产党，1987 年 7 月参加工作。大学学历，工商管理硕士。

曾任省文化厅人事处副处长，省纪委驻省文化厅纪检组正处级检查员、副组长，省纪委机关党委副书记、第八纪检监察室副主任、主任等职。2016 年 12 月任泰安市委常委、市纪委书记；2018 年 1 月任泰安市委常委、市纪委书记、市监委主任。

宋洪银 男，汉族，1964 年 1 月出生，山东肥城人。1983 年 6 月加入中国共产党，1985 年 7 月参加工作。省委党校研究生学历。

1985 年 7 月毕业于曲阜师范学院政治系政治专业。曾任肥城县新城镇党委秘书，泰安市委组织部青年干部科干部、企事业干部科（青年干部科）副科级干事、企事业干部科（青年干部科）副科长、主任科员、企事业干部科（青年干部科）科长，泰安市委组织部副部长，新泰市委副书记，泰安市泰山区委副书记、区人民政府代理区长、区人民政府区长、党组书记，泰安市泰山区委书记、党校校长；泰安市泰山区委书记、党校校长，区人大常委会主任等职。2015 年 5 月至 2016 年 1 月，泰安市委常委，泰山区委书记、党校校长，区人大常委会主任；2016 年 1—4 月，泰安市委常委，泰山区委书记、党校校长；2016 年 4 月以后，泰安市委常委、秘书长。

高尚山 男，汉族，1969 年 2 月出生，山东临朐人。1991 年 4 月加入中国共产党，1992 年 7 月参加工作。大学学历。

1992 年 7 月毕业于聊城师范学院中文系汉语言文学专业。曾任济南市天桥区委组织部干事、科员、副主任科员，省委组织部办公室干部、副主任科员、主任科员，省委组织部研究室（政策法规处）主任科员、助理调研员，省委组织部组织处副处长，省委组织部组织三处处长，省党员干部现代远程教育中心主任、省委组织部组织三处处长，省党员干部现代远程教育中心主任等职。2016年12月至2017年1月，泰安市委常委；2017年1月以后，泰安市委常委、组织部部长，市老年大学校长。

李保泉 男，汉族，1965年8月出生，山东齐河人。1989年加入中国共产党，1983年10月参加工作。在职研究生学历。

1983年10月至1989年7月，四十三军某部战士；1989年7月至1993年6月，济南军区内长山守备师军医；1993年6月至1996年12月，济南军区内长山要塞区政治部组织科副连职干事、正连职干事；1996年12月至1998年2月，济南军区海防二团政治处组织股股长；1998年2—12月，济南军区内长山要塞区政治部干部科副营职干事；1998年12月至1999年9月，济南军区联勤部政治部组织处副营职干事；1999年9月至2003年6月，济南军区政治部纪检部纪检监察处副营职干事、正营职干事、副处长；2003年6月至2009年9月，济南军区政治部纪检部副团职干事、正团职干事、案件审理室主任（正团职）；2009年9月至2014年12月，济南军区政治部纪检部副部长；2014年12月至2017年6月，莱芜市委常委，莱芜军分区政治委员；2017年6月至2018年1月，莱芜市委常委，莱芜军分区政治委员（调整改革重新任命）；2018年1—4月，泰安军分区政治委员；2018年4月以后，泰安市委常委，泰安军分区政治委员。

唐福泉 男，汉族，1963年7月出生，山东荣成人。1986年7月加入中国共产党，1989年7月参加工作。经济学博士。

1989年7月硕士研究生毕业于山东大学经济管理学院国民经济计划与管理专业。曾任省人事厅调研室干部、副主任科员、主任科员，省人事厅政策法规处助理调研员、副处长，淄博市沂源县委副书记，淄博市临淄区委副书记、代理区长、区长、区政府党组书记，淄博市临淄区委副书记、区长、区政府党组书记兼齐鲁化工区管委会副主任、工委副书记，淄博市临淄区委副书记、区长、区政府党组书记兼齐鲁化工区管委会主任、工委副书记，淄博市临淄区委书记，淄博市临淄区委书记、区人大常委会主任、区委党校校长兼齐鲁化工区管委会主任、工委副书记，淄博市临淄区委书记、区人大常委会主任、区委党校校长兼齐鲁化工区工委书记等职。2010年1—4月，淄博市副市长、市政府党组成员，淄博市临淄区委书记、区人大常委会主任、区委党校校长，齐鲁化工区工委书记；2010年4月至2011年12月，淄博市副市长、市政府党组成员；2011年12月至2012年2月，淄博市副市长、市政府党组成员，淄博市委秘书长；2012年3月至2013年12月，淄博市委常委、秘书长；2013年12月至2014年1月，泰安市委常委；2014年1月至2017年1月，泰安市委常委、组织部部长，市老年大学校长；2017年1—2月，泰安市委常委；2017年2—3月，泰安市人大常委会主任；2017年3月以后，泰安市人大常委会主任、党组书记。

张书盈 男，汉族，1962年3月出生，山东泰安人。1980年7月参加工作，1984年12月加入中国共产党。中央党校大学学历，会计师。

1980年7月毕业于山东财政学校财税专业。曾任泰安县夏张公社税务所征收员、泰安县（市）财税局预算会计、泰安市泰山区财政局预算科副科长、预算科科长，泰安市泰山区财政局副局长，泰安市财政局预算外资金管理科副科长，泰安市财政局行财科科长，泰安市财政局副局长，泰安市财政局副局长、市国有资产管理局局长，泰安市财政局副局长、企业管理处主任，泰安市审计局局长、党组书记，泰山区委副书记，泰山区委副书记、区长，泰安市委副秘书长，泰安市委组织部副部长、市人事局局长、编办主任，泰安市政府党组成员、市政府办公室党组书记、市委组织部副部长、市人事局局长、编办主任，泰安市政府党组成员、秘书长、市政府办公室党组书记、市委组织部副部长、市人事局局长、党组书记、编办主任，泰安市政府党组成员、秘书长、市政府办公室党组书记等职。2012年2—3月，泰安市政协副主席、党组成员，市总工会党组书记；2012年3月至2013年12月，泰安市政协副主席、党组成员，市总工会主席、党组书记；2013年12月至2015年1月，泰安市政协副主席、党组成员，市总工会主席、党组书记，市政协科教文卫体委主任、社会法制和民族宗教委主任；2015年1月至2017年2月，泰安市政协副主席、党组成员，市总工会主席、党组书记；2017年2—3月，泰安市人大常委会副主任，市总工会主席、党组书记；2017年3月以后，泰安市人大常委会副主任、党组副书记，市总工会主席、党组书记。

王淑玲 女，汉族，1967年11月出生，河北沧州人。1993年8月参加工作，1997年12月加入九三学社。研究生学历。

1990年7月毕业于山东矿业学院煤田地质系矿山测量专业。曾任泰安市政府办公室技术科科员、副科长，泰安市司法局副局长，泰安市泰山区政府副区长，泰安市泰山区政府副区长、九三学社市委副主委，泰安市工商联（总商会）主席（会长）等职。2012年2月至2017年2月，泰安市政协副主席、市工商联（总商会）主席（会长）；2017年2月以后，泰安市人大常委会副主任、市工商联（总商会）主席（会长）。

陶长江 男，汉族，1960年4月出生，山东莱芜人。1985年6月加入中国共产党，1982年7月参加工作。省委党校大学学历。

1982年7月毕业于泰安师专中文系汉语言文学专业。曾任泰安地区新汶水泥厂团委副书记（主持工作），泰安团地委干事，泰安市委组织部党政干部科副科级干事，泰安市委组织员办公室正科级组织员，泰安市委组织部党政干部科科长，泰安市委组织部助理调研员、党政干部科科长，泰安市委组织部副部长，泰安市委组织部副部长、泰安市党员干部现代远程教育中心主任，泰安市委组织部副部长、市委老干部局局长，泰安市委组织部副部长、市编办主任，泰安高新区党工委书记、管委会主任等职。2013年12月至2017年1月，泰安高新区管委会主任（副厅级）、党工委书记；2017年1—2月，泰安高新区管委会主任（副厅级）、市人大常委会党组成员；2017年2—5月，泰安市人大常委会副主任、党组成员，泰安高新区管委会主任；2017年5月以后，泰安市人大常委会副主任、党组成员。

刘学保 男，汉族，1962年6月出生，山东汶上人。1987年12月加入中国共产党，1984年7月参加工作。省委党校研究生学历。

1984年7月毕业于山东师范大学中文系汉语言文学专业。曾任泰安教育学院教师，泰安市教育局科员，泰安市教委办公室副主任、主任科员，泰安市委办公室主任科员，泰安市委政研室政治文教科科长，东平县委常委、组织部部长，东平县委副书记、组织部部长，肥城市委副书记、纪委书记，肥城市委副书记，泰安市安全生产监督管理局局长、党组书记，新泰市委副书记、市政府市长，宁阳县委书记、党校校长等职。2017年2—3月，泰安市人大常委会副主任，宁阳县委书记、党校校长；2017年3月至2019年8月，泰安市人大常委会副主任、党组成员，宁阳县委书记、党校校长；2019年8月以后，泰安市人大常委会副主任、党组成员。

曹步山 男，汉族，1962年10月出生，山东莱芜人。1986年6月加入中国共产党，1981年7月参加工作。省委党校研究生学历。

1983年9月至1986年7月，江西水利专科学校水土保持专业学习。曾任新泰市水利局技术员，泰安市水土保持委员会办公室助理工程师，泰安市水利水产局科员、工程师，泰安市水土保持科学研究所党支部副书记、副所长，高级工程师（主持全面工作），泰安市水土保持科学研究所党支部书记、所长，泰安市水利与渔业局水土保持科科长，泰安市大汶河管理处党支部委员、副主任，泰安市大汶河管理处主任、副书记，泰安市水利和渔业局党委委员、大汶河管理局局长、党支部书记，泰安市水利和渔业局党委副书记、副局长，大汶河管理局局长、党支部副书记，泰安市水利和渔业局党委书记、大汶河管理局局长，泰安市水利和渔业局局长、党委书记等职。2017年2—3月，泰安市人大常委会副主任；2017年3月以后，泰安市人大常委会副主任、党组成员。

鞠向群 男，汉族，1963年4月出生，山东沂水人，1985年7月参加工作，1989年11月加入中国共产党。全日制大学本科学历。

1985年7月毕业于山东大学光学系技术光学专业。曾任省公安厅刑事侦查处办事员、科员、副科长，省公安厅刑事侦查总队大要案侦查科科长，省公安厅刑事侦查总队副总队长、副总队长兼反恐和打黑工作处副处长，省公安厅反恐和打黑工作处处长，省公安厅反恐怖总队总队长等职。2013年3—4月，泰安市副市级干部；2013年4月至2015年5月，泰安市副市级干部，市政府党组成员，市公安局局长、党委书记、督察长；2015年5—6月，泰安市人民政府副市长人选、党组成员，市公安局局长、党委书记、督察长；2015年6月以后，泰安市人民政府副市长、党组成员，市公安局局长、党委书记、督察长。

成　丽　女，汉族，1972年2月出生，山东日照人。1993年6月加入中国共产党，1993年7月参加工作。研究生学历，工商管理硕士。

1993年7月毕业于临沂师范专科学校外语系英语教育专业。曾任日照市东港区日照街道党工委组织干事，日照市妇联权益儿童部、儿童部科员，日照市妇联儿童部副部长、部长，济宁市妇联副主席、党组成员，省妇联办公室副主任、研究室副主任、组织联络部部长等职。2015年5—6月，泰安市政府副市长人选、党组成员；2015年6月以后，泰安市政府副市长、党组成员。

张红旗　男，汉族，1967年8月出生，山东单县人。1985年12月加入中国共产党，1987年7月参加工作。研究生学历，农业推广硕士。

1987年7月毕业于单县师范学校中师专业。曾任单县师范办公室秘书，单县李新庄乡科员、党委秘书、团委副书记、团委书记，单县李新庄乡党委副书记，单县李半庄乡党委副书记、乡长，单县杨楼乡党委书记，巨野县副县长，巨野县委常委、办公室主任，巨野县委常委、副县长，巨野县委副书记，曹县县委副书记、副县长、代县长，曹县县委副书记、县长，定陶县委书记，菏泽市定陶区委书记等职。2016年12月至2017年1月，菏泽市政府党组成员、泰安市副市长人选；2017年1月以后，泰安市副市长、党组成员。

赵德健　男，汉族，1972年3月出生，山东单县人。1992年7月加入中国共产党，1994年7月参加工作。法学博士。

1994年7月毕业于山东农业大学园艺系蔬菜专业。曾任山东农业大学园艺系辅导员，山东农业大学党办秘书、副科级秘书、正科级秘书、校直团总支书记，山东农业大学经济管理学院党总支副书记，山东农业大学团委书记，共青团泰安市委书记、党组书记，东平县委副书记、代县长、县长，东平县委书记、党校校长，泰安市东平县委书记、党校校长、东平县人大常委会主任等职。2017年2—3月，泰安市政府副市长，东平县委书记、党校校长；2017年3月至2018年4月，泰安市政府副市长、党组成员，东平县委书记、党校校长；2018年4月以后，泰安市政府副市长、党组成员。

袁久党　男，汉族，1967年1月出生，山东新泰人。1989年7月参加工作。民建会员。研究生学历。

1989年7月毕业于山东矿业学院采矿工程系采矿工程专业。曾任新泰市王家寨煤矿技术员、生产技术科科长，新泰市王家寨煤矿副矿长、筹建处副主任，新泰市煤炭工业管理局副局长，新泰市政府副市长，泰安市煤炭工业管理局副局长、局长，泰安市安全生产监督管理局局长人选等职。2017年2—4月，泰安市政府副市长、市安监局局长人选；2017年4月以后，泰安市政府副市长、市安监局局长。

周桂萍　女，汉族，1960年12月出生，山东蒙阴人。1989年9月加入中国共产党，1990年8月参加工作。研究生学历，管理学硕士。

曾任沂南县饮食服务公司职工，沂南县新新综合服务公司经理，沂蒙制动材料总厂副厂长，省经济贸易委员会企业处科员、主任科员、助理调研员，挂职任鱼台县副县长、鱼台县委副书记，汶上县委副书记、县长，汶上县委书记等职。2010年1—2月，济宁市副市长，汶上县委书记；2010年2—4月，济宁市副市长，济宁北湖省级旅游度假区党工委书记，汶上县委书记；2010年4月至2011年12月，济宁市副市长，济宁北湖省级旅游度假区党工委书记；2011年12月至2015年1月，滨州市委常委、宣传部部长；2015年1—2月，泰安市委常委；2015年2月至2017年2月，泰安市委常委，市政府副市长、党组副书记；2017年2—3月，泰安市政协主席；2017年3月以后，泰安市政协主席、党组书记。

徐恩虎　男，汉族，1964年12月出生，山东汶上人。1998年9月加入民革，1992年7月参加工作。研究生学历，工学博士。

1992年7月至1995年3月，山东矿业学院教师；1995年3月至1999年3月，东北大学工程力学专业博士研究生；1999年3月至2001年1月，山东科技大学资源环境学院实验中心主任；2001年1月至2002年5月，山东科技大学资源环境学院实验中心主任，民革泰安市委副主委；2002年5月至2003年1月，山东科技大学资源环境学院实验中心主任，民革山东省委委员、泰安市委副主委；2003年1月至2005年12月，东平县政府副县长，民革山东省委委员、泰安市委副主委（其间：2005年1—12月，主持民革泰安市委工作；2005年3月至2006年3月，挂职诸城市副市长）；2005年12月至2006年2月，东平县政府副县长，民革山东省委委员、泰安市委主委；2006年2月至2007年5月，泰安市政府副市长，民革山东省委委员、泰安市委主委；

2007年5月至2008年12月，泰安市政府副市长，民革山东省委常委、泰安市委主委；2008年12月至2012年5月，泰安市政府副市长，民革山东省委常委、泰安市委主委，市红十字会会长（兼）；2012年5月至2017年2月，泰安市政府副市长，民革山东省委副主委、泰安市委主委；2017年2月以后，泰安市政协副主席，民革山东省委副主委、泰安市委主委。

张庆明 男，汉族，1961年7月出生，山东泰安人。1989年2月加入中国民主建国会。1983年7月参加工作。大学学历，历史学学士。

1983年7月毕业于曲阜师范大学历史系历史专业。曾任莱芜师范政教组教师，泰安师专政史系教师，泰安市工商联科员，民建泰安市委筹备组及民建泰安市委驻会干部、驻会秘书（副科级），新泰市翟镇副镇长（正科级），新泰市人民政府市长助理，新泰市人民政府副市长等职。2001年2月至2002年2月，泰安市政协副主席，市工商业联合会副会长；2002年2月至2011年12月，泰安市政协副主席，市工商业联合会（市总商会）主席（会长）；2011年12月至2012年2月，泰安市政协副主席；2012年2月至2017年2月，市政府特邀咨询；2017年2月以后，泰安市政协副主席、民建泰安市委主委，省政协常委、民建省委常委。

刘　君 男，汉族，1958年6月出生，山东临清人。1976年6月参加工作，2000年4月加入九三学社。上海医科大学普外专业硕士研究生，医学博士，主任医师。

曾任滕州城郊下乡知青，鲁南化肥厂职工医院卫生员，枣庄市立医院医师，泰安市中心医院医师、主治医师，泰安市中心医院副主任、主任、副主任医师，泰安市中心医院院长助理、副主任医师，泰安市中心医院副院长，泰安市中心医院副院长、九三学社泰安市委主委等职。2008年1月至2010年7月，泰安市政协副主席，市中心医院副院长，九三学社泰安市委主委；2010年7月以后，泰安市政协副主席，市中心医院院长，九三学社泰安市委主委。

王昌元 男，汉族，1962年4月出生，山东宁阳人。1983年7月参加工作，1997年12月加入中国民主促进会。理学硕士。

1983年7月毕业于曲阜师范大学数学系数学专业。曾任泰安师范专科学校数学系教师，泰山医学院讲师、副教授、教授、数学教研室主任，泰山医学院信息科学系副主任，泰山医学院信息工程学院副院长，民进泰安市委主委、泰山医学院信息工程学院副院长等职。2008年1月至2013年1月，泰安市政协副主席，民进泰安市委主委，泰山医学院信息工程学院副院长。2013年1月以后，泰安市政协副主席，民进泰安市委主委，泰山医学院现代教育技术中心主任。

马纯勇 男，汉族，1964年1月出生，山东泰安人。1988年5月加入中国共产党，1985年8月参加工作。本科学历。

曾任泰安市化肥厂财务科会计、审计科副科长，泰安对外经济技术合作公司财务部副经理、经理，泰安对外经济技术合作公司副经理（主持工作），泰安对外经济技术合作公司总经理，泰安市外经委（局）副主任、党委委员，泰安市对外贸易经济合作局副局长、党委委员，泰安市商贸国资公司董事、总经理、党委委员，泰安市商贸国资公司董事长、总经理、党委书记，泰安市审计局局长、党组书记等职。2017年1—2月，泰安市政协党组成员；2017年2月以后，泰安市政协副主席、党组成员。

程　明 男，汉族，1962年9月出生，山东泰安人。1987年12月加入中国共产党，1979年12月参加工作。在职研究生学历，法学硕士。

曾任惠民地区印染厂工人，惠民地区水利学校教师，共青团泰安市委宣传部干事、经济部副部长、组织部副部长、组宣部部长，泰安市人民政府外事（侨务）办公室副主任、党组成员，泰安市人民政府外事（侨务）办公室主任、党组书记，泰安市旅游局局长、党组书记等职。2017年2—3月，泰安市政协副主席、市旅游发展委主任；2017年3月以后，泰安市政协副主席、党组成员。

孙岱峰 男，汉族，1962年1月出生，山东邹城人，民盟盟员。1984年7月参加工作。大学学历。

1984年7月毕业于山东纺织工学院纺织机电系。曾任泰安毛纺厂干部、生产计划科副科长、生产计划科科长、销售科科长，泰安市泰山区政府副区长，泰安市司法局副局长、民盟泰安市委副主委，市中级人民法院副院长、民盟泰安市委副主委，市中级人民法院副院长（正县级）、民盟泰安市委主委等职。2017年2月以后，泰安市政协副主席、市中级人民法院副院长、民盟泰安市委主委。

陈湘安 男，汉族，1959年4月出生，山东泰安人。1976年7月参加工作，1984年4月加入中国共产党。大学学历。

曾任泰安县省庄公社桑家疃大队民办教师，莱芜市（县级）城关镇党委宣传干事，共青团莱芜市（县级）委宣传部部长，泰安市委组织部党政科干事、副科级干事，泰安市委组织员办公室组织员（正科级），泰安市委组织员办公室副主任、市委组织部组织科科长，宁阳县委常委、组织部部长，宁阳县委副书记、组织部部长，宁阳县委副书记、县长，东平县委副书记、县长，东平县委书记、党校校长，东平县委书记、党校校长、县人大常委会主任等职。2011年12月至2012年2月，泰安市政府党组成员；2012年2月至2017年2月，泰安市政府副市长、党组成员；2017年2—3月，泰安市政府党组成员；2017年3月以后，泰安市委农村工作领导小组副组长。

朱旭光 男，汉族，1961年6月出生，山东滕州人。1978年6月参加工作，1981年3月加入中国共产党。在职大学学历。

曾任滕县印刷厂工人，滕县法院书记员，滕县法院副院长，滕州市法院副院长（正科级），滕州市法院代理院长、院长，枣庄市中级人民法院副院长、党组副书记，枣庄市中级人民法院副院长、党组副书记、执行局局长等职。2010年12月至2011年1月，泰安市中级人民法院党组书记、副院长、代院长；2011年1月至2012年6月，泰安市中级人民法院院长、党组书记；2012年6月以后，泰安市中级人民法院院长、党组书记、市法官协会会长。

苏金森 男，汉族，1966年10月出生，福建莆田人。1993年11月加入中国共产党，1990年7月参加工作。大学学历，法学学士。

1990年7月毕业于华东政法学院法律系法学专业。曾任威海市环翠区人民检察院干部、助理检察员、检察员、副科长、科长、副科级检察员，威海市环翠区初村镇党委副书记，威海市环翠区人民检察院党组成员、副检察长、检察委员会委员、正科级检察员，威海市环翠区人民检察院党组成员、副检察长兼反贪局局长，乳山市人民检察院检察长、党组书记，威海市人民检察院副检察长、党组成员兼乳山市人民检察院检察长、党组书记，威海市人民检察院副检察长、党组成员、正处级检察员，省人民检察院政治部副主任，省人民检察院政治部副主任、检察员，省人民检察院控告申诉检察处处长、举报中心主任、国家赔偿中心主任等职。2015年1—2月，泰安市人民检察院代检察长、党组书记；2015年2月以后，泰安市人民检察院检察长、党组书记。

吕军德 男，汉族，1960年12月出生，山东莱芜人。1982年4月加入中国共产党，1980年7月参加工作。省委党校大学学历。

1980年7月毕业于泰安师范专科学校。曾任肥城县城关公社团委干事、副书记，肥城县委办公室秘书，肥城县委调研室副主任，中共泰安地委纪委研究室副科级检查员，泰安市纪委调研室副主任（正科级）、主任，泰安市纪委办公室主任，泰安市粮油集团总公司（局）纪委书记、党委委员，泰安市粮油集团总公司（局）副总经理（副局长）、党委委员，泰安市粮食局副局长、党委委员、党委副书记，泰安市粮食局局长、党委书记，泰安市委统战部副部长、台办主任，泰安市委统战部常务副部长（正县级），泰安市委副秘书长、市直机关工委书记等职。2015年11—12月，泰安市委党校常务副校长（副厅级），市委副秘书长、市直机关工委书记；2015年12月以后，泰安市委党校常务副校长（副厅级）、校委会主任，行政学院院长。

姚　霆 男，汉族，1963年5月出生，江苏建湖人。1985年7月加入中国共产党，1982年7月参加工作。大学学历。

1982年7月毕业于泰安师专中文系。曾任泰安商业技校教师、办公室副主任，泰安市委研究室秘书、政教科副科长、政教科科长、《泰安工作》编辑部主任，新泰市委常委、宣传部部长，新泰市委副书记、宣传部部长，新泰市委副书记，泰安市委宣传部副部长（正县级），泰安市委宣传部副部长、文明办主任（正县级），泰安市教育局局长、党委书记，泰安市政府党组成员，办公室党组书记，泰安市政府秘书长、党组成员、办公室党组书记等职。2015年5—6月，泰安市政府秘书长、党组成员，办公室党组书记，泰山景区管委会主任、党工委副书记；2015年6月至2016年12月，泰山景区管委会主任、党工委副书记；2016年12月以后，泰山景区党工委书记。

王光锋 男，汉族，1960年6月出生，山东新泰人。1984年12月加入中国共产党，1977年7月参加工作。大学学历。

曾任新泰县汶南公社中南辰小

学民办教师，新泰县汶南公社联中教师，新汶市教育局干部，新汶市政府办公室干部，新泰市政府办公室副科长、科长，新泰市政府办公室副主任、研究室副主任，新泰市政府办公室副主任、研究室主任，新泰市谷里乡（镇）党委书记，宁阳县政府县长助理、党组成员，经贸委主任，宁阳县政府副县长，宁阳县委常委、县政府副县长，泰安市乡镇企业管理局局长、党组书记，泰安市中小企业局局长、党组书记，泰安市经贸委副主任、党委副书记兼市中小企业办主任、党总支书记，泰安市政府副秘书长、市经贸委副主任、党委副书记，泰安市经贸委主任、党委书记，泰安市经济和信息化委员会主任、党委书记等职。2016 年 12 月至 2017 年 1 月，泰安市经济和信息化委员会主任、泰山景区管委会主任；2017 年 1 月以后，泰山景区管委会主任、党工委副书记。

模范人物选介

陈爱武　男，1967 年出生，中共党员，高级农艺师，新泰市唯特果树研究所技术员。2019 年 4 月，中华全国总工会授予其全国五一劳动奖章。

他高中毕业后，艰苦创业，致力于发展苹果产业，引进 8 个国家 50 多个品种进行杂交育种，选育出换代新品种“岳香”“新岳”等苹果品种，产品供不应求。实验引进筛选出拳头品种——鲁丽苹果，优化鲁丽苹果的关键管理技术，增加经济效益，形成泰安乃至整个鲁中山区新的特色支柱产业。成立新泰市新岳苹果专业合作社，吸收周边乡镇 42 个村 309 户果农加入，实现集群化发展，还能共同致富。提高合作社含金量，以合作社为依托，打造成山农大“产学研教学实验基地”等实验基地，取得 10 项科研成果，被山东省园艺学会果树专业委员会授予“新农村建设果树发展工程示范单位”称号。积极提高苹果质量，采用《绿色食品苹果生产技术规程》进行生产，建立苹果生产、销售的质量可追溯制度，1333.33 公顷果园已通过绿色食品果品基地认证。精心培育的“岳香”牌苹果获得山东苹果王大赛优胜奖和中国林产品交易会组委会一三、十四、十五届 5 个金奖，被山东省林业厅评为“齐鲁放心果品品牌”。他积极参与精准扶贫工作，带动 100 村 2000 户果农脱贫致富。他本人先后获得“全国五一劳动奖章”和“山东省劳动模范”“齐鲁乡村之星”“泰安市劳动模范”等称号；他所在的岳香家庭农场获得“省级示范场”称号。

贾衍强　男，1969 年出生，中共党员，山东众成饲料科技有限公司锅炉工。2019 年 4 月，中华全国总工会授予其全国五一劳动奖章。

参加工作后，他逐步从装卸工到车间工人到小料工，2009 年成为一名普通的锅炉工。工作中，他始终牢记生产安全是企业的大事，悉心呵护精密、复杂的锅炉，创出“望闻问切”工作方法。“望”就是时刻观察环境的异常变化，关注锅炉工作状态，辨识现场的危险源；“闻”就是查听锅炉运转有无异常响声，判断工作状态和零部件紧固、配合、磨损等情况；“问”就是每天对锅炉的各项指标嘘寒问暖，随时感应锅炉的任何“头疼脑热”；“切”就是用手去摸，准确掌握锅炉的工作性能及运行情况，作出维护、检修安排，从此，锅炉房成为公司领导最放心的部门。为控制煤烟与粉尘，他利用抽油烟机原理，与设备服务部共同协商，制作烟气罩和烟筒，彻底将煤烟排出室外；为不用来回上下爬就可以直接看到煤斗里的煤，他想到汽车的反光镜，实现坐在椅子上就可以看到煤的内存量的目标；为做到精准上煤，他把小电机改装成自动断电上煤机，既精准又不洒落。除了创新工作外，他还申请 3 项实用新型专利：一种上煤机控制装置、一种锅炉除尘装置、一种蒸汽锅炉储煤斗内储煤量观察装置。面对锅炉房和车间用汽管理运行机制存在的弊端，他联合生产经理、各车间主任、煤炭采购员和质检员组成一个节能减排团队，2014 年牵头制订节煤降耗机制，一年为公司节约用煤 45 吨。2016 年响应国家环保号召，公司关闭燃煤锅炉，新上燃气锅炉，在刚开始使用时他发现有黑色粉末，查找原因，原来是风机和燃烧机调配不合适，天然气燃烧不充分造成的，这一发现给公司节省 10% 的天然气，1 个月能节省 1 万元。他回收水及蒸汽的想法又给公司节省 10% 的天然气。他先后被授予“肥城市优秀共产党员”“山东省劳动模范”称号，2018 年被推荐为山东省第十三届人大代表，2019 年获得全国五一劳动奖章。他的事迹先后被《山东工人日报》《职工天地》《大众日报》等刊物报道。（张婷婷）

范红艳　女，1968 年 7 月出生，大学学历，中共党员。泰安市中级人民法院未成年人案件综合审判庭副庭长。2018 年获得“全国学雷锋志愿服务最美志愿者”称号。

自1998年开始，她长期致力于青少年犯罪的审判、帮教和预防工作，形成的“范红艳工作法”受到最高院领导肯定。她贯彻教育、感化、挽救的工作方针，进行审判方式改革，先后建立社会调查、心理评估、圆桌审判等适合未成年人的审判方式和工作流程。她对未成年犯不是一判了之，而是继续跟踪帮教、回访考察，帮助失足少年彻底改过自新，重新做人。她在全省率先建立轻罪未成年人前科封存消灭制度，最大限度降低刑罚对未成年人健康成长的不利影响。建立“未成年人救助基金”，先后救助涉案未成年被告人、被害人、辖区内急需救助的留守儿童30万元。她热心青少年犯罪预防工作，先后创办泰安市8家青少年法制教育基地、社区未成年人思想道德暨法制教育基地。她担任着泰城20所学校的法制副校长、省护航行动讲师团成员，开展“法律进校园、进社区、进机关、进厂矿、进警营”活动，先后作法制报告400场，教育青少年20万人次。她以朴素的家庭责任心，撑起父亲患癌、两个兄长聋哑残疾的特殊家庭，把3个侄女培养成大学生、硕士生、博士生，以一颗至诚至爱之心赢得广大群众的信任和尊重。她先后获全国三八红旗手、全国模范法官、全国政法系统优秀党员干警、全国未成年人思想道德建设工作先进工作者、全国岗位学雷锋标兵、全国学雷锋志愿服务最美志愿者、省三八红旗手、省优秀共产党员、省十佳女法官、省道德模范、感动齐鲁政法人物等称号。（李　明）

杨玉慧　女，回族，1977年9月出生，大学学历，中共党员。泰安市公安局公共信息网络侦察大队教导员（主持大队全面工作）。2018年被省公安厅记一等功。

她于1995年9月参加公安工作。近年间，她坚持以打击犯罪、维护稳定、服务发展为中心，以“追源头、摧平台、断链条、破大案”为目标，以打击整治黑客攻击破坏犯罪和网络侵犯公民个人信息犯罪、打击电信诈骗等专项行动和“网警+X四快一体化作战”等工作为重点，攻坚克难，顽强拼搏，组织开展网络案件情报线索挖掘和破案攻坚。2018年，破获重大网络犯罪174起，抓获犯罪嫌疑人762人，2起公安部挂牌督办和5起省公安厅挂牌督办案件全部告破。接连破获肥城“2·11”侵公案、宁阳“3·02”非法利用信息网络案、泰山区“3·17”非法利用信息网络案等多起在全国有影响的网络大案，抓获犯罪嫌疑人431人，缴获作案电脑386台、手机1000部，扣押保时捷、迈巴赫等涉案汽车15辆。查扣银行卡236张、涉案资金2亿元，精准打击成效创历史新高。其中，泰山区“3·17”非法利用信息网络案入选全国“净网2018”专项行动十大典型案例。11月，全省公安机关网安基层基础建设攻坚战现场推进会暨打击网络违法犯罪“四快”一体化建设部署会议在泰安市召开。她个人荣立一等功1次、二等功1次、三等功3次，先后被表彰为全省优秀人民警察、齐鲁最美警察、全省公安机关网络监察工作先进个人、全省打击防范“两抢一盗”犯罪大会战先进个人、市直机关优秀共产党员等，被聘任为齐鲁公安英才“标兵型人才”、泰山公安英才“警务专家”。她的事迹分别被中央电视台、山东卫视、新华社、《大众日报》《法制日报》、央视网、新华网、大众网、齐鲁网等媒体报道。

许晓峰　男，1972年10月出生，中共党员，大学学历。泰安市公安局刑事侦查支队警犬技术大队大队长。2018年被省公安厅记一等功。

自1996年参加公安工作以后，他一直从事警犬技术工作，以科学的理念推动警犬技术工作向基层延伸，先后完成市局警犬基地环境提升改造工程、各县（市、区）分局警犬技术专业队伍组建等工作，带犬参与现场勘查300起，其中警犬发挥作用280起。他连续带出的4头优秀警犬，在各类警务活动中均有出色表现。他与战友带犬多次参与安检，圆满完成历届“两会”、外国元首、政要到泰安访问的警卫任务、纪念抗日战争胜利70周年暨世界反法西斯战争胜利阅兵等大型活动的安保工作。因工作能力突出，入选公安部技术拔尖人才库，成为全国警犬技术实战人才。为促进警犬技术健康可持续发展，他积极向上级领导申请，于2015年和2017年成功组织2次全市公安机关警犬技术工作成果汇报展示以及泰安市第一届、第二届警犬技术大比武。2018年10月，他带领泰安10名警犬驯导员，携6头警犬赴济南参加全国第五届警犬技术比赛南京片区预赛集训和选拔工作，最终代表山东省参加2个单项和1个集体科目竞赛，取得警犬巡逻科目成绩并列全国第一、警犬搜爆科目成绩华东片区第三的优异成绩，得到公安部和省厅领导高度评价。他荣立个人一等功1次、二等功1次、三等功2次，先后获得全国优秀人民警察、全国公安优秀刑警、奥运安保先进个人、公安部优秀训导员、齐鲁最美警察、齐鲁先锋警员、振兴泰安劳动奖章、泰安十大杰出青年等称号，被泰安市公安局评为“泰山公安英才”警务标兵，并以他的名字命名“许晓峰警犬技术工作队”工作示范点。

张爱国 男，1961 年 1 月出生，中共党员，泰安市公安局局领导、市局调研员。2018 年被省政府记个人一等功。

他担任专项行动安保任务总指挥，面对安保工作要求高、时间紧、任务重、情况特殊的情况，自觉运用习近平新时代中国特色社会主义思想指导各项工作开展。在工作中，积极发挥“头雁作用”，带领同志们实地勘察路线，制定详细严密的总体工作方案。特别是在上级临时调整路线的紧急情况下，他连夜勘察新线路，在发现新路线有 100 米路段不能通行的情况下，第一时间协调相关部门连夜施工，确保道路畅通。在执行安保任务中，他强化底线思维，本着“内紧外松、万无一失，确保安全”的原则，坚持以面保线、以面保点，重点围绕可能威胁、扰乱行动安全的重点人、重点事、重点物和重点区域，全面落实各项打击、管理、防范、控制措施，落实安全责任，确保管住人、控住物、看好门、不出事。在行动中，他带领 1050 名参战民警发扬吃苦在前、奉献在前的精神，克服天气严寒等不利因素影响，全力以赴，忘我拼搏，以顽强的作风、严明的纪律，确保任务安全、有序、高效完成，充分展现出泰安“公安铁军”的优良作风和过硬素质，得到省、市领导的高度认可和一致赞扬。（吴　昊）

先进个人名录（部分）

全国五一劳动奖章获得者

贾衍强　山东众成饲料科技有限公司锅炉工
陈爱武　新泰市唯特果树研究所技术员

全国优秀少先队辅导员

刘　涛　新泰市第一实验小学

全国五好家庭

周秀珍家庭　泰安市泰山区向阳小区
赵同军家庭　泰安市肥城市孙伯镇五埠村

全国最美家庭

高国芳家庭　泰安市宁阳县葛石镇山前村
苗锡香家庭　泰安市岱岳区道朗镇朱家洼村

全国学雷锋志愿服务最美志愿者

范红艳　山东省泰安市中级人民法院法律援助志愿服务队志愿者

2018 年度“中国好人”

方　雷　东平县今日东平报社记者
王光忠　山东福田教育集团党委书记、董事长
刘奉阁　宁阳县工商银行老干部党支部书记、奉阁志愿团团长
王乐川　中国人民武装警察部队学院消防指挥系四队学员
赵　利　新泰市青云街道管家洼村村民

山东省富民兴鲁劳动奖章获得者

范正勇　泰安市硕力液压设备厂技术工人
法文静（女，回族）　泰安金兰奶牛养殖有限公司总经理
杨方凯　国网山东省电力公司新泰市供电公司变电运维二班班长
孙绪兵　山东华阳农药化工集团有限公司技术部经理
张　媛（女）　力博重工科技股份有限公司新产品研发部部长
赵春海（满族）　中国重汽集团泰安五岳专用汽车有限公司维修电工
刘真伦　新汶矿业集团有限责任公司党委副书记
孙长海　山东新巨龙能源有限责任公司党委副书记、工会主席
崔立军　肥城白庄煤矿有限公司机电维修工
张　鹏（女）　泰安市泰山风景名胜区管理委员会红门管理区副区长
李更生　泰安市泰山城区热力公司党委书记、董事长、经理
刘峻青　泰安市公路局工程一处党委副书记

山东省优秀共青团干部

张连凯　共青团泰安市泰山区委

第二届山东好少年提名奖

苏昱畅　宁阳县第三小学学生

共青团山东省委优秀少先队辅导员

仝　宽　宁阳县第三小学德育处主任、少先队大队辅导员

山东省三八红旗手

龚敬华　泰安市政府投融资管理办公室投资管理科科长
杨爱军　泰安市妇幼保健院护理部主任
陈　玉　泰安市泰山景区妇委会主任、农林局副局长
刘　美　山东金华装饰工程有限公司董事长
贺　倩　泰安山水建业混凝土有限公司董事长
葛翔千　新泰市新甫街道办事处党工委副书记、办事处主任
翟荣慧　泰安市中心医院护理部主任

山东省巾帼建功标兵

法文静　泰安市金兰乳业有限公司总经理
陈佳敏　山东省泰山中学政教处主任
宋铭然　泰安市兴源房地产有限公司总经理
张素贞　新泰市人民医院政工科副科长
张　峰　泰安市神憩宾馆总经理
徐瑞卿　泰安市宁阳县妇联主席

山东省最美家庭

张　青　泰山区财源办事处三里南村
贾凤美　泰山区财源办事处铁路新村社区
苗锡香　岱岳区道朗镇朱家洼村
于　晶　岱岳区满庄镇满庄北村
朱尧红　新泰市谷里镇大尧沟村
曹英珍　肥城市安庄镇中岭村党支部委员
车克旺　肥城市桃园镇南北王村
高国芳　宁阳县葛石镇山前村务农
郭可鑫　宁阳县乡饮乡龙堂村
蒋志国　东平县计划生育服务站家属院
唐加梅　东平县财政局家属院
周秀珍　泰安市向阳小区

山东省幸福进家先进个人

曹红云　泰安市岱岳区妇联副主任科员
王延波　新泰市妇联科员
李光武　新泰市教育局工委主任
刘丽华　肥城市妇联组宣部部长
张　立　肥城市新城街道妇联主席
刘　建　肥城市老城街道妇联主席
常　娟　肥城市石横镇妇联主席
王翠翠　肥城市政务服务中心管理办公室综合科科长
马　芹　肥城市地税局税源管理科副科长
李丽子　肥城市国税局人事教育科副科长
刘美莲　东平县妇联主席
刘　英　东平县州城街道妇联主席
侯贵君　东平县老湖镇妇联主席
王文霞　东平县梯门镇妇联主席
吴　倩　泰安市高新区妇工委
钟　英　泰安市泰山景区黄前镇

“魔豆妈妈”创业扶贫大赛山东区域赛二等奖

颜丽娜　泰安市宁阳县众鼎电子商务有限公司

第三届山东省家庭服务业职业技能大赛个人三等奖

曹　燕（女）　泰安农家
曲　霞（女）　泰安农家
苏　美（女）　泰安农家

山东省第十一届“十佳好军嫂”

李　玲　新泰市翟镇后羊村村民

山东省抗震救灾巾帼先锋

王玲玲　泰安高新区天宝镇党委委员

山东省学雷锋志愿服务“最美志愿者”先进典型

最美志愿者：

郭文杰　泰安市泰山区财源街道文化站副站长
王成团　泰安市泰山义工联合会新泰办事处负责人
宋慧东　肥城市爱心公益协会副会长
宁　辉　宁阳县第一人民医院拓展部主任
唐荣辉　中国人民财产保险股份有限公司泰安市分公司员工
韩　菲　泰安市中心医院健康查体科护士

山东省新时代好少年

赵子舒（女）　泰安二中
王鲁仪　肥城市特殊教育学校
张圣一　肥城市第一高级中学

2018 年度“山东好人”

刘奉阁　宁阳县工商银行老干部党支部书记、奉阁志愿团团长
韩瑞峰　山东银宝食品有限公司员工
郭敬平　泰安康明光源科技有限公司总经理
陈　闽　山东省泰安第二中学教师
华怀英　岱岳区满庄镇西林村村民
孙义森　宁阳县鹤山镇卫生院院长
吕　敏　新泰市业余体育运动学校 武术教练
方　雷　东平县今日东平报社记者
陈建财　新矿集团新巨龙公司机修厂员工
辛　卫　江苏洁士物业管理有限公司泰安分公司环卫工
王　艳　建行泰安市中支行营业室经理
李士华　岱岳区马庄镇北苏村村民
魏国峰　北京中消长城消防安全工程有限公司副总经理
吴　昊　山东新华传媒集团有限公司东平分公司员工
尹承岩　肥城高新区蒋庄村原党支部书记
徐步将　山东综艺联创包装股份有限公司董事长
车克旺夫妇　肥城桃园镇南北王村村民
秦成云　新泰市石莱镇东一村村民
王长波　东平县公安局东平派出所警长
李加富　山东华宁矿业集团鑫安煤矿洗煤厂厂长
燕　强　肥城市高新区曹杭村村民
康瑞霞　泰安市宏兴物资有限公司董事长
刘收花　新泰市人民医院护士
赵　利　新泰市青云街道管家洼村村民
赵方程　东平县自来水公司员工
王　晶　泰安市疾病预防控制中心免疫规划科副主任
孟宪军　泰安亚圣食品有限公司董事长
赵士军　泰安市公安消防支队上士
杜召品　东平县银山镇南堂子村村民
卢连元　泰安市中心医院肾病二科主任
冯蕴瑄　山东科技大学建筑设计研究院职工
谭程公　泰安市德通公益事业发展中心理事长
吕　良　肥城市保力豪搏击健身俱乐部馆长
马善刚　岱岳区道朗镇李马沟村村主任
焦恩岭　东平县环卫处保洁员
张志银　肥城市桃乡艺术馆馆长

2018 年度“山东好人之星”

方　雷　东平县今日东平报社记者
刘奉阁　宁阳县工商银行老干部党支部书记、奉阁志愿团团长
赵　利　新泰市青云街道管家洼村村民

省政府记个人一等功

张爱国　泰安市公安局局领导、泰安市公安局调研员

省公安厅记一等功

许晓峰　泰安市公安局刑事侦查支队警犬技术大队大队长
杨玉慧　泰安市公安局网络安全保卫支队网络侦察大队教导员

国务院反假币工作联席会议表彰全国反假币工作成绩突出个人

马跃廷　泰安市公安局经侦支队二大队副大队长

省委政法委、省人社厅记个人二等功

汪永峰　泰安市公安局信访处副处长

省公安厅记二等功

武延刚　泰安市公安局国内安全保卫支队支队长
李　涛　泰安市公安局刑事侦查支队刑事科学技术研究所教导员
陈潍飞　泰安市公安局经济犯罪侦查支队办公室科员
冯　刚　泰安市公安局交通警察支队泰山区城东大队事故处理中队中队长
王洪涛　泰安市公安局泰山区分局网络安全保卫大队侦查中队中队长
韦　平　泰安市公安局岱岳区分局法制室副主任
陈　奎　新泰市公安局刑事侦查大队三中队中队长
刘振涛　肥城市公安局刑事侦查大队副大队长兼一中队中队长

乔元波　宁阳县公安局东疏派出所副教导员
安　龙　东平县公安局刑事侦查大队大队长
仉义光　泰安市公安局泰山景区分局红门派出所副所长

省公安厅记个人二等功

吴传舜　机关党委专职副书记
张燕山　治安警察支队副支队长
郭林林　技术侦察支队支队科员
张照华　网络安全保卫支队副主任科员
王岱瀚　经济犯罪侦查支队一大队教导员
郑长松　交通警察支队泰山区城东大队二中队中队长
徐西强　泰山区分局经侦大队副大队长
张奎镇　岱岳区分局马庄派出所所长
徐继远　泰汶分局治安特警大队大队长
尹晓奇　肥城泰安市公安局政治处副主任兼警务督察大队教导员
李杨林　宁阳县局经侦大队三中队中队长
白宗文　东平县局禁毒大队大队长

省公安厅表彰全省公安机关上海合作组织青岛峰会安保工作先进个人并记个人二等功

杨立敏　泰山区分局三里派出所副主任科员
梁树声　岱岳区分局大汶口派出所副所长
刘　军　治安警察支队副支队长

山东省十大孝星

孙绪民　肥城市新城街道孙家小庄村
姜寿庆　山东农业大学

泰安市十大孝子

马殿民　泰安市泰安瑞泰纤维素有限公司
高兴洋　泰安市岱岳区房村镇周全村
孙全英　肥城市新城街道孙庄社区
孟宪富　泰安市岱岳区房村镇涝坡区
戚焕波　泰安市岱岳区祝阳镇上太和村
孙太军　张晓晖夫妇　泰安市泰山中学
房田顺　新泰市汶南镇敬老院
付云龙　宁阳县党建服务中心
丁　力　泰安市农业机械科学研究所
山东能源新矿集团协庄煤矿“代理儿女”青年志愿服务队（新泰）

2018 年度“泰安好人”

山东能源新矿集团协庄煤矿“代理儿女”青年志愿服务队
房田顺　新泰市汶南镇敬老院院长
李　玲　新泰市翟镇后羊村村民
宋慧东　肥城市公安局边院派出所辅警
刘安元　新泰市龙廷镇石山子村村民
王光忠　山东福田教育集团党委书记、董事长
李滨生　东平县城市管理综合执法局执法二中队队员
刘方义　新泰市鲁能新泰希望小学教师
孙永合　泰山义工联合会副会长
王　军　肥城市第二高级中学教师
许贞帅　宁阳县结核病防治所办公室主任

第七届泰山功勋教师

张秀霞（女）　肥城市实验幼儿园
宋巧珍（女）　泰安市第一实验学校
陈　丽（女）　泰安市第一实验学校
张　慧（女）　新泰市向阳实验学校
王　亮　肥城市白云山学校
高世存　泰安市岱岳区房村镇邹家庄小学
张安全　山东省泰安市实验学校
公月亮　山东省泰安第二十二中学
王　霞（女）　新泰市实验中学
陈振华　新泰市翟镇初级中学
宋华丽（女）　肥城市湖屯镇初级中学
王正玲（女）　泰安高新技术产业开发区第一中学
仉凡民　山东省泰安第四中学
孙德东　新泰市第一中学
李海军　肥城市第一高级中学
孔　燕（女）　宁阳县第四中学
陈　闽（女）　山东省泰安第二中学
张凤莲（女）　山东省泰山中学
郑继萍（女）　泰安市文化产业中等专业学校
仉学金　泰安市理工中等专业学校

第七届泰山功勋班主任

陈炳峰　泰安市第一实验学校
张　霞（女）　泰安市岱岳区徂徕镇中心小学
刘雪峰（女）　肥城市河西小学
刘　梅（女）　山东省泰安市实验学校
靳祥彬　新泰市福田实验学校
李和东　东平县实验中学

张　波　山东省泰山中学

第七届泰山功勋校长

艾宪宝　泰安市第一实验学校
谢清田　泰安市岱岳区岳峰小学
马安超　新泰市第一实验小学
李祥斌　宁阳县复圣中学
张久民　东平明湖中学

第七届泰山名师

郭方莹　　　　新泰市实验幼儿园
王金霞（女）　肥城市王瓜店街道中心幼儿园
唐　娟（女）　肥城市仪阳街道中心幼儿园
高卫华（女）　宁阳县泗店镇中心幼儿园
张先强　　　　宁阳县堽城镇中心幼儿园
李芳芳（女）　东平县实验幼儿园
于　蕊（女）　泰安市第一实验学校
刘　丽（女）　泰安市第一实验学校
亓树贞（女）　泰安市泰山区徐家楼街道办事处白峪店子小学
宗晓霞（女）　山东省泰安迎春学校
陈　鹏（女）　泰安市泰山区温泉路小学
秦琳琳（女）　泰安市岱岳区大汶口镇前周小学
徐玉梅（女）　泰安市岱岳区祝阳镇中心小学
张　春　　　　泰安市岱岳区岳峰小学
李　静（女）　新泰市青云街道明珠实验学校
李　玮（女）　新泰市谷里镇中心小学
丁伟娜（女）　新泰市放城镇中心小学
刘守强　　　　新泰市第一实验小学
徐吉民　　　　新泰市翟镇唐立沟联办小学
李光庆　　　　新泰市平阳小学
李新华（女）　肥城市龙山小学
郭　琳（女）　肥城市龙山小学
尹　慧（女）　肥城市白云山学校
闫文阳　　　　肥城市河西小学
尉　娥（女）　肥城市实验小学
李红梅（女）　肥城市老城街道中心小学
石祥燕（女）　肥城市潮泉镇中心小学
仝　宽　　　　宁阳县第三小学
任玉红（女）　宁阳县第三小学
刘艳芝（女）　宁阳县八仙桥西关小学
张洪霞（女）　宁阳县实验小学
赵　娟（女）　宁阳县堽城镇西台小学
李　苗（女）　东平县第二实验小学
韩本静　　　　东平县第四实验小学
崔　敏（女）　东平县佛山小学
高玉娟（女）　泰安市岱岳区化马湾乡中心小学
郑　利　　　　泰安市岱岳区徂徕镇北望小学
徐　慧（女）　泰安市岱岳区祝阳镇第二中学
宁代军　　　　泰安高新区北集坡赵庄小学
纪红霞（女）　泰安市泰山区大津口乡藕池小学
彭　敏（女）　山东省泰安师范附属学校
张传青　　　　新泰市石莱镇初级中学
倪庆敏　　　　新泰市新甫中学
刘夫华　　　　新泰市小协镇初级中学
牛　彬　　　　新泰市协庄学校
刘元金　　　　新泰市教学研究室
尹贻美　　　　肥城市桃都中学
梁　旭　　　　肥城市安临站镇初级中学
郭　霞（女）　肥城市桃园镇初级中学
张　伟　　　　宁阳县第二十四中学
赵传涛　　　　宁阳县第二十一中学
王志豪　　　　宁阳县第二实验中学
薛　燕（女）　宁阳县实验中学
郑善文　　　　东平县教育科学研究中心
贾贞锋　　　　泰山学院附属中学
刘丙营　　　　新泰市第一中学
牛兴强　　　　新泰市第一中学
王　鹏　　　　新泰第一中学
徐西锋　　　　新泰市教学研究室
张　青（女）　肥城市第一高级中学
田　宏（女）　肥城市第一高级中学
李　强　　　　肥城市第二高级中学
呼维峰　　　　肥城市第三中学
冯成刚　　　　肥城市泰西中学
柳方生　　　　肥城市教学研究室
林令强　　　　宁阳县第一中学
陶洪兵　　　　宁阳县第一中学
冀国栋　　　　宁阳县第一中学
苑　勇　　　　宁阳县第四中学
冯吉南　　　　东平高级中学
郭　利（女）　东平县第一中学
王　芹（女）　山东省泰安第一中学
王春华（女）　山东省泰安第一中学

高 波　　山东省泰安第二中学
张东蕙（女）　　山东省泰安第二中学
康明申　　山东省泰山中学
周 韵（女）　　泰安市职业与成人教育教学研究室
王海燕（女）　　宁阳县职业中等专业学校
董海峰　　宁阳县职业中等专业学校
郭 娜（女）　　新泰市特殊教育学校

第七届泰山名班主任

庞庆民（女）　　肥城市实验幼儿园
张铭鸿（女）　　泰安市第一实验学校
李娓娜（女）　　泰安市岱岳区新城实验学校
史新东　　新泰市翟镇中心小学
吕丰香（女）　　肥城市实验小学
牛晓云（女）　　山东省泰安师范学校附属学校
朱洪芸（女）　　山东省泰安市实验学校
张秀贞（女）　　泰安泰山实验中学
李 丽（女）　　山东省泰安第六中学
王怀勇　　泰安市岱岳实验中学
张昭勤　　新泰市汶南镇初级中学
李现东　　肥城市桃都中学
齐栋梁　　肥城市龙山中学仪阳校区
沈培林　　宁阳县实验中学
李希征　　泰安市岱岳区徂徕镇第一中学
刘丽英（女）　　肥城市第一高级中学
刘长江　　宁阳县第一中学
安宪国　　山东省泰山中学
张发利　　泰安长城中学
侯海利　　肥城市职业中等专业学校

杜红梅（女）　　宁阳县特殊教育中心

第七届泰山名校长

王 霞（女）　　泰安市岱岳区范镇中心幼儿园
张瑞泉　　宁阳县葛石镇石集幼儿园
王秋萍（女）　　宁阳县八仙桥西关幼儿园
黄 涛　　泰安市泰山区徐家楼街道办事处大白峪小学
田列民　　新泰市谷里镇中心小学
王宝迎　　肥城市王庄镇中心小学
刘焕芬（女）　　山东农业大学附属学校
崔 勇　　新泰市新汶街道初级中学
翟立成　　肥城市孙伯镇初级中学
殷复科　　东平县实验中学
华 伟　　山东省泰安英雄山中学
菅本凯　　新泰市汶城中学
宿文传　　肥城市泰西中学

泰山教育名家培养人选

赵 晶（女）　　泰安市岱岳区岳峰小学
曹丙娟（女）　　新泰市第一实验小学
刘万元　　山东省泰安师范学校附属学校
赵红梅（女）　　肥城市泰西中学

编辑　校对　　刘小笋

附　录

2018年中央、省主要媒体关于泰安的重要报道索引

《人民日报》

泰山 山岳型景区这样治污（8月20日）

泰安：城市规划民生优先（民生调查一线新探索）（10月17日）

人民日报党媒平台“全国党媒看两会”《人大代表访谈：金晶》视频节目（3月7日）

新华网

泰安拿出“黄金地”建成绿地公园和生态停车场（10月3日）

山东泰安：“出重金放大招” 招揽高层次人才（12月13日）

新华社客户端

泰安：寸土寸金地“变身”惠民生态绿地（10月3日）

新华每日电讯

山东泰安消防战士22分钟生死救援挽回生命（6月8日）

四大板块三十二项活动将扮靓第32届泰山国际登山节（8月29日）

第32届泰山国际登山节开幕（9月7日）

山东省首个实际行政审批服务局在泰安成立（9月26日）

实现六十二证合一，一枚印章管审批，进一个门，办所有事　山东省首个市级行政审批服务局在泰安成立（9月26日）

山东泰安：寸土寸金地建成绿地健身公园和生态停车场（10月8日）

《大众日报》

泰安建成全国首家市级主题党日活动中心（1月21日）

泰山区养老机构护理人员全覆盖（1月22日）

“新农民种地就该有新想法！”、用政府紧日子换群众好日子，宁阳85.2%财政支出惠民生（2月10日）

春晚系列报道《“你在泰安值守，我在曲阜参演”》（2月14日）

春晚系列报道《齐鲁大地抒春意　国泰民安新时代》（2月15日）

煤矿工人滚石上山拼来好年景（3月3日）

泰山卫士用忠诚扛起“泰山担当”（3月5日）

不搞花架子一切来实的　泰安做强优势特色项目（4月7日）

做好绿色发展文章，健全完善规划体系，泰安市发改委——最大限度释放动能转换政策红利（4月13日）

招商引资成泰安新旧动能转换助推器（4月13日）

泰安海关推行汇总征税为企减负增效（4月13日）

泰安：整顿旅游市场不要口号要成效（4月16日）

新泰营商环境实现“三级跳”（5月21日）

前兴隆村“三级跳”（6月6日）

泰安小切口撬动“放管服”改革（6月18日）

泰安推出人才新政“金十条” （6月19日）
《泰安市新旧动能转换重大工程实施规划》印发——美丽泰安 细绘蓝图 （6月29日）
泰安38万共产党员同过主题当日 （6月30日）
泰安海关：通关时间再压缩通关成本再压减 （7月6日）
书记跑六次，只为群众“跑一次” （7月7日）
门好进了，脸好看了，关键还要事办好（8月17日）
主动搞好景区开发提升，不断满足游客主观需求——以游客为中心做“贴心保姆” （8月24日）
岱岳区：打通宣传服务群众“最后一公里” （8月29日）
“枫桥经验”的泰安实践 （9月16日）
袖珍学校开学了 （9月16日）
“挑山工”不达顶峰誓不休 （9月22日）
自驾游泰山 享受“零换乘” （10月4日）
“主题党日+”锻造过硬党支部 （10月6日）
老牌“煤城”加速蓄势新动能 （10月20日）
打造泰城亮丽南大门 岱岳区实施104国道岱岳区段环境综合提升工程 （10月22日）
确保“回头看”顺利开展取得实效 （11月3日）
东平生态治湖重塑“鱼水情” （11月25日）
肥城：志愿服务精准对接群众需求 （12月7日）
从群众最急最盼的事干起——泰安弘扬新时代泰山“挑山工”精神，切实增强百姓获得感幸福感 （12月20日）
民生支出足 幸福晒出来 （12月26日）
泰山区试点职工长护险1年参保率近九成超7.2万人受益 （12月28日）

凤凰网

《公交站点广告1/3须用作阅报栏》 （6月9日）
“海峡两岸·情重泰山”2018中华泰山成人礼在岱顶举行 （7月9日）
宁阳“信义兄弟”荣获全国十大“诚信之星” （11月30日）

光明网

泰安：283个项目集中开工主推新旧动能转换 （3月1日）

海外网

“海峡两岸·情重泰山”2018中华泰山成人礼在岱顶举行 （7月9日）

《经济日报》

第32届泰山国际登山节暨2018中国泰安投资合作洽谈会开幕 （9月7日）
寸土寸金地留给市民健身用 （10月8日）

经济日报客户端

山东泰安：寸土寸金地建成绿地健身公园和生态停车场 （10月2日）

人民网

电影《苏庆亮》首映 （6月21日）
第32届泰山国际登山比赛鸣枪 （9月7日）

山东头条

泰山脚下好读书，千年书香何处循？ （4月24日）

山东画报

展开一幅幸福魅力新画卷 （1月份）

支部生活

奋力谱写新时代泰安发展新篇章 （5月份）
双山村“蝶变”交响曲 （4月份）

中新网

第32届泰山国际登山比赛开赛非洲选手包揽男子前3 （9月7日）
2018泰山国际马拉松赛鸣枪开赛2万余名选手参赛 （4月16日）
2018年泰山东岳庙会启幕 海峡两岸信众上香祈福 （4月30日）
2018东平水浒国际马拉松鸣枪起跑2千余名选手参赛 （5月6日）

中央电视台

2018央视春晚：喜气洋洋欢乐祥和 （2月16日）
热门景区升温 寒潮来袭降温 （2月19日）

春节假期全国共接待游客 3.86 亿人次（2 月 21 日）
学雷锋　我们在行动（3 月 5 日）
开放式报尾［春天的中国］（3 月 17 日）
黄河今天起首次实施流域禁渔期制度（4 月 1 日）
春和景明　踏青感受好生活（4 月 7 日）
山水之间赏春色　乡村游品质游火爆（4 月 30 日）
多彩民俗 尽享欢乐假期（6 月 16 日）
山东：落实“一次办好”优化营商环境（7 月 30 日）
第 32 届泰山国际登山节比赛今天举行（9 月 7 日）
让农民丰收的喜悦点亮未来（9 月 23 日）
同升一面旗　共祝祖国好（10 月 1 日）
分享节日欢乐　礼赞丰收中国（10 月 2 日）
金秋十月好生态　为美丽中国点赞（10 月 3 日）

中央人民广播电台

泰安发放 586 万元兑现首批人才政策奖励资金（8 月 26 日）
第 32 届泰山国际登山比赛昨天（7 日）举行（9 月 8 日）
泰山景区十一黄金周正式启用游客换乘中心（10 月 2 日）
国庆假期泰山景区接待游客超 32 万人次（10 月 8 日）

文件选目

泰安市人民政府、市政府办公室文件

泰政发〔2018〕1 号　泰安市人民政府关于印发泰安市盐业体制改革实施方案和泰安市食盐监管体制改革方案的通知

泰政发〔2018〕2 号　泰安市人民政府关于深入推进“绿满泰安”国土绿化行动的实施意见

泰政发〔2018〕3 号　泰安市人民政府关于加强泰山（泰安）品牌建设的实施意见

泰政发〔2018〕5 号　泰安市人民政府关于将泰安市城市管理局列入市政府工作部门的通知

泰政发〔2018〕6 号　泰安市人民政府关于开展第四次全市经济普查的通知

泰政发〔2018〕7 号　泰安市人民政府关于印发泰安市新旧动能转换重大工程实施规划的通知

泰政发〔2018〕8 号　泰安市人民政府关于进一步推进涉农资金统筹整合的实施意见

泰政发〔2018〕9 号　泰安市人民政府关于推进泰安市泰山区域山水林田湖草生态保护修复工程的实施意见

泰政发〔2018〕10 号　泰安市人民政府关于印发泰安市创新型城市建设实施方案的通知

泰政发〔2018〕11 号　泰安市人民政府关于推进国土资源节约集约示范省创建工作的实施方案

泰政发〔2018〕12 号　泰安市人民政府关于推进县域内城乡义务教育一体化改革促进优质均衡发展的实施意见

泰政发〔2018〕13 号　泰安市人民政府关于印发第三十二届泰山国际登山节暨 2018 中国泰安投资合作洽谈会总体方案的通知

泰政发〔2018〕14 号　泰安市人民政府关于公布市政府规范性文件清理结果的决定

泰政发〔2018〕15 号　泰安市人民政府关于进一步优化营商环境的实施意见

泰政发〔2018〕16 号　泰安市人民政府关于培植工业领军企业 50 强的实施意见

泰政发〔2018〕17 号　泰安市人民政府关于培植科技创新型企业 50 强的实施意见

泰政办发〔2018〕1 号　泰安市人民政府办公室关于印发“放心消费在泰安”创建工作实施方案的通知

泰政办发〔2018〕2 号　泰安市人民政府办公室关于开展粮食生产功能区和重要农产品生产保护区划定工作的通知

泰政办发〔2018〕3 号　泰安市人民政府办公室关于转发市发展改革委泰安市 2018 年国民经济和社会发展计划的通知

泰政办发〔2018〕4 号　泰安市人民政府办公室关于印发泰安市遏制与防治艾滋病“十三五”行动计划的通知

泰政办发〔2018〕5 号　泰安市人民政府办公室关

于印发泰安市“四好农村路”建设工作实施方案的通知

泰政办发〔2018〕6号　泰安市人民政府办公室关于印发泰安市城镇人口密集区危险化学品生产企业搬迁改造工作实施方案的通知

泰政办发〔2018〕7号　泰安市人民政府办公室关于加快培育和发展住房租赁市场的实施意见

泰政办发〔2018〕8号　泰安市人民政府办公室关于进一步加强严重精神障碍患者救治救助与服务管理工作的通知

泰政字〔2018〕1号　泰安市人民政府关于公布2018年第一批调整市级行政权力事项的通知

泰政字〔2018〕7号　泰安市人民政府关于印发泰安市水文管理办法的通知

泰政字〔2018〕16号　泰安市人民政府关于公布泰安市2018年度国有建设用地供应计划的通知

泰政字〔2018〕17号　泰安市人民政府关于公布第七批市级非物质文化遗产代表性项目名录的通知

泰政字〔2018〕18号　泰安市人民政府2017年政府信息公开工作年度报告

泰政字〔2018〕20号　泰安市人民政府关于开展第三次土地调查的通知

泰政字〔2018〕22号　泰安市人民政府关于印发泰安市专利奖励办法的通知

泰政字〔2018〕26号　泰安市人民政府关于公布第五批市级重点文物保护单位的通知

泰政字〔2018〕28号　泰安市人民政府关于对2017年度政风行风建设先进单位进行表扬的通报

泰政字〔2018〕29号　泰安市人民政府关于聘请樊杰等同志为泰安市生态文明建设特聘专家的通知

泰政字〔2018〕30号　泰安市人民政府关于公布全市最低工资标准的通知

泰政字〔2018〕36号　泰安市人民政府关于修订泰政发〔2016〕10号文件的通知

泰政字〔2018〕48号　泰安市人民政府关于公布泰安市第三届督学名单的通知

泰政字〔2018〕49号　泰安市人民政府关于印发泰安市12345政务服务热线运行管理暂行办法的通知

泰政字〔2018〕50号　泰安市人民政府关于公布赵德健同志工作分工的通知

泰政字〔2018〕51号　泰安市人民政府关于发布2018年企业工资指导线的通知

泰政字〔2018〕53号　泰安市人民政府关于授予赵士军同志“泰安市见义勇为模范”称号的通报

泰政字〔2018〕55号　泰安市人民政府关于表扬奖励“4·17”森林火灾扑救工作突出贡献单位和个人的通报

泰政字〔2018〕56号　泰安市人民政府关于印发泰安市市属经营性国有资产统一监管实施方案的通知

泰政字〔2018〕57号　泰安市人民政府关于印发泰安市突发事件总体应急预案的通知

泰政字〔2018〕58号　泰安市人民政府关于下放（委托）行政权力工作的实施意见

泰政字〔2018〕59号　泰安市人民政府关于取消一批市级行政权力事项的通知

泰政字〔2018〕60号　泰安市人民政府关于推进政务信息资源共享工作的实施意见

泰政字〔2018〕62号　泰安市人民政府关于命名第七届泰山功勋教师（班主任、校长）泰山名师（班主任、校长）泰山教育名家培养人选的通报

泰政字〔2018〕65号　泰安市人民政府关于公布一批下放（委托）市级行政权力事项的通知

泰政字〔2018〕70号　泰安市人民政府关于印发《泰安市打好危险废物治理攻坚战作战方案（2018—2020年）》的通知

泰政字〔2018〕77号　泰安市人民政府关于全面推进泰安标准化工作改革发展的实施意见

泰政字〔2018〕89号　泰安市人民政府关于2018年度泰安市科学技术奖励的决定

泰政字〔2018〕90号　泰安市人民政府关于2018年度泰安市专利奖励的决定

泰政字〔2018〕91号　泰安市人民政府关于印发泰安市打好自然保护区等突出生态问题整治攻坚战作战方案（2018—2020年）的通知

泰政办字〔2018〕1号　泰安市人民政府办公室关于印发泰安市湿地保护修复实施方案的通知

泰政办字〔2018〕2号　泰安市人民政府办公室关于2017年11—12月份政务信息采用情况的通报

泰政办字〔2018〕3号　泰安市人民政府办公室关于印发泰安市数字地理空间框架建设使用管理办法的通知

泰政办字〔2018〕4号　泰安市人民政府办公室关于印发2018年市政府规范性文件制定计划的通知

泰政办字〔2018〕5号　泰安市人民政府办公室关于印发2018年全市应急管理工作要点的通知

泰政办字〔2018〕6号　泰安市人民政府办公室关

于 2017 年度各县（市、区）服务业发展绩效考核情况的通报

泰政办字〔2018〕7 号　泰安市人民政府办公室关于印发《泰安市市直预备费管理暂行办法》的通知

泰政办字〔2018〕8 号　泰安市人民政府办公室关于印发泰安市道路交通事故社会救助基金管理办法的通知

泰政办字〔2018〕9 号　泰安市人民政府办公室关于 2018 年 1—2 月份政务信息采用情况的通报

泰政办字〔2018〕10 号　泰安市人民政府办公室关于成立部分临时机构和议事协调机构的通知

泰政办字〔2018〕11 号　泰安市人民政府办公室关于印发《市政府特邀督查员管理办法》（试行）的通知

泰政办字〔2018〕12 号　泰安市人民政府办公室关于对全市政府系统办公室综合评价先进单位和先进个人进行表扬的通报

泰政办字〔2018〕13 号　泰安市人民政府办公室关于印发泰安市 2018 年清理现行排除限制竞争政策措施工作方案的通知

泰政办字〔2018〕14 号　泰安市人民政府办公室关于公布泰安市需要村（社区）开具的证明材料清单的通知

泰政办字〔2018〕15 号　泰安市人民政府办公室关于印发泰安高新技术产业开发区开展“证照分离”改革试点工作实施方案的通知

泰政办字〔2018〕17 号　泰安市人民政府办公室关于印发泰安市区病媒生物防制工作实施方案的通知

泰政办字〔2018〕18 号　泰安市人民政府办公室关于印发《泰安市健康城市健康村镇建设实施意见》的通知

泰政办字〔2018〕19 号　泰安市人民政府办公室关于印发《泰安市迎接国家卫生城市复审实施方案》的通知

泰政办字〔2018〕20 号　泰安市人民政府办公室关于公布第二批纳入“多证合一”改革整合事项的通知

泰政办字〔2018〕21 号　泰安市人民政府办公室关于实行“照后办证承诺制”改革的通知

泰政办字〔2018〕22 号　泰安市人民政府办公室关于加快发展农业“新六产”的实施意见

泰政办字〔2018〕23 号　泰安市人民政府办公室关于公布 2018 年新列入市重点建设项目名单的通知

泰政办字〔2018〕24 号　泰安市人民政府办公室关于印发泰安市政府网站集约化建设工作方案的通知

泰政办字〔2018〕25 号　泰安市人民政府办公室关于印发泰安市第二次全国污染源普查实施方案的通知

泰政办字〔2018〕26 号　泰安市人民政府办公室关于 2018 年 3—4 月份政务信息采用情况的通报

泰政办字〔2018〕27 号　泰安市人民政府办公室关于公布第一批泰安农业公园名单的通知

泰政办字〔2018〕28 号　泰安市人民政府办公室关于成立部分临时机构和议事协调机构的通知

泰政办字〔2018〕29 号　泰安市人民政府办公室关于公布市级政务服务事项中介服务项目清单的通知

泰政办字〔2018〕30 号　泰安市人民政府办公室关于成立泰安汶阳田农业高新技术产业开发区联席会议及建设指挥部的通知

泰政办字〔2018〕31 号　泰安市人民政府办公室关于印发泰安市行政规范性文件监督管理规定的通知

泰政办字〔2018〕32 号　泰安市人民政府办公室关于印发 2018 年政务信息系统整合共享工作要点的通知

泰政办字〔2018〕33 号　泰安市人民政府办公室关于启用泰安市政务服务热线管理中心印章的通知

泰政办字〔2018〕34 号　泰安市人民政府办公室关于印发泰安市政务信息系统项目管理办法的通知

泰政办字〔2018〕35 号　泰安市人民政府办公室关于成立泰安市煤炭行业化解过剩产能实现脱困发展领导小组的通知

泰政办字〔2018〕36 号　泰安市人民政府办公室关于印发《泰安市招才引智基金管理暂行办法》的通知

泰政办字〔2018〕37 号　泰安市人民政府办公室关于聘请丁刚等同志为第二届市政府特邀督查员的通知

泰政办字〔2018〕38 号　泰安市人民政府办公室关于印发泰安市 2018 年地质灾害防治方案的通知

泰政办字〔2018〕40 号　泰安市人民政府办公室关于贯彻落实省、市政府廉政工作会议精神任务分工的通知

泰政办字〔2018〕41 号　泰安市人民政府办公室关于印发泰安市县级政府耕地保护责任目标考核办法的通知

泰政办字〔2018〕42 号　泰安市人民政府办公室关于成立泰安市畜禽养殖废弃物资源化利用工作领导小组的通知

泰政办字〔2018〕43 号　泰安市人民政府办公室关于成立泰安市清洁取暖和天然气产供储销体系建设工作领导小组的通知

泰政办字〔2018〕44 号　泰安市人民政府办公室关于印发泰安市 12345 政务服务热线办理工作评价等三个办法的通知

泰政办字〔2018〕45 号　泰安市人民政府办公室关于全面推进农业信贷担保工作的实施意见

泰政办字〔2018〕46号　泰安市人民政府办公室关于印发第二届泰安文化惠民消费季实施方案的通知

泰政办字〔2018〕47号　泰安市人民政府办公室关于印发泰安市开展“多规合一”试点工作实施方案的通知

泰政办字〔2018〕48号　泰安市人民政府办公室关于对全市部分重大火灾隐患单位和区域性火灾隐患进行挂牌督办的通知

泰政办字〔2018〕49号　泰安市人民政府办公室关于2018年5—6月份政务信息采用情况的通报

泰政办字〔2018〕50号 关于印发泰安市第三期学前教育行动计划（2018—2020年）的通知

泰政办字〔2018〕51号　泰安市人民政府办公室关于创新政务服务工作的实施意见

泰政办字〔2018〕52号　泰安市人民政府办公室关于印发《泰安市2018—2020年煤炭消费减量替代工作方案》的通知

泰政办字〔2018〕53号　泰安市人民政府办公室关于成立环山路东延改造工程指挥部和梳洗河生态修复工程指挥部的通知

泰政办字〔2018〕54号　泰安市人民政府办公室关于印发泰安市统计基层基础建设考核办法的通知

泰政办字〔2018〕55号　泰安市人民政府办公室关于印发泰安市环境违法行为有奖举报办法的通知

泰政办字〔2018〕58号　泰安市人民政府办公室关于印发泰安市小微企业治理结构和产业结构“双升四上”战略实施方案的通知

泰政办字〔2018〕59号　泰安市人民政府办公室关于印发《2018年泰安市政务公开重点工作任务分解表》的通知

泰政办字〔2018〕60号　泰安市人民政府办公室关于进一步加强山石资源开发管理的意见

泰政办字〔2018〕61号　泰安市人民政府办公室关于建立旅游联合执法长效机制持续开展旅游市场秩序综合整治的通知

泰政办字〔2018〕62号　泰安市人民政府办公室关于进一步明确市政府领导班子成员安全生产责任的通知

泰政办字〔2018〕63号　泰安市人民政府办公室关于加强地砂管理工作的通知

泰政办字〔2018〕64号　泰安市人民政府办公室关于建立泰安市打击整治枪爆违法犯罪联席会议制度的通知

泰政办字〔2018〕65号　泰安市人民政府办公室关于印发泰安市2018年度政风行风测评评议工作方案的通知

泰政办字〔2018〕66号　泰安市人民政府办公室关于公布生猪定点屠宰资格清理审核结果的通知

泰政办字〔2018〕67号　泰安市人民政府办公室关于印发泰安市规范吸烟环境建设工作实施方案的通知

泰政办字〔2018〕69号　泰安市人民政府办公室关于印发《泰安市退役军人和其他优抚对象信息采集工作方案》的通知

泰政办字〔2018〕70号　泰安市人民政府办公室关于公布第十三批农业产业化市级重点龙头企业名单的通知

泰政办字〔2018〕71号　泰安市人民政府办公室关于印发泰安市加快推进农业供给侧结构性改革大力发展粮食产业经济实施方案的通知

泰政办字〔2018〕72号　泰安市人民政府办公室关于2018年7—8月份政务信息采用情况的通报

泰政办字〔2018〕74号　泰安市人民政府办公室关于印发位次前移、园区排名进位考核办法的通知

泰政办字〔2018〕76号　泰安市人民政府办公室关于取消证明事项的通知

泰政办字〔2018〕78号　泰安市人民政府办公室关于进一步提高工程建设项目招投标服务效率的通知

泰政办字〔2018〕79号　泰安市人民政府办公室关于成立泰安市重点企业财源建设基金决策委员会的通知

泰政办字〔2018〕80号　泰安市人民政府办公室关于提高城乡居民最低生活保障标准和城乡特困人员救助供养标准的通知

泰政办字〔2018〕82号　泰安市人民政府办公室关于成立部分临时机构和议事协调机构的通知

泰政办字〔2018〕84号　泰安市人民政府办公室关于2018年9—10月份政务信息采用情况的通报

泰政办字〔2018〕85号　泰安市人民政府办公室关于认真落实鲁政发〔2018〕24号文件进一步扩内需补短板促发展的通知

泰政办字〔2018〕86号　泰安市人民政府办公室关于印发《泰安市保障农民工工资支付工作考核办法》的通知

泰政办字〔2018〕87号　泰安市人民政府办公室关于修改和废止部分规范性文件的通知

泰政办字〔2018〕89号　泰安市人民政府办公室关于做好2017年度市级预算执行和其他财政收支审计查出问题整改工作的通知

泰政办字〔2018〕90 号　泰安市人民政府办公室关于印发《泰安市城区既有住宅增设电梯试点方案》的通知

泰政办字〔2018〕93 号　泰安市人民政府办公室关于印发泰安市市场主体住所（经营场所）登记管理办法的通知

泰政办字〔2018〕94 号　泰安市人民政府办公室关于印发《泰安市重点企业财源建设基金管理暂行办法》的通知

泰政办字〔2018〕95 号　泰安市人民政府办公室关于贯彻落实鲁政发〔2018〕21 号文件精神推动实体经济高质量发展的通知

泰政办字〔2018〕96 号　泰安市人民政府办公室关于印发《泰安市重点项目全程代办实施意见》的通知

泰政办字〔2018〕97 号　泰安市人民政府办公室关于 2017 年度节能目标责任考核情况的通报

泰政办字〔2018〕98 号　泰安市人民政府办公室关于启用泰安市工业和信息化局等部门印章的通知

2018 年泰安市国民经济和社会发展统计公报

泰安市统计局
国家统计局泰安调查队
（2019 年 3 月 20 日）

2018 年，面对错综复杂的国内外发展环境，全市上下认真学习贯彻习近平总书记视察山东重要讲话、重要指示批示精神，坚持稳中求进工作总基调，大力推动供给侧结构性改革，扎实推进新旧动能转换重大工程，着力保障和改善民生，真抓实干，锐意改革，经济发展平稳向好，转型升级向高质量转变，新动能呈现新活力，重点改革深入推进，民生保障更加完善，城乡发展实现新突破，社会事业全面进步。

一、综　合

经济运行总体平稳。初步核算，全市实现生产总值（GDP）3651.5 亿元，按可比价格计算（下同），比上年增长 5.7%。第一产业增加值 285.4 亿元，增长 2.7%；第二产业增加值 1615.2 亿元，增长 5.5%；第三产业增加值 1750.9 亿元，增长 6.3%。三次产业结构调整为 7.8∶44.2∶48.0，“三、二、一”的产业结构形态进一步巩固。人均生产总值 64714 元，增长 5.7%。

物价水平温和上涨。居民消费价格总指数（CPI）累计上涨 2.9%，全年各月涨幅基本平稳。12 月份八大类价格“七涨一降”。其中，食品烟酒、衣着、居住、生活用品及服务、教育文化和娱乐、医疗保健、其他用品和服务价格分别上涨 5.9%、0.7%、9.3%、0.6%、1.2%、1% 和 4.2%，交通和通信价格下降 1.6%。12 月份，工业生产者出厂价格上涨 1.2%，其中黑色金属矿采业、石油、煤炭及其他燃料加工业、印刷和记录媒介复制业、农副产品加工业出厂价格上涨明显，分别上涨 12.2%、15.4%、13.0%、9.3%。工业生产者购进价格上涨 3.0%，其中建筑材料及非金属类、燃料、动力类及化工原料类购进价格涨势明显，分别上涨 11.3%、5.1%、4.4%。

就业形势保持良好。全市新增就业 5.25 万人，完成年计划的 112.7%，其中，困难群体就业 5336 人，完成年计划的 161.7%。城镇登记失业人员 2.39 万人，登记失业率 2.21%，低于 3.5% 的控制目标。举办大中专毕业生招聘会 256 场次，提供就业岗位 4.81 万个。其中市直举办招聘会 52 场次，提供就业岗位 6120 个。全市共组织 3364 名毕业生到就业见习基地见习。

大众创业继续活跃。年末实有各类市场主体 37.92 万户，比上年末增长 15.3%；实有注册资本（金）7224.98 亿元，比上年增长 23.7%，户均注册资本 190.56 万元，比上年增长 7.6%。新登记各类市场主体 6.15 万户，增长 10.9%，注册资本（金）总额 1196.79 亿元，下降 12.8%。其中新登记企业 17487 户，增长 20.3%，占新登记市场主体的 28.4%，较上年提高了 2.2 个百分点，注册资本（金）1126.95 亿元，下降 13.6%。

二、农林牧渔业

粮食生产总体稳定。全年粮食播种面积36.65万公顷，比上年增加1733.33公顷，增长0.5%。其中，夏粮播种面积16.87万公顷，减少0.4%；秋粮播种面积19.79万公顷，增长1.2%。粮食单产6732千克/公顷，比上年减少3.1%；粮食总产247万吨，比上年减少2.6%。其中，小麦总产110.5万吨，减少6.2%；玉米总产124万吨，减少3.1%。

现代高效农业较快发展。初步统计，农作物总播种面积53.61万公顷。与上年相比，蔬菜播种面积10.71万公顷，增长0.9%；总产量616.5万吨，减少0.1%。茶园面积2267公顷，减少5.0%；茶叶总产量863.8吨，增长41.7%。果园面积2.55万公顷，减少8.3%；园林水果产量49.6万吨，减少7.1%。中药材播种面积1466.67公顷，增长18.1%。新发展有机食品733.33公顷；新增绿色食品认证19个，面积3600公顷；新增无公害农产品51个，面积4066.67公顷。农业部农产品地理标志登记总数达9件。新增“三品”认证面积1733.33公顷，总面积达26.13万公顷。“省级农业标准化基地”达76家，市级农业标准化生产基地18个，市级以上农业地方规范突破100项，省、市级农产品抽检合格率均达98%以上。创建全国休闲农业与乡村旅游示范项目4个，中国美丽田园1个，山东省休闲农业与乡村旅游示范项目10个，山东省生态休闲农业示范园区6个，山东美丽休闲乡村3个，齐鲁美丽田园3个。省级知名农产品区域公用品牌和产品品牌总数达20个。

2018年泰安市主要农产品产量

表45

种 类	产 量	单 位	增长（%）
粮食	247	万吨	-2.6
油料	20.7	万吨	-6.9
蔬菜（含菜用瓜及食用菌）	616.5	万吨	-0.1
园林水果	49.6	万吨	-7.1
生猪年末存栏	97.6	万头	-15.9
牛年末存栏	14.9	万头	-6.0
其中：奶牛	9.3	万头	-5.6
家禽年末存养	2660.8	万只	1.5
肉类总产量	41.0	万吨	1.1
奶类产量	27.7	万吨	-0.8
禽蛋产量	20.1	万吨	-17.4

“绿满泰安”凸显成效。全年共完成造林作业面积7333.33公顷，占年计划的110%，其中荒山造林2133.33公顷；完成“三边”绿化589.2千米，新建完善农田林网8533.33公顷，完成森林抚育1.93万公顷，义务植树1106万株。共有森林公园28处，其中国家森林公园6处，省级森林公园1处；国家湿地公园3处，省级湿地公园4处。新发展特色经济林3906.67公顷，总面积达11.36万公顷，经济林果品总产量达69.9万吨。新增苗木花卉533.33公顷，总面积达2.83万公顷，面积规模继续保持全省领先。规模以上林业龙头企业达到410家，其中国家级1家、省级32家、市级146家，国家级核桃示范基地2处，省级标准化示范园18处、全省十佳旅游观光果园9处；“齐鲁放心果品”品牌15个，“三品”认证面积达5.67万公顷。在第十五届中国林交会上，获金奖51个，银奖22个，金奖总数居全省第一。

渔业平稳发展。开展增殖放流，完成东平湖放流苗种2567.25万尾，黄前、东周等水库增殖放流苗种355.53万尾。建立科技示范基地3处，示范面积173.33公顷，带动养殖面积1333.33公顷。全市水产品产量8.3万吨，比上年增长1.2%。

畜牧业有增有减。年末生猪存栏97.6万头，比上年减少15.9%；家禽存栏2660.8万只，增长1.5%；牛存栏14.9万头，减少6.0%；羊存栏94.7万只，增长1.5%。主要畜牧品种出栏“三增一降”，家禽出栏9911.4万只，比上年增长9.1%；牛出栏16.2万头，减少12.7%；生猪出栏260.0万头，增长0.7%；羊出栏184.2万只，增长7.1%。从产量情况看，肉类总产量41.0万吨，增长1.1%；禽蛋产量20.1万吨，减少17.4%；奶类产量27.7万吨，减少0.8%。

农业基础设施更加扎实。年末拥有农业机械总动力521万千瓦，种植业耕种收综合机械化水平达88.3%，实现农机经营总收入27亿元。农村集中式供水工程1509处，其中千吨万人以上64处；机电井22.77万眼，其中规模以上4.2万眼。新增水土流失综合治理面积9910公顷。

三、工　业

工业经济运行平稳。全年规模以上工业增加值比上年增长5.5%。其中，国有工业增长8.3%；集体工业增长14.2%；股份制工业增长4.4%；外商及港澳台商投资工业增长25.1%。轻、重工业分别增长8.4%和4.4%。实现主营业务收入增长7.4%，利润总额增长20.5%，利税总额增长15.9%。

工业增长面基本稳定。从行业增长面来看，2018年全市37个大类行业中，增长的有28个，增长面为75.7%。其中，行业增速在10%以上的有17个行业，增速在15%以上的有10个行业。

工业新动能加快成长。制造业增加值比上年增长6.4%，高于全市规上工业0.9个百分点，拉动规上工业增长5.3个百分点，贡献率达97.0%，占全市规上工业增加值的比重为83.8%。其中，消费品制造业增加值增长6.2%，高于全市规上工业0.7个百分点，占全市规上工业增加值的比重为21.7%，对规上工业增加值增长贡献率为24.9%。新材料产业实现主营业务收入246.3亿元，比上年增长12.0%，实现利润总额23.7亿元，增长48.4%。前100名企业完成产值比上年增长16.1%，高于全部规上企业产值增幅7.1个百分点，拉动全市产值增长9.9个百分点，对全市产值增长贡献率为109.1%。

2018年泰安市主要工业产品产量

表46

种　类	产　量	单　位	增长（%）
原煤	1393.2	万吨	3.6
发电量	120.2	亿千瓦时	2.7
钢材	428.2	万吨	3.0
焦炭	211.5	万吨	-2.4
原盐	119.1	万吨	6.5
化学肥料	100.4	万吨	4.6
水泥	695.8	万吨	14.8
纸面石膏板	10528.6	万平方米	-15.0
电力电缆	13.1	万千米	-40.7
工业锅炉	11123.0	蒸吨	-25.1
玻璃纤维纱	67.8	万吨	17.0
液体乳	28.9	万吨	7.3
机制纸	52.5	万吨	27.6

四、固定资产投资、房地产、建筑业

固定资产投资平稳增长。固定资产投资比上年增长5.8%。从投资项目建设性质看，新建项目投资增长16.6%。从结构看，第一产业投资比上年增长126.5%，占全部投资的3.7%；第二产业投资下降7.8%，占全部投资的41.2%；第三产业投资增长14.5%，占全部投资的55.1%。服务业投资增速比上年提高5.0个百分点，占全部投资比重继续提高，成为投资增长的主要推动力。三次产业投资结构由上年的2.0：46.9：51.1调整为3.7：41.2：55.1。

房地产开发形势向好。房地产开发项目完成投资177.7亿元，比上年增长9.0%，其中商品住宅完成投资145.7亿元，增长13.9%。房屋施工面积1973.4万平方米，增长3.2%，其中住宅施工面积1559.2万平方米，增长3.1%；商业营业用房施工面积190.9万平方米，增长3.5%。商品房销售面积371.2万平方米，比上年增长12.5%；商品房销售额234.8亿元，比上年增长25.7%。年末，商品房待售面积111万平方米，比上年末下降29.8%。其中商品住宅待售面积78.8万平方米，下降24.1%。

建筑业规模不断扩大。372家资质以上建筑企业完成总产值831.9亿元，比上年增长8.6%，其中建筑业企业在外省完成产值411.4亿元，增长40.2%，外省产值占建筑业总产值比重为49.5%，省外市场规模不断扩大。34家一级资质企业完成产值626.9亿元，建筑业企业竞争力快速提升。

五、国内贸易

贸易市场繁荣稳定。实现社会消费品零售总额1593.8亿元，比上年增长8.8%。其中，城镇消费品零售额1218.6亿元，增长8.6%，乡村消费品零售额375.2亿元，增长9.5%。批发业、零售业、住宿业、餐饮业分别实现零售额366.6亿元、1027.5亿元、32.3亿元、167.4亿元，分别增长8.2%、8.3%、6.2%、13.9%。全市电子商务交易额1213.0亿元，增长26.0%。

消费升级类商品快速增长。从限额以上企业单位销售情况看，家用电器和音像器材类实现零售额32.6亿元，比上年增长8.1%；化妆品类实现零售额6.0亿元，增长8.9%；通讯器材类实现零售额10.0亿元，增长18.6%。基本生活类商品增势稳定，服装类商品实现零售额26.4亿元，增长6.2%；鞋帽类商品实现零售额7.1亿元，增长5.1%；粮油食品类商品实现零售额56.4亿元，增长8.5%。

六、交通、邮电

交通运输发展实现新突破。完成交通建设投资83.51亿元，比上年增长56.0%，普通国、省道路完成大中修80.5千米。新改建农村公路1051千米，建设农村客运站点708个，帮扶76个扶贫重点村建设扶贫道路117.3千米。公路通车里程达15588千米，公路密度达每百平方千米200.8千米，高速公路通车里程238.8千米。港航建设完成投资4.1亿元，京杭运河东平湖主航道开挖12.8千米。全市公路水路运输完成客运量2984万人、旅客周转量20.3亿人千米，完成货运量8259万吨、货物周转量163.1亿吨千米。营运性汽车保有量达到2.85万辆，集约化客车比例达67.5%。泰城新增公交车118辆，节能与新能源公交车占比达100%，环保型公交车应用处于全省领先水平；泰城新开通公交线路6条、优化调整24条，开通县际公交线路3条；建成乡镇村公交首末站9个。

邮电通信业发展迅猛。邮政行业业务总量达19.93亿元，比上年增长48.1%。其中，邮政寄递服务业业务量累计完成5670.71万件，快递服务企业业务量累计完成8904.62万件，比上年增长83.0%。邮政行业业务收入12.93亿元，比上年增长28.3%。其中，邮政寄递服务业务收入累计完成0.53亿元，快递服务企业业务收入累计完成7.11亿元，增长56.5%。电信业务总量6.5亿元，比上年下降11.6%，移动业务收入24.4亿元，增长1.7%。年末固定电话户数59.0万户，下降11.0%；移动电话583.1万户，增加0.2万户；上网用户261.1万户，增长7.9%。

七、对外经济、旅游

对外经济稳定增长。实现外贸进出口总额160.8亿元，比上年增长5.3%，其中，出口127.6亿元，增长8.1%；进口33.2亿元，下降4.4%。新批准利用外商直接投资项目72个，比上年增长24.1%，合同利用外商直接投资65.9亿元，同比下降62.6%，实际利用外商直接投资46.0亿元，增长16.6%。新增获权企业279家，新增有进出口业绩企业150家。

“旅游+”亮点纷呈。境内外游客7589.43万人次，实现旅游消费总额847.67亿元，分别比上年增长10.1%和13.4%。A级景区达71家，5A级泰山景区接待游客562.1万人次，增长2.8%，实现门票收入4.1亿元，增长0.7%；方特欢乐世界、花样年华、宝泰隆、天颐湖、太阳部落、刘老根大舞台、泰山温泉城、莲花山、春秋古城、水浒影视城等10家国家AAAA级旅游景区共接待游客1106.06万人次，增长9.8%，实现营业收入9.64亿元，增长10.7%。里峪村、上豹峪村、掌平洼村、五埠村、塘坊村、南堂子村等6家乡村旅游点共接待游客137.22万人次，实现旅游收入4583.04万元，分别增长13.0%和12.0%。

八、财政、金融、保险

财税收支平稳有序。实现地方一般公共预算收入219.5亿元，比上年增长6.0%。其中，税收收入158.0亿元，增长7.6%。各项税收中，增值税61.8亿元，增长20.7%；企业所得税13.4亿元，增长12.7%；个人所得税7.9亿元，增长23.6%。全市一般公共预算支出381.0亿元，增长7.1%。其中，各项民生支出303.4亿元，增长7.2%，占全部财政支出的79.6%。税收总额实现279.0亿元，比上年增长10.5%。

金融市场保持稳健。年末，金融机构人民币各项存款余额3647.7亿元，比年初（下同）增长9.7%。其中住户存款余额2350.8亿元，增长10.2%。各项贷款余额2354.3亿元，增长11.7%。其中，住户贷款935.7亿元，比年初增加178.4亿元，增长23.6%；中长期贷款余额1370.3亿元，比年初增加219.4亿元，增长19.1%。

保险业发展势头良好。保险公司达57家，比上年增加3家，实现保费收入123.41亿元，增长19.6%。其中，财险保费收入25.5亿元，增长23.8%；人身险保费收入86.6亿元，增长10.1%。保险赔付32.60亿元，下降0.9%，其中财险赔付13.57亿元，增长14.1%；人身险赔付19.03亿元，下降9.4%。

九、科技、教育

科技创新成效显著。研究与试验发展经费支出89.99亿元，占全市地区生产总值比重为2.51%，比上年提高0.04个百分点。规模以上工业企业实现高新技术产业产值比上年增长8.5%，占规模以上工业总产值的比重达36.89%，与全省平均水平差距缩小到0.03。净增高新技术企业57家，总数达196家。新增科技型中小企业262家，总数达1046家。全市科技企业孵化器、众创空间等孵化平台达53家，其中国家级、省级、市级分别为7家、25家、21家。全市发明专利申请2449件，授权523件。每万人有效发明专利拥有量3.46件，比上年末增加0.50件。新增国家知识产权优势企业5家，总数12家。31家企业通过《企业知识产权管理规范》国家标准认证，2项发明专利荣获中国专利奖银奖。完成专利权质押合同登记13项，质押融资1.21亿元，累计金额5.39亿元。1人入选国家万人计划；2人入选2017年科技部创新人才推进计划；5人入选泰山产业领军人才。

教育事业稳步推进。全市9所普通高校招生3.6万人，在校生12.5万人，专任教师6688人。14所中等职业学校在校生3.8万人，专任教师2196人。196所普通中学在校学生31.8万人，专任教师25125人。520所小学在校学生29.8万人，专任教师19474人。学龄儿童入学率、成人识字率均达100%，小学毕业生升学率达99.5%，初中升入普通高中升学率达59.4%。

十、文化、卫生和体育

文化事业欣欣向荣。年末，全市有公共图书馆7个，文化馆7个，美术馆9个；88个乡镇（街道）全部建成综合文化站，其中，国家一级站5个；100%村（社区）建成基层综合性文化服务中心。省级以上文化产业示范基地12家，其中国家级文化产业示范基地1家，省级文化产业示范基地11家。国有文物收藏单位33家，可移动文物6.47万件（套），共17万件。世界文化遗产3处，国家级重点文物保护单位14处、省级78处、市级144处。博物馆数量达39家，其中非国有博物馆30家，藏品达44.85万件。现有市级以上非遗项目405个，其中国家级11个、省级42个。全市各级开展文化惠民活动6.8万场次，各类送戏下乡演出4012场次，农村公益电影放映5.9万场次，"全民阅读"活动622场次，农家书屋出版物更新50万册。

广电、档案稳步发展。年末，全市有线数字电视用户129.7万户， 比上年末增加8.5万户，增长7%，入户率达68.6%，提高4.5个百分点；广播人口综合覆盖率、电视人口综合覆盖率分别达100%和99.59%。泰安市档案馆馆藏档案资料（非电子）29.2万（卷、件、盘、张、册），电子档案5660GB，利用档案414人次、2136卷件。

卫生事业加快发展。全市拥有卫生机构4423个。其中，医院105家，疾病预防控制中心8个，专科疾病防治机构9个，妇幼保健机构7个，卫生院69家。各类卫生机构拥有床位32557张，卫生技术人员（不含村卫生室）38034人，其中，执业（助理）医师14582人，注册护士17353人。

体育事业蓬勃发展。新成立市级协会6个、俱乐部4个，市级协会达140个、俱乐部达216个，市级老年体协单项工委发展到19个、县级发展到45个，63%的行政村建立了老年体协。新成立体育社会组织党支部32个，总数达85个。全市社会体育指导员数量1.4万人，占全市总人口的2.3‰。组织举办全民健身运动会赛事项目841项、日常活动2331项，分列全省第一位。开展免费体质检测"五进"活动，共监测111个单位、10283人。626名运动员参加山东省第24届运动会决赛，取得41枚金牌、29枚银牌、41枚铜牌、团体总分2196.5分的优异成绩，位列金牌榜全省第七位；成功举办世界杯攀岩赛、山东省百万老年人打太极启动仪式、环泰山60千米徒步走、泰山国际徒步大会、中国坐标城市定向赛、泰山100千米国际越野赛等大型赛事活动。全年体育彩票总销量达11.1亿元，比上年增长48%。

十一、城乡建设

城镇化建设实现新提升。城镇化率达61.87%，比上年提高1.24个百分点，高于全省平均水平0.69个百分点。宁阳县被列为省第三批新型城镇化试点县，全市实现17万农业转移人口市民化。

城市基础设施持续完善。博阳路、万官大街东段及上跨京沪铁路立交桥建成通车，凤凰路改造提升工程竣工，双龙路北段正在收尾，东湖路东段、黄前西干渠路顺利推进。全市开工建设海绵城市汇水面积15.1平方千米、地下管廊7.94千米。年消费天然气6.0亿立方米，比上年增长25.0%。年供水量5500万立方米，供水普及率98.5%，水质综合合格率达100%。西区热源项目建设顺利推进，完成高铁新区等30个小区供热项目建设，泰城供热管网基本实现全覆盖。

城乡人居环境提升改善。开工棚改项目57569套，基本建成21456套；开工老旧住宅小区整治项目20个、

91.6 万平方米。分配政府投资公租房 9039 套，发放城镇住房保障家庭租赁补贴 4092 户。4 处黑臭水体整治工程全部竣工，3 个污水处理厂共处理污水 6614 万吨，出水水质达到一级 A 排放标准；共处置污泥 49950 吨。对市级管理的 31 条路、41 处公园广场、建筑工地实施道路修补、行道树补植、围挡提升等工作，营造优美城市景观。

村镇建设全方位推进。完成危房改造 2561 户，完成“温比亚”台风灾后危房改造 728 户，完成农村改厕 15.3 万户，农村地区新增清洁取暖 9908 户，59 个建制镇建有污水处理设施。3 个村入选第五批省级传统村落，3 个镇入选第五批省级宜居小镇，5 个村入选第五批省级宜居村庄，2 个村入选省级美丽村居试点。

十二、环境保护和安全生产

建设节能有序推进。2 个项目列入全省住建系统新旧动能转换重大项目，8 个应用装配式建筑技术建造项目有序推进，BIM 等信息化新技术得到有效推广。累计建成节能建筑 6085 万平方米；新增绿色建筑面积 452.2 万平方米，新增绿色建筑评价标识项目 16 个。完成既有居住建筑供热计量节能改造面积 10.74 万平方米、公共建筑节能改造面积 7.54 万平方米。岱岳区大汶口镇被评为山东省级绿色生态示范城镇。

环境保护成效凸显。SO_2、NO_2、PM_{10}、$PM_{2.5}$ 平均浓度分别为 18μg/m³、36μg/m³、102μg/m³、51μg/m³，比上年分别改善 28%、7.7%、1%、8.9%；空气优良天数 207 天，比上年增加 9 天。主要河湖大汶河、东平湖 COD 均值分别为 16.63mg/L、17.21mg/L，氨氮均值分别为 0.174mg/L、0.111mg/L，省控以上断面消除劣五类水体。中央和省环保督察“回头看”交办的 718 件环境信访案件全部按期办结。共立案查处环境违法案件 417 件，处罚金额 2585 万元。新建和修补水源地保护区防护栏 10.3 千米，完成 31 个村庄涉及 3.8 万人口生活污水和垃圾收集处理。泰山区、新泰市、肥城市获得省级生态区市命名。

安全生产形势稳定。七个行业领域（农林牧渔业、采矿业、商贸制造业、建筑业、交通运输和仓储业、其他行业）发生各类生产安全事故 21 起，死亡 23 人。亿元国内生产总值生产安全事故死亡人数 0.0063 人，道路交通事故万车死亡人数 1.69 人，煤矿百万吨死亡人数 0 人。

十三、人口、居民生活和社会保障

常住人口保持稳定。年末常住人口 564.0 万人，其中城镇人口 348.95 万人，增长 1.9%。

居民收支平稳增长。泰安居民人均可支配收入 27389 元，比上年增长 8.5%，其中，城镇居民人均可支配收入 35196 元，增长 7.5%；农村居民人均可支配收入 16959 元，增长 8.2%。全市城乡居民收入比（以农村居民为 1）由上年的 2.09 缩小至 2.08，城乡收入比缩小 0.01。居民人均消费支出 16616 元，比上年增长 8.6%。其中，城镇居民人均消费支出 20862 元，增长 7.7%；农村居民人均消费支出 10942 元，增长 8.3%。恩格尔系数为 26.9%，比上年下降 0.5%。

社会救助体系不断完善。城市月低保、农村年低保标准分别提高到 550 元、4680 元，农村低保标准全部达到省定扶贫线以上，城乡低保标准比例达到 1.41：1 以内。自 2018 年 10 月起，农村特困供养人员基本生活标准统一为每人每月 507 元。全市共发放自然灾害生活救助资金 630 万元，救助受灾困难群众 58558 人。新建城市社区老年人日间照料中心 10 处、农村幸福院 37 所，新增养老床位 2260 张。对 3545 名残疾人进行职业技能或农村实用技术培训，通过扶贫基地安置带动 530 名残疾人实现就业增收。实施省、市第一书记帮包村项目，按照每户 2000 元标准扶持贫困残疾人 1303 户。年内，按照每人 1.2 万元～1.32 万元的标准，为 1050 名残疾儿童提供免费抢救性康复救助。

社会保障水平显著提高。收缴各项社会保险费 193.44 亿元，比上年增长 13.5%。参加职工养老保险 138.55 万人，收缴养老保险费 91.03 亿元；参加居民养老保险 278.51 万人，收缴居民养老保险费 26.48 亿元；参加医疗保险 534.24 万人，收缴医疗保险费 66.13 亿元；参加失业保险 63.41 万人，收缴失业保险费 2.52 亿元；参加工伤保险 89.52 万人，收缴工伤保险费 4.4 亿元；参加生育保险 79.09 万人，收缴生育保险费 2.88 亿元，5 个险种 9 个类别的社会保险费收缴率均达 95% 以上。

发放各项社会保险金 180.74 亿元，比上年增长 10.1%。企业离退休人员养老金社会化发放率保持 100%；为 91.17 万名居民发放养老金 16.12 亿元；支付职工医疗保险待遇 31.08 亿元，其中统筹基金支付 15.77 亿元，涉及职工 132.35 万人；支付居民医疗保险待遇 25.99 亿元；为 1.6 万名失业职工支付失业保险金 1.28 亿元；支付工伤保险待遇 4.28 亿元。

注：本公报中部分数据为初步统计数或快报数；本公报所列生产总值、各产业增加值绝对数，按当年价格计算，增长速度按可比价格计算。

全国重点文物保护单位

表 47

序号	名　称	地　点	时　代	类　别	公布时间	批次
1	大汶口遗址	岱岳区大汶口镇、宁阳县堡头村	新石器时代	古遗址	1982 年 2 月	2
2	岱庙	泰山区朝阳街 7 号	宋至清	古建筑	1988 年 1 月	3
3	冯玉祥墓	泰山区泰山南麓	1953 年	近现代重要史迹及代表性建筑	1988 年 1 月	3
4	齐长城遗址	泰山景区、岱岳区、肥城市	春秋、战国	古建筑	2001 年 6 月	5
5	泰山石刻（包括：经石峪、唐摩崖处、纪泰山铭摩崖石刻）	泰山红门景区	北齐至唐	石窟寺及石刻	2001 年 6 月	5
6	白佛山石窟造像	东平县东平镇焦村白佛山	隋、唐	石窟寺及石刻	2001 年 6 月	5
7	泰山古建筑群（包括：岱宗坊、王母池、八仙桥、关帝庙、斗母宫、三官庙、万仙楼、红门宫、壶天阁、药王殿、三大仕殿、中天门坊、五松亭、普照寺、滦州起义革命烈士祠、五贤祠、三阳观、长寿桥、南天门、孔子庙、青帝宫、碧霞祠、玉皇庙、后石坞元君庙、灵应宫、玉皇阁坊、一天门坊、天阶坊、孔子登临处坊、高老桥、高山流水亭、过仙桥、廻马岭坊、步天桥、酌泉亭、对松亭、云步桥、升仙坊、月观亭、未了轩旧址、北天门坊、洗心亭、西溪石亭、泰山盘路、风雷亭、云水亭）	泰山景区	明至清	古建筑	2006 年 5 月	6
8	洪顶山摩崖	东平县旧县镇屯村铺村	南北朝	石窟寺及石刻	2006 年 5 月	6
9	大运河	东平县彭集镇、宁阳县堽城镇堽城里村	春秋至清	古建筑	2006 年 5 月	6
10	大汶口古石桥	岱岳区大汶口镇西南门外大汶河上	明	古建筑	2013 年 3 月	7
11	萧大亨墓地石刻	岱岳区满庄镇东萧家林村	明	石窟寺及石刻	2013 年 3 月	7
12	颜子庙和颜林	宁阳县鹤山乡泗皋村	元、清	古建筑	2013 年 3 月	7
13	棘梁山石刻	东平县戴庙镇棘梁山	北朝至宋	石窟寺及石刻	2013 年 3 月	7
14	徂徕山抗日武装起义旧址	高新区房村镇黑石埠村，在徂徕山大寺	抗日战争时期	近现代重要史迹及代表性建筑	2013 年 3 月	7

省级重点文物保护单位

表 48

序号	名 称	地 点	时 代	类 别	公布时间	批次
1	泰山盘路古建筑群（包括：无极庙、元始天尊庙、老君堂）	泰山景区	唐、清、民国	古建筑	1992 年 6 月	2
2	范明枢墓	泰山南麓普照寺南	1950 年	近现代重要史迹及代表性建筑	1992 年 6 月	2
3	周明堂遗址	泰山景区大津口乡沙岭村明家滩	周	古遗址	2013 年 10 月	4
4	藏峰寺遗址	泰山景区曹家庄村	元	古遗址	2013 年 10 月	4
5	中天门二虎庙	泰山景区中天门管理区	明清	古建筑	2013 年 10 月	4
6	泰山玉泉寺	泰山景区玉泉寺管理区	北魏	古建筑	2013 年 10 月	4
7	桃花峪元君庙	泰山景区桃花峪管理区	清	古建筑	2013 年 10 月	4
8	竹林寺	泰山景区竹林寺管理区	唐	古建筑	2013 年 10 月	4
9	总理奉安纪念碑	泰山景区红门管理区	1929 年	近现代重要史迹及代表性建筑	2013 年 10 月	4
10	乐善桥	泰山景区竹林寺管理区	1936 年	近现代重要史迹及代表性建筑	2013 年 10 月	4
11	泰山革命烈士纪念碑	泰山景区红门管理区	1953 年	近现代重要史迹及代表性建筑	2015 年 6 月	5
12	泰山区清真西大寺（泰城清真寺）	泰山区财源街道清真寺街	明清	古建筑	2013 年 10 月	4
13	杨家庄七圣堂	泰山区上高街道杨家庄村	明清	古建筑	2013 年 10 月	4
14	省庄清真寺	泰山区省庄镇（东孙家庄村、二十里埠村、芝田村、岱上村、岳庄村、刘家庄村）	明至中华民国	古建筑	2013 年 10 月	4
15	萃英中学建筑群	泰山区岱庙街道青年路	清、中华民国	近现代重要史迹及代表性建筑	2013 年 10 月	4
16	泰安火车站站房（泰安府站钟楼）	泰山区财源街道龙潭路	1909 年	近现代重要史迹及代表性建筑	2013 年 10 月	4
17	汉明堂遗址	泰山区泰前街道	西汉	古遗址	2015 年 6 月	5
18	上高施氏牌坊	泰山区上高街道	清	古建筑	2015 年 6 月	5
19	泰安侵华日军司令部旧址（育英中学旧址）	泰山区岱庙街道	中华民国	抗战遗址、纪念设施	2015 年 6 月	5
20	山西会馆	岱岳区大汶口镇会馆街	明	古建筑	2006 年 12 月	3
21	无梁殿	岱岳区夏张镇梨园村	明	古建筑	2006 年 12 月	3
22	西界清真寺	岱岳区马庄镇前营村	明清	古建筑	2013 年 10 月	4
23	下旺清真寺	岱岳区粥店街道下旺村	清	古建筑	2013 年 10 月	4
24	中淳于瓷窑址	岱岳区满庄镇西北，西近中淳于村	隋唐至明	古遗址	2015 年 6 月	5

续表 1

序号	名 称	地 点	时 代	类 别	公布时间	批次
25	文姜城遗址	岱岳区大汶口镇和平街东北 500 米处	东周至汉	古遗址	2015 年 6 月	5
26	山西街村建筑群	岱岳区大汶口镇山西街村	明清、中华民国	古建筑	2015 年 6 月	5
27	泰安抗日烈士公墓	岱岳区祝阳镇陈良村	1946 年	抗战遗址、纪念设施	2015 年 6 月	5
28	夏张抗日武装起义纪念碑	岱岳区夏张镇夏北村北	1998 年	抗战遗址、纪念设施	2015 年 6 月	5
29	泰西抗日武装起义旧址	岱岳区道朗镇、肥城市仪阳镇	1938 年	抗战遗址、纪念设施	2015 年 6 月	5
30	新泰智人化石地点	新泰市东都镇乌珠台村西南	旧石器时代	古遗址	1992 年 6 月	2
31	新泰市周家庄东周墓群	新泰市青云街道办事处周家庄村	东 周	古墓葬	2006 年 12 月	3
32	徐琛墓	新泰市羊流镇徐家庄村东南	元	古墓葬	2013 年 10 月	4
33	东街清真寺	新泰市放城镇东街村	明至中华民国	古建筑	2013 年 10 月	4
34	光明东村正觉寺	新泰市刘杜镇光明东村	明至中华民国	古建筑	2013 年 10 月	4
35	莲花山云谷寺	新泰市泉沟镇莲花山风景区	明 清	古建筑	2013 年 10 月	4
36	青云山三官庙	新泰市汶南镇青云山村	清	古建筑	2013 年 10 月	4
37	阁老顶观音造像	新泰市放城镇郗家峪村南	宋、金	石窟寺及石刻	2013 年 10 月	4
38	大协炮楼	新泰市小协镇大协村	1938 年	近现代重要史迹及代表性建筑	2013 年 10 月	4
39	抬头寺遗址	新泰市汶南镇果庄村北	新石器时代至东周	古遗址	2015 年 6 月	5
40	新泰羊氏墓地	新泰市羊流镇沟西村、高新区天宝镇颜前村	东汉至隋	古墓葬	2015 年 6 月	5
41	陆房战斗遗址	肥城市安临站镇东陆房村东北 500 米处	抗日战争时期	近现代重要史迹及代表性建筑	1977 年 12 月	1
42	泰山显灵宫	肥城市石横镇石横四村内	明	古建筑	2006 年 12 月	3
43	护鲁山泰山行宫	肥城市孙伯镇大石桥村	明 清	古建筑	2013 年 10 月	4
44	陶山朝阳洞石刻造像	肥城市湖屯镇陶山主峰西北侧山崖	宋至中华民国	石窟寺及石刻	2013 年 10 月	4
45	圭山石刻	肥城市王瓜店街道印山子村	明	石窟寺及石刻	2013 年 10 月	4
46	东向北阁	肥城市边院镇东向北村	明 清	古建筑	2015 年 6 月	5
47	小中泉天主教堂	肥城市湖屯镇小中泉居委会中心街北	1910 年	近现代重要史迹及代表性建筑	2015 年 6 月	5
48	新城群力放水洞	肥城市新城街道东尚里村北	1960 年	近现代重要史迹及代表性建筑	2015 年 6 月	5
49	古磁窑址	宁阳县华丰镇西部、磁窑火车站东三公里处	宋、元	古遗址	1977 年 12 月	1
50	潘茂汉墓	宁阳县东疏镇潘家黄茂村北	汉	古墓葬	1977 年 12 月	1

续表 2

序号	名 称	地 点	时 代	类 别	公布时间	批次
51	宁阳文庙	宁阳县县城东街 313 号	元至清	古建筑	2006 年 12 月	3
52	宁阳禹王庙	宁阳县伏山镇堽城坝村北	明	古建筑	2006 年 12 月	3
53	宁阳灵山寺	宁阳县华丰镇灵山	唐至清	古建筑	2006 年 12 月	3
54	西太平窑址	宁阳县磁窑镇西太平村	唐、宋	古遗址	2013 年 10 月	4
55	义和寨寨墙	宁阳县磁窑镇贺家庄村	清	古遗址	2013 年 10 月	4
56	南陈村北窑址	宁阳县东庄镇南陈村	隋、唐、宋	古遗址	2013 年 10 月	4
57	神童山观音庵	宁阳县葛石镇黑石村	明 清	古建筑	2013 年 10 月	4
58	神童山摩崖石刻	宁阳县葛石镇刘家庄村	北朝、五代	石窟寺及石刻	2013 年 10 月	4
59	堽城坝（闸）遗址	宁阳县堽城镇堽城里村	元	其他（大运河）	2013 年 10 月	4
60	郕城故城	宁阳县东庄镇南故城新村	东周至汉	古遗址	2015 年 6 月	5
61	关圣帝君庙碑	宁阳县东疏镇马庙村	明、清	石窟寺及石刻	2015 年 6 月	5
62	大孔扬水站	宁阳县堽城镇大孔家庄村	1978 年	近现代重要史迹及代表性建筑	2015 年 6 月	5
63	东平故城	东平街道宿城村附近	汉至唐	古遗址	1977 年 12 月	1
64	北桥墓群	东平县老湖镇北桥村	汉	古墓葬	1977 年 12 月	1
65	梁氏墓群	东平县老湖镇梁林村	宋	古墓葬	1977 年 12 月	1
66	理明窝摩崖造像	东平县斑鸠店镇六工山	唐	石窟寺及石刻	1992 年 6 月	2
67	尚书林	东平县梯门镇西梯门村	明	古墓葬	2013 年 10 月	4
68	常庄民居	东平县接山镇常庄村	明、清、中华民国	古建筑	2013 年 10 月	4
69	前山西屯大队部	东平县梯门镇前山西屯村	1975 年	近现代重要史迹及代表性建筑	2013 年 10 月	4
70	东平安山闸	东平县商老庄乡大安山村	明	其他（大运河）	2013 年 10 月	4
71	东平戴庙闸	东平县戴庙镇戴庙村	明	其他（大运河）	2013 年 10 月	4
72	阳谷邑故城	东平县旧县乡王古店村东	周、汉	古遗址	2015 年 6 月	5
73	峗山汉墓群	东平县东平街道焦村北白佛山前东侧	汉	古墓葬	2015 年 6 月	5
74	萧桥	东平县接山镇萧桥村	金、明	古建筑	2015 年 6 月	5
75	银山石刻	东平县银山镇前银山村北	北朝、宋、清	石窟寺及石刻	2015 年 6 月	5
76	徂徕山摩崖石刻	高新区天宝镇后寺村北	北齐、唐	石窟寺及石刻	1992 年 6 月	2
77	博城故城	高新区北集坡镇后旧县村	东周至宋	古遗址	2013 年 10 月	4
78	山东省委旧址暨八路军山东抗日游击第四支队司令部旧址（光化寺）	高新区天宝镇后寺庄村西北	1938 年	抗战遗址、纪念设施	2015 年 6 月	5

泰安市获得中国驰名商标企业情况

表 49

序号	企业名称	商标名称	商品名称	时间
1	泰山玻璃纤维有限公司	CTG 及图	非纺织用玻璃纤维线、非绝缘非纺织用玻璃纤维	2009.04
2	山东东岳橡胶制品有限公司	东岳及图	自行车内外胎、力车内外胎	2009.04
3	山东光明起重机械集团有限公司	金斗山及图	起重机	2009.04
4	山东泰安山锅集团有限公司	第 714344 号图形	锅炉	2010.01
5	山东泰鹏实业有限公司	安琪尔	床罩、被子、被罩	2010.01
6	泰山集团泰安市普瑞特机械制造有限公司	普瑞特	金属容器	2010.01
7	泰安泰山工程机械股份有限公司	岱峰 DaiFeng 及图	移动吊车、升降设备、起重装置	2010.01
8	泰山石膏股份有限公司	泰山及图	石膏板	2010.01
9	山东正方轮胎有限公司	正　喜	车辆轮胎	2011.05
10	泰山集团股份有限公司	TAISHAN 及图	锅炉（非机器零件）	2011.05
11	山东春潮色母料有限公司	春潮 chunchao 及图	塑料着色母料、电缆母料	2011.05
12	瑞星集团有限公司	东平湖	尿素	2011.05
13	山东银宝食品有限公司	银宝 YINBAO 及图	猪肉、猪肉食品、非活家禽	2011.05
14	肥城富世康工贸有限公司	富世康及图	面粉	2011.11
15	肥城金塔机械有限公司	金字及图	蒸馏塔	2011.11
16	山东九鑫机械工具有限公司	泰山 TS 及图	扳手（手工具）	2012.05
17	泰安华鲁锻压机床有限公司	华　鲁	弯曲机；金属加工机械；液压机；压力机	2012.05
18	山东光大日月油脂股份有限公司	ZY ZHIYU 智育及图	食用油；食用油脂	2012.05
19	山东索力得焊材有限公司	索力得 SOLID 及图	金属焊丝	2012.12
20	山东亚奥特乳业有限公司	亚奥特 YAT	牛奶制品	2012.12
21	山东云宇机械集团有限公司	云宇及图	汽车配件	2013.12
22	泰开电气集团有限公司	泰开及图	高压断路器	2013.12
23	山东省肥城桃开发总公司	肥　城	桃	2014.09
24	山东三和化工有限公司	阳和及图	三聚氰胺、未加工人造树脂	2014.09
25	山东东顺集团有限公司	顺清柔及图	卫生纸、纸手帕、纸餐巾、纸巾	2014.09

续表

序号	企业名称	商标名称	商品名称	时 间
26	山东同创汽车散热装置股份有限公司	TCAC 及图	马达和发动机冷却器	2014.09
27	山东一滕新材料股份有限公司	一滕及图	纤维素、工业化学品	2014.09
28	泰安安能电气集团有限公司	安能 信锐及图	变压器、电开关、高低压开头板	2014.12
29	泰安市泰山索道运营中心	第 5139629 号图形	空中运输、旅客运输（游客）、观光旅游	2015.06
30	山东九鑫日用化工有限公司	满 婷	肥皂、化妆品、洗发剂、洗涤剂、洗面奶	2015.06
31	山东傲饰服饰有限公司	傲饰及图	服装	2015.06
32	肥城阿斯德化工有限公司	阿斯德	甲酸	2015.06
33	山东新轮轮胎有限公司	新轮 XIN LUN 及图	车辆轮胎、自行车车胎、三轮车车胎	2015.06
34	山东华泰电缆有限公司	华泰及图	电源材料（电线、电缆）	2015.06
35	山东康平纳集团有限公司	第 3752835 号图形	呢绒、布、毛织品、棉织品、纺织纤维织物	2015.06
36	山东亚奥特乳业有限公司	亚奥特 YAT	牛奶制品	2015.06
37	兴润建设集团有限公司	兴润建设 XING RUN 及图	建筑服务	2016.12
38	泰安路德工程材料有限公司	路 德	非金属栅栏、非金属搁栏、土隔膜	2016.12
39	泰石岩棉有限公司	泰 石	非金属耐火建筑材料	2016.07
40	山东泰丰钢业有限公司	青云山	油井金属套管、金属套管	2016.07
41	山东泰山轮胎有限公司	泰山及图	汽车轮胎 拖拉机轮胎	2016.07
42	鲁普耐特集团有限公司	鲁普耐特及图	绳索、非金属缆、捆扎用非金属线	2017.04
43	泰安仕全兴涂料有限公司	名士达 MINGSHIDA 及图	木材涂料（油漆）、清漆、漆	2017.10
44	山东龙成消防科技股份有限公司	薪薪及图	灭火器	2017.10
45	山东肥城精制盐厂	鲁祥 Luxiang 及图	盐	2017.10
46	泰安瑞泰纤维素有限公司	瑞泰 RUI TAI	羟丙基甲基纤维素	2018.02
47	山东宝来利来生物工程股份有限公司	宝来利来及图	非医用饲料添加剂	2018.02
48	泰安市雅邦工贸有限公司	雅邦斯诺尔	涂料	2018.04
49	泰山酒业集团股份有限公司	泰山及图	酒	2018.10
50	山东润通齿轮集团有限公司	中润通 ZHONGRUNTONG	陆地车辆传动齿轮	2018.10

泰安市地理标志商标情况

表 50

序号	商标名称	商标权所有人	注册号	类　别	使用范围	注册日期
1	肥城	山东省肥城桃开发总公司	1687897	31	桃	2011.12.21
2	宁阳大枣	宁阳县林果协会	8966151	29	干枣	2011.09.07
3	孔庄粉皮	肥城市王庄粉皮协会	10378393	30	粉皮	2012.06.28
4	安山大米	东平县安山大米行业协会	10356709	30	大米	2012.06.21
5	新泰芹菜	新泰市农村合作经济组织联合会	11040723	31	新鲜芹菜	2012.12.07
6	泰安煎饼	泰安市岱岳区泰安煎饼协会	11549973	30	煎饼	2013.03.21
7	徂徕黄金梨	泰安市岱岳区徂徕镇果树农民经济协会	11549972	31	梨	2013.05.28
8	大羊薄皮核桃	东平县核桃发展协会	11531568	31	核桃（坚果）	2013.06.21
9	肥城桃木雕刻	肥城市桃木雕刻协会	10143043	20	桃木工艺品	2013.06.28
10	泰山赤鳞鱼	泰安市水产研究所	12446535	31	活鱼	2013.12.14
11	许家桥大白菜	宁阳县泗店镇蔬菜协会	12577764	31	大白菜	2014.01.21
12	宁阳蟋蟀	宁阳县泗店镇蟋蟀产业协会	12577766	31	蟋蟀（活的）	2014.01.28
13	泰山板栗	泰安市岱岳区下港乡特色农产品产业协会	13066668	31	新鲜栗子	2014.02.07
14	泰安黄芽白菜	泰安市岱岳区岱绿特蔬菜协会	13066669	31	大白菜（新鲜蔬菜）	2014.03.07
15	泰安大白菜	泰安市岱岳区岱绿特蔬菜协会	13066670	31	大白菜（新鲜蔬菜）	2014.03.07
16	楼德煎饼	新泰市楼德镇煎饼协会	12412410	30	煎饼	2014.03.21
17	楼德煎饼	新泰市楼德镇煎饼协会	13624036	30	煎饼	2014.06.14
18	宁阳桥白	宁阳县泗店镇蔬菜协会	12577765	31	大白菜	2014.08.21
19	彭集花生	东平县彭集街道花生产业协会	11668356	31	新鲜花生	2014.05.07
20	新泰苹果	新泰市唯特果树研究所	13507249	31	苹果	2015.01.07
21	新泰草猪	新泰市草猪养殖协会	13507251	31	活猪	2015.02.28
22	新泰红毛山羊	新泰市黄山红山羊研究所	13507250	31	活羊	2015.03.14
23	化马湾大樱桃	泰安市岱岳区化马湾乡大樱桃协会	13565076	31	樱桃	2015.05.21
24	泰山墨玉石雕	泰安市岱岳区泰山玉产业协会	14897527	14	玉雕艺术品；玉雕首饰	2015.10.28

续表

序号	商标名称	商标权所有人	注册号	类 别	使用范围	注册日期
25	泰安红心萝卜	泰安市岱岳区夏张镇夏张红农产品协会	15216110	31	萝卜（新鲜的）	2015.11.14
26	河岔口鸭蛋	肥城市汶阳镇河岔口鸭蛋产销协会	15567989	29	鸭蛋	2016.06.14
27	新泰甜山楂	新泰市刘杜镇甜红子山楂协会	14963408	31	山楂（新鲜的）	2016.09.21
28	泰安豆腐	泰安市传统食品协会	17482659	29	豆腐	2016.10.28
29	雨山核桃	肥城市边院镇农业综合服务中心	18047595	31	核桃（新鲜水果）	2017.02.28
30	大王樱桃	肥城市边院镇农业综合服务中心	18047593	31	樱桃	2017.02.28
31	马家寨子香椿芽	新泰市放城镇马家寨香椿协会	16795198	31	香椿芽（新鲜的）	2017.02.28
32	泰山四叶参	泰安市泰山林业科学研究院	18274473	5	四叶参（中药材）	2017.03.21
33	泰山黄精	泰安市泰山林业科学研究院	18274474	5	黄精（中药材）	2017.03.21
34	泰山何首乌	泰安市泰山林业科学研究院	18274280	5	何首乌（中药材）	2017.03.21
35	泰山紫草	泰安市泰山林业科学研究院	18274281	5	紫草	2017.03.21
36	泰山南麓葡萄酒	泰安市葡萄酒协会	19077608	33	葡萄酒	2017.03.21
37	新泰横山丝	新泰市横山丝研究所	17792139	22	生丝	2017.03.21
38	泰山南麓葡萄酒	泰安市葡萄酒协会	17810446	33	葡萄酒	2017.03.28
39	韩庄头豆腐皮	肥城市边院镇农业综合服务中心	18047594	29	豆腐皮（豆腐制品）	2017.06.28
40	泰安红根菠菜	泰安市岱岳区良庄镇瓜菜专业技术研究会	19077555	31	新鲜菠菜	2017.12.21
41	泰安红根韭菜	泰安市岱岳区良庄镇瓜菜专业技术研究会	19077556	31	新鲜韭菜	2017.12.21
42	梅鹿山小米	新泰市石井特色农产品研究所	16795199	30	小米	2018.02.14
43	土安西瓜	东平县大羊土安西瓜协会	17117624	31	西瓜（新鲜的）	2018.02.14
44	新泰珍珠油杏	新泰市青云街道外峪珍珠油杏研究所	24217330	31	新鲜杏	2018.07.21
45	新泰麻鸭蛋	新泰市宫里镇宫北村养鸭协会	24217328	29	麻鸭蛋（蛋）	2018.07.21
46	肥城土豆	肥城市马铃薯产业协会	24518110	31	新鲜土豆	2018.09.14
47	肥城绞瓜	肥城市孙伯镇农产品产销协会	25619789	31	新鲜绞瓜	2018.12.14

2018年泰安市新增获得“山东名牌产品”称号企业情况

表51

序号	单位名称	服务项目	品 牌	行政区划
1	山东明佳科技有限公司	玻璃瓶空瓶验瓶机	明佳	岱岳区
2	山东大禹水处理有限公司	中央水机	大善若禹	岱岳区
3	泰山玻璃纤维有限公司	LFT用无碱玻璃纤维、高强高模玻璃纤维	CTG	岱岳区
4	肥城金塔酒精化工设备有限公司	三效溶剂回收节能蒸馏装置	金字	肥城市
5	鲁变电工股份有限公司	非晶合金配电变压器	鲁变	肥城市
6	石横特钢集团有限公司	预应力混凝土用螺纹钢筋	石特牌	肥城市
7	山东一滕新材料股份有限公司	纤维素醚	一滕集团及图	肥城市
8	泰安瑞泰纤维素有限公司	羟丙基甲基纤维素	瑞泰	肥城市
9	山东鲁泰建材科技集团有限公司	无石棉硅酸钙板	鲁泰及图	肥城市
10	山东瑞福锂业有限公式	碳酸锂	瑞福锂业	肥城市
11	山东傲饰服饰有限公司	高端服装定制	傲饰	肥城市
12	山东蓝光软件有限公司	蓝光智慧矿山软件系统	蓝光	高新区
13	泰安轻松表记有限公司	IC卡冷水水表	齐鲁轻松及图	高新区
14	山东晨晖电子科技有限公司	智能水表	科大晨晖	高新区
15	山东泰开变压器有限公司	电力变压器	泰开	高新区
16	山东泰开高压开关有限公司	智能化组合电器	泰开牌（TK）	高新区
17	山东路德新材料股份有限公司	经编土工格栅	美格瑞诗	高新区
18	泰安市硕力液压设备厂	三维数控弯板机	“硕力”牌三维数控弯板机	泰山区
19	山东中天泰和实业有限公司	数字化煤层气钻机	中天泰和	泰山区
20	泰安东升服装有限公司	摩托车骑行服	MOTO-BOY	泰山区
21	山东雷诺服饰有限公司	定制服饰	雷诺	泰山区
22	山东康平纳集团有限公司	高档毛纺面料	康平纳	泰山区
23	泰安泰山亚细亚食品有限公司	原味小麦粉	玉杰面粉	泰山区
24	山东晶泰星光电科技有限公司	RGB Mini Module小间距显示光源模组	Prosperousstar	新泰市
25	山东德鲁克起重机有限公司	自动化立体仓库	德盛利	新泰市
26	山东中玻节能环保发展有限公司	工业烟气旋流除尘监测一体化装置	中玻所及图	新泰市
27	特变电工山东鲁能泰山电缆有限公司	特高压电缆	特变电工	新泰市

2018年泰安市新增获得“山东服务名牌”称号单位情况

表52

序号	单位名称	服务项目	品 牌	所属县市区
1	山东里峪旅游发展有限公司	乡村旅游特色村	里峪	岱岳区
2	泰安华润医药有限公司	现代物流服务（药品、医疗器械）	容鼎	岱岳区
3	山东隆源矿业工程有限公司	技术推广服务	LYKY	肥城市
4	泰安泰山方特欢乐世界旅游发展有限公司	创意项目体验	方特欢乐世界	泰山区
5	泰安市宝泰隆泰山地下大裂谷旅游开发有限责任公司	乡村旅游度假区	地下大裂谷	泰山区
6	山东泰山花样年华旅游开发有限公司	农产品采摘旅游	泰山花样年华	泰山区
7	泰安市大家园人力资源集团有限公司	人力资源	泰山大家园	新泰市
8	山东长兴农业发展有限公司	农产品采摘旅游	倍倍香	新泰市

2018年泰安市有效期内高新技术企业情况

表53

序号	企业名称	所属区域	序号	企业名称	所属区域
1	泰安协同软件有限公司	泰山区	21	山东中玻节能环保发展有限公司	新泰市
2	山东泰鹏智能家居有限公司	肥城市	22	山东能源重装集团大族再制造有限公司	新泰市
3	山东晶泰星光电科技有限公司	新泰市	23	山东国泰科技有限公司	泰山区
4	山东康盛医疗器械有限公司	岱岳区	24	泰安泰山福神齿轮箱有限责任公司	泰山区
5	山东省联合农药工业有限公司	岱岳区	25	山东泰开电工电器有限公司	泰山区
6	泰安京泰生物技术有限公司	泰山区	26	山东泰山恒信开关集团有限公司	新泰市
7	普瑞特机械制造股份有限公司	泰山区	27	尤洛卡（山东）深部地压防治安全技术有限公司	高新区
8	泰安汉威化工有限公司	岱岳区	28	泰安东华合创软件有限公司	高新区
9	山东新合源热传输科技有限公司	宁阳县	29	山东友和安泰信息技术有限公司	高新区
10	山东瑞泰玻璃绝缘子有限公司	新泰市	30	山东京卫制药有限公司	高新区
11	山东泰鹏环保材料股份有限公司	肥城市	31	山东泰华生物科技股份有限公司	高新区
12	山东一滕新材料股份有限公司	肥城市	32	山东泰开电缆有限公司	高新区
13	肥城联谊工程塑料有限公司	肥城市	33	山东以利奥林电力科技有限公司	高新区
14	鲁普耐特集团有限公司	岱岳区	34	泰安航天特种车有限公司	高新区
15	山东华兴纺织集团有限公司	宁阳县	35	山东五岳电器有限公司	高新区
16	泰安现代塑料有限公司	岱岳区	36	山东泰开特变有限公司	高新区
17	山东春潮集团有限公司	新泰市	37	山东泰开电器机构有限公司	高新区
18	山东瑞福锂业有限公司	肥城市	38	山东天路重工科技有限公司	高新区
19	肥城金塔酒精化工设备有限公司	肥城市	39	山东泰开精密铸造有限公司	泰山区
20	山东超威电源有限公司	宁阳县	40	泰石岩棉有限公司	岱岳区

续表 1

序号	企业名称	所属区域	序号	企业名称	所属区域
41	山东德普化工科技有限公司	新泰市	67	浪潮软件股份有限公司	高铁新区
42	山东彩山铝业有限公司	宁阳县	68	山东泰克贝思计算机科技有限公司	肥城市
43	新东岳集团有限公司	东平县	69	泰安泰山高压开关有限公司	泰山区
44	山东鲁普科技有限公司	泰山区	70	山东北方光学电子有限公司	泰山区
45	泰安东升服装有限公司	泰山区	71	山东思科赛德矿业安全工程有限公司	泰山区
46	泰山玻璃纤维有限公司	岱岳区	72	泰安巨菱钻探装备有限责任公司	泰山区
47	山东三同新材料股份有限公司	肥城市	73	泰安鼎鑫冷却器有限公司	岱岳区
48	山东海燕医用材料制造有限公司	新泰市	74	泰安市一开电气有限公司	岱岳区
49	石横特钢集团有限公司	肥城市	75	特变电工昭和（山东）电缆附件有限公司	新泰市
50	山东赛特电工股份有限公司	新泰市	76	特变电工山东鲁能泰山电缆有限公司	新泰市
51	特变电工山东沈变电气设备有限公司	新泰市	77	泰安隆泰金属制品有限公司	肥城市
52	山东泰信幕墙工程有限公司	宁阳县	78	山东军成机械科技有限公司	肥城市
53	肥城金塔机械科技有限公司	肥城市	79	山东龙成消防科技股份有限公司	新泰市
54	山东斯诺尔节能建材有限公司	新泰市	80	泰安大陆医疗器械有限公司	高新区
55	山东泰邦生物制品有限公司	高新区	81	山东电安电气有限公司	高新区
56	山东宝来利来生物工程股份有限公司	泰山区	82	山东中拓信息科技有限公司	高新区
57	山东润德生物科技有限公司	新泰市	83	山东虎彩泰山印刷有限公司	高新区
58	泰安巴夫巴夫农业科技有限公司	宁阳县	84	泰安东岳重工有限公司	高新区
59	新泰市佳禾生物科技有限公司	新泰市	85	山东科德电子有限公司	高新区
60	山东华阳农药化工集团有限公司	宁阳县	86	山东泰开高压开关有限公司	高新区
61	东平九鑫生物化学有限公司	东平县	87	山东泰开隔离开关有限公司	高新区
62	山东鲁泰建材科技集团有限公司	肥城市	88	山东鲁能奥特科技有限公司	高新区
63	山东大通前沿电子科技有限公司	泰山区	89	山东泰开成套电器有限公司	高新区
64	山东融通电子科技有限公司	泰山区	90	山东爱客多热能科技有限公司	高新区
65	山东鸣迅智能科技有限公司	肥城市	91	尤洛卡精准信息工程股份有限公司	高新区
66	山东蓝光软件有限公司	泰山区	92	山东能源重装集团鲁中装备制造有限公司	高新区

续表 2

序号	企业名称	所属区域	序号	企业名称	所属区域
93	泰安英迪利机电科技有限公司	高新区	119	山东明佳科技有限公司	岱岳区
94	山东泰开汽车制造有限公司	高新区	120	山东前田热能技术股份有限公司	岱岳区
95	泰安众诚自动化设备股份有限公司	高新区	121	山东铁鹰建设工程有限公司	岱岳区
96	泰山集团股份有限公司	高新区	122	山东鲁燕色母粒有限公司	岱岳区
97	山东厚丰汽车散热器有限公司	泰山区	123	泰山石膏有限公司	岱岳区
98	泰安路德工程材料有限公司	泰山区	124	山东泰山华岳玻璃有限公司	岱岳区
99	泰安康平纳机械有限公司	泰山区	125	山东阳光新材料科技有限公司	岱岳区
100	泰安启程车轮制造有限公司	泰山区	126	山东岱岳制盐有限公司	岱岳区
101	山东凤凰生物有限公司	泰山区	127	泰安和新精工科技有限公司	新泰市
102	泰安市康宇医疗器械有限公司	泰山区	128	山东蜂巢航空科技有限公司	新泰市
103	山东中信能源联合装备股份有限公司	泰山区	129	山东金恒力机械制造有限公司	新泰市
104	山东泰开电力开关有限公司	泰山区	130	山东北方中意新材料有限公司	新泰市
105	山东泰开电器绝缘有限公司	泰山区	131	山东德泰机械制造集团有限公司	新泰市
106	山东永恒电子科技有限公司	泰山区	132	山东极威新材料科技有限公司	新泰市
107	山东帅迪医疗科技有限公司	泰山区	133	泰安科赛尔化学科技有限公司	新泰市
108	泰安盛源粉体有限公司	泰山区	134	新泰市日进化工科技有限公司	新泰市
109	山东海天智能工程有限公司	泰山区	135	山东泰山变压器有限公司	新泰市
110	泰安科佳信息技术有限公司	泰山区	136	泰安万川电器设备有限公司	新泰市
111	泰安市众升智能电子有限公司	泰山区	137	山东健威生物工程有限公司	新泰市
112	泰安市东信智联信息科技有限公司	泰山区	138	山东龙辉起重机械有限公司	新泰市
113	山东鲁能泰山电力设备有限公司	泰山区	139	山东焱鑫矿用材料加工有限公司	新泰市
114	泰安市尼蒙电子科技有限公司	泰山区	140	山东安途制动材料有限公司	新泰市
115	山东视聆通信有限公司	泰山区	141	山东润通齿轮集团有限公司	新泰市
116	山东泰开电力电子有限公司	泰山区	142	山东裕鑫新材料有限公司	新泰市
117	鼎鑫电气有限公司	泰山区	143	山东农大肥业科技有限公司	肥城市
118	山东泰开电力电器有限公司	泰山区	144	山东泰鹏新材料有限公司	肥城市

续表 3

序号	企业名称	所属区域	序号	企业名称	所属区域
145	肥城昌盛特种石墨有限公司	肥城市	171	山东泰开电器开关有限公司	高新区
146	山东麦丰新材料科技股份有限公司	肥城市	172	山东泰盈科技有限公司	高新区
147	泰安瑞泰纤维素有限公司	肥城市	173	山东众志电子有限公司	高新区
148	鲁变电工股份有限公司	肥城市	174	山东欧瑞安电气有限公司	高新区
149	山东大庚工程材料科技有限公司	肥城市	175	山东路达试验仪器有限公司	高新区
150	肥城弘锦电气机械科技有限公司	肥城市	176	泰安轻松表计有限公司	高新区
151	泰安通利达水处理设备有限公司	肥城市	177	山东泰开互感器有限公司	高新区
152	肥城龙山机械有限公司	肥城市	178	泰安合生世纪生物科技有限公司	高新区
153	山东征途信息科技股份有限公司	肥城市	179	山东泰开重工机械有限公司	高新区
154	肥城市泰山涂塑帆布有限公司	肥城市	180	力博重工科技股份有限公司	高新区
155	肥城恒丰塑业有限公司	肥城市	181	山东安达尔信息科技有限公司	高新区
156	山东华坤地质工程有限公司	宁阳县	182	山东金斧子网络科技有限公司	高新区
157	山东碧蓝生物科技有限公司	宁阳县	183	山东泰开真空开关有限公司	高新区
158	山东嘉意机械有限公司	宁阳县	184	山东四维卓识信息技术有限公司	高新区
159	海斯摩尔生物科技有限公司	宁阳县	185	山东泰开箱变有限公司	高新区
160	山东明珠材料科技有限公司	宁阳县	186	山东中农普宁药业有限公司	高新区
161	山东振挺精工活塞有限公司	宁阳县	187	山东汇力环保科技有限公司	高新区
162	山东天和纸业有限公司	宁阳县	188	山东蓬勃生物科技有限公司	高新区
163	山东祥瑞药业有限公司	东平县	189	山东泰开变压器有限公司	高新区
164	山东润银生物化工股份有限公司	东平县	190	山东泰开自动化有限公司	高新区
165	东平华锴机电设备有限公司	东平县	191	山东能源重型装备制造集团有限责任公司	高新区
166	山东博达光电有限公司	东平县	192	泰安市众诚自动化软件有限公司	高新区
167	山东沃普农业装备科技有限公司	东平县	193	山东东艺数字科技有限公司	高新区
168	山东路德新材料股份有限公司	高新区	194	山东泰开能源工程技术有限公司	高新区
169	山东晨晖电子科技有限公司	高新区	195	山东泰开高分子材料有限公司	高新区
170	泰山恒信有限公司	高新区	196	泰安华鲁锻压机床有限公司	高新区

先进单位名录（部分）

全国工人先锋号获得单位

泰安如意科技时尚产业有限公司动力设备部
山东泰邦生物制品有限公司质量控制中心

全国“两会”安保维稳工作先进集体

泰安市公安局
泰安市信访局

全国五四红旗团支部

红门票务站团支部

全国学雷锋活动示范点

山东省消防救援总队泰安支队泰山中队

全国优秀动感中队

宁阳县实验小学晨曦中队
宁阳县第二小学梦想中队
宁阳县实验中学泰阳中队

全国青年社会组织“伙伴计划”三星项目

宁阳县爱家社会服务中心

第十四届青少年走进科学世界“科学实验嘉年华”全国展示交流活动优秀组织

共青团肥城市委

全国环境保护系统先进单位

泰安市环境保护局

全国百佳不动产登记便民利民示范窗口

泰安市国土资源局不动产登记中心

山东省富民兴鲁劳动奖状获得单位

泰安市泰山数码科技有限公司
肥城市机关事务服务中心
山东泰邦生物制品有限公司
泰安市120指挥调度中心

山东省工人先锋号获得单位

山东泰开机器人有限公司机器人系统集成产品班
梁宝寺能源有限责任公司采煤二区高颖班
蒙牛乳业泰安有限责任公司动力班
肥城市水务集团有限公司管道安装处安装一班
新汶矿业集团有限责任公司华丰煤矿洗选加工部
泰安市广播电视台电视社教中心经济部

山东省先进团委

共青团泰安市委

第七届山东省少先队辅导员技能大赛暨风采展示活动优秀组织

共青团泰安市委

山东省五四红旗团支部（团总支）

泰山区上高街道双龙社区团支部
泰安高新技术产业开发区国家税务局团支部
新泰市广播电视台新闻宣传团支部
东岳国旅团支部
东平县移民局团总支

山东省五四红旗团委

新泰市福田学校团委

山东省青年志愿服务先进集体

泰山票务交通管理处

山东省青年安全生产示范岗

泰安市泰山景区客运有限公司对外接待服务中心

五四红旗团委

泰安英雄山中学团委

第二批省级示范性“青年之家”综合服务平台

泰安市主题党日活动中心“青年之家”

山东省第七届地科杯“珍惜资源爱我国土”征文活动优秀组织单位

共青团肥城市委

山东省团员青年网络答题竞赛优秀组织

共青团肥城市委

山东省第五批（2017—2018 年度）选派金融系统优秀青年干部赴共青团系统挂职工作先进集体

共青团肥城市委

山东省三八红旗集体

泰安市泰山景区客运有限公司泰山 VIP 接待服务中心
泰安市公安局交通警察支队车辆管理所
新泰市福田学校
泰安东岳山庄有限公司
新泰市地方税务局东都中心税务所

山东省城乡妇女岗位建功先进集体

泰安市泰山区人民法院
泰安市岱岳区粥店办事处财政管理中心
泰安市岱岳区检察院公诉科
新泰市国税局新汶分局
泰安高新区科技局
泰安市东平县卫生和计划生育局
泰安市政务服务中心工商窗口
泰安商业银行小微企业金融部

山东省幸福进家先进单位

泰安市岱岳区妇联
新泰市教育局
肥城市妇联
肥城市新城街道办事处
肥城市老城街道办事处
肥城市石横镇人民政府
肥城市政务服务中心管理办公室
肥城市地方税务局
肥城市国家税务局
东平县州城街道办事处
东平县梯门镇人民政府
东平县老湖镇人民政府
东平县彭集街道办事处陈流泽村
泰安市高新区妇工委
泰安市泰山景区黄前镇人民政府

第三届山东省家庭服务业职业技能大赛优秀组织单位

泰安市妇联

第三届山东省家庭服务业职业技能大赛团队优秀奖

泰安农家女代表队

山东省抗震救灾先进妇联组织

泰安市泰山景区下港镇木营村妇联

山东省生态保护工作先进集体

泰安市环境保护局

2018 年度全省学雷锋志愿服务“最佳志愿服务项目、最佳志愿服务组织、最美志愿服务社区”先进典型

最佳志愿服务项目：

泰安市实验学校“爱心 1+1 牵手留守儿童”青少年公益创想行动
肥城市爱心公益协会“与爱同行 为你而歌”公益巡回演出项目
宁阳县学生成长指导中心“家庭教育公益沙龙”
东平县“书香东平 全民阅读”——助推东平朗读志愿者活动
泰安市泰山小荷公益事业发展中心“绿脚丫”自然教育项目
泰山慈善基金会大病救助中心项目

最佳志愿服务组织：

泰安市岱岳区检察院学雷锋志愿服务队
新泰市公益志愿者协会
肥城市蓝水滴助残公益发展中心
宁阳县伏山镇卫生院志愿服务队
泰安市老园丁爱心接力志愿者协会
泰安日报社志愿服务队

最美志愿服务社区：

泰安市泰山区上高街道东岳社区
泰安市岱岳区粥店街道高铁社区
肥城市新城街道伊家沟社区
东平县东平街道赵桥社区
宁阳县东疏镇疏新佳苑社区

新增省级文明村镇

泰安市泰山区上高街道魏家庄村
泰安市岱岳区大汶口镇
泰安市岱岳区天平街道板大山村
泰安市岱岳区夏张镇梨园村
泰安市岱岳区满庄镇南留北村
新泰市楼德镇
新泰市刘杜镇
新泰市果都镇杨家楼村
新泰市翟镇高家店村
新泰市禹村镇西寨村
新泰市东都镇羊蹄庄村
肥城市仪阳街道
肥城市安临站镇
肥城市汶阳镇张孝门村
肥城市桃园镇东伏村
肥城市安驾庄镇东赵村
宁阳县东庄镇
宁阳县八仙桥街道青川寺村
宁阳县堽城镇保安村
宁阳县泗店镇徐行村
东平县商老庄乡
东平县梯门镇陈楼村
东平县旧县乡屯村铺村
东平县沙河站镇李纸坊村
泰安高新区化马湾乡
泰安高新区良庄镇高胡庄村
泰安高新区徂徕镇杜家庄村
泰山景区黄前镇砚池河村

新增省级文明单位

泰安市泰山区人大常委会办公室
中共泰安市泰山区委组织部
中共泰安市泰山区委政法委员会
泰安市泰山区农业局
泰安市岱岳区妇女联合会
中共泰安市岱岳区委泰安市岱岳区人民政府信访局
泰安市岱岳区科学技术协会
泰安市岱岳区大汶口文化旅游发展管理中心
中共泰安市岱岳区委统战部
新泰市人大常委会办公室
新泰市政协办公室
新泰市综合行政执法局
山东锦绣福田教育集团
肥城市高新技术产业开发区管理委员会
肥城市机构编制委员会办公室
肥城市发展和改革局
中共宁阳县委办公室
宁阳县人民政府办公室
宁阳县教育局
山东宁阳环城科技产业园管理委员会
东平县城市管理综合执法局
中共东平县委组织部
东平县审计局
泰安市城市管理局
泰安市工商业联合会
泰安仲裁委员会办公室
泰安市水文局
泰安市地理信息中心
泰安市交通运输局港航处
泰安市食品药品检验检测中心
泰安市企业国有资产管理中心
泰安市人民政府驻北京办事处
泰安银行股份有限公司
泰安市看守所
泰安市农业综合开发办公室
泰安市国土资源局执法监察支队
中国农业银行股份有限公司泰安分行
泰安市公安局高速公路交通警察支队
泰安市公安局陶山分局
新汶矿业集团泰兴物业有限责任公司

新增省级文明社区

泰安市岱岳区粥店街道堰东社区
泰安市岱岳区粥店街道岱前社区
新泰市青云街道通济社区
肥城市新城街道龙山社区
肥城市高新区王西社区
肥城市湖屯镇东湖东社区
肥城市桃园镇顾庄社区
宁阳县文庙街道东关社区

全省纪检监察网络舆情和评论工作先进集体

泰安市纪律检查委员会

省公安厅记二等功

肥城市公安局网络安全保卫大队
泰安市公安局高新区分局侦破“3·23”寻衅滋事案专案组
新泰市公安局侦破“10·26”电信网络诈骗案专案组
宁阳县公安局侦破“6·02”案专案组

省公安厅记集体二等功

泰安市公安局侦破“周尚全黑社会性质组织犯罪案”专案组
泰安市公安局网络安全支队
泰安市公安局岱岳区分局侦破“11.05”合同诈骗案专案组
新泰市看守所
肥城市局龙山派出所
泰安市公安局泰山景区分局泰山奇石整治专案组

全省公安机关上海合作组织青岛峰会安保工作先进集体并记集体二等功

泰安市公安局上合组织青岛峰会赴青安保工作队

山东省敬老院文化教育示范点

泰安市泰山区上高街道双龙社区
肥城市杨氏先祠

第三届山东省敬老文明号名单

泰安市泰山区泰前街道社区卫生服务中心
泰安市泰山区泰前街道嘉德社区居委会
泰安市岱岳区满庄镇敬老院
新泰市公安局放城派出所
肥城市法律援助中心
泰安市高新区徂徕镇上庄村老年文化活动中心
泰安市泰山区同济健康咨询有限公司

继续认定的往届山东省敬老文明号名单

泰安市泰山区卫生和计划生育局
中国人寿保险股份有限公司泰安市岱岳区支公司团险部
肥城市民政局
宁阳县东庄镇郕城老年公寓
东平县老干部活动中心活动部
新汶矿业集团公司离退休职工管理服务中心
山东能源肥矿集团老干部管理处
泰安市老干部活动中心（老年大学）教务处
泰安市财政局社会保障科
泰安市公共交通公司泰山百合服务厅
泰安市泰山票务交通管理处
山东肥城矿业中心医院
泰安市公安局泰山区分局徐家楼派出所
泰安市泰山区泰前街道御碑楼社区居委会
泰安市岱岳区良庄镇卫生院
新泰市财政局社会保障科
肥城市社会保险服务大厅
宁阳县鹤山镇中心卫生院
新汶矿业集团公司中心区离退休职工管理服务站
新泰市青云街道社区卫生服务中心

全市2018年央视春晚泰安分会场工作先进单位

泰安市公安局
泰安市公安局交通警察支队
泰安市公安局泰山区分局
泰安市公安局岱岳区分局
泰安市公安局高新区分局

全市“4·17”森林火灾扑救工作突出贡献单位

泰安市公安局
泰安市公安局刑事侦查支队
泰安市公安局交通警察支队
泰安市公安局泰山景区分局

编辑　校对　　刘小笋

索　　引

说明：

1. 本索引为综合性主题索引。
2. 索引款目按汉语拼音字母（同音字按声调）顺序排列。表格、示意图在其后注明“表”“图”字样。
3. 款目后的阿拉伯数字表示内容所在的页码，数字后的字母 a、b、c 分别表示版面区域。
4. 同一主题的内容在文中多处出现的，在其款目后用不同的页码标明。
5. 对特载、专记、附录栏目不作主题索引。

A

爱国卫生　337b
安保维稳　147b
安谱检验检测项目竣工投产　369c
安全生产基层基础　112b
安全生产监督管理　112a
安全生产隐患治理和监督检查　112b
安全生产与优质播出　231b
安全生产责任落实　112a
安全生产长效机制　112c

B

白佛山文化产业园开园　394c
百家知名外商泰安行　208a
百企帮百村扶贫行动　138b
搬迁新政务服务大厅　111a
保健食品化妆品监管　167a
保险业　299c
保障法律法规实施　97c
保障经济社会发展用地　262c
报废汽车回收管理　213a
报业经营　233a
（北京）泰安会展合作推介会　222b
编制旅游新产品　238a
病虫害防治　173a
博阳路建成通车　252a
不良反应监测　167c
埠阳庄民俗村　242b

C

财税改革　274c
财源建设　271c
财政　271a
财政管理　275a
财政经济委员会　100a
财政收入　271a
财政支出　271b
参加央视《魅力中国城》节目竞演　388c
餐饮服务食品监管　167a
残疾人扶贫　356b
残疾人教育　356c
残疾人就业培训　356b
残疾人康复救助　356c
残疾人社会保障　356b
残疾人事业　356a
残疾人维权　356c
残疾人宣传文体　357a
残疾人组织建设　357a
曹步山　398b
测绘管理　265b
产业培育和普惠金融　279c
产业转型升级　158c
车辆超限治理　203b
陈爱武　402a
陈湘安　401a
成丽　399a
城管执法　254b
城建档案　250b
城区道路工程　251c
城区市政公用设施　252c
城市供气　252c
城市供热　253a
城市供水　252c
城市管理　254a，374c
城市设计　261b
城市污水处理　253b
城市园林绿化　255b
城乡建设　42c，249a
城乡建设与环境资源保护委员会　100b
城镇大班额问题　313c
程明　400c
惩治腐败　129b
出证认证业务培训班　211a
创城和文明旅游工作　248b
创新创业大赛　307b
创业带动就业　347b
徂徕山滑雪场　243b
徂徕山汶河景区　241b

崔洪刚　395a
村镇建设　253b

D

打击犯罪　149b
大气环境　268b
大事记　21a
大汶口国家考古遗址公园项目　243c
大学生就业创业　347c
代表履职　98c
岱庙天贶殿及炳灵门古建筑彩画保护维修工程　363a
岱岳区　378a
岱岳区九女峰片区乡村振兴齐鲁样板项目　382a
岱岳区、泰安高新区乡镇（街道）基本情况（表）　380a
岱岳区项目建设成效显著　379b
档案　91c
档案查阅利用　92a
档案开发利用　92b
档案信息化建设　92a
档案宣传教育　92c
档案业务管理　92b
档案资源建设　91c
党的建设规范化活动　87b
党建引领扶贫　45c
党史队伍建设　89b
党史宣传教育　89b
党史与地方志　89a
党史征集研究　89b
党史资料征编与研究　89a
党外代表人士队伍建设　81c
党外人士情况通报会　126b
党外知识分子和新的社会阶层人士统战工作　81a
党校　90c
党员干部培训　91a
导游员管理培训　248c
德育改革　318b
地方立法　97a
地方煤矿　186a
地方史志　89c
地下综合管廊建设　253a
地质灾害防治　264a
典当企业经营　213a
电网发展　196b
电子商务　212b
电子商务示范创建　212c
电子政务　109a
东平湖咸鸭蛋　246b
东平县　391c
东平县乡镇（街道）基本情况（表）　392a
东平县易地扶贫搬迁工程完成　394c
东平粥　246b
动物卫生监督　176c
斗母宫古建修缮工程　362c
督查落实　74b
对口协商　120b
对口支援和扶贫协作　159b
对台服务和涉台稳定　83b
对台经贸　82c
对外合作　207b
对外及对港澳台经济贸易　213b
多党合作事业　80c

F

发行网点　234b
发展和改革　157a
法律服务体系　153c
法律监督和工作监督　97c
法律援助　153c
法院　152a
法院、检察院　59b
法制委员会　99c
法治宣传　153b
法治政府建设　148a
法治综述　147a
反恐维稳　149b
范红艳　402c
范镇油酥烧饼　245b
方志馆建设　90b
防范非法集资　280a
防洪工程建设与管理　182b
防控化解金融风险　284c
防汛工作　182b
防汛抗旱　180c
防灾减灾　309b
防震减灾　113a
防震减灾宣传教育　114a
房地产业与住房保障　259a
房地产中介和预销售管理　259b
房屋安全管理　259c
房屋交易和产籍管理　259b
房屋征收　249c
纺织服装业　192a
非传染性疾病防控　332b
非物质文化遗产保护传承利用　227a
肥城被列入全国新时代文明实践中心试点　388b
肥城联谊工程塑料有限公司　195a
肥城市　386a
肥城市605个村均成立股份经济合作社　388b
肥城市乡镇（街道）基本情况（表）　387a
分级诊疗与医联体建设　333a
凤凰路改造提升完成　252a
扶残助残活动　357b
扶贫开发　45b
扶贫舆论宣传　47a
服务监管　333a
服务品牌建设　87b
服务职工群众　140b
福利慈善事业　355a
妇联组织和队伍建设　142c
妇幼保健　332c

G

改革成效　44b
改革工作宣传　44c
改革事项落实情况调查　98c
改革试点任务推进　44a
改善办学条件　313c

干部管理监督 76c
港澳台侨和外事委员会 124c
港航基础设施规划建设 202a
高等教育 321a
高端电缆产业化智能制造
项目 160c
高技能人才队伍建设 350b
高尚山 396c
高速公路建设 200a
高校招生咨询会 319c
高新技术产业 305c
高性能碳纤维土工格栅项目 160c
高职高专院校 69b
各类考试 315b
各县市区领导班子 63a
工程建设标准造价管理 257c
工伤保险 349a
工商行政管理 164b
工业产品质量监督 166a
工业效益 183a
工业综述 183a
公安 149a
公房和房屋租赁管理 259c
公共交通 201b
公共交通管理 201c
公共卫生服务 331a
公共文博服务体系建设 228c
公共文化 225a
公共文化设施建设 225a
公交场站建设 201c
公立医院改革 331b
公路 199c
公民思想道德建设 49c
公务员管理 350c
公益广告宣传 48c
公证业务 154a
共青团和少先队 319b
供销 214c
广播影视行业管理 229c
（广州）泰安会展合作推介会 222b
规划编制 261b
规划管理 261c
规划监察 262a
规划研究 261c
郭德文 395c
国电石横发电公司 195c
国防动员 155b
国际新闻出版合作大会 227c
国家级旅游服务综合标准化示范市
验收 236a
国家康复辅助器具产业综合创新
试点工作 357c
国家卫生城市复审 337b
国内旅游市场促销 237b
国土空间规划 261a
国土调查 263a
国外团组到泰安访问情况（表） 108a
国网泰安供电公司 196a
国网新源山东泰山抽水蓄能电站
有限责任公司 195c
国有经济新旧动能转换 163b
国有资产监督管理 163a

H

海关 169b
海绵城市建设 253a
海通证券泰安营业部 304b
海外及中国港澳台旅游市场
促销 237a
行业管理 185b，202b
行业社会扶贫 46b
郝红 396b
后勤社会化改革 115c
后勤装备保障 155c
户外广告 255a
华鲁锻压获2018年省科技进步
一等奖 370c
华鲁锻压获2018年中国专利
优秀奖 370b
华文教育 84a
化工产业转型升级 184b
化学工业 189c
环境安全保障 270b
环境监测 270c
环境监管 270a
环境卫生 254c
环境执法 270a
环境治理 268b
环境资源人口 39a
环山路景观大道 241a
黄河河务 181c
汇聚改革发展合力 117c
会展活动招引 218c
会展业 218a
会展业发展机制 218b
惠民医疗服务 334b
火灾防控 114c
货运行业管理 202c

J

机动车驾驶员培训管理 203b
机动车维修行业管理 203a
机构编制 85a
机构编制管理 85c
机构改革 85a
机关党建 86a
机关事务 115b
机关事业单位工资管理 351c
机械制造业 187c
基层党建工作 76c
基层工会建设 140c
基层社会治理 355b
基层卫生 329a
基础地理信息资源建设 265b
基础教育 315c
激发党员队伍活力 77a
计量管理 166b
济宁银行泰安分行 297b
寄递服务质量提升工作 205b
寄递企业安全主体责任 204c
家庭教育 319b
家庭医生 329b
贾衍强 402b
价费管理 162a
价格服务 162b
价格调控 162a

坚持党对立法工作的领导　97a
坚持立法工作以政府为依托　97b
坚持人大对立法工作的主导　97b
坚决防止“四风”反弹回潮　129a
监测预报体系建设　113b
监督执纪　128c
检察　151a
检验检测能力建设　166b
建材工业　190b
建设工地扬尘治理　258b
建设领域节能减排　257c
建置沿革　39a
建筑产业化　258a
建筑工程招标投标管理　257b
建筑工程质量　256c
建筑市场秩序　256b
建筑业　256a
健康城市建设　337c
健康促进和健康科普　337a
健康扶贫　329c
健全考核激励机制　76c
交通基础设施建设　199a
交通文明行业创建　204a
交通银行泰安分行　291c
交通银行泰安分行各支行基本情况（表）　292a
交通综述　199a
教师队伍　314a
教师资格改革　315b
教育督导　313b
教育扶贫　314c
教育均衡发展县创建　313a
教育科学文化卫生委员会　100c
教育科研　315a
教育提升　318c
节约型机关建设　115b
界别协商　120c
金融服务　281c
金融管理　282c
金融控股集团有限公司　280c
金融调控　281c
金融运行　281b
金融招商引资　279c
金属制品业　194a
经济发展　42a
经济和社会发展综述　41c
经济林生产　174c
经济普查　168b
经济委员会　123c
经济运行与社会发展　157a
经济责任审计　169a
精神文明创建　87a
精神文明建设综述　47a
精准识别与退出　45b
竞技体育　345c
九三学社泰安市委员会　136c
就业公共服务　347c
居民收入　358a
居民消费支出　358b
鞠向群　398c
举办国家版图知识宣传教育活动　265b
聚焦中心协商议政　117a
卷烟营销　214a
决策服务　110c
军队转业干部安置　351b
军事工作　155a

K

开展扶贫领域腐败和作风突出问题专项治理　129c
开展“集中联系代表月”活动　99a
勘察设计管理　256b
“看泰安音视频聚合平台”建成使用　232c
科技成果争取　178b
科技创新载体　305b
科技计划与科技成果　305b
科技人才　305c
科技体制改革　305a
科教文卫体委员会　124a
科研咨政　91b
客运出租行业管理　203a
客运行业管理　202b
矿产开发监督管理　264a
矿产资源　41b
矿产资源管理　263c
困难群体就业　348a
扩大民办教育　321a

L

垃圾分类　254c
莱商银行泰安分行　296c
劳动合同管理　352a
劳动监察　352c
劳动能力鉴定　349b
劳动人事争议调解仲裁　352b
老干部管理与服务　88b
老旧小区改造　259b
老龄工作与医养健康　338c
老年教育和文化养老工作　88c
老年文化建设　339b
离退休干部服务管理工作　88b
离退休干部思想政治建设和组织建设　88b
李保泉　397a
李灿玉　396b
李希信会见“一带一路”工商会代表　210c
理论武装工作　78b
利用外资工作　207a
联系青年和基层组织建设　141b
粮食生产　172c
林业产业　174b
林业扶贫　267b
林业改革　267a
林业科技创新　267a
林业生态建设　266a
林业有害生物防控　266b
林业执法管理　266c
林业资源管理　265c
灵山大街制丝厂段贯通　252c
领导干部队伍建设　76b
领导干部公开接访　116c
领导干部自然资源资产离任审计　169a

刘君 400a
刘学保 398b
隆基科技城项目竣工投产 369c
路政管理 201a
落实老年人优待政策 338c
吕军德 401b
旅行社管理 248a
旅游安全监管 248a
旅游饭店管理 246c
旅游管理与服务 246c
旅游规划编制 236b
旅游开发 236b
旅游配套设施建设 236c
旅游人才队伍建设 248c
旅游商品设计研发展销 238b
旅游市场整治 248a
旅游项目建设 236b
旅游业综述 235b
旅游资源 239a
律师业务 154a
绿色建筑博览会 259a

M

马纯勇 400b
媒体融合 232c
煤炭工业 185c
煤炭清洁高效利用 186b
煤炭生产 186c
美丽村居 254a
免疫规划管理 332a
民办教育 320c
民办教育三年行动计划 321a
民商事审判 152b
民政事务 354a
民主党派 61b
民主监督 121c
民族概况 39c
民族工作 82b
民族侨务外事旅游委员会 100c
民族与宗教工作 82b
民族宗教领域和谐稳定 82b
模范人物选介 402a

N

纳税服务 278a
奶业 176a
南水北调 181c
内部审计 169b
内务司法委员会 99c
年产 2 万吨锂正极材料项目 160a
年产 2 万吨纱线染色智能工厂项目 160a
年度税收分析 278b
年鉴编辑 90a
宁阳不老枣 246a
宁阳县 388c
宁阳县被评为全国法治县创建活动先进单位 391b
宁阳县东疏镇获评山东省森林乡镇 391c
宁阳县通过国家园林县城复审 391a
宁阳县乡镇（街道）基本情况（表） 389a
牛奶价格指数保险 176a
农村电子商务 212c
农村公路建设管理 201a
农村环保 269c
农村清洁供暖 254a
农村危房改造 253c
农村污水处理 254a
农村无害化厕所改造 253c
农村饮水安全 181a
农村综合改革 172a
农机安全监理 178a
农机科技推广 177c
农机科教培训及修配管理 177c
农机深松整地作业 177c
农技培训 179a
农田水利建设 181a
农业机械化 177b
农业结构调整 171b
农业科技创新与推广 172a
农业科研 178a
农业农村工作 75a
农业与农村委员会 100b
农业与社会科技 307a
农业综合开发 173c
农业综述 171a

P

拍卖企业经营 213a
平安建设 147a
平安交通建设 203c
平安医院建设 334a
普通国省道建设与养护 200c

Q

齐鲁银行泰安分行 298a
企业工资宏观管理 352a
企业管理 185b，214b
企业家队伍建设 185a
企业直接融资 279b
气候特点 310c
气候特征 40b
气象 309a
强化窗口管理 111c
强化国民经济监督 98b
侨务 83c
侨务捐赠 84a
青春扶贫和希望工程 142b
青年路针织厂宿舍段贯通 252b
区域科技创新体系 305a
曲锋 395c
权益维护 354a
全国普通高校招生咨询会暨第二届泰山教育博览会 221c
全国水库移民工作会议在东平召开 394a
全国文明城市创建 47b
全面加强履职能力建设 118b
全面深化改革 43c
全民健身 340c
全市“大学习、大调研、大改进”工作会议 72a
全市扶贫开发工作会议 72a

全市公路通车里程情况（表） 200a
全市纪检监察工作会 127a
全市科学技术奖励大会 72b
全市领导干部会议 72b
全市农村工作会议 71c
全市人大工作座谈会 97a
全市扫黑除恶专项斗争监督执纪监察工作推进会 127a
全市“双招双引”工作推进会 73a
全市税收收入和非税收入分县(市、区）完成情况（表） 277a
全市税收收入和非税收入分项目分级次完成情况（表） 276a
全市招商引资业务培训班 211b
全市招商引资招才引智暨提高行政效能优化营商环境大会 72c
全域旅游 235c
群团组织建设 87c
群众团体 62b
群众性精神文明创建 79b

R

人才队伍建设 77b
人大、政协、纪委机关 59b
人防工程建设 156b
人口和计划生育 338a
人口状况 39c
人口资源环境委员会 123c
人力资源社会保障 347a
人民防空 155c
人民生活 358a
人社党建 352c
人社信息化服务 353a
人事代理 350c
人事考试 351b
人事任免 93b
融资支持 279a
软件与信息技术服务业 196c

S

扫黑除恶专项斗争 147c
森林防火工作 266a
山东阿斯德化工有限公司 189c
山东傲饰集团 192b
山东宝来利来生物工程股份有限公司 191c
山东财经大学东方学院 326b
山东岱银纺织服装集团 192b
山东第一医科大学泰安校区 323b
山东东岳橡胶制品有限公司 194c
山东服装职业学院 326a
山东光大日月集团 191c
山东宏康装备集团 188c
山东厚丰集团 189b
山东华阳农药化工集团有限公司 189c
山东九鑫机械工具有限公司 194b
山东康平纳集团有限公司 192c
山东科技大学泰安校区 322b
山东能源肥城矿业集团 187a
山东能源机械集团有限公司 189a
山东能源新汶矿业集团 186b
山东农业大学 321b
山东瑞泰纤维素有限公司 190a
山东山口钢管集团有限公司 194a
山东省农村信用社联合社泰安办事处 294a
山东省瑞星化学工业集团总公司 190a
山东硕力机械制造有限公司 188c
山东泰邦生物制品有限公司 191c
山东泰开电气有限公司 187c
山东泰鹏实业有限公司 192c
山东泰山轮胎有限公司 194c
山东泰山啤酒有限公司 191b
山东银宝食品有限公司 191b
商标战略 164c
商贸流通经济 207a
商事制度改革 164b
商务综合执法 212b
商务综述 207a
上海浦东发展银行泰安分行 299a
（上海）泰安经济合作洽谈会 210b
社保基金监管 349c
社会保险概况 348b
社会法制和民族宗教委员会 124b
社会监督 122b
社会救助 354c
社会科学 307b
社会民生 43a
社会民生事业 159a
社会治理 149c
社会主义核心价值观建设 79a
社会组织管理 355b
社科普及 307c
社科研究 307c
社情民意反映 122c
深化国资国企改革 164a
（深圳）泰安经济合作洽谈会 209c
审计 168c
生态保护 269b
生态红线 269b
生态环保 43b
生态环保督察整改 268b
生态环境保护综述 268a
生态文明建设 158b
生态文明宣传教育 269c
生物资源 40c
生育保险 349b
生猪屠宰监管 176c
失业保险 348c
师德建设 314b
湿地保护修复 266c
十一届市委第三轮巡察工作动员部署会 126c
十一届市委第四轮巡察工作动员部署会 127b
石横特钢集团有限公司 193a
石油 217a
食品监测与企业备案 335c
食品流通监管 166c
食品生产监管 166c
食品药品监管 166b
食品药品业 191a

食盐质量安全监管 167a
食盐质量安全监管体制改革 167c
食用林产品质量安全监管 175a
世界红十字日纪念 337b
市残疾人康复中心 358a
市残疾人培训服务中心 358a
市场价格监管 162c
市场监督管理 164b
市场体系建设 212b
市场运行和消费促进 212a
市级领导班子 50a
市级领导人 395a
市纪委十一届三次全会 126a
市民素质提升工程 48b
市情研究宣传 90b
市十七届人大常委会会议 95a
市十七届人大二次会议 95a
市属国有企业经济运行 163a
市委办公室机关建设 73c
市委工作部门 51a
市委、市政府直属事业单位 57b
市政府常务会议 101a
市政府工作部门 52a
市政府派出机构 57a
市政协常委会议 119c
市政协十三届二次全体会议 119b
市政协调研全市供销社综合
改革工作 215a
市政协主席会议 120a
事业单位人事管理 351a
视察监督 121c
兽药监管 177a
蔬菜目标价格保险 162c
双拥共建 155c
水产品质量安全 175b
水电气生产与供应业 195b
水环境 268c
水利 179b
水利改革 180a
水利工程建设和管理 179c
水上运输行业管理 202a
水生态文明建设 180c
水土保持 181b
水文测报 312b
水文监测 311b
水文立法 312b
水源特征 40b
水运 201c
水政 182c
税收征管 278a
税务 275c
税务改革 277a
司法改革 152c
司法改革 154b
司法公开 153a
司法鉴定 154a
司法为民 152c
司法行政 153a
丝绸 216b
饲料工业发展和“粮改饲”
工作 177b
宋洪银 396c
苏金森 401b
诉讼监督 152a
孙岱峰 400c

T

台湾事务 32c
太阳部落旅游区 242c
泰安豆腐宴 244c
《泰安府志》点校本出版 89c
泰安高新技术产业开发区 367a
泰安高新区国家级高创中心孵化器
投入使用 370b
泰安高新区政务服务中心建成
启用 363a
泰安华鲁锻压机床有限公司 188c
泰安华兴纺织有限公司 192c
泰安（化马湾）获批省级农业
科技园 371a
泰安籍运动员在全国级比赛中获得
奖牌情况（表） 341a
泰安技师学院 328a
泰安煎饼 244c
泰安酱包瓜 245a
泰安军分区 155a
泰安老县衙旅游文化街 242b
泰安力博机电科技股份有限
公司 189a
泰安鲁普耐特塑料有限公司 195a
泰安旅游经济开发区 372b
《泰安年鉴（2018）》出版
发行 90a
泰安日报社（泰安传媒集团） 231c
泰安实验中学首次招生 318a
泰安市财产保险业务情况
（表）300a
泰安市参加第二十四届省运会获
金牌情况（个人）（表） 345a
泰安市参加第二十四届省运会获
金牌情况（团体）（表） 344a
泰安市承办省级以上比赛情况
（表） 341a
泰安市存款类金融机构信贷收支
情况（表）283a
泰安市第三十二次社会科学优秀
成果一等奖获奖情况（表） 308a
泰安市非物质文化遗产代表性项目
名录（表） 226a
泰安市妇女联合会 142b
泰安市妇幼卫生保健情况（表） 332a
泰安市工商业联合会 137b
泰安市公共财政预算收入情况
（表） 272a
泰安市公共财政预算支出情况
（表） 273a
泰安市广播电视台 229c
泰安市归国华侨联合会 145b
泰安市红十字会 337a
泰安市获省级及以上科技奖励情况
（表） 306a
泰安市监察委员会挂牌成立暨
第一次全体干部会 125c
泰安市进出口情况（表） 170a
泰安市科学技术协会 144b

泰安市粮棉油菜生产情况（表） 173a
泰安市农村商业银行基本情况（表） 294a
泰安市普通初中基本情况（表） 317a
泰安市普通高中基本情况（表） 317a
泰安市签约作家签约仪式暨作品研讨会举办 225a
泰安市区域细胞制备中心项目 161b
泰安市人口和自然资源情况（表） 41a
泰安市人身保险业务情况（表） 300a
泰安市市级机构改革动员大会 73b
泰安市四星级以上酒店（表） 247a
泰安市小学基本情况（表） 316a
泰安市医疗卫生机构、人员和床位情况（表） 330a
泰安市幼儿园基本情况（表） 316a
泰安市中等职业学校基本情况（表） 320a
泰安市逐月降水量（图） 310a
泰安市逐月平均气温（图） 310a
泰安市逐月日照时数（图） 310a
泰安市主要旅行社名录（表） 247a
泰安市主要旅游景点分布（图） 239a
泰安市总工会 139a
泰安市组织机构及负责人 50a
泰（安）台（湾）交往交流 83a
泰安银行 292c
泰安银行基本情况（表） 293a
泰安援疆特色农产品展销系列活动 215a
泰安珍珠西红柿 245b
“泰安之声”头条号矩阵 231c
泰开工业机器人暨智能自动化系统项目竣工投产 369b
泰开集团新能源箱变项目 160b
泰山板栗 244b
泰山宝泰隆旅游景区 242a
泰山玻璃纤维股份有限公司 190c
泰山赤鳞鱼 244c
泰山方特欢乐世界 241c
泰山风景名胜 240a
泰山国际登山节 36a
泰山国际登山节比赛个人成绩前三名（表） 344a
泰山国际福祉暨康复设备博览会 219c
泰山国际马拉松赛 233b
泰山红心萝卜 244b
泰山护理职业学院 327b
泰山花样年华景区 242a
泰山火车站 204b
泰山集团股份有限公司 188b
泰山景区保护与管理 360c
泰山景区建设 365a
泰山景区山水林田湖草生态保护修复工程 365c
泰山酒业集团股份有限公司 191a
“泰山康养·高速大成”项目 365b
泰山灵芝 244b
泰山驴肉 245c
泰山苗木花卉交易会 220a，267c
泰山墨玉 244b
泰山情——2018 知名儒商泰安行 208b
泰山区 375a
泰山区、泰山景区乡镇（街道）基本情况（表） 376a
泰山荣誉 359c
泰山三美 244c
泰山神农智谷大数据产业项目 161c
泰山石保护暨奇石市场综合整治 264a
泰山石膏股份有限公司 190c
泰山四大名药 244a
泰山索道运营中心 365c
泰山温泉城 242c
泰山文化保护传承 227a
泰山新闻出版小镇项目开工建设 368c
泰山学院 324a
泰山牙枣 245a
泰山燕子石 244b
泰山野菜宴 245a
泰山医疗设备新产品新技术展览会 219b
泰山玉保护发展 264b
“泰山玉杯”玉雕大赛暨泰山玉文化论坛 222a，264c
泰山职业技术学院 324c
唐福泉 397b
桃花源索道维修改造工程 366b
陶长江 398a
特变电工山东鲁能泰山电缆有限责任公司 188a
特产名吃 244a
特困群体帮扶 46a
特色名校建设 319c
特色畜牧业 176b
特殊行业管理 212c
特殊教育 319b
特种设备安全监察 166a
提案监督 121c
提案委员会 123b
提升信访事项办理质量 116c
体育 340c
体育彩票 346c
体育产业 346b
体育教育 319a
天宝镇年家峪村“8·19”山洪自然灾害事件 372a
天津银行泰安分行 298b
天乐城旅游休闲区 243a
天颈湖旅游度假区 243b
铁路 204a
“司心扶贫攻坚”行动 82a
统计 168a
统计服务 168c
统计体制改革 168a
统一战线 80c

统一战线“双百聚力”行动　81c
投资促进　207c
图书销售　234a
土地整治　263a
土地资源管理　262b
土地资源及特征　40a
土壤环境　269a
推动各级党委全面落实党校工作主体责任　90c
推进产业融合　171b
推进监察体制改革　125a
推进履职提质增效　118a
推进实施妇女儿童发展规划　143c
推进银行转型发展　285a
退役军人事务　353b

W

外贸新业态　213c
外事工作　107c
完善基本药物制度　331c
王昌元　400b
王光锋　401c
王母池古建修缮工程　362c
王淑玲　398a
网络管理和应用　79a
网络文明建设　49c
望岳中学办学　318a
为侨服务　83c，146b
围绕民生建言献策　117b
维护妇女儿童合法权益　143c
卫生创建　338a
卫生法制与监督　335a
卫生监督　335b
卫生教育　319a
卫生应急　336a
卫生应急宣传　336b
卫生综述　329a
未成年人思想道德建设　48c
位置面积　39a
文化产业　227b，361b
文化产业“十百千”工程　227b
文化产业事业　80a
文化扶贫　225c
文化会展业　227c
文化惠民活动　225b
文化品牌建设　224b
文化市场管理与综合执法　228c
文化市场综合执法　229a
文化艺术创作　223b
文化综述　223a
文明出行专项行动　48a
文史资料委员会　124b
文物　228a
文物安全　228c
文物保护　362b
文学艺术　224a
文艺惠民　225a
文艺精品创作　224a
无线电管理　197a
物价管理　162a
物业行业管理　259c

X

县级国有资产监管　164a
县级巡察　130c
现代物流业　213a
乡村教育振兴计划　314c
乡村旅游发展　236c
乡村文明行动　48a
乡村振兴战略　157b
相对集中行政许可权改革　85b
橡胶和塑料制品业　194b
消防队伍建设　115a
消防救援　114b
消费品市场　211c
消费者权益保护　164c
校长教师培训　314b
协商计划　120b
协调劳动关系　140a
新华书店　233c
新旧动能转换　158c，184b，186a
新时代文明实践中心　48b
新泰入选全国农村一二三产业融合发展先导区　386a
新泰市　382a
新泰市被确定为全国农村合作社质量提升试点县　383c
新泰市乡镇（街道）基本情况（表）　384a
新闻出版广播影视管理　229a
新闻出版行业管理　229b
新闻、活动宣传　230a
新闻宣传　78c，232a
新型城镇化　249b
信贷管理　260b
信访　116a
信访矛盾化解　116b
信访事项复查复核与听证工作　116c
信息产业　196c
信用监管　165a
刑事审判　152b
行政复议应诉　149a
行政区划　39b
行政审判　152b
行政审批服务　111a
行政执法监督　148c
兴业银行泰安分行　296a
徐恩虎　399c
许晓峰　403c
畜产品安全监管　177a
畜牧产业化　176a
畜牧业　175c
宣传　78a
学前教育计划　318a
学生资助　313c
学习贯彻习近平总书记民营企业座谈会讲话精神　137c
学校安全　315b
学校少先队工作　142a
血液管理　334b
巡察监督　130b
巡视巡察　130a

Y

烟草专卖　214a

严守耕地红线　262c
演马庄牛肉　245c
央视春晚在泰安设分会场　231b
阳光安置　353c
杨玉慧　403a
养老保险　348b
养老服务体系建设　339a
养老环境　339a
姚霆　401c
药品生产监管　167b
药品市场监管　167b
冶金工业　193a
“一次办好”改革　85b
医保服务　340b
医保基金管理　340a
医疗保险　348c
医疗保障　339c
医疗保障体系　339c
医疗服务　333c
医疗器械监管　167b
医疗应急救援　336a
医疗质量管理　333b
医养健康　339c
医药卫生体制改革　331a
依法治水和行业管理　181a
依法治税　277a
移民后期扶持　181c
艺术教育　318c
艺术展示平台建设　224c
意识形态工作　78b
银行业　281a
引水上山工程　365b
应急管理　112a
应急管理与政务值班工作　110b
应急救援体系建设　113c
拥军优属　353c
优待抚恤　353c
优化农业发展格局　171a
优秀传统文化　225c
邮政　204c
邮政行业监管基础工作　205c
邮政普遍服务监管　205a
邮政业民生实事　205b
渔业　175a
渔业安全生产　175c
渔业技术推广　175c
渔业资源人工增殖放流　175b
语言文字　315c
育种工作　178c
预防保健　331c
预算执行　271c
预算执行审计　168c
园区体制机制创新　207b
袁久党　399b
运输经济　199a

Z

灾害救助　337b
造血干细胞捐献　337b
增强监督实效　98a
展宝卫　396a
站点设置　312a
张爱国　404a
张红旗　399a
张庆明　400a
张书盈　397c
张涛　395b
招商引资与贸易促进　208b
招商引资招才引智　163c，216a
招商引资专题研修班　211a
招生考试改革　318b
赵德健　399a
震灾预防体系建设　113c
镇村志编纂与村史馆建设　89c
征收管理　260a
证券业　304a
政策落实跟踪审计　168c
政策研究　84b
政府投融资　272c
政府投资审计　169a
政金企合作　279a
政务督查　107b
政务服务热线管理　110a
政务信息　107b
政协各专门委员会　123b
政治协商　120b
支付方式改革　340a
知识产权管理　307a
职业教育教学质量　320b
职业教育内涵发展　320a
植物检疫　172c
执行工作　152c
志愿服务　49a
质量技术监督　165b
质量品牌建设　171c
质量强市战略　165b
治亏创效　186c
中等职业教育与成人教育　319c
中共泰安市委十一届六次全体会议　72b
中共泰安市委十一届七次全体会议　73a
中国北方教育装备项目　161c
中国电信股份有限公司泰安分公司　197c
中国工商银行股份有限公司泰安分行　286b
中国工商银行泰安分行各支行（部）基本情况（表）　287a
中国共产主义青年团泰安市委员会　141a
中国光大银行泰安分行　299b
中国国民党革命委员会泰安市委员会　131a
中国建设银行股份有限公司泰安分行　290a
中国建设银行股份有限公司泰安分行各支行（部）基本情况（表）　290a
中国联通泰安公司　197b
中国民生银行股份有限公司泰安分行　298c
中国民主促进会泰安市委员会　134b
中国民主建国会泰安市委员会　133a

中国民主同盟泰安市委员会　132a
中国农工民主党泰安市委员会　135b
中国农业发展银行泰安市分行　285b
中国农业发展银行泰安市分行各支行（部）基本情况（表）　286a
中国农业银行股份有限公司泰安分行　288a
中国农业银行泰安分行各支行（部）基本情况（表）　288a
中国人民财产保险股份有限公司泰安市分公司　302b
中国人民银行泰安市中心支行　281a
中国人寿保险股份有限公司泰安分公司　303b
中国泰安投资合作洽谈会　209c
中国（泰山）国际矿业装备与技术展览会　219a
中国泰山粮油论坛暨第十三届全国粮油产销企业订货会　219b
中国（泰山）汽车配件用品展销会　221b
中国铁塔泰安市分公司　198a
中国移动山东公司泰安分公司　197a
中国银行保险监督管理委员会泰安监管分局　284a
中国银行泰安分行　289b
中国银行泰安分行基本情况（表）　289b
中国邮政储蓄银行泰安市分行　295b
中国邮政储蓄银行泰安市分行基本情况（表）　295b
中国邮政集团公司泰安市分公司　206a
中国园林花木产业交易会和首届中国园林新苗商大会　267c
中国致公党泰安市委员会　136a
中国重汽集团泰安五岳专用汽车有限公司　188a
《中华泰山·封禅大典》大型实景演出项目　240c
《中华泰山文库》　360c
中泰证券大力推进金融科技战略　304b
中泰证券泰安分公司　304a
中小学布局规划　318a
中央、省属驻泰安单位　66b
中医药改革　335a
中医中药　334c
种植业　172b
仲裁　154b
仲裁业务　154c
众客生态食品产业融合发展创新园项目　161a
重大动物疫病防控　176b
重大决定　93a
重点传染病防控　331c
重点贫困区域帮扶　46a
重点提案办理协商　120c
重点文物保护工程　228b
重点项目建设　160a，365a
重点专科建设　334c
州城糟鱼　246b
周桂萍　399b
朱旭光　401a
主要天气气候事件　310c
助推乡村振兴　98c
住房保障　259b
住房公积金管理　260a
驻泰安部队　66a
专卖管理　214b
专门委员会　99c
专题审议代表议案　99b
专题协商　120b
专项社会事务管理　355c
专业技术人才队伍建设　350a
专业人才培养　320a
自然保护区　269b
自然保护区监管　266c
宗教工作　82b
综合协调服务　73c，106c
组建行政审批服务局　111a
组织　76a
组织妇女参与经济建设　142c
组织妇女参与精神文明建设　144a
“最泰安全媒体中央厨房指挥中心”建成使用　232c